MENGEL

ERNÄHRUNG UND STOFFWECHSEL

DER PFLANZE

ERNÄHRUNG UND STOFFWECHSEL DER PFLANZE

Professor Dr. KONRAD MENGEL

Vierte, verbesserte Auflage

Mit 148 Abbildungen und 94 Tabellen im Text sowie 20 Tafeln

SEMPER BONIS ARTIBUS

GUSTAV FISCHER VERLAG · STUTTGART · 1972

Anschrift des Verfassers:

Professor Dr. Konrad Mengel
Direktor der Landwirtschaftlichen Forschungsanstalt Büntehof, Hannover
Dozent am Institut für Pflanzenernährung der Justus-Liebig-Universität Gießen

ISBN 3-437-20106-9

Ausgabe in der Deutschen Bundesrepublik

Druck: Sulzberg-Druck GmbH, Sulzberg im Allgäu
Einband: Koch, Tübingen

Vorwort zur 1. Auflage

Ursprünglich beabsichtigte mein verehrter Lehrer, Herr Professor K. SCHARRER, das vorliegende, vom Verlag angeregte Buch zu schreiben. Seine plötzliche Erkrankung und sein früher Tod haben es ihm jedoch nicht mehr gestattet, ein derartiges Werk zu entwickeln, so daß er diese Aufgabe an mich übertrug. Für zahlreiche Anregungen und für das große Interesse, das Professor SCHARRER dieser Arbeit bis zu seinem Lebensende entgegenbrachte, bin ich ihm großen Dank schuldig. Nicht nur in diesem Fall, sondern ganz allgemein fühle ich mich meinem Lehrer für die mir zuteil gewordene Förderung zu Dank verpflichtet, so daß ich ihm das vorliegende Buch widme.

Die Forschungsarbeiten des vergangenen Jahrzehntes haben unsere Kenntnisse über Pflanzenernährung und Pflanzenphysiologie wesentlich erweitert. Dank verfeinerter Analysenmethoden, besonders der Isotopentechnik und der Chromatographie, konnten experimentell schwer zugängliche Fragen näher erforscht werden. Die so gewonnenen Erkenntnisse haben teils ältere Vorstellungen und Theorien überholt oder weiter ausgebaut, teils vollkommen umgestaltet. Dieser schnelle Fortschritt rechtfertigt die Herausgabe des vorliegenden Buches.

Ich war mir bei der Darstellung moderner Anschauungen und Erkentnisse bewußt, daß vielfach noch kein abgerundetes Bild wiedergegeben werden kann und daß Theorien und Hypothesen Lücken überbrücken müssen. Trotzdem schien es mir wichtig, den Studierenden mit den modernen Vorstellungen über biologische Prozesse vertraut zu machen, auch auf die Gefahr hin, daß Einzelheiten in kurzer Zeit überholt sein können.

Als Lehrbuch soll vorliegendes Werk den Studierenden in die Probleme und Erkenntnisse der Pflanzenernährungslehre einführen. Bei ihrer Darstellung wurde versucht, die einzelnen Fragen im Lichte moderner physiologischer und biologischer Erkenntnisse zu sehen, da nur so ein tieferes Verständnis möglich ist. Dementsprechend ist das Buch gegliedert. In seinem ersten Teil werden vorwiegend grundlegende physiologische Prozesse dargestellt, wobei immer wieder darauf hingewiesen wird, an welchen spezifischen Stellen dieser Prozesse die einzelnen Pflanzennährstoffe wirksam werden. Dieser Teil ist verständlicherweise ziemlich allgemein gehalten, so daß er nicht nur den landwirtschaftlich interessierten Studenten ansprechen, sondern allgemein für biologisch ausgerichtete Studierende von Interesse sein dürfte.

Der zweite Teil des Buches behandelt das Vorkommen der einzelnen Pflanzennährstoffe im Boden, deren Funktion in der Pflanze und die Ernährung der Kulturpflanzen. Dieser Teil ist spezieller. Er wendet sich daher ganz besonders an die Studierenden der Land- und Fortwirtschaft sowie des Gartenbaues. Darüber hinaus dürfte das gesamte Buch dem Agrikulturchemiker und Pflanzenphysiologen als Orientierung in den verschiedenen Zweigen der Pflanzenernährung dienen.

Es ist mir eine angenehme Pflicht, allen, die mir bei der Erarbeitung des Buches geholfen haben, freundlich zu danken. Besonderen Dank schulde ich Herrn Dr. W. Werner, Hannover, für die kritische Durchsicht des Manuskriptes und für zahlreiche wertvolle Hinweise und Anregungen. Den Angehörigen des Instituts für Pflanzenernährung (früher Agrikulturchemisches Institut) der Justus-Liebig-Universität Gießen, besonders Herrn Dr. H. Kühn, danke ich für ihre Hilfe und für das Verständnis, das sie der Arbeit entgegenbrachten. Herrn Professor Dr. E. Brandenburg, Gießen, der Verkaufsgemeinschaft Deutscher Kaliwerke und der Badischen Anilin- und Sodafabrik bin ich für das mir freundlicherweise zur Verfügung gestellte Bildmaterial dankbar. Die Zeichnungen wurden von Fräulein M. Anlauf angefertigt. Für ihre Mühe und für ihre Gewissenhaftigkeit sage ich meinen besten Dank. Nicht zuletzt sei auch dem Verlag für die gute Zusammenarbeit und für das verständnisvolle Eingehen auf meine verschiedenen Wünsche freundlich gedankt.

Gießen, im Dezember 1960 K. Mengel

Vorwort zur 4. Auflage

Seit dem Erscheinen der 1. Auflage vor etwa 10 Jahren sind im Bereiche der Biochemie und Pflanzenphysiologie zahlreiche neue Ergebnisse erarbeitet und teils grundlegende neue Erkenntnisse gewonnen worden. Dementsprechend sind selbst Teilgebiete der genannten Disziplinen zu stattlichen, umfangreichen Wissenszweigen angewachsen, über die heute ausgezeichnete Monografien vorliegen. Diese Entwicklung zur Vertiefung, aber auch zur Verzweigung wird auch in Zukunft anhalten.

Gerade unter diesem Aspekt werden Bücher, die ein breites Stoffgebiet umfassen, ihre Bedeutung behalten oder noch an Bedeutung gewinnen, vorausgesetzt, daß sie den neuesten Stand des Wissens und der Problematik klar wiedergeben. Hierbei kommt es nicht darauf an, die unzähligen Einzelheiten der verschiedenen Stoffgebiete darzustellen; wichtig ist vielmehr, das Bild jedes einzelnen Sachgebietes mit großen eindrucksvollen Strichen zu malen, um nicht eine Summe von Einzelwissen, sondern Grundgerüst und Verständnis dem Leser zu vermitteln.

Dieses Ziel schwebte dem Autor auch bei der Erarbeitung der 4. Auflage vor. Sie gleicht im Stoffgebiet und im Aufbau der vorhergehenden Auflage. Gegenüber den früheren Auflagen wurden Fragen der Ertragsphysiologie eingehender abgehandelt. Die bis zum Herbst 1970 erschienene Literatur wurde ausgewertet. Die Fülle der in den einzelnen Wissenszweigen vorliegenden Literatur ist überwältigend. Man kann deshalb beim besten Willen eine gewisse Willkür beim Zitieren der einzelnen Arbeiten nicht vermeiden.

Für wertvolle Hinweise und für die Bereitstellung von Fotos danke ich Herrn Prof. Amberger, Prof. Marschner, Dr. Wünsch, P. Morard (Toulouse) und Dr. Schulte-Karring. Dr. H. Beringer hat mir auch bei dieser Auflage bei der Erarbeitung des Kapitels „Lipidstoffwechsel“ geholfen. Ich schulde ihm daher besonderen Dank. Das Schreiben des Manuskriptes und das Sichten und Ordnen der Literaturzitate wurden von Fräulein Gerke mit viel Sorgfalt und Gewissenhaftigkeit besorgt. Ihr sei herzlich gedankt. Schließlich schulde ich dem Verlag für die gute Zusammenarbeit aufrichtigen Dank.

Hannover, im Januar 1971

K. Mengel

Inhaltsverzeichnis

Einleitung . . . 13

I. Teil. Die Biochemie der wichtigsten Stoffwechselvorgänge

1. Chemische und physikalische Grundlagen . . . 15
- a) Chemische Bindungen . . . 15
- b) Die Sorption von Ionen und Molekülen an Oberflächen . . . 20
- c) Hydration und kolloidchemische Vorgänge . . . 33

2. Enzymatische Reaktionen . . . 35
- a) Einteilung der Enzyme . . . 35
- b) Thermodynamik und Kinetik . . . 42
- c) Bau und Reaktionsmechanismus der Enzyme . . . 48
- d) Koenzyme und prosthetische Gruppen . . . 56

3. Energie- und Kohlenhydratstoffwechsel . . . 76
- a) Die Bedeutung energiereicher Verbindungen im Stoffwechsel . . . 76
- b) Die Photosynthese . . . 79
- c) Die CO_2-Assimilation . . . 84
- d) Der Aufbau der Kohlenhydrate . . . 91
- e) Glykolyse, alkoholische Gärung, Milchsäuregärung . . . 104
- f) Trikarbonsäurezyklus und direkte Glukoseoxydation . . . 110
- g) Die Atmung . . . 118

4. Der Lipidstoffwechsel . . . 128
- a) Der chemische Aufbau der Lipide . . . 128
- b) Die Biosynthese von Fettsäuren und Fetten . . . 136
- c) Der Abbau der Fette . . . 142
- d) Physiologische Funktionen der Lipide . . . 145

5. Stoffwechsel der Stickstoffverbindungen . . . 151
- a) Die Assimilation von anorganischem Stickstoff . . . 151
- b) Aminosäuren, Amide und Amine . . . 154
- c) Struktur der Proteine und Proteide . . . 166
- d) Die Biosynthese der Nukleinsäuren und Proteine . . . 176

6. Organisation und Bau der Zelle . . . 184
- a) Regelmechanismen der Zelle . . . 184
- b) Feinbau der Zelle . . . 186

7. Phytohormone und Wirkstoffe . . . 190
a) Allgemeine Eigenschaften und Wirkungsweise . . . 190
b) Phytohormone vom Typ der 3-Indolessigsäure . . . 191
c) Phytohormone vom Typ der Gibberelline . . . 192
d) Die Zytokinine . . . 195
e) Hemmstoffe . . . 196
f) Herbizide . . . 198

II. Teil. Ernährungsphysiologie der Pflanze

1. Pflanzennährstoffe . . . 203
a) Begriff und Charakteristik der Pflanzennährstoffe . . . 203
b) Die Funktionen der Pflanzennährstoffe bei Stoffwechselvorgängen . . . 205
c) Der Gehalt an Mineralstoffen in der Pflanze . . . 207

2. Der Boden als natürliches Nährmedium der höheren Pflanze . . . 210
a) Wichtige Eigenschaften des Bodens . . . 210
b) Die Verfügbarkeit der Pflanzennährstoffe . . . 217
c) Methoden zur Bestimmung der Nährstoffverfügbarkeit . . . 223

3. Stoffaufnahme und Stofftransport . . . 232
a) Die Kationenadsorption im „Freien Raum" der Wurzel . . . 232
b) Der Stofftransport durch die Zellmembranen . . . 235
c) Ferntransport, Stoffbeweglichkeit und Blattdüngung . . . 243

4. Der Wasserhaushalt der Pflanze . . . 257
a) Die Hydration . . . 257
b) Die Osmose . . . 257
c) Der Weg des Wassers in der Pflanze . . . 260
d) Wasserdefizit, Stoffwechsel und Stoffproduktion . . . 264

5. Ernährung und Ertrag . . . 269
a) Wachstum, Entwicklung und Ertragsbildung . . . 269
b) Wachstumsfaktoren . . . 272
c) Nährstoffentzug, Nährstoffverhältnis und Düngung . . . 281

6. Der Einfluß der Ernährung auf die Qualität pflanzlicher Produkte . . . 285
a) Der Begriff Qualität . . . 285
b) Kohlenhydrate und nicht N-haltige Inhaltsstoffe . . . 286
c) Eiweiße und organische N-Verbindungen . . . 289
d) Mineralstoffe . . . 294
e) Vitamine . . . 298

III. Teil. Die spezielle Wirkung und Bedeutung der einzelnen Pflanzennährstoffe

1. Der Stickstoff . . . 301
a) Der Stickstoffkreislauf der Natur . . . 301
b) Stickstoffaufnahme, Transport und Beweglichkeit in der Pflanze . . . 312
c) Stickstoffernährung der Kulturpflanzen . . . 314

2. Der Schwefel . . . 319
a) Der Schwefel im Boden . . . 319
b) Aufnahme des S und seine Funktion in der Pflanze . . . 322
c) Die S-Ernährung der Kulturpflanzen . . . 326

3. Der Phosphor 328
a) Phosphate im Boden 328
b) Aufnahme, Verteilung und Funktion des P in der Pflanze 331
c) Die P-Ernährung der Kulturpflanzen 336

4. Das Kalium und weitere Alkalimetalle 339
a) Kalium im Boden 339
b) Aufnahme, Verteilung und Funktionen des K in der Pflanze 344
c) Die K-Ernährung der Kulturpflanzen 348
d) Natrium 351

5. Das Kalzium 353
a) Kalzium im Boden 353
b) Aufnahme, Verteilung und Funktionen des Ca in der Pflanze 354
c) Die Düngung mit Kalk und die Ca-Ernährung der Kulturpflanzen 356

6. Das Magnesium 360
a) Magnesium im Boden 360
b) Aufnahme, Verteilung und Funktionen des Mg in der Pflanze 360
c) Die Mg-Ernährung der Kulturpflanzen 364

7. Das Eisen 367
a) Eisen im Boden 367
b) Aufnahme, Verteilung und Funktionen des Fe in der Pflanze 368
c) Die Fe-Ernährung der Kulturpflanzen 370

8. Das Mangan 372
a) Mangan im Boden 372
b) Aufnahme, Verteilung und Funktionen des Mn in der Pflanze 374
c) Die Mn-Ernährung der Kulturpflanzen 374

9. Das Kupfer 376
a) Kupfer im Boden 376
b) Aufnahme, Verteilung und Funktionen des Cu in der Pflanze 377
c) Die Cu-Ernährung der Kulturpflanzen 380

10. Das Zink 382
a) Zink im Boden 382
b) Aufnahme, Verteilung und Funktionen des Zn in der Pflanze 382
c) Die Zn-Ernährung der Kulturpflanzen 383

11. Das Molybdän 384
a) Molybdän im Boden 384
b) Aufnahme, Verteilung und Funktionen des Mo in der Pflanze 385
c) Die Mo-Ernährung der Kulturpflanzen 387

12. Das Bor 389
a) Bor im Boden 389
b) Aufnahme, Verteilung und Funktionen des B in der Pflanze 389
c) Die B-Ernährung der Kulturpflanzen 391

13. Weitere auf die Pflanze günstig wirkende Mineralstoffe 393
a) Silizium 394
b) Chlorid 395
c) Kobalt 396

14. Mineralstoffe mit teils schädlicher Wirkung . . . 398
a) Jod und Brom . . . 398
b) Fluor . . . 399
c) Aluminium . . . 400
d) Nickel . . . 401
e) Selen . . . 402
f) Blei . . . 402

Verzeichnis wichtiger biochemischer Abkürzungen . . . 405

Literaturverzeichnis . . . 407

Stichwortverzeichnis . . . 457

Einleitung

Ernährung und Stoffwechsel hängen begrifflich eng zusammen. Versteht man unter Ernährung Zufuhr und Aufnahme von Nahrungsstoffen durch den lebenden Organismus, so umfaßt der Stoffwechsel Prozesse, welche Umformung und Assimilation der Nährstoffe bewirken. Das Vermögen der lebenden Zelle, aus ihrer Umgebung Materie und Energie aufzunehmen und beides zu assimilieren, d. h. in arteigene Substanz umzuformen, darf als das wichtigste Merkmal des Lebens angesehen werden. Weitere wichtige Kriterien des Lebens, wie Wachstum, Reduplikation und Entwicklung, bauen auf diesem Vermögen auf. Die Fähigkeit, Materie und Energie der Umwelt zu assimilieren, die bei der Assimilation gebildeten Abfallstoffe auszuscheiden oder an bestimmten Stellen zu deponieren, ist nur lebenden Organismen eigen. Zwar vermag auch ein Kristall Stoffe aus der Umwelt aufzunehmen und zu wachsen, eine Assimilation, eine chemische Umformung der aufgenommenen Stoffe, führt er aber nicht durch. Auf der Grundlage der Stoffassimilation hat die belebte Natur eine unüberschaubare Fülle von Arten und Formen hervorgebracht, deren jede einzelne für sich wieder einem bestimmten, vorgezeichneten Entwicklungsablauf unterliegt. Beides, Formenreichtum der Natur und sich immer wiederholende Entwicklungsabläufe, haben seit jeher Staunen und Bewunderung der Menschen hervorgerufen. Es ist deshalb verständlich, daß man bis in unser Jahrhundert angenommen hat, belebte und unbelebte Natur würden von unterschiedlichen Naturgesetzen beherrscht. Es schien unvorstellbar, daß die enormen Leistungen, zu denen das Leben befähigt ist, mit Gesetzen der unbelebten Natur erklärt werden können. Man nahm deshalb an, daß in allen Lebewesen eine zusätzliche Kraft, eine mystische Lebenskraft, wirkt, der man getrost alle unerklärlichen Phänomene des Lebens zuschrieb ... „denn eben, wo Begriffe fehlen, da stellt ein Wort zur rechten Zeit sich ein".

Der Mensch hat sich jedoch mit dieser Erklärung nicht zufrieden gegeben. In dem Bestreben, die mannigfaltigen Naturerscheinungen auf allgemeingültige Gesetzmäßigkeiten zurückzuführen, erkannte man mit Beginn dieses Jahrhunderts immer deutlicher, daß auch die Vorgänge in der belebten Natur letzten Endes auf chemischen Prozessen basieren. Nicht nur grundlegende Gesetzmäßigkeiten wie die Erhaltung von Energie und Materie gelten gleicherweise für die belebte wie unbelebte Natur, auch der Ablauf der einzelnen chemischen Reaktionen unterliegt in bei den Systemen den gleichen Regeln. Die Vorgänge, die sich im Mikrobereich der Moleküle, Atome und Elektronen abspielen, sind also letzten Endes auch für die mannigfaltigen Erscheinungen des Lebens verantwortlich.

I. TEIL

Die Biochemie der wichtigsten Stoffwechselvorgänge

1. Chemische und physikalische Grundlagen

a) Chemische Bindungen

Stoffwechselvorgänge, aber auch viele im Boden ablaufende Reaktionen sind gekennzeichnet durch chemischen Aufbau und Umbau. Für deren Verständnis ist es wichtig, die Kräfte und Mechanismen zu kennen, mit denen die Atome zu Molekülen oder Kristallen zusammengehalten werden. Die **ionogene Bindung** zeichnet sich dadurch aus, daß Anion und Kation durch elektrostatische Kräfte (Coulombsche Kräfte) zusammengehalten werden. Ionogene Bindungen finden sich vorwiegend in Salzen und Kristallen. Ihre Gitterbausteine sind Ionen. So ist beim Kochsalzkristall ein Na^+ von 6 Cl^- regelmäßig umgeben und umgekehrt sind einem Cl-Ion 6 Na^+ zugeordnet. Man kann also in einem derartigen Kristall nicht von einer Bindung zwischen einem bestimmten Cl-Ion und Na-Ion sprechen, vielmehr wirken auf das Cl^- die 6 benachbarten Na^+ ein und umgekehrt. Man neigt deshalb heute dazu, derartige ionogene Bindungen in Salzen und Kristallen mit **Ionenbeziehung** zu bezeichnen. Eine Bindung im strengen Sinne ist sie nicht, da man die beiden gebundenen Partner nicht genau ermitteln kann. Das Cl^- steht lediglich in einer gewissen Beziehung zu den benachbarten 6 Na^+ und umgekehrt. Beim Verdampfen von Kristallen werden dagegen Moleküle frei, die durch eine ionogene Bindung miteinander verknüpft sind. Das gilt auch für das Inlösunggehen (Solvation) von Salzen. Das gelöste Molekül dissoziiert dabei in Anion und Kation. Hieraus wird ersichtlich, daß die Stärke der ionogenen Bindung vom Medium abhängig ist. Sobald das Molekül in ein Medium mit entsprechend hoher Dielektrizitätskonstante kommt (z. B. Wasser, Dielektrizitätskonstante = 81), reicht die Coulombsche Attraktion nicht mehr aus, um die beiden Partner zusammenzuhalten. Für die Kraft, mit der die Ionen zusammengehalten werden, gilt die Beziehung

$$P = \frac{Q_1 \cdot Q_2}{\varepsilon \cdot r^2}$$

P → Kraft
Q_1, Q_2 → elektrische Ladung der beiden Partner
r → Abstand der Ladungen voneinander
ε → Dielektrizitätskonstante

Aus dieser Gleichung ist der Zusammenhang zwischen Stärke der ionogenen Bindung und der Dielektrizitätskonstanten ersichtlich. Ionogene Bindungen spielen beim Lösen und Ausfällen von Pflanzennährstoffen im Boden eine große Rolle.

Auch für Vorgänge in der Pflanze ist die ionogene Bindung nicht unwichtig. Die ionogene Bindung wird auch heteropolare Bindung genannt.

Ihr Gegenteil ist die **homöopolare Bindung**, die auch **Atombindung** heißt. Der auf einer solchen Bindung beruhende Molekülaufbau ist apolar. Typische Beispiele für die Atombindung sind die zweiatomigen Gase (Cl_2, O_2, N_2, H_2). Die Bindung wird hierbei durch zwei Elektronen bewerkstelligt:

$$\mathrm{Cl:Cl} \qquad\qquad \mathrm{H:H}$$

Die beiden Elektronen haben hierbei eine entgegengesetzte Rotation (Spin), so daß sie kleine Elektromagnete mit orientiertem Nord- und Südpol darstellen. Elektronen mit gleichem (parallelem) Spin stoßen sich ab. Elektronen mit entgegengesetzten Spin koppeln sich miteinander zu einem Elektronenpaar, welches die beiden Partner aneinander bindet, z. B.

$$\mathrm{Cl\cdot} + \mathrm{Cl\cdot} \rightarrow \mathrm{Cl:Cl}$$

Die beiden miteinander gebundenen Atome sind neutral. Beim Bindungsvorgang wird Energie frei (s. S. 42), die der Bindungsenergie entspricht. Um die Bindung aufzuheben, muß man also mindestens soviel Energie zuführen wie der Bindungsenergie entspricht (Aktivierungsenergie). Die Spaltprodukte stellen Atome oder Radikale dar, die auf Grund ihres einsamen Elektrons sehr reaktionsfreudig sind.

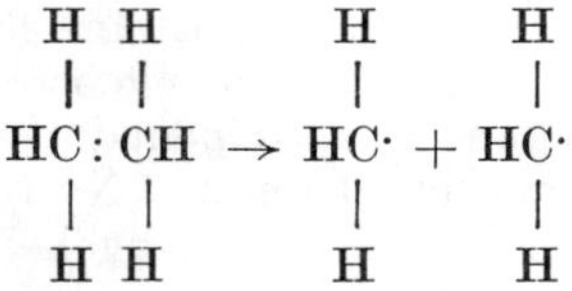

$$\mathrm{H:H} \rightarrow \mathrm{H\cdot} + \mathrm{H\cdot}$$

Solche einsamen Elektronen reagieren mit einem weiteren Einzelelektron eines anderen Partners zu einer neuen Atombildung. Aufbau und Spaltung von Atombindungen spielen im Stoffwechsel eine dominierende Rolle. Die in den organischen Molekülen vorliegenden Bindungen sind hauptsächlich Atombindungen. Sie sind in der C : C-Bindung in besonders ausgeprägter Form vorhanden. Enzymatische Vorgänge bestehen in den meisten Fällen darin, derartige Atombindungen zu spalten oder zu knüpfen.

Die oben skizzierte Atombindung kommt in dieser ,,idealen Form“ nur dann vor, wenn zwei Atome des gleichen Elementes miteinander gebunden sind. In diesem Falle ist nämlich die Elektroaffinität der beiden Partner gleich. Sind dagegen zwei verschiedene Elemente durch eine Atombindung miteinander verknüpft, so zieht der Partner mit höherer Elektroaffinität das Elektronenpaar dichter an sich heran. Er wird dadurch negativer, während der zugehörige Partner mehr positiven Charakter erhält. Das Molekül ist dann polarisiert. Metalle haben eine geringere Elektroaffinität als Nichtmetalle. Für die wichtigsten Nichtmetalle gilt nachstehende Reihe:

$$\underrightarrow{\mathrm{C} < \mathrm{N} < \mathrm{O} < \mathrm{Cl}}$$

Zunahme der Elektroaffinität

Bei extrem starker Polarisation liegt eine ionogene Bindung (polare Bindung) vor. Entsprechend dem Polarisationsgrad sind deshalb alle Übergänge von der reinen Atombindung bis zur ionogenen Bindung möglich. Polarisierte Bindungen sind im Stoffwechsel nicht selten. Die Bindungen von C : H, C : O, N : H, S : H sind alle mehr oder weniger polarisiert. Das bedeutet, daß die Nichtmetalle, besonders S, O und N, gegenüber H mehr negativ aufgeladen sind. Ein H-Atom kann deshalb ein benachbartes, elektronegatives Atom (S, O, N) binden. Man nennt diese Bindung **Wasserstoffbindung**. Im Vergleich zur Atombindung ist sie weniger stark. In wäßrigen Systemen entspricht ihr Energiegehalt 1,5 kcal/mol. Die Wasserstoffbindung ist vielfach für die Anziehungskräfte, die zwischen den Molekülen vorliegen (zwischenmolekulare Kräfte), verantwortlich. So lagern sich auf Grund von H-Bindungen Karbonsäuren zu Doppelmolekülen zusammen.

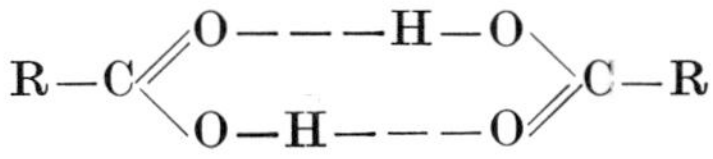

Die H-Bindung ist hier durch die gestrichelte Linie angedeutet. Die Struktur des Wassers im festen und flüssigen Zustand wird hauptsächlich über H-Bindungen bewerkstelligt, die zwischen den H_2O-Molekülen wirken. Auf diese Weise werden Netzstrukturen, tetraedrisch gebaute Viererkoordinationen und weitere, noch weniger erforschte Molekülzusammenlagerungen gebildet, die für viele typische Eigenschaften des Wassers (z. B. maximale Dichte bei 4 °C) verantwortlich sind (Wicke 1966). In den letzten Jahren hat man immer mehr die Bedeutung der H-Bindungen für die Struktur biologischer Makromoleküle erkannt (Proteine, Nukleinsäuren). Die H-Brücken bilden sich hier vorwiegend zwischen NH_2-Gruppen oder OH-Gruppen einerseits und N- sowie O-Atomen andererseits aus (Eigen 1963). H-Bindungen sind ziemlich selektiv und tragen zur Stabilisation der Makromoleküle bei. Besondere Bedeutung kommt der H-Bindung bei der Basenpaarung im Doppelstrang der Nukleinsäuren zu (s. S. 175).

Weitere zwischenmolekulare Kräfte stellen die van der Waalsschen Kräfte dar. Sie gehen auf die anziehende oder abstoßende Wirkung induzierter Dipole zurück sowie auf Anziehungskräfte, die zwischen allen Atomen und Molekülen vorkommen und von den Elektronenbewegungen der sich beeinflussenden Partner herrühren.

Die Atombindung, ob polarisiert oder nicht, ist eine Elektronenpaarbindung. Sie ist kovalenter Natur, falls, wie oben dargestellt, jeder der beiden gebundenen Partner ein Elektron für die Bindung zur Verfügung stellt. Es gibt jedoch auch Elektronenpaarbindungen, bei denen das bindende Elektronenpaar von einem der gebundenen Partner stammt. Das typische Beispiel für eine solche **koordinative Bindung** ist die Anlagerung eines Protons (H-Ion) an ein N-Atom. Die äußere Schale des N-Atoms wird durch 3 Liganden zur Oktettkonfiguration aufgefüllt, z. B. bei NH_3.

```
      H
      ··
  H : N : H
      ··     ← einsames Elektronenpaar
```

Hierbei wird ein Elektronenpaar nicht durch einen Liganden abgedeckt. Dieses sog. **einsame Elektronenpaar** ist nukleophil (= kernsuchend). Es zieht ein Proton an und bindet es an das N-Atom.

$$\mathrm{H}:\underset{\mathrm{H}}{\overset{\cdot\cdot}{\underset{\cdot\cdot}{\mathrm{N}}}}:\mathrm{H} + \mathrm{HOH} \rightarrow \left[\mathrm{H}:\overset{\mathrm{H}}{\underset{\mathrm{H}}{\overset{\cdot\cdot}{\underset{\cdot\cdot}{\mathrm{N}}}}}:\mathrm{H}\right]^{+} + \mathrm{OH}^{-}$$

Die vier an das N-Atom gebundenen H-Atome sind völlig gleichwertig gebunden. Koordinative Bindungen sind am Aufbau von Komplexverbindungen beteiligt. Um ein Zentralatom ordnen sich gleichmäßig meist 4 oder 6 Liganden, z. B. beim Hexazyanoferrat $[Fe\ (CN)_6]^{3-(4-)}$ 6 CN^- oder beim Cu-Tetraminkomplex $Cu\ (NH_3)_4{}^{++}$ 4 NH_3. Die Liganden füllen hierbei die nächsthöhere Schale des Zentralatoms zur Edelgaskonfiguration auf. Die Bindung zwischen Ligand und Zentralatom ist eine Elektronenpaarbindung. Man nennt derartige Verbindungen Durchdringungskomplexe. Sie sind im Gegensatz zu Anlagerungskomplexen sehr stabil. Anlagerungskomplexe beruhen auf Dipol-Attraktion.

Chelatbindung nennt man Bindungen, bei denen ein Metall- oder H-Atom durch eine Ringbildung mindestens an zwei Stellen im Molekülaufbau gebunden wird. So wird beispielsweise bei aromatischen Oxyaldehyden das H-Atom der Hydroxylgruppe chelatartig gebunden. Es hängt mit einer Stelle kovalent am O-Atom der Hydroxylgruppe, mit der anderen Stelle bindet es sich mittels H-Bindung an das O-Atom der Karbonylgruppe.

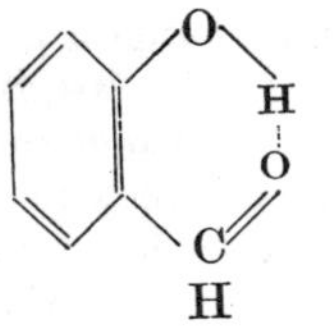

Größere Bedeutung kommt den Metallchelaten zu. Hier wird an Stelle eines H-Atoms ein Metall-Atom mindestens an zwei Stellen vom Molekül gebunden. Die Liganden des Moleküls (Chelator) können sich hierbei gleichsam um das Metall-Atom biegen und es wie eine Zange oder Kralle fassen (chele, griech. = Kralle). Der Chelator (= Molekül, welches das Metall-Atom zangenartig bindet) ist immer ein größeres organisches Molekül. Wird das Metall-Atom an zwei Stellen vom Chelator gebunden, so ist das Chelat zweizähnig, bei drei Stellen dreizähnig usw. (s. Abb. 1).

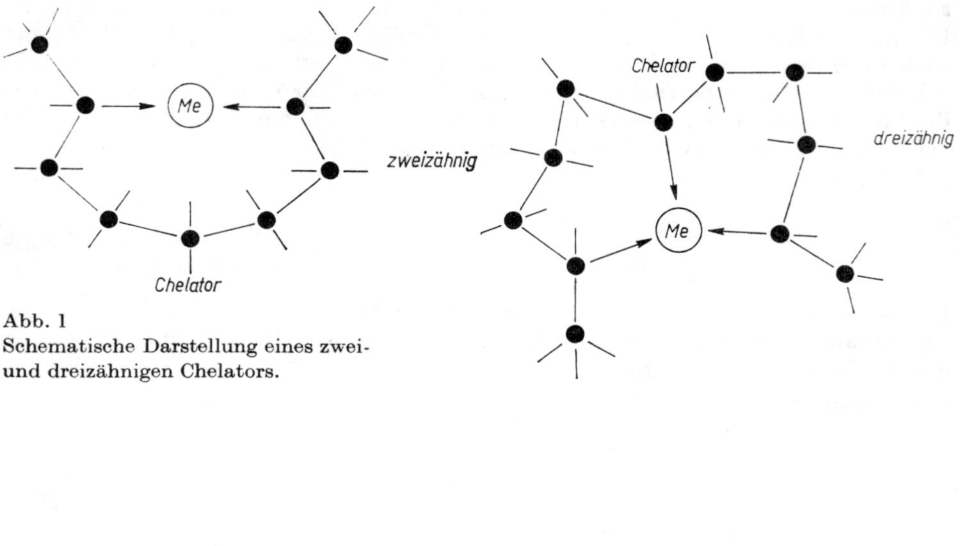

Abb. 1
Schematische Darstellung eines zwei- und dreizähnigen Chelators.

Ein bekannter Chelator ist das Äthylendiamintetraazetat (EDTA). Es reagiert mit zwei- und mehrwertigen Kationen zu stabilen vierzähnigen Chelatorbindungen.

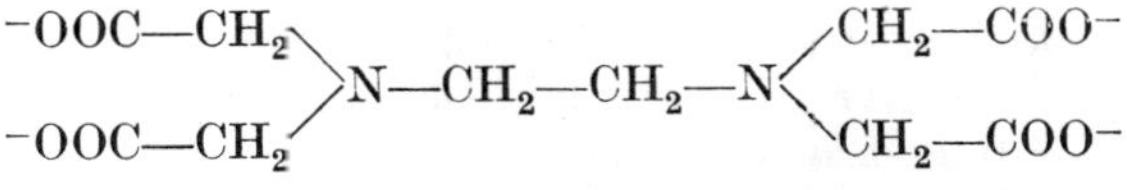

Äthylendiamintetraazetat

Der Ca-Komplex dieses Chelators hat die nachstehende Struktur:

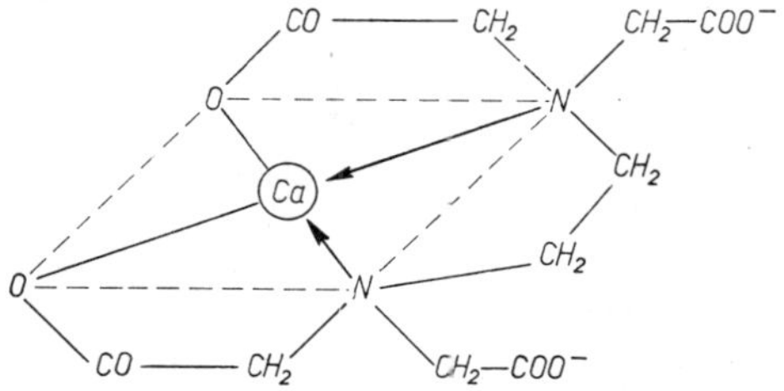

Abb. 2
Sterische Formel des Ca-EDTA.

Man ersieht aus dieser Darstellung, wie das Ca von zwei Karboxylgruppen polar und von den beiden einsamen Elektronenpaaren der N-Atome koordinativ gebunden wird und wie sich der Chelator gleichsam um das Metall-Atom herumbiegt.

Von der Eigenschaft des EDTA, mit mehrwertigen Kationen schnell zu einem stabilen Chelat zu reagieren, macht man bei der komplexometrischen Titration Gebrauch. Der durch Titration zugegebene Chelator bindet das Kation. Sobald alle Kationen gebunden sind, wird der Überschuß an Chelator durch einen Indikator angezeigt.

Metallchelate sind sehr stabil. Sie sind über einen breiten *p*H-Bereich wasserlöslich. Diese Eigenschaft wird heute in der Analytik, Technik und Düngung häufig genutzt. Die Stabilität eines Chelates wird durch seine Stabilitätskonstante (K) charakterisiert. Sie entspricht der Massenwirkungskonstanten. Im einfachsten Falle – ein Metall-Ion wird von einem Chelator gebunden – gilt:

$$\text{Me} + \text{Chel.} \rightleftharpoons \text{Me-Chel.}$$

$$\frac{(\text{Me-Chel.})}{(\text{Me}) \cdot (\text{Chel.})} = \text{K}$$

Ein Metallchelat ist also um so stabiler, je weniger es im wäßrigen System in Chelator und Metall-Ion aufgespalten wird. In den meisten Fällen ist diese Aufspaltung sehr gering, so daß die Stabilitätskonstanten außerordentlich hohe Werte annehmen. Aus diesem Grunde drückt man häufig die Stabilität eines Chelates mit dem dekadischen Logarithmus der Stabilitätskonstanten aus (pK). Je stabiler ein Chelat ist, desto weniger leicht kann ihm sein Metall entrissen werden. Viele im Boden vorkommenden organischen Verbindungen (Huminsäuren, Aminosäuren, Karbonsäuren) können Chelate bilden (Scheffer et al. 1957). Sie sind in der Lage, selbst Metalle aus den Gittern primärer und sekundärer Tonminerale herauszulösen und tragen damit nicht unwesentlich zur Verwitterung der Bodenbestandteile bei.

Zahlreiche prosthetische Gruppen sind Metallchelate (Chlorophyll, Kobamid, Hämin). Den Metallchelaten kommt deshalb bei enzymatischen Reaktionen eine hervorragende Bedeutung zu.

Die hier besprochenen Bindungen treffen für wäßrige (hydrophil = wasserliebende) Systeme zu. Unter hydrophoben (wasserfeindlichen) Bedingungen verändern sich die Bindungskräfte. Die H-Bindung ist im hydrophoben Medium wesentlich stärker als im wäßrigen Medium (Sund und Weber 1966). Unter hydrophoben Bedingungen ist das Abdissoziieren von Protonen behindert. Ob ein Medium oder ein Molekül mehr hydrophilen oder hydrophoben Charakter hat, hängt davon ab, inwieweit seine Atomgruppen polarisiert oder aufgeladen sind. Atomgruppen, die Protonen aufnehmen oder abgeben, können (Karboxyl-, Aminogruppe) elektronegative Atome (Ketogruppe, Aldehydgruppe) haben oder H-Brücken aufbauen (Hydroxyl-, Aminogruppe). Sie sind polarisiert. Ihr Pol wirkt deshalb auf den Dipol des Wassermoleküls ein. Das Wassermolekül wird elektrostatisch angezogen (hydrophil) und ausgerichtet.

Methylgruppen und CH_2-Ketten (Kohlenwasserstoffe, Fettsäuren) sind nicht polarisiert. Sie wirken deshalb auf die Wassermoleküle nicht ein und sind daher hydrophob. So nimmt bei den Alkoholen und Fettsäuren mit zunehmender Kettenlänge, d. h. mit steigender Anzahl der CH_2-Gruppen, die Wasserlöslichkeit ab.

Die Zelle enthält Strukturelemente, z. B. die Membranen, mit hydrophoben Eigenschaften. Die hier ablaufenden chemischen Reaktionen und Bindungen sind deshalb von denen im wäßrigen Medium verschieden.

b) Die Sorption von Ionen und Molekülen an Oberflächen

Oberflächen können ihrer chemisch-physikalischen Beschaffenheit entsprechend auf Ionen und Moleküle anziehend oder abstoßend wirken. Die hierbei wirksamen Kräfte stellen in vielen Fällen Coulombsche Kräfte dar. Die Oberfläche ist hierbei elektrisch aufgeladen; Ionen mit entgegengesetzten Vorzeichen werden angezogen, und Ionen mit einem der Oberflächenladung gleichen Vorzeichen werden abgestoßen. Polare Moleküle werden von derartigen Oberflächen ausgerichtet; hierbei legt sich das Molekül mit seiner der Oberfläche entgegengesetzt aufgeladenen Stelle an die Oberfläche an. Eine derartige Bindung und Ausrichtung von polaren Molekülen an Oberflächen nennt man **Adsorption.** Hierzu zählt z. B. die Adsorption von H_2O-Molekülen an Bodenteilchen, Proteinen und auch an Ionen (s. Abb. 3).

Die Bindung von Molekülen an Oberflächen braucht nicht immer Coulombscher Natur zu sein. Eine lipophile Oberfläche wird beispielsweise diffusible Moleküle mit lipophilem Charakter bevorzugt binden. Es gilt hier der Erfahrungssatz: *Similia similibus solvunter*. Hiervon wird bei der chromatographischen Stoffauftrennung häufig Gebrauch gemacht. Moleküle mit hydrophilem und hydrophobem Anteil (amphiphile Moleküle), z. B. Phospholipoide (s. S. 131), richten sich an einer wäßrigen Oberfläche in charakteristischer Weise aus: Der hydrophile Anteil taucht in

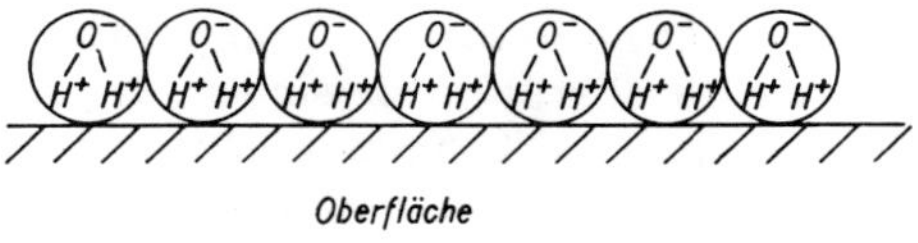

Abb. 3
Die Adsorption von Wasser an eine Oberfläche (Hydratation)

die wäßrige Oberfläche, der lipophile Anteil ragt heraus (s. Abb. 4). Es entsteht so ein monomolekularer Lipoidfilm. Ist die Oberfläche aus irgendeinem Grund gefaltet, so entsteht eine bimolekulare Lipoidschicht. Nach DANIELLI und DAVSON (1936) stellt dieser zwischen zwei wäßrigen Oberflächen ausgerichtete, bimolekulare Lipoidfilm das Urmodell biologischer Membranen dar (Danielli-Modell). Die charakteristische Ausrichtung von Phospholipoiden an wäßrigen Oberflächen bezeichnet man als „Myelinfiguren" (Myelin = Gemisch aus Phospholipoiden und Cholesterin).

Die Bindung von Ionen und Molekülen an Oberflächen ist besonders im Mikrobereich wirksam, da hier die Oberflächen der einzelnen adsorbierenden Partikel (Tonteilchen, Makromoleküle) im Vergleich zu ihren Volumina entsprechend groß sind. Für die Vorgänge im Boden spielt die auf Coulombschen Kräften beruhende Adsorption die wichtigste Rolle; für die Vorgänge in der lebenden Zelle sind Coulombsche Attraktion und Abstoßung von Ionen und Molekülen ebenso wie auch die Ausrichtung von Lipoiden an Oberflächen von Bedeutung.

Unter normalen Bedingungen sind die Bodenkolloide (primäre, sekundäre Tonminerale, Huminsäuren) negativ aufgeladen. Die Aufladung anorganischer Bodenkolloide geht hauptsächlich auf isomorphen Ersatz zurück. Hierbei ist in den meisten Fällen ein Al^{+++} des Kristallgitters durch ein zweiwertiges Kation substituiert. Es fehlt also zur Neutralisation noch eine positive elektrische Ladung (Proton). Je höher in einem derartigen Tonkolloid (Montmorillonit, Vermikulit, glimmerartige Minerale) der Anteil an isomorph ersetzten Stellen ist, um so höher ist die negative Aufladung des Tonteilchens. Die Aufladung derartiger anorganischer Partikel geht zum geringeren Grade auf eine Dissoziation von Si-OH-Gruppen zurück. Sie dissoziieren erst im schwach sauren bis neutralen Bereich. Sie bewirken, daß die elektrische Aufladung der Tonteilchen *p*H-abhängig ist. Mit fallendem „H-Ionendruck" (= steigendem *p*H-Wert) nimmt die H^+ (= Proton) Dissoziation der Si-OH-Gruppen und damit die elektrische Aufladung der Tonpartikel zu. Gleiches gilt für die organischen Bodenteilchen (Huminsäuren). Ihre negative Aufladung wird durch Dissoziation von Karboxylgruppen und phenolischen Hydroxylgruppen hervorgerufen. Derartige organische Partikel haben vielfach amphoteren Charakter, der bei Proteinen besonders augenscheinlich ist. Proteine besitzen saure Atomgruppen (Karboxylgruppen) und basische Atomgruppen (NH_2-Gruppen). Saure Atomgruppen können Protonen abgeben, basische Atomgruppen können

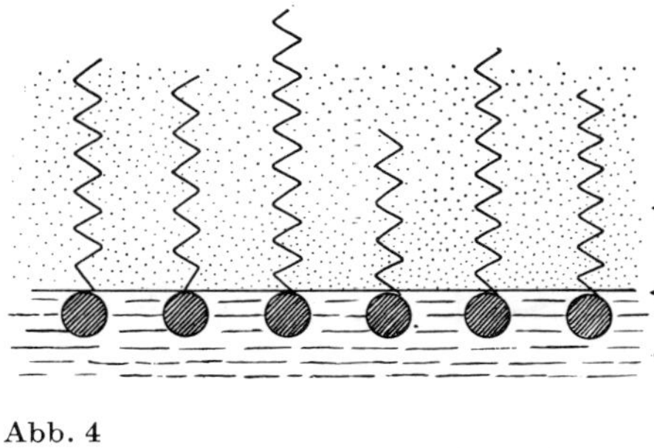

Abb. 4
Die Ausrichtung amphiphiler Moleküle an einer Wasseroberfläche.

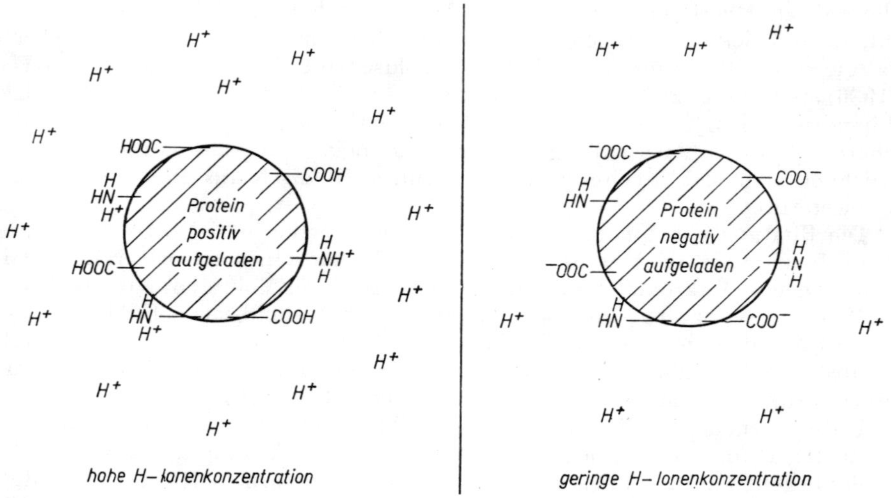

Abb. 5
Die Aufladung eines Proteins bei hoher und geringer H-Ionenkonzentration der einwirkenden Lösung.

Protonen aufnehmen. Abgabe oder Aufnahme hängen ab vom H-Ionendruck (= *p*H-Wert) der einwirkenden Lösung (s. Abb. 5). Der *p*H-Wert, bei dem die Partikel keine Ladung tragen, heißt **isoelektrischer Punkt.**

Derartig elektrisch aufgeladene Oberflächen – seien es nun Bodenkolloide oder Partikel der lebenden Zelle – wirken auf die benachbarten diffusiblen Ionen ein. Negativ aufgeladene Oberflächen ziehen Kationen an und stoßen Anionen ab und umgekehrt. Da die Ionen auf Grund ihrer Eigenbewegung (Brownsche Molekularbewegung) bestrebt sind, sich in einem homogenen Medium gleichmäßig zu verteilen, werden sie nicht direkt in Form eines dünnen Filmes an die aufgeladene Oberfläche gepreßt, sondern mehr in Form einer Kationenwolke an der Oberfläche an-

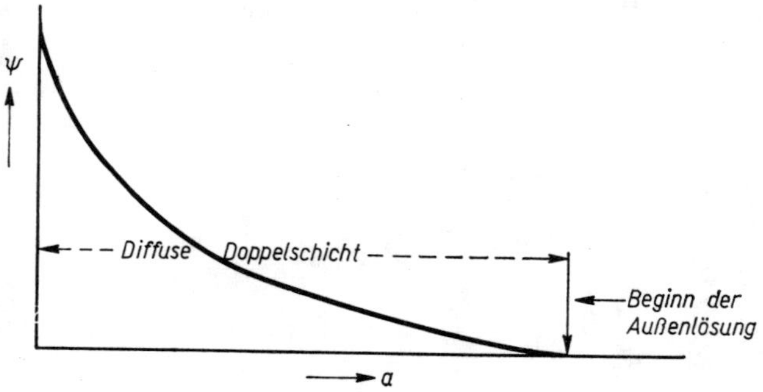

Abb. 6
Der Abfall des Kraftfeldes (Ψ) mit zunehmendem Abstand (a) von der aufgeladenen Oberfläche.

gereichert. Die Eigenbewegung der Kationen wirkt also der Coulombschen Anziehung entgegen. Nach Untersuchungen von GOUY (1910) und CHAPMAN (1913) entspricht die Anreicherung von Kationen an der negativ aufgeladenen Oberfläche dem elektrischen Kraftfeld, das von der Oberfläche ausgeht (s. Abb. 6).

Die Konzentration der Kationen ist dicht an der Oberfläche am größten und nimmt exponentiell mit zunehmendem Abstand von der Oberfläche ab. Umgekehrt nimmt die Anionenkonzentration mit dem Abstand von der Oberfläche zu (s. Abb. 7).

An der Oberfläche liegt also im Gleichgewichtszustand eine charakteristische Kationen/Anionenverteilung vor (Gouy-Chapman-Verteilung). Ab einem gewissen Abstand von der Oberfläche – etwa 100 Å – hat das Kraftfeld praktisch keinen Einfluß mehr auf die Ionenverteilung. Hier beginnt die „Außenlösung". In ihr ist die Kationenkonzentration = der Anionenkonzentration. Die „Innenlösung" ist demnach die an der Oberfläche gelegene Schicht (s. Abb. 7). In ihr sind Kationen- und Anionenkonzentration verschieden. Die Bezeichnung „Innenlösung" geht auf die Donnan-Verteilung zurück (s. S. 24). Beim Gouy-Chapman-Modell entspricht die Innenlösung der **diffusen Doppelschicht;** „diffus", weil die Kationen auf Grund von Diffusion in räumlicher Verteilung vorliegen; „Doppelschicht", weil sich an der Grenzfläche positive und negative Ladung als zwei Schichten gegenüberstehen.

Die quantitativen Zusammenhänge zwischen den Ionen der „Innenlösung" und denen der „Außenlösung" sind kompliziert. Man versucht, sie mit den verschiedensten Gleichungen, ausgehend von unterschiedlichen theoretischen Vorstellungen, zu erfassen (ERIKSSON 1952). Der englische Physiko-Chemiker DONNAN (1911) fand, daß sich zwischen zwei Lösungen, die durch eine semipermeable Membran getrennt sind, ein ganz bestimmtes Gleichgewicht einstellt. Diese Gesetzmäßigkeit sei an einem Beispiel erklärt:

Die wäßrige Lösung von K-Azetat sei durch eine semipermeable Membran von einer wäßrigen Lösung von KCl getrennt. Die Membran ist für K^+ und Cl^- permeabel, für Azetat impermeabel. K^+ und Cl^- sind bestrebt, sich auf beide Lösungen gleichmäßig zu verteilen. Cl^- wird also in die Innenlösung (= Lösung mit den in-

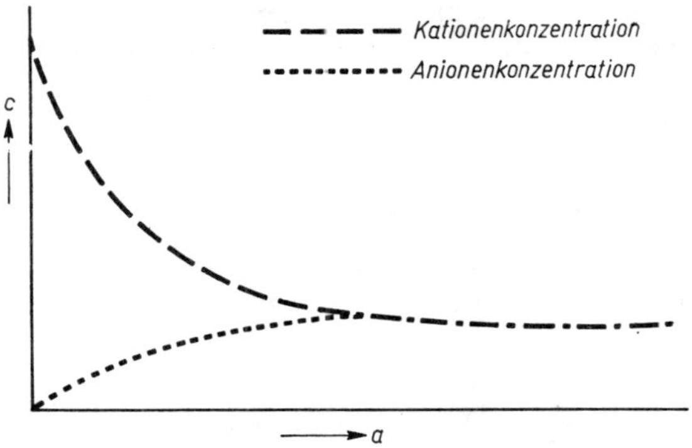

Abb. 7
Die Kationen-Anionenkonzentrationsverteilung in Abhängigkeit vom Abstand (a) einer negativ aufgeladenen Oberfläche (Gouy-Chapman-Verteilung).

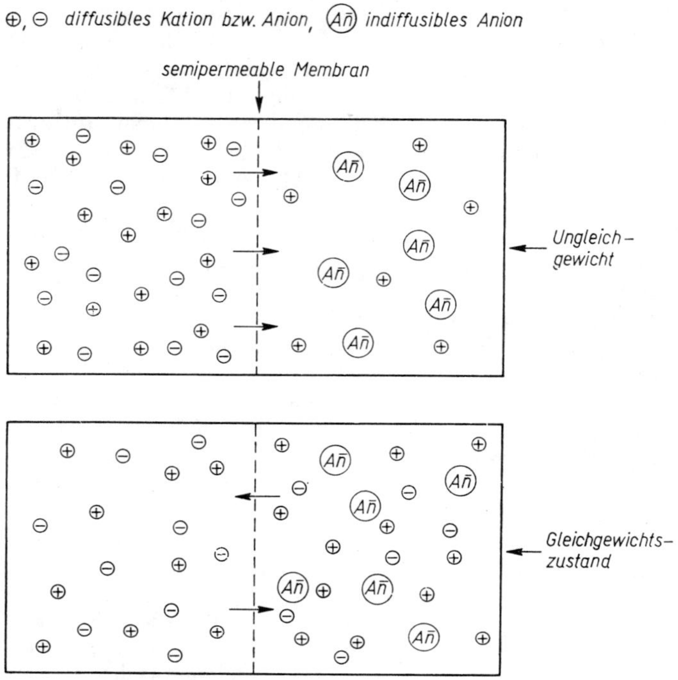

Abb. 8
Einstellung eines Donnan-Gleichgewichtes.

diffusiblen Anionen, hier Azetat) wandern, und K-Ionen werden auf Grund des elektrostatischen Ausgleichs von den Cl-Ionen nachgezogen (s. Abb. 8).

Der Gleichgewichtszustand ist erreicht, wenn das Produkt aus diffusibler Kationenaktivität und Anionenaktivität der Innenlösung = dem Produkt aus diffusibler Kationenaktivität und Anionenaktivität der Außenlösung ist. Für das gewählte Beispiel gilt dann:

$$(K^+)_i \times (Cl^-)_i = (K^+)_a \times (Cl^-)_a$$

$(K^+)_i$, $(K^+)_a$, $(Cl^-)_i$, $(Cl^-)_a$ → Ionenaktivität
in der Innen- $(\ )_i$ bzw. Außenlösung $(\ )_a$.

Es sei darauf verwiesen, daß in idealen Systemen die Ionenkonzentration = der Ionenaktivität ist. Ionenaktivität und Konzentration stehen in folgender Beziehung:

$$\text{Konzentration} \times f = \text{Aktivität}$$

f → Aktivitätskoeffizient.

Der Aktivitätskoeffizient ist < 1 und nähert sich um so mehr dem Wert 1, je geringer die Ionenstärke der Lösung ist.

Die K^+-Aktivität der Innenlösung setzt sich im Gleichgewichtszustand zusammen aus den K^+, welche die indiffusiblen Anionen (z) ausbalancieren, und den

K^+, welche den Cl^- gegenüberstehen (= y). In der Außenlösung ist die K^+-Aktivität gleich der Cl^--Aktivität (c). Für den Gleichgewichtszustand gilt also:

$$\underset{\text{Außenlösung}}{c \times c = c^2} = \underset{\text{Innenlösung}}{(z + y) \times y} \qquad \text{Gl. (1)}$$

z → Aktivität des indiffusiblen Anions
y → Aktivität des Cl^- der Innenlösung
z + y → Aktivität des K^+ der Innenlösung
c → Aktivität von K^+ und Cl^- der Außenlösung

Diese Gleichung gilt für einwertige Anionen und Kationen. Aus ihr kann man folgendes entnehmen: y muß kleiner als z + y sein, d. h. die Kationen akkumulieren in der Innenlösung. Ist im extremen Falle z = 0, dann ist c = y; Innen- und Außenlösung haben gleiche Konzentrationen. Es liegt infolge Fehlens von indiffusiblen Anionen keine Donnan-Verteilung mehr vor. Je größer z wird, um so mehr nimmt die Tendenz zur Donnan-Verteilung zu, die Kationen reichern sich immer mehr in der Innenlösung an, während die Anionenkonzentration der Innenlösung vergleichsweise niedriger wird.

Nimmt man an, daß an Stelle der K-Ionen das zweiwertige Ca-Ion auf das oben behandelte System wirkt, so gilt im Gleichgewichtszustand die folgende Gleichung:

$$(z + y) \cdot y^2 = c \cdot c \cdot c = c^3 \qquad \text{Gl. (2)}$$

In der Außenlösung ist die Konzentration der Cl-Ionen entsprechend dem Ladungsausgleich zwischen An- und Kationen doppelt so hoch wie die der Ca-Ionen. Wird also die Ionenkonzentration = c gesetzt, so ist das Produkt der Ionenkonzentration der Außenlösung = c^3. Die „überschüssigen" Ca-Ionen der Innenlösung (= Ca-Ionen, die nicht durch indiffusible Anionen ausgeglichen werden) werden von Cl-Ionen abgesättigt. Die Cl-Ionenkonzentration der Innenlösung ist also ebenfalls doppelt so hoch wie die in der Innenlösung vorliegende Konzentration der „überschüssigen" Ca-Ionen (= y). Die Konzentration der in der Innenlösung vorhandenen Cl-Ionen erscheint deshalb in Gleichung (2) als y^2. Gleichung (2) gibt uns also die Möglichkeit, die Ionenverteilung zu berechnen, falls wir es mit einem zweiwertigen Kation und mit einem einwertigen Anion zu tun haben. In ähnlicher Weise lassen sich Gleichungen für Systeme mit verschiedenwertigen Anionen und Kationen aufstellen (MATTSON et al. 1948). Man ersieht hieraus, wie unterschiedlich die Ionenverteilung durch die Wertigkeit der einwirkenden Ionen gestaltet wird und wie kompliziert die Verhältnisse werden, wenn die verschiedenartigsten Ionen auf einen Sorptionskomplex einwirken.

Um einmal einen einfachen Fall darzustellen, bei dem einwertige Kationen, z. B. KCl, und zweiwertige Kationen, z. B. $CaCl_2$, in einem Donnan-System vorliegen, können wir entsprechend der Gleichung (1) davon ausgehen, daß im Gleichgewichtszustand das Produkt der Ionenkonzentration (bzw. Aktivität) der Innenlösung gleich dem Produkt der Ionenkonzentration der Außenlösung ist.

$$(K^+)_i \cdot (Cl^-)_i = (K^+)_a \cdot (Cl^-)_a \qquad \text{Gl. (3)}$$

$$(Ca^{++})_i \cdot (Cl^-)_i^2 = (Ca^{++})_a \cdot (Cl^-)_a^2 \qquad \text{Gl. (4)}$$

bzw.

$$\sqrt{(Ca^{++})_i} \cdot (Cl^-)_i = \sqrt{(Ca^{++})_a} \cdot (Cl^-)_a \qquad \text{Gl. (4)}$$

Dividiert man Gleichung (3) durch Gleichung (4), so erhält man:

$$\frac{(K^+)_i}{\sqrt{(Ca^{++})_i}} = \frac{(K^+)_a}{\sqrt{(Ca^{++})_a}} \quad \text{oder} \quad \frac{(K^+)_i}{(K^+)_a} = \sqrt{\frac{(Ca^{++})_i}{(Ca^{++})_a}} \qquad \text{Gl. (5)}$$

Die Konzentration des zweiwertigen Ca-Ions geht also mit ihrer Quadratwurzel in diese Gleichung ein. Da die Kationenkonzentration der Innenlösung immer größer als die der Außenlösung ist, läßt sich mathematisch ableiten:

$$\frac{(Ca^{++})_i}{(Ca^{++})_a} > \frac{(K^+)_i}{(K^+)_a}$$

Ca^{++} wird also in der Innenlösung relativ stärker angereichert, denn der links stehende Ausdruck $\frac{(Ca^{++})_i}{(Ca^{++})_a}$ ist größer als der rechts stehende Ausdruck $\frac{(K^+)_i}{(K^+)_a}$. Dies ist um so mehr der Fall, je höher die Aktivität an indiffusiblen Anionen ist, wie man sich leicht an einem Zahlenbeispiel ableiten kann. Nähert sich der Ausdruck $\frac{(K^+)_i}{(K^+)_a}$ dem Wert 1 (geringe Aktivität an indiffusiblen Anionen), so wird auch das Quadrat dieses Ausdrucks $\left(\text{entspricht } \frac{(Ca^{++})_i}{(Ca^{++})_a}\right)$ von 1 nicht sehr verschieden sein und umgekehrt.

Das Donnan-System zeichnet sich also durch zwei Merkmale aus:

1. Die Tendenz eines Kations, in die Innenlösung zu gehen, nimmt mit seiner Wertigkeit zu (Wertigkeitseffekt).
2. Dieses Bestreben ist um so stärker ausgeprägt, je höher die Konzentration der indiffusiblen Anionen gegenüber der Konzentration der einwirkenden Außenlösung ist (Konzentrationseffekt).

Im Gleichgewichtszustand besteht eine elektrische Potentialdifferenz zwischen Innen- und Außenlösung. Das gilt für das Gouy-Chapman-Modell und auch für die Donnan-Verteilung. Diese Elektropotentialdifferenz erklärt sich damit – um bei dem oben diskutierten Beispiel zu bleiben –, daß das Gefälle für die Cl^--Aktivität von der Außenlösung zur Innenlösung größer ist als für die K^+-Aktivität. Es diffundieren deshalb etwas mehr Cl- als K-Ionen in die Innenlösung. Der dadurch hervorgerufene negative Ladungsüberschuß in der Innenlösung ist so gering, daß man ihn chemisch nicht nachweisen kann. Die Gleichung (1), bei der angenommen wird, daß die K-Aktivität der Innenlösung der Summe der Anionenaktivitäten der Innenlösung entspricht, ist also gerechtfertigt. Der Überschuß an negativer Ladung in der Innenlösung kann mit einer Potentialmessung nachgewiesen werden. Man nennt derartige Potentiale „Donnan-Potentiale“.

Da für den Grad der Donnan-Verteilung das Verhältnis der Konzentration der indiffusiblen Anionen zur Konzentration der Außenlösung maßgebend ist, wird weiterhin die Innenlösung eines Sorptionskomplexes (eine elektrisch aufgeladene Partikel) um so mehr eine Donnan-Verteilung zeigen, je niedriger die Konzentration der Außenlösung ist. So wird in einer verdünnten Lösung beispielsweise Ca^{++} im Vergleich zu K^+ stärker sorbiert als in einer konzentrierten (Verdünnungseffekt).

Für praktische Verhältnisse bedeutet dies, daß bei einer Verdünnung der Bodenlösung, z. B. durch Regen oder auch durch Auswaschung von Kationen, die zwei- und höherwertigen Ionen besonders stark gebunden werden und eventuell für die Pflanze weniger gut verfügbar sind. Eine Konzentrationserhöhung der Bodenlösung, z. B. durch Verdunstung, wirkt sich in umgekehrter Richtung aus. Die

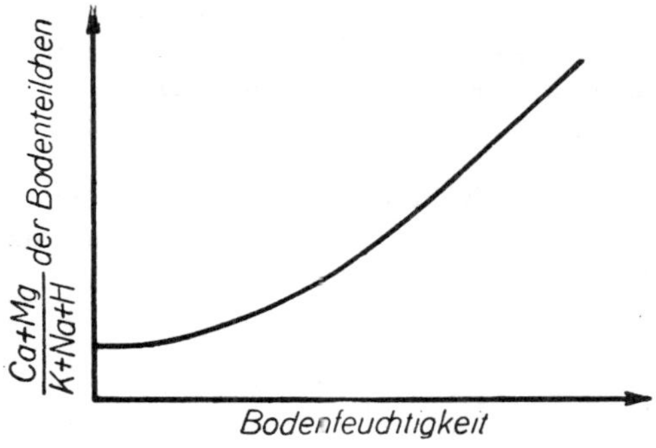

Abb. 9
Der Einfluß der Konzentration der Bodenlösung auf die Sorption von ein- und zweiwertigen Kationen (WIKLANDER 1958).

mehrwertigen Kationen werden weniger stark sorbiert. In Abb. 9 ist der Einfluß der Konzentration auf die Sorption von ein- und zweiwertigen Kationen dargestellt.

Die Donnan-Verteilung setzt voraus, daß die indiffusiblen Ionen der Innenlösung gleichmäßig verteilt sind. Das ist jedoch in den meisten Fällen, besonders für die Kationenbindung an Tonminerale, nur dann annähernd der Fall, wenn zwei aufgeladene Oberflächen sich so dicht gegenüberstehen, daß das dazwischen liegende elektrische Kraftfeld weitgehend homogen ist (DAINTY und HOPE 1961). Der Abstand beider Oberflächen hat dann eine Größenordnung von < 20 Å, und die diffusiblen Ionen zwischen den beiden geladenen Oberflächen sind ziemlich gleichmäßig verteilt. Bei negativer Aufladung der Oberflächen enthält dieser mit Wasser gefüllte Zwischenraum vorwiegend Kationen; auf Anionen wirkt er abstoßend. Derartige Bedingungen können im Boden und auch in pflanzlichen Geweben in engen Poren vorkommen. In der Regel wird jedoch im Boden der aufgeladenen Oberfläche eines Tonminerals eine als unendlich anzusehende Außenlösung gegenüberstehen. Hier beschreibt das Gouy-Chapman-Modell die Ionenverhältnisse besser. Seine quantitative Beschreibung geht von der Poisson-Boltzmann-Differentialgleichung aus, welche neben den Ionenkonzentrationen auch die Ladungsdichte und das elektrische Potential der adsorbierenden Oberfläche berücksichtigt. Auf die recht komplizierte Ableitung soll hier nicht näher eingegangen werden. LAGERWERFF und BOLT (1959) konnten jedoch zeigen, daß diese Ableitung zu einer Beziehung führt, die der Gapon-Gleichung entspricht. Diese besagt (GAPON 1933):

$$\frac{a^+}{a^{++}} = k \frac{c^+}{\sqrt{c^{++}}}$$

a^+, a^{++} → adsorbierte Kationenmenge (mol)
c^+, c^{++} → Kationenkonzentration in der Gleichgewichtslösung (mol/l)
k → Gapon-Koeffizient

Es sei darauf hingewiesen, daß diese Gleichung sich von der Donnan-Gleichung dadurch unterscheidet, daß sie die Quadratwurzel für die zweiwertigen Kationen nur auf der rechten Seite, also für die Gleichgewichtslösung, aufweist.

Die Untersuchungen verschiedener Autoren zeigen, daß die Gapon-Gleichung mit gewissen Einschränkungen die Ionenverhältnisse zwischen sorbierender Oberfläche und Gleichgewichtslösung befriedigend beschreibt (BOLT 1955, LAGERWERFF und BOLT 1959, EHLERS et al. 1968).

Der Gapon-Koeffizient ist jedoch nicht vollkommen konstant. Er wird beeinflußt von der Ladungsdichte (SCHWERTMANN 1962), von dem Absättigungsgrad mit Kationen (BOLT 1955, EHLERS et al. 1968) und besonders von den spezifischen Bindungsmöglichkeiten, die eine aufgeladene Oberfläche bestimmten Kationenarten bietet.

Diese spezifische Bindung hat für die Bindung von K^+ an Tonminerale eine Bedeutung. Als Beispiel sei die Bindung von K^+ und Ca^{++} an eine aufgeladene Oberfläche genannt. Für sie lautet die Gapon-Gleichung:

$$\frac{K_{ad}^+}{Ca_{ad}^{++}} = k \frac{K_l^+}{\sqrt{Ca_l^{++}}}$$

K_{ad}^+, Ca_{ad}^{++} → adsorbiertes K^+ u. Ca^{++} (mol)
K_l^+, Ca_l^{++} → K^+- u. Ca^{++}-Konzentration bzw. Aktivität der Gleichgewichtslösung

Wird K^+ bevorzugt an die Oberfläche adsorbiert, so ist der linke Ausdruck der Gleichung (K_{ad}^+/Ca_{ad}^{++}) im Vergleich zum rechts stehenden Bruch (K_l^+/Ca_l^{++}) groß. Dementsprechend muß auch die Konstante k groß sein, um die Gleichheit beider Seiten zu wahren. Je höher die Selektivität für ein Kation, desto höher ist demnach auch seine Gapon-Konstante. Sie ist also geeignet, die Selektivität für eine bestimmte Ionenart quantitativ auszudrücken. Da man es bei diesen Gleichgewichtsverhältnissen nie mit idealen Systemen zu tun hat, schwankt die Gapon-Konstante in gewissen Grenzen. Man bezeichnet sie deshalb besser als **Gapon-Koeffizient** oder **Selektivitätskoeffizient.**

Ob Donnan-System oder Gouy-Chapman-System, in beiden Fällen besteht zwischen „Innen"- und „Außenlösung" das Bestreben, ein Gleichgewicht einzustellen. Die charakteristischen Ionenverteilungsmuster zwischen beiden Lösungen treten um so stärker in Erscheinung, je niedriger konzentriert die Außenlösung und je höher die Aufladung der sorbierenden Oberfläche ist. Wird die Außenlösung zunehmend verdünnt, so wandern auf Grund der Gleichgewichtseinstellung immer mehr diffusible Ionen aus der Innenlösung in die Außenlösung, bis ein Punkt erreicht wird, bei dem die Außenlösung reines H_2O ist und die in der Innenlösung noch vorhandenen diffusiblen Kationen den indiffusiblen Anionen bzw. der Aufladung der Oberfläche äquivalent sind. Dieser Vorgang einer stetigen Verdünnung der Außenlösung spielt sich beim Nachwaschen eines mit einer Salzlösung beschickten Austauschers ab. Bei dem Austauscher werden alle diffusiblen Ionen ausgewaschen bis auf die, welche in äquivalenten Mengen den indiffusiblen Ionen „gegenüberstehen" (Gegenionen).

Derartig gebundene (sorbierte) diffusible Ionen können nicht ausgewaschen werden. Sie können jedoch durch andere Ionen gleichen Vorzeichens verdrängt werden. Die Verdrängung nennt man **Ionenumtausch.** Die eingetauschte Ionenmenge ist hierbei der ausgetauschten Ionenmenge äquivalent (s. Abb. 10).

Die sorbierten Ionen sind nur locker gebunden und werden daher leicht ausgetauscht. Die **Sorption** (= elektrostatische Attraktion eines diffusiblen Ions durch ein indiffusibles entgegengesetzt aufgeladenes Ion bzw. durch eine äquivalente Menge Oberflächenladung) ist keine ionogene Bindung, wie sie z. B. in Kristallen vorliegt. Die gebundenen Partner neutralisieren sich nicht gegenseitig. Sie behalten weitgehend ihre Eigenladung bei. Auch die Wasserhülle der Ionen wird beibehalten.

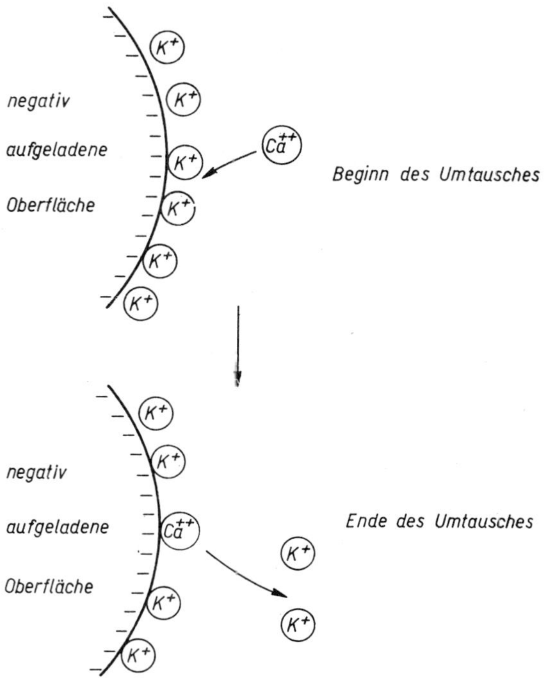

Abb. 10
2 K^+ werden durch 1 Ca^{++} umgetauscht.

Sie liegt gleichsam wie ein Polster zwischen der aufgeladenen Oberfläche und dem Ion. Je schwächer dieses Polster ist, um so stärker kann das Ion gebunden werden. Weiterhin richtet sich die Stärke noch nach der Wertigkeit (Aufladung) des diffusiblen Ions. Je höherwertig das Ion, um so fester wird es von einer entgegengesetzt aufgeladenen Oberfläche sorbiert. Wertigkeit und Wasserhülle bestimmen also die Sorptionsstärke bzw. die Eintauschstärke (Stärke, mit der ein diffusibles Ion ein sorbiertes Ion verdrängen kann).

Vergleicht man zwei gleichwertige Ionen, z. B. ein Li-Ion mit einem Rb-Ion, so unterscheiden sie sich, abgesehen von der Masse, hauptsächlich durch ihren Ionendurchmesser. Der des Li beträgt 1,56 Å, der des Rb 2,98 Å. Das Rb-Ion hat zwar die gleiche Ladung wie das Li-Ion, seine Ionenoberfläche aber ist ungefähr viermal größer. Das bedeutet, daß die Ladungsdichte je Flächeneinheit beim Li-Ion wesentlich höher ist als beim Rb-Ion. Die Tendenz des Li-Ions, Wassermoleküle anzuziehen und sie auf Grund ihres Dipolcharakters auszurichten, ist deshalb größer als die des Rb^+. Li^+ hat also eine stärkere Wasserhülle als Rb^+. Die Gesetzmäßigkeit, je kleiner ein Ion ist, um so größer ist seine Wasserhülle, gilt allgemein. In Abb. 11 sind Alkali-Ionen mit ihren Wasserhüllen schematisch dargestellt. Sie gibt eine Vorstellung davon, wie unterschiedlich das Verhältnis Ionenvolumen/Wasservolumen eines hydratisierten Ions sein kann (LETTVIN et al. 1964).

Bei Ionen mit gleichem Durchmesser zeigen diejenigen, die die höhere Ladung haben, die größere Wasserhülle. So werden vom Mg-Ion (∅ 1,56 Å) etwa doppelt so viel H_2O-Moleküle an der Oberfläche adsorbiert wie vom Li-Ion (∅ 1,56 Å). Die

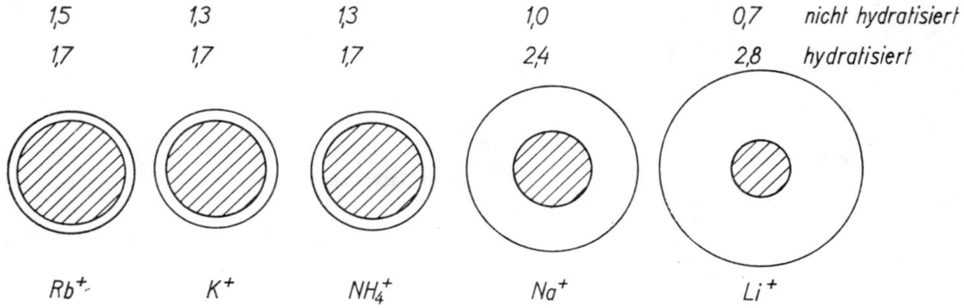

Abb. 11
Ionenradien von hydratisierten und nicht hydratisierten Alkali-Ionen (r in Å).

kleinen Ionen werden auf Grund ihrer dicken Wasserhülle von den Sorptionskörpern nur locker festgehalten. Sie haben relativ große Oszillationsräume und werden leicht ausgetauscht. Das gilt besonders für die einwertigen Kationen wie Lithium, Natrium und Kalium. Von den zweiwertigen Ionen wird das Mg^{++} auf Grund seiner großen Wasserhülle nur locker gebunden.

Die Eintauschstärke entspricht der **Hofmeisterschen Ionenreihe.**

$Li^{+} < Na^{+} < K^{+} < Rb^{+} < Cs^{+}$
$Mg^{++} < Ca^{++} < Sr^{++} < Ba^{++}$
⟶
Zunahme des Eintauschvermögens
Abnahme der Wasserhülle

Neben Wasserhülle und Wertigkeit ist die Eintauschstärke des einzelnen Ions auch abhängig von dem Impuls, mit dem es auf ein auszutauschendes Ion auftrifft. Dieser Impuls entspricht der kinetischen Energie des einzelnen Ions. Sie ist für die einzelnen Ionen der gleichen Ionenart unterschiedlich. Die Verteilung der kinetischen Energie einer großen Anzahl von Ionen der gleichen Art, z. B. Na-Ionen, entspricht der Maxwellschen Verteilungskurve (s. Abb. 15). In dem gesamten Ionenschwarm gibt es also Ionen mit besonders hoher und Ionen mit besonders geringer kinetischer Energie, während der größte Prozentsatz einen mehr mittleren Energiegehalt aufweist. Ionen, die nun mit besonderer Wucht auf ein sorbiertes Ion auftreffen, werden letzteres verdrängen, selbst dann, wenn das verdrängte Ion eine geringere Wasserhülle oder eine höhere Wertigkeit als das verdrängende Ion hat. Für einen einfachen Fall, bei dem beispielsweise Ca-Ionen von einem Sorptionskomplex sorbiert sind und Na-Ionen auf diesen Sorptionskomplex einwirken, bedeutet dies, daß Ca-Ionen von dem Komplex durch Na-Ionen verdrängt werden. Je höher die einwirkende Na-Konzentration ist, desto mehr Na-Ionen werden dabei sein, die eine genügend hohe kinetische Energie haben, um Ca^{++} zu verdrängen. Es wird sich mit der Zeit ein Gleichgewicht einstellen, bei dem um so mehr Na-Ionen am Sorptionskomplex sorbiert sind, je höher die Na^{+}-Aktivität in der Gleichgewichtslösung ist. Mit einem entsprechend hohen Überschuß an Na^{+} kann man daher Ca^{++} annähernd quantitativ vom Sorptionskomplex verdrängen, besonders dann, wenn man Ca^{++} immer wieder aus dem Gleichgewicht herausnimmt. Auf diesen Gegebenheiten beruht die Regeneration (quantitative Neubelegung eines Austauschers mit einer Ionenart) einer Ionenaustauschsäule. Der Anteil der einzelnen Ionenarten am Gesamt-Ionen-Belag (= alle sorbierten Ionen) hängt daher im gegebenen Fall von der Wasserhülle, der Wertigkeit und den einwirkenden Aktivitäten (Konzentrationen) der einzelnen Ionenarten ab. Das Gleichgewicht, das sich einstellt, ist ein dynamisches Gleichgewicht. Das heißt, daß das einmal sorbierte Ion nicht in diesem Zustand verharrt, es wird wieder von einem anderen Ion bzw. von einer anderen Ionenart verdrängt. Im Gleichgewichtszustand ist jedoch für die einzelnen Ionenarten die Menge der verdrängten Ionen gleich der Menge der eintauschenden Ionen, so daß sich am Gesamtzustand des Systems nichts ändert und die Gleichgewichtslösung (= Außenlösung) in ihrer Zusammensetzung konstant bleibt. Das oben angeführte Beispiel für den Na/Ca-Umtausch gilt natürlich auch für andere Ionen.

Die Sorption einer Kationenart nimmt mit steigendem Anteil an den gesamten vorhandenen Kationen des Systems in Form einer Sättigungskurve zu. Abb. 12 zeigt diese Beziehung für die Bindung von K^+ und Ca^{++} an Bentonit. Die Abszisse stellt hierbei den gelösten Anteil von Ca^{++} an den gesamten gelösten Kationen dar $(Ca/Ca + K)_l$, die Ordinate das sorbierte Ca^{++} von den gesamten sorbierten Kationen $(Ca/Ca + K)_s$. Man ersieht, daß mit steigendem Ca-Anteil in der Lösung die Rate des sorbierten Ca^{++} immer kleiner wird, so daß eine Sättigungskurve entsteht. Diese Sättigungskurve ist um so stärker ausgeprägt (= Abweichung von der Linearen), je niedriger konzentriert die Lösung ist, wie aus den 5 Konzentrationsstufen der Abb. 12 ersichtlich ist. In dieser Gegebenheit spiegelt sich das Donnan-System wider, das mit steigender Verdünnung der Lösung die bevorzugte Sorption höherwertiger Kationen fordert.

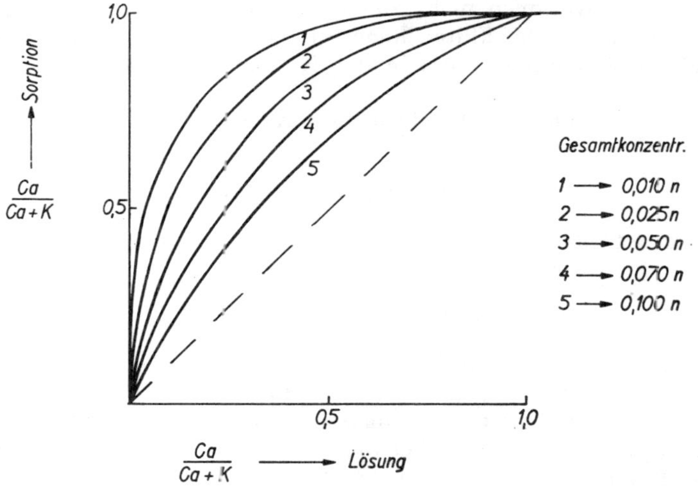

Abb. 12
Die Sorption von Ca^{++} an Bentonit mit steigendem Ca-Anteil (Ca/Ca + K) in der Gleichgewichtslösung (KREMER und PODLESAKOVA 1968).

Die oben besprochenen Gesetzmäßigkeiten des Ionenumtausches beziehen sich auf einen „idealen Sorptionskomplex". Hierunter ist ein elektrisch aufgeladener homogener kugelförmiger Körper zu verstehen, der an allen Stellen seiner Oberfläche die gleiche Ladung aufweist und der keine Ionen auf Grund chemischer Affinität bevorzugt sorbiert. Die Sorption beruht lediglich auf elektrostatischer Anziehung entgegengesetzt aufgeladener Partner.

Die natürlich vorkommenden Sorptionskomplexe sind keine „idealen Ionenaustauscher". Ihre Oberflächen sind an den einzelnen Stellen unterschiedlich gestaltet und unterschiedlich aufgeladen. Das ist besonders dann der Fall, wenn direkt an der Oberfläche indiffusible Ionen (Karboxyl-, Phosphat-, phenolische Hydroxylgruppen) vorhanden sind. Derartige Gruppen können aus sterischen Gründen Affinitäten zu den verschiedenen diffusiblen Ionenarten aufweisen, die nicht der Hofmeisterschen Ionenreihe entsprechen. Abweichungen von der Hofmeisterschen Ionenreihe sind deshalb nicht selten. SCHACHTSCHABEL (1940) fand für verschiedene Sorptionskomplexe die folgenden Verdrängungsreihen

NH_4-Kaolinit:	$Na^+ < H^+ < K^+ < Mg^{++} < Ca^{++}$
NH_4-Montmorillonit:	$Na^+ < K^+ < H^+ < Mg^{++} < Ca^{++}$
NH_4-Glimmer:	$Na^+ < Mg^{++} < Ca^{++} < K^+ < H^+$
Huminsäure:	$Na^+ < K^+ < Mg^{++} < Ca^{++} < (H^+)$
	$\longrightarrow$ zunehmende Eintauschstärke

Man ersieht aus diesen Reihen, daß besonders beim Glimmer die Hofmeistersche Ionenreihe nicht eingehalten wird. Illitische Tonminerale sorbieren bevorzugt K^+ und NH_4^+. Beide Ionen haben im hydratisierten Zustand einen kleinen Ionenradius, so daß sie noch in Ecken- und Zwischenschichtpositionen des Minerals passen, die größeren Kationen nicht zugänglich sind. Dementsprechend ist der Gapon-Koeffizient für K^+ bei Illiten höher als bei Montmorillonit und Kaolinit. Organisches Material (Humus, Torf) bindet K^+ demgegenüber nur unspezifisch (JUNGK 1964).

Bodenkolloide können auch mit indiffusiblen Kationen versehen sein, die durch Dissoziation von OH^- entstehen.

$$= Al{-}OH \rightleftharpoons = Al^+ + OH^-$$

Die Dissoziation ist pH-abhängig und geht auf oberflächlich sitzende Al-OH-Gruppen zurück. Sie sorbieren bevorzugt Phosphate.

$$= Al^+{-}OH^- + H_2PO_4^- \rightleftharpoons = Al^+{-}H_2PO_4 + OH^-$$

Diese Phosphatsorption ist ziemlich spezifisch. Die Bindung dürfte schon einen Übergang von der sorptiven zur salzartigen Bindung darstellen.

Auf Grund des schwierigen Untersuchungsmaterials kennt man heute noch keine genaueren quantitativen Angaben über die Bindungsstärke einzelner sorptiv gebundener Partner. In neuerer Zeit versuchen GILBERT und LAUDELOUT (1965), mit Hilfe der beim Umtausch auftretenden Reaktionswärme (bzw. -kälte) und mittels thermodynamischer Ableitungen dieser Frage näherzukommen.

c) Hydratation und kolloidchemische Vorgänge

Wie bereits dargestellt, wirken geladene Partikel (Ionen, Moleküle) auf die Wassermoleküle ein. Die Wassermoleküle werden auf Grund der elektrostatischen Wechselbeziehung an der Oberfläche adsorbiert und ausgerichtet (s. Abb. 3).

Die molekulare Wasserschicht an der adsorbierenden Oberfläche ist geordnet, ihre Moleküle sind ähnlich wie die Ionen in einem Kristallgitter systematisch ausgerichtet, ihre kinetische Bewegung ist behindert, d. h. sie werden mit einer relativ hohen Energie an die Oberfläche gebunden (s. Abb. 3). Die molekulare Wasserschicht wird hierbei gleichsam an die Oberfläche gedrückt, wobei Drucke von 5000 atm und höher auftreten. Die auf diese molekulare Schicht folgende Wasserschicht ist schon weniger ausgerichtet und daher beweglicher. Es gilt auch hier analog zur Ionensorption, daß die Bindung der Wassermoleküle an die Oberfläche um so lockerer ist, je weiter das Molekül von der Oberfläche entfernt ist. Die hydrophilen Teilchen wie Ionen, aber auch Polypeptide, Proteine, Dextrine, Polysaccharide und Pektine sind von einer Wasserhülle umgeben. Man nennt diese elektrostatisch bedingte Wasseranlagerung **Hydratation.** Die Beziehungen zwischen Hydratationshülle und Ionenradius wurden bereits auf S. 29 dargestellt. In Normallösungen sind von den einzelnen Ionen eine bestimmte Anzahl Wassermoleküle adsorbiert (s. Tabelle 1).

Tabelle 1

Anzahl der Wassermoleküle und Ionenradius des hydratisierten Ions in einer wäßrigen Normallösung.

Ionenart	adsorb. Wassermoleküle	Radius in Å
Li^+	12	2,8
Na^+	8	2,4
K^+	4	1,7
Mg^{++}	14	3,2
Ca^{++}	10–12	2,8

H-Ionen haben unter den verschiedensten Konzentrationsverhältnissen ein H_2O-Molekül adsorbiert (H_3O^+ = Hydronium-Ion). Nach WICKE (1966) sind sogar in vielen Fällen 4 H_2O-Moleküle an das Proton (H^+) angelagert, so daß eine tetraedrische Raumordnung des $H_9O_4^+$-Komplexes vorliegt (s. Abb. 13).

In Wasser gelöste Moleküle und Ionen beeinflussen die Struktur des Wassers, indem sie Netzstrukturen und sonstige durch H-Bindungen aufgebaute H_2O-Molekülaggregate unterbrechen. Das Inlösunggehen (Solvation) einzelner Stoffe hängt von den hydrophilen Eigenschaften des Stoffes ab. Je stärker ein Molekül zur Hydratation neigt, um so leichter wird es aus dem Verband herausgelöst. Auf diese Weise entstehen Ionen-Lösungen (z. B. Kochsalzlösung) oder molekulare Lösungen (z. B. Zuckerlösung).

Sind größere Teilchen (Größe etwa 10^{-5}–10^{-7} cm) in einem anderen Medium gelöst, so spricht man von einer kolloidalen Lösung. Ihr Charakteristikum ist also nicht der Stoff selbst, sondern der hohe Zerteilungsgrad (Dispersionsgrad) des Stoffes. Den fein verteilten Stoff nennt man **disperse Phase** oder **Dispergens,** das

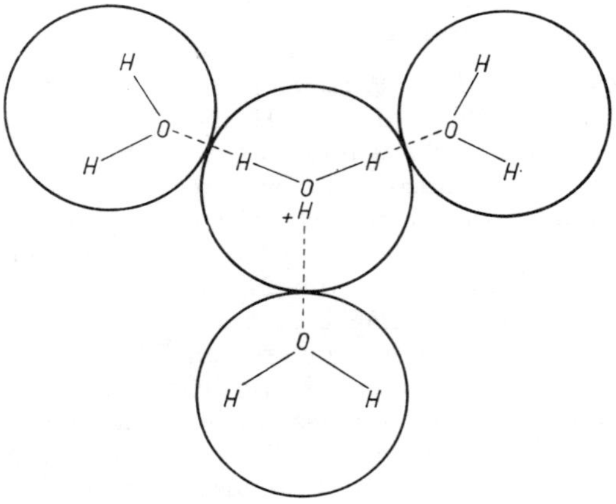

Abb. 13
Hydratisierung des Protons in wäßriger Lösung zum $(H_9O_4)^+$-Komplex.

Medium, in dem er sich befindet, **Dispersionsmittel.** Es interessieren bei physiologischen Vorgängen hauptsächlich Systeme mit Wasser als Lösungsmittel und mit hydrophilen Kolloidteilchen (Huminsäuren, Tonminerale, Proteine, Polysaccharide) als disperse Phase. Charakteristisch für das Dispergens ist seine im Vergleich zum Volumen große Oberfläche. Oberflächenkräfte sind daher für zahlreiche typische Eigenschaften kolloidaler Systeme verantwortlich. Hydrophile Kolloidteilchen sind im wäßrigen Dispersionsmittel hydratisiert. Durch die Wasserhüllen sind sie gegenseitig abgepolstert. Da die Teilchen auch meistens eine elektrische Ladung tragen, stoßen sie sich gegenseitig ab. Sie bleiben in der Schwebe, sind also gelöst und lagern sich nicht zu größeren Aggregaten zusammen. Diesen Zustand der gelösten Teilchen nennt man **Sol** (von solutio, Lösung). Werden die Kolloidteilchen in diesem Solzustand entladen, so stoßen sie sich nicht mehr gegenseitig ab, und da auch die Wasserhülle wegfällt, ist kein „Abpolstern" mehr möglich. Jetzt überwiegen die Kohäsionskräfte. Die Teilchen lagern sich zu größeren Aggregaten zusammen. Das Sol ist zu einem **Gel** (von Gelatine) geworden. Unter Gel versteht man also die ausgeflockten Kolloide. Man nennt diese Ausflockung **Koagulation,** während der Übergang zum Sol mit **Peptisation** bezeichnet wird (von Pepsin, welches im Magen koaguliertes Eiweiß wieder in den Solzustand überführt). Viele kolloidale Systeme sind reversibel, d. h. man kann ein Gel wieder in ein Sol überführen und umgekehrt. Der Kolloidzustand – Gel oder Sol – hängt von den einwirkenden Ionen, besonders der H-Ionenkonzentration ab. Als Regel gilt, daß negativ geladene Solteilchen durch einen H-Ionenzusatz entladen werden und dann ausflocken; positiv geladene Kolloidteilchen werden durch Zusatz von Hydroxylionen zur Koagulation gebracht.

Auch Ionen müssen, da sie gegenüber der Ladung der Kolloidteilchen ein entgegengesetzt aufgeladenes Äquivalent darstellen können, ebenfalls zur Neutralisation der Kolloidteilchen und damit zur Koagulation beitragen. Tatsächlich kann man auch Sole durch Zusatz von Ionen zum Ausflocken bringen. Die einzelnen Ionen verhalten sich jedoch hinsichtlich ihrer ausflockenden Wirkung sehr unterschiedlich. Ein Ion wird ein Sol um so besser zum Koagulieren bringen, je mehr es die Aufladung der Kolloidteilchen zu neutralisieren vermag. Ein Charakteristikum der sorptiven Bindung ist, daß sorbierende Oberfläche und Gegen-Ion ihre Wasserhülle und ihre Ladung weitgehend beibehalten. Das bedeutet, daß ein Zusatz von Kationen zu einer negativ aufgeladenen dispersen Phase nur dann flockend wirkt, wenn die Kationen dicht genug an die Kolloidteilchen herantreten und so deren Ladung weitgehend neutralisieren und damit ihre Wasserhülle abbauen können. Diese ausflockende Eigenschaft der Ionen steigt mit ihrer Ladung und fällt mit ihrer Hydratation (Wasserhülle). Die Regel von SCHULZE-HARDY besagt, daß positiv geladene Sole durch negativ geladene Ionen und negativ aufgeladene Sole durch positive Ionen entsprechend den obigen Ausführungen ausgeflockt werden. Die Koagulationswirkung der Ionen Na^+, Ca^{++}, Al^{+++} entspricht dabei den Zahlenwerten 1 : 20 : 350.

Die fällende Wirkung eines Salzzusatzes macht man sich bei der Abtrennung von Proteinen zunutze. Man gibt hier einen Überschuß an $(NH_4)_2SO_4$ zur Lösung, welches das Protein zur Koagulation bringt. Man nennt den Vorgang Aussalzen. Auch Cu^{++} wird vielfach zur Proteinfällung verwendet. Ein weiteres Beispiel, wie die einwirkenden Ionen den kolloidalen Zustand des Proteins beeinflussen, ist die Milchgerinnung. Beim Abbau der Laktose durch Milchsäurebakterien entsteht Milchsäure. Die so entstandenen H-Ionen neutralisieren die negativ aufgeladenen Proteinteilchen, so daß es zur Koagulation kommt.

Proteine, aber auch Tonminerale haben amphoteren Charakter. Sie können je nach H-Ionenaktivität der einwirkenden Lösung positiv oder negativ aufgeladen sein. Beim isoelektrischen Punkt tritt Koagulation ein. Kolloidchemische Vorgänge haben für die Verkittung von Bodenteilchen und damit für den Zustand des Bodens eine beachtliche Bedeutung (s. S. 214).

In vitro werden beim Ausflocken von Gelen meist ungeordnete Strukturen gebildet. Bei Anwesenheit bestimmter Ionen kann jedoch durch Anlagerung oder Abstoßung von Solteilchen ein geordnetes Gel aufgebaut werden. Sie können als Ausgangsmuster für die Anlagerung weiterer organischer oder anorganischer Stoffe dienen und so beispielsweise den Mineralstoffeinbau in Knochen und Zähne lenken (THIELE et al. 1964).

Man hat versucht, auch das Zytoplasma als Sol zu interpretieren. Man weiß heute jedoch, daß das Zytoplasma sehr heterogen ist und kein ideales Sol mit Proteinen als Dispergens und Wasser als Dispersionsmittel darstellt. Selbst das Grundplasma, das zwar kolloidal gelöste Proteine enthält, kann nicht als „ideales" Sol angesehen werden. Der Zustand der Proteine, besonders ihre Hydratation und die Wechselbeziehungen zwischen Protein und Ionen sind für die enzymatische Wirksamkeit der Proteine von hervorragender Bedeutung (s. S. 54).

2. Enzymatische Reaktionen

a) Einteilung der Enzyme

Enzyme oder **Fermente** sind Biokatalysatoren. Nach der klassischen Definition ermöglicht ein Katalysator den Ablauf einer thermodynamisch möglichen chemischen Reaktion, ohne daß er bei der Reaktion verbraucht wird. Das gilt auch für die Enzyme. Sie ermöglichen die mannigfaltigen chemischen Prozesse unter vergleichsweise milden Bedingungen, d. h. im Reaktionsmilieu liegen keine extremen Drucke, Temperaturen oder H-Ionenaktivitäten vor. Die Zelle unterscheidet sich in dieser Hinsicht wesentlich von der chemischen Technik, die oft nur unter extremen Reaktionsbedingungen chemische Vorgänge erzwingt. In der Zelle laufen zahlreiche verschiedene chemische Reaktionen ab. Meistens benötigt jede dieser Reaktionen ihr eigenes spezifisches Enzym. Die Anzahl der verschiedenen Enzyme ist noch nicht zu überblicken. Man rechnet auf der Erde mit 10^6 Tier- und Pflanzenspezies. Jede Art dürfte etwa 1000 verschiedene Proteine haben, so daß mit insgesamt 10^9 verschiedenen Proteinen zu rechnen ist. Die meisten dieser Proteine sind Enzyme. Eine Zelle enthält etwa 1000 verschiedene Enzyme (Delbrück 1963). Man hat seither über 800 verschiedene Enzyme aufgeklärt (Schneider 1966). Um ihre Mannigfaltigkeit und Fülle zu übersehen, ist es notwendig, sie systematisch zu ordnen. Die Internationale Union für Biochemie (1961) hat daher ein Schema zur Einordnung der Enzyme vorgeschlagen. Es werden hierbei die

Tabelle 2
Einteilung der Enzyme

Hauptklasse	Gruppe	Untergruppe
Oxydoreduktasen	Alkohol	NAD Zytochrom O_2
	Aldehyd Aminoverbindung	
Transferasen	Phosphoryl-Verbindung	Alkohol (Zucker) Aminoverbindung Karboxylverbindung
	Alkyl-Verbindung Glykosyl-Verbindung	
Hydrolasen	Esterbindung	Karboxylester Phosphatester
	Glykosidbindung Peptidbindung	
Lyasen	C-C-Bindung	Karboxylgruppe Aldehydgruppe
	C-O-Bindung C-N-Bindung	
Isomerasen	Intramolekulare Oxydoreduktion	Aldose → Ketose Enolverbindung → Ketoverbindung
	Intramolekulare Gruppenübertragung cis-trans-Isomerierung	
Ligasen	C-N-Bindung	Säure + NH_3 Säure + Aminosäure
	C-S-Bindung C-O-Bindung C-C-Bindung	

Enzyme in 6 Hauptklassen aufgeteilt. Jede Hauptklasse umfaßt wieder mehrere Gruppen; jede Gruppe wird von verschiedenen Untergruppen gebildet, und in den Untergruppen stehen dann die einzelnen Enzyme. Diese systematische Einteilung ist also analog der Pflanzensystematik, die auch über Art, Gattung, Familie usw. nach Ähnlichkeiten verschiedenen Grades einordnet. Das Merkmal der Hauptklasse in der „Enzymsystematik" ist die chemische Reaktion, die von dem Enzym katalysiert wird, z. B. Oxydoreduktion, Hydrolyse, Isomerierung, Transferierung usw. Das Merkmal der Gruppe ist die Beschaffenheit des Substrates (Stoff, der von dem Enzym angegriffen wird). Die Einteilung nach Untergruppen richtet sich danach, welcher weitere Reaktionspartner noch auftritt oder welche spezielle chemische Gruppe für die Reaktion charakteristisch ist. Dieses Prinzip der systematischen Einteilung sei nachstehend an einem Beispiel erläutert:

Äthanol kann enzymatisch zum Azetaldehyd oxydiert werden.

$$CH_3{-}CH_2OH + NAD \xrightarrow{\text{Enzym}} CH_3{-}CHO + NADH_2$$

NAD ist ein Koenzym, wie auf S. 58 noch näher erläutert wird. Es dient als H-Akzeptor. Die allgemeine chemische Reaktion ist eine Oxydoreduktion; der Alkohol wird oxydiert, NAD wird reduziert. Das Enzym gehört also in die Hauptklasse „Oxydoreduktasen". Das angegriffene Substrat bzw. die angegriffene chemische Gruppe des Substrates ist eine Alkoholgruppe. Sie dient als H-Donator. Das Enzym gehört also in die „Gruppe der Alkohole als H-Donator". Weiterhin reagiert noch NAD, es wirkt als H-Akzeptor, so daß das Enzym in die Untergruppe der „NAD-Akzeptoren" gehört. Die Bezeichnung des Enzyms lautet schließlich: Äthanol: NAD-Oxydoreduktase. Sie charakterisiert die Art der Reaktion und die beiden Reaktionspartner.

Tabelle 2 gibt einen Überblick über die von der Internationalen Union für Biochemie vorgeschlagene Einteilung der Enzyme. Es sind hier alle sechs Hauptklassen aufgeführt. Von den Gruppen und Untergruppen sind dagegen nur einige wichtige Vertreter beispielhaft genannt. In die Hauptklasse „Oxydoreduktasen" gehören alle Enzyme, die die Abgabe bzw. Aufnahme von Wasserstoff oder Elektronen katalysieren.

Die Abspaltung von Wasserstoff nennt man auch Dehydrierung, die hierfür notwendigen Enzyme **Dehydrasen** oder **Dehydrogenasen.** Die **aeroben** Dehydrasen können den vom Substrat gespaltenen Wasserstoff auf Sauerstoff übertragen. Es entsteht hierbei H_2O_2.

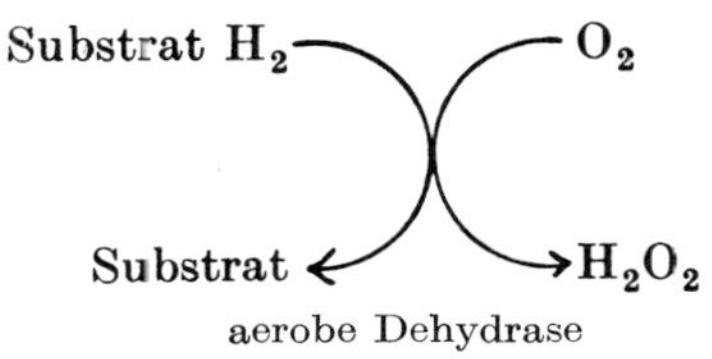

aerobe Dehydrase

Neben Sauerstoff können jedoch auch noch andere Moleküle den Wasserstoff aufnehmen. Sauerstoff ist also kein spezifischer H-Akzeptor für die aeroben Dehydrasen. So stellt das Wasserstoffperoxid einen im pflanzlichen Stoffwechsel wichtigen H-Akzeptor der Dehydrase dar. Die hierfür spezifischen Enzyme sind die

Katalase und die **Peroxydase.** Letztere vermag von einem beliebigen Substrat den Wasserstoff auf Wasserstoffperoxid oder eine andere Peroxidverbindung zu übertragen. Der Katalase dagegen dient als Substrat sowie auch als H-Akzeptor jeweils ein Wasserstoffperoxidmolekül. Sie ist für diese Reaktion streng spezifisch.

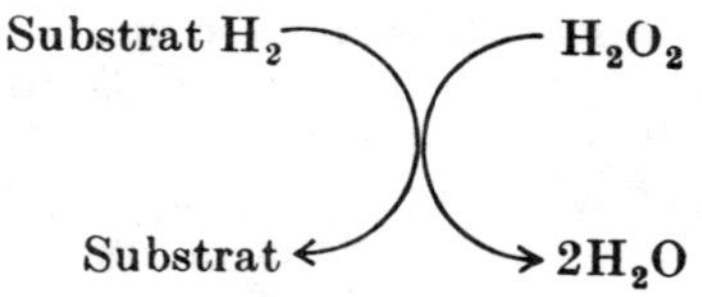

Peroxydase

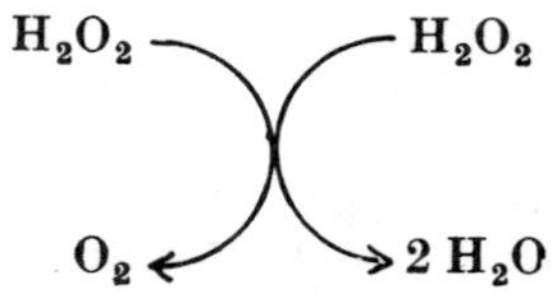

Katalase

Beide Enzyme, Katalase und Peroxydase, zersetzen im pflanzlichen Stoffwechsel das durch die Wirksamkeit der aeroben Dehydrasen anfallende Wasserstoffperoxid zu Wasser. Nach Gerloff et al. (1967) soll die Aktivität der Katalase und Peroxydase die Frosthärte der Pflanze erhöhen.

Die **anaeroben Dehydrasen** übertragen den Wasserstoff vom Substrat auf ein anderes Molekül, jedoch nicht auf Sauerstoff. In den meisten Fällen spielt sich diese anaerobe Wasserstoffübertragung zwischen dem Substrat und einem Koenzym ab.

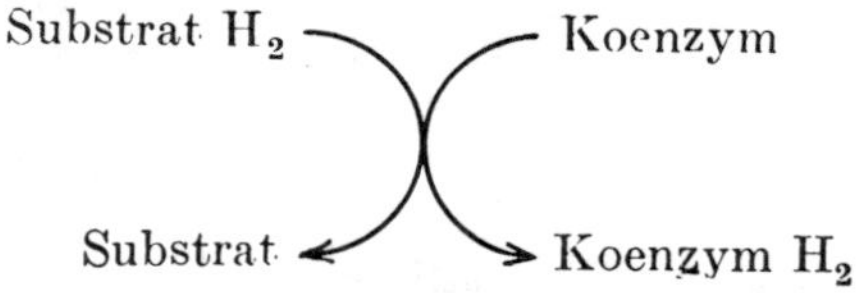

anaerobe Dehydrase

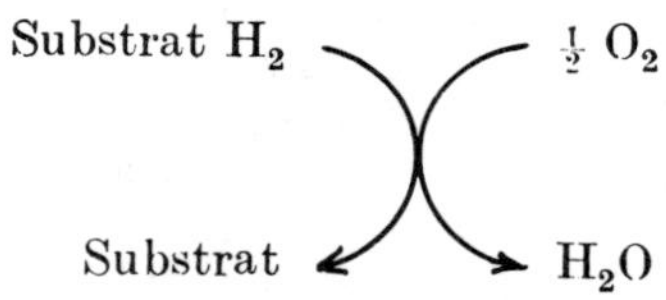

Oxydase

Die **Oxydasen** übertragen genau wie die aeroben Dehydrasen die H-Atome auf molekularen Sauerstoff. Während jedoch entsprechend dem oben dargestellten Schema die aeroben Dehydrasen bei der Bindung „Wasserstoff-Sauerstoff" die Synthese von Wasserstoffperoxid katalysieren, entsteht durch die Einwirkung von Oxydasen direkt Wasser. Hierbei muß die Oxydase den molekularen Sauerstoff in seine atomaren Bestandteile spalten.

Sauerstoff ist der ausschließliche H-Akzeptor der Oxydasen. Die Oxydasen stehen vielfach am Ende einer Enzymkette und bewirken hier die sog. **terminale Oxydation,** die Bindung des vom Atmungsstoffwechsel kommenden Wasserstoffs an Sauerstoff zu Wasser (s. S. 120). Zu den Oxydasen zählen die in pflanzlichen Organismen weit verbreiteten Polyphenoloxydasen (= Tyrosinasen), die Askorbinsäureoxydase und die Zytochromoxydase. Die genannten Fermente enthalten alle als wesentliche Enzymkomponente ein Schwermetall. Bei der Zytochromoxydase ist es das Fe, bei den beiden anderen Oxydasen das Cu.

Oxygenasen sind Enzyme, die Sauerstoff nicht an Wasserstoff, sondern an ein anderes Substrat binden. Häufig ist an dieser Reaktion auch ein reduziertes Koenzym beteiligt. Es wird dann vom Sauerstoffmolekül ein O-Atom in das Substrat eingebaut, das andere O-Atom reagiert mit dem Wasserstoff des Koenzyms zu Wasser (Hayaishi 1962).

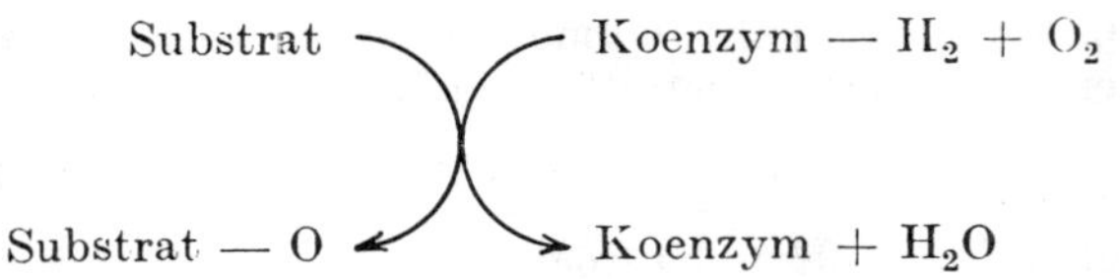

Die physiologische Bedeutung der Oxygenasen besteht darin, daß sie molekularen Sauerstoff für den Einbau von Sauerstoff in die organische Substanz (Inkorporierung) nutzen können. Im Gegensatz zu den Oxydasen haben die Oxygenasen keine größere energetische Bedeutung.

Die hier aufgeführte Einteilung der Oxydoreduktasen in Oxydasen, Dehydrasen und Oxygenasen entspricht zwar nicht vollkommen der in Tabelle 2 dargestellten Einteilung, sie ist aber so gebräuchlich und weit verbreitet, daß sie hier erwähnt werden soll.

Die **Transferasen** übertragen Atomgruppen (Phosphoryl-, Amino-, Azyl-, Alkyl-, Glykosylgruppen usw.) von einem Molekül auf ein anderes.

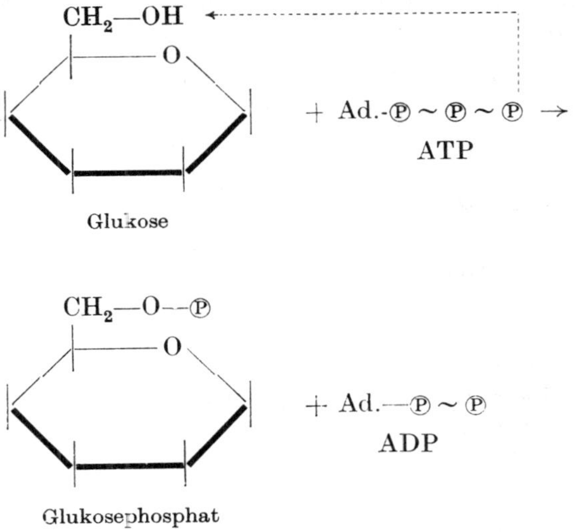

In dem aufgeführten Beispiel wird eine Phosphorylgruppe des ATP (Koenzym) auf Glukose übertragen. Diese Phosphorylgruppe Ⓟ reagiert mit einer alkoholischen Hydroxylgruppe der Glukose. Das katalysierende Enzym nennt sich deshalb ATP: Glukose-Phosphattransferase. Die Übertragung einer Phosphorylgruppe des ATP auf einen Zucker ist eine häufig vorkommende Reaktion. Man nennt die Enzyme, die derartige Übertragungen katalysieren, auch „Kinasen". Im obigen Beispiel handelt es sich also um eine Glukokinase.

Hydrolasen spalten Glykosidbindungen, Esterbindungen und Peptidbindungen hydrolytisch auf, d. h. an die beiden freiwerdenden Bindungsstellen werden die Radikale H und OH des Wassermoleküls angelagert. Lange Ketten von aneinandergeknüpften Glukoseresten (Glukan), wie sie in der Stärke, in der Zellulose oder auch im Glykogen vorkommen, werden durch Hydrolasen gespalten. Ebenfalls unterliegen die Peptidbindungen der Eiweißmoleküle und die Esterbindung der Lipide der hydrolytischen Spaltung der betreffenden Enzyme.

$$R{-}CO{-}O{-}CH_2{-}R' + H_2O \rightarrow R{-}COOH + HOCH_2{-}R'$$

Das Beispiel zeigt die hydrolytische Spaltung eines Karboxylesters. Das katalysierende Enzym ist daher eine Karboxylester-Hydrolase. Zu den Hydrolasen zählen Esterasen, Lipasen, Peptidasen, Glykosidasen, Ribonukleasen und Amylasen.

Lyasen sind Enzyme, die chemische Bindungen aufspalten; im Gegensatz zu den Hydrolasen lagern sie an der aufgebrochenen Bindungsstelle nicht die Radikale des Wassers an.

$$R{-}CH_2{-}\boxed{COO}H \rightarrow R{-}CH_3 + CO_2$$

Im vorliegenden Fall wird eine C—C-Bindung aufgebrochen, hierbei wird die Karboxylgruppe abgebaut. Die Reaktion wird daher von einer Karboxylase katalysiert. Man nennt den Vorgang deshalb Karboxylierung oder auch Dekarboxylierung.

Zu den C—O-Lyasen zählen Enzyme, die Wasser vom Substrat abspalten (Hydratasen), z. B.

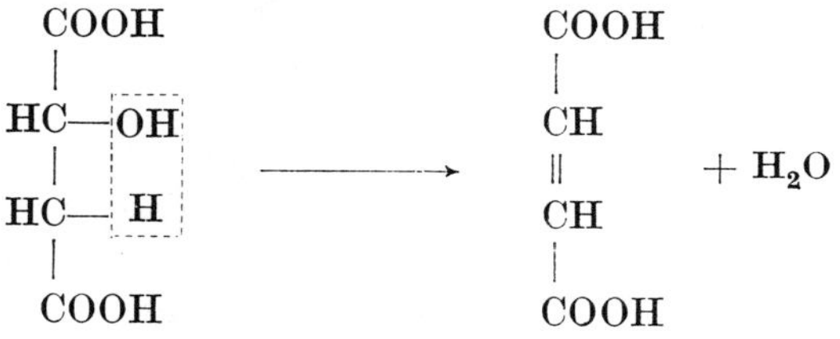

Apfelsäure (Malat) Fumarsäure (Fumarat)

Das katalysierende Enzym wird gemeinhin „Fumarase" genannt. Strenggenommen ist es eine Malat-Hydro-Lyase. Auch die Enolase ist eine Hydro-Lyase, die durch Wasserabspaltung eine Enolform bewirkt, z. B. die Umwandlung von 2-Phosphoglyzerat in Phosphoenolpyruvat.

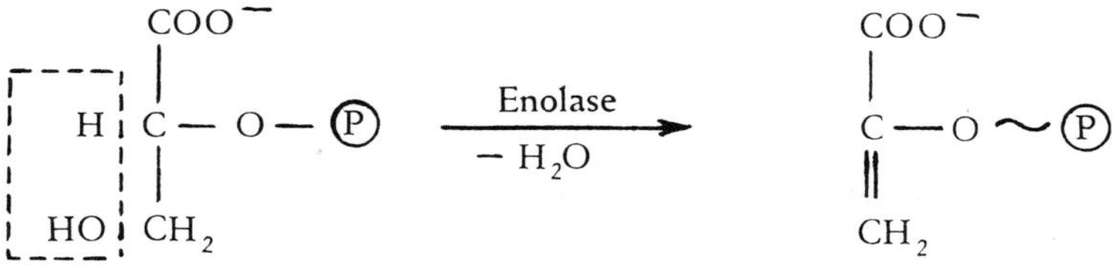

2-Phosphoglyzerat Phosphoenolpyruvat

Die **Isomerasen** katalysieren eine intramolekulare Umstellung von Atomen im Molekülverband. Diese Umstellung kann eine Oxydoreduktion einschließen, z. B. die Umwandlung einer Fruktose in eine Glukose. Die Isomerierung eines Moleküls kann auch über eine intramolekulare Gruppenübertragung erfolgen, wie im nachstehenden Beispiel dargestellt.

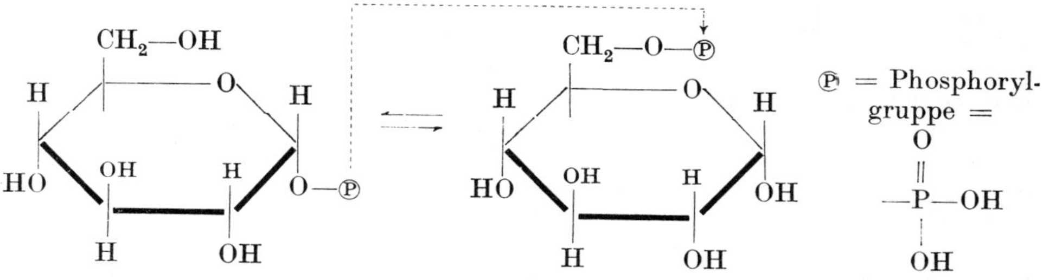

Glukose-1-phosphat Glukose-6-phosphat

Zu den **Ligasen** zählen Enzyme, die eine Bindung zwischen zwei Molekülen katalysieren, wobei für diese Bindung Energie, z. B. ATP, benötigt wird. Bei der Reaktion selbst wird ATP aufgebrochen. Die hierbei freiwerdende Energie wird für die Bindung der beiden Partner benötigt. Die Ligasen werden auch **Synthetasen** genannt. Je nach Art der aufgebauten Bindung lassen sich die Ligasen in verschiedene Gruppen einteilen (s. Tabelle 2).

$$R{-}CH(NH_2){-}C({=}O){-}OH + NH_3 + ATP \rightarrow R{-}CH(NH_2){-}C({=}O){-}NH_2 + ADP + \text{Phosph.}$$

Das aufgeführte Beispiel zeigt die Bindung von NH_3 an eine Aminosäure unter Bildung des Säureamids. Das Enzym bewirkt hier also eine Bindung zwischen dem C- und dem N-Atom (Aminosäure-NH_3-Ligase).

Die in groben Umrissen aufgeführte systematische Einteilung der Enzyme ermöglicht auch eine genaue und sinnvolle Bezeichnung der einzelnen Enzyme. Hierbei wird grundsätzlich das einzelne Enzym und nicht ein Enzymsystem (mehrere Enzyme) mit der Endung -ase bezeichnet. Die Internationale Union für Biochemie schlägt bei der Enzymbezeichnung vor, zuerst das Substrat, dann das Akzeptormolekül und danach den Reaktionstyp zu nennen. Ein Enzym, das z. B. eine Aminogruppe von Asparaginsäure (Substrat) auf Ketoglutarsäure (Akzeptor) überträgt, heißt demnach: Asparaginsäure-Ketoglutarsäure-Aminotransferase. Bei den Hydrolasen nennt man das Substrat und hängt „Hydrolase" an, z. B. Azetyl-Koenzym-A-Hydrolase.

Diese Art der Enzymbezeichnung ist zwar eindeutig, führt aber häufig zu ungewöhnlich langen Namen. Die seit langem gebräuchlichen trivialen Bezeichnungen verschiedener Enzyme werden deshalb auch weiterhin noch benutzt werden. Zu diesen weit verbreiteten, aber nicht korrekten Namen zählen die Bezeichnungen Phosphatase, Phosphorylase, Katalase, Enolase, Zitronensäureenzym und bekannte Enzyme aus der Tierphysiologie wie Pepsin, Trypsin, Chymotrypsin. Die Phosphatase ist eine Hydrolase, die anorganisches Phosphat abspaltet (Hauptklasse: Hydrolase, Gruppe: Ester, Untergruppe: Phosphatmonoester). Die Phosphorylase überträgt anorganisches Phosphat auf eine Glukosekette (Glukan) unter Abspaltung von Glukosephosphat. Strenggenommen müßte dieses Enzym heißen: 1,4-Glukan: Orthophosphat-Glukosyltransferase.

Einteilung und Bezeichnung der Enzyme richten sich nach der Art der chemischen Reaktion, die von dem betreffenden Enzym katalysiert wird. Sie richten sich nicht nach dem chemischen Aufbau des Enzymmoleküls. Ein bestimmtes Enzym kann in den verschiedensten Organismen (höhere Pflanze, Mikroorganismen, Tier) vorkommen und hier überall die gleiche enzymatische Wirkung haben. Es braucht in diesen unterschiedlichen Organismen aber nicht die gleiche chemische Struktur, d. h. die gleiche Aminosäuresequenz, aufzuweisen. So konnte MEYER (1951) zeigen, daß die Amylase, ein stärkespaltendes Enzym, je nach ihrer Herkunft eine unterschiedliche Aminosäuresequenz hat. Auch die weiteren Eigenschaften wie *p*H-Optimum, Aktivität, Löslichkeit und Stabilität waren bei den verschiedenen Amylasen unterschiedlich. Man nennt derartige Enzyme mit gleicher Wirkung aber verschiedener Herkunft und unterschiedlicher Struktur „differente Enzyme" (WASSERMANN 1962).

Selbst ein bestimmtes Enzym des gleichen Organismus kann, je nachdem, in welchem Organ es vorkommt, eine unterschiedliche Struktur und unterschiedliche Eigenschaften haben. So isolierten MCCLURKIN und MCCLURKIN (1967) aus den Wurzeln von *Pinus taeda* zwei verschiedene ATP-asen (= Enzyme, die ATP hydrolytisch spalten). Eine davon wurde vornehmlich durch K^+, die andere durch Na^+ aktiviert. Enzyme mit gleicher Wirkung aber unterschiedlicher Struktur und unterschiedlichen Eigenschaften des gleichen Organismus nennt man „Isoenzyme" oder „multiple Enzyme". Es wird also deutlich, daß mit der Enzymbezeichnung nicht eine ganz bestimmte chemische Verbindung, sondern nur eine ganz bestimmte biochemische Wirkung gemeint ist.

Bei einem **Multienzym** sind verschiedene Enzymproteine über Nebenvalenzen zu einem größeren Gebilde zusammengehalten. Dadurch sind die Einzelreaktionen in ihrer Reihenfolge festgelegt. Das Substrat wird von einer Reaktionsstelle zur anderen weitergegeben.

b) Thermodynamik und Kinetik

Die physikalische Chemie lehrt, daß chemische und physikalische Reaktionen nur dann freiwillig ablaufen, wenn die Reaktionspartner am Reaktionsbeginn ein höheres Energieniveau haben als bei Reaktionsende. Bei der Reaktion der Partner wird demnach Energie freigesetzt. Stoff A und B reagieren beispielsweise zu Stoff C.

$$A + B \rightarrow C + \text{freiwerdende Energie.}$$

Stoff A und B müssen deshalb mehr Energie beinhalten als der Stoff C. Ist das „Energieniveau" bei Reaktionsbeginn G_1 bei Reaktionsende G_2, so wird die Reaktion freiwillig ablaufen, wenn

$$G_1 > G_2 \text{ ist oder } G_2 - G_1 = \Delta G$$

negativ ist. Die Triebkraft der Reaktion ist um so größer, je negativer ΔG ist. Wird $\Delta G = 0$, so ist das Gleichgewicht erreicht, ist ΔG positiv, so läuft die Reaktion nicht freiwillig ab. In diesem Falle kann man jedoch durch Zufuhr von Energie bei einem reversiblen Prozeß den Reaktionsablauf erzwingen. Benötigt ein Prozeß Energie ($\Delta G > 1$), dann handelt es sich um einen **endergonischen** Vorgang; wird jedoch beim Reaktionsablauf Energie freigesetzt ($\Delta G < 1$), so ist der Prozeß **exergonisch.**

Mit dem Buchstaben G bezeichnet man die sog. Gibbssche Freie Energie im Gegensatz zur Helmholtzschen Freien Energie, die man mit F bezeichnet. Die Gibbssche **Freie Energie** bezieht sich auf Systeme, bei denen unter Volumenänderung der Druck konstant bleibt. Das ist praktisch bei allen biochemischen Vorgängen der Fall, so daß für sie die Gibbssche Freie Energie maßgebend ist. Sie wird im Unterschied zur Helmholtzschen Freien Energie auch **„Freie Enthalpie“** genannt. Die Freie Enthalpie setzt sich zusammen aus der Wärmemenge, die bei der Reaktion abgegeben oder aufgenommen wird, und aus dem Grad der „molekularen Unordnung“, die bei der Reaktion entsteht. Diese molekulare Unordnung bezeichnet man mit **Entropie**.

Hierzu ein Beispiel: Zwei Behälter, von denen der eine O_2, der andere N_2 enthält, werden miteinander verbunden. O_2-Moleküle diffundieren in den mit N_2 gefüllten Behälter und umgekehrt. Die Reaktion verläuft solange, bis beide Gase sich gleichmäßig über beide Behälter verteilt haben. Der Vorgang verläuft ohne Wärmeentwicklung und ohne Energieaufnahme. Lediglich der Grad der molekularen Unordnung hat sich erhöht. Anfangs waren O_2 und N_2 säuberlich getrennt, bei Reaktionsende waren sie vollkommen vermischt, der höchste Grad der molekularen Unordnung, der maximale Wert der Entropie war erreicht. Das Beispiel zeigt einen Vorgang, bei dem die Reaktion nicht durch einen Wärmeeffekt, sondern durch eine Entropiezunahme ermöglicht wurde.

Freie Enthalpie, Wärmeeffekt (Wärmetönung) und Entropie stehen in folgendem Zusammenhang:

$$\Delta G = \Delta H - T\Delta S \qquad \text{(G. 6)}$$

$$\Delta G = G_2 - G_1 \text{ (Freie Enthalpie)}$$

$$\Delta H = H_2 - H_1 \text{ (Wärmetönung)}$$

$$\Delta S = S_2 - S_1 \text{ (Entropie)}$$

$$T = \text{absolute Temperatur}$$

Der Index 1 bezieht sich auf den Reaktionsbeginn, der Index 2 auf das Reaktionsende.

Die Reaktion verläuft freiwillig, falls ΔG negativ ist. Eine hohe Wärmeabgabe bei der Reaktion ($H_2 - H_1 < 0$) und eine hohe Entropiezunahme ($S_2 - S_1 > 0$) werden einen besonders hohen negativen Wert für ΔG bedingen. Die Reaktion hat dann eine hohe Triebkraft. Die Reaktion kann auch dann ablaufen, wenn keine Wärme abgegeben, sondern noch aufgenommen wird. In diesem Falle muß nur der Wert für $T\Delta S$ entsprechend hoch sein. Wie aus Gl. 6 zu ersehen ist, wird die Entropieänderung (ΔS) mit der absoluten Temperatur multipliziert ($T\Delta S$). Das Produkt nimmt also mit steigender Temperatur zu. Eine Reaktion, die Wärme verbraucht, kann deshalb auch ablaufen, falls die Temperatur hoch genug ist. Dieses ist der Grund dafür, daß zahlreiche Reaktionen nur bei Erwärmung möglich sind.

Viele biochemische Reaktionen können aus den oben aufgezeigten thermodynamischen Gründen nicht ohne weiteres ablaufen. Das gilt besonders für Synthesereaktionen. Hier haben die Ausgangspartner in allen Fällen ein geringeres Energieniveau als das Endprodukt. ΔG ist also positiv. In diesen Fällen können auch die Enzyme die Reaktion nicht direkt erzwingen. Hierfür ein Beispiel: Das Saccharosemolekül baut sich aus Fruktose und Glukose auf. Die lebende Zelle ist aber nicht in der Lage, das Glukosemolekül direkt an das Fruktosemolekül zu binden, um Saccharose zu synthetisieren. Beide Partner müssen vorher erst verändert werden: Die Glukose wird an ein Koenzym gebunden, an die Fruktose wird eine Phosphorylgruppe angehängt. (Einzelheiten dieser Reaktionen s. S. 96.) Durch diese Manipulationen werden die beiden Reaktionspartner energiereich (Aufladung mit Energie), so daß sie mehr Energie beinhalten als das Endprodukt; ΔG wird negativ, und die Reaktion kann ablaufen.

Zahlreiche biochemische Reaktionen sind Gleichgewichtsreaktionen,

$$A + B \rightleftharpoons C$$

wobei das Gleichgewicht oft nicht zugunsten des gewünschten Reaktionsproduktes vorliegt. Die Reaktion kommt dann sehr bald zum Stillstand, falls das Reaktionsprodukt nicht immer wieder aus dem Gleichgewicht herausgenommen wird. Hiervon macht der Organismus häufig Gebrauch. Das Reaktionsprodukt wird in eine neue Reaktion einbezogen und verbraucht. Auf diese Weise kommt ein sog. **Fließgleichgewicht** zustande.

Wie schon erwähnt, sind die Enzyme an sich nicht befähigt, direkt Reaktionen zu erzwingen, die thermodynamisch nicht möglich sind. Ihre Funktion liegt teils darin, daß sie die Reaktionspartner mit Energie beladen (meistens durch Phosphorylierung, S. 76) und so die Reaktion thermodynamisch ermöglichen. Weiterhin können über Fließgleichgewichte, wie oben dargestellt, größere Stoffumsätze erreicht werden.

Den Fließgleichgewichten (steady state) kommt im Stoffwechsel eine beachtliche Bedeutung zu, denn alle größeren Stoffumsätze werden nicht von einem, sondern von vielen Enzymen bewerkstelligt. Die Enzyme sind hierbei örtlich in einer bestimmten Reihenfolge angeordnet (Enzymkette, Multienzym), so daß der gesamte Reaktionsablauf von einem Ende zum anderen Ende der Kette abrollt. Hierbei wird das zu verarbeitende Produkt (Substrat) vom ersten Enzym der Reaktionskette umgewandelt. Das so entstandene Produkt dient dem zweiten Enzym als Substrat, wird also von diesem umgeformt und gelangt dann an das dritte Enzym usf. (s. Abb. 14).

Abb. 14
Schematische Darstellung einer Enzym-Reaktionskette.

Bei derartigen Reaktionsketten treten die Zwischenprodukte entsprechend den Gleichgewichten an den einzelnen Enzymen häufig nur in sehr geringen Mengen auf, so daß im gesamten System das an einem Ende „eingefütterte" Substrat und das am anderen Ende „heraustretende" Endprodukt bei weitem überwiegen. Das aufgeführte Beispiel einer Reaktionskette macht weiterhin deutlich, daß für den Stoffwechselablauf nicht nur das spezifische „Umformungsvermögen" der einzelnen Enzyme wichtig ist, auch ihre räumliche Anordnung ist von Bedeutung.

Alle thermodynamisch möglichen Reaktionen laufen an sich ohne katalytische Einwirkung ab. Nur ist in den meisten Fällen die Reaktionsgeschwindigkeit (Umsatz pro Zeiteinheit) so klein, daß der Vorgang kaum merkbar verläuft. Die Funktion der Enzyme besteht darin, daß sie die Reaktionsgeschwindigkeit erhöhen. Die einzelnen Moleküle eines Stoffes besitzen unterschiedliche Energie. Ihre Energieverteilung (Maxwellsche Energieverteilung) entspricht annähernd einer Normalverteilungskurve (s. Abb. 15). Nur die Moleküle, die eine genügend hohe Energie

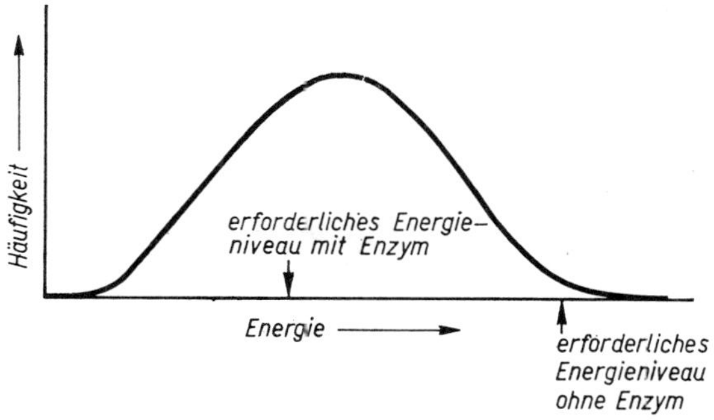

Abb. 15
Energieverteilung und das für die Reaktion erforderliche Energieniveau ohne und mit Einwirkung eines Enzyms.

haben, sind befähigt zu reagieren. Die Enzyme sind nun in der Lage, das Energieniveau, das an sich für die Reaktionsbereitschaft notwendig ist, zu erniedrigen. Die zur Reaktion erforderliche Energieschwelle wird durch sie erheblich vermindert, so daß ein wesentlich größerer Anteil der Moleküle reaktionsbereit ist (s. Abb. 16). Auf diese Weise wird die Reaktionsgeschwindigkeit beträchtlich erhöht. Der durch Enzyme bewirkte Stoffumsatz ist beachtlich. So vermag ein Molekül Katalase in der Minute 5 Millionen H_2O_2-Moleküle zu spalten. Mikroorganismen können an einem einzigen Ribosom (s. S. 182) pro Sekunde 50 Aminosäuren zu Peptiden binden (TRÄGER 1969).

Alle chemischen Reaktionen verlaufen mit Anstieg der Temperatur schneller. Das gilt auch für enzymatische Prozesse. Für ihre Reaktionsgeschwindigkeit sind weiterhin *p*H-Wert, die übrigen Ionen des Mediums, das Ionenmilieu und ganz be-

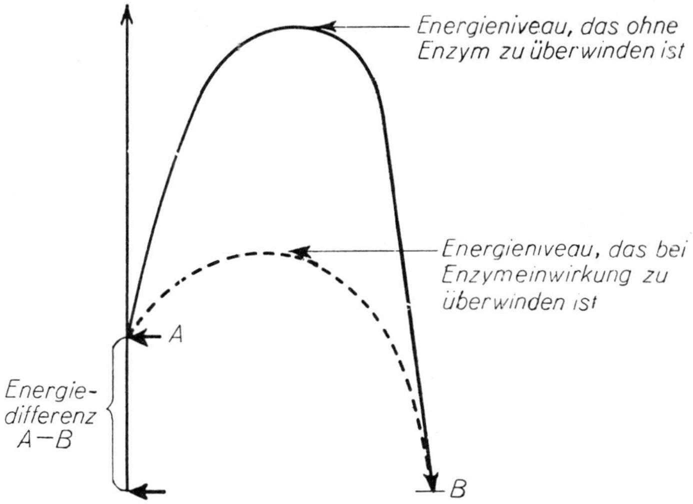

Abb. 16
Die Überwindung des für eine Reaktion erforderlichen Energieniveaus bei einer spontanen Reaktion und bei einer Enzymreaktion.

sonders die Konzentration des Substrates maßgebend. Bei gleichbleibender Enzymmenge und konstanten weiteren Faktoren nimmt die Reaktionsgeschwindigkeit mit der Substratkonzentration in einem logarithmischen Verlauf zu und erreicht asymptotisch einen Grenzwert, also eine maximale Reaktionsgeschwindigkeit (s. Abb. 17). MICHAELIS hat den Verlauf dieser Kurve mathematisch formulieren können. Er ging bei seinen Überlegungen davon aus, daß das Substrat nur dann enzymatisch angegriffen wird, wenn es an das Enzymmolekül gebunden ist. Für das Konzentrationsverhältnis der einzelnen Reaktionspartner gilt dann das Massenwirkungsgesetz.

$$K_m = \frac{c \cdot (e - r)}{r} \qquad \text{Gl. (7)}$$

c = Konzentration des Substrates
e = Gesamte Enzymkonzentration
r = Konzentration der reagierenden, also nicht der freien Enzymmoleküle (= Enzym-Substrat-Bindung)
e − r = Konzentration der freien Enzymmoleküle
K_m = Michaelis-Konstante (entspricht der Massenwirkungskonstante).

Die Formel gibt eine Aussage darüber, wie sich die Menge des gesamten Substrates zu der Menge des mit dem Enzym reagierenden Substrates verhält. Ist dieses Verhältnis eng, d. h. sind relativ viele Substratmoleküle mit dem Enzym gekoppelt, so wird die Reaktion schnell ablaufen, die Michaelis-Konstante ist dementsprechend niedrig. Eine hohe **Michaelis-Konstante** bedeutet umgekehrt eine niedrige Reaktionsgeschwindigkeit. Für praktische Berechnungen ist die Formel der Gleichung (7) ziemlich unbrauchbar, da man die gesamte Enzymkonzentration (e) und die Konzentration der mit dem Substrat reagierenden Enzymmenge (r) schwerlich erfassen kann. Um diese Werte zu eliminieren, hat man folgende Überlegung angestellt: Die Reaktionsgeschwindigkeit (v) wächst mit der Konzentration der Enzyme, die an das Substrat gebunden sind (r). Es gilt also:

$$v = k \cdot r \qquad \text{Gl. (8)}$$

v = Reaktionsgeschwindigkeit
k = Konstante

Im Grenzfalle sind alle vorhandenen Enzymmoleküle an das Substrat gebunden (r wird = e), es wird die maximale Reaktionsgeschwindigkeit erreicht.

$$V = k \cdot e \qquad \text{Gl. (9)}$$

V = maximale Reaktionsgeschwindigkeit

Dividiert man Gleichung (8) durch Gleichung (9), so erhält man:

$$\frac{v}{V} = \frac{r}{e}$$

Der Ausdruck $\frac{r}{e}$ kann auch aus Gleichung (7) eliminiert werden.

$$\frac{r}{e} = \frac{c}{K_m + c} \qquad \frac{v}{V} = \frac{c}{K_m + c} \qquad v = \frac{c \cdot V}{K_m + c} \qquad \text{Gl. (10)}$$

Gleichung (10) nennt man die **Michaelis-Gleichung.** Sie zeigt die Beziehung zwischen der Reaktionsgeschwindigkeit und der Substratkonzentration eines Enzymsystems. Diese Beziehung ist in Abb. 17 graphisch dargestellt.

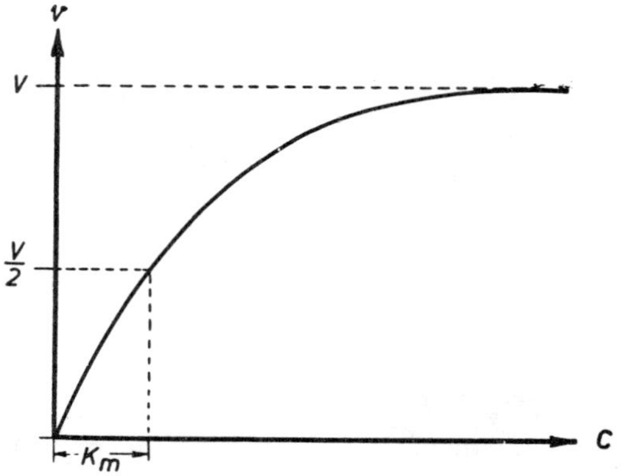

Abb. 17
Die Reaktionsgeschwindigkeit eines Enzyms in Abhängigkeit von der Konzentration des Substrates.

Ist die Reaktionsgeschwindigkeit eines Systems gerade halb so hoch wie ihre maximale Reaktionsgeschwindigkeit, so gilt die Gleichung:

$$\frac{V}{2} = \frac{c \cdot V}{K_m + c} \qquad \text{Gl. (11)}$$

Dividiert man beide Seiten der Gleichung (11) durch (V), so ersieht man, daß in diesem besonderen Fall die Michaelis-Konstante derjenigen Konzentration des Substrates gleich ist, bei der die halbe maximale Reaktionsgeschwindigkeit erreicht wird. Das bedeutet also, daß die Michaelis-Konstante angibt, wie hoch eine Substratkonzentration sein muß, damit das Enzymsystem die Hälfte der maximalen Reaktionsgeschwindigkeit erreicht (s. Abb. 17). Gleichzeitig gibt die Michaelis-Konstante damit aber auch einen Anhaltspunkt über das Ausmaß der Affinität eines Enzyms zu seinem Substrat. Hat ein Enzym eine hohe Affinität zum Substratmolekül, so wird schon bei einer relativ niedrigen Substratkonzentration die Hälfte der maximalen Reaktionsgeschwindigkeit erreicht. Das bedeutet, daß eine kleine Michaelis-Konstante für eine hohe Affinität des Enzyms zum Substrat spricht, während bei einer hohen Michaelis-Konstante die Reaktion relativ träger verläuft.

Charakteristisch für die Beziehung zwischen Substratkonzentration und Reaktionsgeschwindigkeit ist, daß ihre reziproken Werte, $\left(\frac{1}{c}\right)$ und $\left(\frac{1}{v}\right)$, in einem linearen Verhältnis zueinander stehen.

Diese zweifach reziproke Beziehung (double reciprocal plot) wurde von Lineweaver und Burk (1934) erstmalig angewendet. Mit ihr läßt sich feststellen, ob eine biochemische Reaktion von einem oder von mehreren verschiedenen Enzymen katalysiert wird. Denn die Beziehung ist nur dann linear, wenn nur eine Enzymart an der Reaktion beteiligt ist. Für diese Überprüfung kann man auch eine von Hofstee (1952) vorgeschlagene Beziehung verwenden. Bei ihr wird die Reaktions-

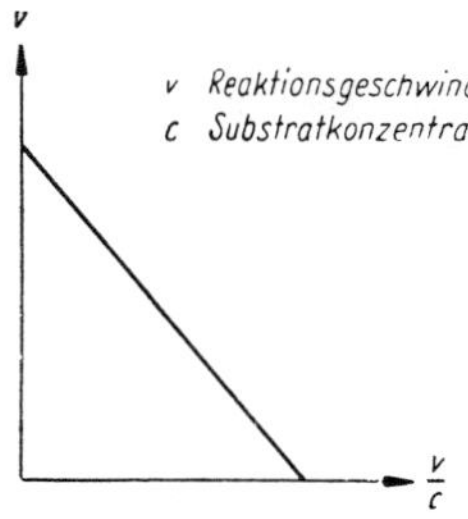

Abb. 18
Hofstee-Beziehung bei Anwesenheit einer Enzymart.

geschwindigkeit (v) dem Quotienten v/c (Reaktionsgeschwindigkeit/Substratkonzentration) gegenübergestellt (s. Abb. 18).

Falls die Reaktion nur von einer Enzymart katalysiert wird, verläuft die Kurve linear.

c) Bau und Reaktionsmechanismus der Enzyme

Die meisten Enzyme setzen sich aus einem Proteinanteil (Trägereiweiß) und einer nicht eiweißartigen Komponente (= prosthetische Gruppe) zusammen. Der Proteinanteil überwiegt bei weitem, und er ist hauptsächlich für den strukturellen Bau der Enzympartikel zuständig. Proteinmoleküle bauen sich aus Polypeptidketten auf, die wiederum aus peptidartig aneinandergeknüpften Aminosäuren bestehen. Die Sequenz (= Reihenfolge) der Aminosäuren im Polypeptidfaden nennt man Primärstruktur, die spiralförmig gedrehte Kette Sekundärstruktur, die Faltung des Peptidfadens Tertiärstruktur und die Zusammenlagerung mehrerer Polypeptidfäden zu einem globulären Gebilde Quartärstruktur (Einzelheiten über Synthese und Aufbau von Proteinen siehe unter Protein- und Nukleinsäurestoffwechsel). Im nativen Enzymprotein ist die Faltung der Polypeptidketten und ihre Aneinanderlagerung (Konformation) zu größeren Einheiten nicht zufällig, sie entspricht vielmehr einem strengen, für das betreffende Enzym immer wieder realisierten Bauplan. Auch die Tertiär- und Quartärstruktur des nativen Enzymproteins sind also genau definiert. Das Enzymprotein ist damit ein strukturell streng definiertes Gebilde (s. Abb. 19). Nur in dieser Form ist es katalytisch wirksam. Die Struktur hat demnach eine direkte Bedeutung für die enzymatische Wirksamkeit.

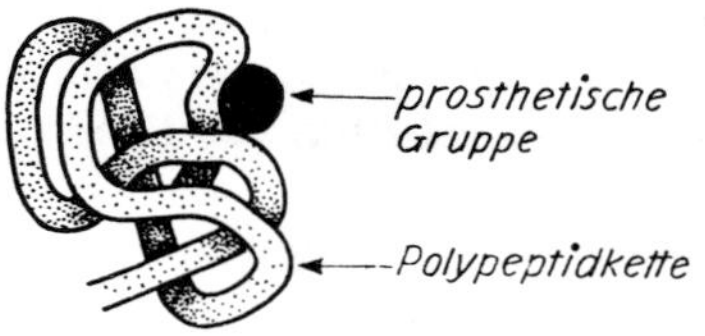

Abb. 19
Schematische Darstellung eines Enzymmoleküls (Polypeptidkette mit einer prosthetischen Gruppe).

Maßgebend für diesen charakteristischen Aufbau sind verschiedene chemische Bindungsarten. Die Polypeptidfäden werden hauptsächlich über Disulfidbrücken zusammengehalten. Hierunter versteht man die unter H-Abgabe zweier Sulfhydrylgruppen entstehende S—S-Bindung.

$$R{-}SH + HS{-}R' \xrightarrow{-2\,H} \underset{\text{Disulfidbrücke}}{R{-}S{-}S{-}R'}$$

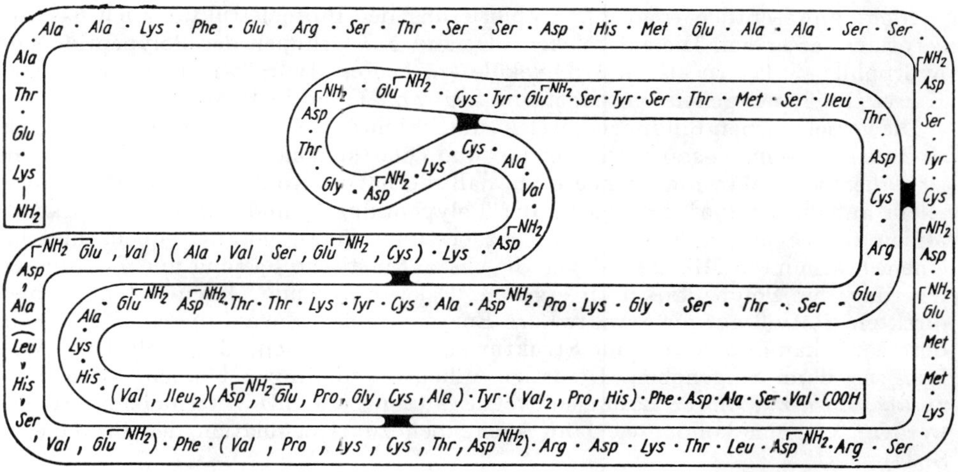

Abb. 20
Aminosäuresequenz im Ribonukleasemolekül (Tuppy 1959).

Im Proteinmolekül liegt die Disulfidbrücke immer zwischen zwei Zysteinresten. Die Disulfidbrücke kann auch zur Faltung eines Polypeptidfadens beitragen. So wird bei der Ribonuklease (eine Ribonukleinsäure-Hydrolase) die Faltung vorwiegend über 4 Disulfidbrücken bewirkt (s. Abb. 20).

An der Aufrechterhaltung der charakteristischen Faltung und **Konformation** des Enzymproteins sind weiterhin Wasserstoffbindungen, Ionenbindungen und hydrophobe Bindungen beteiligt (Sund und Weber 1966). Unter ,,hydrophober Bindung" versteht man eine Aneinanderlagerung hydrophober Reste. Diese Zusammenlagerung kommt dadurch zustande, daß die hydrophoben Reste gleichsam vom hydrophilen Milieu aneinandergepreßt werden. Es entstehen auf diese Weise Mizellen mit hydrophobem Charakter. Sie werden von den apolaren Seitenketten verschiedener Aminosäurereste gebildet (Valin, Leuzin, Isoleuzin).

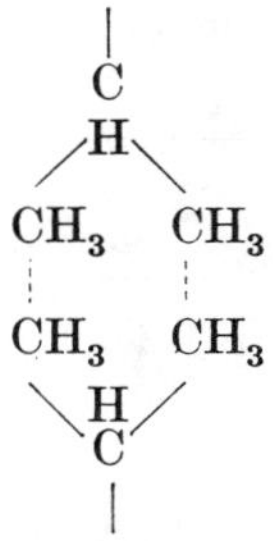

hydrophobe Bindung zwischen Methylgruppen

Nicht unwesentlich trägt zur Stabilisierung der Proteinstruktur auch das Adsorptionswasser bei. Die zahlreichen CO- und NH-Gruppen der Polypeptide sind hydrophil; sie lagern also H_2O-Moleküle an. Dieses Hydratationswasser ist nach KLOTZ (1958) weitgehend geordnet und liegt annähernd in Eisstruktur vor.

Die verschiedenen Bindungen, welche die Stabilität des Enzymproteins bewirken, sind nicht besonders stark. Die Tertiär- und Quartärstruktur der nativen Proteine ist daher labil. Man nimmt heute an, daß die native Konformation des Proteins allein auf die Aminosäuresequenz der Polypeptidkette und auf das einwirkende Milieu zurückgeht, d. h. bei einer ganz bestimmten Aminosäuresequenz und bei einem bestimmten Milieu wird sich die charakteristische Faltung und Zusammenlagerung der Polypeptidketten ergeben. Das einwirkende Milieu hat also einen direkten Einfluß auf die Struktur des Enzymproteins. Sobald dieses Milieu geändert wird, kann die kunstvolle Struktur zusammenbrechen, die katalytische Wirkung ist dann aufgehoben. Derartige Milieuveränderungen können durch Salzzusatz, Zusatz apolarer Lösungsmittel, Erhitzung und *p*H-Verschiebung erreicht werden. Vielfach kommt es dann auch noch zur Koagulation der Proteine (s. S. 34).

Stärkere Milieuänderungen sprengen H-Bindungen, lösen Nebenvalenzen und können selbst die kovalenten Disulfidbrücken angreifen. Das charakteristische Polypeptidknäuel geht dann in einen Zustand größerer Entropie über; die Polypeptidfäden sind nicht mehr geordnet, sondern zufällig verteilt, ihre Faltung ist verändert. Diesen Übergang vom nativen geordneten Zustand in ein statistisches Knäuel nennt man **Denaturierung.** Der Vorgang ist nicht unbedingt irreversibel. Man hat schon mit geeigneten Methoden ein „statistisches Knäuel“ wieder in den nativen, enzymatisch wirksamen Zustand überführen können (ENGEL und BEIER 1964).

Das Enzymprotein setzt sich in den meisten Fällen aus mehreren Untereinheiten zusammen, die relativ locker aneinander gebunden sind. Mittels Ultrazentrifuge lassen sich diese Untereinheiten abtrennen, so daß man ihr Molekulargewicht bestimmen kann. Es liegt zwischen 10000 und 500000. Die Anzahl der Untereinheiten je Protein ist verschieden. Einfache Enzyme, z. B. Ribonuklease, bestehen nur aus einem Polypeptidfaden. Meistens sind es mehrere Untereinheiten, die am Aufbau des Proteins beteiligt sind (s. Tabelle 3).

Tabelle 3

Molekulargewichte und Anzahl der Polypeptidketten verschiedener Proteine bzw. Proteide (n. SUND und WEBER 1966)

Protein bzw. Proteid	Mol.-Gew.	Anzahl der Untereinheiten
Hämoglobin	65000	4
Hexokinase (aus Hefe)	96000	4
Aldolase (aus Kaninchen-Skelettmuskeln)	142000	6
Urease (aus Bohnenmehl)	483000	6
Apoferritin (aus Pferdemilz)	480000	20
Kartoffel-X-Virus	35000000	650
Tabakmosaik-Virus	39400000	2130

Wie man aus den Molekulargewichten erkennen kann, sind die Proteine Makromoleküle. Ihr Volumen liegt in einer Größenordnung von 100 Å. Die Fettsäuresynthetase, ein Multienzym, hat einen Durchmesser von 250 Å. Die Brenztraubensäure-Dehydrogenase soll die Form eines Dekaeders haben und einen Durchmesser von etwa 300 Å aufweisen.

Im Vergleich zum Substrat ist das Enzym in den meisten Fällen ein Riesengebilde. Der Durchmesser eines Glukosemoleküls beträgt 6 Å, der eines Saccharosemoleküls 11 Å. Trotzdem ist das Riesengebilde des gesamten Proteinkomplexes notwendig, um auf das Substrat katalytisch einzuwirken. Nur unwesentliche Seitenketten des Proteinmoleküls können wegfallen oder substituiert sein, ohne daß die enzymatische Wirksamkeit dadurch beeinflußt wird.

Der Enzymkomplex hat ein oder mehrere reaktive Zentren, an denen das Substrat gebunden wird. Erst dann kann der gesamte „Enzymapparat“ katalytisch einwirken. Die Katalyse selbst dürfte in den meisten Fällen eine Säure- oder Basenkatalyse sein. Im ersteren Fall wird ein Proton, im letzteren ein Hydroxyl-Ion an das Substrat angelagert (WIELAND 1964). Diesen aktiven Bereich des Enzyms können prosthetische Gruppen darstellen, es können aber auch ganz bestimmte Aminosäurereste katalytisch aktiv sein. Hierzu zählen:

1. Die Karboxylgruppen der Asparagin- und Glutaminsäure
2. Die Imidazolgruppe des Histidins
3. Die α-Aminogruppe am Ende der Peptidkette
4. Die ε-Aminogruppe des Lysins
5. Die Guanidylgruppe des Arginins
6. Die Hydroxylgruppe des Serins
7. Die phenolische Hydroxylgruppe des Tyrosins
8. Die Sulfhydrylgruppe des Zysteins

(Einzelheiten und Bau der genannten Aminosäuren s. S. 155.)

Die katalytische Wirkung geht nicht allein auf eine dieser Gruppen zurück. Die Gruppe selbst muß noch durch ihre sterische Anordnung im gesamten Enzymkomplex ausgezeichnet sein, d. h. auch die Nachbarschaft der Gruppe hilft bei der Katalyse mit. Nur so läßt es sich erklären, daß beispielsweise von den zahlreichen Imidazolgruppen, die ein Enzymmolekül haben kann, nur eine oder wenige die Katalyse durchführen können (WALLENFELS und STREFFER 1964). An der Formung des aktiven Bereiches sind also eine größere Anzahl Aminosäurereste beteiligt.

Wie die Katalyse vor sich geht, ist noch wenig klar. Man vermutet, daß in den reaktiven Bereichen hohe H- oder Hydroxyl-Ionen-Konzentrationen vorliegen, um so Protonenverlagerungen zu ermöglichen. Hierfür ist es jedoch notwendig, daß das Substrat in den aktiven Bereich (Enzymhöhle) „paßt“. Schon E. FISCHER prägte um die Jahrhundertwende das treffende Bild vom Schloß und Schlüssel. Heute nimmt man an, daß das Substrat nicht nur wie ein Schlüssel in das Schloß (Enzym) paßt, sondern daß das Substrat selbst auf das Enzym und dessen Konformation einwirkt (induced fit theory) und so zur Katalyse beiträgt. Die Proteine sind auf Grund ihrer flexiblen Beschaffenheit zu dieser durch das Substrat hervorgerufenen Veränderung ihrer Gestalt besonders geeignet (SCHNEIDER 1966).

Wie man sich die Teilreaktionen einer Katalyse vorstellt, sei an dem Beispiel einer Esterase abgehandelt (BENDER und KEZDY 1965). Als reaktive Gruppen sind Serin und die Imidazolgruppe beteiligt.

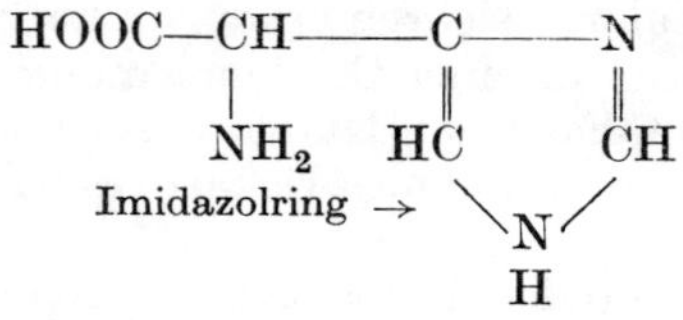

Am Serinrest hängt ein Azyl; in der Nähe der Imidazolgruppe befindet sich ein Alkohol (s. Abb. 21, Zustand 1). Ein Proton des Alkohols geht an das N-3-Atom des Imidazolringes; der Alkohol wird dadurch zum Anion. Gleichzeitig geht ein Proton des N-1-Atomes vom Imidazolring an das O-Atom der Azylgruppe; die Azylgruppe wird damit zum Kation. Alkohol (Anion) und Azyl (Kation) reagieren miteinander unter Bildung einer kovalenten Bindung (Zustand 2). Der Imidazolrest fungiert hierbei gleichzeitig als Säure (Abgabe eines Protons) und als Base (Aufnahme eines Protons). Dieser Protonenwechsel verursacht am Imidazolring nur eine Verschiebung der Doppelbindung. Durch den Übergang des Protons vom N-3 zum N-1 (Zustand 3) gelangt die Hydroxylgruppe wieder in die Nähe eines nukleophilen N-Atoms. Das H-Atom der Hydroxylgruppe geht an das N-3-Atom und das protonierte N-Atom gibt sein Proton an das O-Atom des Serinrestes ab. Es spaltet sich ein Ester vom Enzym. Die beiden reaktiven Gruppen des Enzyms liegen wieder in freier Form vor (Zustand 4). Der Serinrest kann von neuem azyliert werden. Die Azylierung des Serinrestes dürfte mit Hilfe eines Triphosphates (ATP, s. S. 70) vor sich gehen. Die schematische Darstellung (Abb. 21) zeigt beide Reaktionsrichtungen an. Die Reaktion läuft also auch in umgekehrter Richtung ab, wobei ein Ester in Alkohol und Azyl gespalten wird.

Die Bindung des Substrats an das Enzym kann kovalenter Natur sein, sie kann aber auch über Nebenvalenzen oder H-Brücken bewirkt werden (Seifert 1966).

Substrate, die zur reaktiven Gruppe eine große Affinität besitzen, werden mit entsprechend hoher Reaktionsgeschwindigkeit enzymatisch angegriffen und umgekehrt. Je spezifischer die Bindung eines Substrates an den reaktiven Bereich, um so spezifischer die Reaktion. Hierbei kann das Substrat mit verschiedenen Stellen an das Enzym gebunden sein (Bender und Kezdy 1965).

Auf diese Weise läßt sich die hohe Spezifität erklären, das Vermögen der Enzyme, nur ganz bestimmte Substrate anzugreifen. Der Grad der Spezifität ist unterschiedlich. Enzyme mit geringer Spezifität können jeweils eine bestimmte Bindungsart (z. B. Peptidbindung) spalten. Sie sind unabhängig von den beiden Komponenten, die von der Bindung gekoppelt werden. Ist ein Enzym auch für eine Komponente des Substrats spezifisch, so nennt man es gruppenspezifisch. Absolut spezifische Enzyme sprechen nur auf Substrate an, bei denen Bindungsart und gebundene Komponenten dem jeweiligen Enzym entsprechen. Zu dieser letzten Gruppe zählen die meisten Enzyme.

Ein Substrat darf nicht nur vom reaktiven Bereich gebunden werden, es muß auch der Katalyse zugänglich sein. Andernfalls wird nämlich der reaktive Bereich blockiert, das Enzym ist vergiftet. Hierfür gibt es zahlreiche Beispiele:

Die Bernsteinsäuredehydrase wird von Malonsäure blockiert. Die Malonsäure wird in der ,,Enzymhöhle" des Enzyms gebunden aber nicht katalysiert. Sie bleibt also im gebundenen Zustand und versperrt dem eigentlichen Substrat, der Bernsteinsäure, den Zugang zum reaktiven Bereich (s. Abb. 22). In analoger Weise

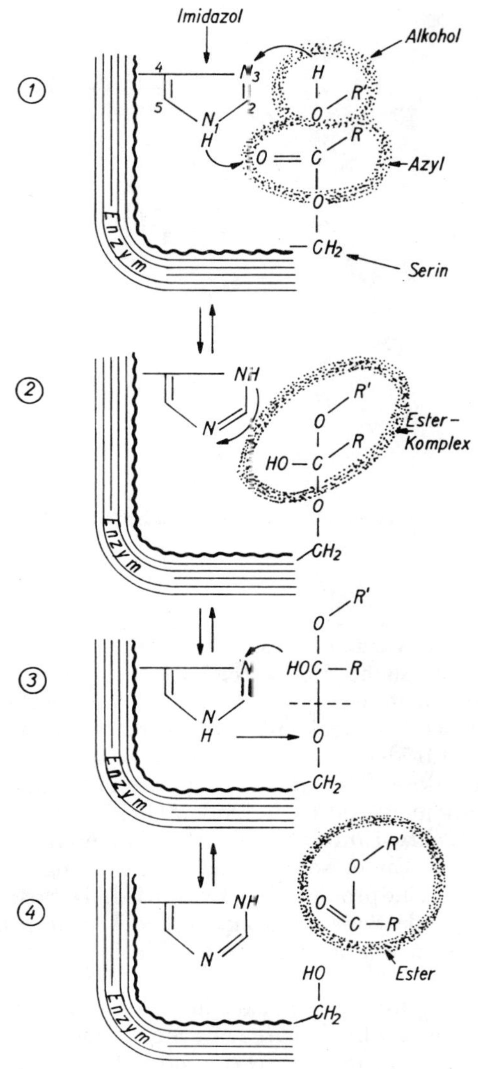

Abb. 21
Serinrest und Imidazolgruppe als reaktiver Bereich einer Esterase.

versperrt Puromyzin den Zugang von t-RNS-Aminoazyl zum Rekationszentrum am Ribosom (Einzelheiten s. S. 181), so daß die Peptidsynthese gehemmt ist (GLASZION 1969).

CO und CN^- blockieren Fe-haltige Enzyme; das dem Phosphat eng verwandte Arsenat blockiert nach diesem Prinzip Phosphorylierungsenzyme (s. S. 122), und Hg-Ionen vergiften alle Enzyme, bei denen die Sulfhydrylgruppe im reaktiven Bereich eine Rolle spielt. Man nennt derartige Blockierungsagenzien **Inhibitoren.** Auch die Endprodukte einer enzymatischen Reaktion können als Inhibitoren wirken

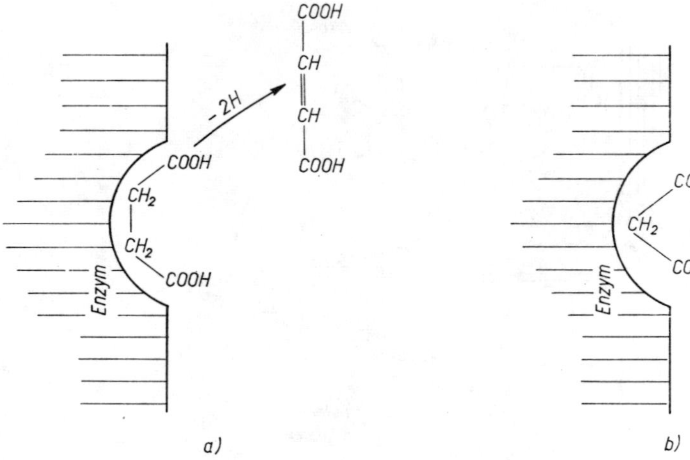

Abb. 22
a) Bernsteinsäure reagiert in der „Enzymhöhle" zu Fumarsäure. b) Malonsäure blockiert die „Enzymhöhle".

(Endprodukt-Hemmung). Dieser Fall verdient besonderes Interesse, da er eine Steuerung des Reaktionsablaufes ermöglicht. Bei Anreicherung des Endproduktes wird die Aktivität des Enzyms immer mehr gedrosselt, so daß die weitere Produktion von „Endprodukt" immer geringer wird. Umgekehrt wird bei erhöhtem Verbrauch des Endproduktes auch die Aktivität der enzymatischen Reaktion erhöht. Das gesamte System stellt einen Regelkreis dar (feed back-Mechanismus). Dieser Rückkopplungsmechanismus beruht nicht auf einer bloßen Gleichgewichtseinstellung, er stellt vielmehr eine regelrechte Inhibition dar. Bei längeren Reaktionsketten ist es meistens nicht das am Ende, sondern das am Anfang der Kette stehende Enzym, welches durch das Endprodukt blockiert wird. Derartig selbstgesteuerten Systemen kommt eine große Bedeutung zu, und es ist wahrscheinlich, daß sich viele biologische Prozesse in der aufgezeigten oder in einer analogen Weise selbst regeln.

Es gibt auch Agenzien, welche Enzymreaktionen begünstigen, die **sog. Aktivatoren.** Hierzu zählen besonders anorganische Ionen, z. B. Mg^{++} und Mn^{++}. Nach Calvin (1954) bewirken sie die Bindung des Substrates oder Koenzyms an das Enzymprotein. In den meisten Fällen handelt es sich hierbei um Triphosphate, die von Mg^{++} bzw. Mn^{++} koordinativ an ein N-Atom des reaktiven Bereichs gebunden werden (s. Abb. 23).

Phosphorylierungsreaktionen (Einzelheiten s. S. 76) werden auf diese Art von Mg^{++} oder Mn^{++} aktiviert. Man nennt diese Aktivierung **multiple Metallaktivierung** und versteht darunter, daß sich die beiden Kationen gegenseitig ersetzen können. In ähnlicher Weise wirken Co^{++} und Zn^{++} auf Enzyme aktivierend, während für Ca^{++} derartige Funktionen selten sind. Die Enolase wird beispielsweise von Mg^{++} und Zn^{++} aktiviert, aber von Ca^{++} blockiert.

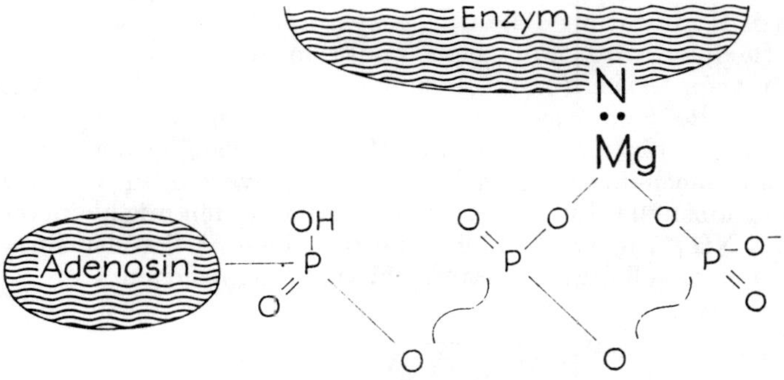

Abb. 23
Mg als Brücke zwischen ATP und Enzym.

Auch einwertige Kationen aktivieren, wie neuere Untersuchungen zeigen (Evans und Sorger 1966), zahlreiche verschiedene Enzyme. *In vivo* sind es Na^+ und besonders K^+, *in vitro* auch Rb^+ und NH_4^+, die durch ihre Anwesenheit die Aktivität eines Enzyms erhöhen oder sogar erst auslösen. Enzyme, die auf Na^+ ansprechen, werden in den meisten Fällen mindestens im gleichen Grade auch durch K^+ aktiviert, während umgekehrt K^+ zahlreiche Enzyme aktivieren kann, die auf Na^+ nicht ansprechen. K^+ wirkt also spezifischer. Es kann in dieser Funktion *in vitro* vielfach durch Rb^+ oder NH_4^+ substituiert werden; in der Pflanze ist diese Substitution jedoch nicht möglich, da hier die für die Aktivierung notwendigen Konzentrationen an Rb^+ und NH_4^+ bereits toxisch wirken. Abb. 24 zeigt den Einfluß verschiedener Alkali-Ionen auf die Aktivität der Azetyl-CoA-Synthetase.

Im Gegensatz zum Aktivierungsmechanismus zweiwertiger Kationen durch Brückenbildung sind die Angriffspunkte einwertiger Kationen bei der Enzymaktivierung weniger markant. Klotz (1958) nimmt an, daß die Ionen dazu bei-

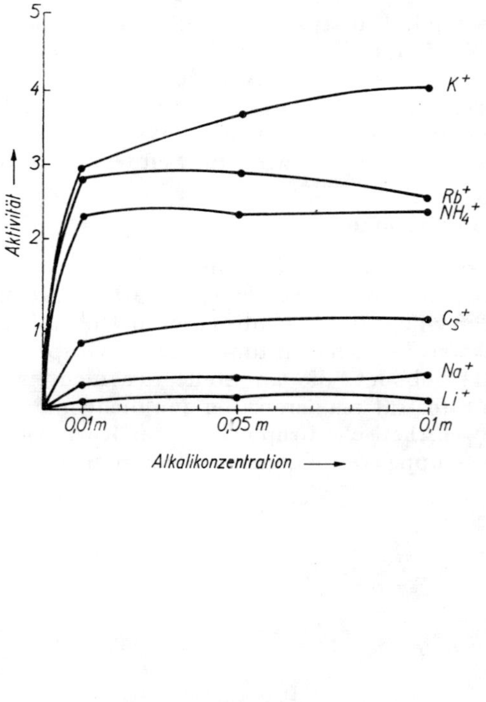

Abb. 24
Der Einfluß verschiedener Alkali-Ionen auf die Aktivität der Azetyl-CoA-Synthetase.

tragen, die starre Hydratationshülle des Enzymproteins zu lockern, so daß seine Konformation flexibler wird. Für diese Funktion sind relativ hohe Kationenkonzentrationen erforderlich (0,01–0,1 molar, s. Abb. 24). Nach WILSON und EVANS (1968) soll die Konformationsänderung den Zugang des Substrates zur reaktiven Stelle begünstigen. Ladung und Hydratationshülle der Ionen sind für diesen Aktivierungsmechanismus von Bedeutung. So vermögen die Kationen mit größerer Hydratationshülle (Li^+, Na^+) im Gegensatz zu den mit kleineren Wasserhüllen (K^+, Rb^+, NH_4^+) in vielen Fällen die reaktiven Stellen des Enzyms nicht „freizulegen". Abb. 25 soll diesen Zusammenhang verdeutlichen.

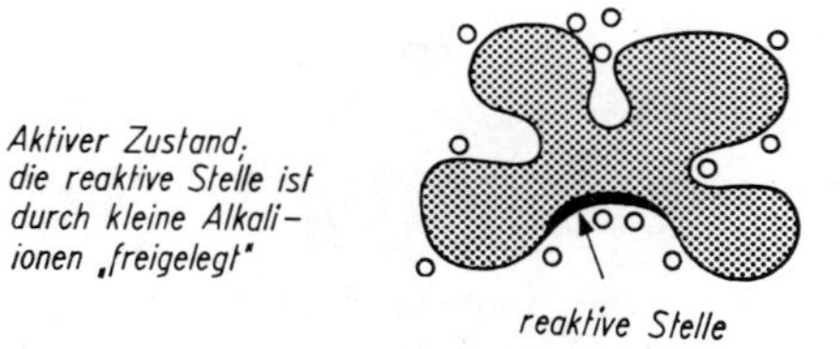

Abb. 25
Der Einfluß „kleiner" (K^+, Rb^+, NH_4^+) und „großer" Alkali-Ionen (Li^+, Na^+) auf die Enzymkonformation.

Verständlicherweise hat auch die auf das Enzym einwirkende H-Ionenkonzentration einen erheblichen Einfluß auf dessen Konformation und damit Aktivität. Der *p*H-Wert, bei dem die höchste Enzymaktivität vorliegt, gilt geradezu als wichtiges Charakteristikum eines Enzyms (*p*H-Optimum). Die einwirkende H-Ionenkonzentration kann sogar die Reaktionsrichtung verändern, wie PRESSEY (1969) an Saccharosesynthetase fand. Das aus Kartoffelknollen isolierte Enzym zeigte *in vitro* bei *p*H 5,5 ein Maximum für die Hydrolyse von Saccharose, bei *p*H 8,8 ein Maximum für die Saccharosesynthese (Abb. 26).

Die hier aufgezeigten Aktivierungsmechanismen für ein- und zweiwertige Kationen unterscheiden sich erheblich von den Funktionen kovalent in den Enzymkomplex eingebauter Metallatome. Diese Frage wird auf Seite 62 näher behandelt.

d) Koenzyme und prosthetische Gruppen

Die meisten Enzyme setzen sich aus einem Proteinanteil (= Apoenzym) und einer nicht eiweißartigen Komponente (prosthetische Gruppe bzw. Koenzym) zusammen. Nur einfach gebaute Enzyme, wie die Hydrolasen, bestehen lediglich aus Protein. Bei ihnen wird der reaktive Bereich von funktionellen Gruppen verschiedener Aminosäuren (s. Abb. 21) gebildet, die an Stelle der nichteiweißartigen prosthetischen Gruppe mit dem Substrat reagieren. Bei den nicht nur aus Protein bestehenden Enzymen stellt die **prosthetische Gruppe** bzw. das **Koenzym** den reaktiven Bereich dar. Prosthetische Gruppe oder Koenzym allein können die Reaktion

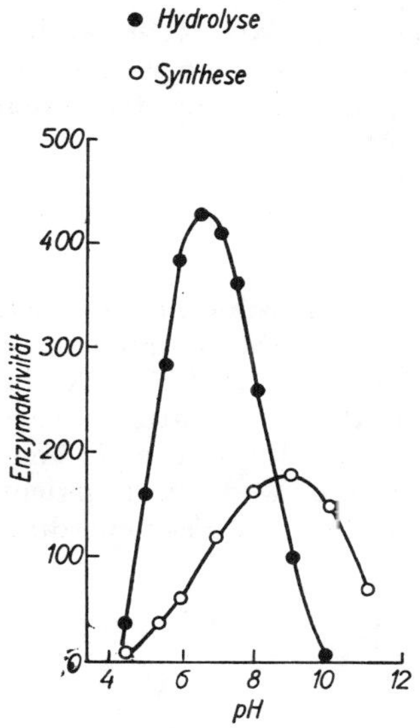

Abb. 26
Der Einfluß des pH-Wertes auf die synthetische und hydrolytische Aktivität von Saccharose-synthetase.

nicht katalysieren. Nur in enger Verbindung mit der Proteinkomponente vermögen sie das Substrat zu aktivieren. Die Spezifität für das Substrat wird hierbei von der Proteinkomponente bestimmt. Ein und dieselbe prosthetische Gruppe bzw. das gleiche Koenzym können, je nachdem, an welches Protein sie gekoppelt sind, mit den verschiedensten Substraten reagieren. So vermag das Häm, eine Fe-haltige prosthetische Gruppe im Enzymkomplex der Zytochromoxydase, molekularen Sauerstoff zu reduzieren, die gleiche prosthetische Gruppe katalysiert im Enzymkomplex „Katalase" die Reduktion von H_2O_2.

Die prosthetische Gruppe ist fester an das Enzymprotein gebunden als das Koenzym. Der wesentliche Unterschied zwischen den zwei Enzymkomponenten besteht jedoch darin, daß das Koenzym bei der enzymatischen Reaktion von einem Apo-Enzym zum andern wandert. Hierin besteht gleichsam seine enzymatische Wirksamkeit (s. Abb. 27). Die prosthetische Gruppe dagegen bleibt bei der Reaktion auf dem Enzymprotein sitzen. Abb. 27 soll schematisch darstellen, wie das Koenzym als Transportvehikel zwei H-Atome vom Enzymprotein I zum Enzymprotein II transportiert.

Analog wie sich die Enzyme in große Gruppen einteilen lassen (s. Tabelle 2), so kann man auch die Koenzyme bzw. prosthetischen Gruppen nach ihrem Reaktionstyp einstufen. Es gibt Koenzyme bzw. prosthetische Gruppen, die Oxydoreduktionen katalysieren; es gibt solche, die Transfer-Reaktionen katalysieren, und schließlich kennt man auch Koenzyme und prosthetische Gruppen, die an Reaktionen der Lyasen und Ligasen beteiligt sind. Im Vergleich zur Mannigfaltigkeit der

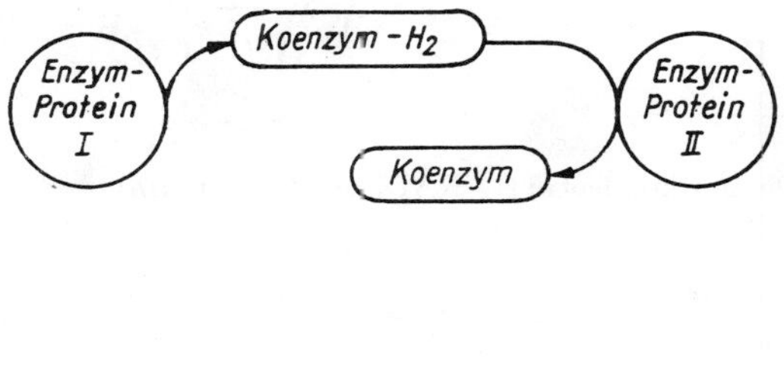

Abb. 27
Reaktionsprinzip des Koenzyms.

Apoenzyme gibt es wenige prosthetische Gruppen und Koenzyme, d. h. letztere können mit den verschiedensten Apoenzymen reagieren bzw. an sie gekoppelt sein.

Die **wichtigsten Koenzyme und prosthetischen Gruppen der Oxydoreduktasen** sind:

die Nikotinamid-adenin-dinukleotide (Koenzym)
die Flavinnukleotide (prosthetische Gruppen)
die Zytochrome (prosthetische Gruppen).

Zu den Nikotinamid-adenin-dinukleotiden zählen das **Nikotinamid-adenin-dinukleotid** (= *NAD*) und das **Nikotinamid-adenin-dinukleotid-phosphat** (= *NADP*). Beide Koenzyme werden auch Diphosphopyridin-nukleotid (= DPN) bzw. Triphosphopyridinnukleotid (= TPN) genannt. Die ältere Literatur bezeichnet sie auch mit Koenzym I (NAD) und Koenzym II (NADP). Ihrem chemischen Aufbau entsprechend ist es jedoch korrekter, sie als Nikotinamid-adenin-dinukleotid bzw. Nikotinamid-adenin-dinukleotid-phosphat zu bezeichnen, wie es neuerdings in der Literatur immer mehr geschieht.

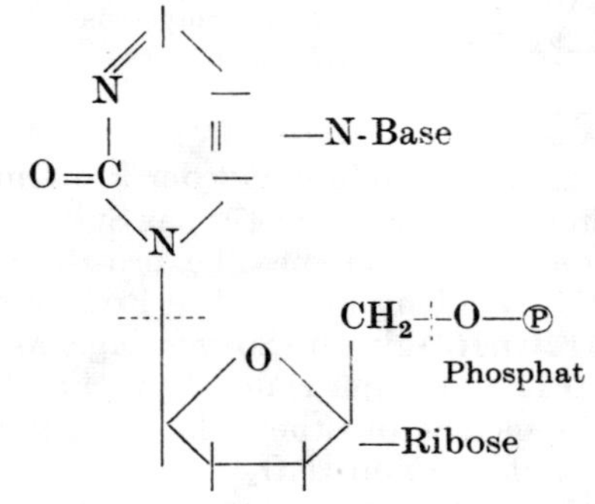

Allgemeine Struktur eines Nukleotides

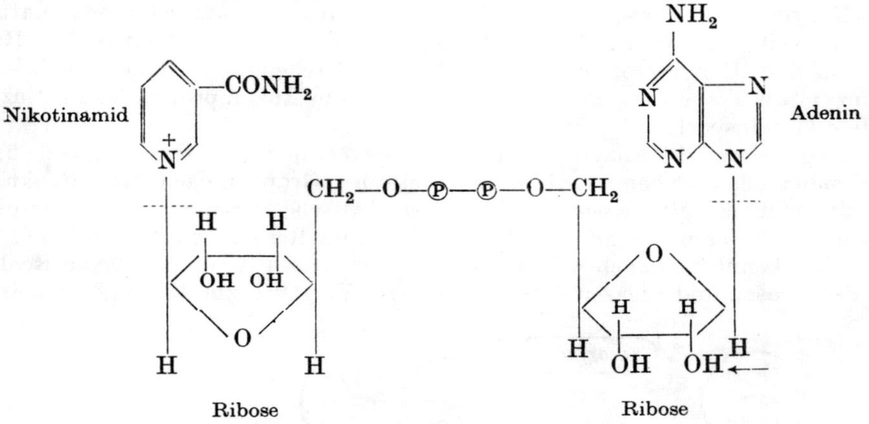

Nikotinamid-adenin-dinukleotid (= NAD, oxydierte Form)

Unter „Nukleotid" versteht man eine Verbindung, welche eine Stickstoff-Base, eine Pentose und ein Phosphat enthält. Das oben dargestellte Nukleotid hat eine Stickstoff-Base (= N-Base) vom Typ des Pyrimidins. Es kommen auch andere N-Basentypen bei den Nukleotiden vor.

Wie später noch näher erläutert wird, sind die Nukleotide und ihre Derivate physiologisch sehr wichtige Verbindungen. Das Nikotinamid-adenin-dinukleotid baut sich aus zwei Nukleotiden auf, bei denen Nikotinsäureamid (= Nikotinamid) und Adenin die beiden N-Basen darstellen. Die Formel für das Nikotinamid-adenin-dinukleotid-phosphat (NADP) entspricht der für das NAD. Es ist hier lediglich das oben in der Strukturformel mit einem Pfeil markierte H-Atom der Hydroxylgruppe der Ribose durch eine Phosphorylgruppe substituiert.

Die Wirkungsweise der Nikotinamid-adenin-dinukleotide besteht darin, daß sie H-Atome aufnehmen und auch abgeben können. Es sind also Wasserstoffüberträger, die die H-Atome von einer Bindungsstelle zu einer anderen übermitteln. Aufnahme und Abgabe der H-Atome erfolgen am Nikotinsäureamid.

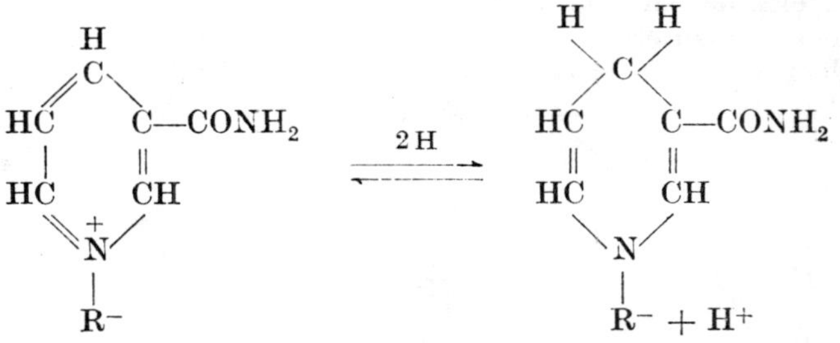

oxydierte Form reduzierte Form

Oxydoreduktion am Nikotinsäureamid

Bei der Reduktion wird ein H-Atom direkt angelagert, das andere wird in ein H-Ion (Proton) und ein Elektron gespalten. Das Elektron geht an das im Kern sitzende positiv aufgeladene N-Atom und reduziert es, während das H-Ion ein Gegen-Ion des negativ aufgeladenen Restes darstellt. Die reduzierte Form der Nikotinamid-adenin-dinukleotide bezeichnet man mit NADH bzw. mit NADPH, während die oxydierte Form strenggenommen als NAD^+ bzw. NAD^+P^+ bezeichnet werden muß.

Obgleich sich NAD und NADP in ihrem Wirkungsmechanismus und in ihrem Aufbau kaum unterscheiden, können sie sich in ihren Reaktionen nicht immer gegenseitig vertreten, d. h. es gibt Substrate, die für NAD, und solche, die für NADP spezifisch sind. Hieraus kann man ersehen, wie sehr die Struktur des Koenzyms seine Wirkung beeinflussen kann. Die zusätzliche Phosphatgruppe im NADP-Molekül hat wahrscheinlich für die Bindung des Koenzyms an das Substrat eine Bedeutung. NAD und NADP sind in pflanzlichen und tierischen Zellen weit verbreitet. Bei vielen wesentlichen Reaktionen wie der Atmung, der Glykolyse und der Photosynthese dienen sie in Zusammenarbeit mit verschiedenen Enzymen als H-Überträger. Besonders die Dehydrasen, die, wie noch näher ausgeführt wird, von den verschiedenen Kohlenhydratstoffwechselprodukten H-Atome abspalten, geben diese an NAD oder NADP weiter, die sie ihrerseits wieder auf andere Enzyme übertragen.

Flavinmononukleotid (= FMN) und **Flavinadenindinukleotid** (FAD) sind in ihrer Wirkungsweise den Nikotinamid-adenin-dinukleotiden sehr ähnlich; auch sie sind Wasserstoffüberträger. Im Unterschied zu den Nikotinamid-adenin-dinukleotiden vermögen sie die Wasserstoffatome auch an Sauerstoff anzulagern. Flavinmononukleotid besteht aus Flavin, Ribitol und Phosphat, Flavinadenindinukleotid aus:

Flavin — Ribitol — Ⓟ
|
Adenin — Ribose — Ⓟ

Aus der Formel des Flavinadenindinukleotides ist ersichtlich, daß sich das Molekül aus einem Flavinmononukleotid und aus einem Adeninnukleotid zusammensetzt. Beide Komponenten sind mit ihren Phosphaten pyrophosphatartig gebunden. Strenggenommen ist die Bezeichnung Nukleotid für FMN und FAD nicht ganz korrekt, da ein Nukleotid sich immer aus einer N-Base, einer Pentose und einem Phosphorsäurerest zusammensetzt; im Molekülaufbau von FMN und FAD liegt jedoch an Stelle der Pentose ein Alkohol (Ribitol) vor. Die Benennung „Nukleotid" hat sich aber so sehr eingebürgert, daß sie hier beibehalten werden soll.

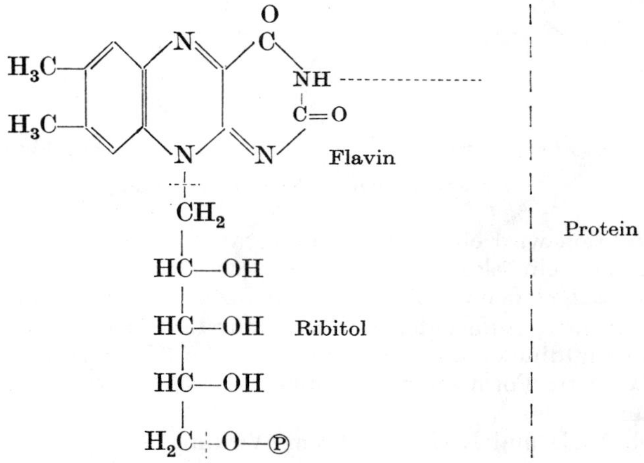

Flavinmononukleotid

Im Unterschied zu NAD und NADP sind FMN und FAD ziemlich fest an das Enzymeiweiß gebunden. Es sind prosthetische Gruppen, die bei einer Anzahl verschiedener Enzyme, den sog. **Flavoproteinen,** fungieren. Deren Bezeichnung leitet sich von ihrer charakteristischen gelben Farbe ab. Die Flavoproteine sind in der Natur weit verbreitet (Laktoflavin der Milch, Ovoflavin des Eies). Die Zytochromreduktase ist ein Flavoprotein. Auch die Nitratreduktase sowie das von Warburg entdeckte „gelbe Ferment" sind Flavoprotein. Man bezeichnet heute alle Ribo-

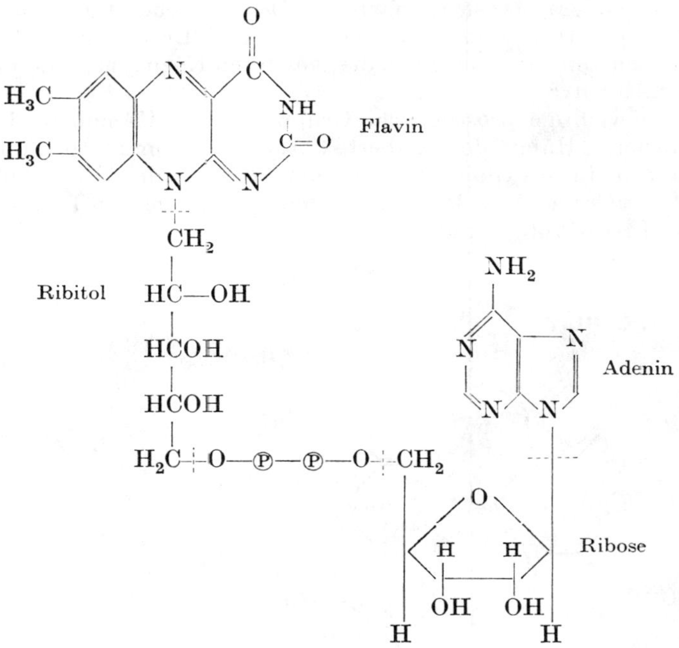

Flavin-adenin-dinukleotid (= FAD), oxydierte Form

flavinhaltigen Enzyme als „gelbe Fermente". Im reduzierten Zustand sind sie farblos. Sie zählen zu den Oxydoreduktasen (Dehydrasen) und reagieren vielfach mit NAD oder NADP, indem sie deren H-Atome übernehmen. Die bei dieser Übertragung wirksame Struktur ist das Flavin (6,7 Dimethyl-isoalloxazin), wie nachstehende Reaktionsgleichung zeigt.

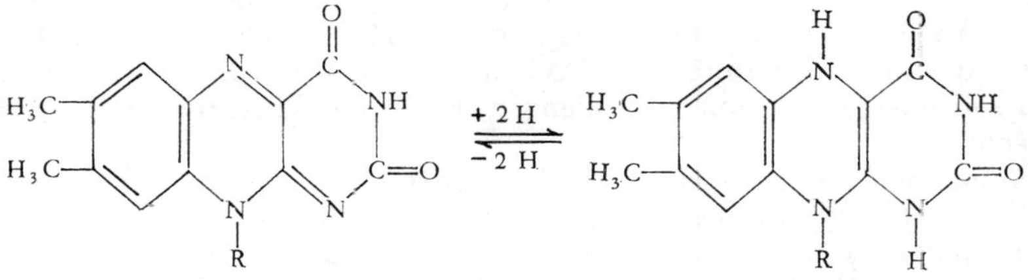

oxydiertes Flavin — reduziertes Flavin

Die H-Atome werden hierbei an die im Kern lokalisierten N-Atome angelagert (Reduktion) bzw. von den N-Atomen abgespalten (Oxydation).

Riboflavin und Nikotinsäureamid sind, wie oben dargelegt, Bausteine wichtiger prosthetischer Gruppen bzw. Koenzyme. Gleichzeitig sind sie in der tierischen und menschlichen Ernährung als Vitamine bekannt (Riboflavin = Vit. B_2, Nikotinsäureamid = „Pellagra-preventive factor"). Der tierische Organismus kann derartig komplizierte Strukturen nicht synthetisieren. Er ist auf ihre Zufuhr von außen angewiesen, um dann aus ihnen die genannten Koenzyme und prosthetischen Gruppen aufzubauen.

Eine weitere wichtige prosthetische Gruppe ist das **Häm** bzw. **Hämin.** Häm heißt die reduzierte, Hämin die oxydierte Form. Häm kommt im Hämoglobin vor, dessen Trägerprotein das Globin ist. Aus der Struktur des Häm (Abb. 28) ist zu ersehen, daß es sich um einen Porphinring handelt, in welchen Fe als Zentralatom eingebaut ist (Ferro-Protoporphyrin).

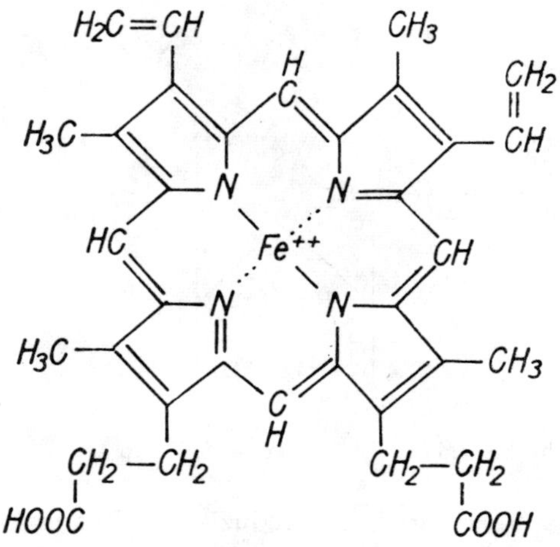

Abb. 28
Struktur des Häm.

Das Fe wird vom Porphinring mit zwei Elektronenpaarbindungen und zwei koordinativen Bindungen an die N-Atome der 4 Pyrrolringe gebunden. Jeweils eine weitere Koordinationsstelle des Fe-Atoms liegt oberhalb und unterhalb des Fe-Atoms. An sie bindet sich das Trägerprotein. Hierbei geht in vielen Fällen die Bindung auf eine Anlagerung des N-Atoms im Imidazolring an das Fe zurück. Jedoch kann das Protein auch kovalent, z. B. an die Vinylgruppe des Häm, gebunden sein.

Im Hämoglobin liegt das Häm nur in reduzierter Form vor, d. h. sein Fe ist zweiwertig. In dieser Form kann es an die 6. Koordinationsstelle O_2 anlagern und damit transportieren. An die gleiche Position können auch CO oder CN^- gebunden werden und so die Funktionsfähigkeit des Hämoglobins aufheben.

Häm bzw. Hämin kommt als prosthetische Gruppe in zahlreichen Enzymen vor: den Zytochromen, der Zytochromoxydase, der Katalase und der Peroxydase. Diese Enzyme katalysieren Redoxreaktionen, wobei der Valenzwechsel des Fe ($Fe^{++} \rightleftharpoons Fe^{+++}$) das Reaktionsprinzip darstellt. Im Gegensatz zur Katalyse von FAD bzw. FMN werden hierbei keine H-Atome, sondern Elektronen transferiert. Bei der Übertragung von H-Atomen auf häminhaltige Enzyme werden erstere in Elektron und H-Ion gespalten.

$$H \rightarrow H^+ + e^-$$

Wird beispielsweise H von einem Nikotinamid-adenin-dinukleotid an ein Fe-haltiges Enzym abgegeben, so vermag dieses im oxydierten Zustand vorliegende Enzym lediglich das Elektron des H aufzunehmen.

Umgekehrt werden bei der terminalen Oxydation keine H-Atome, sondern nur Elektronen von der Oxydase auf den Sauerstoff übertragen. Der zur Wasserbildung notwendige Wasserstoff entstammt den H-Ionen, die in wäßrigen Systemen hierfür genügend vorhanden sind. Im nachstehenden Schema ist diese Beziehung zwischen H-Atom, Elektron und H-Ion veranschaulicht.

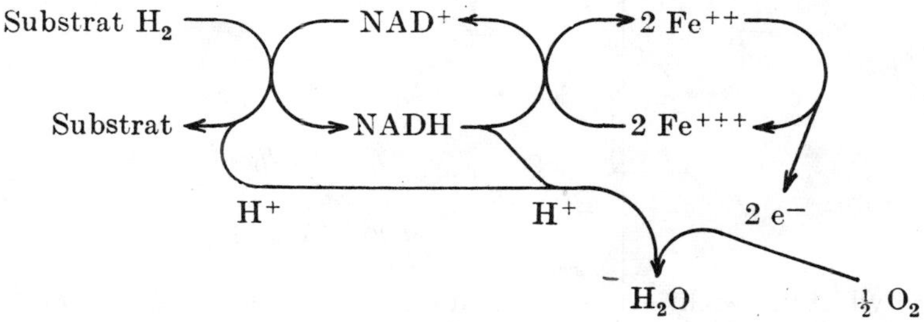

Zytochrome, hämhaltige Enzyme, sind in der Natur weit verbreitet. Bei der Atmung und bei der Photosynthese kommt ihnen als Elektronenüberträger eine hervorragende Bedeutung zu (s. S. 80 u. S. 119). Man kennt verschiedene Zytochrome; sie unterscheiden sich durch ihre Absorptionsbanden. Besonders gut erforscht ist das Zytochrom c. Bei ihm ist das Häm an eine Polypeptidkette von 104–108 Aminosäureresten gebunden. Zusammensetzung und Sequenz dieser Peptidkette sind bei den verschiedensten Organismen überraschend gleichartig (MOTHES 1965). Die Trägereiweiße der einzelnen Zytochrome können sehr unterschiedlich sein.

Auch die Zytochromoxydase ist ein häminhaltiges Enzym. Sie besteht aus Zytochrom a und Zytochrom a_3, also aus 2 Häminsystemen. Nur Zytochrom a_3 kann mit Sauerstoff reagieren (HAYAISHI 1962). Aber auch CO und CN^- vermögen sich fest an sie zu binden, so daß das Enzym „vergiftet" wird. Zytochromoxydase ist überaus weit verbreitet, und ihre große Bedeutung liegt darin, daß sie die **terminale Oxydation,** die Reduktion des Sauerstoffs bis zu Wasser, katalysiert. Zytochromoxydase ist identisch mit dem Warburgschen Atmungsferment. Von allen Enzymen, die molekularen Sauerstoff zu Wasser reduzieren, kommt ihr die größte Bedeutung zu.

Eine dem Häm analog gebaute prosthetische Gruppe ist das **Chlorophyll.** Es wird zwar herkömmlich nicht als prosthetische Gruppe bezeichnet, ist aber nach Bau und Funktion als eine solche anzusehen, d. h. es ist an einen proteinartigen Träger gebunden und katalysiert eine biochemische Reaktion. Chlorophyll zählt zusammen mit Phykoerythrin, Phykozyanin und den Karotinoiden zu den wichtigsten Pigmenten im Pflanzenreich. Es sind native organische Komplexe, die auf Grund ihres chemischen Aufbaues Licht absorbieren und dementsprechend gefärbt sind (SMITH und FRENCH 1963). Ihre Bedeutung besteht darin, daß sie das absorbierte Licht in chemische Energie überführen.

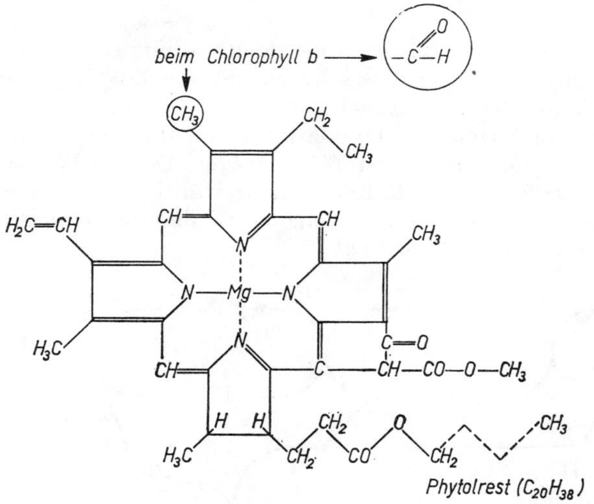

Abb. 29
Chlorophyll a.

Chlorophyll ist das wichtigste Pigment der höheren Pflanze. Es ist ein Porphyrinring, in welchem ein Mg-Atom mit zwei kovalenten und zwei koordinativen Bindungen an die N-Atome der Pyrrolringe gebunden ist (s. Strukturformel).

Chlorophyll a hat in der Seitenkette eines Pyrrolringes einen Methylrest (in der Abb. mit → bezeichnet), Chlorophyll b hat an Stelle des Methylrestes den Rest-CHO. Vermutlich wird Chlorophyll b aus Chlorophyll a gebildet. Neben den genannten beiden Chlorophyllarten kennt man noch Chlorophyll c und d. Darüber hinaus kommt in photosynthetisch tätigen Bakterien eine weitere Chlorophyllart, das sog. Bakteriochlorophyll, vor. Alle Chlorophylle sind mesomere Systeme mit konjugierten Doppelbindungen. Das konjugierte System ist an einer Stelle unterbrochen. Diese „Störstelle“ liegt beim Chlorophyll a im Ring IV (Mothes 1965).

In der höheren Pflanze ist das Chlorophyll in besonderen Partikeln, den Chloroplasten, lokalisiert. Sie werden nach außen von einer Membran abgeschlossen. Aus elektronenmikroskopischen Aufnahmen geht hervor, daß im Innern der Chloroplasten Doppellamellen (Thylakoide) sackartig aufeinander gestapelt sind (Menke 1962). Die einzelne Lamelle dürfte eine bimolekulare Schicht darstellen: eine Proteinschicht mit einer aufgelagerten Lipidschicht. Das Chlorophyllmolekül ist hierbei wahrscheinlich mit seinem hydrophilen Porphinanteil in die Proteinschicht, mit seinem lipophilen Phytolrest in die Lipidschicht eingelagert. Auf diese Weise sind die Pigmentmoleküle gerichtet, was für die Energieabsorption, -speicherung und -leitung von Bedeutung sein dürfte (Metzner 1966).

Nicht alle in organischen Komplexen vorkommenden Fe-Atome sind an einen Porphinring gebunden. Nichthämgebundenes Fe kommt in Enzymen und Koenzymen wie in Flavoproteinen, der NADH-Dehydrase und der Aldehydoxydase vor.

Das bekannteste nicht hämgebundene Fe ist das Fe des **Ferredoxin.** Es ist ein Metallprotein; seine Aminosäurenzusammensetzung ist weitgehend bekannt. Sie weist einen hohen Anteil von Asparaginsäure und Glutaminsäure und einen geringen Anteil basischer Aminosäuren auf. Das Molekulargewicht dieses Metallproteins ist im Vergleich zu anderen Proteinen niedrig (San Pietro und Black 1965). Man unterscheidet zwischen einem „Spinat-Ferredoxin" (Tagawa und Arnon 1962) und einen aus *Chlostridium pasteurianum* isolierten Ferredoxin (Valentine et al. 1963). Das „Spinat-Ferredoxin" ist das Ferredoxin der höheren Pflanze. Es sieht rot aus und enthält 4 Sulfhydrylgruppen und 2 Fe-Atome. Das Bakterienferredoxin ist braun und enthält 7 Sulfhydrylgruppen und 7 Fe-Atome. Blomstrom et al. (1964) schlugen für die aktive Stelle des Bakterienferredoxin die in Abb. 30 dargestellte Struktur vor. Die mit einem Stern gekennzeichneten S-Atome stellen labilen S dar, der bei Ansäuerung des Proteins in Form von H_2S freigesetzt wird.

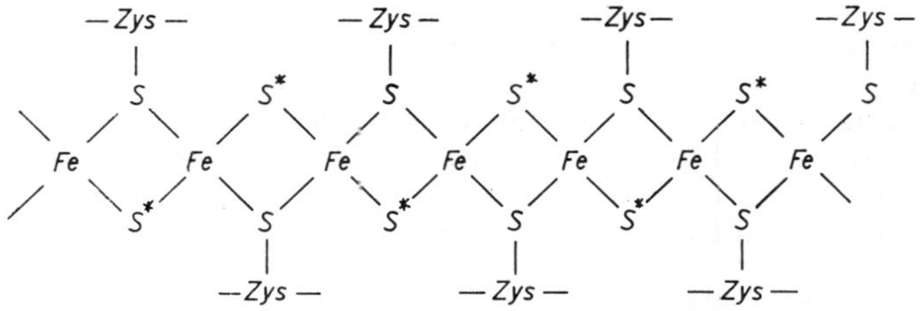

Abb. 30
Die Struktur von Bakterienferredoxin.

Die weiteren S-Atome gehören zu den Sulfhydrylgruppen der Zysteine. Die Fe-Atome sind in einer linearen Anordnung dicht an die Zysteinreste angelagert. Die eng benachbart lokalisierten Fe-Atome lassen kovalente Interaktionen, d. h. einen Elektronentransport durch die „Fe-Kette", zu. Hierin liegt die katalytische Bedeutung des Ferredoxin. Das Ferredoxin der grünen Pflanzen wie auch das Bakterienferredoxin katalysieren auf diese Weise Elektronentransportvorgänge. Hierbei kommt dem Ferredoxin sein hohes negatives Redoxpotential zugute, das mit −430 mV dem einer Wasserstoffelektrode entspricht. Ferredoxin vermag deshalb noch schwerer reduzierbare Verbindungen wie $NADP^+$ und molekularen N_2 zu reduzieren. Erstere Reaktion spielt bei der Photosynthese, letztere bei der molekularen N_2-Bindung eine wichtige Rolle (s. S. 80 u. S. 153). Das Ferredoxin liefert nach Art eines Koenzyms die für die Reduktion benötigten Elektronen an verschiedene Dehydrasen (α-Ketoglutarat-Dehydrase, Pyruvat-Dehydrase). Umgekehrt kann es von Dehydrasen auch Elektronen aufnehmen, wie nachstehendes Schema zeigt.

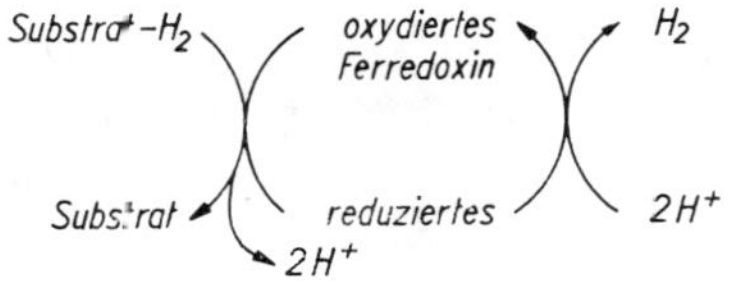

Das so reduzierte Ferredoxin überträgt bei der oben gezeigten Reaktion die Elektronen auf eine **Hydrogenase,** die ihrerseits damit H-Ionen zu molekularem H_2 reduziert (Valentine und Wolfe 1963). Hydrogenase kommt nicht in der höheren Pflanze, aber in verschiedenen Mikroorganismen vor. Ferredoxin kann nach Joy und Hageman (1966) auch photosynthetisch reduziert werden und dann seine Elektronen auf eine Nitritreduktase übertragen (s. Abb. 34).

Zu den **wichtigsten Koenzymen und prosthetischen Gruppen der Transferasen** zählen:

Adenosintriphosphat (ATP), ein Koenzym
Uridintriphosphat (UTP), ein Koenzym
Zytidintriphosphat (CTP), ein Koenzym
Koenzym A (CoASH), ein Koenzym
Biotin, eine prosthetische Gruppe
Pyridoxalphosphat, eine prosthetische Gruppe.

Sie bewirken die Übertragung einer Atomgruppe von einem Molekül auf ein anderes Molekül. Teils katalysieren sie auch Reaktionen der Lyasen und Isomerasen.

Der chemische Aufbau des Adenosintriphosphat (ATP) leitet sich von der Adenylsäure (= Adenosinmonophosphorsäure) ab. Die Adenylsäure ist ein typisches Nukleotid, da sie alle drei Bausteine, die ein Nukleotid enthalten muß, aufweist. Diese drei Bausteine sind Adenin als N-Base, Pentose und Phosphat.

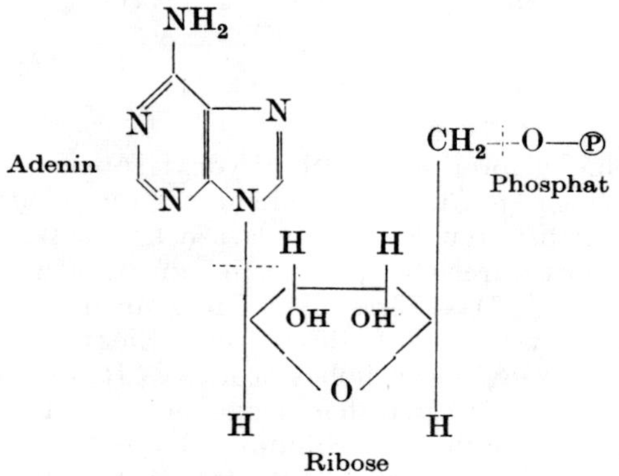

Adenylsäure (Adenosinmonophosphorsäure = AMP)

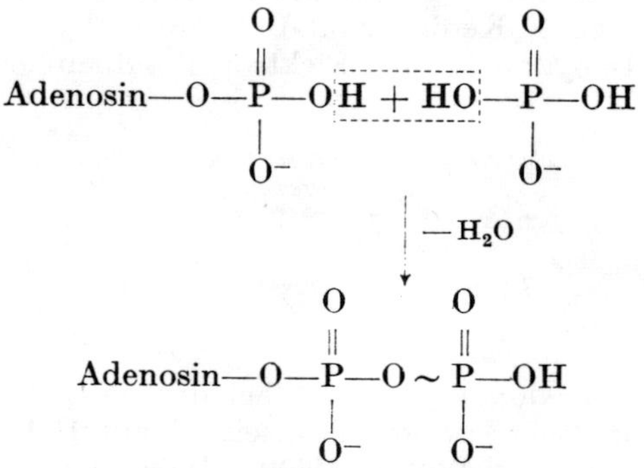

Adenosindiphosphat (= ADP)

Durch Anlagerung eines oder zwei weiterer Phosphate an den Phosphatrest des AMP entsteht das Adenosindiphosphat (ADP) bzw. **Adenosintriphosphat (ATP).** Die Bindung zwischen zwei Phosphaten ist eine Pyrophosphatbindung.

Bei der Bindung des zweiten Phosphates an AMP wird von einem Phosphat ein H, vom anderen ein OH für die Wasserbildung geliefert. Hierbei wird das H-Atom des AMP durch die Phosphorylgruppe substituiert. Die Phosphorylgruppe kann man als Azyl der Phosphorsäure auffassen.

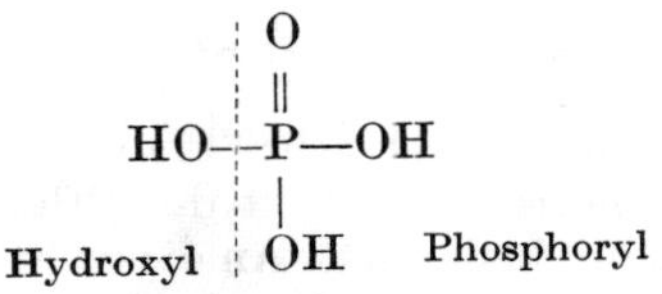

Phosphorsäure

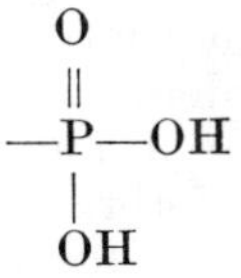
Phosphorylgruppe

Dieses Azyl spielt im Stoffwechsel eine wichtige Rolle. Es wird mit dem Symbol Ⓟ bezeichnet.

Wie oben dargestellt, sind beim ADP zwei Phosphorylgruppen aneinandergebunden. Eine derartige Bindung verkörpert viel Energie; sie stellt eine **energiereiche Bindung** dar. Im Formelbild beschreibt man sie mit ~. Wird an das ADP noch ein weiteres Phosphat angelagert, so entsteht das Adenosintriphosphat (ATP). Auch hierbei wird wieder das endständige H-Atom des ADP durch die Phosphorylgruppe substituiert. Allgemein kann man sich merken, daß die Phosphorylgruppe ein H-Atom substituieren kann.

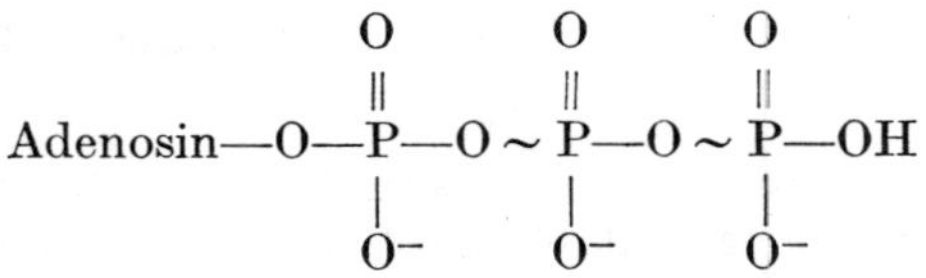
Adenosintriphosphat (= ATP)

ATP stellt mit seinen energiereichen Bindungen einen Energiespeicher von universeller Bedeutung im biologischen Geschehen dar. Die in der Pyrophosphatbindung liegende Energie ist letzten Endes die Energie, mit der der lebende Organismus seinen Energiebedarf speisen muß. Interessanterweise ist es dabei so, daß vom ATP meistens nur eine Pyrophosphatbindung aufgebrochen wird, um dem System ein verwertbares „Energiepaktet“ zu liefern.

$$\text{ATP} = \text{ADP} + \text{Phosphat} + 7000 \text{ cal}$$

Diese von Lipmann (1941) zuerst geäußerte Ansicht, daß alle Energie, die ein Organismus in Form chemischer Verbindungen enthalten kann, erst in ATP umgebaut werden muß, bevor der Organismus diese Energie für synthetische Arbeit und für die Sekretion, also für jeglichen Energieaufwand ausnutzen kann, ist ein überaus erstaunlicher und interessanter Befund. Wenn man bedenkt, daß alle chemische Energie wie Zucker, Fette, Eiweiße und Stärke letztlich mit solchen „Energiepaketen“ des ATP aufgebaut und bei ihrem Verbrauch vorübergehend wieder in solche „Energiepakte“ zurückgeführt wird, dann wird ersichtlich, wie die unterschiedlichsten Stoffe und Reaktionen auf einem für alle Lebewesen geltenden Grundprinzip beruhen. KREBS (1957) vergleicht den lebenden Organismus mit den Kraftmaschinen der Technik. So wie beispielsweise ein Elektromotor nur von elektrischer Energie gespeist werden kann, alle anderen Energieformen wie Kohle, Wasserkraft oder Dampfdruck also erst in elektrische Energie überführt werden müssen, so spricht auch die lebende Zelle nur auf *eine* Energieform an, nämlich auf die energiereiche Bindung des ATP oder verwandter Verbindungen. Andere Energieformen, wie Sonnenenergie, Stärke, Zucker und dergleichen mehr, müssen demnach vor ihrer eigentlichen Ausnutzung in diese Form transformiert werden.

Die einzelnen Funktionen des ATP, seine Synthese bei Photosynthese und Atmung sowie sein Verbrauch bei der synthetischen Arbeit der Pflanze werden im Abschnitt „Energiestoffwechsel" noch näher behandelt. An dieser Stelle sei betont, daß das ATP vornehmlich bei Transphosphorylierungen mitwirkt.

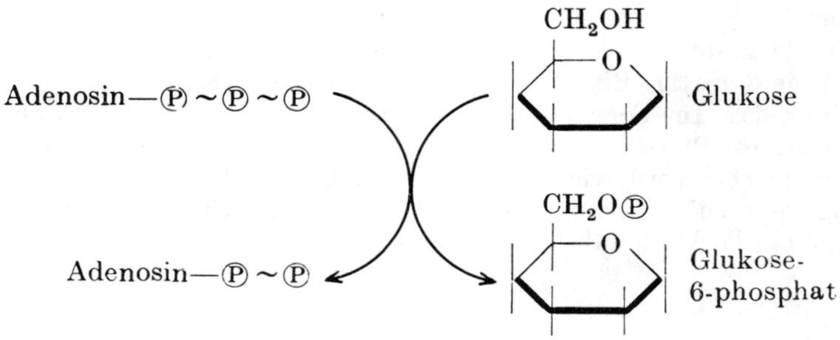

Das Schema zeigt, wie eine Phosphorylgruppe des ATP ein H-Atom der alkoholischen Hydroxylgruppe der Glukose substituiert. ATP kann seine Phosphorylgruppe auch auf Säuregruppen und Amidgruppen übertragen. Auch hier substituiert die Phosphorylgruppe immer ein H-Atom (s. S. 77).

Die Übertragung einer Phosphorylgruppe ist die wichtigste Funktion des ATP. Daneben kennt man auch Reaktionen, bei denen ein Pyrophosphatrest vom ATP auf ein Substrat übertragen wird.

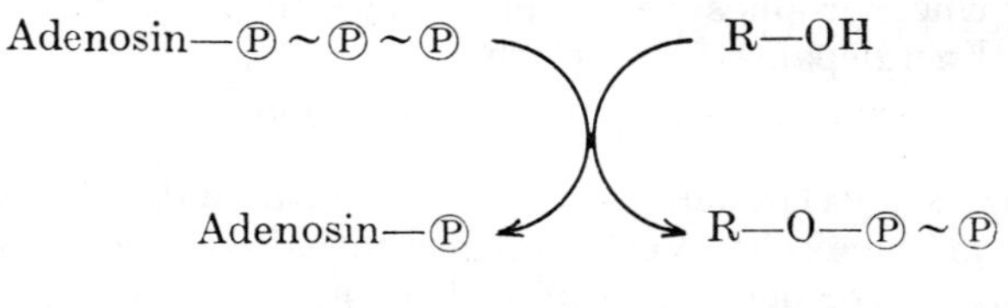

Schließlich kann auch der Adenosylrest des ATP auf ein anderes Molekül übertragen werden. ATP spaltet sich dabei in Adenosyl, Pyrophosphat und Orthophosphat.

Uridintriphosphat (UTP) ist dem ATP analog aufgebaut. An Stelle der N-Base Adenin hat es die N-Base Urazil.

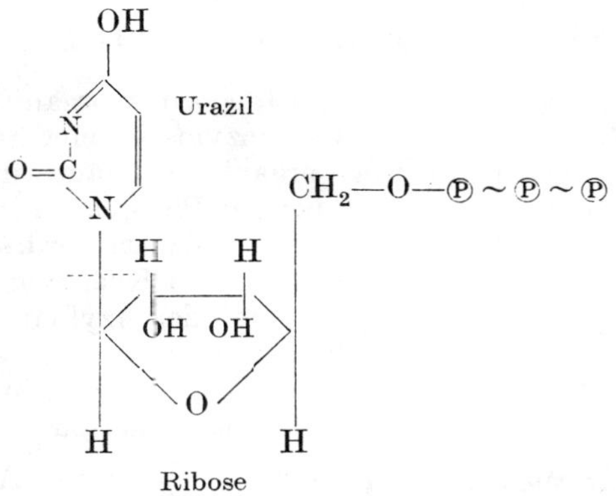

Uridintriphosphat (UTP)

UTP vermag die endständige Phosphorylgruppe durch einen Monosaccharidrest, z. B. Glukosyl (Rest der Glukose), zu substituieren. Dieser Zuckerrest ist dann energiereich gebunden und kann auf ein anderes Molekül übertragen werden. UTP bildet mit Glukosephosphat unter Abspaltung von Pyrophosphat Uridindiphosphatglukose (s. S. 96). UDP-Glukose fungiert beim Aufbau von Di-, Oligo- und Polysacchariden als Zuckerrest-Donator.

Zytidintriphosphat (CTP) ist in seiner chemischen Struktur dem ATP bzw. UTP analog. Als N-Base liegt das Zytosin vor.

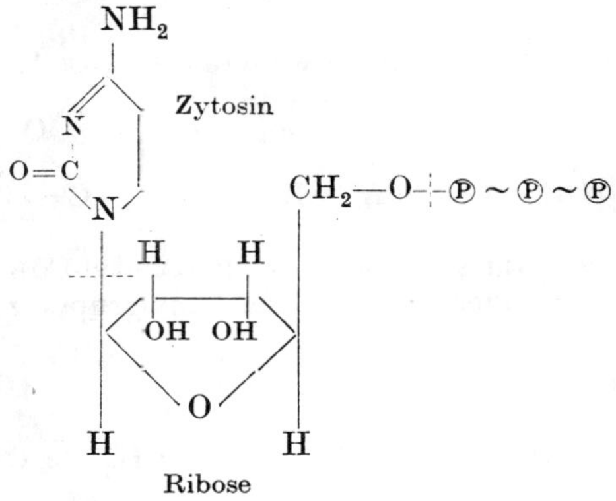

Zytidintriphosphat (CTP)

CTP kann Phosphorylcholin unter Abspaltung von Pyrophosphat binden und dann auf ein anderes Molekül übertragen, z. B. auf ein Diglyzerid. Auf diese Weise entsteht ein Phosphatid (s. S. 132). Dementsprechend spielen CTP bzw. CDP-Cholin (Zytidindiphosphat-cholin) bei der Phosphatidsynthese eine Rolle.

Ein weiteres wichtiges Koenzym ist das **Koenzym A** (CoA-SH). Seine Funktion stellt eine Parallele zur Beladungsreaktion mittels einer Phosphorylgruppe dar. Zahlreiche biologische Reaktionen können nur dann ablaufen, wenn ein Reaktionspartner an Koenzym A gebunden ist.

$$CoA-S\fbox{H + HO}CO-R \rightarrow CoAS \sim CO-R + H_2O$$

Die Gleichung zeigt allgemein die Koppelung einer organischen Säure mit dem Koenzym A. Die wirksame Gruppe des Koenzyms ist eine Sulfhydrylgruppe. Sie reagiert mit der Hydroxylgruppe einer organischen Säure unter Wasseraustritt. Es entsteht ein Thioester. Genauso wie bei der Phosphorylierung nicht die Phosphatgruppe, sondern die Phosphorylgruppe angelagert wird, so wird bei der Bindung einer organischen Säure, z. B. Essigsäure, an Koenzym A nicht das Azetat-Ion, sondern das Radikal Azetyl oder allgemein das Azyl einer organischen Säure angelagert. Es entsteht eine energiereiche Bindung, deren Energiepaket dem ATP entnommen wird. Strenggenommen muß also die allgemeine Gleichung für die Bindung des Koenzyms A an eine organische Säure lauten:

$$CoA-SH + HO-Azyl + ATP \rightarrow CoA-S \sim Azyl + ADP + H_3PO_4$$

Die energiereiche Bindung der „aktivierten" organischen Säure entspricht in ihrem „Energiegehalt" der Pyrophosphatbindung des ATP. Bei der Hydrolyse von einem Mol Azyl-Koenzym A werden etwa 8200 cal frei. Durch die Bindung einer organischen Säure an das Koenzym A wird diese auf ein höheres Energieniveau gehoben und damit zu einer Reaktion mit einem Azyl-Akzeptor befähigt. Das Azyl-CoA überträgt hierbei das Azyl auf ein neues Molekül, wobei ein H-Atom dieses Moleküls substituiert wird.

$$R-\overset{O}{\overset{\|}{C}} \sim \fbox{SCoA + H}O-R' \rightarrow R-\overset{O}{\overset{\|}{C}}-O-R' + CoA-SH$$

Das Azyl-CoA reagiert häufig mit einem weiteren Azyl-CoA.

$$R-\overset{O}{\overset{\|}{C}} \sim \fbox{SCoA + H}CH_2-\overset{O}{\overset{\|}{C}} \sim CoA \rightarrow R-\overset{O}{\overset{\|}{C}}-CH_2-\overset{O}{\overset{\|}{C}} \sim CoA + CoA-SH$$

Ein physiologisch sehr wichtiges Azyl-CoA ist das Azetyl-CoA (= aktivierte Essigsäure). Azetyl-CoA vermag auch mit einer Karbonylgruppe zu reagieren.

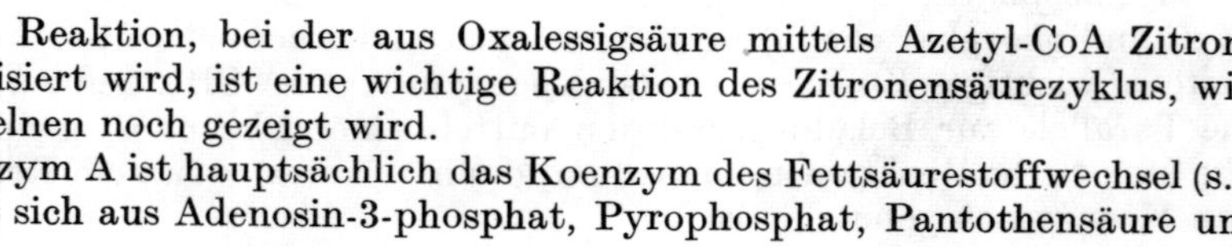

Oxalessigsäure

Zitronensäure

+ CoA—SH

Diese Reaktion, bei der aus Oxalessigsäure mittels Azetyl-CoA Zitronensäure synthetisiert wird, ist eine wichtige Reaktion des Zitronensäurezyklus, wie später im einzelnen noch gezeigt wird.

Koenzym A ist hauptsächlich das Koenzym des Fettsäurestoffwechsel (s. S. 137). Es baut sich aus Adenosin-3-phosphat, Pyrophosphat, Pantothensäure und Thioäthanolamin auf. Die wirksame Atomgruppe ist die Sulfhydrylgruppe. Ein wichtiger Baustein des CoA ist die **Pantothensäure.** Man sieht auch hier wieder, wie ein Vitamin als Baustein eines Koenzyms fungiert.

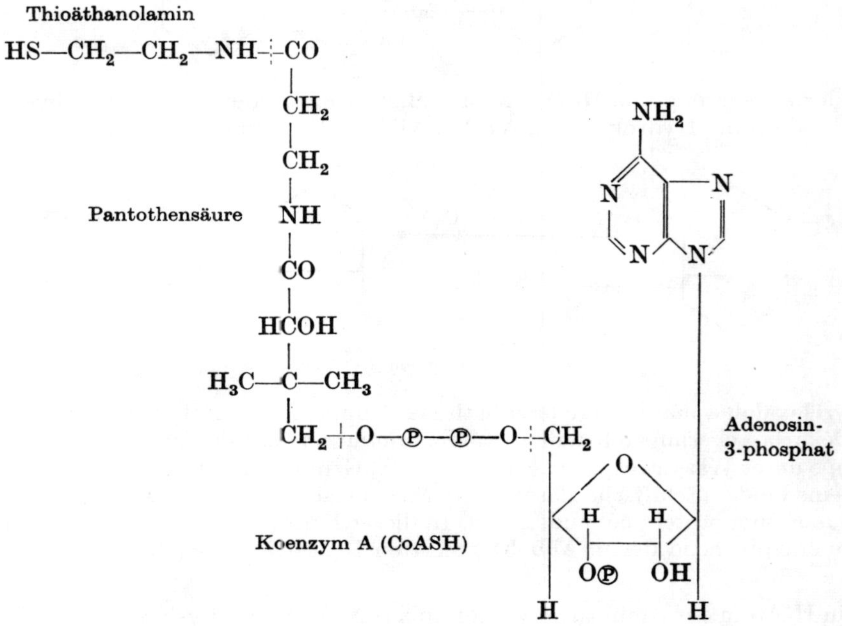

Biotin ist eine prosthetische Gruppe; es katalysiert die Übertragung von CO_2. Man kann es deshalb sowohl zu den prosthetischen Gruppen der Transferasen als auch zu denen der Desmolasen (Karboxylasen) zählen.

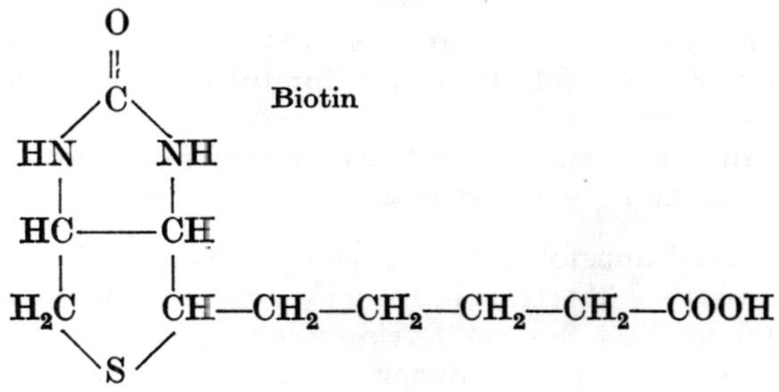

Biotin vermag CO_2 bzw. Bikarbonat auf ein anderes Molekül, z. B. auf Azetyl-CoA, zu übertragen (s. Formelschema). Bei dieser Übertragung entsteht Malonyl-CoA. Azetyl-CoA wurde also karboxyliert. Diese Reaktion spielt, wie später noch näher gezeigt wird, bei der Fettsäuresynthese eine zentrale Rolle (Wakil 1962).

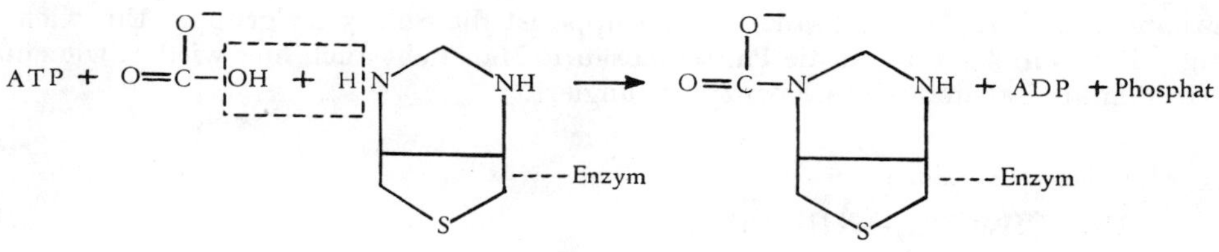

Bei der Anlagerung von HCO_3^- an den Biotinring werden H und OH abgespalten, die dann für die Hydrolyse von ATP in ADP und Phosphat benötigt werden.

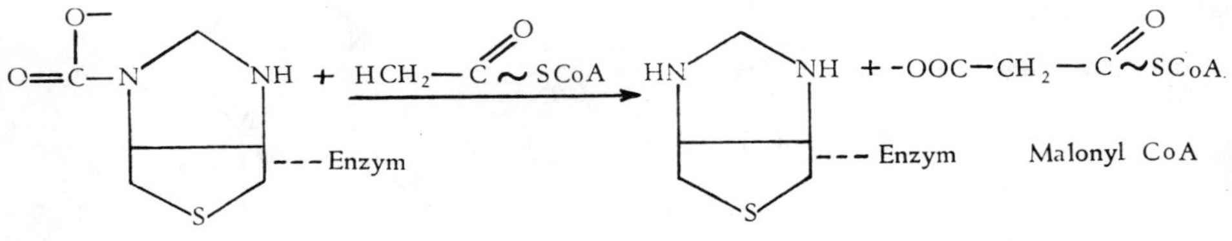

Übertragung von CO_2^- auf Azetyl-CoA

Pyridoxalphosphat ist eine prosthetische Gruppe, die an NH_2-Übertragungen und an Dekarboxylierungen beteiligt ist. Man nimmt an, daß sie sich mit ihrer Aldehydgruppe unter Wasserabspaltung an die ε-NH_2-Gruppe eines Lysinrestes des Enzymproteins bindet (Schiffsche Base). Weiterhin soll sie noch mit ihrer Phosphatgruppe an das Enzymprotein gebunden sein. In dieser Form reagiert sie mit einer Aminosäure entsprechend der in Abb. 31 gezeigten Reaktionsfolge (GUIRARD und SNELL 1964).

1 Ein H-Atom der Aminogruppe geht an das N-Atom des Lysinrestes. Die Doppelbindung spaltet auf, und die Aminosäure wird an die prosthetische Gruppe gebunden.
2 Ein weiteres H-Atom der Aminogruppe geht an das N-Atom des Lysinrestes. Damit spaltet sich die prosthetische Gruppe vom Lysinrest ab. Das N-Atom der Aminosäure wird dadurch mit einer Doppelbindung an den Pyridoxalphosphatrest gebunden.
3 Das H-Atom des α-C-Atoms geht an das C-Atom des Pyridoxalphosphatrestes. Auf diese Weise verlagert sich die Doppelbindung vom Pyridoxalphosphat weg zur Aminosäure.
4 Die Doppelbindung zwischen C- und N-Atom wird hydrolytisch gespalten. Hierbei entsteht Pyridoxaminphosphat und eine Ketosäure.

In umgekehrter Reaktionsfolge kann das Pyridoxaminphosphat seine Aminogruppe auf eine Ketosäure übertragen, wobei wieder eine Aminosäure und Pyridoxalphosphat entstehen. Das System Pyridoxalphosphat $\rightleftharpoons$ Pyridoxaminphosphat vermittelt also den Transfer von Aminogruppen.

Es sei noch auf das im Pyridinring stehende positive N-Atom verwiesen. Auch im NAD bzw. NADP liegt ein positiv aufgeladenes N-Atom vor. Eine solche positive Aufladung bedeutet, daß dem N-Atom ein Elektron fehlt. In der äußeren Elektronenschale kann also ein weiterer, mit einem einsamen Elektron versehener Ligand gebunden werden. Das -N-$^+$ erscheint deshalb im Formelbild vierwertig.

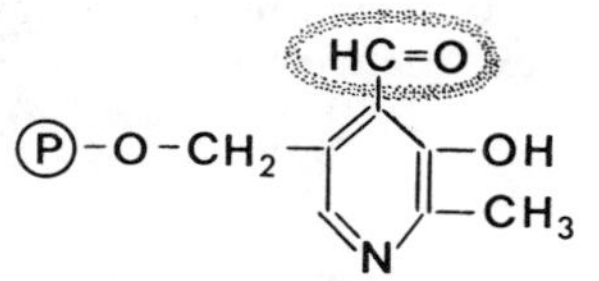

Pyridoxalphosphat

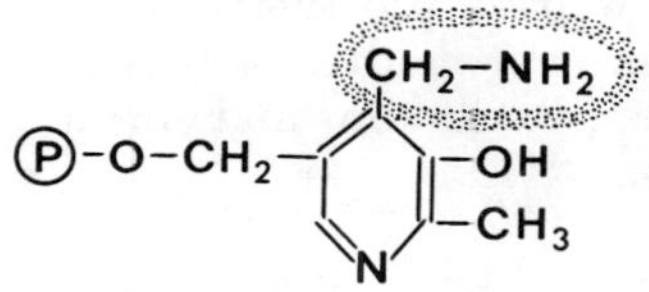

Pyridoxaminphosphat

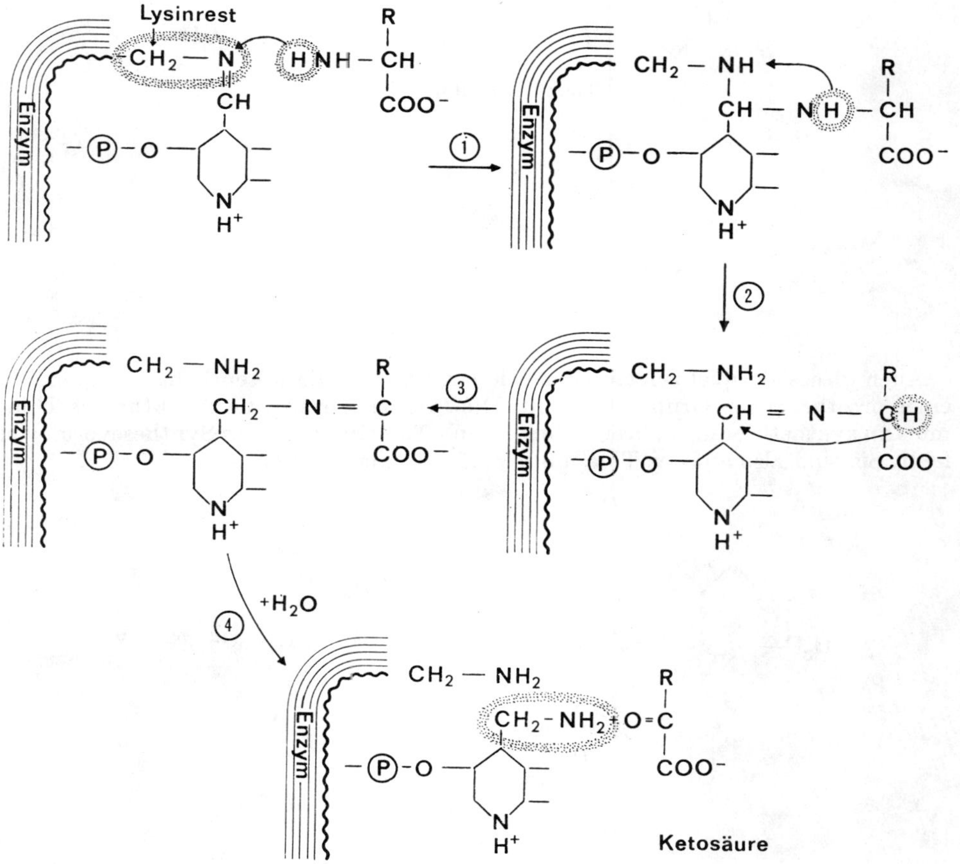

Abb. 31
Transfer einer Aminogruppe von einer Aminosäure auf das Pyridoxalphosphat.

Eine weitere prosthetische Gruppe der Lyasen ist das **Thiaminpyrophosphat.** Es ist eng verwandt mit dem Thiamin (Vitamin B_1 oder Aneurin) und baut sich aus einem Pyrimidin- und einem Thiazolring auf.

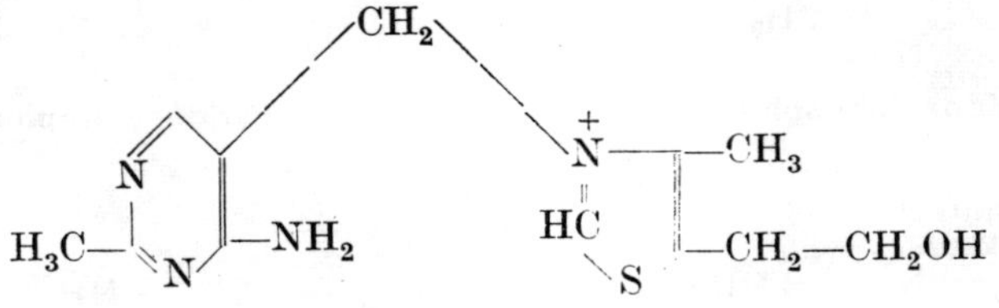

Thiamin (= Vitamin B_1)

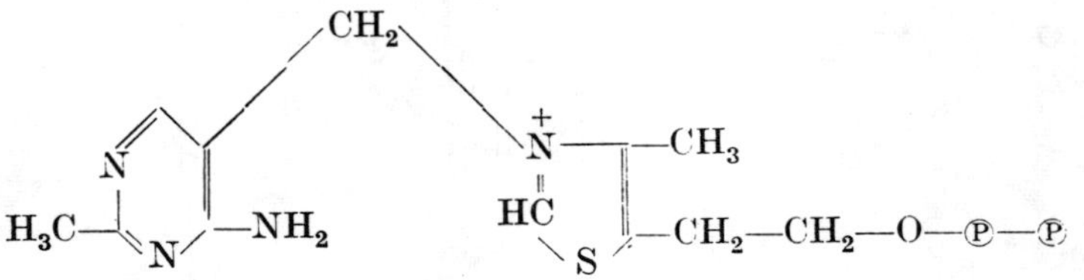

Thiaminpyrophosphat

Auch dieses Beispiel zeigt wieder, wie ein Vitamin die wesentliche Komponente einer prosthetischen Gruppe darstellt. Die Pflanze vermag die Struktur des Thiamins zu synthetisieren, während Mensch und Tier ein derartiges Synthesevermögen fehlt. Sie sind also auf das Thiamin der Pflanze angewiesen.

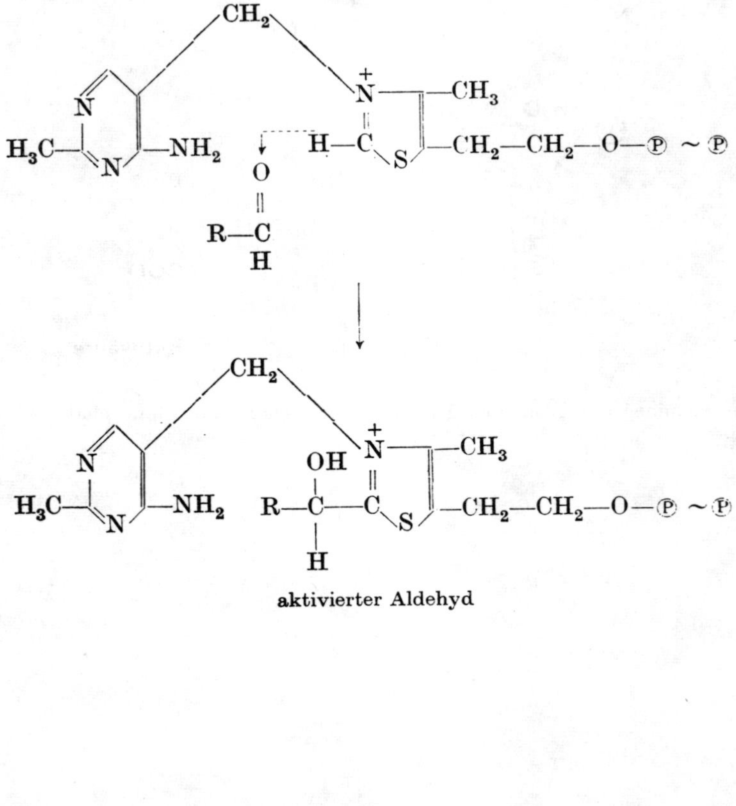

aktivierter Aldehyd

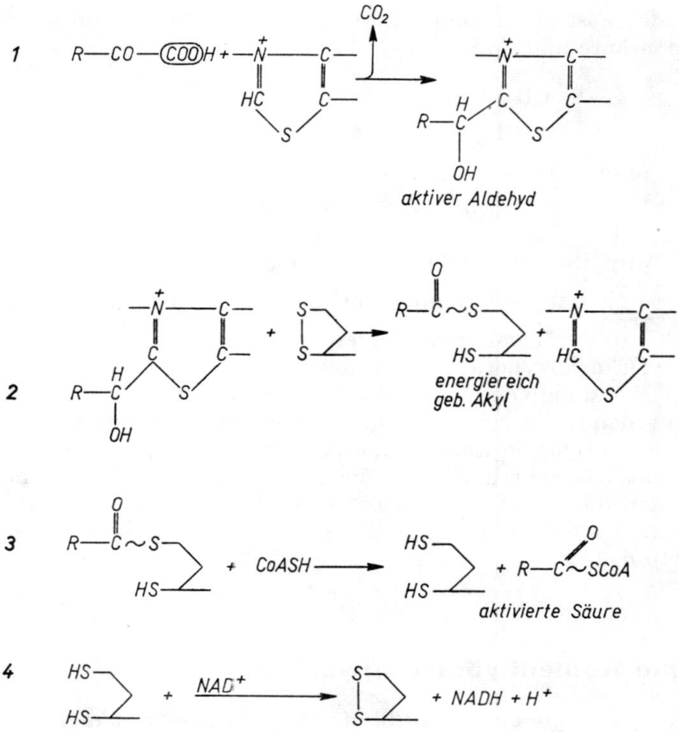

Abb. 32
Schema der oxydativen Dekarboxylierung. *1* Von der Ketosäure wird CO_2 abgespalten. Der entstehende Aldehyd tritt nicht frei auf, sondern wird an Thiaminpyrophosphat angelagert (aktivierter Aldehyd); *2* Thiaminpyrophosphat überträgt den Aldehyd auf Liponsäure. Die Disulfidbindung wird hierbei aufgespalten, ein S-Atom lagert H, das andere das Azyl des Aldehyds an. Thiaminpyrophosphat bildet sich zurück. Die Bindung des Azyls an die Liponsäure ist energiereich. Sie entspricht der Bindung des Azyls an CoA. *3* Das Azyl wird auf CoA übertragen. Es entstehen die aktivierte Säure (Azyl-CoA) und die reduzierte Form der Liponsäure. *4* Die reduzierte Form der Liponsäure wird von einer Dehydrase oxydiert, die ihrerseits das H auf NAD^+ überträgt.

Die enzymatische Wirksamkeit des Thiaminpyrophosphates besteht darin, daß es einen Aldehyd zu addieren vermag. Man nennt einen derartig gebundenen Aldehyd „aktivierter Aldehyd". Der Aldehyd wird hierbei am Thiazolring angelagert.

Eine wichtige Reaktionsfolge, an der Thiaminpyrophosphat teilnimmt, ist die **oxydative Dekarboxylierung.** Hierunter versteht man, daß eine α-Ketosäure dekarboxyliert und oxydiert wird. Aus der Ketosäure entsteht hierbei schließlich ein um 1 C-Atom kürzeres Azyl-CoA.

$$R-\overset{\overset{\displaystyle O}{\|}}{C}-\boxed{COO}H \longrightarrow R-\overset{\overset{\displaystyle O}{\|}}{C}\sim SCoA$$

Die Reaktionsfolge ist etwas kompliziert. Neben Thiaminpyrophosphat nehmen an ihr noch Liponsäure und CoA teil.

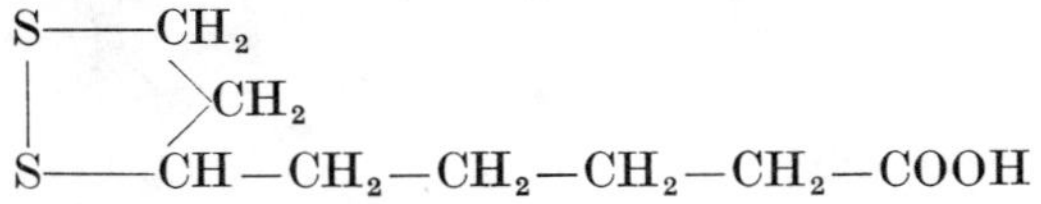

Liponsäure (= Thioctansäure)

Die Liponsäure wird im voranstehenden Schema der besseren Übersichtlichkeit wegen nur als 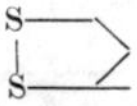 dargestellt, und von dem Thiaminpyrophosphat wird aus gleichem Grunde nur der Thiazolring aufgeführt (s. Abb. 32).

Die oxydative Dekarboxylierung überführt also nach der Dekarboxylierung die entsprechende Verbindung vom Aldehydniveau auf das Säureniveau. Die bei dieser Oxydation freiwerdende Energie ist in der energiereichen Bindung des Azyl-CoA verkörpert. Dieses vermag in andere Energie benötigende Prozesse einzugreifen. Die oxydative Dekarboxylierung spielt beim Kohlenhydratabbau eine wichtige Rolle. Hier werden die Brenztraubensäure bzw. das Pyruvat in Azetyl-CoA, die α-Ketoglutarsäure in Sukzinyl-CoA mittels oxydativer Dekarboxylierung umgeformt (s. S. 110 u. 112).

3. Energie- und Kohlenhydratstoffwechsel

a) Die Bedeutung energiereicher Verbindungen im Stoffwechsel

Die wesentlichen energetischen Stoffwechselvorgänge basieren auf den Gesetzen der Thermodynamik. Prozesse, die ,,bergab laufen", gehen von selbst, Prozesse mit positiver Freier Enthalpie ($O < G$), benötigen Energie (s. S. 42). Alle größeren Synthesen der Zelle, die Bildung von Kohlenhydraten, Fetten, Aminosäuren, Proteinen und Nukleinsäuren aus einfacheren Bausteinen, sind endergonische Prozesse. Energiestoffwechselvorgänge oder besser Energieumformungen und -übertragungen laufen mit den Stoffveränderungen parallel. Pauschal gilt: Aufbauende Vorgänge benötigen Energie, bei Stoffabbau wird Energie frei.

Stoffwechselvorgänge, die zum Aufbau beitragen, zählen zum **Anabolismus.** Prozesse, die zum Abbau beitragen, zählen zum **Katabolismus.** Den gesamten Stoffwechsel, Anabolismus und Katabolismus, bezeichnet man als **Metabolismus.**

Die für die Synthese von organischen Molekülen benötigte Energie wird in Form des ATP oder verwandter Triphosphate (UTP, CTP, GTP) zugeführt. Hierbei wird ein Reaktionspartner durch Phosphorylierung mit Energie beladen (Beladungsreaktion) und damit das für die Reaktion notwendige Energiegefälle geschaffen.

$$\text{Substr.} + \text{ATP} \rightarrow \text{Subst.}\ \text{Ⓟ} + \text{ADP}$$

Man könnte nun vermuten, daß bei dieser Phosphorylierung die energiereiche Bindung des ATP (7000 cal) in die neue Bindung der Phosphorylgruppe mit dem Substrat restlos eingeht. Das ist jedoch nicht immer der Fall, vielmehr hängt dies davon ab, wie die Phosphorylgruppe an einen Akzeptor gebunden wird. Entsteht hierbei eine Struktur, die einer Esterbindung entspricht, so ist die Bindung nicht mehr energiereich.

$R-CH_2-O-Ⓟ$,

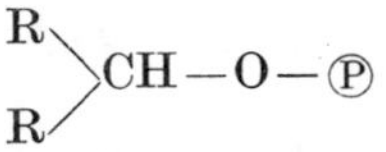

Esterstruktur

Dies tritt ein, wenn eine Phosphorylgruppe an eine alkoholische Hydroxylgruppe angelagert wird.

$$R-CH_2-OH + R'-O \sim Ⓟ \rightarrow R-CH_2-O-Ⓟ + R'-OH$$

Derartige Phosphorylierungsreaktionen kommen im Organismus häufig vor. So sind die verschiedenen Hexosephosphate wie Glukose-1-phosphat, Glukose-6-phosphat und Fruktose-6-phosphat esterartige Verbindungen, bei denen die Phosphatbindung je Mol weniger als 7000 cal hat. Bei der Übertragung einer Phosphorylgruppe auf eine Hexose wird demnach nur ein Teil der ursprünglichen Energie in die neue Bindung „gesteckt"; der Rest wird als Wärme frei. Trotzdem stellt die Phosphorylierung von Hexosen eine Beladungsreaktion dar, die im Organismus überaus häufig vorkommt und für die Synthese hochmolekularer Substanzen eine große Bedeutung hat.

Energiereiche Strukturen entstehen:

1. Bei der Bindung einer Phosphorylgruppe an eine Karboxylgruppe.

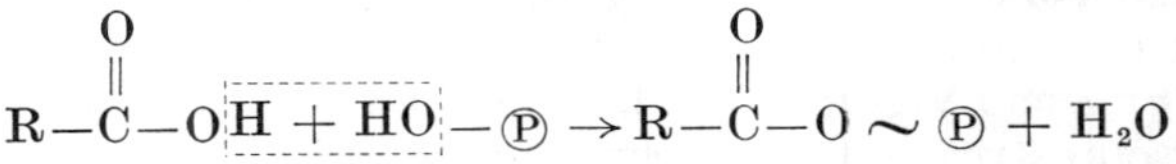

Die charakteristische „energiereiche" Struktur $R-\overset{O}{\overset{\|}{C}}-O \sim Ⓟ$ entsteht allgemein dann, wenn ein Azyl mit einem Phosphat gebunden ist bzw. wenn die Phosphorylgruppe das H-Atom einer Karboxylgruppe substituiert.

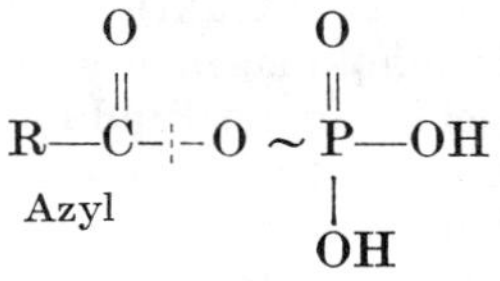

Phosphat

2. Bei der Bindung einer Phosphorylgruppe an eine Karbonylgruppe.

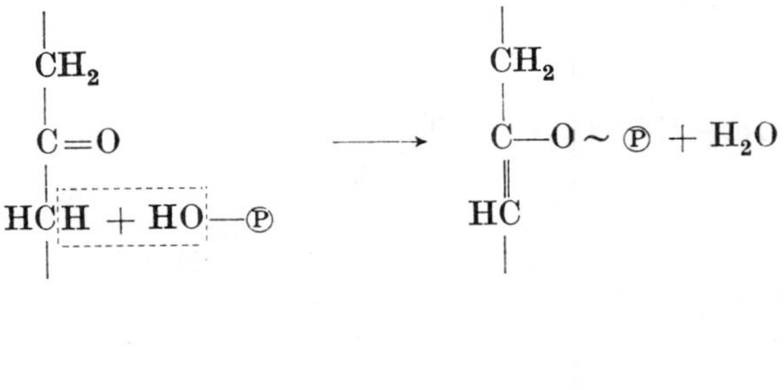

Eine derartige energiereiche Struktur entsteht bei der Wasserabspaltung von 2-Phosphoglyzerinsäure (s. Abb. 45).

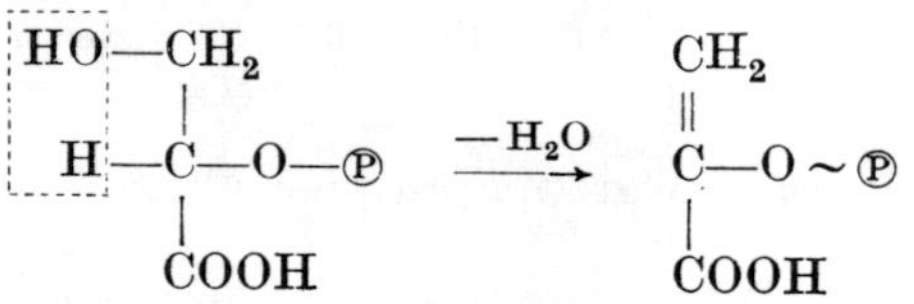

2-Phosphoglyzerinsäure Phosphoenolbrenztraubensäure

3. Bei der Bindung einer Phosphorylgruppe an eine Aminogruppe.

Das Beispiel zeigt die Anlagerung einer Phosphorylgruppe an einen Guanidinrest. Diese Reaktion hat vor allen Dingen im tierischen Organismus für die Synthese von Argininphosphat eine größere Bedeutung. Auch hier kann man sich allgemein die Anlagerung der Phosphorylgruppe an die Aminogruppe so denken, daß Phosphorsäure unter Wasseraustritt mit der Aminogruppe reagiert.

4. Bei der Bindung der beiden endständigen Phosphorylgruppen im ATP-Molekül oder analoger Triphosphate.

Enzyme, die Phosphorylierungsreaktionen katalysieren, zählen zu den Transphosphorylasen. Entsprechend der unterschiedlichen Bindungsenergie, mit der eine Phosphorylgruppe an einer organischen Struktur hängt, kann man die zu den Transphosphorylasen gehörenden Phosphokinasen besonders herausstellen. Es sind die Enzyme, die einen hohen Unterschied in der Bindungsenergie der Phosphorylgruppe zwischen Ausgangs- und Endprodukt katalysieren. Alle Übertragungen der Phosphorylgruppe von ATP auf Zucker (Anlagerung an eine alkoholische Gruppe) werden also von Phosphokinasen ausgeführt. Ihre bekanntesten Vertreter sind die Hexokinasen.

Die Bindung eines Azyls an CoA stellt ebenfalls eine Beladungsreaktion dar. Auch dieser Prozeß benötigt ATP, so daß indirekt auch hier das ATP die notwendige Energie liefert.

$$R-\overset{\overset{\displaystyle O}{\|}}{C}-OH + HS-CoA + ATP \rightarrow$$

$$R-\overset{\overset{\displaystyle O}{/\!/}}{C}\sim S-CoA + ADP + \text{anorg. P.}$$

Alle Vorgänge, die Energie benötigen, werden direkt oder indirekt durch das ATP mit Energie beliefert. Andere chemische Energieformen der Zelle wie Kohlenhydrate, Fette und Proteine können die für einen Reaktionsablauf direkt verwertbare Energie nicht spenden. Die in ihnen enthaltene Energie muß erst durch Abbau dieser Verbindungen in ATP überführt werden, um nutzbar zu werden. Synthese und Verbrauch von ATP stehen im Zentrum des Energiestoffwechsels, wobei die Frage nach der ATP-Synthese von besonderem Interesse ist.

Es sei schon an dieser Stelle gesagt, daß im pflanzlichen Organismus ATP auf drei verschiedene Arten synthetisiert wird.

1. Im Verlaufe der Glykolyse (anaerobe Phosphorylierung),
2. beim oxydativen, mit der Zytochrom-Atmungskette gekoppelten Abbau der Kohlenhydrate (aerobe oder oxydative Phosphorylierung),
3. im Reaktionsablauf der Photosynthese (photosynthetische Phosphorylierung).

Für das gesamte Leben auf der Erde kommt hierbei der photosynthetischen Phosphorylierung die größte Bedeutung zu, denn aerobe Phosphorylierung und oxydative Phosphorylierung fußen auf der in den Kohlenhydraten vorliegenden Energie. Die Kohlenhydrate aber können letzten Endes nur mittels der Photophosphorylierung synthetisiert werden. Die Photoreaktion der Photosynthese liefert demnach die universelle Energieform ATP, alle weiteren Energietransformationen und Phosphorylierungen sind nur Umwandlungen der ursprünglich mit Hilfe der Lichtreaktion gewonnenen Energie.

b) Die Photosynthese

Früher bezeichnete man mit dem Begriff „Photosynthese" zwei Reaktionsabläufe: Den Transfer von Lichtenergie in chemische Energie (Lichtreaktion) und den Einbau von CO_2 in organische Moleküle (= CO_2-Assimilation). Der summarische Vorgang beider Reaktionsketten wurde mit nachstehender Gleichung beschrieben:

$$6\,CO_2 + 6\,H_2O + \text{Lichtenergie (674 cal)} \rightarrow C_6H_{12}O_6 + 6\,O_2$$

Als Merkmal dieser summarischen Darstellung sind der Verbrauch von CO_2 und die Freisetzung von O_2 anzusehen.

Der wichtigere und originellere Vorgang ist der Transfer von Lichtenergie in chemische Energie, denn über ihn wird die gesamte belebte Welt dieser Erde mit Energie versorgt, die von der Sonne eingestrahlt wird. Es überrascht deshalb nicht, daß diese Energieumwandlung schon jahrzehntelang das höchste Interesse zahlreicher Forscher erweckte und daß man allein diesen Vorgang der Transformation von Lichtenergie in chemische Energie unter Ausschluß der CO_2-Assimilation heute mit „Photosynthese" bezeichnet (Bendall und Hill 1968).

Der Mechanismus dieses wichtigen Transformationsvorganges ist im Prinzip bekannt: Pflanzliche Pigmente, besonders die Chlorophylle, absorbieren das Sonnenlicht und bewirken mit dieser aufgefangenen Energie einen Elektronentransport, der entgegen einem Gradienten (bergauf) verläuft. Lichtenergie wird also in elektrische Energie umgewandelt, die ihrerseits wieder den Aufbau energiereicher chemischer Bindungen (ATP) ermöglicht. Die Einzelschritte dieser Reaktionen sind noch nicht alle bekannt, das gilt besonders für den Transfer von elektrischer Energie in chemische Energie. Abb. 33 zeigt, wie man sich heute den Elektronentransport in der photosynthetischen Elektronentransportkette vorstellt. Die beiden senkrecht nach oben gerichteten Pfeile, Photosystem I und II, stellen die Auffangzentren (trapping center) des eingestrahlten Lichtes dar. Es sind Pigmente, die auf Grund der Lichtabsorption ein Elektron aus ihrem Molekülverband unter geeigneten Bedingungen an ein anderes Redoxsystem abgeben. Das Pigment wird also durch die Lichteinwirkung oxydiert (Photooxydation). Auf diese Weise wird der Elektronenfluß in der photosynthetischen Elektronentransportkette in Gang gesetzt.

Dieser Elektronenfluß durchläuft die in Abb. 33 dargestellten Stufen. Die H-Atome bzw. Elektronen entstammen dem H_2O. Sie werden über noch unbekannte Redoxsysteme – hier mit E und Z bezeichnet – zum Photosystem II geleitet, wo sie mittels Lichtenergie von einem Redoxniveau von $+0{,}8$ Volt auf ein Niveau von etwa 0 Volt gehoben werden. Die Elektronen laufen dann wieder über die in Abb. 33 aufgezeigten Redoxsysteme bis zum Photosystem I „bergab", d. h. sie laufen vom negativen zum mehr positiven Potential. Das Photosystem I „hebt" dann die Elektronen mittels Lichtenergie auf ein negatives Potential von etwa $-0{,}5$ Volt, so daß Ferredoxin durch Elektronenaufnahme reduziert wird, welches seinerseits die Elektronen an $NADP^+$ weiterleitet.

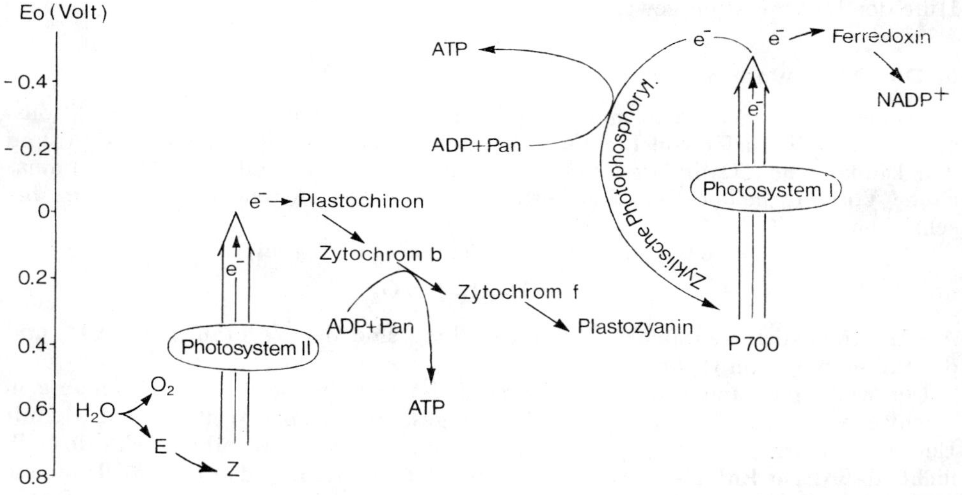

Abb. 33
Der Elektronentransport vom H_2O über verschiedene Redoxenzyme und 2 Pigmentsysteme bis zum NADP (n. Avron und Neumann 1968).

Das im Photosystem I photooxydierte Pigment ist eine besonders orientierte Form des Chlorophyll a. Sein Absorptionsmaximum liegt im Bereich von 695 bis 705 nm. Man nennt es deshalb Pigment-700 = P 700. Weniger orientiertes Chlorophyll a hat das Absorptionsmaximum bei 670 nm. Im Photosystem I entfallen auf 1 P-700-Pigment etwa 200 andere Chlorophyllmoleküle, die in einer noch wenig bekannten Weise als akzessorische Pigmente zur Photosynthese (Lichtabsorption, Elektronentransport) beitragen (CLAYTON 1963, SMITH und FRENCH 1963).

Das Photosystem I besitzt wesentlich mehr P-700-Pigmente als das Photosystem II. Letzteres enthält neben Chlorophyll a auch Chlorophyll b und c sowie Phykobilin und Karotinoide. Es absorbiert im Vergleich zum Photosystem I Licht von kürzerer Wellenlänge. Sein eigentliches „trapping center" ist noch nicht bekannt. BROWN (1967) nimmt an, daß es ein Chlorophyll a mit einem Absorptionsmaximum bei 695 nm ist.

Photosystem I ist vorwiegend an der Reduktion von NADP, Photosystem II an der Wasserspaltung (Photolyse) beteiligt. Beide Systeme sind sehr wahrscheinlich hintereinandergeschaltet (ARNON et al. 1961, RUMBERG 1964), und die Energiemenge, die von beiden Systemen absorbiert wird, ist notwendig, um am Ende der Reaktionskette NADP zu NADPH zu reduzieren; denn der Energieaufwand für die Reduktion von 1 Mol NADP beträgt 52 kcal, die Absorption von 1 Mol Quanten roten Lichtes entspricht aber nur 43 kcal (METZNER 1965). Es ist deshalb wahrscheinlich, daß gleichzeitig an 2 unterschiedlichen Stellen jeweils ein Lichtquant absorbiert wird, um genügend Energie für den Transfer von 2 Elektronen auf NADP bereitzustellen (EMERSON et al. 1957).

Die einzelnen Redoxenzyme, also die Partikel, die Elektronen aufnehmen und an einen benachbarten Partner weitergeben, sowie ihre Reihenfolge in der photosynthetischen Elektronentransportkette sind noch nicht restlos geklärt. Das gilt besonders für die Schritte, die zwischen Wasserspaltung (Photolyse) und Photosystem II liegen (BENDALL und HILL 1968). Die Photolyse besteht wahrscheinlich darin, daß OH^- oxydiert wird, d. h. es wird ihm ein Elektron entrissen, so daß ein OH-Radikal entsteht, welches wahrscheinlich mit einem weiteren OH-Radikal H_2O_2 bildet, der von Katalase in H_2O und O_2 gespalten wird.

$$2\,H_2O \xrightarrow{2H^+} 2\,OH^- \xrightarrow{2e} 2\,OH \longrightarrow H_2O_2 \xrightarrow[\text{Katalase}]{} H_2O + \tfrac{1}{2}O_2$$

An der Photolyse sind Mn^{++} und Chlorid beteiligt. Die in Abb. 33 mit E und Z bezeichneten Redoxsysteme sind noch unbekannt. Ihr Redoxpotential ist wesentlich positiver (etwa +0,7 E-Volt) als das am anderen Ende des Photosystems II stehende Redoxsystem Q (etwa 0 E-Volt). Mit Hilfe der Lichtenergie wird also das vom OH^- kommende Elektron auf ein wesentlich negativeres Potential gehoben, so daß es nun entsprechend den Redoxpotentialen der einzelnen Systeme über Plastochinon, Zytochrom b, Zytochrom f und Plastozyanin bis zum P 700 „herunterfallen" kann.

Ferredoxin ist das erste faßbare, chemisch stabile Produkt der Lichtreaktion. Es nimmt eine Zentralstellung ein, und sein hohes negatives Redoxpotential (−0,43 V) reicht aus, um die verschiedensten Substanzen wie NADP, Nitrit, Sauerstoff und Hämproteine zu reduzieren (s. Abb. 34).

Plastozyanin ist ein Protein mit 2 Cu-Atomen im Molekül (blaues Protein). Es ist wahrscheinlich für P 700 direkter Elektronendonator (TREBST und PISTORIUS 1965).

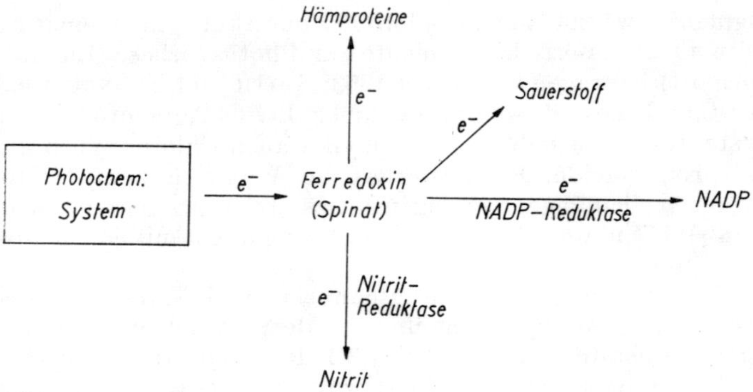

Abb. 34
Reduktionsmöglichkeiten des Ferredoxin (n. San Pietro und Black 1965).

Zytochrom f ist ein dem Zytochrom c verwandtes Hämprotein. Es ist ziemlich fest an die Membran der Thylakoide gebunden (Bendall und Hill 1968). Es steht zum P 700 in einem molaren Verhältnis von 1 : 1. In *Euglena gracilis* fanden Böger und San Pietro (1967) ein Verhältnis von Ferredoxin/Zytochrom f wie 2 : 1.

Zytochrom b soll nach Hill und Bendall (1960) dem Zytochrom f als Elektronendonator dienen. Zytochrom b kommt in allen photosynthetisch aktiven Organismen vor.

Ob **Plastochinon** ein direktes Verbindungsglied zwischen Photosystem II und Zytochrom darstellt, ist noch nicht restlos geklärt (Bendall und Hill 1968). Es dürfte aber in irgendeiner Weise in den Elektronentransport verwickelt sein (Trebst und Eck 1963). In den Chloroplasten kommt es reichlich vor, und sein molares Verhältnis zum Chlorophyll ist ziemlich konstant (Dilley et al. 1962).

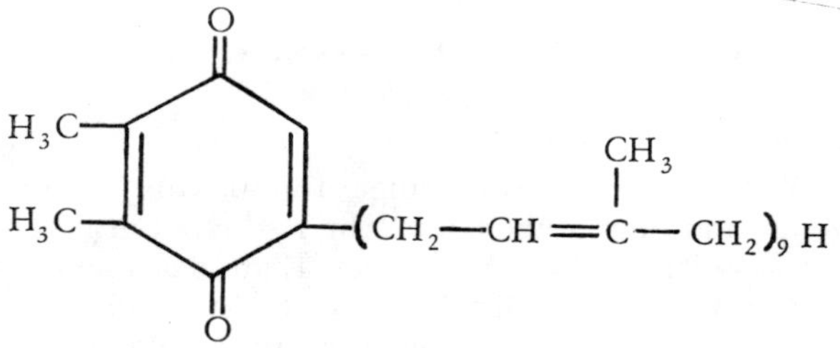

Plastochinon

Das Prinzip seiner Elektronenübertragung ist im Redoxsystem „Chinon $\underset{}{\overset{2\,H}{\leftrightarrows}}$ Hydrochinon" begründet.

Die Transformation von Lichtenergie in einen Elektronenfluß ist im Vergleich zur Transformation von elektrischer Energie in chemische Energie im Verlaufe der Photosynthese gut geklärt. Die Vorstellungen über letzteren Vorgang „Elektronenfluß → chemische Energie" sind noch sehr hypothetisch. Das gilt besonders für die Synthese von ATP, die sog. **Photophosphorylierung.** Demgegenüber ist die photosynthetische Bildung von NADPH, welches in reduzierter Form ebenfalls eine große Menge chemischer Energie beinhaltet, wie oben dargestellt, relativ gut erforscht.

Abb. 33 zeigt, daß an 2 Stellen des photosynthetischen Elektronentransportes ATP aus ADP und anorganischem Phosphat gebildet wird (GROMET-ELHANAN und ARNON 1965). Ein Phosphorylierungsvorgang soll an den Elektronentransfer von Zytochrom b zu Zytochrom f gekoppelt sein, ein weiterer an das Photosystem I und an das Plastozyanin. Letzteren Prozeß nennt man **zyklische Photophosphorylierung,** denn das auf ein hohes negatives elektrisches Potential gehobene Elektron „fällt" dem Gradienten entsprechend wieder auf ein niedrigeres Potential zurück und bewirkt hierbei eine Phosphorylierung, also die Synthese von ATP. Die Elektronen durchlaufen hierbei einen Zyklus. Hierher rührt die Bezeichnung „zyklische Photophosphorylierung". Im Gegensatz zu ihr wird die an den Zytochromen lokalisierte ATP-Bildung **„nichtzyklische Photophosphorylierung"** genannt. Letztere ist nach AVRON und NEUMANN (1968) schon bei geringerer Lichtintensität möglich. Ein Maß für den Wirkungsgrad der Photophosphorylierung ist die Menge an phosphoryliertem P im Vergleich zur transportierten Elektronenmenge (P/2e-Quotient). Die nichtzyklische Photophosphorylierung benötigt für den Aufbau von einem Molekül ATP mindestens 2 Elektronen. P/2e-Quotienten > 1 deuten darauf hin, daß neben der nichtzyklischen auch die zyklische Photophosphorylierung an der ATP-Synthese beteiligt ist.

Die Einzelschritte der Phosphorylierung kennt man nicht. Belichtete Chloroplasten speichern Energie, die anschließend im Dunkeln für die ATP-Synthese genutzt wird. Die Annahme, daß erst ein energiereiches Zwischenprodukt aufgebaut wird, welches anschließend seine Phosphorylgruppe auf das ADP überträgt, ist daher naheliegend. Man nennt diesen Prozeß, der von der Glykolyse her bekannt ist (s. S. 107), **Substratkettenphosphorylierung.**

$$\text{Substrat} \sim \text{Ⓟ} + \text{ADP} \rightarrow \text{Substrat} + \text{ATP}$$

Bis jetzt wurde jedoch bei der Photosynthese ein derartiges phosphoryliertes energiereiches Zwischenprodukt noch nicht gefunden, und die Zweifel, ob die Photophosphorylierung im Prinzip eine Substratkettenphosphorylierung ist, sind berechtigt. In den letzten Jahren wurde von MITCHELL (1966) eine Theorie entwickelt, nach der durch den photosynthetischen Elektronenfluß ein Protonengradient aufgebaut wird, der eine ATP-Synthese aus ADP und anorganischem Phosphat ermöglicht. Da sich bei der oxydativen Phosphorylierung in der Atmungskette die gleiche Problematik stellt, soll MITCHELLS Theorie über die chemiosmotische ATP-Synthese dort eingehender behandelt werden (s. S. 122).

Der Elektronenfluß der Photosynthese und die Photophosphorylierung können durch zahlreiche Inhibitoren gehemmt werden. Hierzu zählen Herbizide vom Benzimidazol- oder Imidazol-Typ (BÜCHEL et al. 1966). NH_3 entkoppelt die Photophosphorylierung von dem Elektronenfluß, d. h. obgleich die Elektronen transportiert werden, wird kein ATP synthetisiert. Nach CROFTS (1966) beruht diese Entkopplung darauf, daß NH_3 den für die ATP-Synthese notwendigen Protonengradienten durch Bindung von H^+ zu NH_4^+ abbaut (s. auch S. 124). Auch niedere Temperaturen sollen den Elektronentransport von der Photophosphorylierung entkoppeln (SANTARIUS 1967). Zweiwertige Kationen begünstigen die Photophosphorylierung, indem sie die Stabilität der Chloroplasten erhöhen (JAGENDORF und SMITH 1962). Die durch Belichtung veränderte Form und Größe der Chloroplasten soll für die Photophosphorylierung von Bedeutung sein.

Die oben dargestellte Photosynthese gilt für die höhere Pflanze, die sich diesen recht komplizierten, mit hoher Wirksamkeit arbeitenden photosynthetischen Apparat im Verlaufe der Evolution entwickelt hat. Dementsprechend findet man bei niederen Organismen primitivere Arten der Photosynthese. So gehören bei den photosynthetisch aktiven Bakterien zyklische Photophosphorylierung und NADP-Reduktion zwei unabhängigen Systemen an (HIND und OLSON 1968). Ersterer Prozeß sorgt für die Synthese von ATP, letzterer für die photosynthetische Reduktion von NAD. Nach ARNON (1961), der zusammen mit seinen Mitarbeitern wesentlich zur Aufklärung der Photosynthese beitrug (ARNON 1959, ARNON et al. 1961, WHATLEY et al. 1960), ist die zyklische Phosphorylierung die einfachste Art der Überführung von Lichtenergie in chemische Energie. Dementsprechend ist die zyklische Photophosphorylierung als Mittel zum Aufbau von ATP grünen Pflanzen, Algen und photosynthetischen Bakterien gemeinsam (HIND und OLSON 1968). Sie stellt wahrscheinlich auch die für die aktive Ionenaufnahme grüner Pflanzenteile benötigte Energie bereit (MACROBBIE 1965, JESCHKE 1967).

Nicht bei allen Organismen entstammen die für die Photosynthese benötigten Elektronen dem Wasser. So dient den grünen Schwefelbakterien und den Purpurbakterien H_2S als Elektronendonator. An Stelle von O_2 setzen sie also elementaren Schwefel frei. Nach KNOBLOCH (1966) sollen sogar Grünalgen und höhere Pflanzen Sulfid als Elektronendonator verwerten können. Auch Thiosulfate, Tetrathionate, Sukzinat und Askorbat dienen verschiedenen Mikroorganismen als Elektronendonator bei der Photosynthese (NOZAKI et al. 1961). Die Photolyse, d. h. die Freisetzung von O_2, ist demnach kein allgemein gültiges Merkmal der Photosynthese.

c) Die CO_2-Assimilation

Die CO_2-Assimilation der grünen Pflanze stellt das Tor dar, durch welches der anorganische Kohlenstoff in Form von CO_2 in die belebte Natur eingeschleust wird. Die für die Assimilation von anorganischem Kohlenstoff benötigte Energie wird in Form von ATP und NADPH von der Photosynthese geliefert. Dementsprechend sind die wichtigsten CO_2-Assimilationsmechanismen (Calvinzyklus, Dikarbonsäurereaktionsweg) und die Photosynthese benachbart angeordnet. In den grünen Pflanzen sind es die Chloroplasten, welche die Enzyme der Lichtreaktion und der CO_2-Assimilation enthalten. Photosynthetischer Elektronentransport und Photophosphorylierung sind in den Thylakoidstapeln, die CO_2-Assimilation im Stroma der Chloroplasten lokalisiert (MENKE 1962). Ihr Aufbau, der für die Reaktionsmechanismen wichtig ist, wird auf S. 189 näher beschrieben. Die photosynthetische CO_2-Assimilation kann auch im Dunkeln erfolgen, falls man die notwendige Energie (ATP, NADPH) anderweitig zuführt (TREBST et al. 1958).

Für die direkt mit der Photosynthese gekoppelte CO_2-Assimilation kennt man heute zwei verschiedene Mechanismen: den Calvinzyklus und den Dikarbonsäurereaktionsweg. Unter Zyklus versteht man in der Biochemie einen Reaktionsablauf, bei dem das Ausgangsmolekül im Verlaufe der Reaktion mehrfach umgewandelt wird, am Ende der Reaktionskette aber wieder in der ursprünglichen Form vorliegt, so daß der Zyklus wieder von neuem beginnen kann. Derartige Reaktionszyklen sind im Stoffwechsel häufig. Bei dem hauptsächlich von CALVIN und seinen Mitarbeitern erforschten **Calvin-Zyklus** ist das Ausgangsmolekül Ribulosediphosphat (CALVIN 1956, BASSHAM und CALVIN 1957). Es fungiert als CO_2-Akzeptor.

Die Reaktion wird von der Ribulosediphosphat-Karboxylase katalysiert. Sie soll über Mg^{++} das Bikarbonat binden und dann an Ribulosediphosphat anlagern. Die durch den CO_2-Einbau entstehende Verbindung soll eine β-Ketosäure sein (TROWN und RABIN 1964). Sie konnte jedoch bis heute noch nicht isoliert werden. Wie nachstehend dargestellt, wird Bikarbonat an das Ribulosediphosphat angelagert. Diese Annahme wird neuerdings bezweifelt. Nach COOPER et al. (1969) soll aus kinetischen Gründen CO_2 akzeptiert werden. Für seine Anlieferung hat die Kohlensäureanhydratase (carbonic anhydrase) Bedeutung. Sie katalysiert die Reaktion:

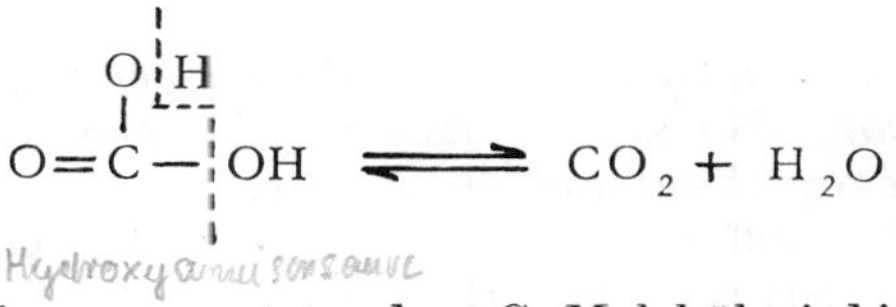

Das durch die CO_2-Anlagerung entstandene C_6-Molekül wird in 2 Moleküle Phosphoglyzerinsäure (= Phosphoglyzerat) gespalten.

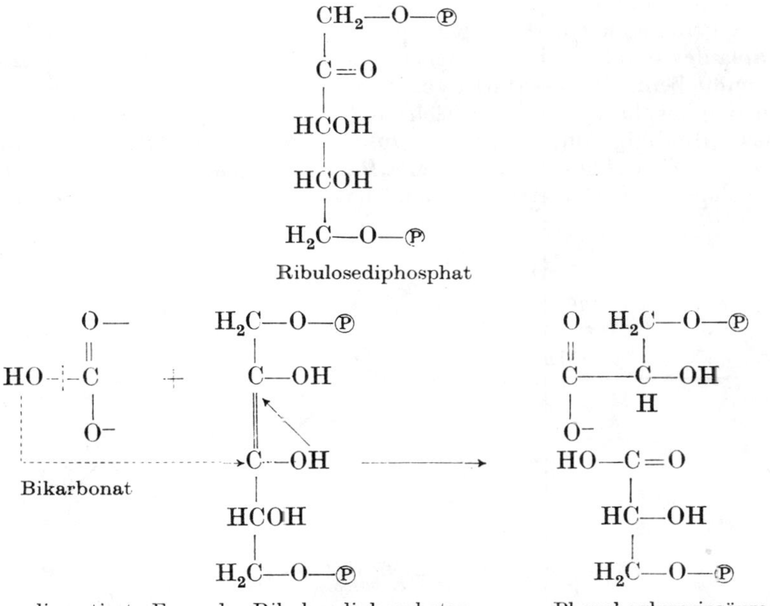

Die Synthese von zwei Molekülen Phosphoglyzerinsäure aus einem Molekül Ribulosediphosphat und einem Molekül Bikarbonat.

Nach CALVINS Ansicht wird Phosphoglyzerinsäure vorerst durch ATP zu Diphosphoglyzerinsäure phosphoryliert und anschließend zu Phosphoglyzerinaldehyd reduziert. Damit aber wird der erste Zucker im Verlauf der CO_2-Assimilation aufgebaut; denn Phosphoglyzerinaldehyd ist eine Triose (Triosephosphat). Dieses

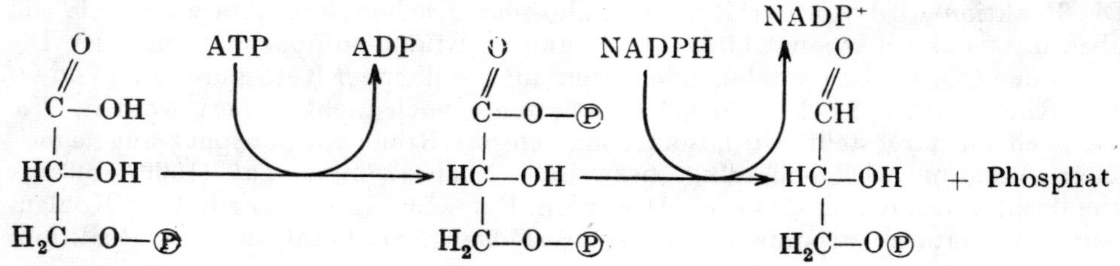

Triosephosphat kann für die Synthese weiterer Zucker und Polysaccharide verbraucht werden. Es kann aber auch in einem zyklischen Reaktionsablauf wieder zu Ribulosediphosphat umgebaut werden und dann von neuem als CO_2-Akzeptor fungieren. Bei dieser Rückbildung (Regeneration) von Ribulosediphosphat werden die verschiedensten Zuckerphosphate (Hexosephosphate, Tetrosephosphate, Pentosephosphate und Heptosephosphate) als Zwischenprodukte durchlaufen. Am Ende des Reaktionszyklus steht wieder Ribulosediphosphat.

Dieser Zyklus (Calvin-Zyklus) wird auch **Pentosephosphatzyklus** genannt (Abb. 35), da Pentosephosphat (= Ribulosediphosphat) das Ausgangsmolekül des Reaktionsablaufes darstellt. Ein analoger Zyklus in entgegengesetzter Reaktionsrichtung kommt beim Glukoseabbau vor (s. S. 117).

Der Pentosephosphatzyklus läßt sich in 3 Phasen aufteilen: eine Karboxylierungsphase (Bindung von CO_2), eine reduktive Phase (Reduktion von Phosphoglyzerinsäure zu Triosephosphat) und eine Regenerationsphase (Rückbildung von Ribulosediphosphat). In den ersten beiden Phasen wird gleichsam ein Vorrat (pool)

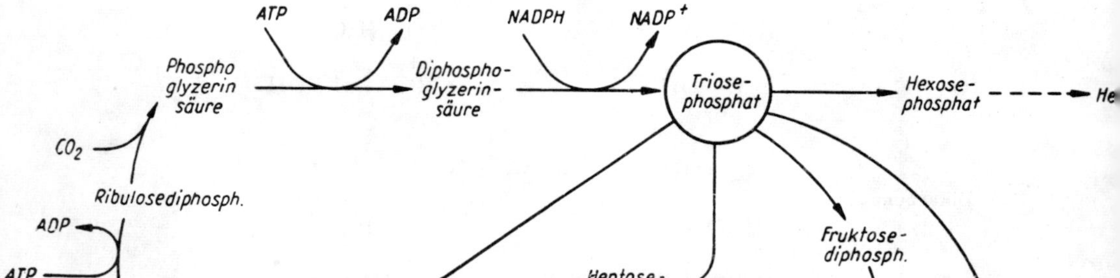

Abb. 35
Schema des Pentosephosphatzyklus (Calvin-Zyklus).

von Triosephosphat gebildet. Ein Teil hiervon wird für den Aufbau von Hexosen abgezweigt, ein anderer für die Rückbildung von Ribulosediphosphat verwendet (CALVIN und BASSHAM 1962). Bei dieser Rückbildung werden aus fünf Triosephosphaten drei Pentosephosphate aufgebaut.

3 Ribulosediph. + 3 CO_2 → 6 Phosphoglyzerins. (Karboxylierung)
6 Phosphoglyzerins. + 6 ATP + 6 NADPH →
  6 Trioseph. + 6 ADP + 6 $NADP^+$ + 6 Phosph. (Reduktion)
2 Trioseph. → 1 Fruktoseph.
1 Trioseph. + 1 Fruktoseph. → 1 Tetroseph. + 1 Pentoseph. }
1 Trioseph. + Tetroseph. → 1 Heptoseph. } Rück-
1 Trioseph. + 1 Heptoseph. → 2 Pentoseph. } bildung
3 Pentoseph. (= Ribuloseph.) + 3 ATP → }
  3 Ribulosediph. + 3 ADP

Netto-Gleichung:
3 CO_2 + 9 ATP + 6 NADPH → 1 Trioseph. + 9 ADP + 6 $NADP^+$

Die Nettosynthese in diesem Reaktionsablauf beträgt also 1 Molekül-Triosephosphat, falls 3 Moleküle Ribulosediphosphat jeweils 1 CO_2-Molekül aufnehmen. Aus den Gleichungen geht hervor, daß für die Reduktion von je einem Molekül Phosphoglyzerinsäure 1 Molekül ATP und 1 Molekül NADPH erforderlich sind. Für die Rückbildung von einem Molekül Ribulosediphosphat aus Pentosemonophosphat wird später noch ein weiteres Molekül ATP benötigt. Der gesamte Zyklus erfordert also für den Einbau von einem Molekül CO_2 3 Moleküle ATP und 2 Moleküle NADPH.

Entsprechend dem in Abb. 33 dargestellten Schema werden bei der Lichtreaktion NADPH und ATP im Verhältnis 1 : 1 gebildet, während die CO_2-Assimilation ATP und NADPH im Verhältnis 1,5 : 1,0 benötigt. Es ist gut möglich, daß über die zyklische Photophosphorylierung zusätzlich ATP gebildet wird, zumal experimentell erwiesen wurde, daß im Verlaufe der Lichtreaktion ATP und NADPH in einem Verhältnis (ATP/NADP) gebildet werden, welches > 1 ist. Die Annahme, daß die im Calvin-Zyklus notwendigen ATP- und NADPH-Mengen restlos von der Lichtreaktion herkommen, ist deshalb gerechtfertigt.

In vielen Fällen genügt die Aktivität der Ribulosediphosphat-Karboxylase nicht, um hohe CO_2-Assimilationsraten zu erklären (STILLER 1962, HATCH und SLACK 1970). Es ist schon länger bekannt, daß auch Phosphoenolbrenztraubensäure bzw. ihr Salz Phosphoenolpyruvat (PEP) CO_2 assimilieren können (BENEDICT und BEEVERS 1961, KAUSS und KANDLER 1963).

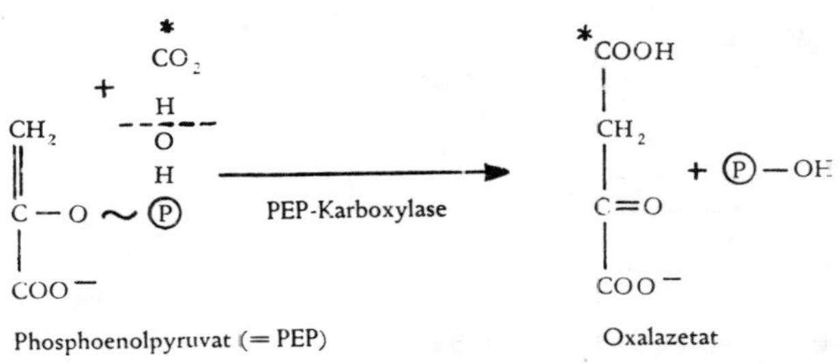

Hatch und Slack (1966, 1970) haben in den letzten Jahren mit überzeugenden Versuchen nachweisen können, daß der CO_2-Assimilation mittels PEP-Karboxylase eine größere Bedeutung zukommt. Da an diesem Reaktionsweg der CO_2-Assimilation Dikarbonsäuren beteiligt sind, nennt man ihn **Dikarbonsäurereaktionsweg** (dicarboxylic acid pathway). Abb. 36 zeigt die einzelnen Schritte der Reaktionsfolge.

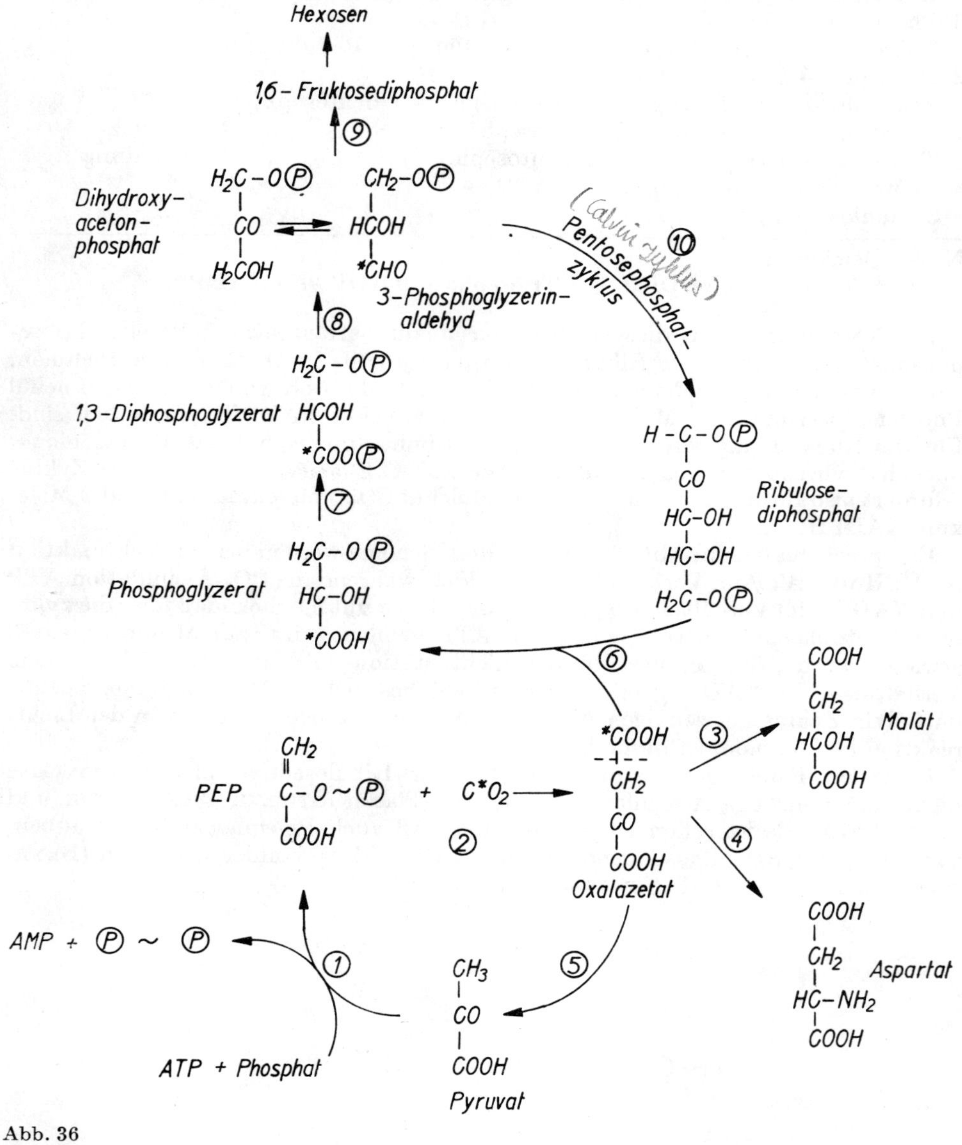

Abb. 36
Die CO_2-Assimilation über den Dikarbonsäurereaktionsweg.

1 – Pyruvat wird mittels ATP und anorganischem Phosphat zu PEP phosphoryliert. Die Reaktion wird von einer Pyruvat-Phosphat-Dikinase katalysiert. Es werden hierbei AMP und Pyrophosphat (Ⓟ ~ Ⓟ) gebildet.

2 – PEP reagiert mit CO_2 zu Oxalazetat. Dieses ist der eigentliche Assimilationsprozeß; er wird von der PEP-Karboxylase katalysiert. Das inkorporierte C-Atom, mit einem Stern markiert, erscheint in der Karboxylgruppe.

3 – Oxalazetat kann zu Malat reduziert werden. Dieses ist eine Verbindung des Krebs-Zyklus (s. S. 113).

4 – Oxalazetat kann zu Asparaginsäure aminiert und so in den N-Stoffwechsel eingeschleust werden (s. S. 158).

5 – Oxalazetat kann auch gespalten werden. Hierbei bildet sich Pyruvat, welches nach einer Phosphorylierung zu PEP erneut CO_2 anlagern kann.

6 – Die abgespaltene Karboxylgruppe (C-4-Atom des Oxalazetates) wird von einem anderen Akzeptor, Ribulosediphosphat, aufgenommen. Es bildet sich wahrscheinlich ein kurzlebiger C_6-Körper, der analog dem Calvin-Zyklus in 2 Moleküle Glyzerat aufspaltet. Es wird angenommen, daß die Reaktion von C-4-Transkarboxylase katalysiert wird.

7 – Phosphoglyzerat wird zu 1,3-Diphosphoglyzerat phosphoryliert. Die Reaktion entspricht dem Vorgang im Calvin-Zyklus (s. S. 86).

8 – 1,3-Diphosphoglyzerat wird zu 3-Phosphoglyzerinaldehyd reduziert, welcher mit seinem Isomer Dihydroxyacetonphosphat in einem Gleichgewicht steht.

9 – Aus den Triosephosphaten 3-Phosphoglyzerinaldehyd und Dihydroxyacetonphosphat wird 1,6-Fruktosediphosphat synthetisiert, welches wiederum Ausgangsmolekül für zahlreiche weitere Hexosen ist (s. S. 95).

10 – Aus den Triosephosphaten wird den Reaktionsschritten des Calvin-Zyklus entsprechend Ribulosediphosphat aufgebaut, welches wieder eine Karboxylgruppe des Oxalazetates aufnehmen und somit den Zyklus von neuem starten kann.

Im Unterschied zum Calvin-Zyklus ist beim Dikarbonsäurereaktionsweg Phosphoenolpyruvat (= PEP) der primäre CO_2-Akzeptor, Oxalazetat das erste Produkt. Es kann sein akzeptiertes C-Atom in Form der Karboxylgruppe an Ribulosediphosphat weitergeben; die daran anschließende Reaktionskette entspricht dem Pentosephosphatzyklus. Die CO_2-Assimilation „PEP → Oxalazetat" ist also gleichsam dem Calvin-Zyklus vorgeschaltet.

Oxalazetat besitzt eine Zentralstellung, indem es als Verbindung des Krebs-Zyklus den neu assimilierten C für den Atmungsstoffwechsel oder über Aminierung für den N-Stoffwechsel mobilisieren kann. Der Dikarbonsäurereaktionsweg ist nicht für alle Pflanzenarten der wichtigste Mechanismus der CO_2-Assimilation. Slack und Hatch (1967) fanden im Blattgewebe von Zuckerrohr, Mais und Sorghum hohe PEP-Karboxylase-Aktivitäten und geringe Ribulosediphosphat-Karboxylase-Aktivitäten. Bei Weizen, Hafer und Beta-Rüben war es umgekehrt (s. Tabelle 4). Es ist deshalb anzunehmen, daß gerade für tropische und subtropische Gramineen mit hohen Assimilationsraten der Dikarbonsäurereaktionsweg die wichtigere Form der CO_2-Assimilation darstellt (Hatch et al. 1967).

Interessanterweise wurden für diese Pflanzenarten auch zwei morphologisch unterschiedliche Chloroplastentypen gefunden. Die Chloroplasten mit den Enzymen

Tabelle 4

Assimilationsrate und Aktivität von PEP-Karboxylase und Ribulosediphosphat-Karboxylase bei verschiedenen Kulturpflanzen (n. Slack und Hatch 1967)

Pflanzenart	Assimilation (μ mol CO_2/mg Chlorophyll/min)	Ribulosediph. Karboxylase	PEP-Karboxylase
		μ mol/mg Chlorophyll/min	
Zuckerrohr	2,9	0,30	18,5
Mais	3,5	0,62	17,5
Sorghum	3,1	0,35	15,8
Weizen	1,7	4,7	0,29
Hafer	1,6	4,5	0,33
Beta-Rüben	1,7	4,2	0,35

des Dikarbonsäurereaktionsweges befinden sich in radial um die Gefäßbündel angeordneten Zellen. Sie werden von einer Lage größerer Parenchymzellen überdeckt, auf die wiederum eine Schicht kleinerer Mesophyllzellen folgt (Johnson und Hatch 1968). Die Parenchymzellen enthalten größere Chloroplasten, in denen sich bei Belichtung Stärke anreichert. In ihnen soll hauptsächlich der Ribulosediphosphatzyklus ablaufen, während die kleineren Chloroplasten der Mesophyllschicht die Enzyme des Dikarbonsäurereaktionsweges enthalten.

Neben der PEP-Karboxylase kann auch über die PEP-Karboxykinase und über das Malatenzym (malic enzyme) CO_2 assimiliert werden.

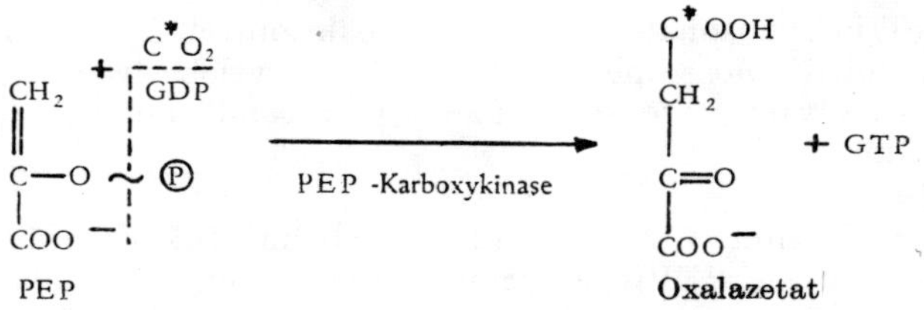

Die PEP-Karboxykinase bewirkt ebenfalls die Synthese von Oxalazetat. Gleichzeitig entsteht dabei noch GTP (Guanosintriphosphat), das aus dem Phosphat des PEP und aus GDP (Guanosindiphosphat) aufgebaut wird. GTP ist dem ATP analog und energetisch gleichwertig. Das Malatenzym katalysiert die Bindung von CO_2 an Brenztraubensäure und Bildung von Äpfelsäure (Salzform: Malat).

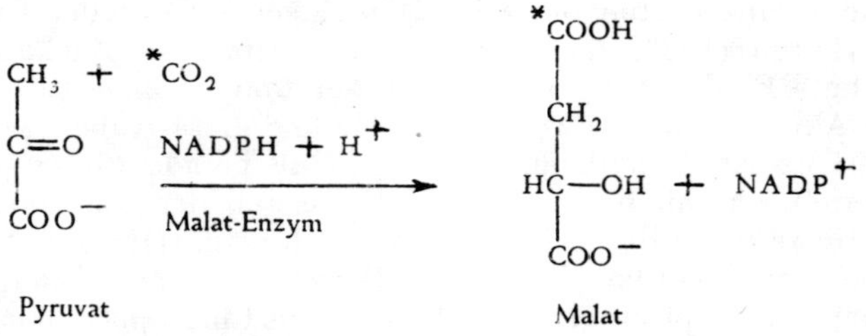

Der Vorgang ist eine reduktive Karboxylierung, welche die Umkehrung zur oxydativen Dekarboxylierung darstellt (s. S. 75). Die Reduktion wird durch NADPH bewerkstelligt.

Das Malatenzym ist besonders in den Pflanzenarten anzutreffen, die vornehmlich über den Dikarbonsäurereaktionsweg CO_2 assimilieren. Es ist deshalb anzunehmen, daß es hier neben der PEP-Karboxylase eine untergeordnete Rolle als primärer CO_2-Akzeptor spielt (Slack und Hatch 1967). Andererseits ist es jedoch wahrscheinlich, daß sowohl das Malatenzym als auch die PEP-Karboxykinase eine im Dunkeln ablaufende CO_2-Assimilation ermöglichen (Benedict und Beevers 1961, Höfner 1963). Diese **Dunkel-CO_2-Fixierung** dürfte gerade in nicht chlorophyllhaltigen Pflanzenteilen wie Samen und Wurzeln von Bedeutung sein. So sollen nach Haber und Tolbert (1959) keimende Salatsamen HCO_3^- aus dem Bodenmedium aufnehmen und inkorporieren.

Verschiedene niedere Organismen sind befähigt, ihre für die CO_2-Assimilation notwendige Energie durch Oxydation anorganischer Verbindungen zu gewinnen. Man nennt diesen Prozeß Chemosynthese. Chemosynthetische Bakterien sind u. a. die farblosen Schwefelbakterien (*Beggiatoa, Thiotrix, Thiobacillus*). Die Tatsache, daß sie farblos sind, also nicht wie die grünen Schwefelbakterien Licht absorbieren, besagt schon, daß sie photosynthetisch nicht tätig sein können. Sie oxydieren H_2S zu elementarem S und diesen zu Sulfat. Die bei der Oxydation freiwerdende Energie wird für die CO_2-Assimilation genutzt. Auch die nitrifizierenden Bakterien gewinnen durch Oxydation von NH_3 bzw. NO_2 Energie, die für synthetische Zwecke verwendet wird.

d) Der Aufbau der Kohlenhydrate

Im Pflanzenreich kommen wesentlich mehr verschiedene Kohlenhydratformen vor, als man noch vor wenigen Jahren annahm. Zwar überwiegen quantitativ die bekannten Zucker Glukose, Fruktose sowie Saccharose und bei den Polysacchariden Stärke, Zellulose, Fruktosan und Inulin. Daneben wurde in pflanzlichen Geweben selbst der N-haltige Zucker Azetylglukosamin gefunden (Neufeld und Ginsburg 1965). Die Chemie der Kohlenhydrate ist vielschichtig, und es können hier nur einige wichtige chemische Eigenschaften erörtert werden. Oligo- und Polysaccharide bauen sich aus den Monosacchariden auf. Diese Monosaccharide sind Polyhydroxyaldehyde (Aldosen) bzw. Polyhydroxyketone (Ketosen). Je nach der Anzahl ihrer C-Atome spricht man von Diosen, Triosen, Tetrosen, Pentosen, Hexosen, Heptosen usf. Mit steigender Anzahl der C-Atome dieser Monosaccharide nimmt die Zahl der asymmetrischen C-Atome und damit auch die Anzahl der stereoisomeren Verbindungen zu. So unterscheidet man zwischen D- und L-Formen.

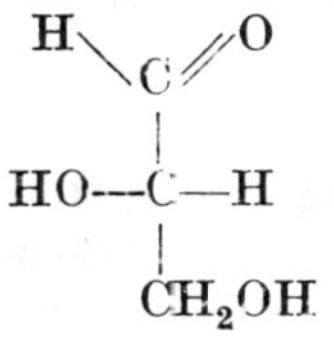

L-Glyzerinaldehyd

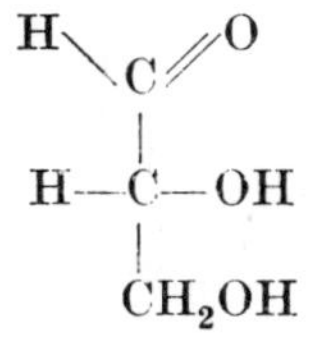

D-Glyzerinaldehyd

Beide Formen sind spiegelbildisomer. Im einen Falle steht die Hydroxylgruppe links von der Kette (L-Form), im anderen Falle rechts (D-Form). Bei dieser Definition ist es notwendig, daß die Aldehyd- bzw. Ketogruppe oberhalb im Formelbild steht. Die Bezeichnung D- bzw. L-Form hat nichts mit der optischen Drehung dieser Verbindungen zu tun. Alle höhermolekularen Monosaccharide kann man sich als eine Verlängerung des L- bzw. D-Glyzerinaldehyds denken, wobei die Verlängerung von der Aldehydgruppe aus weitergeht. Es leiten sich so von dem L-Glyzerinaldehyd die L-Formen aller weiteren höheren Monosaccharide ab. Entsprechendes gilt für die Ableitung der D-Formen.

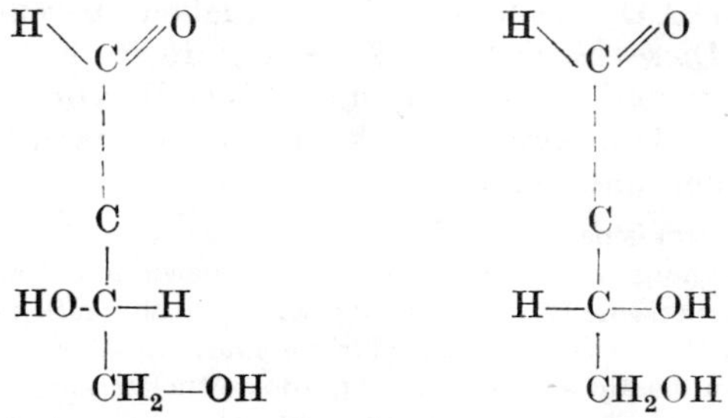

L-Form D-Form

Bei der Glukose ist die D-Form vorherrschend.

Wichtige Monosaccharide des Stoffwechsels sind: Phosphoglyzerinaldehyd, Dihydroxyazeton (Triosen), Ribulose, Ribose (Pentosen), Glukose und Fruktose (Hexosen). Diese Verbindungen kommen als Stoffwechselprodukte hauptsächlich in phosphorylierter Form vor. Hexosen und Pentosen bilden intramolekular Halbazetale, ihre Aldo- oder Ketogruppe reagiert mit der am C-5-Atom lokalisierten Hydroxylgruppe. Es entstehen dabei ein heterozyklischer Ring und eine weitere Hydroxylgruppe. Diese Hydroxylgruppe ist besonders reaktiv; man nennt sie **glykosidische Hydroxylgruppe.**

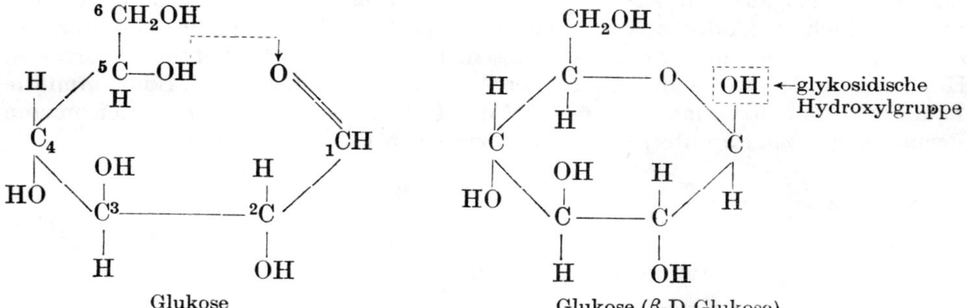

Glukose (offene Kette) Glukose (β-D-Glukose) (Ringform)

Sie kann oberhalb oder unterhalb vom C-1-Atom stehen. Im ersteren Fall liegt eine β-Glukose, im letzteren eine α-Glukose vor. Beide unterscheiden sich in ihrer optischen Drehung und geringfügig in ihrem Schmelzpunkt.

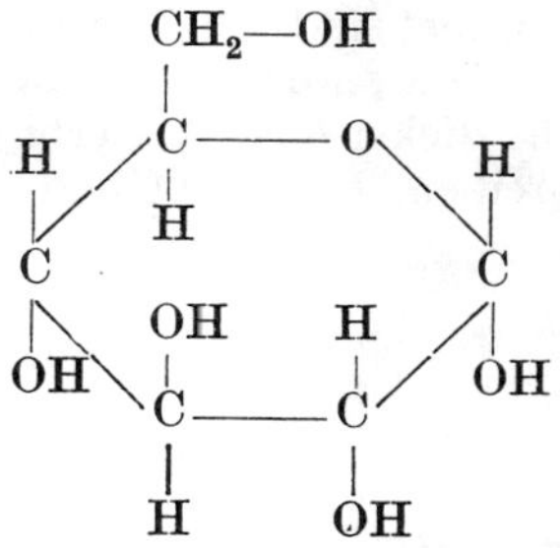

α-D-Glukose

Zucker mit einem Sechsring entsprechen der Pyranstruktur; man nennt sie deshalb auch **Pyranosen,** während Zucker, die einen Fünfring bilden, zu den **Furanosen** zählen. Fruktose, besonders Fruktosephosphat, liegt als Furanose vor. Bei der Ringbildung geht das H der am C-5 hängenden Hydroxylgruppe an das O-Atom der Ketogruppe.

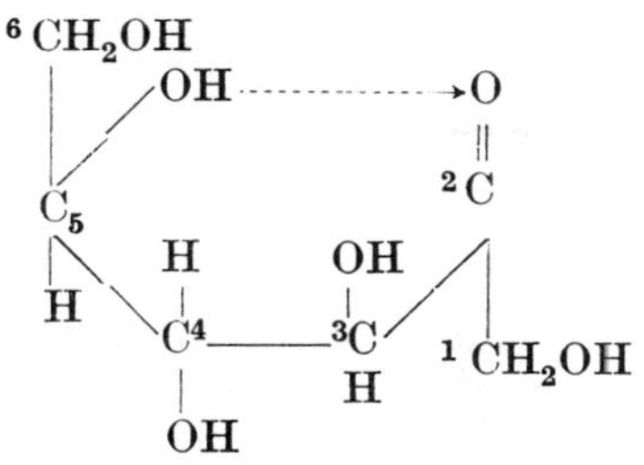

β-D-Fruktose
(offene Kette)

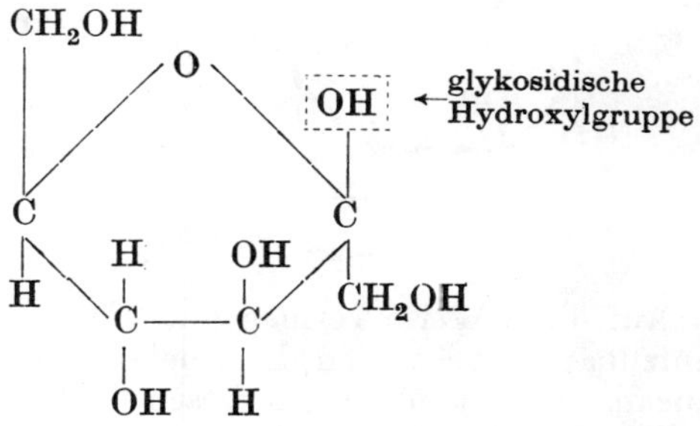

β-D-Fruktose
(Furanring)

Auch die Pentosen liegen in Form des Furanringes vor.

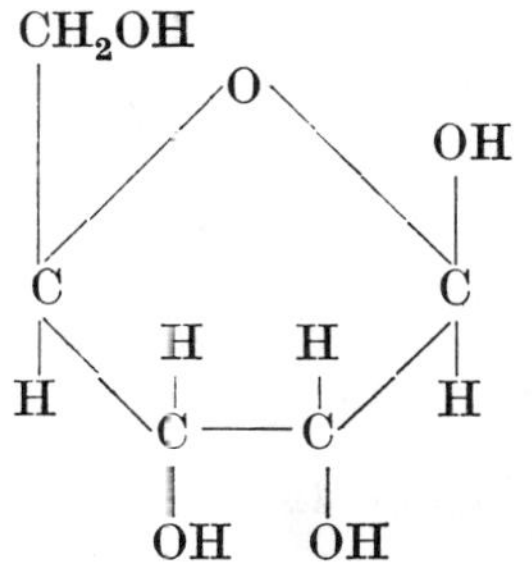

Ribose

Die Schreibweise des Zuckermoleküls als Ring geht auf einen Vorschlag von Haworth zurück. Man kann sich hierbei das Molekül als eine waagerechte, sechs- bzw. fünfeckige Ebene vorstellen, an deren Ecken oberhalb und unterhalb senkrecht zur Ebene die Seitenketten angeordnet sind. Projiziert man diesen Molekülbau in eine Ebene, so zieht man, um die Projektion besser zu charakterisieren, die nach vorn und oben liegenden Valenzstriche dicker aus. Weiterhin hat es sich bewährt, die C- und H-Atome nicht auszuschreiben. Der α-D-Glukose kommt dann nachstehende Schreibweise zu:

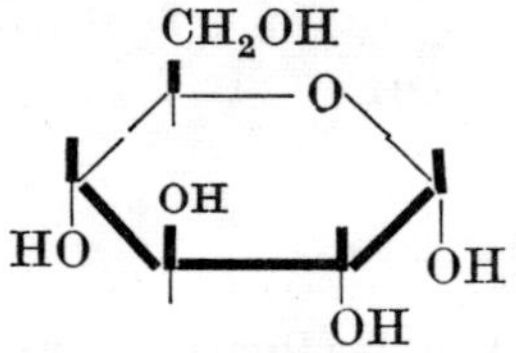

α-D-Glukose

In analoger Weise werden auch die Furanosen als Formel geschrieben.

Die Hydroxylgruppen der Zucker können mit Alkoholgruppen oder H-Atomen anderer Moleküle unter Wasserabspaltung eine „glykosidische Bindung“ eingehen.

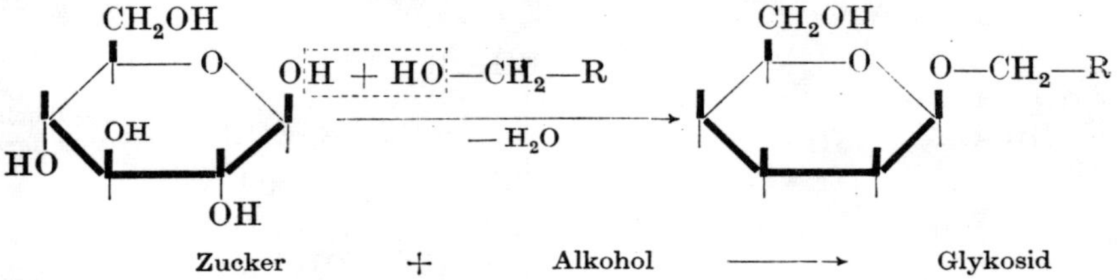

Auf diese Weise vermag die Pflanze zahlreiche Verbindungen, sog. **Glykoside,** aufzubauen, bei denen die eine Komponente ein Zucker, die andere ein „Nichtzucker“ (Aglykon) ist. Zu diesen Glykosiden zählen die Alkaloide, Senföle, Riechstoffe, Strophanthin, Amygdalin u. dgl. Man kennt eine O-Glykosid-Bindung, eine S-Glykosid-Bindung und eine N-Glykosid-Bindung. Die Benennung richtet sich nach dem Verbindungsatom zwischen Zucker und Aglykon. Reagiert der Zucker mit der SH-Gruppe eines Aglykons, so entsteht eine S-Glykosid-Bindung, z. B. Sinigrin (s. S. 324), reagiert er mit einer NH-Gruppe, so entsteht eine N-Glykosid-Bindung.

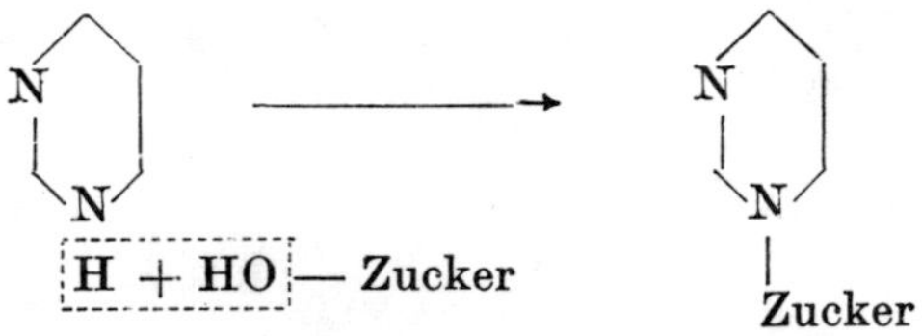

N-Glykosidbindung

Der glykosidisch gebundene Zucker kann ein Monosaccharid, aber auch ein Oligosaccharid sein.

Der erste Zucker, der im Verlaufe der Photosynthese gebildet wird, ist der Phosphoglyzerinaldehyd (s. Calvin-Zyklus). Von ihm aus werden alle weiteren Kohlenhydrate synthetisiert. Phosphoglyzerinaldehyd steht mit seinem Isomer Dihydroxyazetonphosphat (Ketose) in einem Gleichgewicht.

Phosphoglyzerinaldehyd (Aldotriose) — Dihydroxyazetonphosphat (Ketotriose)

Beide isomeren Verbindungen lagern sich zu Fruktosediphosphat unter Einwirkung der Aldolase zusammen. Es entsteht so die erste Hexose. Unter Einwirkung einer Phosphatase (Fruktose-1-6-diphosphatphosphatase = FDPase) geht aus Fruktose-1-6-diphosphat das Fruktose-6-Phosphat hervor. Fruktose-6-Phosphat kann durch Isomerasen in Glukose-6-Phosphat und Glukose-1-Phosphat überführt werden (s. Abb. 37).

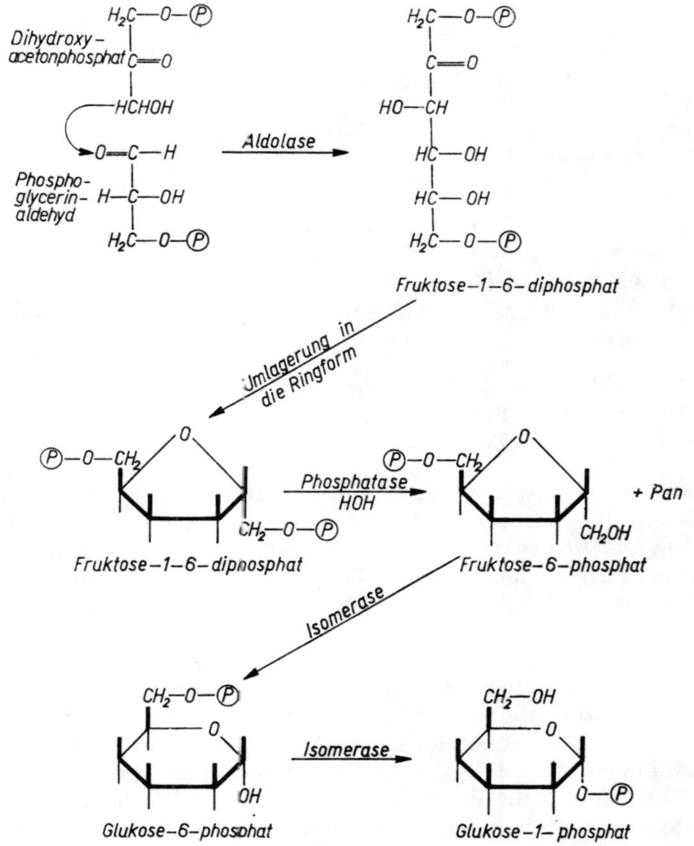

Abb. 37
Die Bildung verschiedener Hexosephosphate aus Triosephosphaten.

Mit diesen relativ wenigen und einfachen Reaktionsschritten ist die Pflanze in der Lage, die verschiedensten Hexosephosphate zu synthetisieren, die als Ausgangsbausteine für die Oligo- und Polysaccharidsynthese notwendig sind. Bei dieser Synthese wird das Monosaccharid aktiviert, d. h. durch Bindung an ein Koenzym auf eine höhere Energiestufe gehoben. Als aktivierende Koenzyme fungieren UTP, ATP und GTP. GTP (Guanosintriphosphat) ist ein dem ATP analoges Triphosphat mit der N-Base Guanin (s. S. 172).

UTP und Glukosephosphat reagieren unter Abspaltung von Pyrophosphat (Ⓟ ~ Ⓟ) zu Uridindiphosphatzucker, z. B. Uridindiphosphat-Glukose (UDPG).

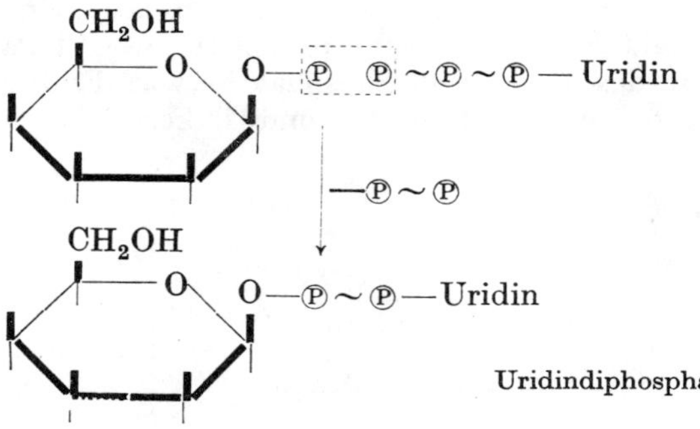

Uridindiphosphatglukose

Bei der Aktivierung durch die Pyrophosphorylase wird also eine Phosphorylgruppe des UTP durch einen Zuckerrest (Glykosyl) substituiert. Dieses Glykosyl kann jetzt an ein anderes Molekül angehängt werden. In analoger Weise werden Zuckerphosphate durch ATP und GTP aktiviert. Die hierbei entstehenden Zucker-Nukleotide sind Ausgangspunkte verschiedener Kohlenhydrate:

UDP-Glukose → Saccharose und Kallose
ADP-Glukose → Stärke (bzw. Amylose)
GDP-Glukose → Zellulose

Bei der Synthese von Saccharose wird das Glukosyl auf ein Fruktosephosphat übertragen. Es entsteht Saccharosephosphat, welches in Saccharose und Phosphat aufspaltet (Burma und Mortimer 1956). Die an die CO_2-Assimilation anschließende Saccharosesynthese in den Chloroplasten (Rorem et al. 1960) ebenso wie die Bildung von Saccharose aus Stärke im keimenden Samenkorn verlaufen nach diesem Syntheseweg (Edelman et al. 1959), der in Abb. 38 schematisch dargestellt ist.

Alle Zucker, die eine freie glykosidische Hydroxylgruppe aufweisen, können Cu^{++} reduzieren. Es sind also reduzierende Zucker. Zu ihnen zählen Glukose, Fruktose, aber auch die Disaccharide Maltose und Laktose. Rohrzucker gehört nicht zu den reduzierenden Zuckern. Das bedeutet, daß im Molekül keine glykosidischen Hydroxylgruppen vorkommen. An den beiden Stellen, an denen die glykosidische Hydroxylgruppe der Glukose und die der Fruktose sitzen, sind die beiden Zuckerreste glykosidisch miteinander verbunden, d. h. die α-Glukose ist mit ihrem C-1-Atom an das C-2-Atom der β-Fruktose geknüpft. Rohrzucker ist somit ein α-Glukosido-β-Fruktosid.

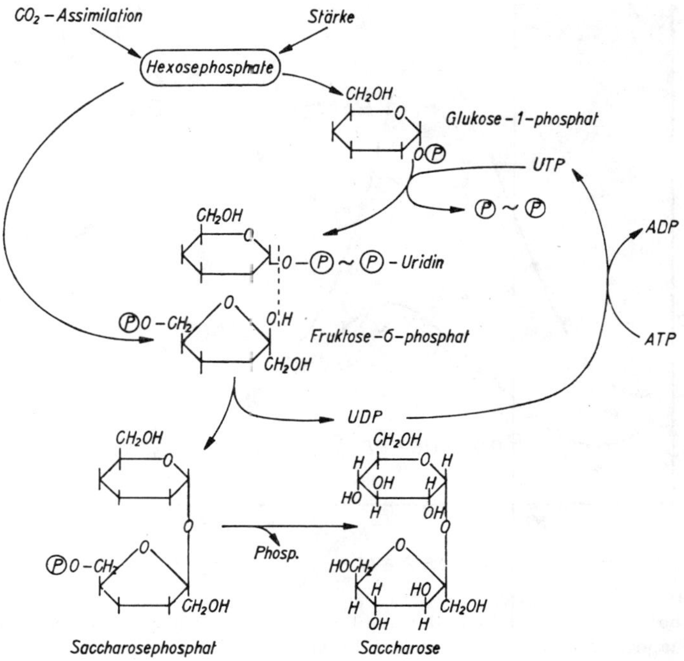

Abb. 38
Die Synthese von Saccharose.

Saccharose ist das wichtigste Disaccharid im pflanzlichen Stoffwechsel. Sie ist die Zuckertransportform in der Pflanze (Kursanov 1958). Sie wird primär in den Chloroplasten aufgebaut und ist die wichtigste Kohlenhydratform, die von den Chloroplasten an das Zytoplasma abgegeben wird (Hatch und Slack 1970). Die frühere Annahme, daß die Saccharose aus Vorprodukten, die den Chloroplasten entstammen, synthetisiert wird (Heber und Willenbrink 1964), dürfte nicht zutreffen, da das Zytoplasma nach Latzko und Gibbs (1968) zu niedrige FDPase-Aktivitäten aufweist. Die Saccharose wird von den Blättern in andere Pflanzenorgane transportiert und hier für wachsende Gewebe oder für die Einlagerung in Reserveorgane verbraucht: In den Kartoffelknollen und den Getreidekörnern für die Synthese von Stärke, in den Knollen von Topinambur oder Dahlien für Inulin. Im Rübenkörper der Zuckerrübe wird die Saccharose dagegen nicht umgewandelt, sondern als solche abgelagert.

Der Abtransport der Saccharose wird von den tagesperiodisch bedingten Schwankungen der Photosynthese weitgehend beeinflußt. In Zeiten starker assimilatorischer Tätigkeit ist der Zuckergehalt des Phloemsaftes besonders hoch. Abb. 39 zeigt den Saccharosegehalt von Blatt und Stengel einer Maispflanze. Der Kohlenhydrattransport erreicht hier am späten Nachmittag sein Maximum.

Die Synthese des Rohrzuckers braucht nicht unbedingt von den Syntheseprodukten der Photosynthese her zu erfolgen. Auch aus Stärke wird Rohrzucker

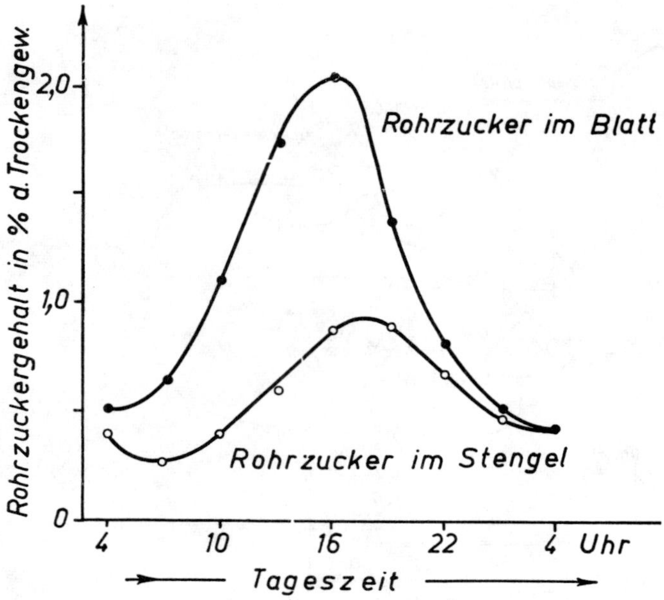

Abb. 39
Der Gehalt an Saccharose in Blatt und Stengel einer Maispflanze im Verlaufe eines Tages (nach LOOMIS zit. n. BONNER und GALSTON 1952).

aufgebaut. Stärke, ein aus Glukoseresten aufgebautes Polysaccharid (s. S. 99), liefert durch enzymatische Abspaltung von Glukoseresten hierbei die Ausgangsbausteine, nämlich Glukosephosphat und Fruktosephosphat. Letzteres entsteht durch Umlagerung von Glukosephosphat (s. Abb. 37). Stärke selbst kann in der Pflanze nicht transportiert werden. Im keimenden Samen wird sie deshalb in Saccharose umgebaut. Diese wandert dann in den Sproß oder in die Wurzel, um hier für den Aufbau von Zellsubstanz oder der Veratmung zu dienen. Die direkt photosynthetisch in den Chloroplasten synthetisierte Stärke wird ebenfalls vor ihrem Abtransport in Saccharose umgewandelt. So wird bei der Kartoffelpflanze die in den Blättern vorliegende Stärke in Saccharose umgeformt, in dieser Form in die Knollen transportiert und hier wieder zu Stärke umgewandelt. Nicht bei allen Pflanzen wird die zu den Reserveorganen transportierte Saccharose für den Aufbau von Stärke verwendet. Bei den meisten Kompositen wird zwar in den Blättern Stärke aufgebaut, die dann auch wieder zur Saccharosesynthese verwendet wird. Die in die Wurzeln transportierte Saccharose trifft hier jedoch auf Enzymsysteme, die sie in Inulin umformen.

Der Abbau der Saccharose wird vorwiegend durch die Invertase, eine Hydrolase, bewerkstelligt. Der Rohrzucker wird dabei in Glukose und Fruktose gespalten. Diese Reaktion verläuft nur in einer Richtung; die Invertase kann also keinen Rohrzucker aufbauen. Das ist verständlich, da mit der Invertasetätigkeit keine Phosphorylierung verbunden ist, so daß für die synthetische Reaktionsrichtung kein Energiegefälle vorliegt.

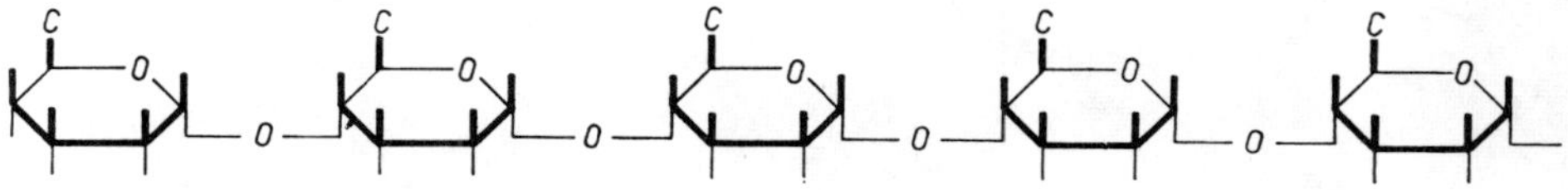

Amylose (Ausschnitt)

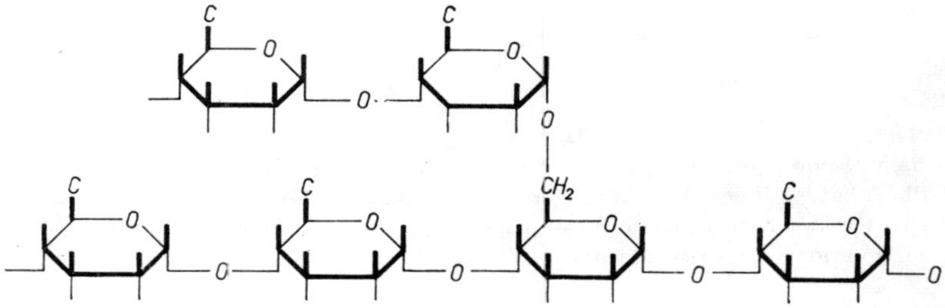

1–6 Verzweigung im Amylopektin

Abb. 40
Amylosekette (Ausschnitt) und 1—6-Verzweigung im Amylopektin.

Stärke stellt ein Gemisch von Amylose und Amylopektin dar, bei dem das Amylopektin etwa 80 % ausmacht. Wie aus Abb. 40 hervorgeht, baut sich die **Amylose** aus einer unverzweigten Kette von Glukosylresten auf. Es sind hierbei ungefähr 200–300 Glukosylreste glykosidisch miteinander verbunden. Die Bindung liegt immer zwischen dem C-1 und dem C-4. Demgegenüber weist Amylopektin verzweigte Ketten auf. Die Verzweigung geht auf eine glykosidische Bindung zwischen C-1 und C-6 zurück (s. Abb. 40).

Ausgangspunkt der Amylosesynthese ist die ADP-Glukose (Kauss und Kandler 1962, Ashwell 1964). Sie überträgt nach Porter (1962) das Glukosyl auf ein Disaccharid (Starter). Es werden dann mittels ADPG fortlaufend Glukosyle in 1–4-Bindung angehängt. Die Kette wächst. Das Syntheseprinzip besteht auch hier wieder darin, daß die „aktivierte Glukose“ (ADPG) an einen anderen Molekülrest glykosidisch angeknüpft wird (s. Abb. 41). Das Enzym der Amylosesynthese, die Stärkesynthetase, wurde in verschiedenen Reserveorganen nachgewiesen (Nordin und Kirkwood 1965). Auch die Umwandlung von Amylose bzw. Stärke in Saccharose und umgekehrt erfolgt über ADPG bzw. UDPG. Die frühere Annahme, daß Amylose mittels Phosphorylase aufgebaut wird, trifft nicht zu. Phosphorylase fungiert nur beim Amyloseabbau (s. S. 104). Die Stärkesynthetase ist in den Stärkekörnern lokalisiert und hier so fest an die Stärke gebunden, daß es schwierig ist, das Enzym von der Stärke zu trennen.

Amylopektin wird aus Amylose biosynthetisch aufgebaut. Der Amyloserest (etwa 40 Glukosyleinheiten) wird hierbei an eine andere Amylosekette in 1,6-Bindung glykosidisch gebunden (Jeremias 1962). Man nimmt heute an, daß die langen Ketten der Amylose und wahrscheinlich auch die kürzeren des Amylopektins

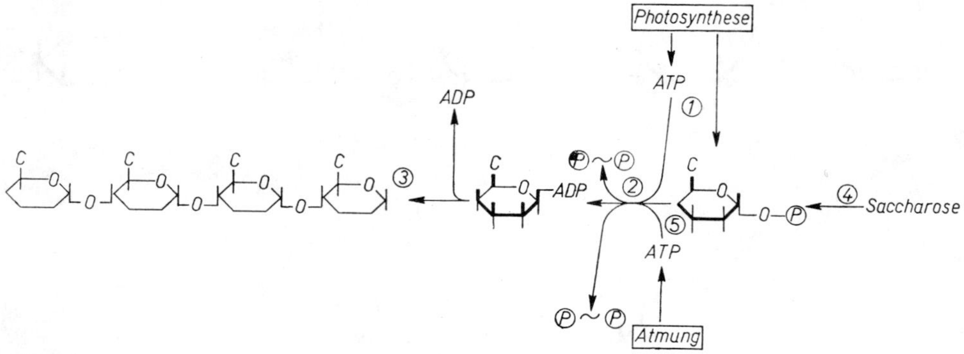

Abb. 41
Schematische Darstellung der Amylosesynthese. *1* Die Photosynthese liefert ATP und Glukose-1-Phosphat. *2* Beide Verbindungen reagieren unter Abspaltung von Pyrophosphat zu ADPG. *3* Das Glukosyl wird an die begonnene Amylosekette angehängt. *4* Das Glukosephosphat kann auch von der Saccharose stammen. *5* Das ATP kann von der Atmung geliefert werden.

Abb. 42
Die spiralenförmige Struktur der Amylose.

schraubenartig gedreht sind. Die Struktur ähnelt also dem Aufbau der Peptidketten. Bei der Amylose entfallen auf eine Windung (= Helix) 6 Glukosereste. Abb. 42 zeigt schematisch eine solche „gedrehte" Kette.

Stärke (Amylose und Amylopektin) wird durch α-Amylase und β-Amylase hydrolytisch gespalten. Es sind Hydrolasen, die genau wie die Invertase lediglich abbauen, aber nicht aufbauen können. Die α-Amylase spaltet das Amylopektin in Bruchstücke von etwa 10 Glukoseresten, die sog. Dextrine. Die β-Amylase spaltet von den Glukoseketten jeweils zwei Glykosemoleküle hydrolytisch ab. Ihr Endprodukt ist also die Maltose; α- und β-Amylase sind nicht imstande, die Verzweigung der Amylopeptinketten aufzuspalten.

Verschiedene Pflanzenarten haben an Stelle der Stärke Inulin als Reservekohlenhydrat. Inulinhaltige Pflanzen findet man besonders bei den Kompositen und Gramineen. Für landwirtschaftliche Zwecke hat das Inulin der Topinamburknolle (*Helianthus tuberosus*) eine gewisse Bedeutung. Inulin ist ebenfalls ein Polysaccharid. Sein Molekül baut sich aus etwa 50–70 Fruktosylresten auf. An den beiden Enden wird das Inulinmolekül wahrscheinlich durch jeweils einen Glukosylrest abgeschlossen. Es ist möglich, daß Inulin mit Hilfe von UDP-Fruktose analog wie Amylose synthetisiert wird (ASHWELL 1964).

Die Polysaccharide mit Fruktose als Baustein faßt man unter dem Begriff **Fruktoside** oder **Fruktosane** zusammen. Beim Inulintyp sind die Fruktosyle über die $2 \rightarrow 1$ Bindung, beim Phleintyp über die $2 \rightarrow 6$ Bindung miteinander verknüpft (s. Formel). Auch bei den Fruktosanen kommen verzweigte Ketten vor, die

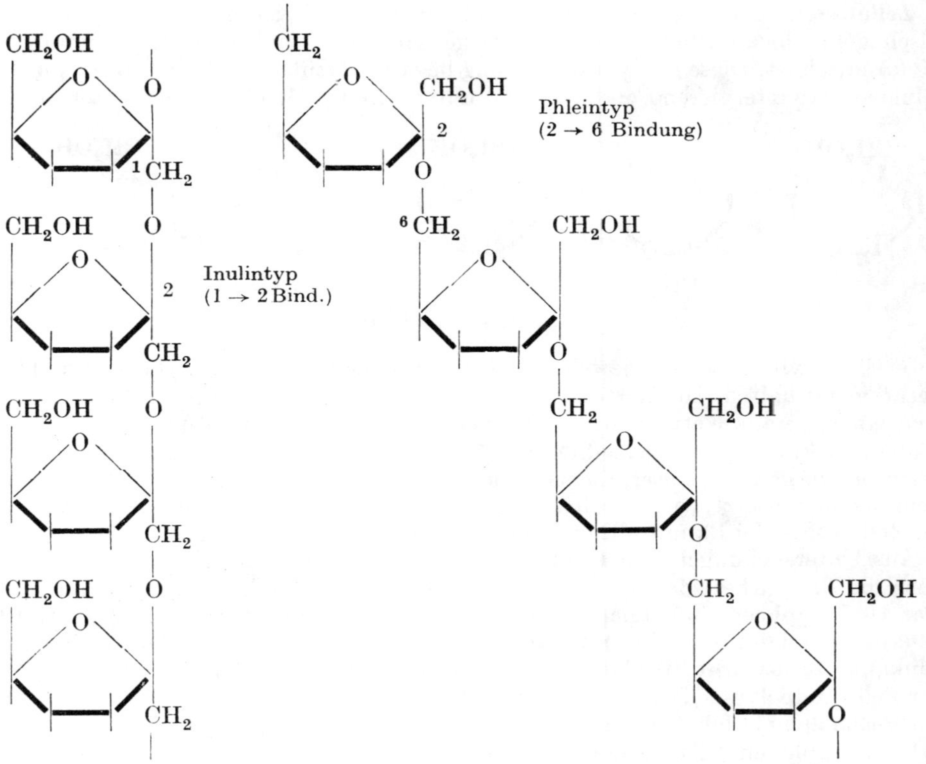

über eine 1 → 2-Bindung, über eine 2 → 2- oder über eine 6 → 2-Bindung zustandekommen (JEREMIAS 1965).

Fruktosane des Phleintyps findet man hauptsächlich in den vegetativen Pflanzenteilen der Gramineen. Sie stellen deren wichtigste Kohlenhydratform dar. Sie werden aus der von den Assimilationszentren her transportierten Saccharose aufgebaut und vorwiegend in den Blattscheiden und Blattachseln gespeichert (SCHLUBACH 1961). Die frühere Annahme, daß die Trockensubstanz der Gramineen bis zu 35 % Fruktosane enthalten kann, dürfte wohl auf analytischen Unzulänglichkeiten beruhen. Neuere Untersuchungen zeigen, daß die Fruktosangehalte in den Gramineen 1–10 % der Trockensubstanz betragen (SCHLUBACH und LÜBBERS 1956, HEHL 1971). Die Gehalte an Fruktosanen werden nach HEHL (1971) beachtlich vom physiologischen Alter und von der Ernährung beeinflußt. Auch die Körner der Gramineen enthalten im Anfangsstadium ihrer Entwicklung 30–40 % Fruktosane, die mit fortschreitender Reife immer mehr in Stärke umgebaut werden.

Bei den Kompositen (Artischocken, Dahlien, Topinambur) kommen die Fruktosane vom Typ des Inulins vorwiegend in den Knollen vor. Die aus den Assimilationszentren angelieferte Saccharose wird in ihnen zu Fruktosanen umgebaut und dient in dieser Form als Reservekohlenhydrat. Leguminosen enthalten keine Fruktosane, ihre Reservekohlenhydratform ist Stärke (HEHL 1971).

Zellulose ist ein wichtiges Baumaterial der Zellwand. Sie besteht aus β-glykosidisch gebundenen Glukoseresten im Gegensatz zur Amylose, deren Bindung α-glykosidisch ist. Diese β-Glykosidbindung bewirkt offenbar, daß die C-6-Atome der Glukosereste alternierend oberhalb und unterhalb des Molekülstranges stehen.

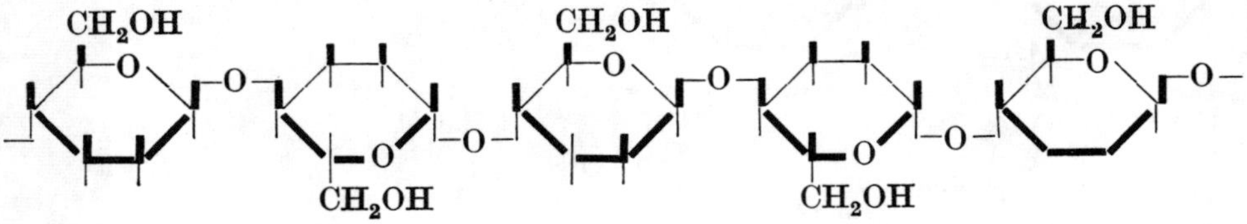

Zellulose (Ausschnitt)

Zwei Glukosylreste werden jeweils durch eine Sauerstoffbrücke zwischen C-1 und C-4 zusammengehalten. Die Ketten der Zellulose sind nicht spiralenförmig gedreht. Es sind lange, gerade Ketten mit häufig mehr als 1000 Glukosylresten. Diese langen Fadenmoleküle lagern sich zu dichten Bündeln zusammen, wobei sie sich wiederholt kreuzen. Die gesamte Faser, die sich wieder aus zahlreichen kleineren Zellulosebündeln zusammensetzt, wird so sehr fest und elastisch. In ziemlich reiner Form kommt die Zellulose in der Baumwolle und in verschiedenen anderen Pflanzenfasern vor.

Aus Untersuchungen von Barber und Hassid (1964) darf man schließen, daß auch die Biosynthese der Zellulose von einem aktivierten Glukosemolekül ausgeht. Das Glukosephosphat reagiert hierbei mit GTP (Guanosintriphosphat) zu GDP-Glukose, die dann in analoger Weise wie bei der Amylosesynthese den Aufbau der Glukankette bewirkt (Glukan = Polysaccharid aus Glukose). Der Syntheseort der Zellwandpolysaccharide soll nach Untersuchungen von Villemez et al. (1968) am Plasmalemma lokalisiert sein.

In der höheren Pflanze kommen noch zahlreiche weitere Kohlenhydrate vor. **Kallose** befindet sich in den Siebplatten und bildet sich an Wundstellen. Sie ist ebenfalls ein Glukan, bei dem die Glukosereste über eine 1 → 3-Bindung miteinan-

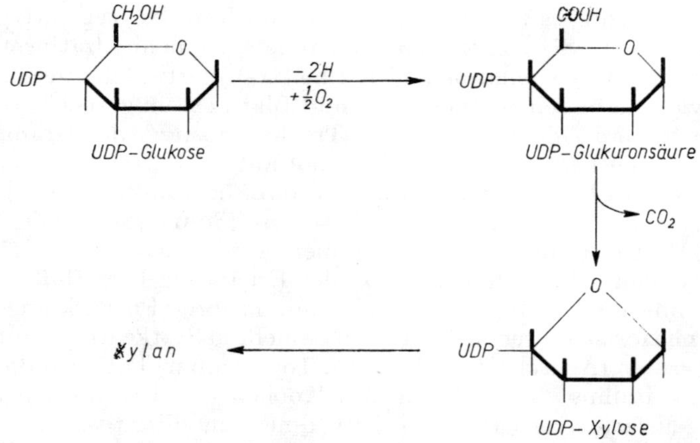

Abb. 43
Die Bildung von Xylose und Xylan aus UDP-Glukose.

der verknüpft sind. Weitere pflanzliche Polysaccharide sind **Mannan,** welches sich aus Mannose aufbaut. Es kommt in verschiedenen Samen und Steinnußschalen vor. **Galaktan** ist das Polysaccharid der Galaktose, **Araban** das der Arabinose und **Xylan** das der Xylose. Arabinose und Xylose sind Pentosen. Ihre Polysaccharide kommen in Kirschgummi, Holzgummi und Holundermark vor.

Es wird vermutet, daß die Biosynthese der genannten Stoffe ebenfalls von der „aktivierten Glukose", der UDP-Glukose, ausgeht. UDP-Glukose wird mittels Isomerase in UDP-Galaktose umgelagert, die dann den Aufbau des Galaktans analog der Amylosesynthese bewerkstelligt. Die UDP-Glukose kann auch zur UDP-Glukuronsäure oxydiert werden. Diese wiederum geht nach Dekarboxylierung in UDG-Xylose über. Auf diese Art wird eine Pentose gebildet, die in der aktivierten Form die Xylansynthese einleitet (s. Abb. 43).

Die analoge Oxydation von UDP-Galaktose führt zu UDP-Galakturonsäure. Aus ihr werden die **Pektine** aufgebaut. Pektinsäure enthält etwa 10–1000 Galakturonsäurereste. Der Aufbau entspricht dem der Zellulose, d. h. die Monomere sind über 1 $\rightarrow$ 4 β-glykosidisch miteinander verbunden.

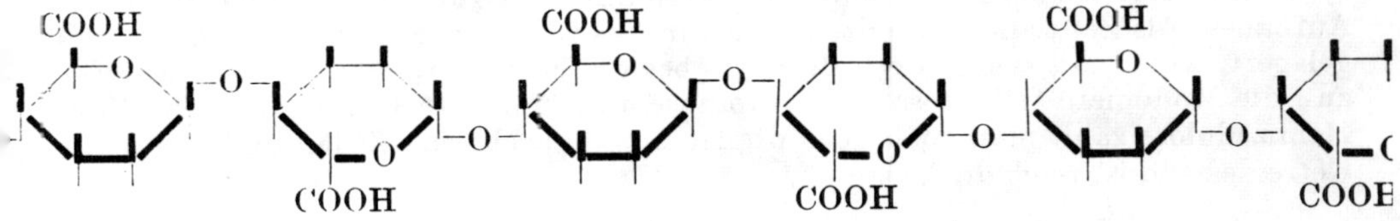

Pektinsäure (Ausschnitt)

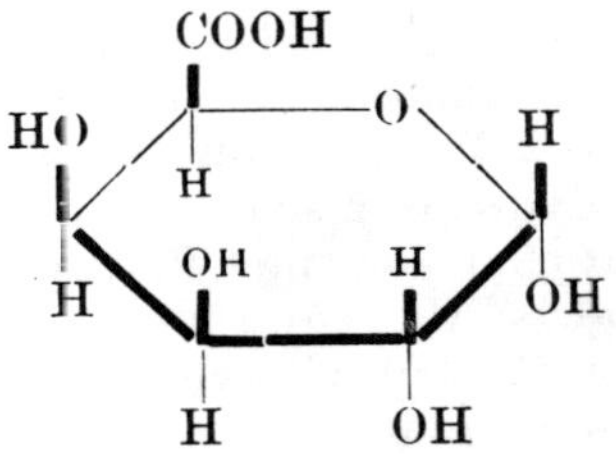

Galakturonsäure

Pektinsäure ist wasserlöslich und läßt sich mit Ca^{++} ausfällen. In den Mittellamellen der Zellwände kommt sie als Ca-Pektinat vor. Im Pektin sind die Karboxylgruppen der Pektinsäure durch Methylalkohol verestert.

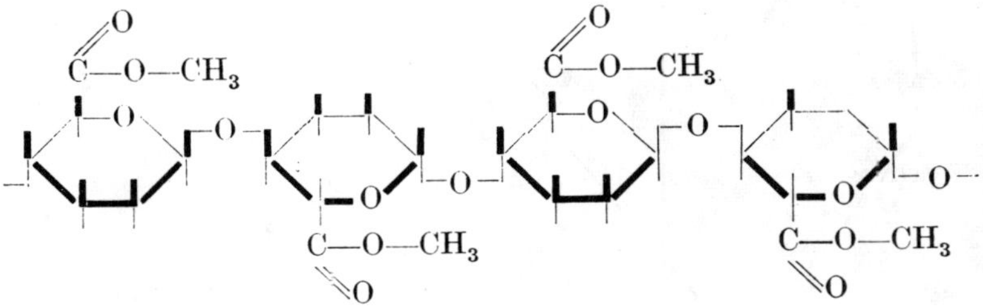

Pektin (Ausschnitt)

Das Molekül enthält etwa 10–100 methylierte Galakturonsäurereste. Pektin ist wasserlöslich im Gegensatz zu **Protopektin,** welches schwer löslich ist. Auch Protopektin ist eine methylierte Polygalakturonsäure. Das Molekül baut sich aus ca. 1000 methylierten Galakturonsäureresten auf. Grünes, unreifes Obst enthält viel Protopektin, das hier hauptsächlich in den Zellwänden lokalisiert ist. Es bewirkt die steife, harte Beschaffenheit der unreifen Frucht. Bei der Reife wird Protopektin durch Pektinase hydrolytisch in Pektin gespalten, wodurch die Frucht weich wird.

Die oben besprochenen Polysaccharide sind Homopolysaccharide: sie bauen sich nur aus einer Art von Monomeren auf. Bei den **Heteropolysacchariden** sind Hexosen (Glukose, Fruktose, Mannose, Galaktose), Pentosen (Arabinose, Xylose) und Uronsäuren (Glukuronsäure, Galakturonsäure) am Aufbau beteiligt. Je nach dem Anteil der einzelnen Komponenten ist ihre Beschaffenheit verschieden. Ihre Benennung richtet sich nach dem hauptsächlich vorkommenden Monomer, z. B. Mannan, Xylan, Araban. Die genannten Verbindungen bestehen also nicht nur aus einer Art von Monomer. Ein Molekül enthält 40–200 Monomere, deren Sequenz periodisch ist. Man nennt die pflanzlichen Heteropolysaccharide auch **Hemizellulose.** Sie ist im Vergleich zur Zellulose weniger kristallin auf Grund ihres unregelmäßigen Aufbaues. Als Zellwandbestandteil ist sie in das Gerüst der Zellulosefibrillen eingelagert, wobei mit dem Altern des Gewebes die Monomere Glukose und Xylose zu-, die Monomere Galaktose und Arabinose abnehmen (Dever et al. 1968). Zur Hemizellulose zählt man auch noch die Homopolysaccharide Xylan und Mannan. Getreidestroh ist reich an Xylan.

e) Glykolyse, alkoholische Gärung, Milchsäuregärung

Der Abbau von Oligo- und Polysacchariden wird durch Hydrolasen eingeleitet. Invertase spaltet Saccharose in Glukose und Fruktose, α- und β-Amylase spalten Stärke in Einheiten von 10 bzw. 2 Glukoseresten, Maltase spaltet Maltose in Glukose Wichtiger als die genannten Hydrolasen sind die Phosphorylasen. Sie spalten mit Hilfe von anorganischem Phosphat von einer Polysaccharidkette ein Zuckerphosphat, z. B. Glukosephosphat ab (s. Abb. 45). Diese Zuckerphosphate sind besonders reaktiv und können im Stoffwechsel gleich weiter verarbeitet werden. Phosphorylase spaltet also die 1 → 4-Bindung der Glukankette auf. Die 1 → 6-Bindung des Verzweigungspunktes im Amylopektin wird durch eine 1,6-Glukosidase gesprengt.

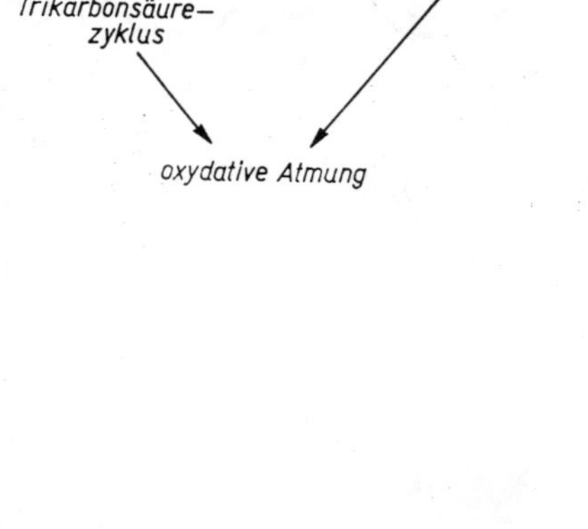

Abb. 44
Schematische Darstellung des Kohlenhydratabbaues.

Bei den genannten Prozessen wird nur die glykosidische Bindung gesprengt, der Zucker jedoch nicht angegriffen. Der Abbau des Monomers setzt beim Hexosephosphat an. Er kann über zwei Wege erfolgen; entweder über Glykolyse und Trikarbonsäurezyklus oder über die direkte Glukoseoxydation. In beiden Fällen werden durch den Zuckerabbau reduzierte Koenzyme (NADH, NADPH) gebildet, die der oxydativen Atmung als Substrat dienen (s. Abb. 44).

Die **Glykolyse** wird auch mit anaerober Atmung bezeichnet, d. h. für diese Art des Abbaues wird kein Sauerstoff benötigt, im Gegensatz zur aeroben Atmung. Die Glykolyse ist gleichzeitig ein Teil der alkoholischen Gärung und der Milchsäuregärung, da der Abbau von Glukose bis zur Brenztraubensäure einen gemeinsamen Weg darstellt. Man bezeichnet den glykolytischen Abbau der Kohlenhydrate nach ihren Entdeckern auch mit Embden-Meyerhof-Parnas-Schema.

Diese in Abb. 45 schematisch dargestellte Umwandlung von Stärke bzw. Glukose in Brenztraubensäure scheint auf den ersten Blick kompliziert zu sein. Wenn man sich jedoch jeden einzelnen Reaktionsschritt näher ansieht, so wird deutlich, wie sinnvoll der Organismus Stufe für Stufe die hochmolekularen Substanzen zu niedermolekularen Produkten umbaut. Das dargestellte Reaktionsschema gilt für den anaeroben Abbau der Kohlenhydrate in Tier, Pflanze und Mikroorganismus. Hieraus ist zu ersehen, daß die Natur in ihren großen allgemeinen Reaktionsketten ein einheitliches Prinzip hat.

Die im Schema auftretenden organischen Salze bzw. Anionen sind der Einfachheit halber als Säuren dargestellt. Da jedoch alle biochemischen Reaktionen *in vivo* nicht im stark sauren Milieu ablaufen, liegen die organischen Säuren meistens in Form ihrer Anionen bzw. als Salze vor. Es sind also z. B. nicht die Glyzerinsäure, sondern das Glyzerat, nicht die Brenztraubensäure, sondern das Pyruvat, die im Verlaufe der Glykolyse auftreten. Im einzelnen werden die folgenden Reaktionsstufen durchlaufen:

1 Von der Glukosekette (Stärke) wird durch Phosphorylase ein Glukose-1-phosphat abgespalten.

2 Glukose-1-phosphat wird mittels einer Isomerase in Glukose-6-phosphat umgelagert. Diese Reaktion wird von einem Glukose-1,6-diphosphat-Enzymkomplex katalysiert. Er überträgt seine in 1-Stellung stehende Phosphorylgruppe auf das Glukose-1-phosphat und spaltet sich dabei gleichzeitig vom Enzymkomplex ab. Es entsteht also dadurch ein freies Glukose-6-phosphatmolekül. Aus dem ursprünglichen Glukose-1-phosphat wurde dagegen Glukose-1,6-diphosphat. Es lagert sich an den Enzymkomplex an und kann nun als Kofaktor die Isomerierung eines neuen Glukose-1-phosphates katalysieren.

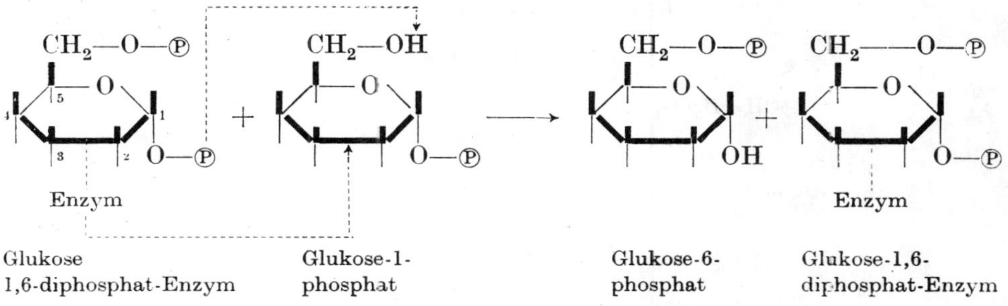

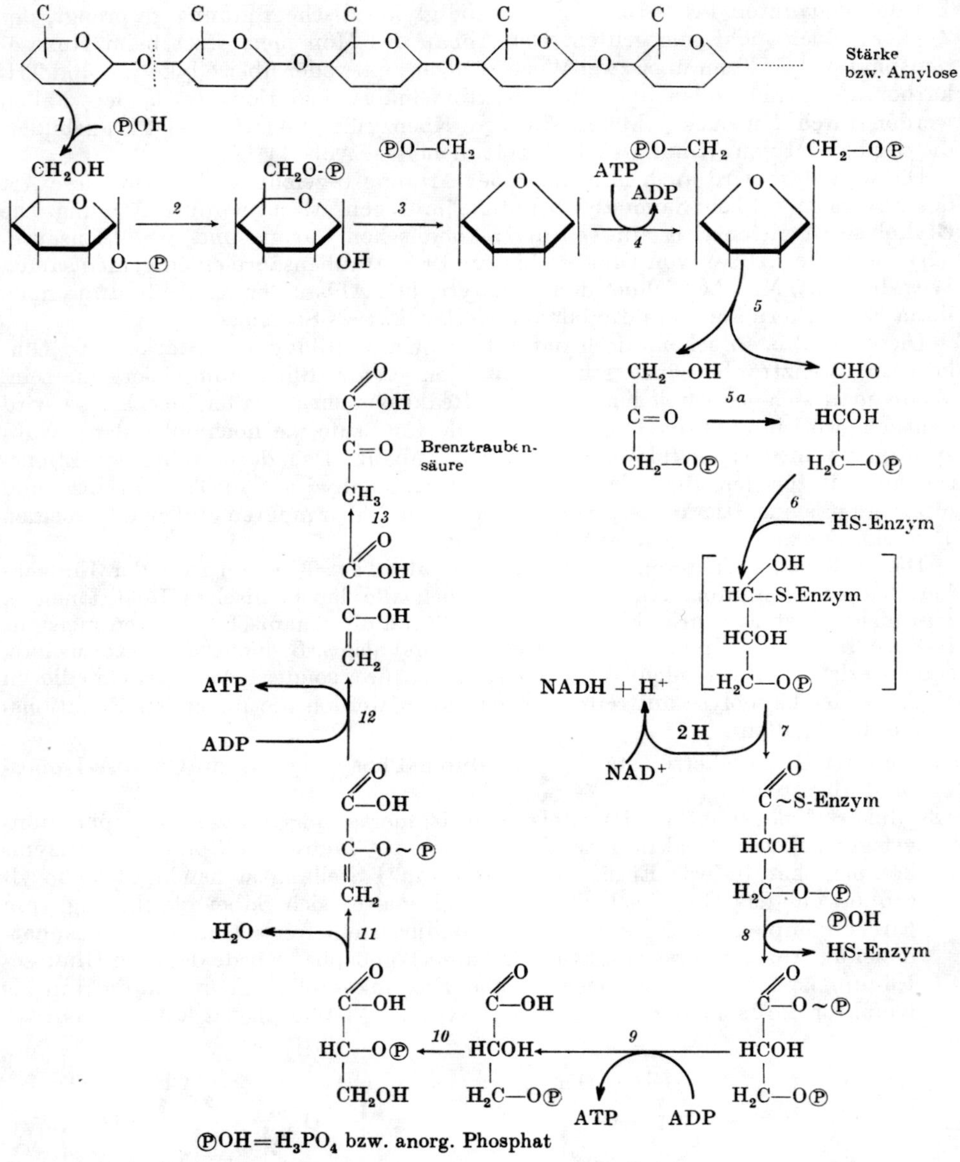

Abb. 45
Schematische Darstellung der Glykolyse.

3 Glukose-6-phosphat geht unter Einwirkung einer Isomerase in Fruktose-6-phosphat über. Hierbei wird der Pyranring 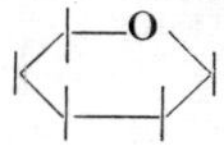 in einen Furanring 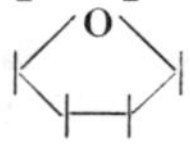 umgewandelt.

4 Mittels ATP wird das Fruktose-6-phosphat zu Fruktose-1,6-diphosphat unter Einwirkung einer Phosphohexokinase phosphoryliert.

5 Fruktose-1,6-diphosphat wird durch Aldolase in Phosphoglyzerinaldehyd und Dihydroxyazetonphosphat gespalten.

5a Dihydroxyazetonphosphat und Phosphoglyzerinaldehyd stehen in einem Gleichgewicht, aus dem Phosphoglyzerinaldehyd entnommen und als Substrat in der folgenden Reaktion verbraucht wird. Die Gleichgewichtseinstellung führt dazu, daß aus Dihydroxyazetonphosphat immer wieder Phosphoglyzerinaldehyd gebildet wird.

6 Phosphoglyzerinaldehyd (Triosephosphat) wird an ein HS-Enzym angelagert.

7 Der so entstehende intermediäre Komplex wird durch eine Dehydrase unter Mitwirkung von NAD^+ oxydiert. Es entsteht neben NADH ein Azyl-S-Enzymkomplex, der einer Azyl-CoA-Verbindung entspricht. Das Azyl ist energiereich an das SH-Enzym gebunden. Die bei der Oxydation von der „Trioseebene" zur „Azyl-Ebene" frei gewordene Energie ist also in die energiereiche Bindung des Azyl-S-Enzymkomplexes und in das reduzierte NAD „hineingesteckt" worden.

8 Unter Einwirkung von anorganischem Phosphat wird der Azyl-S-Enzymkomplex in Diphosphoglyzerat und SH-Enzym gespalten. Hierbei wird die Phosphorylgruppe energiereich an das Glyzerat gebunden (Substrat-Phosphorylierung, s. auch S. 108).

9 Die energiereich gebundene Phosphorylgruppe wird auf ADP übertragen. Es entstehen ATP und 3-Phosphoglyzerat.

10 3-Phosphoglyzerat lagert sich in 2-Phosphoglyzerat um. Analog der Umwandlung von Glukose-1-phosphat zu Glukose-6-phosphat tritt auch bei dieser Isomerierung ein an das Enzym (Isomerase) gebundener 2,3-Diphosphoglyzeratkomplex auf.

11 Durch Enolase wird von dem 2-Phosphoglyzerat ein Molekül H_2O abgespalten, Es entsteht 2-Phosphoenolpyruvat. In dieser Verbindung ist die Phosphorylgruppe energiereich gebunden.

12 Die Pyruvatkinase überträgt die energiereich gebundene Phosphorylgruppe des Phosphoenolpyruvates auf ADP unter Bildung von ATP und Enolpyruvat.

13 Enolpyruvat steht mit Pyruvat in einem Gleichgewicht.

Im Verlaufe des glykolytischen Abbaus wird also ein Hexosephosphat bis zum Pyruvat abgebaut. Auch Glukose kann der Glykolyse als Substrat dienen. Sie wird von Hexokinase unter Mitwirkung von ATP zu Glukose-6-phosphat phosphoryliert und als solches entsprechend dem Schema der Abb. 45 weiter abgebaut.

Der gesamte Reaktionsablauf der Glykolyse läßt sich in 3 Phasen einteilen:

1. Die Kohlenhydrate werden auf der Oxydationsstufe der Zucker bis zum Triosephosphat umgebaut.
2. Das auf der Oxydationsstufe der Zucker stehende Triosephosphat wird auf die Oxydationsstufe der organischen Säuren (Glyzerat) transformiert.

3. Phosphoglyzerat wird zu Pyruvat abgebaut. Mit der frei werdenden Energie wird ATP synthetisiert.

Die Bilanz aus diesen Prozessen ergibt sich, wenn man die in den Reaktionsablauf einfließenden Stoffe (Zugang) den heraustretenden Stoffen (Abgang) gegenüberstellt. Beginnt man mit dem Glukosephosphat als Ausgangsmolekül, so ergibt sich – wenn man berücksichtigt, daß aus jeweils einem Hexosephosphat 2 Triosephosphate entstehen – die in Tabelle 5 aufgeführte Bilanz:

Tabelle 5
Bilanz der Glykolyse

Zugang	Abgang
1 Glukosephosphat + 1 ATP + 2 HS-Enzym + 2 NAD^+ + 2 ⓅOH + 4 ADP	ADP + 2 NADH + 2 H^+ + 2 HS-Enzyme + 4 ATP + 2 H_2O + 2 Brenztraubensäure

Bilanz Glukoseph. + 2 NAD^+ + 3 ADP + 2 ⓅOH →
2 Brenztraubensäure + 2 NADH + 2 H^+ + 3 ATP + 2 H_2O

Diese Bilanz zeigt eindeutig die physiologische Funktion der Glykolyse; Hexosephosphat wird zu Pyruvat (Brenztraubensäure) abgebaut. Die freiwerdende Energie wird für die Synthese von ATP und für die Reduktion von NAD^+ gebraucht. Die Glykolyse entspricht damit in ihrer physiologischen Bedeutung der Lichtreaktion der Photosynthese. Letztere benutzt die Lichtenergie, um ATP und NADPH aufzubauen, während bei der Glykolyse die chemische Energie der Zucker für den Aufbau von ATP und NADH verwendet wird. Die ATP-Bildung verläuft bei der Glykolyse unter anaeroben Bedingungen (anaerobe Phosphorylierung).

Das Prinzip der **anaeroben Phosphorylierung** ist vergleichsweise gut erforscht. Es besteht, wie aus Abb. 45 ersichtlich, darin, daß ein Substratmolekül soweit umgeformt wird, bis seine Phosphorylgruppe in energiereicher Bindung vorliegt. Die Phosphorylgruppe kann dann auf ADP übertragen werden, so daß ATP entsteht. Man nennt diese Art der Phosphorylierung **Substratkettenphosphorylierung.**

Im Vergleich zur zweiten Phase des Kohlenhydratabbaues (oxydative Atmung) ist der Energiegewinn an ATP jedoch gering. Es werden nur etwa 10 % der gesamten Energie, die ein Glukosemolekül enthält, im Verlauf der Glykolyse in ATP überführt. Der größte Teil an verwertbarer Energie wird also im weiteren Verlauf des Kohlenhydratabbaues frei.

Die Brenztraubensäure (Pyruvat) nimmt als Endprodukt der Glykolyse eine Schlüsselstellung ein. Sie kann auf dem Wege der alkoholischen Gärung zu Äthylalkohol oder über die Milchsäuregärung zu Milchsäure oder über den Trikarbonsäurezyklus bis zu CO_2 und Wasser abgebaut werden (s. nachfolgende schematische Darstellung).

Bei der alkoholischen Gärung wird die Brenztraubensäure bzw. das Pyruvat zuerst zu Azetaldehyd dekarboxyliert, der anschließend unter Einwirkung von NADH zu Äthylalkohol reduziert wird (s. Abb. 46). Im Verlaufe der Milchsäuregärung wird die Brenztraubensäure direkt zu Milchsäure bzw. Laktat mittels

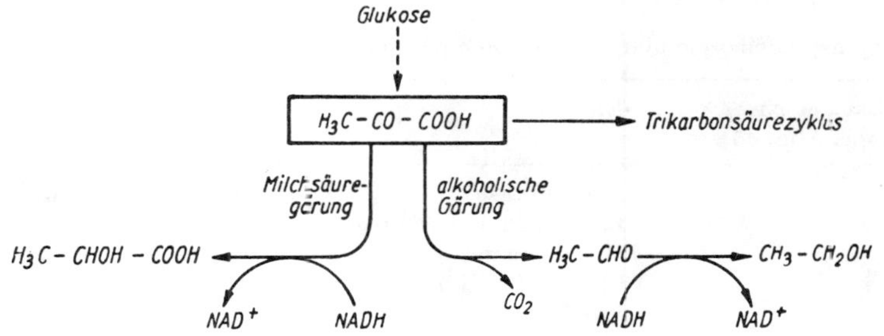

Abb. 46
Reaktionswege des Pyruvates.

NADH reduziert. In beiden Fällen wird das im Verlaufe der Glykolyse (s. Reaktion 7 der Abb. 45) gebildete NADH wieder aufgebraucht. Alkoholische Gärung und Milchsäuregärung sind hauptsächlich Reaktionen zahlreicher Mikroorganismen. Auf ihre Bedeutung bei verschiedenen technologischen Prozessen (Gärungsgewerbe, Molkereigewerbe, Gärfutterbereitung), bei denen der anaerobe Abbau von Zucker und Polysacchariden eine zentrale Rolle spielt, soll hier nicht näher eingegangen werden. In der höheren Pflanze kommt die Milchsäuregärung nicht vor, dagegen kann unter anaeroben Bedingungen in den Pflanzenwurzeln eine alkoholische Gärung auftreten (Kandler 1958). Beide Vorgänge, alkoholische Gärung und Milchsäuregärung, ergeben nur eine geringe Energieausbeute. Summarisch lassen sich die beiden Prozesse mit nachstehenden Gleichungen wiedergeben:

$$C_6H_{12}O_6 \rightarrow 2\ CH_3{-}CHOH{-}COOH + 56\ \text{kcal (Milchsäuregärung)}$$
$$C_6H_{12}O_6 \rightarrow 2\ CH_3{-}CH_2OH + 2\ CO_2 + 56\ \text{kcal (alkolische Gärung)}$$

Die Glykolyse als die erste Phase des Kohlenhydratabbaues besteht also aus zahlreichen einzelnen Reaktionen, die in einer sinnvollen Reihenfolge ablaufen. Jede Reaktion wird durch ein spezifisches Enzym katalysiert. Es wurde bei der Erläuterung der einzelnen Reaktionen lediglich der Typ des Enzyms aufgeführt, um damit den Charakter der betreffenden Reaktion, ob Dehydrierung, Gruppenübertragung oder intramolekulare Umwandlung, deutlicher herauszustellen. Die im einzelnen aufgeführten Enzyme gehören also jeweils einer der sechs großen Enzymgruppen an, wie sie auf S. 36 angeführt und erläutert sind. Tabelle 6 gibt die genauen Bezeichnungen der bei der Glykolyse wirksamen Fermente an. Weiterhin sind die notwendigen Koenzyme und die aktivierenden anorganischen Ionen genannt.

Ganz abgesehen vom Phosphat-Ion, ohne das praktisch keine Phosphorylierung möglich ist und das durch kein anderes Anion, auch nicht durch das verwandte Arsenat-Ion, ersetzt werden kann, sind noch zahlreiche weitere anorganische Ionen in die einzelnen Prozesse der Glykolyse verwickelt. Jedes tiefere Verständnis für die mineralische Ernährung der Pflanze muß davon ausgehen, an welchen Stellen im Stoffwechselgeschehen ein anorganisches Ion wirksam wird, jede infolge ungenügender Versorgung mit einem Nährstoff auftretende Mangelerscheinung findet letzten Endes in der Hemmung eines oder mehrerer Reaktionsschritte ihren Grund.

Tabelle 6

Enzyme, Koenzyme und anorganische Aktivatoren der Glykolyse

Reaktions-Nr. entspr. Abb. 45	Enzym	Kofaktor	mineral. Aktivator
1	Phosphatase	Phosphat	Mg^{+}, Mn^{++}
2	Phosphoglukoisomerase	–	Mg^{++}
3	Hexoisomerase	–	–
4	Phosphohexokinase	ATP	Mg^{++}
5	Aldolase	–	Fe^{++}, Zn^{++}, Co^{++}
5a	Phosphotrioseisomerase	–	Cu^{++}
6 u. *7*	Phosphotriosedehydrase	NAD	Mg^{++}, Mn^{++}
8	Phosphatase		Mg^{++}
9	Phosphoglyzeratkinase	ADP	Mg^{++}, Mn^{++}
10	Phosphoglyzeratisomerase	–	Mg^{++}
11	Enolase	–	Mg^{++}, Mn^{++}, Zn^{++}
12	Pyruvatkinase	ADP	Mg^{++}, K^{+}, NH_4^{+}
13	spontan	–	–

f) Trikarbonsäurezyklus und direkte Glukoseoxydation

Der **Trikarbonsäurezyklus,** auch Krebs-Zyklus oder Zitronensäurezyklus genannt, wurde zuerst von KREBS postuliert und in seinen zahlreichen Einzelheiten auch weitgehend geklärt. Ähnlich wie die Glykolyse ist auch er wieder ein Beispiel dafür, wie die Natur in einer sinnvollen Reihenfolge den Abbau energetisch hochwertiger Stoffe Stufe für Stufe durchführt. Wie aus der Bezeichnung hervorgeht, stellt diese Reaktionskette einen Zyklus dar. Bei der CO_2-Assimilation wurde bereits ein Zyklus, der Pentosezyklus, beschrieben. Hier ,,kreiste" gleichsam ein Ribulosediphosphatmolekül auf einer Reaktionsbahn. Beim Trikarbonsäurezyklus ist es die Oxalessigsäure, die gewissermaßen auf einer Kreisbahn rotiert. Diese Oxalessigsäure bzw. das Oxalazetat zieht bei jeder Rotation ein Azetyl-CoA in den Zyklus, welches aus Pyruvat gebildet wird. Das Pyruvat braucht nicht unbedingt von der Glykolyse zu kommen. Auch die Triosen des Pentosephosphatzyklus können in Pyruvat umgewandelt werden. Die ersten Syntheseprodukte der Photosynthese können also auch den Trikarbonsäurezyklus speisen. Seine einzelnen Reaktionsschritte sind wie folgt (s. Abb. 47).

1 Das Pyruvat wird durch oxydative Dekarboxylierung in Azetyl-CoA überführt. Wie bereits auf S. 75 dargestellt wurde, sind an der oxydativen Dekarboxylierung neben CoA noch Liponsäure, Thiaminpyrophosphat und NAD beteiligt. Die bei der Oxydation freiwerdende Energie ist im reduzierten NAD und in der energiereichen Bindung des Azetyl-CoA (aktivierte Essigsäure) verkörpert.

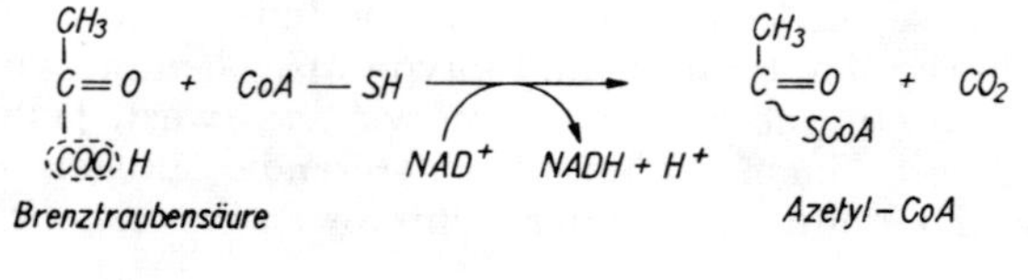

2 Die in der energiereichen Bindung des Azetyl-CoA vorhandene Energie reicht aus, um das Azetat an das Oxalazetat zu binden. Es entsteht Zitrat.

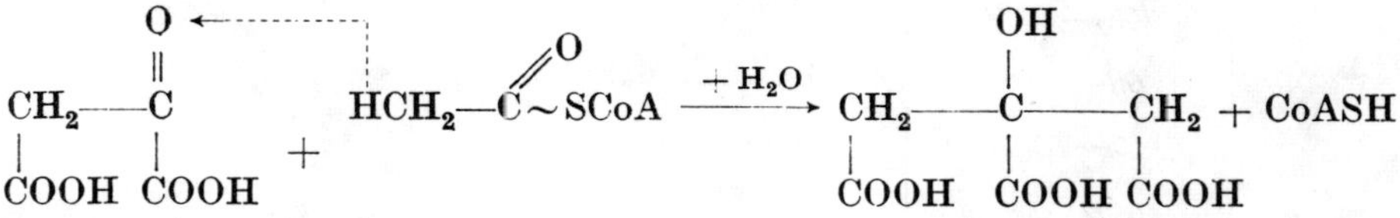

Oxalessigsäure Azetyl-CoA Zitronensäure

Durch diese Kondensation wird also ein Molekül mit 6 C-Atomen aufgebaut. Die Reaktion wird von dem Zitronensäureenzym (= condensing enzyme) katalysiert.
Über Reaktion *3* und *4* wird die Zitronensäure über Akonitsäure in Isozitronensäure umgewandelt

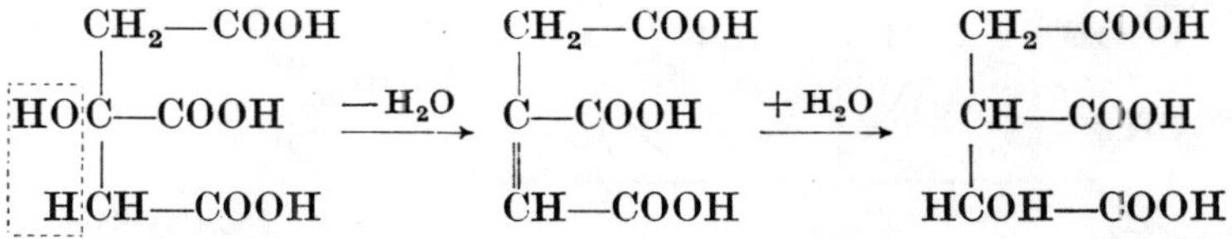

Zitronensäure Akonitsäure Isozitronensäure

Es findet also praktisch unter Einwirkung der Akonitase (Hydratase) nur eine Wasserumlagerung statt.

5 Die Isozitronensäure wird dehydriert. Es werden mittels einer Dehydrase zwei H-Atome abgegeben; es entsteht die Oxalbernsteinsäure (Oxalsukzinat)

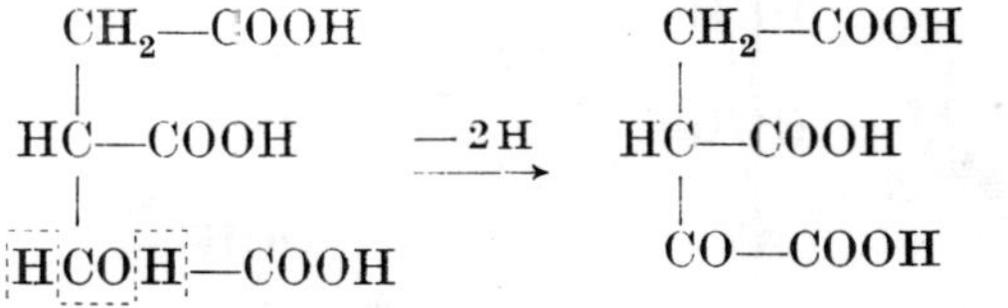

Isozitronensäure Oxalbernsteinsäure

6 Oxalbernsteinsäure wird zur α-Ketoglutarsäure dekarboxyliert.

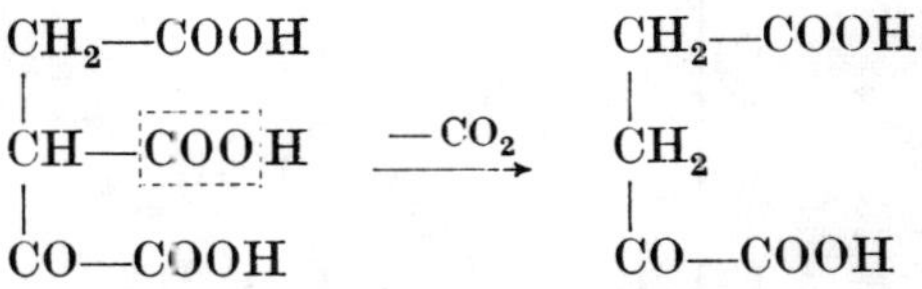

Oxalbernsteinsäure α-Ketoglutarsäure

7 Mittels oxydativer Dekarboxylierung wird α-Ketoglutarsäure in Sukzinyl-CoA (Bernsteinsäure-CoA) umgewandelt (Reaktionsprinzip s. S. 75).

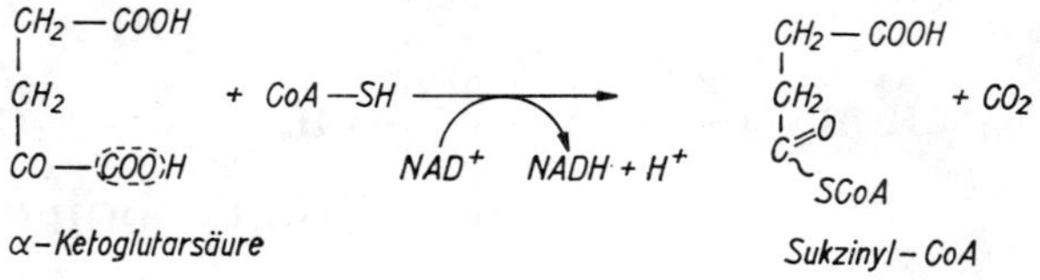

8 Aus Sukzinyl-CoA wird Sukzinat (Bernsteinsäure) gebildet. Die energiereiche Bindung des Sukzinyl-CoA wird dabei aufgebrochen, und die freiwerdende Energie wird für die Synthese von Guanosintriphosphat (GTP) aus Guanosindiphosphat (GDP) und anorganischem Phosphat verbraucht. Die GTP-Synthese stellt ebenfalls eine Substratkettenphosphorylierung dar.

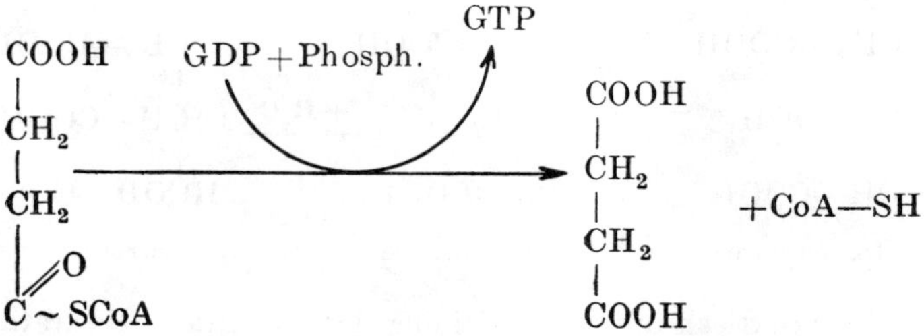

9 Unter Einwirkung von FAD wird die Bernsteinsäure zur Fumarsäure oxydiert.

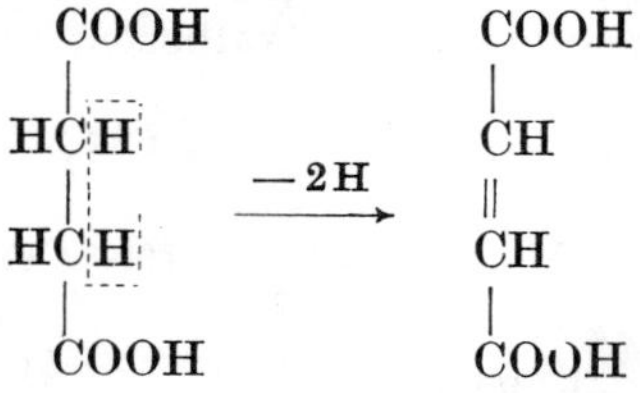

Fumarsäure

10 Durch Anlagerung von Wasser entsteht aus Fumarsäure Äpfelsäure.

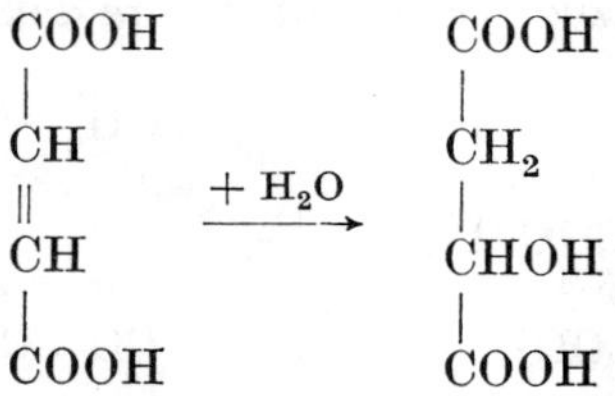

Äpfelsäure

11 Eine Dehydrase oxydiert die Äpfelsäure zur Oxalessigsäure, dem Ausgangsmolekül einer neuen Rotation.

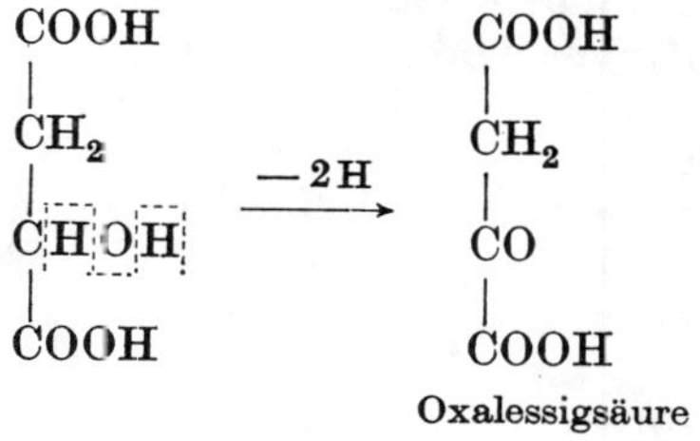

Die wesentlichen Reaktionen im Trikarbonsäurezyklus sind Dekarboxylierungen und Dehydrierungen (Oxydationen). Rechnet man den Übergang vom Pyruvat zum Azetyl-CoA noch zum Trikarbonsäurezyklus, so wird an drei verschiedenen Stellen CO_2 abgespalten (Reaktion *1*, *6* und *7*), und an fünf verschiedenen Stellen wird das Substrat oxydiert (Reaktion *1*, *5*, *7*, *9* und *11*). An diesen Oxydationen ist

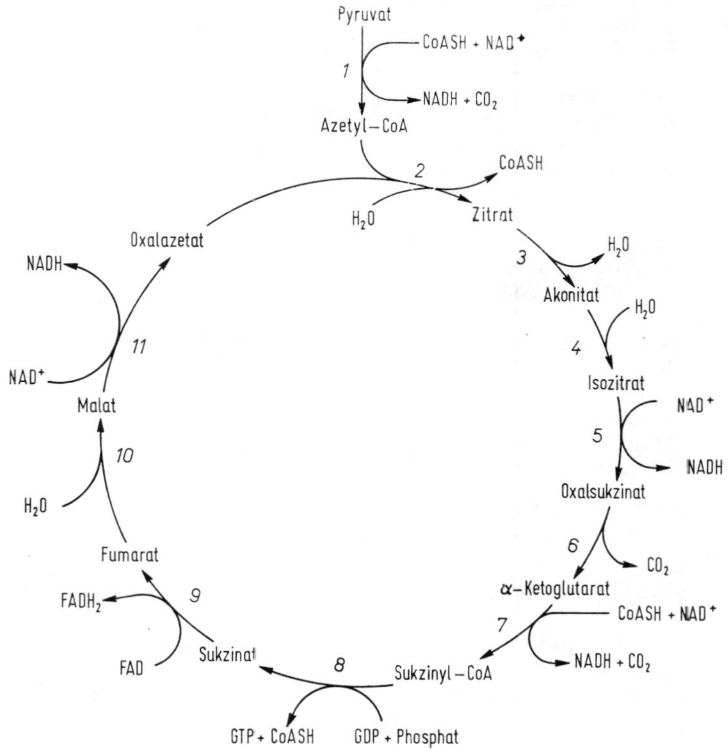

Abb. 47
Der Trikarbonsäurezyklus.

immer ein Koenzym (NAD oder NADP) bzw. eine prosthetische Gruppe (FAD) beteiligt. Diese Koenzyme bzw. das FAD werden durch die Oxydoreduktion in ihre reduzierte Form und damit in einen energiereichen Zustand überführt. Die durch die Dehydrierung (Oxydation) der Substratmoleküle freiwerdende Energie wird also für die Reduktion der Koenzyme bzw. der prosthetischen Gruppen genutzt. Energetisch wichtig ist weiterhin noch, daß in Reaktion *8* ein GTP-Molekül gebildet wird, dessen Energiegehalt dem ATP entspricht. Der Abb. 47 ist weiterhin noch zu entnehmen, daß im Verlaufe des Zyklus zwar CO_2 abgespalten, aber kein O_2 aufgenommen wird. Der im CO_2 vorhandene Sauerstoff kommt also nicht vom Atmungssauerstoff her.

Im Gegensatz zur Glykolyse, bei der Phosphorylierungsprozesse vorherrschen, sind es im Trikarbonsäurezyklus Lyasen und Dehydrasen, welche die meisten Reaktionen katalysieren (s. Tabelle 7). Die Dehydrasen werden vornehmlich von Mn^{++} aktiviert; Mg^{++} kann hierbei Mn^{++} ersetzen. Für die oxydative Dekarboxylierung ist Mg^{++} im Vergleich zu Mn^{++} das stärker aktivierende Ion.

Tabelle 7

Enzyme, Koenzyme und mineralische Aktivatoren des Trikarbonsäurezyklus

Reaktions-Nr.	Enzym	Koenzym bzw. prosthet. Gr.	mineral. Aktivatoren
1	Dekarboxylase u. Pyruvatdehydrase	Thiaminpyroph. Liponsäure CoA, NAD	Mg^{++}, Mn^{++}
2	Zitronensäureenzym		–
3 u. *4*	Akonitase	–	–
5	Isozitratdehydrase	NADP	Mn^{++}, Mg^{++}
6	Oxalsukzinatdekarboxylase	–	Mn^{++}, Mg^{++}, Co^{++}
7	Dekarboxylase u. Ketoglutaratdehydrase	Thiaminpyroph. Liponsäure CoA, NAD	Mg^{++}, Mn^{++}
8	Sukzinyl-CoA-transphosphorylase	Phosphat GDP	Mg^{++}
9	Sukzinatdehydrase	FAD	Ca^{++}, Cr^{+++}, Al^{+++}
10	Fumarase	–	–
11	Malatdehydrase	NAD	Mn^{++}

Die Bedeutung des Trikarbonsäurezyklus besteht darin, daß er reduzierte Koenzyme (NADPH, NADH und $FADH_2$) liefert. Diese reduzierten Verbindungen sind für die Atmung notwendig. Weiterhin stellen die verschiedenen Säuren des Trikarbonsäurezyklus Verbindungsglieder zu anderen Stoffwechselvorgängen dar (s. Abb. 48).

Im gesamten Zyklus kommen insgesamt vier verschiedene Ketosäuren vor: Die Brenztraubensäure, die Oxalbernsteinsäure, die α-Ketoglutarsäure und die Oxalessigsäure. Jede Ketosäure kann aber in eine Aminosäure überführt werden (s. S. 159). Der Krebs-Zyklus liefert also die für den Aufbau der Aminosäuren notwendigen Kohlenstoffskelette.

Das Azetyl-CoA ist der erste Baustein der Fettsäuren. Die oxydative Dekarboxylierung der Brenztraubensäure ergibt demnach ein Produkt, das eine zentrale

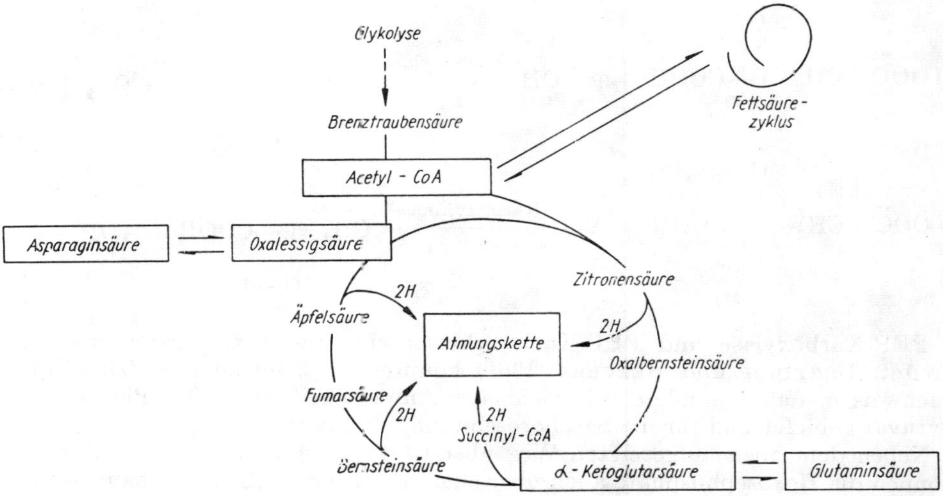

Abb. 48
Die Verbindung des Trikarbonsäurezyklus mit anderen Stoffwechselvorgängen.

Stellung zwischen Krebs-Zyklus und Fettstoffwechsel einnimmt. Der Trikarbonsäurezyklus ist gewissermaßen das Zentrum, von dem aus Energiestoffwechsel, Eiweißstoffwechsel und Fettstoffwechsel gespeist werden und in den auch wieder die Abbau-Endprodukte des Proteinstoffwechsels (Ketosäuren) und des Fettstoffwechsels (Azetyl-CoA) einmünden (KREBS 1957).

Die einzelnen Reaktionsschritte des Trikarbonsäurezyklus und der Glykolyse sind zum Teil reversibel. Das bedeutet, daß bei entsprechenden Reaktionsgleichgewichten aus den Intermediärprodukten des Trikarbonsäurezyklus bzw. der Glykolyse Hexosephosphat aufgebaut wird. Dieser reversible Reaktionsverlauf geht nicht über das Pyruvat, sondern geht vom Oxalazetat in den Glykolysereaktionsweg über. Oxalazetat wird hierbei durch die Einwirkung von Karboxykinase oder Karboxylase in Phosphoenolpyruvat (PEP) umgebaut. Es handelt sich hierbei um die auf S. 90 gezeigte reversible Reaktion der CO_2-Fixierung. PEP wird dann über die einzelnen Zwischenstufen der Glykolyse bis zum Triose- bzw. Hexosephosphat verändert (s. Abb. 49).

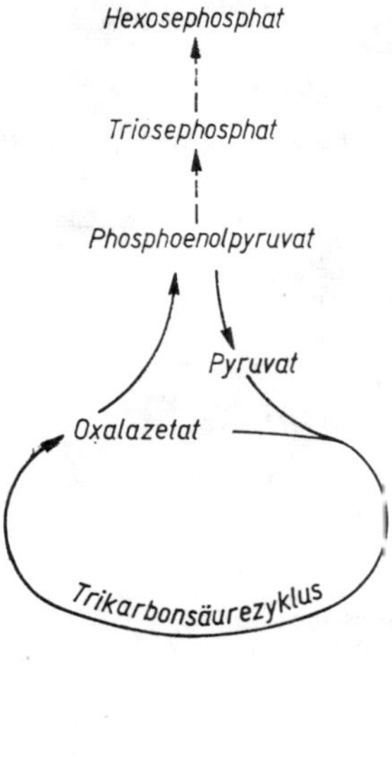

Abb. 49
Zuckeraufbau aus Intermediärprodukten der Glykolyse und des Trikarbonsäurezyklus.

$$HOOC{-}CH_2{-}\overset{\overset{\displaystyle O}{\|}}{C}{-}COOH + Ⓟ{-}OH \xrightarrow{\text{Karboxylase}} CH_2{=}\underset{\underset{\displaystyle O\sim Ⓟ}{|}}{C}{-}COOH + CO_2 + H_2O$$

$$HOOC{-}CH_2{-}\overset{\overset{\displaystyle O}{\|}}{C}{-}COOH + ATP \xrightarrow{\text{Karboxykinase}} CH_2{=}\underset{\underset{\displaystyle O\sim Ⓟ}{|}}{C}{-}COOH + ADP + CO_2$$

PEP-Karboxylase und PEP-Karboxykinase sind im Pflanzenreich weit verbreitet. BENEDICT und BEEVERS (1961) konnten an keimenden Rhizinussamen nachweisen, daß besonders bei reichlicher Anwesenheit von ATP Phosphoenolpyruvat gebildet und für die Saccharosebildung verbraucht wird.

Neben dem oben aufgezeigten Weg über Glykolyse und Trikarbonsäurezyklus können die Hexosephosphate auch über eine direkte Oxydation abgebaut werden. Dieser Stoffwechselweg stellt im Prinzip die Umkehrung des Calvin-Zyklus dar. Man nennt ihn deshalb **Pentosephosphatzyklus** oder auch **direkte Glukoseoxydation.** Direkte Oxydation bedeutet, daß vom Glukosemolekül unmittelbar zwei H-Atome auf ein $NADP^+$ übertragen werden, wobei die 6-Phosphoglukonsäure entsteht. Diese wiederum wird weiter zur 3-Keto-6-phosphoglukonsäure oxydiert; danach folgt eine CO_2-Abspaltung, so daß aus dem Molekül mit 6 C-Atomen ein Kohlenstoffskelett von 5 C-Atomen, ein Ribulose-5-phosphat, wird (s. Abb. 50).

Das Ribulosephosphat lagert sich mit einem Ribosephosphat zu Sedoheptulosephosphat und Phosphoglyzerinaldehyd um. Phosphoglyzerinaldehyd reagiert wiederum mit Sedoheptulosephosphat zu Fruktose-6-phosphat und einem Zucker mit 4 C-Atomen, dem Erythrosephosphat. Die Reaktionen, die notwendig sind, um aus dem Erythrosephosphat zusammen mit einem Kohlenstoffskelett von 2 C-Atomen wieder eine Hexose zu bilden, sind noch nicht in allen Einzelheiten bekannt.

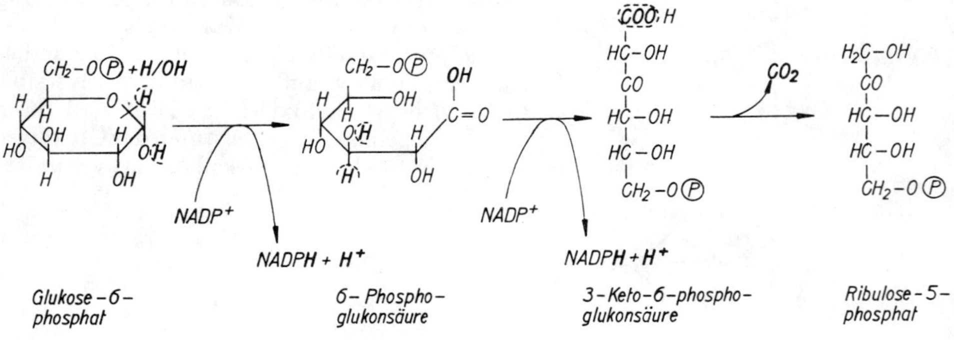

Abb. 50
Die Umwandlung von Glukose-6-phosphat in Ribulose-5-phosphat.

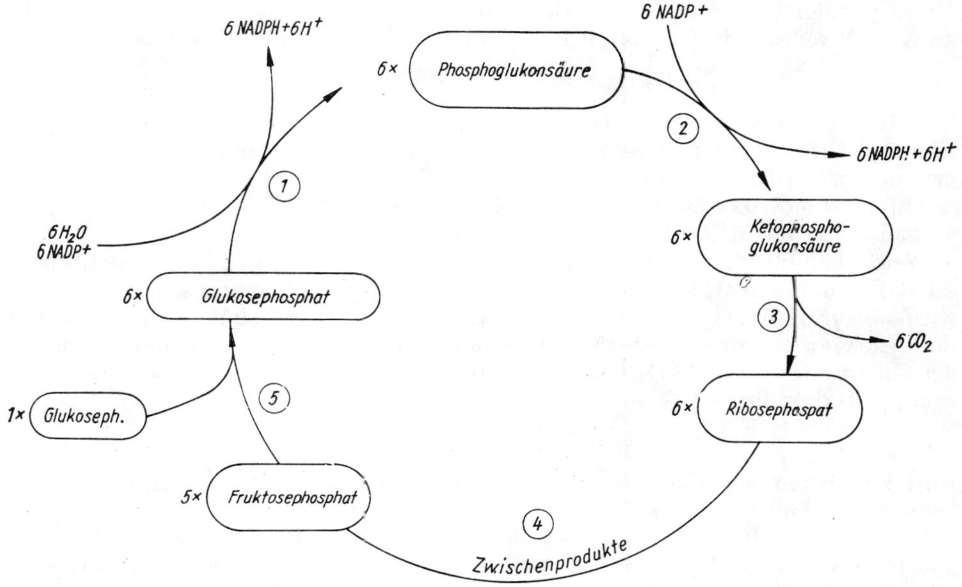

Abb. 51
Pentosephosphatzyklus (Glukose-Abbau).

Ohne auf diese Einzelheiten der Hexose-Rückbildung näher einzugehen, sei das Prinzip dieses zweiten Weges des Kohlenhydratabbaues in nachstehendem Schema (Abb. 51) skizziert. Reaktion *1* zeigt die Oxydation des Glukosephosphates unter Bildung von NADPH, Reaktion *2* die Oxydation von Phosphoglukonsäure, wobei ebenfalls auf ein oxydiertes Substratmolekül jeweils die Reduktion von einem Molekül $NADP^+$ zu NADPH + H^+ entfällt. In Reaktion *3* wird von jeweils einem Molekül Ketophosphoglukonsäure ein Molekül CO_2 abgespalten. Die Bezeichnung *4* umfaßt eine Reaktionskette, in der aus 6 Molekülen Ribulosephosphat schließlich 5 Moleküle Fruktosephosphat entstehen. In der Reaktion *5* wird das Fruktosephosphat in Glukosephosphat dismutiert, gleichzeitig wird noch ein Molekül Glukosephosphat aufgenommen, so daß der Zyklus mit 6 Glukosephosphatmolekülen wieder beginnen kann. Die Bilanz dieses gesamten Reaktionsablaufs ist nachstehend aufgeführt:

$$C_6H_{12}O_6 + 6\,H_2O + 12\,NADP^+ \rightarrow 6\,CO_2 + 12\,NADPH + 12\,H^+$$

Aus dieser Bilanz ist zu erkennen, daß bei jeder Rotation des Zyklus praktisch ein Glukosemolekül bis zum CO_2 abgebaut wird. Die hierbei überführte Energie liegt in den reduzierten 12 Molekülen des NADP vor.

Es muß betont werden, daß die aufgeführte Netto-Gleichung lediglich eine summarische Zusammenfassung ist. In Wirklichkeit wird im Zyklus, wie aus Abb. 51 ersichtlich, von der Ketophosphoglukonsäure jeweils nur ein CO_2-Molekül abgespalten. Der eigentliche Energiegewinn liegt in den reduzierten NADP-Molekülen.

Diese werden für verschiedene Biosynthesen benötigt. Sie können auch NAD^+ zu NADH reduzieren und damit ein Substrat für die Atmungskette liefern.

$$NADPH + NAD^+ \rightleftharpoons NADP^+ + NADH$$

Die Reaktion wird von einer Transhydrogenase katalysiert (SANADI 1965). Bei der Photosynthese werden jeweils 6 CO_2-Moleküle von 6 Ribulosemolekülen aufgenommen, so daß 6 Hexosemoleküle bzw. 12 Triosephosphate entstehen; bei der direkten Glukoseoxydation werden von 6 Molekülen Hexose 6 CO_2-Moleküle abgespalten, so daß sich 6 Pentosemoleküle bilden.

Wesentlich für die Reaktionsrichtung ist die Oxydationsstufe, in der die Nikotinamidadenindinukleotide im System vorliegen. Bei der Photosynthese werden immer wieder neue H-Atome bzw. Elektronen an die $NADP^+$-Moleküle geliefert, so daß ihr Gleichgewicht zu der reduzierten Form hin verschoben wird. Bei der Oxydation der Glukose sind die NADPH-Moleküle dagegen mit H-Akzeptoren (Dehydrasen) gekoppelt, d. h. ihr Gleichgewicht

$$NADPH \rightleftharpoons NADP^+ + H^+$$

wird zugunsten der oxydierten Form verschoben und der Glukoseabbau wird begünstigt.

Die Eigenschaften der Enzyme, die die einzelnen Reaktionen des Pentosephosphatzyklus katalysieren, sind noch nicht so gut erforscht wie beim Zitronensäurezyklus. Sicherlich wirken aber auch hier anorganische Ionen als Aktivatoren. So ist bekannt, daß die Oxydation der 6-Phosphoglukonsäure mittels der Phosphoglukonsäuredehydrase durch Fe^{++} aktiviert wird. Mg^{++} und Mn^{++} können das Fe^{++} teilweise in seiner Wirkung ersetzen.

Die Untersuchungen über den Pentosephosphatzyklus wurden hauptsächlich an tierischem Gewebe oder an Mikroorganismen durchgeführt. Man darf vermuten, daß dieser zweite Weg des Kohlenhydratabbaues auch für den pflanzlichen Organismus zutrifft, zumal es gelang, Enzyme dieses Zyklus aus pflanzlichem Material zu isolieren. Die physiologische Bedeutung der direkten Glukoseoxydation besteht hauptsächlich darin, daß sie Bausteine für andere Stoffwechselabläufe liefert. So dient das anfallende Ribulose-5-phosphat als Ausgangsbaustein für die in den Nukleinsäuren vorkommende Ribose. Fruktose-6-phosphat und Phosphoglyzerinaldehyd können in die Glykolyse „einfließen“.

g) Die Atmung

Als Charakteristika der oxydativen Atmung sieht man die Abgabe von CO_2 und die Aufnahme von O_2 an. Unter der älteren Bezeichnung „anaerobe Atmung“ versteht man die CO_2-Abgabe unter Ausschluß von Sauerstoff. Biochemisch stellt die anaerobe Atmung den Kohlenhydratabbau über die Glykolyse mit anschließender alkoholischer Gärung dar. Der gesamte Reaktionsablauf benötigt keinen Sauerstoff; CO_2 wird im Verlaufe der Gärung durch Dekarboxylierung des Pyruvates gebildet (s. S. 109).

Die **oxydative Atmung** läuft in speziellen Zellorganen, den Mitochondrien, ab. Sie besitzen eine äußere und eine stark gebuchtete innere Membran (s. S. 189). In letztere sind die einzelnen Redoxsysteme der Atmungskette eingebaut (GREEN und FLEISCHER 1963). Zahl und Anordnung dieser Redoxsysteme sind noch weitgehend ungeklärt, so daß alle Darstellungen der Atmungskette vorläufigen Charakter haben. Man darf jedoch als sicher annehmen, daß die einzelnen Redoxsysteme ihrem Redoxpotential entsprechend angeordnet sind, d. h. die Systeme mit höherem negativem Redoxpotential geben ihre Elektronen bzw. H-Atome an die Systeme mit dem geringeren Redoxpotential weiter. Die H-Atome entstammen dem NADH und dem Sukzinat des Trikarbonsäurezyklus. Sie sind das Substrat der Atmungskette und stehen gleichsam an deren „Beginn", während am „Ende" der Atmungskette der molekulare Sauerstoff als Elektronenakzeptor steht (s. Abb. 52).

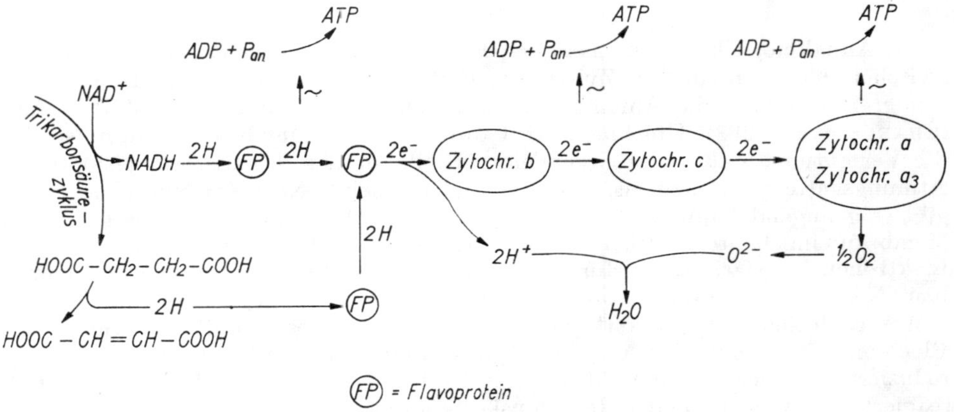

Abb. 52
Vorläufiges Schema der Atmungskette.

Die Darstellung zeigt, daß die wesentlichen Redoxsysteme Flavoproteine und Zytochrome sind (Chance et al. 1968). Die H-Atome bzw. Elektronen werden also über das Flavin bzw. über das Fe des Häm weitergeleitet. Die Flavoproteine enthalten ebenfalls Fe, welches jedoch nicht hämartig gebunden und dessen Funktion im Elektronentransport noch nicht geklärt ist (Sanadi 1965). Die in dem Schema aufgezeigten Flavoproteine (FP) sind chemisch nicht identische Moleküle. Sie lassen sich besonders durch ihre unterschiedliche Lichtabsorption unterscheiden. Die Umsatzrate (turn over) der Flavoproteine ist niedriger als die der Zytochrome. Vom Zytochrom b sind 9 verschiedene Typen bekannt, von denen 3 in Mitochondrien und 2 in Chloroplasten gefunden wurden. Das Häm des Zytochrom c soll tief in das Enzymeiweiß eingebettet und ziemlich fest an das Proteingerüst gebunden sein. **Zytochromoxydase** besteht aus zwei Hämkomponenten, dem Zytochrom a und dem Zytochrom a_3. Letztere soll mit dem O_2 reagieren. Nach Sands und Beinert (1959) enthält Zytochrom a_3 auch Cu, welches ebenfalls in den Elektronentransport verwickelt sein dürfte. Zytochromoxydase ist nach Plesnicar et al. (1967) das einzige CO-bindende Pigment in pflanzlichen Mitochondrien. Umstritten ist die Funktion des **Ubichinons** in der Atmungskette (Lehninger und Wadkins 1962). Es wirkt analog dem Plastochinon bei der Photosynthese als Redoxsystem, indem es durch Elektronen bzw. H-Aufnahme vom Chinon zum Hydrochinon reduziert wird.

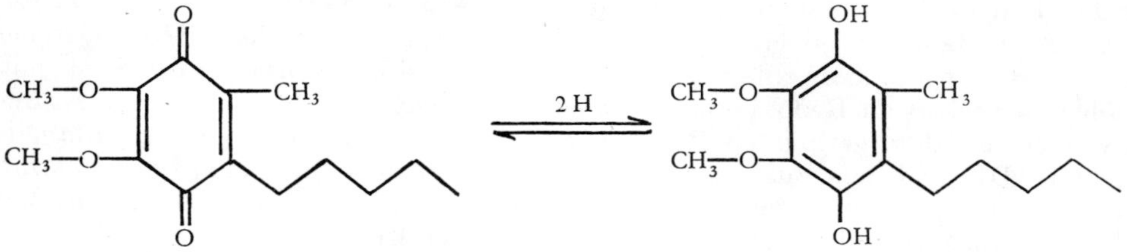

Hydrochinonderivat des Ubichinons

Die Annahme, Ubichinon, das auch Koenzym Q (CoQ) genannt wird, fungiere zwischen Flavoprotein und Zytochrom c als Elektronenüberträger, ist genau so wenig erhärtet wie die Annahme, es habe eine Funktion bei der ATP-Bildung (Chance et al. 1968). Ubichinon wird durch Sukzinatzugaben reduziert, so daß die Vermutung, daß es an irgendeiner Stelle in den Elektronentransport der Atmungskette verwickelt ist, gerechtfertigt erscheint. Nach Chance et al. (1968) gibt es genügend Hinweise für die Annahme, daß Ubichinon nicht als fest in die Membran eingebaute Partikel, sondern als diffusibles Koenzym ähnlich wie NAD Elektronen transferiert. Hierfür spricht auch das weite Verhältnis von Ubichinon bzw. NAD zu Zytochrom in den Mitochondrien.

Am Ende der Atmungskette steht der molekulare Sauerstoff. Er erhält seine Elektronen vom Zytochrom a_3 der Zytochromoxydase und wird dabei zum O_2^- reduziert, welcher mit den überall im System vorhandenen H-Ionen zu H_2O reagiert. Diese am Ende der Reaktionskette unter Mitwirkung von O_2 verlaufende Oxydation nennt man **terminale Oxydation.**

Enzyme und Reaktionsmechanismen der Atmungskette wurden hauptsächlich an tierischen Mitochondrien studiert. Es gilt jedoch als sicher, daß die Atmung in pflanzlichen Mitochondrien im Prinzip der tierischen Atmung entspricht (Liebermann und Baker 1965). Gerade neuere Untersuchungen zeigen, daß die Redoxsysteme der pflanzlichen Atmung denen der tierischen weitgehend ähneln (Chance et al. 1968), und Unterschiede in der Atmungsrate gehen weniger auf unterschiedliche Atmungsenzyme als auf die Anzahl der Mitochondrien je Zelle zurück. So enthalten Zellen aus Rattenleber mehrere tausend Mitochondrien, während einzellige Algen vorkommen, die je Zelle nur ein Mitochondrion besitzen (Schatz 1967).

Wenngleich zahlreiche Einzelheiten der Atmungskette noch ungeklärt sind, so ist ihr Prinzip bekannt: Es ist die Übertragung von Elektronen bzw. H-Atomen von Intermediärprodukten des Trikarbonsäurezyklus und des Pentosephosphatzyklus über eine Anzahl Redoxsysteme (Flavoproteine, Zytochrome, Koenzym Q) bis zum molekularen Sauerstoff. Die Redoxsysteme sind in ihrer Reihenfolge entsprechend ihrem Redoxpotential angeordnet. NAD-Dehydrase mit dem höchsten negativen Redoxpotential steht am Beginn, die Zytochromoxydase mit dem niedrigsten Redoxpotential steht am Ende der Atmungskette. Die Elektronen laufen also über diese Atmungskette „bergab", im Gegensatz zum Elektronentransport bei der Photosynthese (s. Abb. 33). Hier laufen die Elektronen entgegen dem Redoxgefälle, und es wird die Energie des Lichtes benötigt, um diesen „Bergauftransport" zu ermöglichen. Umgekehrt wird beim „Bergabtransport" der Elektronen in der Atmungskette Energie frei. In dieser frei werdenden Energie liegt die eigentliche Bedeutung der Atmungskette, denn diese Energie dient dem Aufbau von ATP aus ADP + anorganischem Phosphat (= oxydative Phosphorylierung). Der „Elektronenbergabtransport" in der Atmungskette ist also im normalen Falle mit der Bildung von energiereichem Phosphat gekoppelt. Hier ist neben photosynthetischer Phosphorylierung und anaerober Phosphorylierung für die Pflanze die dritte Möglichkeit gegeben, ATP aufzubauen.

Auch die **oxydative Phosphorylierung** ist in ihren Einzelheiten noch nicht restlos geklärt. Man nimmt an, daß durch den Elektronenfluß ein Komplex A reduziert wird. Wenn dieser reduzierte Komplex AH_2 seine H-Atome auf einen anderen Komplex B überträgt, wird genügend Energie frei, um A an ein weiteres Produkt J energiereich zu binden (Sanadi 1965).

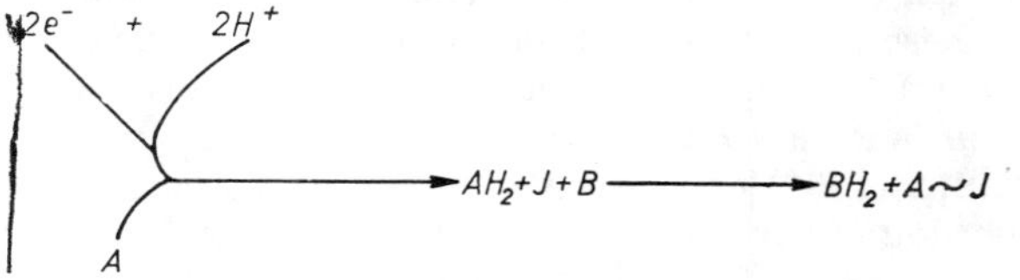

Die ersten energiereichen Verbindungen der oxydativen Phosphorylierung sind demnach noch keine phosphorylierten Verbindungen. Wahrscheinlich werden entsprechend der nachstehend aufgeführten Gleichung noch weitere energiereiche, nicht phosphorylierte Verbindungen aufgebaut, bevor die eigentliche ATP-Synthese erfolgt (Liebermann und Baker 1965).

$$A{\sim}J \underset{A}{\overset{X}{\rightleftharpoons}} J{\sim}X \underset{J}{\overset{Pa}{\rightleftharpoons}} X{\sim}P \underset{X}{\overset{ADP}{\rightleftharpoons}} ATP$$

Die ATP-Synthese ist vermutlich an drei verschiedenen Stellen mit der Atmungskette gekoppelt (s. Abb. 52). Die Übertragung von 2 H bzw. 2 Elektronen vom NAD bis zum O_2 synthetisiert maximal 3 ATP-Moleküle. Treten dagegen die 2 H über Sukzinat in die Atmungskette ein, so können maximal nur 2 Moleküle ATP aufgebaut werden. Die Ausbeute an ATP ist jedoch nicht immer maximal; sie hängt von den physiologischen Bedingungen ab. Ein Maß für die Wirksamkeit dieses Systems gibt das Verhältnis des verbrauchten Sauerstoffs zur Menge des gebildeten ATP an; das sog. P/O-Verhältnis (= ATP/verbrauchter Sauerstoff) liegt bei günstigen Bedingungen bei 2–3. Neuerdings wurden jedoch auch P/O-Verhältnisse von 4–6 gefunden, so daß die seitherige Annahme von 3 Phosphorylierungsstellen in der Atmungskette umstritten ist (Sanadi 1965).

Bei der Atmung sind also zwei verschiedene Vorgänge zu unterscheiden: Der Elektronentransport über die Redoxsysteme und der Energietransfer von der eigentlichen Atmungskette zu den Kopplungsenzymen (= Enzyme, die den Elektronentransport mit dem ATP-Aufbau koppeln, s. Abb. 52). Es gibt zahlreiche Agenzien, die Enzyme dieser beiden Vorgänge blockieren. Hierbei ist zu unterscheiden zwischen Inhibitoren des Elektronentransportes und Inhibitoren des Energietransfers. Zur ersten Gruppe zählen Zyanid und CO. Sie vergiften die Zytochromoxydase und blockieren somit den Elektronentransport. In diesem Falle werden die O_2-Aufnahme und auch die ATP-Synthese gehemmt.

Weiterhin kennt man sog. „Entkoppler". Sie entkoppeln den Elektronentransport von der Bildung energiereicher Bindungen. In diesem Falle läuft der Elektronentransport weiter, während die Bildung der intermediären energiereichen Zwischenprodukte blockiert ist. Zu diesen Entkopplern zählen Dinitrophenol (DNP), Dikumarol, Arsenat, langkettige Fettsäuren und Chloramphenikol (Stoner et al. 1964). Arsenat wirkt, indem es kompetitiv die Bindung von Phosphat hemmt. Schließlich gibt es auch noch Inhibitoren, die nicht die Bildung energiereicher Zwischenprodukte wie J∼X oder A∼J, sondern direkt die Phosphorylierung hemmen. Zu diesen Inhibitoren zählen Oligomyzin, Valinomyzin und Azid.

Wie bereits bei der Besprechung der Photosynthese betont wurde, ist der Energietransfer „Elektronenfluß → chemische Energie (ATP)" noch nicht geklärt. Die oben beschriebene Hypothese, daß durch die Elektronenübertragung von einem Redoxsystem auf ein anderes ein energiereiches Zwischenprodukt aufgebaut wird (chemische Hypothese), hat den Nachteil, daß bis heute trotz eifriger Forschungstätigkeit an diesem Problem ein derartiges energiereiches Zwischenprodukt noch nicht gefunden wurde (Schatz 1967).

Die von Mitchell (1961) erstmals vor etwa 10 Jahren geäußerte Ansicht, daß die Phosphorylierung über einen Konzentrationsgradienten beiderseits einer Membran (chemiosmotische Hypothese) bewerkstelligt wird, rückt deshalb immer mehr in den Vordergrund (Avron und Neumann 1968). Diese chemiosmotische Hypothese basiert auf folgender Vorstellung:

Die Redoxsysteme der Atmungskette und der photosynthetischen Elektronentransportkette sind in Schleifenform (loop) in der Membran angeordnet (Mitchell 1967), so daß H-Atome transferierende Systeme beim Übergang vom H-Transport zu einem Elektronentransport ihre H-Ionen (= Protonen) nur nach einer Seite der Membran abgeben (s. Abb. 53).

So wird beispielsweise der vom Substrat kommende Wasserstoff von NAD aufgenommen und beim weiteren Transfer auf eine Fe-haltige Gruppe in H^+ und e^- gespalten. Die H-Ionen werden nach außen abgeschieden. Auf diese Weise

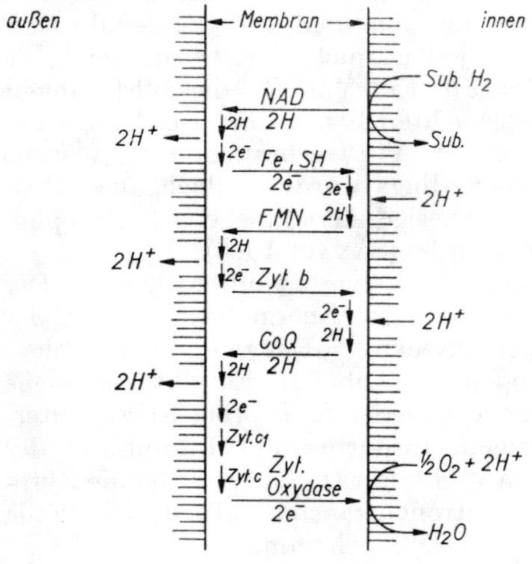

Abb. 53
Die Anordnung der Redoxsysteme in „loops" in der Atmungskette entsprechend der chemiosmotischen Theorie Mitchells.

wird ein H-Ionengradient zwischen der Außen- und der Innenseite der Membran aufgebaut. Bei der Mitochondrienmembran werden entsprechend Abb. 53 die H-Ionen nach außen, bei der Chloroplastenmembran nach innen abgegeben. Dieser H-Ionengradient stellt ein chemisches und ein elektrisches Potential (etwa 200–250 mV) dar und verkörpert einen Energiebetrag (osmotische Energie); denn jeder Potentialausgleich ist befähigt, in irgendeiner Form Arbeit zu leisten (MITCHELL 1966). Diese „osmotische" Energie wird nun benutzt, um direkt ATP zu synthetisieren. Die Synthesereaktion wird von einer ATPase katalysiert, die nicht wie in den meisten Fällen Phosphat von ATP abspaltet, sondern die in umgekehrter Reaktionsrichtung aus ADP + Phosphat ATP aufbaut. Die Reaktionsumkehr wird durch den Protonengradienten beiderseits der Membran ermöglicht. Nach MITCHELLS (1967) Vorstellung ist die ATPase wie ein Stöpsel in der Membran verankert. Sie besteht aus zwei Teilen, von denen einer aus der Membran herausragt (s. Abb. 54).

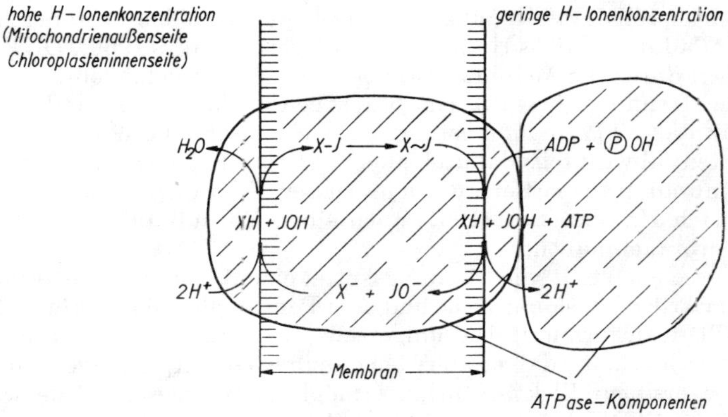

Abb. 54
Die chemiosmotisch ausgelöste ATP-Synthese.

Auf der Seite mit der hohen H-Ionenkonzentration reagieren zwei anionische Zwischenprodukte (X^- und JO^-) mit $2\,H^+$ unter Wasserabspaltung zu einem Ester X—J. Die Esterbindung verkörpert an dieser nach außen lokalisierten Membranstelle etwa 3000 cal/mol. Gelangt der Ester per Diffusion jedoch zur anderen Membranseite, so erhöht sich auf Grund der hier sehr niedrigen Protonenkonzentration der Energiegehalt der Esterbindung auf etwa 10000 cal/mol. Es entsteht also eine energiereiche Bindung.

$$X{-}J \rightarrow X \sim J$$

Dieser Übergang zur energiereichen Bindung erklärt sich nach MITCHELL (1966) mit dem ungleichmäßigen (anisotropen) Bau und der unterschiedlichen Exposition der Membran. Auf der einen Seite wirkt auf sie eine hohe, auf der anderen eine niedrige H-Ionenkonzentration ein. Für die Esterbindung bedeutet die niedrige H-Ionenkonzentration eine erhöhte Bindungsstärke. Die energiereiche Verbindung bewirkt die Phosphorylierung, indem sie vom ADP ein H^+ und vom Phosphat ein

OH^- aufnimmt, wodurch Phosphat zum Kation und ADP zum Anion wird. Beide reagieren miteinander zu ATP. Die Hydrolysenprodukte des X $\sim$ J sind XH und JOH. Auf Grund der sehr niedrigen Protonenkonzentration in diesem Bereich der Membran geben XH und JOH ihre H-Ionen ab, so daß wieder die Anionen $X^- + JO^-$ entstehen, die von neuem den Zyklus beginnen können. Hieraus wird deutlich, daß die ATP-Bildung den H-Ionenkonzentrationsgradienten zwischen beiden Seiten der Membran abbaut. Durch Atmung oder Lichtreaktion muß das System immer wieder Protonen auf die eine Seite der Membran transportieren, um das ATP-Synthesevermögen aufrechtzuerhalten.

Die Thylakoidstapel der Chloroplasten und die Cristae der Mitochondrien (s. S. 189) besitzen auf engem Raum ausgedehnte Membranoberflächen, die derartige Protonentrennungen ermöglichen. Hiermit sind gleichzeitig Schwellungen und Schrumpfungen der Mitochondrien und Chloroplasten verbunden (STONER et al. 1964, BUFFA et al. 1970, AVRON und NEUMANN 1968). Die entkoppelnde Wirkung von NH_3 bei den Chloroplasten und von 2,4-Dinitrophenol (DNP) bei den Mitochondrien soll darauf beruhen, daß diese Agenzien den Protonengradienten abbauen: NH_3 dadurch, daß es H^+ zu $NH_4{}^+$ anlagert (CROFTS 1966), DNP dadurch, daß es Protonen durch die Membran transportiert (MITCHELL 1966).

Die Protonentrennung bewirkt ein beachtliches chemisches und elektrisches Potential. Für die ATP-Bildung ist nur das chemische Potential wichtig. Das elektrische Potential wird teils dadurch abgebaut, daß K-Ionen zur protonenarmen Seite der Membran transportiert werden. Dieser K-Transport soll nach GLYNN (1967) sowie nach HARRIS et al. (1967) auch einen Einfluß auf die ATP-Synthese und den O_2-Verbrauch haben.

Insgesamt gesehen stellt die Atmungskette einen Energietransformator dar, der die aus dem Trikarbonsäurezyklus und dem Pentosephosphatzyklus „fließende" Energie in ATP transformiert. Die universelle Bedeutung dieses Transformators wird noch dadurch erhöht, daß er auch bei entsprechenden Gleichgewichtsverhältnissen einen reversiblen Elektronenfluß ermöglicht. In diesem Falle wird unter Aufwendung von ATP das NAD^+ reduziert (KLINGENBERGER und SCHOLLMEYER 1960). Auch in pflanzlichen Mitochondrien ist ein reversibler Elektronentransport möglich (BONNER 1964).

Die Richtung des Elektronentransportes hängt vom „Phosphorylierungspotential" ab. Hierunter versteht man das Verhältnis:

$$\frac{\text{ATP}}{(\text{ADP}) \cdot (\text{Pa})} \qquad \text{Pa} = \text{anorganisches Phosphat}$$

ADP als Phosphorylakzeptor hat einen direkten Einfluß auf die O_2-Aufnahme, und bei unzureichender Anwesenheit von ADP wird es zum limitierenden Faktor der Atmung (LOTLIKAR und REMMERT 1968). Hohe Konzentrationen an ATP führen dementsprechend zu einem entgegengesetzten Elektronentransport und damit zur Reduktion von NAD^+. Die Atmungskette ist demnach nicht nur ein Energietransformator, sie stellt auch einen Regelmechanismus dar, der die Konzentrationen der stoffwechselphysiologisch wichtigsten Koenzyme (NAD und ATP) reguliert.

Neben der in den Mitochondrien ablaufenden Atmung gibt es im pflanzlichen Stoffwechsel noch weitere Prozesse, bei denen O_2 aufgenommen und CO_2 durch

Dekarboxylierung freigesetzt wird. Der wichtigste Prozeß dieser Art ist die **Photorespiration.** Hierunter versteht man eine durch Lichteinwirkung ausgelöste Atmung, die bei den meisten Pflanzenarten einen höheren Gasaustausch an CO_2 und O_2 im Vergleich zu Dunkelbedingungen hervorruft. Neuere Untersuchungen zeigen, daß die Photorespiration außerhalb der Mitochondrien abläuft und sich physiologisch und biochemisch vollkommen von der mitochondrialen Atmung (= Atmungskette und ATP-Bildung) unterscheidet (Jackson und Volk 1970).

Die Zellorganellen, in denen sich die wichtigsten Enzyme der Photorespiration befinden, heißen Peroxisome. Der Reaktionsweg der Photorespiration ist heute in großen Zügen bekannt. In ihm kommt der Glykolsäure (Hydroxyessigsäure) bzw. dem Glykolat eine zentrale Bedeutung zu. Man nennt diese Reaktionskette deshalb auch **Glykolatreaktionsweg** (glycolate pathway).

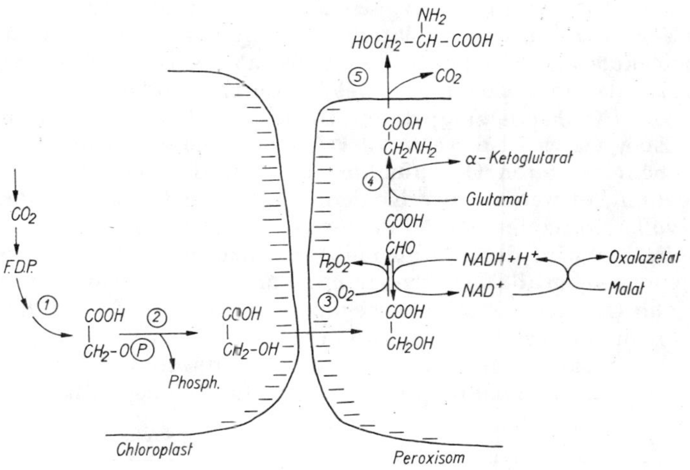

Abb. 55
Der Glykolatreaktionsweg.

1. Im Verlaufe des Calvin-Zyklus wird im Chloroplasten aus Fruktosediphosphat (FDP) Phosphoglykolat gebildet.

2. Von Phosphoglykolat wird anorganisches Phosphat abgespalten, so daß Glykolat ($HOCH_2-COOH$) entsteht.

3. Glykolat wandert aus dem Chloroplasten in das Peroxisom und wird hier von einer Peroxydase (Glykolatoxydase) unter Freisetzung von H_2O_2 zu Glyoxylat ($OCH-COOH$) oxydiert. Die Reaktion ist reversibel. Die für die Reduktion benötigten H-Atome kommen vom NADH, welches wiederum bei der Oxydation von Malat zu Oxalazetat gebildet wird (s. S. 113).

4. Das Glyoxylat wird vom System „Glutamat → α-Ketoglutarat" aminiert (Glutamat: Glyoxylataminotransferase). Es entsteht hierbei die Aminosäure Glyzin (H_2NCH_2-COOH). Das Prinzip der Aminierung ist auf S. 159 näher beschrieben.

5. Das Glyzin geht vom Peroxisom in das Zytoplasma über. Es wird hier unter CO_2-Abspaltung in die Aminosäure Serin ($HOCH_2-CHNH_2-COOH$) umgewandelt. Diese Reaktion ist noch wenig erforscht. Man nimmt an, daß 2 Moleküle Glyzin unter Freisetzung von CO_2 und NH_3 zu Serin reagieren oder aber, daß Glyzin mit Glyoxylat entsprechend nachstehender Reaktionsgleichung Serin ergibt.

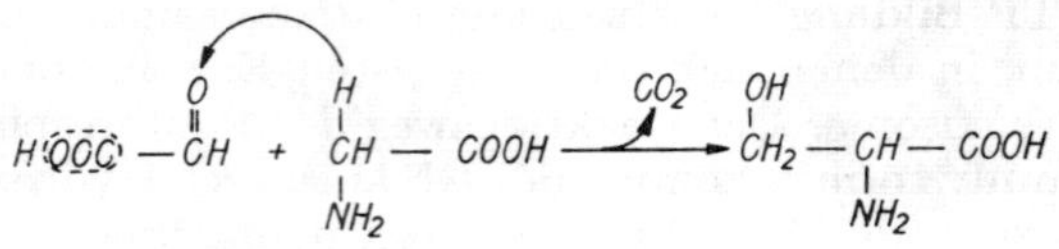

Glyoxylat *Glyzin* *Serin*

Das Schema zeigt auf, wie der Calvin-Zyklus das Atmungssubstrat Glykolat an die im **Peroxisom** lokalisierte Glykolatoxydase liefert, die ihrerseits unter Einwirkung von molekularem Sauerstoff das Substrat „veratmet" (Kisaki und Tolbert 1969). Es entsteht hierbei H_2O_2, welches durch Katalase in $H_2O + {}^1/_2\, O_2$ gespalten wird. Die CO_2-Freisetzung durch Dekarboxylierung erfolgt außerhalb des Peroxisoms. Energetisch ist diese Art der Atmung, die sich wie die mitochondriale Atmung ebenfalls durch O_2-Aufnahme und CO_2-Freisetzung auszeichnet, wertlos. Im Gegenteil, es werden hier Kohlenhydrate abgebaut, ohne dafür entsprechende wertvolle Koenzyme wie ATP oder NADH aufzubauen.

Die Photorespiration wird durch Außenfaktoren deutlich beeinflußt. Sie läuft nur unter Lichteinwirkung ab, da offenbar nur dann Atmungssubstrat zur Verfügung steht. Hohe O_2-Konzentrationen begünstigen im allgemeinen, hohe CO_2-Konzentrationen hemmen die Photorespiration.

CO_2-Assimilation einerseits und Atmung andererseits sind die wesentlichen Prozesse, die für die Substanzbildung der Pflanze, die **Nettoassimilation,** wichtig sind.

photosynthetisch gebildete Assimilate	–	veratmete Assimilate	=	Netto-Assimilation

Wie oben dargestellt, bestehen zwischen beiden Prozessen enge Wechselbeziehungen, und es ist anzunehmen, daß das in den Zellen gebildete CO_2 auch schnell wieder assimimiliert werden kann, bevor es aus der Zelle und den Interzellularräumen in die Atmosphäre entweicht. Die CO_2-Konzentration wirkt auf CO_2-Assimilation und Dissimilation (Kohlenhydratabbau) regulierend. Höhere Konzentrationen begünstigen die Assimilation und umgekehrt. Die CO_2-Konzentration, bei der sich Assimilation und Dissimilation die Waage halten, nennt man **Kompensationspunkt.** Interessanterweise unterscheiden sich einzelne Pflanzengruppen in ihrem Kompensationspunkt erheblich. So haben Pflanzen aus wärmeren Klimazonen, besonders die tropischen und subtropischen Gramineen (Mais, *Panicum*-Arten, *Eragrostis*-Arten), einen niedrigeren Kompensationspunkt (5–10 ppm CO_2) als Pflanzenarten des gemäßigten Klimas (Weizen, Gerste, Beta-Rüben). Ihr Kompensationspunkt liegt bei 40–50 ppm CO_2. Diese Unterschiedlichkeit läßt sich auf die Verschiedenheit in der CO_2-Assimilation zurückführen. Pflanzenarten mit einem niedrigen Kompensationspunkt assimilieren vorwiegend über den Dikarbonsäurereaktionsweg, Pflanzenarten mit höherem Kompensationspunkt über den Calvin-Zyklus. In Übereinstimmung hiermit steht der Befund, daß die PEP-Karboxylase mit höherer Effizienz assimiliert als die Ribulosediphosphat-Karboxylase, d. h. bei gleicher CO_2-Konzentration ist die CO_2-Assimilationsrate der PEP-Karboxylase größer als die der Ribulosediphosphat-Karboxylase.

Auch in der Photorespiration besteht zwischen beiden Artengruppen ein erheblicher Unterschied. Tolbert et al. (1969) fanden die wichtigsten Enzyme des Glykolatreaktionsweges (Glykolatoxydase, Glykolatreduktase, Katalase, Malatdehydrogenase) in den Peroxisomen von 10 verschiedenen Pflanzenarten. Die Enzymaktivitäten bei Mais, Zuckerrohr und *Amaranthus hybridus* betrugen jedoch nur einen Bruchteil der Aktivitäten der übrigen Pflanzenarten (s. Tabelle 8). Dementsprechend ist die Photorespiration bei den Pflanzenarten mit dem Dikarbonsäurereaktionsweg kaum gegeben; ihre Kompensationspunkte liegen daher niedrig, und ihre Ertragsleistungen sind beachtlich.

Tabelle 8

Aktivitäten von Enzymen des Glykolatreaktionsweges bei verschiedenen Pflanzenarten (n. Tolbert et al. 1969)

Pflanzenart	Enzymaktivität in n mol/min/mg Protein		
	Glykolatoxydase	Glykolatreduktase	Katalase
Spinat	21	21	94900
Sonnenblume	49	13	181500
Tabak	39	21	222700
Erbsen	21	19	302800
Weizen	29	47	313500
Beta-Rüben	21	36	244900
Phaseolus	17	23	248900
Amaranthus hybridus	7	12	105100
Mais	1	2	18800
Zuckerrohr	3	2	35300

Die empirischen Beobachtungen, daß sich die einzelnen Pflanzenarten in ihrer Ertragsleistung und in ihren Ansprüchen an die Umwelt unterscheiden, finden immer mehr ihre biochemische Begründung. Die hohe Wachstumsrate tropischer Gräser beruht darauf, daß ihre Atmungsverluste auch bei hohen Temperaturen niedrig sind und daß ihr CO_2-Assimilationssystem (Dikarbonsäurereaktionsweg) gerade im hohen Temperaturbereich auch bei niedrigen CO_2-Konzentrationen noch sehr wirksam ist. Dementsprechend liegen die Temperaturoptima der Pflanzen wärmerer Klimazonen bei 30 °C, während sie bei den Pflanzenarten des gemäßigten Klimas bei etwa 20 °C liegen. Pflanzenarten mit dem Ribulosediphosphat als primärem CO_2-Akzeptor, also die wichtigsten Kulturpflanzen des gemäßigten Klimas, assimilieren auch noch bei niedrigeren Temperaturen; denn die Ribulosediphosphat-Karboxylase ist gegen niedrige Temperaturen weniger empfindlich als die PEP-Karboxylase (Treharne und Cooper 1969). Die Unterschiede in der Assimilationsrate sind bei den einzelnen Pflanzenarten ganz beachtlich. Leistungsfähige Pflanzen (Kartoffel, Sonnenblume) assimilieren 50–60 mg CO_2/g Tr.Gew./h; weniger leistungsfähige 10 mg CO_2/g Tr.Gew./h (LARCHER 1963). Diese Unterschiede sind nicht nur auf das Assimilationssystem, sondern auch auf Unterschiede in der Enzymaktivität zurückzuführen. BJÖRKMAN (1968) fand bei der gleichen Pflanzenart (*Solidago virgaurea* L.), daß der Ökotyp von einem Standort hoher Sonneneinstrahlung (arktisch-alpiner Klimabereich) eine etwa doppelt so hohe RuDP-Karboxylaseaktivität und CO_2-Assimilationsrate hatte als der Ökotyp eines schattigen Standortes (Eichenwald in Südschweden).

4. Der Lipidstoffwechsel

a) Der chemische Aufbau der Lipide

Neutralfette und Lipoide bezeichnet man gemeinsam als **Lipide.** Sie sind in Wasser schwerlöslich, in organischen (apolaren) Lösungsmitteln wie Benzol, Äther und Chloroform meistens gut löslich. Jedoch kann diese Definition nach der Löslichkeit nicht uneingeschränkt angewendet werden, denn gerade die biologisch interessantesten Lipide (Phospholipide, Sulfolipide, Glykolipide) sind derart fest an die Proteine biologischer Membranen gebunden, daß sie auch mit organischen Lösungsmitteln nicht leicht extrahiert werden können. In ihrem chemischen Aufbau unterscheiden sich die einzelnen Lipidarten erheblich. Zu den wichtigsten Lipiden der Pflanze zählen:

Neutralfette
Glykolipoide
Phosphatide (Phospholipoide)
Sulfolipide
Wachse
Sterine
Karotinoide

Die **Neutralfette** sind Ester aus Glyzerin und Fettsäuren. Hierbei sind alle drei Hydroxylgruppen des Glyzerins mit je einer Fettsäure verestert (= Triglyzerid). Sind nur 2 Hydroxylgruppen des Glyzerins verestert, so liegt ein Diglyzerid, ist nur eine Hydroxylgruppe verestert, so liegt ein Monoglyzerid vor.

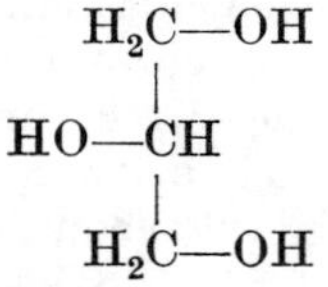

Glyzerin

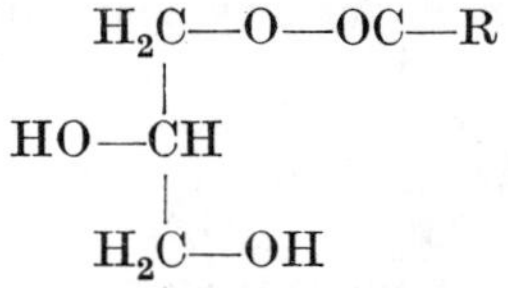

Monoglyzerid

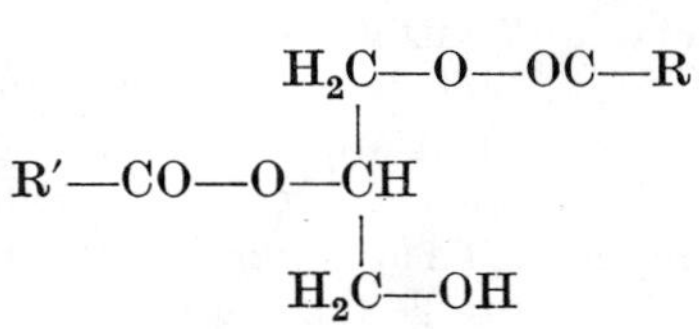

Diglyzerid

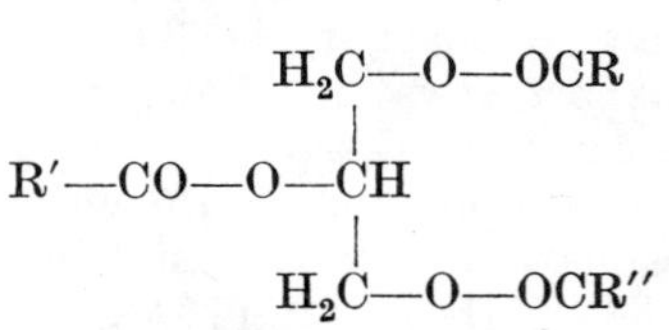

Triglyzerid

Die unterschiedlichen Eigenschaften der verschiedenen Triglyzeride werden weitgehend durch die Fettsäurereste bestimmt, die in dem betreffenden Triglyzerid vorliegen.

Fettsäuren sind Monokarbonsäuren mit unverzweigter Kohlenwasserstoffkette.

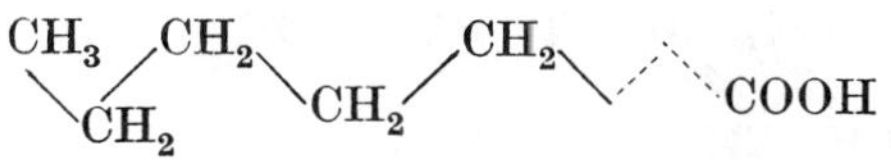

$CH_3(CH_2)_n$—COOH

allgemeine Struktur einer gesättigten Fettsäure

Je länger die Kette, desto schlechter die Wasserlöslichkeit und desto höher Schmelzpunkt und Siedepunkt. Diese Eigenschaften der Fettsäuren bestimmen auch die Eigenschaften des aus ihnen aufgebauten Fettes.

Die meisten natürlich vorkommenden Fettsäuren haben eine gerade Anzahl von C-Atomen. Der Grund hierfür wird weiter unten bei der Besprechung der Biosynthese der Fettsäuren dargelegt. Man kennt in der Natur gesättigte und ungesättigte Fettsäuren (letztere haben eine oder mehrere Doppelbindungen). Die wichtigsten natürlich vorkommenden gesättigten Fettsäuren sind in Tabelle 9 aufgeführt.

Tabelle 9
Die wichtigsten in der Natur vorkommenden gesättigten Fettsäuren

Name	Formel	Kurzbezeichnung
Essigsäure	CH_3—COOH	$C_2:O$
Buttersäure	CH_3—$(CH_2)_2$—COOH	$C_4:O$
Kapronsäure	CH_3—$(CH_2)_4$—COOH	$C_6:O$
Kaprylsäure	CH_3—$(CH_2)_6$—COOH	$C_8:O$
Kaprinsäure	CH_3—$(CH_2)_8$—COOH	$C_{10}:O$
Laurinsäure	CH_3—$(CH_2)_{10}$—COOH	$C_{12}:O$
Myristinsäure	CH_3—$(CH_2)_{12}$—COOH	$C_{14}:O$
Palmitinsäure	CH_3—$(CH_2)_{14}$—COOH	$C_{16}:O$
Stearinsäure	CH_3—$(CH_2)_{16}$—COOH	$C_{18}:O$

Die wichtigsten **ungesättigten** Fettsäuren sind die Ölsäure (eine Doppelbindung), die Linolsäure (zwei Doppelbindungen), die Linolensäure (drei Doppelbindungen) und die Arachidonsäure (vier Doppelbindungen).

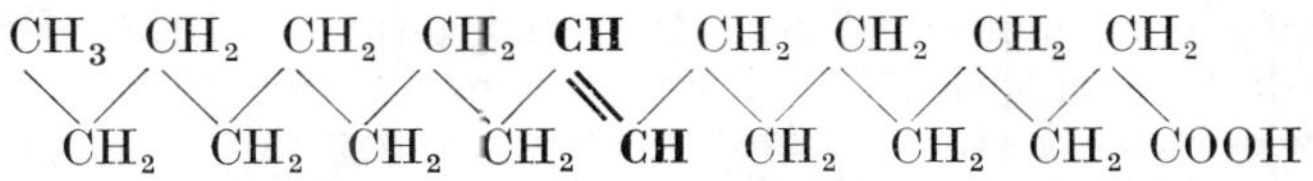

Ölsäure ($C_{18}H_{34}O_2$) = Δ 9 $C_{18:1}$

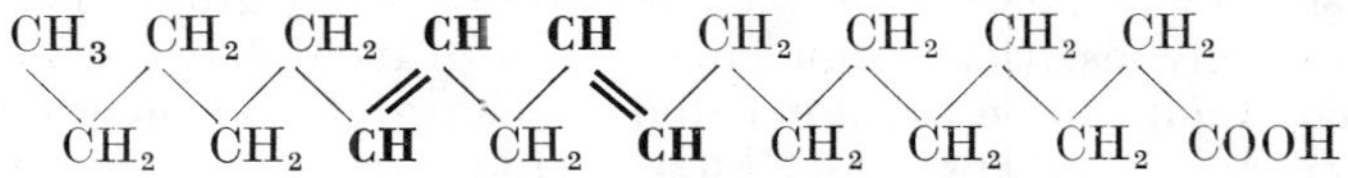

Linolsäure ($C_{18}H_{32}O_2$ = Δ 9, 12 $C_{18:2}$

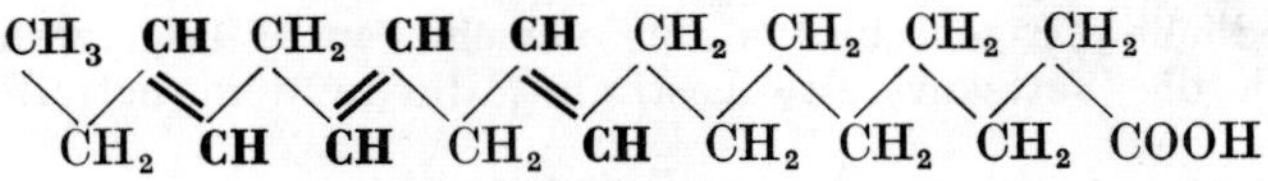

Linolensäure ($C_{18}H_{30}O_2$) = Δ 9, 12, 15 $C_{18:3}$

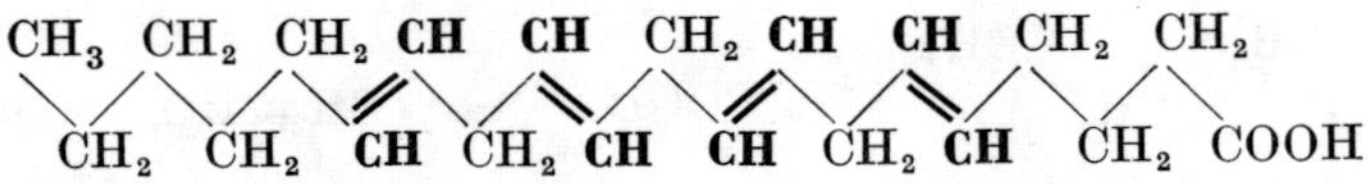

Arachidonsäure ($C_{20}H_{32}O_2$) = Δ 5, 8, 11, 14 $C_{20:4}$

Die in der Fettsäurekette sich häufig wiederholende Methylengruppe ($-CH_2-$) wird im vereinfachten Formelbild nicht ausgeschrieben (s. Abb. 56). Bei den ungesättigten Fettsäuren unterscheidet man zwischen cis- und trans-Isomeren. Die natürlich vorkommenden Fettsäuren sind, von einigen Ausnahmen abgesehen, cis-Isomere (s. Abb. 56).

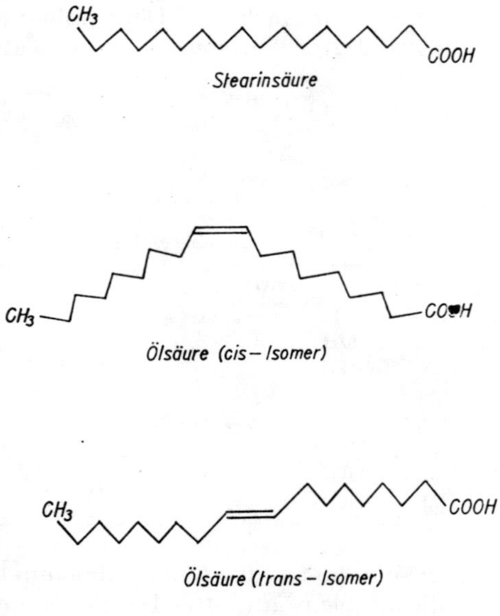

Abb. 56
Vereinfachtes Formelbild für Fettsäuren sowie für cis- und trans-Isomere.

Die Pflanze hat gegenüber dem Tier ein wesentlich größeres Vermögen, **ungesättigte** Fettsäuren zu synthetisieren (Zill und Cheniae 1962). Der tierische Organismus ist deshalb in vielen Fällen auf die ungesättigten Fettsäuren pflanzlicher Öle angewiesen. Diese für das Tier unentbehrlichen mehrfach ungesättigten Fettsäuren werden deshalb auch mit Vitamin F bezeichnet.

Glykolipide sind Lipide, bei denen eine oder zwei Hydroxylgruppen des Glyzerins mit einem Zucker glykosidisch gebunden sind. In grünen Blättern besteht etwa $^1/_3$ der gesamten Lipidfraktion aus Mono- und Digalaktosylglyzeriden (s. Tabelle 11). Untersuchungen von Wallace und Newman (1965) zeigen, daß die Galaktosylglyzeride am Aufbau der Chloroplasten beteiligt sind. Es ist nicht ausgeschlossen, daß ihnen hier als Strukturelement eine spezifische Stoffwechselfunktion zukommt. Die Galaktosylglyzeride sind vorwiegend mit Linolensäure verestert. Ihre Synthese wird durch eine ausreichende N-Ernährung und durch Belichtung, also durch Faktoren, die die Synthese der Chloroplasten begünstigen, gefördert (WALLACE und NEWMAN 1965).

Sulfolipide sind zusammen mit den Galaktolipiden wichtige Bausteine der Chloroplastenmembranen. Bei den Sulfolipiden ist die am C-6 lokalisierte Alkoholgruppe der Glukose durch eine Sulfogruppe substituiert (s. Abb. 57).

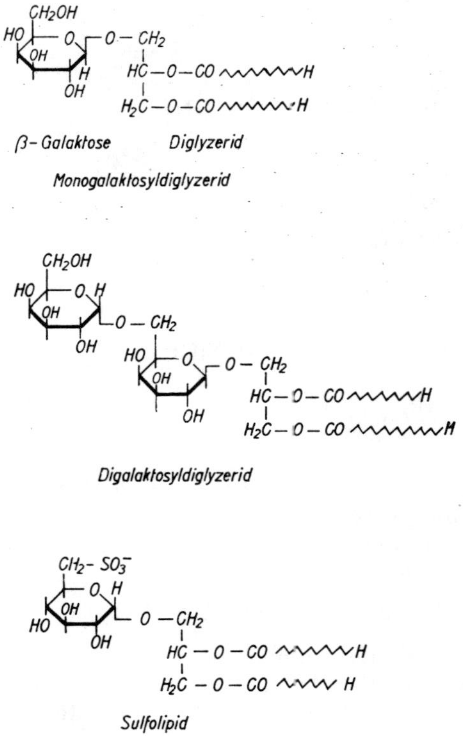

Abb. 57
Formel von Galaktolipiden und Sulfolipid.

Die **Phospholipoide** (Phosphatide) enthalten ebenfalls als Alkoholkomponente Glyzerin, das mit zwei Hydroxylgruppen an Fettsäure, mit einer an Phosphat verestert ist. Die Struktur der Phospholipoide leitet sich von der Phosphatidsäure ab. Nach einem Vorschlag von HIRSCHMANN (1960) schreibt man die Formel der Phospholipoide und der Glyzerinphosphorsäure in der Weise, daß die Phosphatgruppe in C-3-Stellung erscheint. Das Hydroxyl bzw. Azyl in C-2-Stellung steht dann links von der Kohlenstoffkette, falls es sich um die in der Natur vorkommenden Glyzeride handelt. Bei dieser Schreibweise erübrigt es sich, die Symbole L bzw. D der Bezeichnung vorzusetzen.

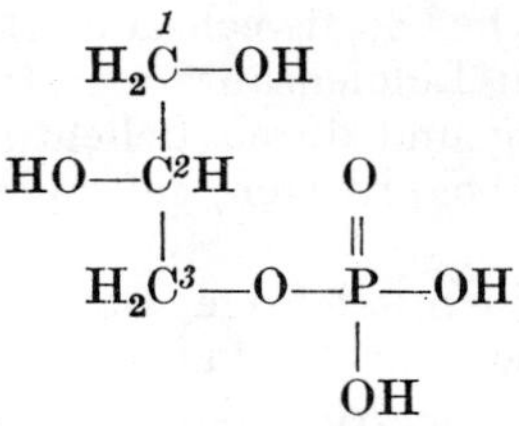

Glyzerinphosphorsäure

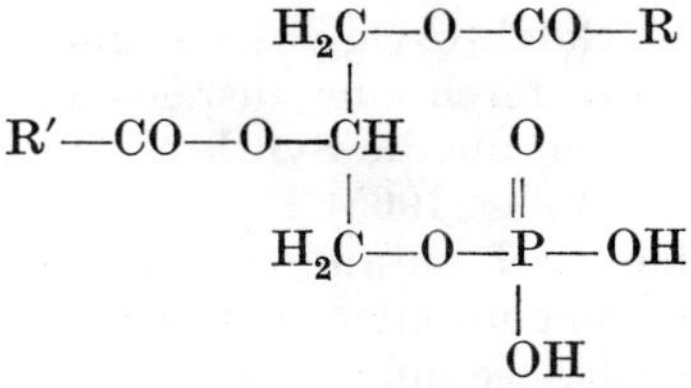

Phosphatidsäure

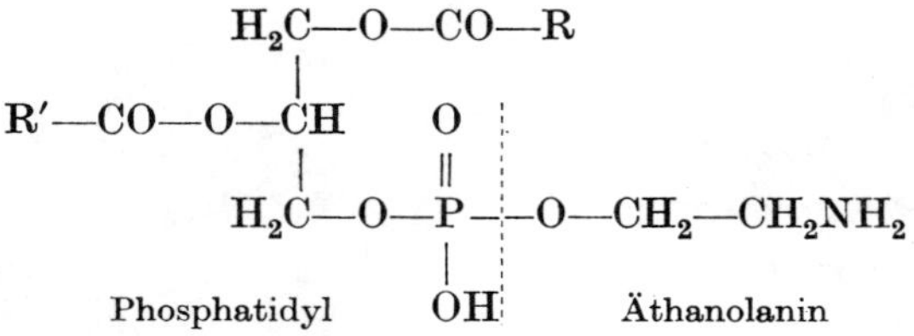

Kephalin

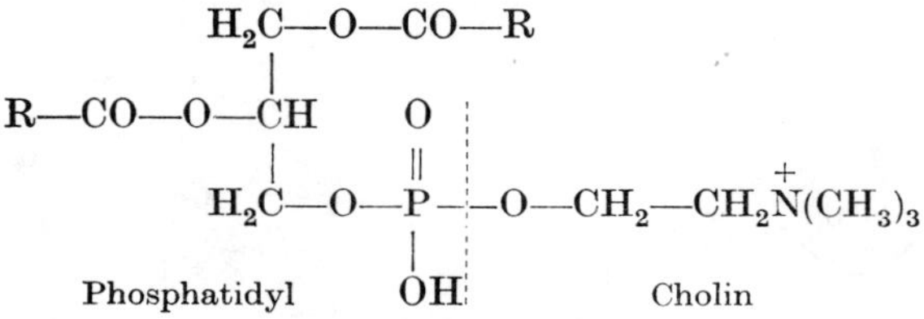

Lezithin

Freie Phosphatidsäure kommt in pflanzlichen Geweben nur in geringen Mengen vor, da sie im Stoffwechsel schnell umgesetzt wird (Kates 1960). Dagegen sind die Derivate der Phosphatidsäure, die Phospholipoide, häufig. Phospholipoide setzen sich unter Wasserabspaltung zusammen aus:

$$\text{Phosphatidsäure} + \text{Alkohol} = \text{Phosphatid} + H_2O$$

Die einzelnen Alkoholkomponenten und die Bezeichnung der entsprechenden Phospholipoide sind in Tabelle 10 aufgeführt. Die Alkoholkomponente ist esterartig an das Phosphat der Phosphatidsäure gebunden, wie aus den Formeln für Kephalin und Lezithin hervorgeht.

Tabelle 10
Alkoholkomponenten der wichtigsten pflanzlichen Lipoide

Alkoholkomponente	chem. Bezeichnung des Phospholipoids
Äthanolamin (Kolamin)	Phosphatidyl-Äthanolamin (Kephalin)
Cholin	Phosphatidyl-Cholin (Lezithin)
Serin	Phosphatidyl-Serin
Inosit	Phosphatidyl-Inosit
Glyzerin	Phosphatidyl-Glyzerin

In gleicher Weise sind beim Phosphatidyl-Inosit das Inosit, beim Phosphatidyl-Glyzerin das Glyzerin an das Phosphat der Phosphatidsäure gebunden. In grünen Blättern sind Triglyzeride, Galaktosyllipoide und Phospholipoide die wichtigsten Lipidkomponenten. Sie betragen etwa je $^1/_3$ der Gesamtlipidfraktion und nehmen der Chlorophyllkonzentration entsprechend von der Blattbasis zur Blattspitze hin zu (Gray et al. 1967) (s. Tabelle 11).

Tabelle 11

Verteilung der Lipide in pflanzlichen Organen

Organ	Fettgehalt in % d. Tr. Subst.	% Anteil		
		Triglyzerid	Galaktolip.	Phospholip.
Bohnenblätter	9,5	26,6	20–30	40
Erbse, Blatt	10,3	29,1	42,7	28,2
Erbse, Samen	4,8	29,2	8,4	62,5
Rotkleeblätter	8,4	14,4	59,1	19,0
Weizenkorn	2,8	47,0	49	

Wachse sind Ester aus einwertigen Alkoholen und Fettsäuren. Als natürlicher Lipidüberzug (Kutikula) über Blätter und Früchte sind sie weit verbreitet. Sie schützen in dieser Form die Pflanzenteile vor Austrocknung und unnötigen Wasserverlusten. Die alkoholische Komponente der Wachse ist meistens eine aliphatische Kette mit 24–36 C-Atomen, sie kann aber auch ein zyklischer Alkohol vom Typ der Sterine sein.

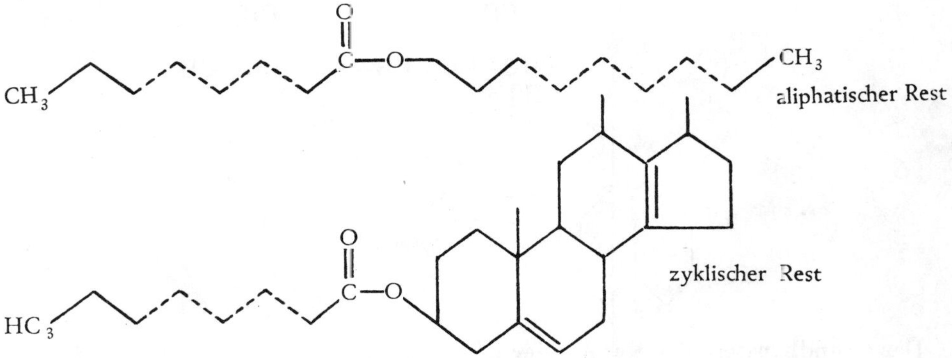

allgemeine Formel der Wachse

Zu den herkömmlich als Wachse bezeichneten Stoffen zählen noch Paraffine, primäre und sekundäre Alkohole sowie Aldehyde. Die Kutikula setzt sich hauptsächlich aus zwei Komponenten zusammen, den Wachsen und dem **Kutin.** Letzteres ist in seiner Struktur noch nicht restlos erforscht (Mazliak 1968). Es ist eine polymere Substanz, die sich aus Hydroxysäuren aufbaut, deren Alkohol- und OH-Gruppen miteinander verestert sind. Ihre freien OH-Gruppen bewirken, daß das Kutin weniger hydrophob ist als die Wachse.

Mit dem Begriff **Sterine** oder auch **Steroide** faßt man eine Anzahl chemischer Verbindungen zusammen, deren Struktur das Sterangerüst zugrunde liegt. Steran ist ein Zyklo-pentanoperhydro-phenanthren. Es wird aus Isoprenbausteinen aufgebaut, die wiederum aus Azetyl-CoA synthetisiert werden.

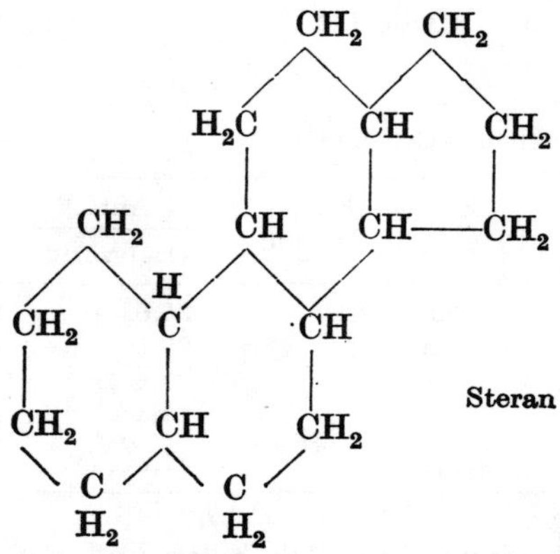

Steran

Zu den Phytosterinen gehören Stigmasterin, Sitosterin, Ergosterin und Dehydrocholesterin. Die beiden letzteren sind Ausgangsstoffe für die Synthese von Vitamin D im tierischen Organismus. Auch sekundäre Pflanzenstoffe wie Saponine und verschiedene Alkaloide leiten sich vom Sterangerüst ab.

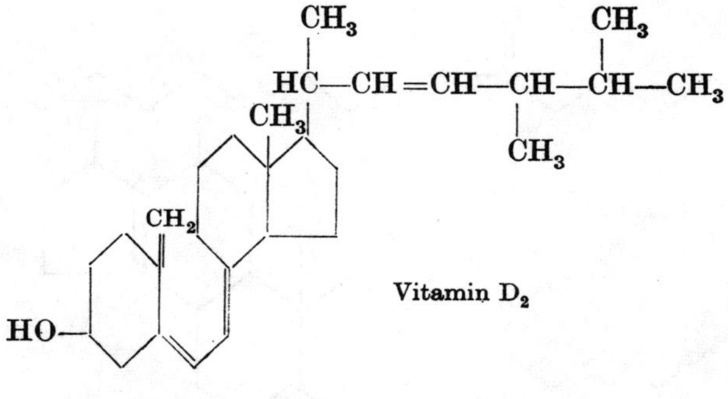

Vitamin D_2

Der Grundbaustein der **Karotinoide** ist das Isopren

$$H_2C{=}C{-}CH{=}CH_2 \quad (\text{am C: } {-}CH_3)$$

Isopren

Auf Grund seiner Doppelbindungen neigt es zur Polymerisation. Alle Karotinoide enthalten in ihrem Molekül eine Kette von konjugierten Doppelbindungen, die sich aus 4 Isoprenresten aufbaut. An den beiden Enden dieser Kette sind je nach Art des Karotinoids Ringstrukturen (Iononring s. Formel vom β-Karotin) oder auch offene Ketten angelagert.

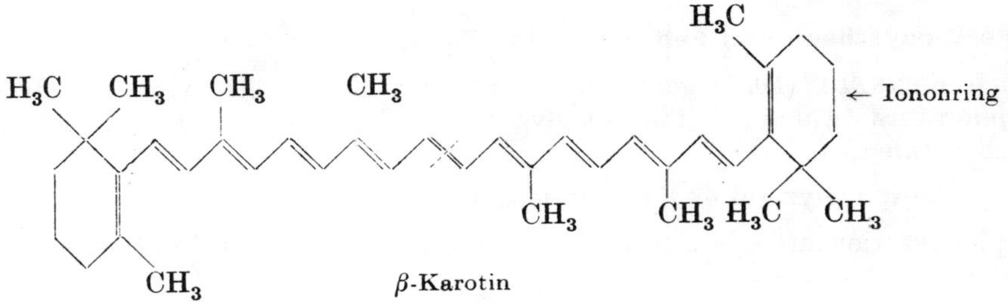

β-Karotin

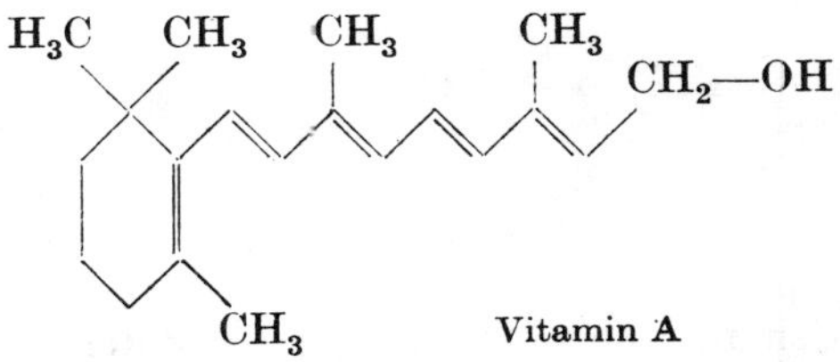

Vitamin A

α-Karotin und γ-Karotin unterscheiden sich lediglich durch die endständig angelagerten Ringe bzw. Ketten vom β-Karotin.

Karotin enthält als atomare Bausteine nur C und H. Zu den Karotinoiden zählen aber auch noch sauerstoffhaltige Verbindungen, die sog. **Xanthophylle.** Sie sind in ihrer chemischen Struktur dem Karotin sehr ähnlich. So unterscheidet sich Zeaxanthin vom β-Karotin nur dadurch, daß an beiden Iononringen ein H-Atom durch OH substituiert ist.

Tabelle 12
Karotinoide und ihr Vorkommen

nicht sauerstoffhaltig		sauerstoffhaltig	
Bezeichnung	Vorkommen	Bezeichnung	Vorkommen
α-Karotin	Möhre, Blatt	Zeaxanthin	Maiskorn
β-Karotin	Möhre, Blatt	Lutein	Blatt
γ-Karotin	Möhre, Blatt		
Lykopin	Tomate		

Karotinoide liegen zusammen mit dem Chlorophyll in den Chloroplasten vor. Sie haben eine gelbe bis gelbrote oder rote Farbe. Als Pigmente spielen sie bei der Lichtabsorption eine Rolle und haben so indirekt oder auch direkt auf die Photosynthese einen Einfluß. Besonders bei niederen Pflanzen (*Chlorophyceae* und *Phaeophyceae*) wird das von den Karotinoiden absorbierte Licht photosynthetisch genutzt (Goodwin 1961). Wie der Tabelle 12 zu entnehmen ist, befinden sich Karotinoide in verschiedenen Pflanzenteilen. Die Farbe der Möhre, der Tomate, der Hagebutte, des Maiskornes und die gelbe Farbe der Blütenblätter verschiedener Pflanzen gehen auf die Karotinoide zurück.

Karotinoide sind Vorstufen des Vitamins A (Provitamin A). Aus diesen Vorstufen stellt der tierische Organismus Vitamin A her. Es ist praktisch ein Bruchstück des β-Karotins (s. Formelbild). β-Karotin hat daher als Provitamin A die größte Bedeutung.

b) Die Biosynthese von Fettsäuren und Fetten

Nach KENNEDY (1957) geht die Bildung der Neutralfette von der Glyzerinphosphorsäure (Anion = Phosphoglyzerid) aus. Sie läuft über die folgenden Zwischenstufen:

Phosphoglyzerid → Phosphatidsäure → Diglyzerid → Triglyzerid.

Phosphoglyzerinsäure soll nach BARRON und STUMPF (1962) aus ATP und Glyzerin gebildet werden.

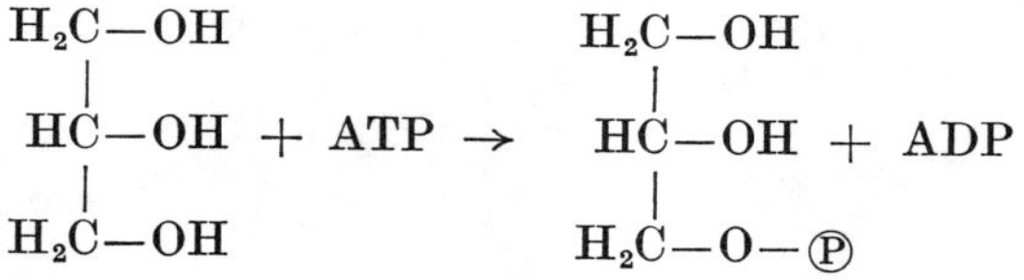

Phosphoglyzerinsäure

Nach Veresterung der beiden restlichen OH-Gruppen entsteht die Phosphatidsäure, welche das wichtigste Ausgangsprodukt für alle Lipide darstellt.
Der obige Syntheseweg stellt eine Veresterung der alkoholischen Hydroxylgruppen dar. Da diese Esterbildung aus Glyzerin und Fettsäure eine ,,Bergaufreaktion" darstellt, geht sie von einer aktivierten Säure, dem Azyl-CoA, aus.

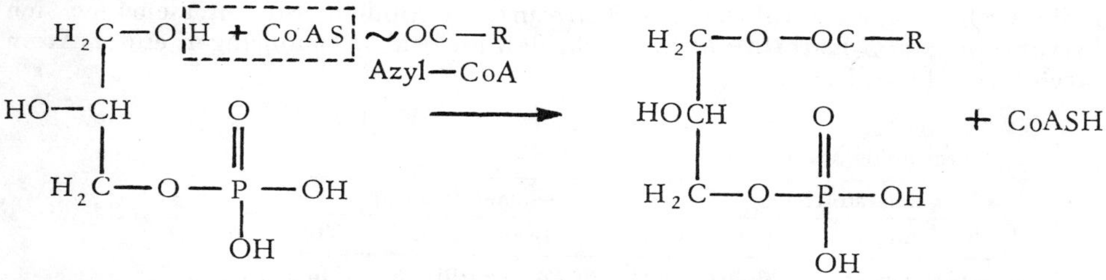

Ob die Stellung der Hydroxylgruppe (primäre alkoholische oder sekundäre alkoholische Gruppe) einen Einfluß auf die Art der zu bindenden Säure hat, kann noch nicht gesagt werden. Bei den natürlich vorkommenden Triglyzeriden stehen die ungesättigten Fettsäuren häufig in C-2-Stellung (LANDS 1965).

Die Biosynthese der Fettsäuren ist komplizierter. Da die natürlich vorkommenden Fettsäuremoleküle eine gerade Anzahl von C-Atomen enthalten, hat man schon früh vermutet, daß sich die Fettsäuren aus Azetaten aufbauen. Azetyl-CoA dient als Ausgangspunkt (Starter) für die Biosynthese der Fettsäuren (LYNEN et al. 1962). Dieser Starter reagiert aber nicht, wie man noch vor wenigen Jahren annahm, mit einem weiteren Azetyl-CoA, sondern mit Malonyl-CoA. Das Gleichgewicht

$$\text{Azetyl-CoA} + \text{Azetyl-CoA} \rightleftharpoons \text{Azetoazetyl-CoA}$$

ist zu über 99 % in Richtung des Azetyl-CoA verschoben, so daß von dieser Reaktion nur eine spärliche Ausbeute an Syntheseprodukt zu erwarten ist. Bei der Kondensation von Malonyl-CoA mit Azetyl-CoA tritt jedoch immer CO_2 aus dem Gleichgewicht heraus (s. Abb. 58, Reaktion *1*), so daß die Reaktion in Richtung der Kondensation verschoben ist.

$$HOOC-CH_2-COOH$$

Malonsäure

Dieses Malonyl-CoA wird durch Karboxylierung von Azetyl-CoA entsprechend nachstehender Gleichung aufgebaut (ZILL und CHENIAE 1962):

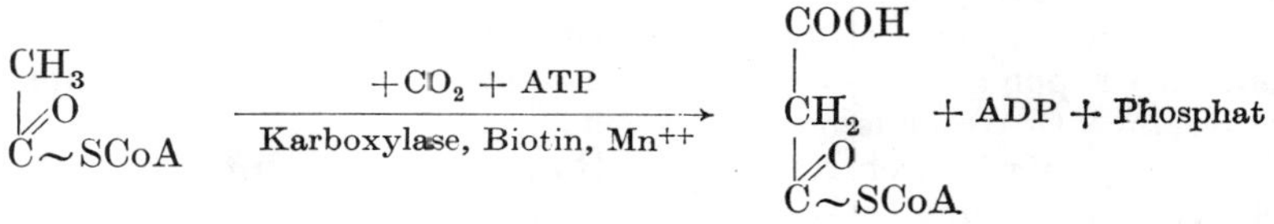

Azetyl-CoA Malonyl-CoA

Als prosthetische Gruppe der CO_2-Inkorporierung (Karboxylierung) dient Biotin (s. S. 71). Die Reaktion benötigt Energie, die von ATP geliefert wird. Der Mechanismus der Fettsäuresynthese wurde besonders von LYNEN und seinen Mitarbeitern an Hefe aufgeklärt. LYNEN (1965) nimmt an, daß die einzelnen Reaktionsschritte von einem Multienzym bewerkstelligt werden. Dieses enthält mindestens 2 verschiedene SH-Gruppen; eine davon soll zentral, die andere peripher lokalisiert sein (LYNEN 1965).

Das Multienzym (Fettsäuresynthetase) besteht aus 7 einzelnen Komponenten, die die jeweiligen Reaktionsschritte katalysieren. Die zentrale SH-Gruppe kann auf diese 7 verschiedenen Enzymkomponenten einwirken. Ihre in Abb. 58 dargestellte

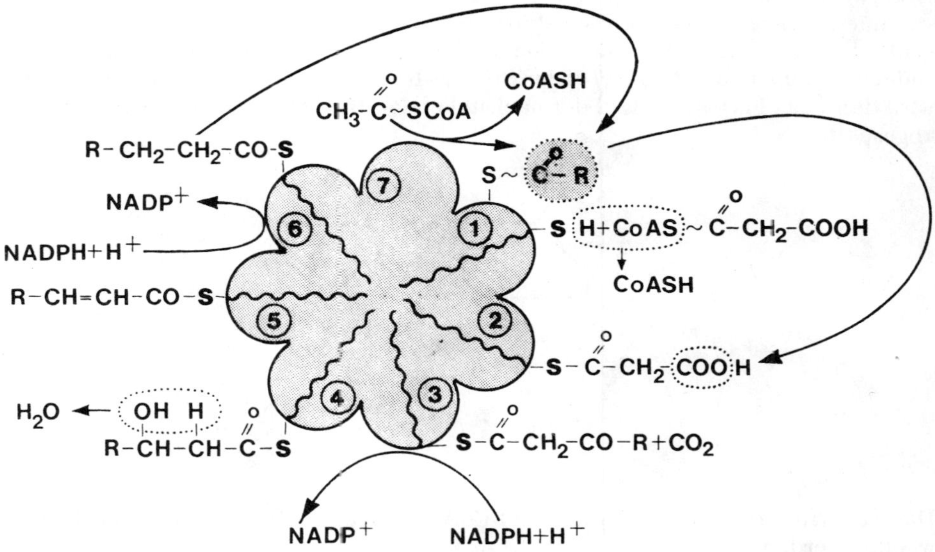

Abb. 58
Schematische Darstellung der Fettsäuresynthese am Multienzym der Fettsäuresynthetase.

Anordnung macht es möglich, daß die zentrale SH-Gruppe dem Reaktionsverlauf entsprechend alle 7 Einzelkomponenten „überstreicht“. Die Einzelreaktionen sind hierbei wie folgt:

1 Malonyl-CoA reagiert mit der zentralen Sulfhydrylgruppe unter Abspaltung von CoA zum Malonyl-S-Enzymkomplex. Die periphere SH-Gruppe ist bereits mit einem Fettsäure-Azyl beladen.
2 Unter Abspaltung von CO_2 lagert sich an den Malonylrest das vorher an der peripheren Gruppe gebundene Azyl an. Es entsteht ein Ketosäurekomplex. Die Kette ist um 2 C-Atome länger geworden.
3 Das Keto-Azyl wird durch NADP zum Hydroxy-Azyl reduziert.
4 Durch H_2O-Abspaltung entsteht ein ungesättigtes Azyl.
5 Der ungesättigte Fettsäurerest wird von NADP zum gesättigten Azyl reduziert. An dieser Reduktion ist auch FMN beteiligt.
6 Das Fettsäure-Azyl wird von der zentralen auf die periphere SH-Gruppe übertragen.
7 Die periphere SH-Gruppe kann auch mittels Azetyl-CoA beladen werden. Das ist der Fall, wenn die am Multienzym gebildete Fettsäurekette 16 bzw. 18 C-Atome erreicht. Die Fettsäure wird dann vom Enzym abgespalten (Reaktion *6*).

Mit der Abspaltung der Fettsäure von der zentralen SH-Gruppe – sei es durch Übertragung auf die periphere SH-Gruppe oder durch vollkommene Abspaltung vom Enzymkomplex – wird die zentrale SH-Gruppe für die Bindung eines weiteren Malonyls frei. Die Reaktionsfolge kann von neuem durchlaufen und das Fettsäure-Azyl um zwei weitere C-Atome verlängert werden. Auf diese Weise können vom Azetyl beginnend durch Zufuhr von jeweils 2 C-Atomen, die dem Malonyl-CoA entstammen, längere Fettsäuremoleküle mit einer geraden Anzahl von C-Atomen synthetisiert werden. Diese sich wiederholende Anlagerung von jeweils 2 C-Atomen endet meistens beim Palmityl- oder Stearyl-Komplex. Unter Einwirkung von CoA wird dann das Fettsäure-Azyl der nachstehenden Reaktionsgleichung entsprechend abgespalten.

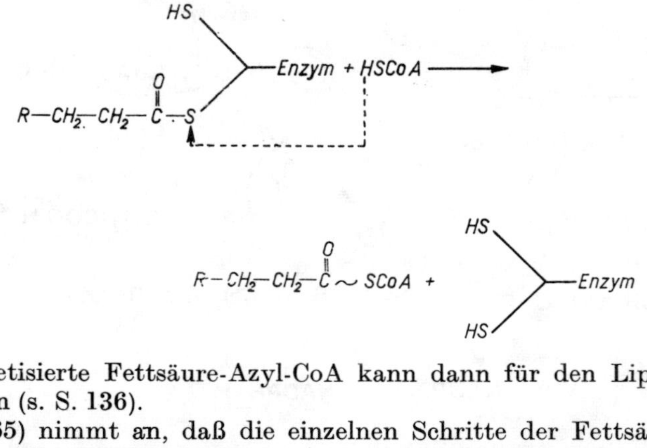

Das so synthetisierte Fettsäure-Azyl-CoA kann dann für den Lipidaufbau verwendet werden (s. S. 136).

Lynen (1965) nimmt an, daß die einzelnen Schritte der Fettsäurebildung an einem zusammenhängenden Multienzym-Komplex ablaufen. Dieser Komplex soll aus 6 oder 7 Enzymen bestehen und eine Ausdehnung von 200—250 Å haben. Das an der SH-Gruppe gebundene Azyl soll nacheinander mit den einzelnen Enzymen in Kontakt treten. Ein derartiger Komplex würde eine besonders hohe Syntheseleistung ermöglichen, da keine größeren Diffusionswege zu überwinden sind.

Die Synthese der gesättigten Fettsäuren in Pflanzen erfolgt nach dem bei Hefe aufgeklärten Mechanismus. Ein Unterschied besteht allerdings insofern, als bei pflanzlichem Gewebe der Multienzymkomplex in ein Trägerprotein (Azyl-carrier-protein) und in die weiteren Enzymproteine aufgespalten werden kann.

Der Grad der Syntheseleistung hängt verständlicherweise auch von der Anlieferung von Malonyl-CoA ab. Nach MATSUHASHI et al. (1964) wird die Karboxylierung von Azetyl-CoA zu Malonyl-CoA durch Zitronensäure begünstigt. Stearyl-, Palmityl- und Oleyl-CoA hemmen dagegen die Synthese von Malonyl-CoA. Damit aber kann der Organismus seine Fettsäuresynthese selbst regeln; denn bei einer Anreicherung von Fettsäure-Azyl-CoA-Molekülen (z. B. auf Grund einer geringen Lipidsynthese) wird die Ausgangsreaktion der Fettsäuresynthese, die Malonyl-CoA-Bildung, gedrosselt. Dieses Beispiel zeigt sehr schön den Mechanismus einer Endprodukthemmung.

Die oben beschriebene Fettsäuresynthese, bei der Malonyl-CoA das Ausgangsprodukt ist, läuft im Zytoplasma ab. Daneben soll aber auch in den Mitochondrien ein enzymatischer Mechanismus vorhanden sein, der zwar keine Fettsäuresynthese *a priori*, aber eine Kettenverlängerung der Fettsäure ermöglicht (MAZLIAK 1968). Hier ist nicht Malonyl-CoA, sondern Azetyl-CoA das Startmolekül. Die einzelnen Reaktionsschritte entsprechen dem zytoplasmatischen Reaktionsweg, d. h. es entsteht durch Anlagerung von Azetyl eine Ketosäure, die zur Hydroxysäure reduziert wird; mittels einer Hydratase wird ein ungesättigtes Zwischenprodukt gebildet, welches schließlich zum gesättigten Fettsäure-CoA reduziert wird (s. Abb. 59).

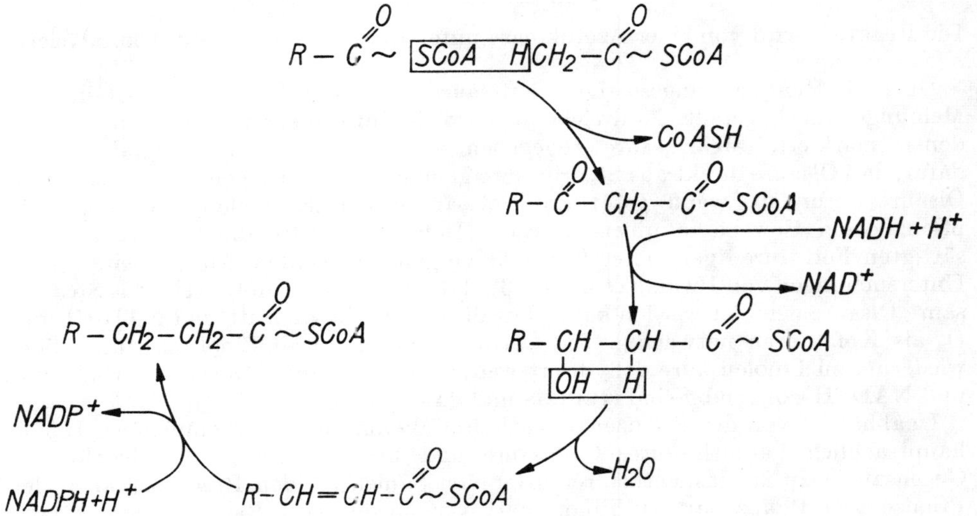

Abb. 59
Der in den Mitochondrien ablaufende Reaktionsweg der Fettsäureverlängerung.

Der erste Reaktionsschritt, die Bindung zweier Azyl-CoA-Moleküle unter Abspaltung von CoASH, soll durch Anlagerung an Pyridoxalphosphat ermöglicht werden.

Zytoplasmatische und mitochondriale Fettsäurebildung benötigen als Ausgangsmolekül Azetyl-CoA. Es kann im Verlaufe des Trikarbonsäurezyklus (s. S. 113) gebildet werden. Daneben kann Azetyl-CoA auch direkt aus Azetat unter Einwirkung von ATP und CoASH synthetisiert werden (Lynen 1967). Hierbei wird Azetat unter Abspaltung von Pyrophosphat an AMP gebunden, welches dann das Azetyl auf CoASH überträgt.

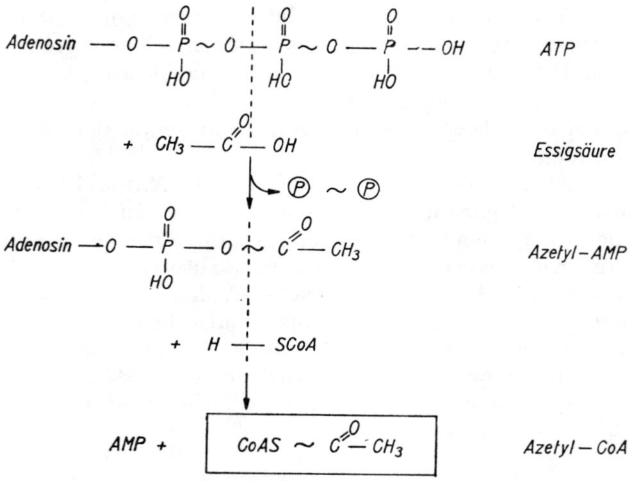

Die Reaktion wird von einer Azetokinase unter Einwirkung von Mg^{++} katalysiert.

Über die Synthese ungesättigter Fettsäuren in pflanzlichem Gewebe sind die Meinungen noch geteilt. Zahlreiche *in vitro* durchgeführte Untersuchungen, bei denen markierte Stearinsäure zugegeben wurde, gaben keine Anhaltspunkte dafür, daß Ölsäure direkt aus Stearinsäure gebildet wird. Dagegen wurde markierte Ölsäure gefunden, wenn gesättigte Fettsäuren der Kettenlänge C_8—C_{14} mit pflanzlichem Gewebe inkubiert wurden. Demnach dürfte die Ölsäure aus gesättigten Fettsäuren geringerer Kettenlänge gebildet werden. Andererseits zeigen Untersuchungen von Harris et al. (1966), daß in pflanzlichem Gewebe aus Stearinsäure Ölsäure gebildet werden kann. Für diesen Syntheseschritt sind NADPH und O_2 als Kofaktoren notwendig. Die Ölsäure kann dann zu Linolsäure und diese wiederum zu Linolensäure dehydriert werden, wozu ebenfalls aerobe Verhältnisse und NADPH notwendig sind (Harris und James 1965).

Unabhängig von der Pflanzenart enthalten die im Blatt vorkommenden Lipide hauptsächlich Palmitinsäure, Linolsäure und Linolensäure (s. Tabelle 13). Im Gegensatz dazu ist das Fettsäuremuster von Samen als den Reserveorganen der Pflanze von Pflanzenart zu Pflanzenart verschieden. Im Rapsöl dominiert die Erukasäure, im Leinöl die Linolensäure, im Sonnenblumenöl die Linolsäure und im Kokosfett die Laurinsäure.

Tabelle 13
Fettsäurezusammensetzung der Blattlipide
(n. James 1963)

Säure (C-Atom : unges. Bindung)	% Anteil
8 : 0 → 12 : 0	0,2
14 : 0	0,2
16 : 0	21,0
18 : 0	1,6
16 : 1	1,1
18 : 1	3,2
18 : 2	13,0
18 : 3	60,0

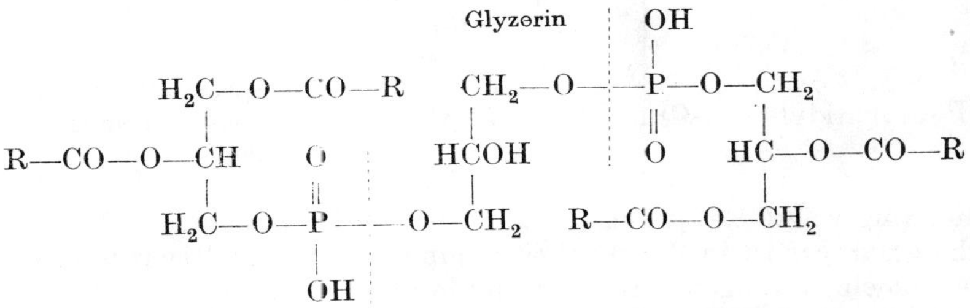

Phosphatidyl- Phosphatidyl-
Diphosphatidyl-Glyzerin

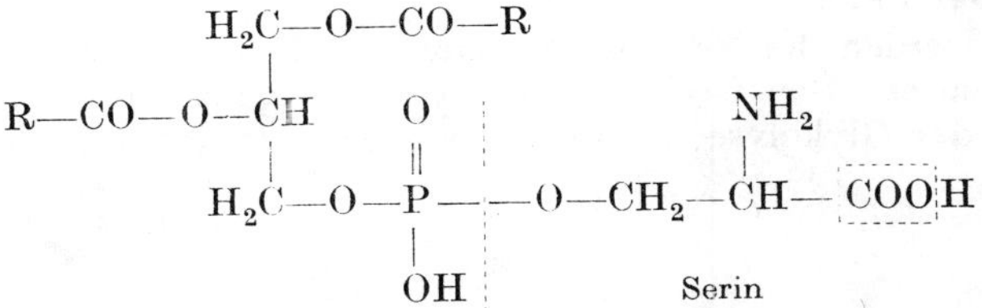

Phosphatidyl-Serin

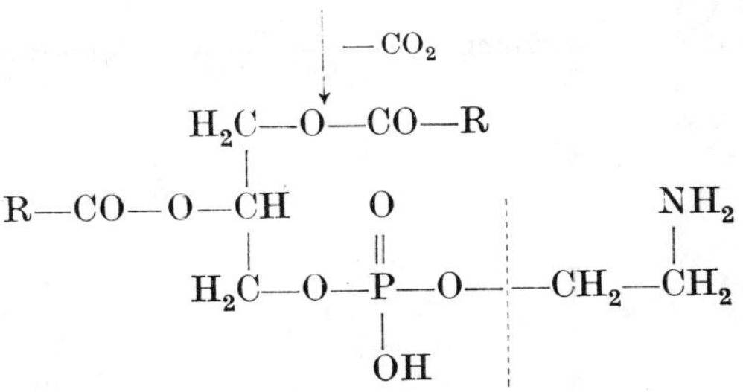

Phosphatidyl-Äthanolamin

Bei der Biosynthese der Phospholipoide soll Diphosphatidyl-Glyzerin als Phosphatidyldonator fungieren (ZILL und CHENIAE 1962). Diphosphatidyl-Glyzerin ist ein Glyzerinmolekül, das an seinen beiden endständigen Hydroxylgruppen mit je einer Phosphatidsäure verestert ist.

Bei der Übertragung eines Phosphatidylrestes auf Serin entsteht Phosphatidyl-Serin. Dieses kann durch Dekarboxylierung in Phosphatidyl-Äthanolamin (Kephalin) überführt werden, welches über eine stufenweise Methylierung zu Phosphatidyl-Cholin (Lezithin) umgeformt wird.

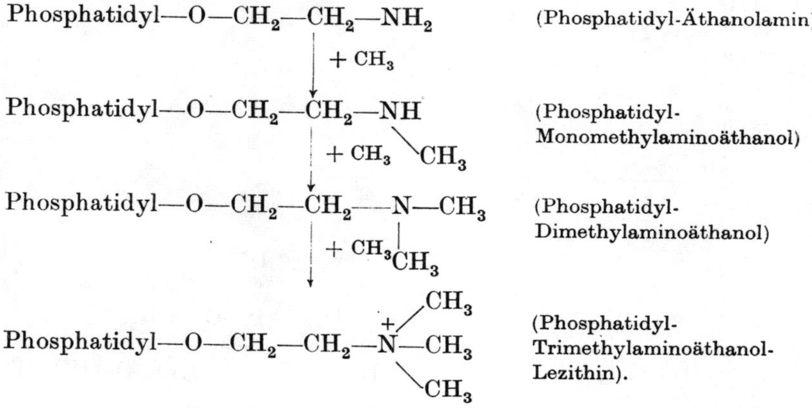

Die hier aufgezeigte Reaktionsfolge stellt nur die große Linie der Phospholipoidbiosynthese dar. Sie ist in Wirklichkeit komplizierter, vielfältiger, mit verschiedenen Koenzymeinwirkungen verknüpft und in ihren Einzelheiten noch nicht restlos erforscht (KENNEDY 1957).

c) Der Abbau der Fette

Beim Abbau werden die Neutralfette zunächst durch Lipase in Glyzerin und Fettsäuren gespalten. Das Glyzerin wird zu Triosephosphat oxydiert, also zu einem Produkt der Glykolyse. Es kann als solches weiter abgebaut, aber auch

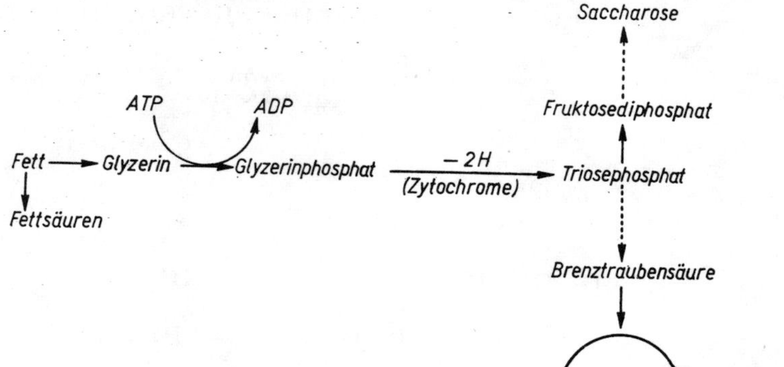

für den Aufbau von Zuckermolekülen verwendet werden (s. schematische Darstellung nach STUMPF und BRADBEER 1959).

Der erste Schritt des Glyzerinabbaues ist eine durch ATP bewirkte Phosphorylierung, der zweite Schritt, die Oxydation zum Glyzerinaldehyd, wird durch ein Zytochromsystem bewerkstelligt.

Der Abbau der Fettsäuren ist mit ihrem Aufbau nicht identisch. Er wird durch andere Enzyme bewerkstelligt. Die Reaktionsfolge von Auf- und Abbau ähnelt sich jedoch weitgehend. Beim Fettsäureabbau wird das Fettsäuremolekül vorerst durch Bindung an CoA auf ein höheres Energieniveau gehoben. Die hierfür notwendige Energie wird dem ATP entnommen (s. S. 140).

Danach durchläuft die aktivierte Säure einen Reaktionsweg, der in Abb. 60 dargestellt ist. Am Ende der Reaktionskette steht ein neues Fettsäureazyl-CoA, das 2 C-Atome weniger hat als das Ausgangsfettsäureazyl-CoA. Diese Reaktionsfolge überführt also z. B. Butyryl-CoA in Azetyl-CoA oder Kapronyl-CoA in Butyryl-CoA. Mit jeweils einer Rotation in der Fettsäurespirale werden von der Molekülkette 2 C-Atome als Azetyl-CoA abgespalten. Das Schema selbst stellt keinen eigentlichen Zyklus dar, da nach einer Rotation die Ausgangsverbindung nicht wieder vorliegt. Der Reaktionsablauf ist eher eine Spirale, und er wird deshalb auch als **Fettsäurespirale** bezeichnet. Eine lange Fettsäurekette kann also auf diese Weise durch entsprechend häufige Rotationen immer kürzer und schließlich bis zum Azetyl abgebaut werden. Beim Abbau selbst wird immer die Bindung zwischen dem α- und dem β-C-Atom angegriffen. Hierbei wird das β-C-Atom bis zur Ketogruppe oxydiert. Man nennt diesen Fettsäureabbau deshalb auch β-Oxydation der Fettsäuren.

Wie aus der schematischen Darstellung in Abb. 60 hervorgeht, entstehen beim Fettsäureabbau $FADH_2$, NADH und Azetyl-CoA. $FADH_2$ und NADH können über die Atmungskette zum ATP-Aufbau genutzt werden. Durch den Abbau von 1 Molekül Stearinsäure entsteht so eine Netto-ATP-Ausbeute von 148 ATP-Molekülen. Werden 3 Moleküle Glukose abgebaut – sie haben die gleiche Anzahl C-Atome wie ein Molekül Stearinsäure –, so beträgt die Nettoausbeute nur 84 ATP-Moleküle. Der Vergleich zeigt den hohen Energiegehalt der Fettsäuren. Azetyl-CoA mündet in den Zitronensäurezyklus oder aber in den **Glyoxylatzyklus** (s. Abb. 62) ein und wird hier als Baustein für die Synthese von Kohlenhydraten bzw. organischen Säuren verbraucht. Die Fettsäurespirale ist also ein Mechanismus, mit dem die im Fett deponierte Energie für andere Stoffwechselvorgänge mobilisiert wird.

Es wird angenommen, daß neben der β-Oxydation auch eine α-Oxydation von Fettsäuremolekülen möglich ist (STUMPF und BRADBEER 1959). Diese α-Oxydation wurde in verschiedenen pflanzlichen Geweben gefunden (STUMPF 1962). Im Vergleich zur β-Oxydation kommt ihr jedoch nur eine untergeordnete Bedeutung zu, und sie soll hauptsächlich den Abbau langkettiger Fettsäuren bewerkstelligen (LATIES und HOELLE 1967). Nach Untersuchungen von HITCHCOOCK und JAMES (1965) soll sie die in Abb. 61 aufgeführten Stufen durchlaufen.

Das erste Reaktionsprodukt ist also eine Hydroxysäure, das folgende eine Ketosäure usf. Am Ende der Reaktionskette steht wieder eine gesättigte, um 1 C-Atom kürzere Fettsäure. Auf diese Weise können lange Fettsäuren bis zur Propionsäure abgebaut werden. Diese wird dann über verschiedene Zwischenstufen zu Azetyl-CoA und CO_2 abgebaut. Auch der Reaktionsweg der α-Oxydation stellt eine Spirale dar. Die beim Abbau abgespaltenen H-Atome werden für die Reduktion von Koenzymen gebraucht (z. B. NADH).

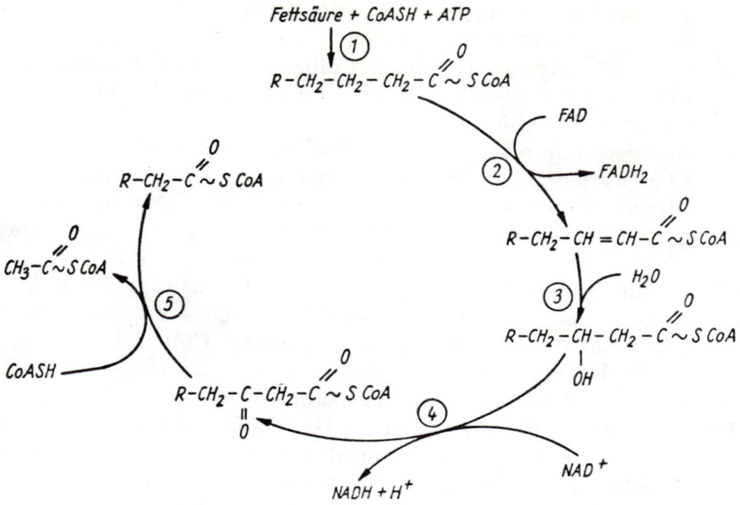

Abb. 60
Die β-Oxydation der Fettsäuren (= Fettsäurespirale). *1* Fettsäure wird an CoA gebunden. *2* FAD oxydiert den gesättigten Fettsäurerest zu einem ungesättigten Fettsäurerest. *3* Es wird Wasser angelagert, so daß eine Hydroxyverbindung entsteht. *4* Die Hydroxyverbindung wird durch NAD^+ zur Ketoverbindung dehydriert. *5* Die Ketoverbindung reagiert mit CoA unter Abspaltung von Azetyl-CoA (thioklastische Spaltung, Lynen 1957).

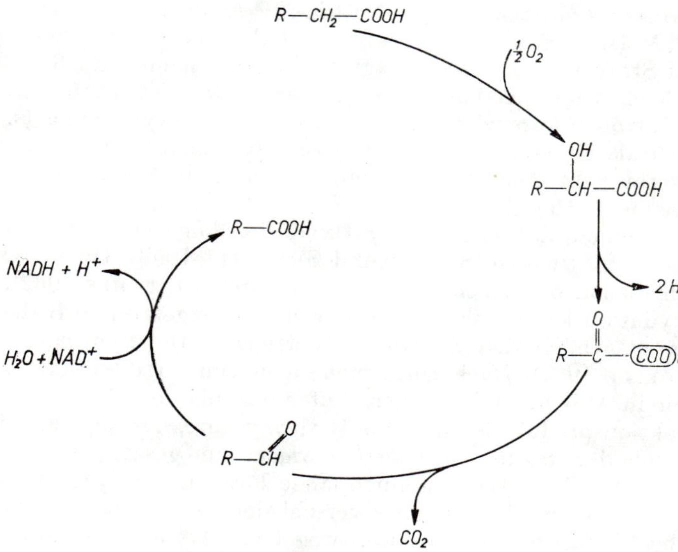

Abb. 61
Die α-Oxydation der Fettsäuren.

d) Physiologische Funktionen der Lipide

Die Bedeutung der Karotinoide für die Photosynthese wurde bereits erwähnt. Über die physiologische Funktion der Sterine im pflanzlichen Stoffwechsel weiß man wenig. Wachse dienen als Überzug auf Blättern und Früchten. Sie schützen vor Austrocknung.

Den Phosphatiden kommt im Stoffwechsel der Pflanze eine größere Bedeutung zu. Sie sind Bausteine pflanzlicher Membranen (Plasmalemma, Tonoplast, Membran der Mitochondrien und Chloroplasten). In den Chloroplasten und Mitochondrien sind die Phosphatide zum Teil eng an Protein gebunden. Man nennt diese Komplexe je nach ihrer Löslichkeit **Lipoproteide** oder **Proteolipide** (ZILL und HARMON 1961). Die Lipoproteide sind in Wasser noch gut löslich, während die Proteolipide einen stärker hydrophoben Charakter haben und deshalb in Wasser nicht mehr löslich sind.

Nach MITCHELL (1961) ist die aus Lipoproteiden und Proteolipiden aufgebaute Mitochondrienmembran eine Voraussetzung für die oxydative Phosphorylierung. Durch den Einbau von Lipoiden erhalten diese biologischen Membranen eine hydrophobe Phase. Ein derartiges System ermöglicht die Trennung von Reaktionspartnern und damit einen Reaktionsablauf, der in einem rein wäßrigen System nicht möglich ist (CRANE 1961). Die Tatsache, daß gerade die Phosphatide in ihrem Molekül eine hydrophobe und eine hydrophile Stelle haben, befähigt sie in hohem Grade für die aufgezeigten Funktionen. Phosphatide befinden sich daher vornehmlich in den Mitochondrien und Chloroplasten. Sie stabilisieren die Konformation der Enzyme und beeinflussen somit deren Aktivität (LANDS 1965). Die Galaktolipide haben eine den Phospholipiden ähnliche Funktion. Die Stabilisierung der Enzyme und der Membranaufbau werden durch das Eintauchen des polaren Phosphatrestes in die wäßrige Phase ermöglicht (s. Abb. 4). Die hydrophoben Fettsäurereste oberhalb der wäßrigen Phase sind ausgerichtet und werden durch hydrophobe Bindungen zusammengepreßt. Diese „Packung" ist um so dichter, je länger die Fettsäurereste sind und je weniger Doppelbindungen sie enthalten. Zweiwertige Kationen können benachbarte Phosphatgruppen ionogen binden und damit die Struktur stabilisieren (HAUSER und DAWSON 1967).

Während Phospholipide und Galaktolipide Bauelemente sind, die zum Teil schon recht spezifisch in den Stoffwechsel eingreifen, sind die **Neutralfette** typische Reservestoffe. Sie kommen in den verschiedensten Pflanzenorganen vor, werden in größeren Mengen jedoch nur in den Samen und Früchten verschiedener Pflanzenfamilien gespeichert (s. Tabelle 14).

Neutralfett stellt damit eine Parallele zu den Kohlenhydratspeicherformen, der Stärke, dem Rohrzucker und dem Inulin, dar. Im Unterschied zu den Kohlen-

Tabelle 14

Der Fettgehalt verschiedener Samen und Früchte in % des Frischgewichtes

Weizen	1,7	Soja	36	Lein	40
Gerste	2,0	Mohn	45	Erdnuß	45
Mais	4,8	Raps	42	Olive	20
Hafer	5,0	Sonnenblume, geschält	50	Olivenfruchtfleisch	53
Erbse	2,0				

hydraten ist das Fett energiereicher. Während beim Zuckermolekül in den meisten Fällen auf ein C-Atom auch ein O-Atom entfällt, besitzt das Fettmolekül überwiegend CH_2-Bausteine.

Um also vom Kohlenhydratmolekül zum Fettmolekül zu kommen, sind weitere Reduktionen, d. h. ein weiterer Energieaufwand, notwendig (s. Abb. 58). Umgekehrt wird beim Abbau der Fette mehr Energie frei, da die Gewichtseinheit eines Fettes mehr H-Atome über die Atmungskette leiten kann als die gleiche Gewichtsmenge eines Kohlenhydrates. Da das Zuckermolekül, bezogen auf die Anzahl C-Atome, mehr O-Atome enthält als das Fettmolekül, wird beim Abbau der Fette im Vergleich zum Zuckerabbau mehr Sauerstoff je abgegebenes CO_2-Molekül benötigt. Der **Respirationsquotient** $\frac{\text{abgegebenes } CO_2}{\text{aufgenommenes } O_2}$ ist bei der Oxydation von Fetten kleiner als 1, während beim Zuckerabbau der Respirationsquotient = 1 ist. Umgekehrt wird der Respirationsquotient größer als 1, wenn im Organismus Zucker in Fett umgebildet wird. In diesem Falle werden nicht wie beim Glukoseabbau alle im Krebs-Zyklus abgespaltenen H-Atome über die Atmungskette zum molekularen Sauerstoff geleitet, sondern nur ein Teil. Die restlichen H-Atome dienen der Reduktion der Zucker zu Fetten. Neutralfette können als Fette in der Pflanze nicht transportiert werden und in den Stoffwechsel nicht direkt eingreifen. Bei Bedarf werden sie durch Umbau in Kohlenhydrate mobilisiert. So wird beispielsweise bei der Keimung fetthaltiger Samen zuerst das Fett in Zucker umgewandelt. Dieser wandert dann in die meristematischen Gewebe und wird dort als Bau- und Energiestoff verwertet.

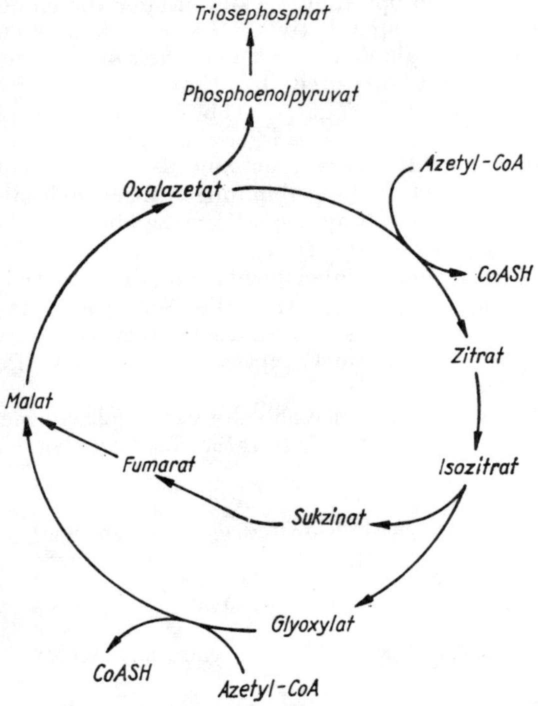

Abb. 62
Der Glyoxylatzyklus.

Die Umwandlung des Reservefettes in Kohlenhydrate beginnt mit der Spaltung von Fett in Glyzerin und Fettsäuren. Die Fettsäuren werden nach dem Schema der Abb. 60 zu Azetyl-CoA abgebaut. Beim Abbau der Fettsäuren fällt also viel Azetyl-CoA an, das über einen dem Trikarbonsäurezyklus ähnlichen Mechanismus zu Kohlenhydraten bzw. organischen Säuren umgeformt wird. Diesen zuerst von KORNBERG und KREBS (1957) aufgeklärten Mechanismus nennt man **Glyoxylatzyklus,** da in ihm das Glyoxylat (Salz der Glyoxylsäure) auftritt (s. Abb. 62).

In diesem Zyklus reagiert genau wie beim Krebs-Zyklus Oxalazetat mit Azetyl-CoA zu Zitrat und dieses weiter zu Isozitrat. Dieses wird dann jedoch abweichend vom Krebs-Zyklus von einer Isozitrat-Lyase in Glyoxylat und Sukzinat gespalten.

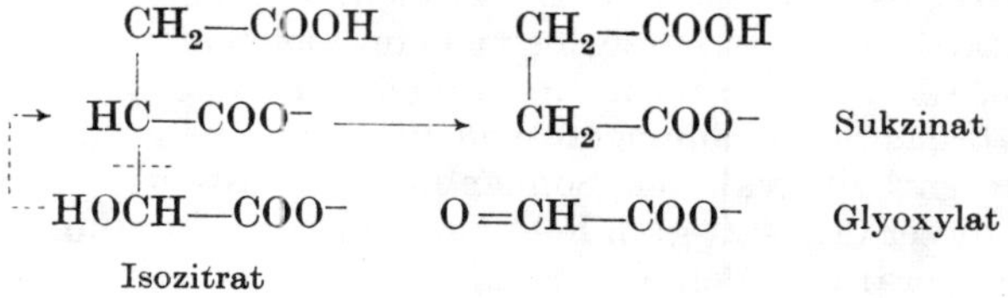

Sukzinat reagiert dem Krebs-Zyklus entsprechend weiter, während Glyoxylat mit Azetyl-CoA unter Wasseraufnahme und Abspaltung von CoA zu Malat reagiert. Malat wird dann in bekannter Weise zu Oxalazetat oxydiert. Die beiden wesentlichen Enzyme dieses Reaktionsablaufes sind die Isozitrat-Lyase und die Malatsynthetase. Beide Enzyme wurden von OAKS und BEEVERS (1964) aus dem Scutellum von Mais isoliert.

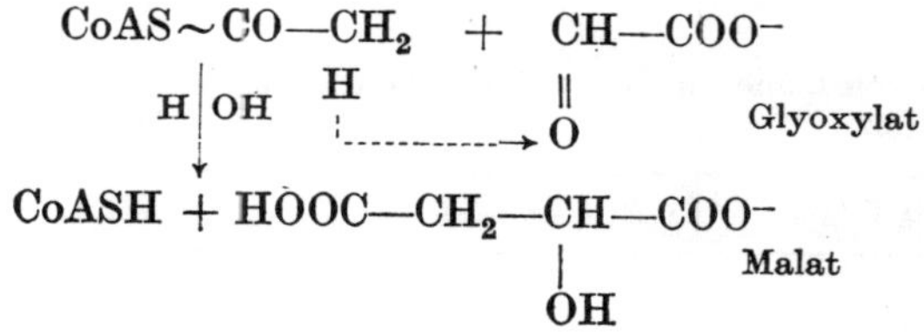

Der Glyoxylatzyklus ist also besonders geeignet, das beim Fettsäureabbau reichlich anfallende Azetyl-CoA zu verarbeiten. Azetyl-CoA tritt an zwei Stellen in den Zyklus ein (s. Abb. 62). Das Malat kann über Oxalazetat zu Enolpyruvat umgebaut werden. Dieses wiederum dient dem Aufbau von Kohlenhydraten, indem es Substrat für die umgekehrte Reaktionsfolge der Glykolyse ist. Die Umwandlung der Fettsäuren in Kohlenhydrate ist nachstehend schematisch dargestellt.

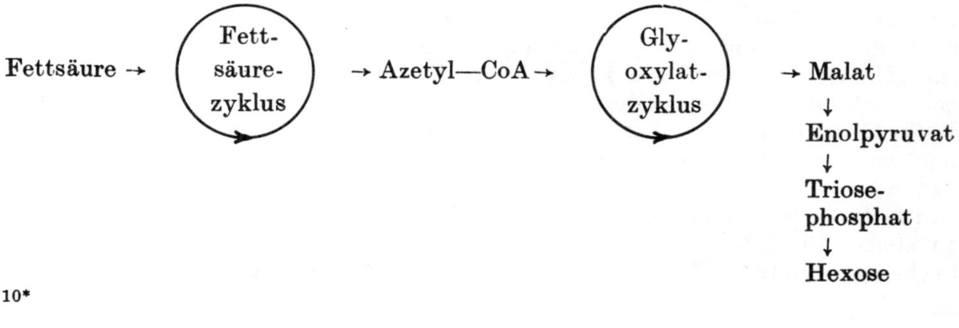

Diese Art der Umwandlung von Fetten in Kohlenhydrate ist beim Keimen von Samen gegeben (BEEVERS 1961, OAKS und BEEVERS 1964). Daneben kann das im Glyoxylatzyklus gebildete Malat nach Umwandlung in Oxalazetat als Kohlenstoffskelett für die Aminosäuresynthese dienen. Der Glyoxylatzyklus verbindet also ähnlich wie der Trikarbonsäurezyklus Fettstoffwechsel mit Kohlenhydrat- und Eiweißstoffwechsel.

Die Synthese der Reservefette setzt erst in der generativen Phase ein. Die Kohlenhydrate wandern in die Samen und Früchte und werden hier zu Fetten umgebaut. Man hat wiederholt festgestellt, daß das Fett einer gleichen Pflanzenart um so mehr ungesättigte Fettsäuren enthält, je niedriger die Temperatur während der Vegetationszeit ist. Sowjetische Forscher fanden, daß die Jodzahl, ein Maß für die Menge an ungesättigten Fettsäuren, beim Lein vom Süden nach dem Norden zunimmt. In Tabelle 15 ist diese Beziehung aufgeführt. BARKER und HILDITCH (1950) stellten fest, daß das Sonnenblumenöl von Pflanzen aus kühleren Regionen etwa 70 % Linolsäure enthält, während Sonnenblumenöl aus wärmeren Gegenden nur ungefährt 20 % dieser ungesättigten Fettsäure aufweist. BERINGER (1967) berichtet, daß niedere Temperaturen den Fettgehalt des Haferkorns um etwa $^1/_3$ erhöhen und auch den Anteil der ungesättigten Fettsäuren am gesamten Fettsäuremuster anheben. Für diesen Befund wird der geringere O_2-Gehalt im Samengewebe bei erhöhter Temperatur verantwortlich gemacht. Die höhere Temperatur bewirkt einen stärkeren O_2-Verbrauch durch Atmung, so daß für die Desaturierung der gesättigten Fettsäuren weniger O_2 zur Verfügung steht (HARRIS und JAMES 1969, DOMPERT und BERINGER 1970).

Tabelle 15

Die Jodzahl von Leinöl in Abhängigkeit vom Standort (n. IVANOV 1929)

Herkunft des Leins	Breitengrad	Jodzahl des Öls
Archangelsk	64	195–204
Leningrad	59	185–190
Moskau	55	178–182
Woronesh	51	170
Kuban-Odessa	45	163
Taschkent	41	154–158

Die Fettbildung im Samen durchläuft mehrere Phasen. Bei Lein liegt die hauptsächliche Fettbildungsphase im Zeitraum 8–25 Tage nach der Blüte. Während dieser Phase werden gesättigte und ungesättigte Säuren mit etwa gleicher Intensität gebildet (MCMAHON und STUMPF 1966). Beim Ausreifen der Samen nimmt der relative Anteil der ungesättigten Fettsäuren häufig zu (MCMAHON und STUMPF 1964). Nach DYBING und ZIMMERMANN (1966) reichert sich hierbei besonders Linolensäure an, falls die Ausreife unter kühleren Temperaturen (15–20 °C) erfolgt.

Einen weiteren, nicht unmaßgeblichen Einfluß auf die Fettbildung der Pflanze hat ihre Stickstoffversorgung. SCHMALFUSS (1952) konnte an Lein nachweisen, daß mit steigender N-Düngung der Rohproteingehalt des Samens ansteigt und der Ölgehalt abnimmt (s. Abb. 63). Dieser Einfluß der N-Düngung auf die Einlagerung

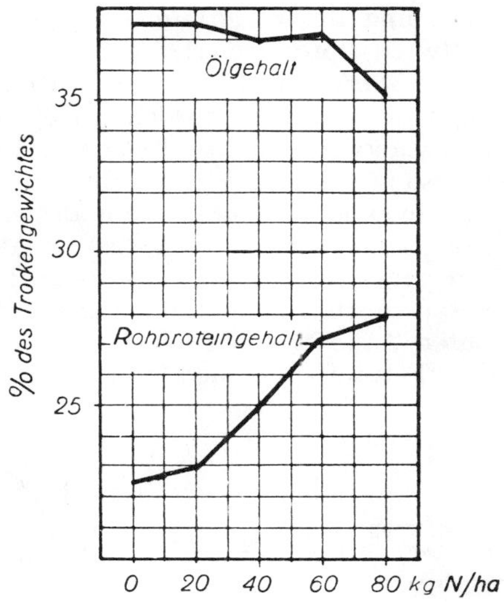

Abb. 63
Der Einfluß der N-Düngung auf den Öl- und Rohproteingehalt von Leinsamen (SCHMALFUSS 1952).

von Reservefett ist auch bei anderen Samen und Früchten, besonders beim Rapssamen (APPELQUIST 1968) und beim Haferkorn (PRIMOST 1965, BERINGER 1966) zu beobachten. Demgegenüber hat eine reichliche Ernährung mit Kalium einen günstigen Einfluß auf den Fettgehalt von Hafer (MENGEL und FORSTER 1971). Das Fettsäuremuster im Haferkorn wird nach BERINGER (1966) durch die N-Düngung nur unwesentlich beeinflußt. Die dominierenden Fettsäuren sind hier Ölsäure und Linolsäure, während in den grünen Pflanzenteilen Linolensäure vorherrscht (s. Tabelle 16).

Im Gegensatz zu den Reservefetten von Samen und Früchten werden die Lipidgehalte grüner Pflanzenteile mit verbesserter N-Ernährung deutlich erhöht. Nach Untersuchungen von WALLACE und NEWMAN (1965) an *Phaseolus vulgaris* und *Cucurbita maxima* geht diese Erhöhung hauptsächlich auf die Chloroplastenlipide zurück.

Tabelle 16
Der Einfluß der N-Düngung auf das Fettsäuremuster von Haferkorn und grünen Haferpflanzen (n. BERINGER 1966)

N-Düngung	Fettsäuren in % der Gesamtfettsäuren								
	$C_{12:0}$	$C_{14:0}$	$C_{16\ 0}$	$C_{16:1}$	$C_{18:0}$	$C_{18:1}$	$C_{18:2}$	$C_{18:2}$	$C_{20:0}$
Haferkorn									
N_0	–	0,4	16,6	0,3	1,7	38,5	38,4	2,4	–
N_2	–	0,3	17,5	0,4	1,1	36,9	41,1	2,5	–
grüne Haferpflanze									
N_0	1,6	2,1	25,3	3,1	2,3	3,4	10,7	48,1	1,4
N_2	0,7	0,8	17,9	3,4	1,5	2,3	11,4	60,7	0,8

Indices → Anzahl der C-Atome der Fettsäure : Anzahl der Doppelbindungen

Die Beziehungen zwischen N-Düngung und Reservefetteinlagerung lassen sich mit der Verknüpfung der einzelnen Stoffwechselprozesse erklären. Bei einem starken Stickstoffangebot gehen die Assimilate überwiegend über den Trikarbonsäurezyklus zur Aminosäuresynthese (GARZ 1959). Offenbar werden bei einem hohen NH_4-Angebot im System die Ketosäuren verstärkt aus dem Trikarbonsäurezyklus genommen und für die Aminosäuresynthese verbraucht. Für die von der Glykolyse oder direkt von der Photosynthese herkommenden Assimilate wird also ein Gefälle zum Trikarbonsäurezyklus bestehen. Umgekehrt wird die Tendenz der Assimilate, in den Trikarbonsäurezyklus zu wandern, geringer sein, wenn aus dieser Reaktionskette nur wenige Säuren für den Aminosäureaufbau herausgenommen werden. Die bis zur aktivierten Essigsäure abgebauten Assimilate werden dann weniger dem Trikarbonsäurezyklus und vermehrt dem Fettaufbau dienen (s. Abb. 64).

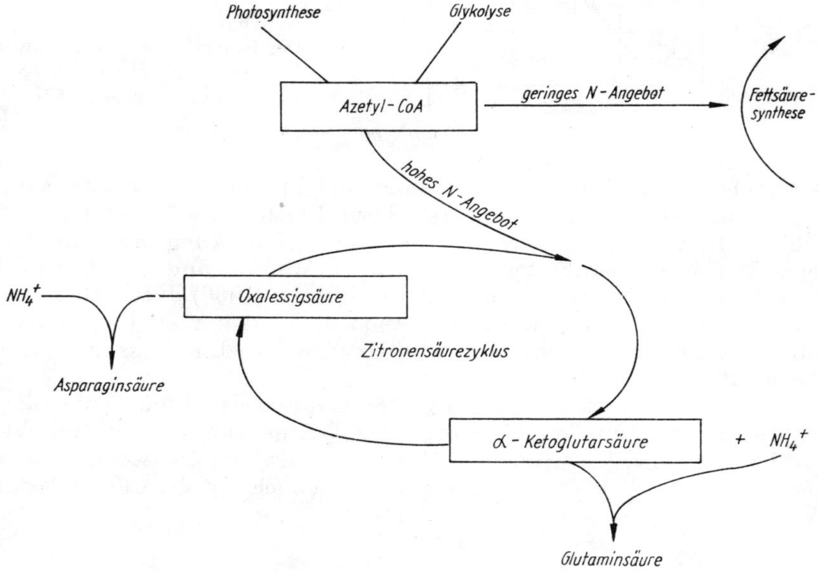

Abb. 64
Der Einfluß des NH_4^+-Angebotes auf die Verwertung der Assimilate.

Tabelle 17
Der Einfluß der N-Düngung auf den Gehalt an Rohprotein, Stärke und Fett des Haferkornes (n. PRIMOST 1965).

N-Düngung kg N/ha	Rohprotein	Stärke	Rohfett
	in % d. Tr. Sub.		
0	10,1	41,9	4,6
80	10,8	43,8	3,4
120	11,3	42,0	3,2
200	13,2	37,8	3,1

Es darf abschließend gesagt werden, daß diese „Konkurrenz" um die Kohlenstoffskelette zwischen Fettaufbau und Aminosäureaufbau auch zwischen Aminosäureaufbau und Kohlenhydratsynthese besteht. Die Pflanzenarten nämlich, die als Reservestoff weniger Fette und vermehrt Kohlenhydrate bilden, zeigen bei reichlicher N-Zufuhr eine verstärkte Eiweißbildung, die auf Kosten der Kohlenhydratsynthese zustandekommen kann (s. Tabelle 17).

5. Stoffwechsel der Stickstoffverbindungen

a) Die Assimilation von anorganischem Stickstoff

Neben C, H und O ist N der am häufigsten vorkommende atomare Baustein pflanzlicher Substanz. 2–3 % der pflanzlichen Trockensubstanz bestehen aus N. Stickstoff liegt hauptsächlich in den Proteinen, den Nukleinsäuren, den Aminosäuren und den Aminen sowie in heterozyklischer Bindung in den N-Basen (s. S. 172) vor. Analog der CO_2-Assimilation sind höhere Pflanzen und Mikroorganismen befähigt, anorganischen N zu assimilieren, d. h. in die eigene Körpersubstanz einzubauen. Von dieser N-Assimilation leben auch Mensch und Tier. Die höhere Pflanze vermag NO_3^- und NH_4^+ als Ausgangssubstanz der N-Assimilation zu nutzen; verschiedene Mikroorganismen sind auch in der Lage, den in molekularer Form vorliegenden N (N_2) für die Inkorporierung zu verwerten. NH_4^+- und NO_3^--Assimilation stellen keine unterschiedlichen Reaktionswege dar; in beiden Fällen wird vielmehr NH_3 von einem Akzeptor, einer Ketosäure, inkorporiert. Nur muß, bevor dieser Schritt erfolgen kann, das NO_3^- zum NH_3 reduziert werden.

Da das Nitrat im Vergleich zu anderen anorganischen N-haltigen Nährstoffen eine dominierende Rolle in der Ernährung spielt, ist die Nitratreduktion zu NH_3 ein sehr wichtiger Vorgang im pflanzlichen Stoffwechsel. Summarisch läßt sich diese Reduktion mit nachstehender Gleichung beschreiben:

$$NO_3^- + 8\,H \rightarrow NH_3 + 2\,H_2O + OH^-$$

Nach neueren Ansichten sollen an der Reduktion nur zwei Enzyme, eine Nitratreduktase und eine Nitritreduktase, beteiligt sein (Beevers und Hageman 1969). Abb. 65 zeigt das Reaktionsprinzip dieser beiden Enzyme: Die Nitratreduktase reduziert Nitrat zu Nitrit mittels NADH als H-Donator. Das NADH entstammt hauptsächlich dem glykolytischen Abbau der Triosephosphate (s. Abb. 45, Reaktions-Nr. 7). Die frühere Annahme, daß auch NADPH als H-Donator fungiert, ist wenig wahrscheinlich.

Das Reaktionsprinzip der Nitritreduktase ist in seinen Einzelheiten noch nicht geklärt. Beevers und Hageman (1969) vermuten, daß dieses Enzym die gesamte Reduktionsfolge vom Nitrit bis zum NH_3 katalysieren kann. Demnach ist es unwahrscheinlich, daß in dieser Reaktionsfolge freies Hyponitrit und Hydroxylamin auftreten und daß in der höheren Pflanze Hyponitritreduktase und Hydroxylaminreduktase vorkommen (Fewson und Nicholas 1961). Die Nitritreduktase erhält ihre Elektronen vom Ferredoxin. Unter Einwirkung von H-Ionen vermag sie vom Nitrit H_2O und OH^- abzuspalten und H-Atome an das N-Atom anzulagern (s. Abb. 65). Die abgespaltenen OH-Ionen bedingen die bei der Nitratreduktion auf tretende *p*H-Erhöhung in pflanzlichem Gewebe (Kirkby und Mengel 1967).

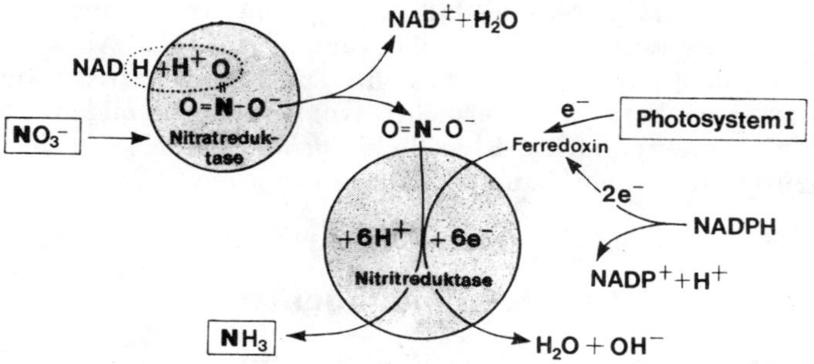

Abb. 65
Die Reduktion von NO_3^- zu NH_3 mittels Nitrat- und Nitritreduktase.

Im Gegensatz zu NADH, NADPH, FMN und FAD überträgt Ferredoxin seine Elektronen nicht paarweise, sondern einzeln. Es ist gut möglich, daß es gerade wegen dieser Eigenschaft die Reduktionsfolge der Nitritreduktase ermöglichen kann. Ferredoxin wiederum erhält seine Elektronen vom Photosystem I (s. Abb. 65) bzw. von NADPH.

Wie der Abb. 65 zu entnehmen ist, benötigt die Reduktion von Nitrat zu NH_3 eine beachtliche Energiemenge, die in Form von NADH über die Glykolyse, in Form von reduziertem Ferredoxin über das Photosystem oder aber im Dunkeln über NADPH angeliefert werden muß. Dementsprechend kommt es bei Behinderung der Photosynthese oder des Kohlenhydratstoffwechsels zu einer Hemmung der Nitratreduktion.

Tabelle 18 zeigt, daß beschattete Pflanzen höhere Nitratgehalte aufweisen als belichtete (Scharrer und Seibel 1956).

Tabelle 18
Nitratgehalte von Lihoraps bei unterschiedlicher Belichtung

	mg NO_3—N/g Tr. Sub. belichtet	beschattet
niedrige Nitrat-Düngung	0,24	9,04
hohe Nitrat-Düngung	2,36	15,8

Die **Nitratreduktase** ist ein Molybdoflavoprotein, d. h. sein Enzymkomplex hat ein Flavin als prosthetische Gruppe und Mo als reaktives Metallatom. Mit seinem Redoxsystem $Mo^{5+} \leftrightarrows Mo^{6+}$ greift es in den Elektronentransfer ein. Dementsprechend kann die Nitratreduktion nur optimal ablaufen, wenn die Pflanze ausreichend mit Mo versorgt ist. Bei Mo-Mangel kommt es zur Anreicherung von Nitrat.

Im Gegensatz zur Nitritreduktase, welche ein konstitutives, fest an Zellpartikel gebundenes Enzym darstellt, dessen Synthese nicht durch das Substrat initiiert wird, ist die Nitratreduktase ein adaptives Enzym, d. h. es wird nur dann synthetisiert, wenn Nitrat auf das System einwirkt. Nitratreduktase befindet sich in grünen

Pflanzenorganen und in den Wurzeln. Sie ist hauptsächlich in den jüngsten Pflanzenteilen und hier in den Zellstreckungszonen anzutreffen. Sie soll im Zytoplasma lokalisiert sein und außerordentlich schnell auf- und abgebaut werden. Nach SCHRADER et al. (1968) beträgt ihre Halbwertszeit etwa 4 h. Normalerweise reichert sich Nitrit in der Pflanze nicht an. Das von der Nitratreduktase angelieferte Nitrit wird demnach sofort von der Nitritreduktase weiter reduziert. Sie erhält in der Wurzel ihre Elektronen ebenfalls von Ferredoxin, welches jedoch hier nicht vom Photosystem I, sondern von NADPH reduziert wird (s. Abb. 65). $NADP^+$ wiederum wird mittels einer Diaphorase von NADH reduziert, das der Wurzelatmung entstammt.

Nitrat wird von der höheren Pflanze mit beachtlicher Rate aufgenommen und schnell in die oberirdischen Pflanzenteile *via* Xylem (MARTIN 1968) transportiert (MICHAEL et al. 1965). Der Anteil des in den Wurzeln reduzierten Nitrates an der Gesamtnitratreduktion ist bei den einzelnen Pflanzenarten unterschiedlich. Für landwirtschaftliche Kulturpflanzen nimmt dieser Anteil der Wurzelreduktion nach PATE (1969) der nachstehenden Reihenfolge entsprechend ab:

Hafer – Mais – Sonnenblumen – Gerste – Ölrettich.

Bäume und Sträucher enthalten in ihren Blättern im allgemeinen kein Nitrat und keine Nitratreduktase. Das von ihnen aufgenommene Nitrat wird offenbar in den Wurzeln restlos reduziert (SANDERSON und COOKING 1964). KLEPPER und HAGEMAN (1969) konnten jedoch zeigen, daß bei hohen Nitratgaben auch in den Blättern von Apfelbäumen Nitrat auftritt, welches hier die Synthese von Nitratreduktase anregt.

Der Nitratgehalt in der Pflanze hängt vom Stoffwechsel, von der Belichtung, aber auch deutlich von der Nitratanlieferung an die Pflanze ab. Mit steigender Nitratdüngung erhöht sich der Nitratgehalt, und er kann bei sehr hohen Düngergaben in Gemüse und Futterpflanzen toxische Gehalte erreichen (MURPHY und SMITH 1967, LAWRENCE et al. 1968). Diese Toxizität geht jedoch weniger direkt auf das Nitrat als vielmehr auf das Nitrit zurück, welches sich im Verlauf der Aufarbeitung und Lagerung des pflanzlichen Materials bildet (RIEHLE und JUNG 1966).

Für die Ertragsbildung hat die Intensität der Nitraternährung und der Nitratreduktion eine hervorragende Bedeutung. So konnte EILRICH (1968) zeigen, daß Weizensorten mit hoher Nitratreduktaseaktivität höhere Kornerträge und höhere Rohproteingehalte im Korn erbrachten.

Molekularer N kann von freilebenden und symbiontisch lebenden Mikroorganismen assimiliert werden. Die wichtigsten in Symbiose lebenden Mikroorganismen sind die *Rhizobium*-Bakterien der Leguminosen und die *Aktinomyzeten* der Erlen. Der Mechanismus der N_2-Fixierung ist in seinen Einzelheiten noch ungeklärt. ABEL (1963) nimmt die in Abb. 66 aufgezeigte Reaktionsfolge an. Sie ist eine Anzahl von Reduktionsschritten, die vom N_2 bis zum NH_3 führen und die durch Aufnahme von Elektronen, H-Ionen oder auch H-Atomen bewerkstelligt werden (RAGGIO und RAGGIO 1962). Für den Elektronentransport sorgen Hämproteine (Leghämglobin) und Ferredoxin. An der Reduktion sind weiterhin ATP und Hydrogenase beteiligt, welche molekularen H_2 in H-Ionen und Elektronen spaltet bzw. die umgekehrte Reaktion katalysiert (STEWART 1967). Hydrogenase enthält als reaktives Metallatom Mo. Das Reaktionsprinzip der *Rhizobium*-Bakterien entspricht dem der *Aktinomyzeten* bei der Erle (BOND 1970). Das System soll zwei

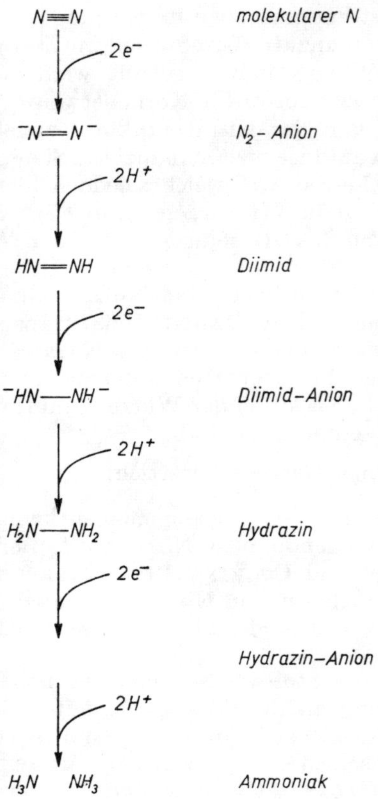

Abb. 66
Schematische Darstellung der mikrobiologischen N_2-Reduktion.

reaktive Stellen haben, eine, die das Substrat bindet, und eine, die für den Elektronentransport zuständig ist. Am Ende der Reaktionsfolge steht genau wie bei der Nitratreduktion das NH_3, welches dann direkt auf dem Wege der reduktiven Aminierung inkorporiert wird. Das Reaktionsprodukt ist die Aminosäure.

b) Aminosäuren, Amide und Amine

Den größten Teil der leicht löslichen organischen N-Verbindungen in der Pflanze stellen die Aminosäuren, die Amide und Amine dar. Für das Stoffwechselgeschehen kommt den **Aminosäuren** die hervorragendste Bedeutung zu. Sie sind die Bausteine der Eiweiße. Der allgemeine Aufbau der Aminosäuren entspricht nachstehender Formel:

$$\begin{array}{c} \mathrm{H} \\ | \\ \mathrm{R{-}C{-}COOH} \\ | \\ \mathrm{NH_2} \end{array}$$

Es ist charakteristisch, daß die Aminogruppe nativer Aminosäuren fast ausschließlich in der α-Stellung steht. Weiterhin wurden unter den natürlich vorkommenden Aminosäuren seither nur L- und nicht D-Aminosäuren festgestellt. Es sei betont, daß diese Bezeichnung mit dem Drehungssinn einer optisch aktiven Verbindung nichts zu tun hat, sondern nur die Stellung der Aminogruppe zur Kohlenstoffkette charakterisiert. Im Formelbild steht bei der D-Aminosäure die Aminogruppe immer rechts, bei der L-Aminosäure steht sie links von der Kohlenstoffkette. Die Karboxylgruppe wird hierbei immer nach oben geschrieben. Der in der Formel aufgeführte Rest (R) braucht nicht immer ein Alkylrest zu sein. So gibt es Aminosäuren mit zwei Karboxylgruppen (saure Aminosäuren) und Aminosäuren mit zwei Aminogruppen, die sogenannten Diaminosäuren (basische Aminosäuren).

L-Aminosäure D-Aminosäure

Man hat seither zahlreiche verschiedene Aminosäuren aus pflanzlichem Material isolieren können (Steward und Pollard 1957). Hiervon konnten etwa 25 als Bausteine pflanzlicher Eiweiße nachgewiesen werden. Etwa 130 verschiedene Aminosäuren kommen in freier Form (nichtproteinogener Form) vor (Mothes 1965). Meistens treten sie nur in sehr geringen Mengen auf. Teils sind sie gattungs- oder familienspezifisch. In der Tabelle 19 sind eine Anzahl wichtiger Aminosäuren mit ihren Formeln, gebräuchlichen Abkürzungen und Bezeichnungen ihrer Anionen aufgeführt.

Tabelle 19
Aminosäuren und ihre Formeln

Neutrale Aminosäuren	
Glyzin (Gly)	$H_2N—H_2C—COOH$
Alanin (Ala)	$CH_3—CH(NH_2)—COOH$
Valin (Val)	$(CH_3)_2>CH—CH(NH_2)—COOH$
Leuzin (Leu)	$(CH_3)_2>CH—CH_2—CH(NH_2)—COOH$
Isoleuzin (Ileu)	$(C_2H_5)(CH_3)>CH—CH(NH_2)—COOH$

Diaminopimelinsäure	$HOOC—CH(NH_2)—(CH_2)_3—CH(NH_2)—COOH$

Saure Aminosäuren

Asparaginsäure (Asp) Aspartat	$HOOC—CH_2—CH(NH_2)—COOH$
Glutaminsäure (Glu) Glutamat	$HOOC—CH_2—CH_2—CH(NH_2)—COOH$
γ-Hydroxyglutaminsäure γ-Hydroxyglutamat	$HOOC—\overset{\gamma}{C}H(OH)—\overset{\beta}{C}H_2—\overset{\alpha}{C}H(NH_2)—COOH$

Säureamide

Asparagin (Asp—NH_2)	$H_2N—OC—CH_2—CH(NH_2)—COOH$
Glutamin (Glu—NH_2)	$H_2N—OC—CH_2—CH_2—CH(NH_2)—COOH$

Basische Aminosäuren

Lysin (Lys)	$H_2N—CH_2—CH_2—CH_2—CH_2—CH(NH_2)—COOH$
Arginin (Arg)	$(H_2N)(HN{=})C—NH—CH_2—CH_2—CH_2—CH(NH_2)—COOH$

Histidin (His)

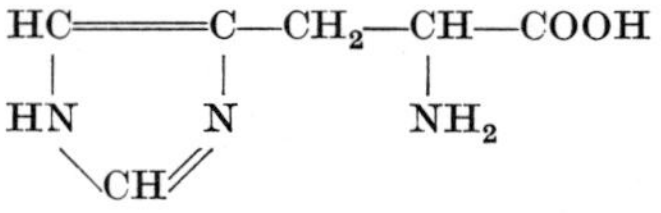

Aromatische Aminosäuren

Phenylalanin (Phe)

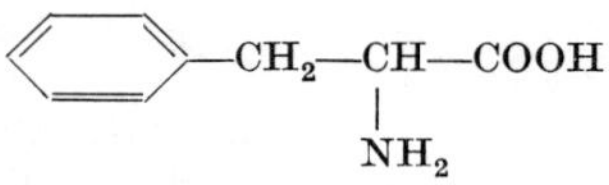

Tryptophan (Trp)

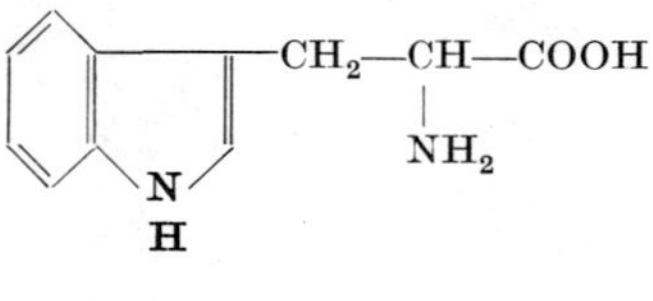

Tyrosin (Tyr)

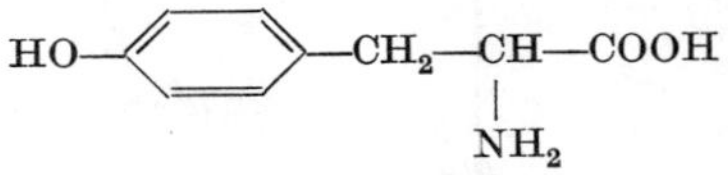

Schwefelhaltige Aminosäuren

Zystein (Cys)

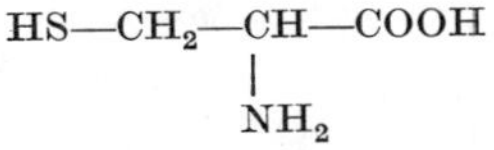

Methionin (Met)

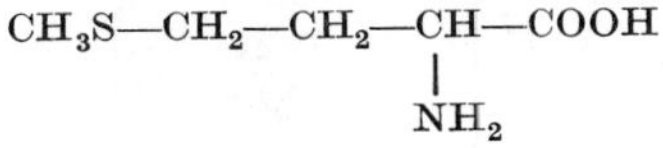

Zyklische Iminosäuren

Prolin (Pro)

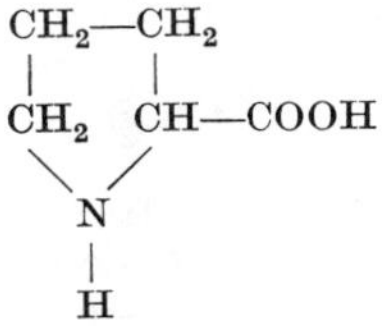

Hydroxyprolin

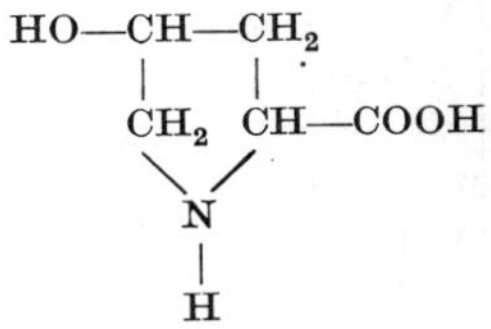

Hydroxyaminosäuren

Serin

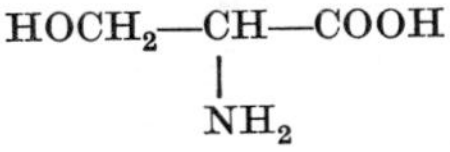

Threonin

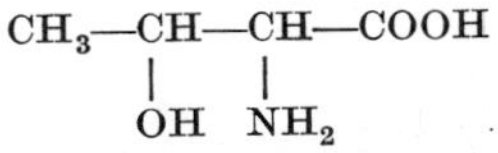

Der Aufstellung ist zu entnehmen, daß man die Aminosäuren in einzelne Gruppen zusammenfassen kann. Die neutralen Aminosäuren enthalten je Molekül eine gleiche Anzahl von Amino- und Karboxylgruppen. Bei den sauren Aminosäuren überwiegen im Molekül die Karboxylgruppen, bei den basischen die Aminogruppen. Die Oxyaminosäuren (= Hydroxyaminosäuren) enthalten eine Hydroxylgruppe. Die zyklischen Iminosäuren sind durch ihre in den Ring eingebaute Iminogruppe (HN =) charakterisiert. Die aliphatischen Iminosäuren sind hauptsächlich Zwischenprodukte des Aminosäureaufbaues.

Wie bereits im vorhergehenden Kapitel angedeutet wurde, besteht die Primärsynthese der Aminosäure in einer Inkorporierung von NH_3 mittels einer Ketosäure. Die Synthese ist mit einer Reduktion gekoppelt; man nennt deshalb den gesamten Vorgang **reduktive Aminierung.** Ihr Prinzip ist in Abb. 67 dargestellt.

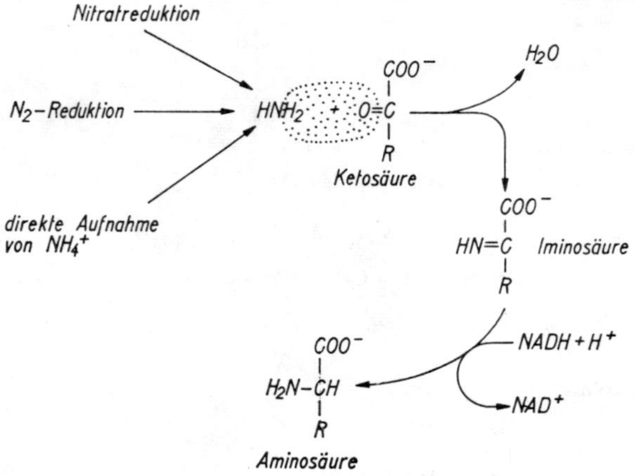

Abb. 67
Die reduktive Aminierung.

Die Reaktion wird von einer $NH_3:\alpha$-Ketosäureaminase katalysiert. Hierbei ist α-Ketosäure der NH_3-Akzeptor. Bei der Reaktion wird H_2O abgespalten. Es entsteht hierdurch eine **Iminosäure,** charakterisiert durch die Iminogruppe (= NH). Die Iminosäure wird mittels NADH zur Aminosäure reduziert. Für die primäre Bindung (NH_3-Akzeptor) von NH_3 fungieren in der höheren Pflanze hauptsächlich α-Ketoglutarsäure und Oxalessigsäure, also zwei Ketosäuren, die im Verlaufe des Trikarbonsäurezyklus gebildet werden (Fowden 1967, Saric et al. 1967). Für die Annahme von Kretovich (1965), daß auch andere Ketosäuren, besonders Brenztraubensäure und Glyoxylsäure, direkt aminiert werden können, gibt es weniger experimentelle Anhaltspunkte. Weiterhin können Glutaminsäure und Asparaginsäure NH_3 unter Aufspaltung von ATP in ADP und Phosphat binden. Diese durch eine Ligase unter Einwirkung von Mg^{++} katalysierte Reaktion verbraucht also Energie. Ihre Reaktionsprodukte sind die Säureamide **Glutamin** und **Asparagin.**

$$\underset{\text{Asparaginsäure}}{HOOC-\underset{\underset{NH_2}{|}}{CH}-CH_2-\overset{\overset{O}{\|}}{C}-OH} + H-NH_2 \xrightarrow[Mg^{++}]{ATP} \underset{\text{Asparagin}}{HOOC-\underset{\underset{NH_2}{|}}{CH}-CH_2-\overset{\overset{O}{|}}{C}-NH_2} + ADP + Pan$$

Die Säureamidsynthese verläuft immer dann besonders intensiv, wenn der Pflanze viel NH_4^+ angeboten wird (Reisner et al. 1960, Cooking und Yemm 1961). Es wirkt in Form von NH_3 auf die Zelle giftig. Ein höheres Angebot wird auf dem Wege der Säureamidbildung abgefangen und damit entgiftet (Prianishnikov 1952). Dementsprechend findet man bei hohem N-Angebot eine Anreicherung von

Asparagin und Glutamin in der Pflanze (Wenzel und Michael 1966, Siegel und Vogt 1968, Goswami und Willcox 1969). Bei extrem hoher Versorgung mit NH_4—N kommt es sogar zu einer Anhäufung von NH_4^+, was sich, wie Jungk (1967) an Senf und Tomaten zeigen konnte, negativ auf die Ertragsbildung auswirkt.

Wenngleich nur wenige α-Ketosäuren für die direkte Aminierung in Frage kommen, so spielen doch ganz allgemein die Ketosäuren für die Synthese der verschiedensten Aminosäuren als Ausgangsbausteine eine hervorragende Rolle; denn die meisten Aminosäuren können ihre Aminogruppen auf Ketosäuren übertragen. Man nennt den Vorgang **Transaminierung,** das katalysierende Enzym Transaminase. Sie enthält als prosthetische Gruppe Pyridoxalphosphat. Der Mechanismus der NH_2-Übertragung ist in Abb. 31 dargestellt. Bei der Transaminierung fungieren hauptsächlich Asparaginsäure und Glutaminsäure als Amino-Donatoren. So wird nachstehend ein Aminotransfer von Glutaminsäure auf Brenztraubensäure gezeigt. Das katalysierende Enzym ist eine Glutamat: Pyruvat-Aminotransferase.

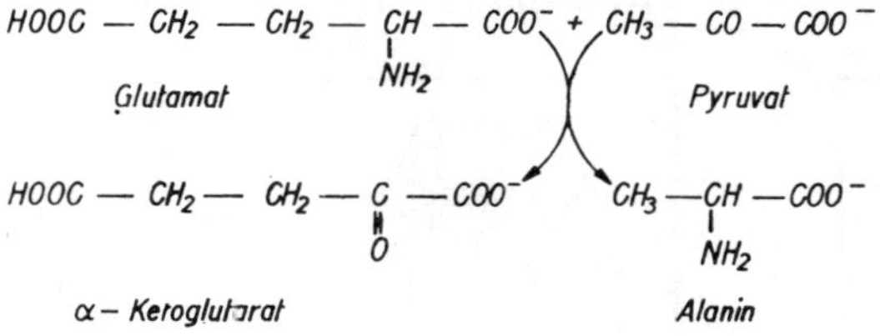

Das so entstehende α-Ketoglutarat kann dann wieder als NH_3-Akzeptor fungieren. Mittels Transaminierung können zahlreiche Aminosäuren aufgebaut werden. Die wichtigsten sind zusammen mit ihren Ketosäureanalogen nachstehend aufgeführt:

α-Ketoglutarsäure → Glutaminsäure
Oxalessigsäure → Asparaginsäure
Glyoxylsäure → Glyzin
Brenztraubensäure → Alanin
Hydroxybrenztraubensäure → Serin
α-Keto-β-Hydroxybuttersäure → Threonin
Glutaminsemialdehyd → Ornithin
Bernsteinsäuresemialdehyd → γ-Aminobuttersäure

Nach Kretovich (1965) soll auch γ-Aminobuttersäure Transaminierungen ermöglichen. Sie kommt in pflanzlichen Geweben in relativ hohen Mengen vor, und sie entsteht durch Dekarboxylierung von Glutaminsäure.

$$\underset{\text{Glutaminsäure}}{HOOC{-}CH_2{-}CH_2{-}\underset{\displaystyle NH_2}{\underset{|}{CH}}{-}\boxed{COO}H} \xrightarrow[CO_2]{} \underset{\gamma\text{-Aminobuttersäure}}{HOOC{-}\overset{\alpha}{CH_2}{-}\overset{\beta}{CH_2}{-}\overset{\gamma}{CH_2}{-}NH_2}$$

Ihr Ketosäureanalogon ist Bernsteinsäuresemialdehyd.

Aminosäuren werden in den Wurzeln und oberirdischen Pflanzenteilen synthetisiert. Besonders der als NH_4^+ der Pflanze angebotene N wird schon in den Wurzeln weitgehend inkorporiert (MICHAEL et al. 1965). Ein großer Teil der hier gebildeten Aminosäuren wandert *via* Xylem in die oberirdischen Pflanzenteile, wobei hauptsächlich die meristematischen Gewebe besondere „Attraktionszentren" (physiologischer „sink") für die neu gebildeten Aminosäuren darstellen. Sie werden hier vornehmlich für den Aufbau von Chloroplastenproteinen verwendet (PATE 1969).

Die in den Blättern ablaufende Aminosäuresynthese wird von der Photosynthese begünstigt. Offenbar liefert sie die für den Aufbau notwendigen Ketosäuren. Auch die im Blatt synthetisierten Aminosäuren werden vielfach in andere Pflanzenorgane *via* Phloem, besonders in jüngere Blätter, transportiert. Der Nettoimport von N-Verbindungen in das junge Blatt hält an, bis es etwa seine maximale Größe erreicht hat (MILTHORPE und MOORBY 1969).

Der Vorrat (pool) an löslichen Aminosäuren in pflanzlichen Geweben stellt eine N-Fraktion dar, die zwischen dem anorganischen N und dem schwerlöslichen N der Makromoleküle (Proteine, Nukleinsäuren) steht (Abb. 68).

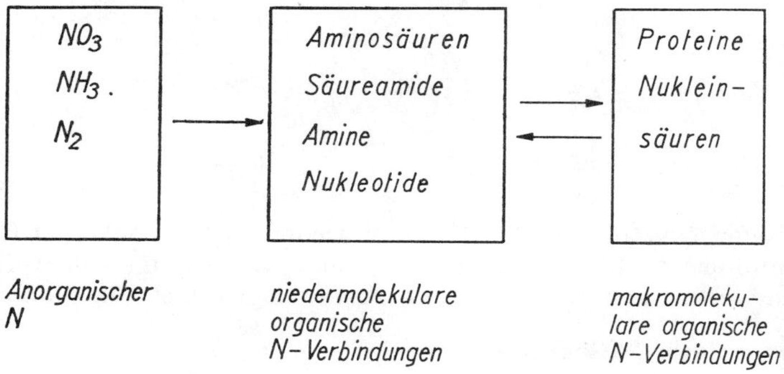

Abb. 68
Die Stellung der löslichen Aminoverbindungen im pflanzlichen Stoffwechsel.

Die Abb. 68 zeigt, daß die schwerer lösliche Fraktion der Proteine und Nukleinsäuren auch wieder in die niedermolekularen Bausteine aufgespalten werden kann, während der Vorgang „anorganischer N" → „niedermolekulare Aminoverbindungen" nicht reversibel ist.

Der Menge nach kommt in der Fraktion der niedermolekularen N-Verbindungen den Aminosäuren die größte Bedeutung zu. Sie werden in ihren Gehalten durch zahlreiche Faktoren beeinflußt. Steigende N-Ernähung erhöht den Gehalt an löslichen N-Verbindungen, ein Zeichen dafür, daß die Assimilation von anorganischem N mit höherer Rate verläuft als der Verbrauch von Aminosäuren für die Proteinsynthese (GREENWOOD et al. 1965, MENGEL und HELAL 1970). Bei Mangel an Schwermetallen (Mn, Cu, Fe, Zn) wird die Proteinsynthese gehemmt, und es kommt zur Anreicherung von löslichen Aminoverbindungen (POSSINGHAM 1956, DE KOCK und MORRISON 1958). Eine ungenügende Versorgung mit K bewirkt besonders eine Erhöhung der Gehalte an Säureamiden, was auf eine unzureichende Anlieferung von Ketosäuren zurückgeführt werden kann (HELAL und MENGEL

1968). Hier zeigt sich eine Beziehung zwischen Kohlenhydrat- und Aminosäurestoffwechsel, die sich auch darin äußert, daß mit N unterversorgte Pflanzen hohe Kohlenhydratgehalte aufweisen (Minotti et al. 1969). Im Verlaufe eines Tages können sich die Gehalte an Aminosäuren in grünen Pflanzenteilen deutlich ändern. Nach Greenwood et al. (1965) steigen sie, falls die N-Ernährung reichlich ist, während des Tages an; bei ungenügender N-Versorgung fallen sie dagegen ab.

Jüngere Pflanzenteile bzw. jüngere Pflanzen haben um ein Mehrfaches höhere Gehalte an löslichen Aminosäuren als ältere Pflanzenorgane (s. Abb. 70). Auch der Anteil der Aminosäuren an der gesamten löslichen Aminofraktion verschiebt sich mit dem Altern des Blattes. So zeigt Abb. 69, daß in jungen Zuckerrübenblättern etwa 40 % der löslichen Aminofraktion auf die Glutaminsäure entfallen. Mit dem Altern des Blattes fällt ihr Anteil dann zugunsten von Alanin und γ-Aminobuttersäure ab.

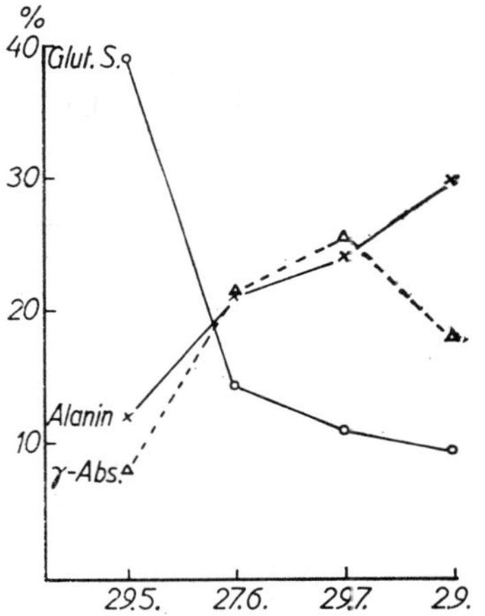

Abb. 69
Der relative Anteil von Glutaminsäure, Alanin und γ-Aminobuttersäure im Zuckerrübenblatt im Verlaufe der Vegetation (Koch und Mengel 1970).

Dieser Befund erklärt sich damit, daß im jungen Blatt die reduktive Aminierung, also die Primärsynthese von Aminosäuren, mit höherer Rate verläuft als im alternden Blatt. Die Aminosäuregehalte in älteren Blättern gehen demgegenüber auch auf proteolytische Vorgänge, also auf eine Spaltung der Proteine in Aminosäuren, zurück.

Bei zahlreichen Pflanzenarten, besonders bei landwirtschaftlichen Kulturpflanzen (Getreide, *Beta*-Rüben, Kartoffeln, Sonnenblumen), ist die **Glutaminsäure** in jungen Blättern der Menge und ihrer physiologischen Bedeutung nach die wichtigste Aminosäure. Sie zeigt den N-Ernährungszustand der Pflanze zuverlässig an (Abb. 70), und ihre Gehalte weisen eine deutliche Beziehung zur Ertragsbildung auf (Mengel und Helal 1970, Koch und Mengel 1970).

Bei den meisten Gramineen sind Glutaminsäure, Asparaginsäure und Alanin vorherrschend. Asparagin und Glutamin sind, wie oben dargelegt, NH_3-Entgiftungsformen. Nach Mothes (1965) kann das NH_3 bei anderen Pflanzenarten auch über Arginin (*Rosaceae*), Zitrullin (*Betulaceae*), Prolin und Allantoin (*Papilionaceae*) abgefangen werden. Allantoin und weitere Ureide wurden als N-Speicherformen bei den verschiedensten Pflanzenfamilien gefunden (Ziegler und Schnabel

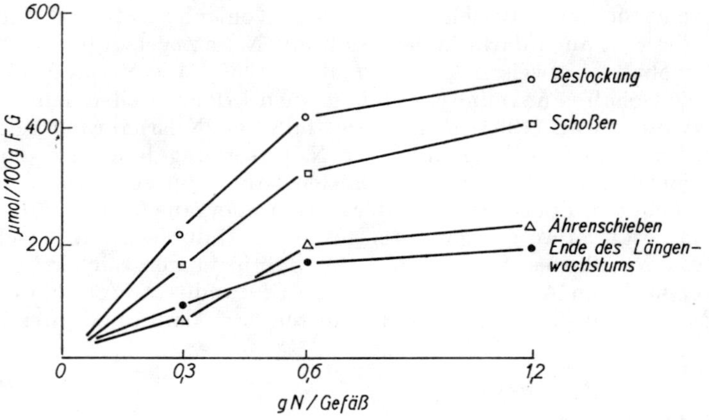

Abb. 70
Der Einfluß einer steigenden N-Ernährung auf den Gehalt an Glutaminsäure von Sommerweizen.

1961). Allantoin ist ein Ureid (= Derivat des Harnstoffes, vom Harnstoff ist ein H-Atom durch ein Radikal substituiert).

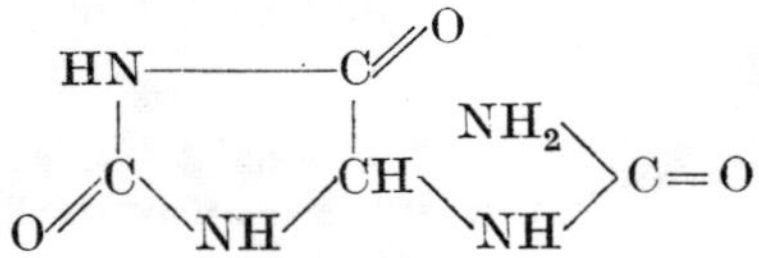

Allantoin

Die im tierischen Organismus dominierende N-Entgiftungs- und Ausscheidungsform, der Harnstoff, spielt im pflanzlichen Stoffwechsel keine so große Rolle. **Harnstoff** wird im tierischen Organismus über einen zyklischen Reaktionsablauf, den Ornithinzyklus, gebildet (s. Abb. 71).

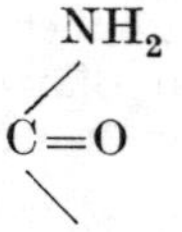

Karbamylrest

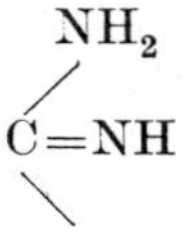

Guanidylrest

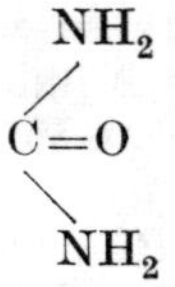

Harnstoff

$NH_3 + CO_2$ stehen mit der Karbaminsäure in einem Gleichgewicht. Karbaminsäure kann mittels ATP zu Karbamylphosphat phosphoryliert werden.

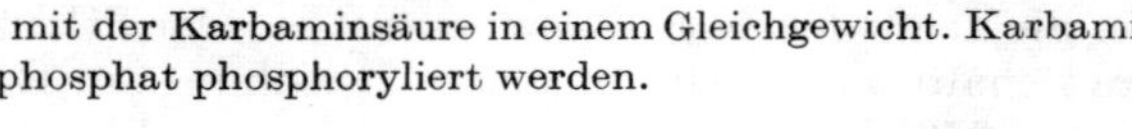

Karbaminsäure Karbamylphosphat

Karbamylphosphat reagiert mit Ornithin unter Abspaltung von anorganischem Phosphat (Pa) zu Zitrullin.

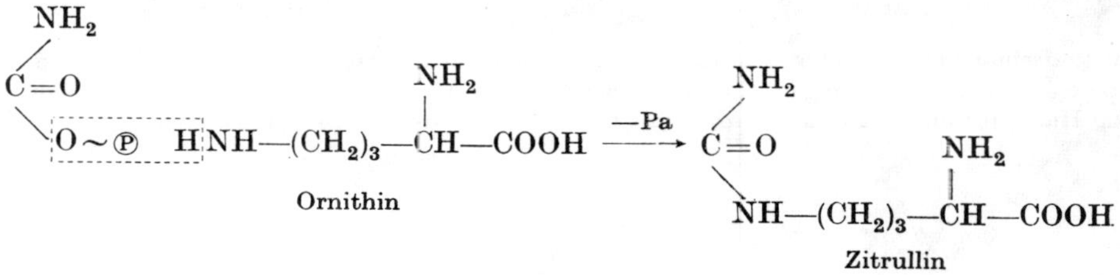

Zitrullin reagiert unter H_2O-Abspaltung mit Asparaginsäure zu Argininbernsteinsäure (= Sukzinyl-Arginin).

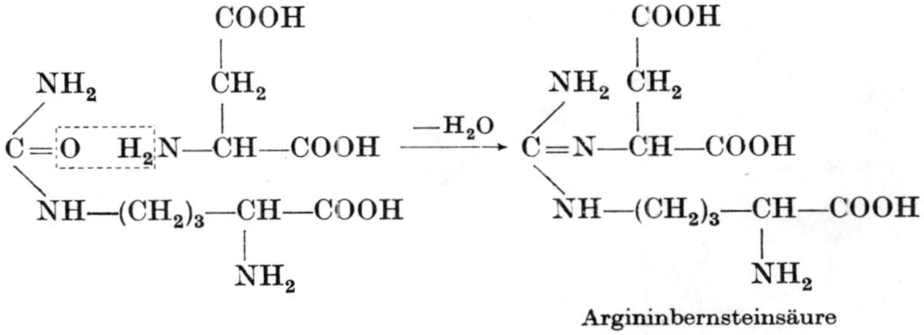

Durch intramolekulare Umlagerung spaltet sich Argininbernsteinsäure in Arginin und Fumarsäure auf.

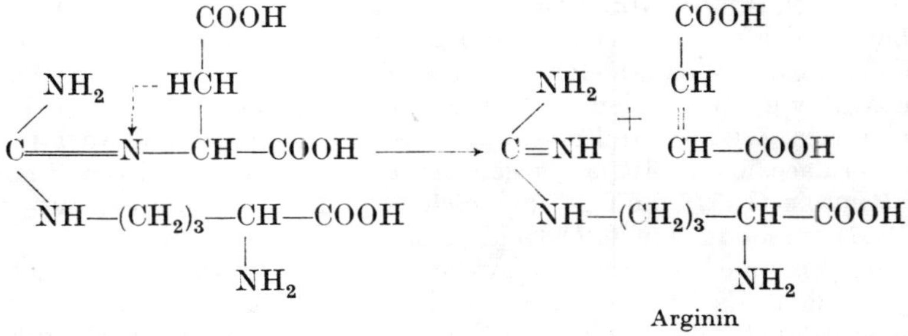

Arginin wird hydrolytisch in Ornithin, das Ausgangsprodukt des Zyklus, und in Harntsoff gespalten.

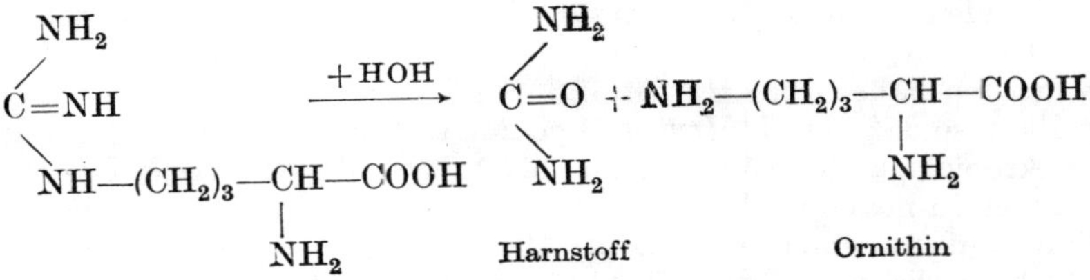

Der zyklische Reaktionsablauf ist in Abb. 71 dargestellt.

Stellt man bei diesem Zyklus das, was in ihn „hineinfließt", dem gegenüber, was „herausfließt", so ergibt sich folgende Bilanz:

Karbamyl-Ⓟ + Asparaginsäure → Fumarsäure + Harnstoff

Der tierische Organismus hat also im Ornithinzyklus einen Mechanismus entwickelt, der die N-Atome zweier N-Verbindungen (Karbamylphosphat und Asparaginsäure) in die N-Ausscheidungsform Harnstoff und in Fumarsäure, ein Zwischenprodukt des Krebs-Zyklus, überführt.

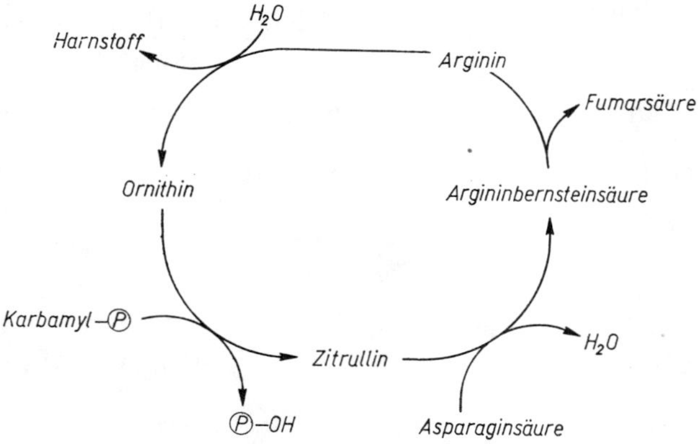

Abb. 71
Der Ornithinzyklus.

Für die Pflanze trifft diese Form der N-Entgiftung nicht zu. Einige Pilze sind in der Lage, Harnstoff zu bilden. Die Aminosäuren des Ornithinzyklus kommen jedoch auch in der Pflanze vor. Ornithin ist eine reaktionsfreudige Verbindung, die sich deshalb in Pflanzen nur selten anreichert (Reuter 1960). Zitrullin kommt vor allen Dingen in der Wassermelone, aber auch in anderen Pflanzenarten (Gräser, Leguminosen) vor. Bei vielen Holzpflanzen ist es ein wesentlicher Bestandteil des Xylemsaftes. Ziegler und Schnabel (1961) fanden Zitrullin auch im Phloemsaft von Betulaceen und Juglandaceen. Arginin ist in den meisten Pflanzen vorhanden. Reuter (1957) fand es angereichert in Betulaceen; Kasting und Delwiche (1957) wiesen in jungen Getreidepflänzchen viel Arginin nach.

Auch die Enzyme des Ornithinzyklus wurden größtenteils in der höheren Pflanze gefunden. Es ist deshalb wahrscheinlich, daß die Reaktionsschritte des Ornithinzyklus auch in der höheren Pflanze die Umformung von N-Verbindungen bewirken (Barber und Boulter 1963). Von besonderem Interesse ist hierbei die Frage, ob der gesamte Zyklus oder zumindest Teile des Zyklus reversibel verlaufen. Das würde bedeuten, daß Harnstoff über den reversiblen Verlauf inkorporiert wird.

In den meisten Fällen wird Harnstoff durch Urease schon im Boden in CO_2 und NH_3 gespalten, so daß der als Harnstoff gedüngte N in Form von NH_4^+ oder nach weiterer mikrobiologischer Umwandlung als NO_3^- aufgenommen wird. Harnstoff selbst wird von der höheren Pflanze nur träge und offenbar nicht über einen aktiven Mechanismus aufgenommen (Olszanska 1968). Höhere Harnstoffkonzentrationen im Nährmedium wirken auf die Pflanze negativ und rufen Störungen im N-Stoffwechsel hervor (Kirkby und Mengel 1970).

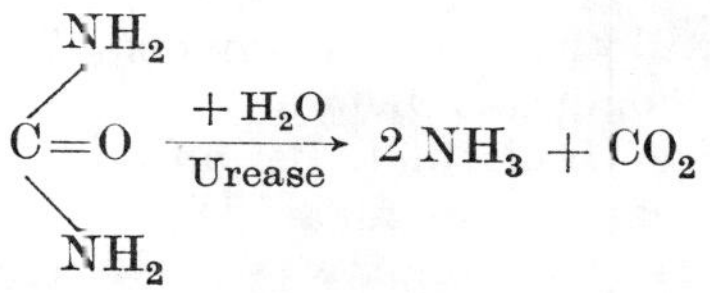

Urease ist in vielen, aber nicht in allen Pflanzenarten zu finden, so daß der Harnstoffassimilation über den Ornithinzyklus bei fehlender Urease eine Bedeutung zukommt.

Im Vergleich zu den Aminosäuren und Amiden kommen die **Amine** in der höheren Pflanze nur in geringen Mengen vor. Ihre Bedeutung ist nicht groß. Man hat sowohl tertiäre als auch sekundäre und primäre Amine in der Pflanze nachweisen können. Amine sind Derivate des NH_3, wobei die H-Atome durch eine oder mehrere Alkylgruppen substituiert sind. Im Gegensatz zu den Aminosäuren haben sie keine Karboxylgruppe; sie zeigen also basischen Charakter. Ihre Entstehung kann auf eine Dekarboxylierung von Aminosäuren zurückgeführt werden.

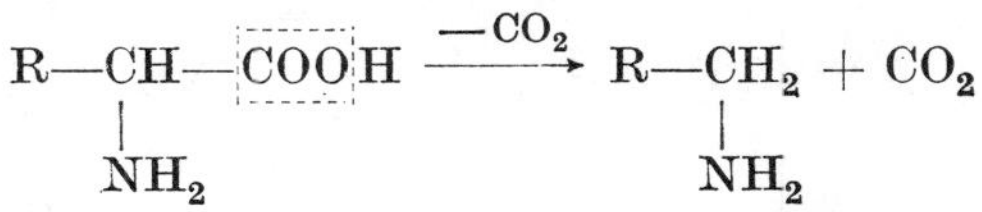

Amine kommen hauptsächlich als Geruchsstoffe in verschiedenen Pflanzenfamilien wie den Rosaceen und Chenopodiaceen vor. Als Baustein der Phospholipoide sind die Amine Kolamin und Cholin von Bedeutung.

$$H_2N-CH_2-CH_2-OH \qquad (CH_3)_3N^+-CH_2-CH_2-OH$$

Kolamin (Äthanolamin) Cholin

Betain entsteht durch Methylierung von Glyzin. Als Zwischenprodukt dürfte Sarkosin auftreten.

$$H_3\overset{+}{N}-CH_2-COO^- \xrightarrow{CH_3} (CH_3)H_2\overset{+}{N}-CH_2-COO^- \xrightarrow{2\,CH_3} (CH_3)_3\overset{+}{N}-CH_2-COO^-$$

Glyzin Sarkosin Betain

Betain ist ein inneres NH_4-Salz. Alle analogen Verbindungen mit einer quarternären Ammoniumgruppe und einer Karboxylgruppe zählen zu den Betainen. Betain ist in den Pflanzen weit verbreitet. Seine Bezeichnung geht auf die *Beta*-Rübe zurück, in der es in relativ großer Menge vorkommt. Der bei der Zuckerfabrikation anfallende sog. „schädliche Stickstoff" enthält zu einem großen Teil Betain. Betain kann Methylgruppen auf andere Moleküle übertragen, z. B. auf Homozystein. In diesem Falle entsteht Methionin.

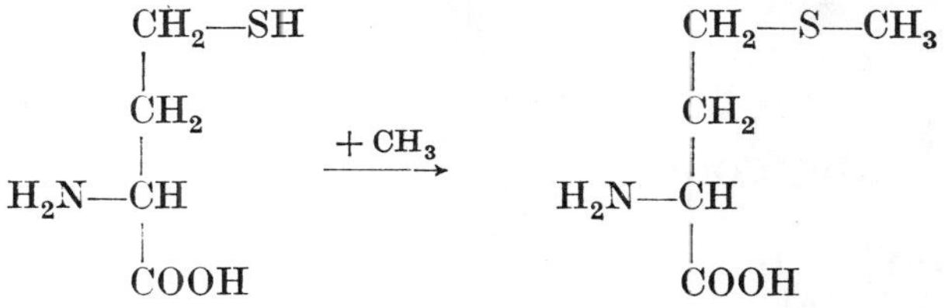

Homozystein Methionin

Die Übertragung von Methylgruppen hat eine Bedeutung beim Aufbau und Umbau von Cholin, Methionin und Betain. Die Aminbildung in der Pflanze wird durch äußere Einwirkungen beeinflußt. Bei ungenügender K-Versorgung reichert sich in verschiedenen Pflanzen Putreszin an. Dieses basische Amin (Tetramethylendiamin) soll sich nach SMITH und GARRAWAY (1964) aus Arginin über die Zwischenstufen Agmatin und Karbamylputreszin bilden. Auch Agmatin wird bei K-Mangel in Gerstenpflanzen angereichert (HACKETT et al. 1965). Die durch Dekarboxylierung (Arginindekarboxylase) eingeleitete Reaktionsfolge wird durch niedrige pH-Werte in der Zelle begünstigt (SMITH und SINCLAIR 1967). Die Anreicherung an Putreszin und Agmatin zeigt sich besonders in den älteren Blättern. Ihnen steht wahrscheinlich auf Grund von Proteinabbau die größere Menge Arginin zur Verfügung (SINCLAIR 1969).

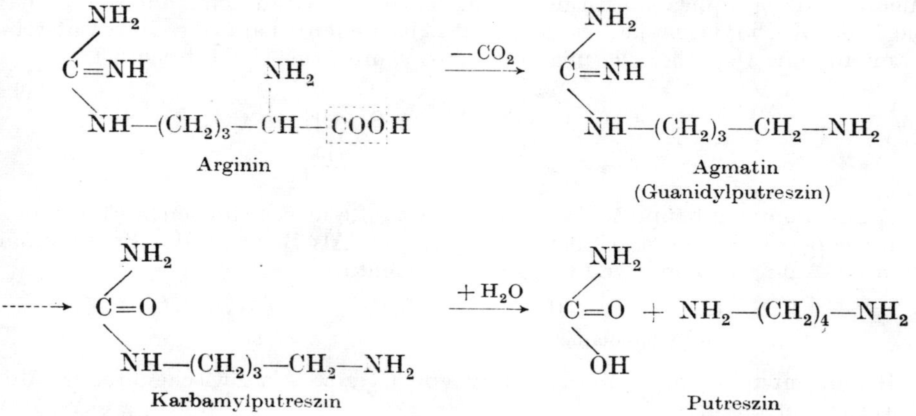

Nicht alle vorkommenden Aminogruppen gehören zu den oben beschriebenen Aminosäuren und Aminen. NH_2 kann auch bei Zuckern Hydroxylgruppen substituieren, so daß Zuckeramine, z. B. Glukosamin, entstehen. Sie sind auch im Pflanzenreich verbreitet (SYNGE 1968).

c) Struktur der Proteine und Proteide

Eiweiße (Proteine) bauen sich aus Aminosäureresten auf. Diese Reste sind jeweils durch eine Peptidbindung miteinander gekoppelt. Unter Peptidbindung versteht man eine Bindung zwischen der Karboxylgruppe einer Aminosäure und der Aminogruppe einer weiteren Aminosäure. Die Peptidbindung läßt sich hydrolytisch spalten.

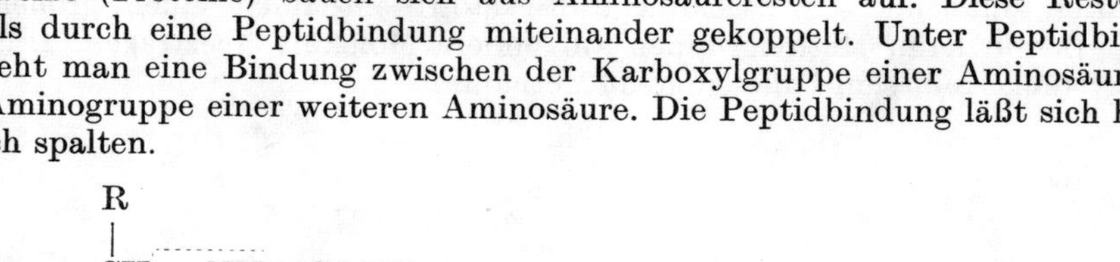

Die Umkehrung dieser Reaktion, d. h. der Aufbau einer Peptidbindung, ist *in vivo* in dieser Form nicht möglich. Er ist komplizierter und erfolgt über die Anlagerung von Aminosäureazylen (s. S. 182). In einem Dipeptid sind zwei, in einem Tripeptid drei, in einem Oligopeptid drei bis etwa zehn Aminosäurereste peptidartig miteinander verbunden. **Polypeptide** enthalten zahlreiche Aminosäurereste. Ein physiologisch wichtiges Tripeptid ist das **Glutathion.** Es baut sich aus einem Glutamylrest, einem Zysteinylrest und Glyzin auf.

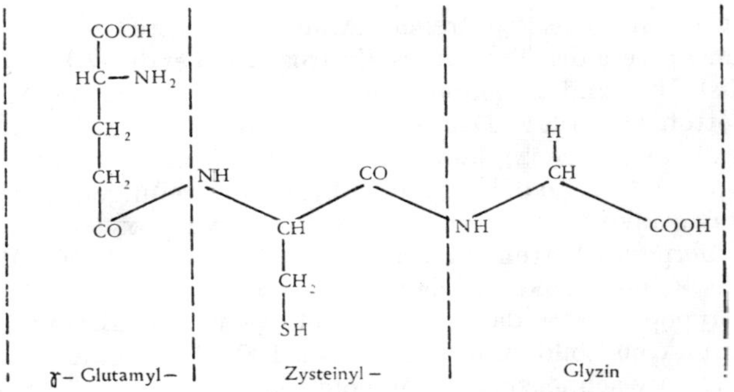

Allgemein bezeichnet man den Teil einer organischen Säure, von dem die Hydroxylgruppe abgespalten ist, mit der Endsilbe -yl, z. B. Azetyl (H_3C-CO-). Auch die Bezeichnung der Peptide richtet sich nach dieser Regel. Die Aminosäure, die also bei der Peptidbindung ihre Hydroxylgruppe abspaltet, wird mit der Endsilbe -yl charakterisiert. Das Glutathion ist demnach ein Glutamyl-Zysteinyl-Glyzin.

Die Bedeutung des Glutathions für den Stoffwechsel besteht darin, daß es auf Grund seiner SH-Gruppe mit einem weiteren Molekül Glutathion zu einem Disulfid reagieren kann.

$$2\,R{-}SH \rightleftharpoons R{-}S{-}S{-}R + 2\,H$$

Das Glutathion stellt ein weit verbreitetes Redoxsystem dar; die Reaktion folgt obigem Schema. Es ist wichtiger als das verwandte Zystein-System, da Glutathion eine höhere Wasserlöslichkeit besitzt.

Verbindungen, bei denen sehr viele Aminosäurereste peptidartig miteinander verknüpft sind, nennt man **Polypeptide.** Ihre Struktur ist systematisch, da jeder Aminosäurerest immer die drei Atomgruppen (NH, CN und CO) enthält.

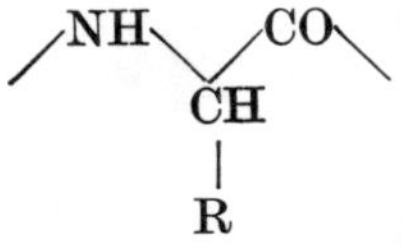

Diese drei Atomgruppen sind gleichsam „Ecksteine“ in der Polypeptidkette; der übrige Teil des Aminosäurerestes (R) liegt als Seitenkette vor.

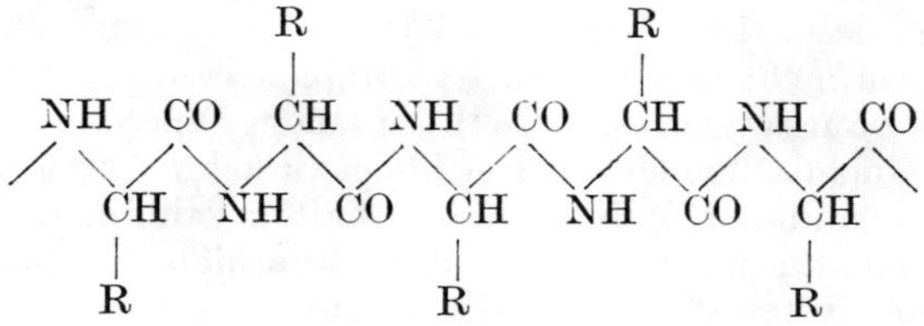

Polypeptidkette (Ausschnitt)

Die Polypeptide enthalten zahlreiche Aminosäurereste; bei der Ribonuklease sind es 124, beim Protein des Tabakmosaikvirus 157, bei der α-Polypeptidkette des Hämoglobins 141. Es sind meistens nur 18—20 verschiedene Aminosäurereste, welche diese Ketten aufbauen. Der Anteil der einzelnen Aminosäuren, besonders aber ihre Reihenfolge (Sequenz), läßt unzählige Möglichkeiten für den Aufbau verschiedener Polypeptide zu. In den letzten Jahren ist es gelungen, durch stufenweisen Abbau der Polypeptidkette vom Amino- oder vom Karboxylende her die Sequenz verschiedener Polypeptidketten zu ermitteln (Sequenzanalyse). Man bezeichnet diese Sequenz als **Primärstruktur.** Die **Sekundärstruktur** stellt die schneckenartige Drehung der Polypeptidkette dar. Die Winkel, welche die Bindungsvalenzen zwischen den „Eckpunkten" bilden, betragen etwa 120°. Die gesamte Kette ist hierbei so aufgebaut, als sei sie schneckenartig um eine Achse gedreht. Im Schnitt entfallen hierbei auf eine Drehung 3,6 Aminosäurereste (s. Abb. 72).

Bei dieser Helixstruktur kommen H-Atome in Nachbarstellung zu den O-Atomen der Karbonylgruppen. Es bilden sich H-Brücken (H-Bindung), welche die Sekundärstruktur der Polypeptidkette stabilisieren. Derartige H-Bindungen liegen hauptsächlich zwischen dem H des NH und der Karbonylgruppe vor. Diese Sekundärstruktur der Polypeptide wurde zuerst von PAULING und COREY (1951) an Faser-

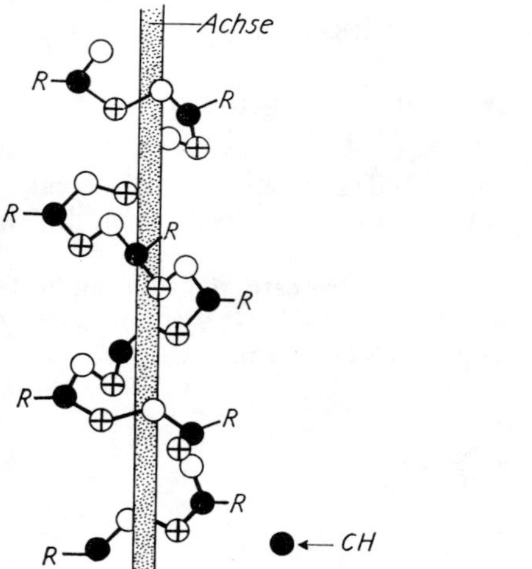

Abb. 72
Die schneckenartige Struktur der Polypeptidkette.

proteinen ermittelt. Es gilt jedoch heute als erwiesen, daß auch die globulären Proteine (vorwiegend Enzyme) sich aus Polypeptiden mit der oben beschriebenen Helix-Struktur aufbauen.

Der globuläre Aufbau dieser Partikel kommt dadurch zustande, daß sich die Polypeptidketten zu einem Knäuel zusammenfalten (s. Abb. 19). Für diese Faltung sind auch wieder H-Brücken, Disulfidbrücken, ionogene Bindungen und hydrophobe Bindungen verantwortlich. Man bezeichnet diese „Knäuelstruktur" als **Tertiärstruktur.** Sie wurde seither hauptsächlich an Hämoglobin und Myoglobin aufgeklärt (RICHARDS 1963, SCHROEDER 1963). Wie bereits auf S. 35 erläutert, ist diese Tertiärstruktur labil. Sie kann durch Erhitzen, Bestrahlung, *p*H-Verschiebung oder Salzzusatz zerstört werden.

Während sich einfachere Enzymmoleküle lediglich aus einer gefalteten Polypeptidkette aufbauen (z. B. Ribonuklease), enthalten die meisten Enzymmoleküle mehrere solcher Polypeptidketten. Sie sind zu einem größeren globulären Gebilde ineinandergefaltet (SUND und WEBER 1966). Auch hier tragen wieder H-Brücken, Disulfidbrücken, ionogene Bindungen und hydrophobe Bindungen zur Stabilisierung bei. Man nennt diese Struktur, bei der mehrere Untereinheiten zu einem globulären Gebilde zusammengefaltet sind, **Quartärstruktur.** In den letzten Jahren ist es gelungen, mit Hilfe der von SVEDBERG entwickelten Ultrazentrifugentechnik die Untereinheiten verschiedener Enzymproteine abzutrennen. Einzelheiten hierüber sowie über die Bedeutung der Tertiär- und Quartärstruktur wurden bereits bei der Besprechung der Enzyme abgehandelt (s. S. 50).

Bei den pflanzlichen Proteinen ist zwischen Enzymprotein, Strukturprotein und **Reserveprotein** zu unterscheiden. Enzymproteine sind vornehmlich globuläre Proteine, die im Zytoplasma und den verschiedenen Zellorganellen in gelöster oder an Membranen gebundener Form vorkommen. Ein wesentlicher Baustein biologischer Membranen sind Proteine (s. S. 187). Sie können in dieser Form 2 Funktionen erfüllen, nämlich Struktur- und Enzymprotein sein. Das gilt besonders für die Membranen der Chloroplasten, Mitochondrien und für das endoplasmatische Retikulum, weniger für Plasmalemma und Tonoplast. Die in den grünen Pflanzenteilen vorkommenden Proteine sind hauptsächlich Enzymproteine und Strukturproteine. Reserveproteine sind vornehmlich in Samen und Früchten enthalten. Man unterscheidet bei ihnen zwischen Albuminen, Globulinen, Prolaminen und Glutelinen. Globuline sind im Wasser schwer, Albumine leicht löslich. Beide Fraktionen nehmen etwa 10 % des gesamten Reserveeiweißes im Getreidekorn ein.

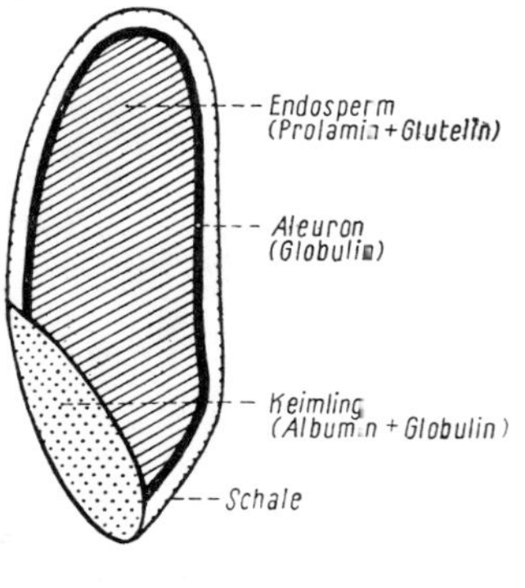

Abb. 73
Verteilung des Eiweißes im Getreidekorn (n. MICHAEL 1961).

Sie kommen hier hauptsächlich im Keimling und Globulin besonders in der Aleuronschicht vor (s. Abb. 73). Sie sind daher keine eigentlichen Reserveproteine (YEMM 1958). Die ausgesprochenen Reserveproteine im Getreidekorn sind Prolamin und Glutelin. Dies sind Proteinfraktionen, die sich durch eine späte N-Düngung besonders erhöhen (MICHAEL 1961).

Prolamin und Glutelin stellen den größten Teil des Getreideproteins dar. Zu den Prolaminen zählen das Gliadin des Weizens, das Hordein der Gerste und das Zein des Maises. Leguminosensamen sind dagegen reich an Globulinen. Offenbar ist diese Eiweißform bei den meisten Dikotyledonen das wichtigste Reserveprotein.

Aminosäurezusammensetzung und -sequenz eines bestimmten Proteins sind erblich. Weit verbreitete Enzymproteine, wie z. B. das des Zytochrom c von so verschiedenen Lebewesen wie Mensch und Hefe, weisen in ihrer Zusammensetzung beachtliche Parallelen auf. Man darf deshalb annehmen, daß die einzelnen Enzymproteine im Verlaufe der Evolution entwickelt wurden (ABELSON 1968). Das Spektrum an verschiedenen Proteinen einer *species* ist außerordentlich breit und selbst für Sorten einer Pflanzenart unterschiedlich (LOESCHKE und STEGEMANN 1966). Die genetische Fixierung des Proteins bedingt, daß seine Aminosäurezusammensetzung durch äußere Einflüsse kaum verändert wird. Zwar können Düngungsmaßnahmen den Proteingehalt deutlich erhöhen (CUMMINGS und TEEL 1965); hierbei wird jedoch nicht der Aufbau des einzelnen Proteins, sondern nur sein Anteil am Gesamtprotein der Pflanze verändert (SCHEIBE et al. 1968). Die Steigerung des Gehaltes an Reserveprotein bei Getreidekörnern durch eine kontinuierliche N-Ernähung kann beachtlich sein. So erzielte ZOSCHKE (1967) in Gerste Rohproteingehalte von maximal 22 %. Das ist etwa das Doppelte dessen, was man normalerweise an Rohprotein im Getreidekorn findet (s. Tabelle 20).

Ein **Proteid** besteht aus Protein und einer nichteiweißartigen Kompc nente.

Phosphoproteid = Protein + Phosphat
Glykoproteid = Protein + Zucker
Lipoproteid = Protein + Lipoid
Chromoproteid = Protein + Farbkomponente, z. B. Hämin
Nukleoproteid = Protein + Nukleinsäure

Tabelle 20
Der Rohproteingehalt verschiedener Körner und Samen (SCHARRER 1956)

Samen bzw. Korn	Rohprotein in %
Reis	6,9
Mais	9,6
Gerste	9,7
Hafer	10,7
Hirse	12,7
Erbse	23,2
Pferdebohne	25,3
Wicke	25,9
Gelbe Lupine	38,3
Lein	22,5

Zu den Chromoproteiden zählen das Chlorophyll, die Zytochrome, die Zytochromoxydase, die Katalase und die Peroxydase. Von den aufgeführten Proteiden kommt den Nukleoproteiden weitaus die größte Bedeutung zu. Ihre Bezeichnung (Nukleo) rührt von ihrem Vorkommen im Zellkern her. Ihre nichteiweißartige Komponente ist die Nukleinsäure. Hiermit bezeichnet man eine Anzahl verschiedener aber analog aufgebauter Makromoleküle. Bausteine dieser Makromoleküle sind Nukleotide, die sich wieder aus N-Base, Pentose und Phosphat zusammensetzen. Unter **Nukleosid** versteht man die Verbindung aus N-Base und Pentose.

N-Base — Pentose — Phosphat ← Nukleotid

N-Base — Pentose ← Nukleosid

Im Nukleinsäuremolekül sind zahlreiche Nukleotide zu einem langen Strang aneinandergebunden (s. Abb. 74). Die Struktureinheiten sind immer N-Basen, Pentose und Phosphat. Als Pentose kommt entweder **Ribose** oder **Desoxyribose** vor. Nukleinsäuren mit Desoxyribose als Baustein heißen **Desoxyribonukleinsäuren (DNS);** Nukleinsäuren mit Ribose als Baustein nennt man **Ribonukleinsäuren (RNS).**

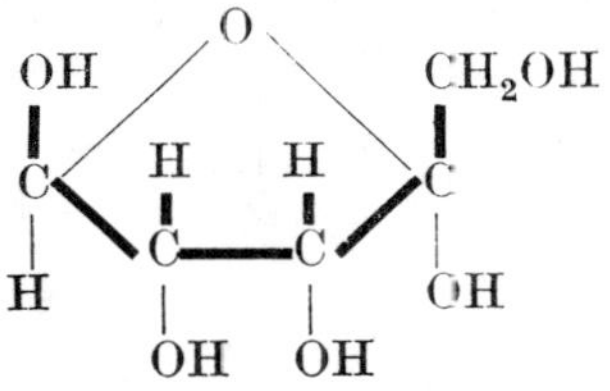

Ribose

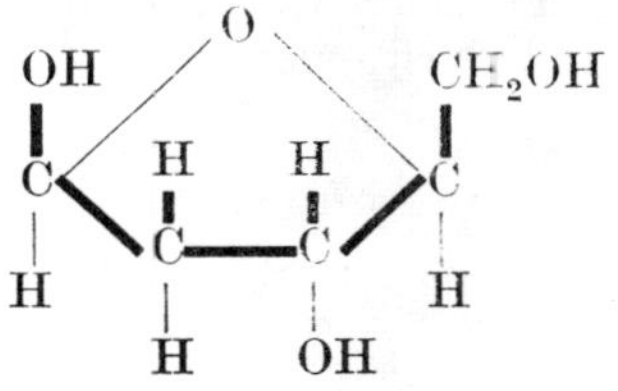

Desoxyribose

DNS kommt hauptsächlich im Zellkern und hier besonders in den Chromomeren angehäuft vor. Daneben enthalten Chloroplasten und Mitochondrien ebenfalls geringe Mengen DNS. RNS ist dagegen vornehmlich im Zytoplasma anzutreffen. Desoxyribose unterscheidet sich

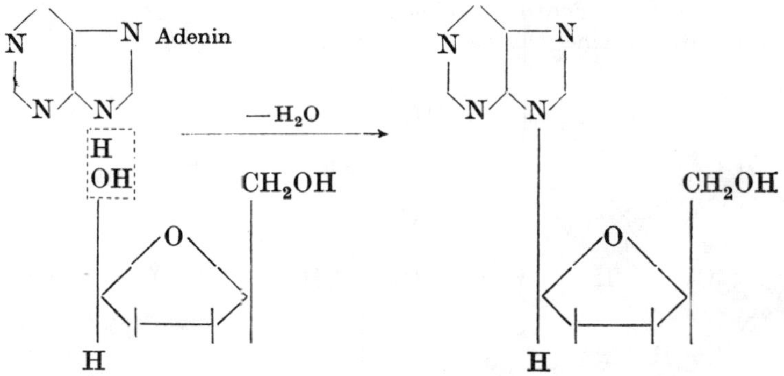

Pentose Adenosin

von Ribose nur dadurch, daß sie an einer Stelle des Furanringes H anstatt OH hat. Dieser geringfügige Unterschied hat jedoch eine enorme physiologische Bedeutung. Als N-Basen (Stickstoffbasen) kommen in der DNS nur Adenin, Guanin, Thymin und Zytosin vor. Die RNS enthält daneben noch Urazil und andere weniger häufig vorkommende N-Basen. Alle N-Basen sind Derivate des Pyrimidins oder Purins. Die N-Base ist mit der Pentose durch eine N-Glykosidbindung verknüpft.

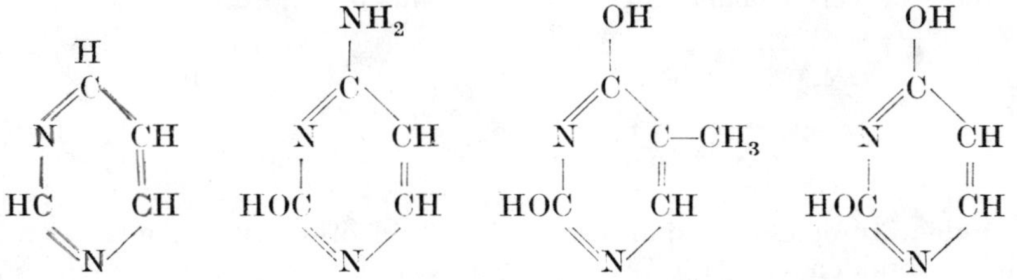

Pyrimidin Zytosin Thymin Urazil

Zytosin, Thymin und Urazil sind Derivate des Pyrimidins. Sie stehen mit einer tautomeren Form im Gleichgewicht, bei der das H der Hydroxylgruppe zum N-Atom gewandert ist.

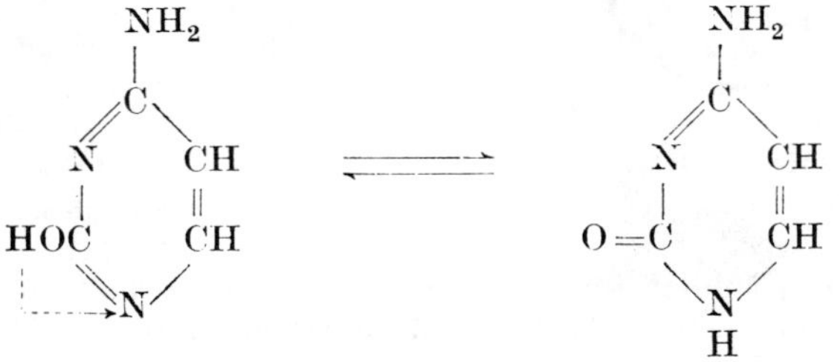

In dieser tautomeren Form vermag das am N-Atom stehende H eine N-glykosidische Bindung mit der Pentose einzugehen.

Adenin und Guanin sind Derivate des Purins.

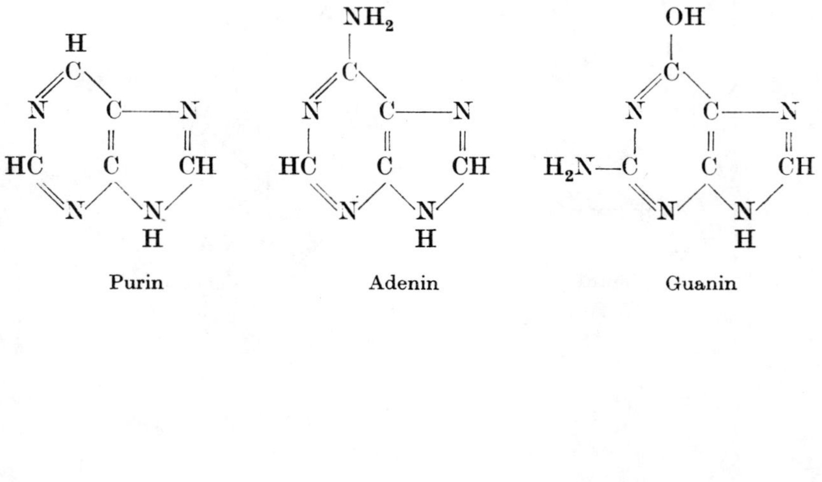

Purin Adenin Guanin

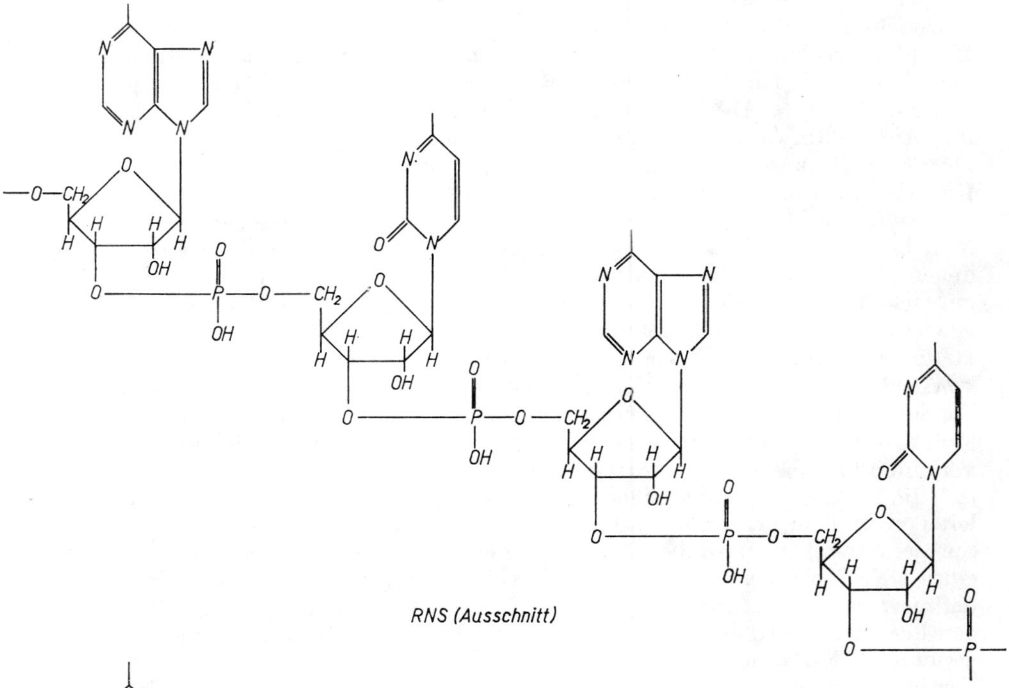

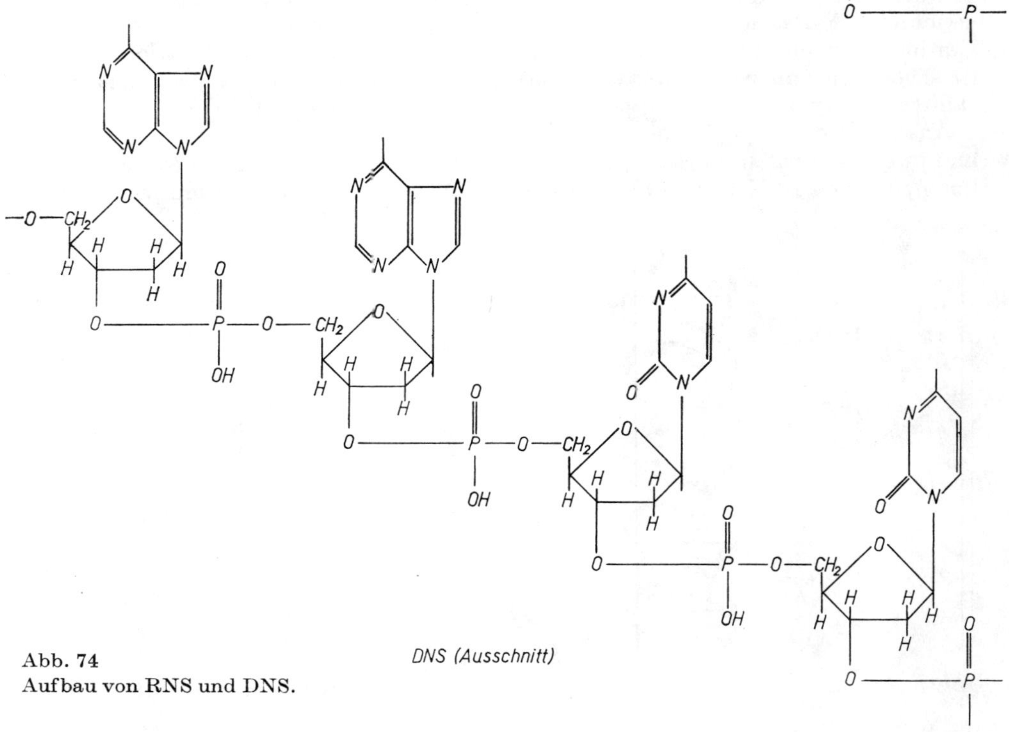

Abb. 74
Aufbau von RNS und DNS.

Die Bindung der einzelnen Nukleotide zu einem langen Strang erfolgt über das Phosphat. Es bindet sich esterartig mit dem C-5 an die Ribose des einen und mit dem C-3 an die Ribose des benachbarten Nukleotids. Die N-Base liegt jeweils als Seitenkette vor (s. Abb. 74). Die Reihenfolge der einzelnen N-Basen (Sequenz) und ihre Anteile am Gesamtmolekül sind die wichtigsten Kriterien der Nukleinsäuren. DNS enthält nur vier verschiedene N-Basen, Adenin, Thymin, Guanin und Zytosin. Ihre Reihenfolge am langen Strang eines DNS-Moleküls verkörpert biochemisch, wie weiter unten noch näher ausgeführt wird, die Erbmasse eines Lebewesens. Man kann diese 4 verschiedenen N-Basen gleichsam als Symbole auffassen, mit denen die genetische Information eines Lebewesens aufgeschrieben ist. Je höher es entwickelt ist, um so länger ist sein DNS-Strang und damit dessen Molekulargewicht. So weist die DNS von Mikroorganismen Molekulargewichte von etwa 10^9, die menschliche DNS von etwa $3{,}8 \cdot 10^{10}$ auf (TRÄGER 1969). Das sind Tausende von Nukleotiden pro Molekül. Die längste bis jetzt bekannte DNS soll sich aus 10^8 Nukleotiden aufbauen, was einer Fadenlänge von 3 mm entspricht. Das DNS-Molekül besteht im Normalfall aus zwei solcher Stränge, die entgegengesetzt verlaufen und ineinander verdrillt sind. Der entgegengesetzte Verlauf bedingt, daß sich die N-Basen gegenüberstehen. Man kann sich den Doppelstrang als eine Strickleiter vorstellen, bei der die beiden sich gegenüberstehenden N-Basen jeweils eine Sprosse darstellen. Wird diese Strickleiter etwas verdreht, so erhält man das Modell eines DNS-Moleküls (s. Abb. 75). Die beiden Stränge verlaufen antiparallel, d. h., definiert man die Laufrichtung von der C-5- zur C-3-Bindung, so sind die Richtungen der beiden Stränge gegeneinander gerichtet (s. Abb. 75). Die zur Helixachse gerichteten N-Basen sind durch die Ribosephosphatketten weitgehend vor äußeren Einflüssen geschützt, was für sie als Träger der genetischen Information wichtig ist. Die nach außen orientierten Ribose- und Phosphatreste bedingen mit ihren zahlreichen hydrophilen Gruppen die hohe Wasserlöslichkeit der DNS.

Analog dem Polypeptid hat das DNS-Molekül in der Basensequenz eine primäre und in der Verdrillung des Doppelstranges eine sekundäre Struktur. Auf eine Drehung entfallen 10 N-Basen. Hierbei hat jede N-Base ein ganz bestimmtes „Gegen-

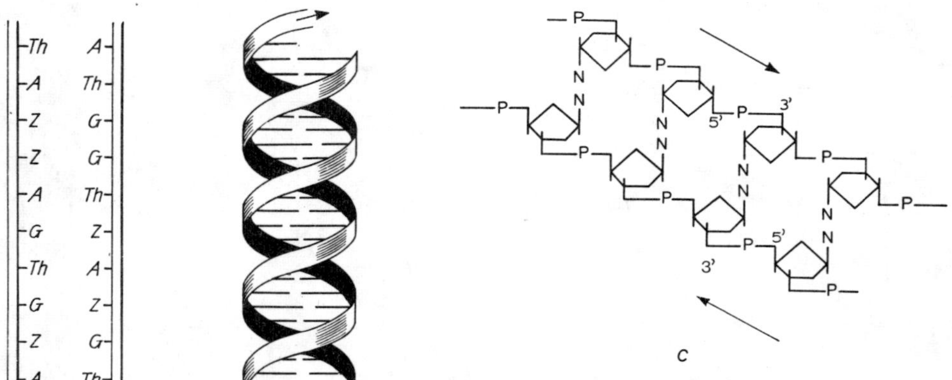

a) unverdrillt b) verdrillt

Abb. 75
Schematische Darstellung eines DNS-Moleküls.

über". Adenin steht dem Thymin, Guanin dem Zytosin gegenüber. Diese Gegenüberstellung geht auf H-Brücken zurück, die sich jeweils zwischen dem Pyrimidin-Derivat (Thymin, Zytosin) und dem Purinderivat (Adenin, Guanin) ausbilden.

Es ist das Verdienst von WATSON und CRICK (1953), dieses Modell zweier komplementärer DNS-Stränge postuliert und zum großen Teil auch aufgeklärt zu haben. Die Bedeutung dieses Modells für grundlegende biologische Vorgänge wird weiter unten noch näher erläutert. Die Bindung zwischen den komplementären Basen ist zwar nicht stark, aber sehr selektiv. Sie ermöglicht es, daß an einem Einzelstrang der komplementäre Strang aufgebaut werden kann. Beide Stränge verhalten sich wie Foto und Negativ.

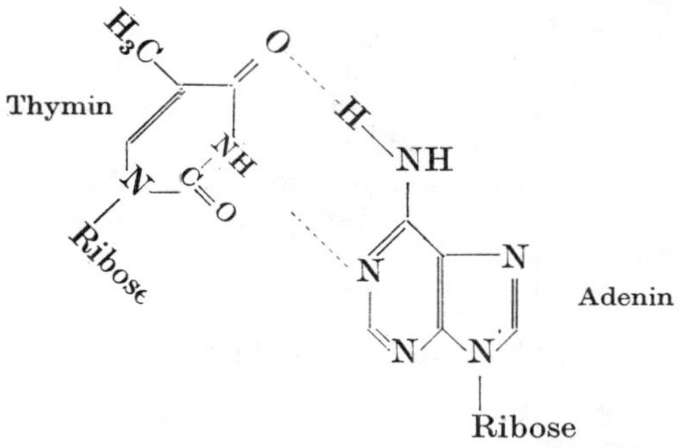

Basenpaarung zwischen Adenin und Thymin

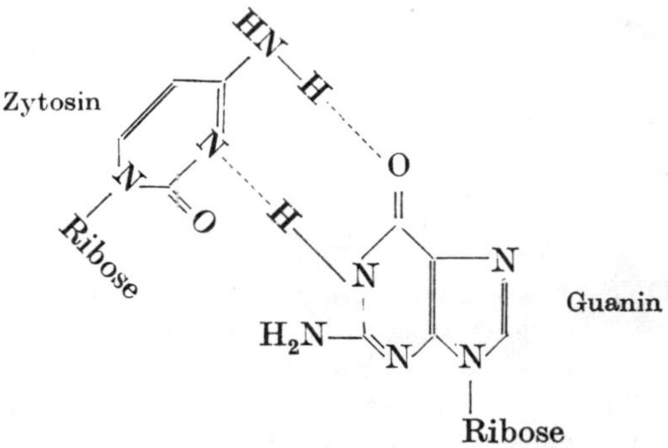

Basenpaarung zwischen Guanin und Zytosin

Bei den **Ribonukleinsäuren** unterscheidet man 3 verschiedene Formen: Die mRNS, die tRNS und die rRNS. **mRNS** bedeutet messenger-RNS, denn sie überträgt die „genetische Botschaft" der DNS auf die Synthesezentren der Zelle. Die mRNS entspricht in Größe und Aufbau am ehesten der DNS. Ihr Molekulargewicht liegt bei 10^6, was besagt, daß sie etwa nur $\frac{1}{1000}$ bis $\frac{1}{10000}$ des Gewichtes der DNS aufweist. Ihre Kettenlänge ist dementsprechend wesentlich kürzer. Ihre wichtigsten N-Basen sind Guanin, Zytosin sowie Adenin und Urazil. Im Gegensatz zur

DNS enthält sie also an Stelle des Thymins das Urazil als N-Base, welches ebenfalls zu Adenin komplementär ist. mRNS wird im Zellkern und in geringem Umfange auch in den Mitochondrien und Chloroplasten synthetisiert.

rRNS bedeutet Ribosomen-RNS. Ribosome bilden zusammen mit mRNS-Fäden Polysome; diese sind Zellorganellen, in denen Proteine synthetisiert werden (s. S. 178). Die wichtigsten Bausteine der Ribosome sind die rRNS-Moleküle (LOENING 1968). Ihre Molekulargewichte liegen ebenfalls bei 10^6; ihre wichtigsten N-Basen sind Adenin, Urazil sowie Guanin und Zytosin. Die N-Basen der pflanzlichen rRNS sind etwas stärker methyliert als die der tierischen.

tRNS bedeutet Transfer-RNS, denn sie transferiert die Aminosäuren zu den Zentren der Proteinsynthese. Sie besteht nur aus etwa 80 Nukleotiden; ihr Molekulargewicht ist dementsprechend niedrig und liegt bei etwa 25000. Neben den bereits mehrfach erwähnten 4 N-Basen enthält sie noch verschiedene andere methylierte N-Basen. Aus diesem Grunde ist eine vollkommene Basenpaarung nicht möglich. In ihrem Molekül befinden sich deshalb Abschnitte, bei denen die beiden Stränge nicht aneinander gebunden sind (LOENING 1968). Das bedingt eine kleeblattähnliche Struktur (NINIO et al. 1969), die für ihre physiologische Funktion wichtig ist (s. Abb. 79).

d) Die Biosynthese der Nukleinsäuren und Proteine

Ausgangsbausteine der DNS sind die Desoxynukleotidtriphosphate. Das sind Triphosphate von der Art des ATP, GTP, CTP und TTP, die jedoch an Stelle einer Ribose eine Desoxyribose haben. Diese einzelnen Nukleotide werden an einen Einzelstrang der DNS unter Abspaltung von Pyrophosphat der Komplementärregel entsprechend angelagert.

$$\begin{array}{l}\text{dATP}\\\text{dGTP}\\\text{dCTP}\\\text{dTTP}\end{array} \xrightarrow[\text{DNS-Polymerase}]{\text{DNS}} \text{DNS} + \text{Pyrophosphat}$$

Der vorgegebene DNS-Strang dient dem aufzubauenden als Matrize. Die für die Synthese notwendige Energie steckt in den Desoxynukleotidtriphosphaten (dATP, dGTP, dCTP, dTTP), und jede Anlagerung eines neuen Nukleotides erfordert eine dem ATP äquivalente Energiemenge. Das katalysierende Enzym DNS-Polymerase wird nach seinem Entdecker auch Kornberg-Enzym genannt.

Bevor diese Synthese *in vivo* ablaufen kann, muß der DNS-Doppelstrang in zwei Einzelstränge entflochten werden, was durch Rotation der Einzelstränge erfolgen könnte. Die sehr langen Moleküle würden jedoch eine außerordentlich hohe Rotationsgeschwindigkeit für ihre Entflechtung erfordern. Man nimmt deshalb an, daß der Drehungssinn eines DNS-Doppelstranges nicht kontinuierlich in einer Richtung verläuft, sondern daß Abschnitte mit Linksdrehung durch helixfreie Bereiche von Abschnitten mit Rechtsdrehung getrennt sind. Auf diese Weise wird die für die Neusynthese notwendige Entflechtung des Doppelstranges vereinfacht (TRÄGER 1969). An den Einzelstrangabschnitten können dann die einzelnen Nukleotide unter Abspaltung von Pyrophosphat der Komplementärregel entsprechend

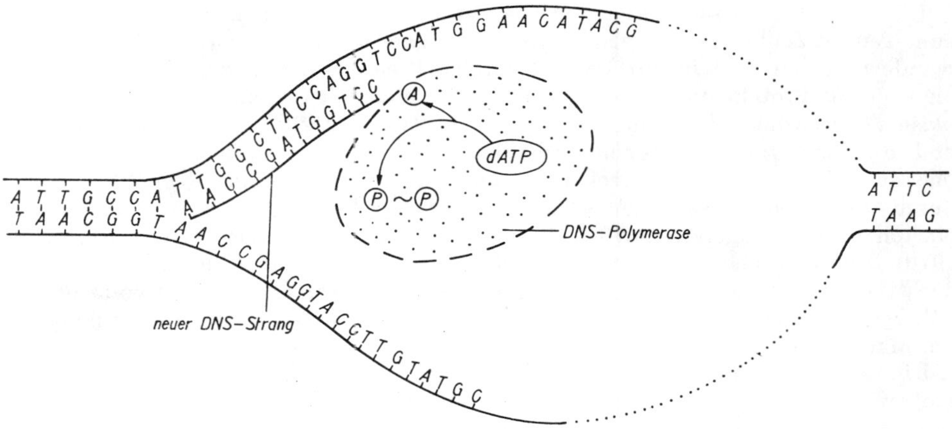

Abb. 76
Schematische Darstellung der DNS-Synthese an einem teilweise entflochtenen DNS-Molekül.

angelagert werden. Hierbei wird das neu hinzukommende Nukleotid an die freie 3′OH-Gruppe der endständigen Ribose des neubegonnenen Stranges gebunden (s. Abb. 76).

Die Synthese ist nicht kontinuierlich. Vielmehr werden erst kurze Stränge von etwa 2000 Nukleotiden synthetisiert, die dann durch Einwirkung von Ligasen zum langen, endgültigen DNS-Strang verbunden werden. Auf diese Weise entsteht ein neuer komplementärer Einzelstrang. Die RNS-Synthese geht hauptsächlich im Zellkern vor sich. Aber auch Mitochondrien und Chloroplasten haben nach Horowitz und Metzenberg (1965) eigene DNS-Synthesezentren. Nach der vollständigen Auftrennung des Doppelstranges und nach Anlagerung der komplementären Nukleotide sind zwei neue Doppelstränge entstanden, die dem Ausgangsdoppelstrang vollkommen identisch sind. Dieses von Watson und Crick (1953) schon vor fast zwei Jahrzehnten postulierte Prinzip der DNS-Biosynthese wurde in den folgenden Jahren durch zahlreiche Untersuchungen erhärtet. Der Vorgang ist von grundlegender Bedeutung, denn er zeigt, wie die Natur aus einem Molekül zwei neue identische Moleküle (Replikation) aufbaut. Hier wird auf molekularer Ebene das Prinzip deutlich, auf dem organisches Wachstum und Vermehrung beruhen.

Auch die mRNS wird in analoger Weise an einem Einzelstrang der DNS aufgebaut. Man bezeichnet diesen Vorgang mit Transkription, denn mit ihm wird gleichsam die N-Basensequenz der DNS in komplementärer Form auf die N-Basensequenz der mRNS „überschrieben“. Die genetische Information der DNS wird also auf die mRNS übertragen, die ihrerseits ihre „Botschaft“ den Synthesezentren vermittelt. Die Transkription erfolgt nur an einem Strang des DNS-Moleküls, und zwar ist das der Strang, der mehr Pyrimidinbasen (Thymin, Zytosin) enthält. *In vivo* werden pro Sekunde etwa 50 Nukleotide angelagert. Es wird nicht die gesamte Länge des DNS-Einzelstranges transkribiert, sondern nur Einzelabschnitte. Dementsprechend ist die mRNS kürzer als die DNS.

Die im Zellkern synthetisierte mRNS wird nach BRAMWELL und HARRIS (1967) zum Teil im Zellkern schon wieder abgebaut. Die vom Nukleus abgegebene mRNS wandert zu den Proteinsynthesezentren, **den Ribosomen.** Das sind Zellorganellen, die sich aus Protein und rRNS aufbauen. Sie sind vorwiegend an eine das Zytoplasma durchziehende Membran, das Endoplasmaretikulum, gebunden (PAYNE und BOULTER 1969). Daneben enthalten aber auch Mitochondrien und Chloroplasten Ribosome. Sie unterscheiden sich von den Ribosomen des Zytoplasmas durch ihren Sedimentationskoeffizienten, welcher für die Ribosome der Chloroplasten und Mitochondrien 70s, für die des Zytoplasmas 80s beträgt (BOULTER 1970). Damit ähneln die Ribosome der Mitochondrien und Chloroplasten denen der Mikroorganismen, und es ist anzunehmen, daß im Laufe der Evolution die höheren Lebewesen (höhere Pflanze, Tier) ganze Funktionseinheiten der Prokaryonten inkorporierten.

Ribosome bestehen aus einer größeren und einer kleineren Untereinheit. Die größere Untereinheit ist meistens an eine Membran gebunden, z. B. an das Endoplasmaretikulum. Die kleinere Untereinheit bindet sich an die mRNS und fügt sich dann mit der größeren Untereinheit zum eigentlichen Ribosom zusammen (s. Abb. 77).

Für die Proteinsynthese hat weniger das einzelne Ribosom als vielmehr mehrere Ribosome, die durch einen mRNS-Faden verbunden sind, Bedeutung (MARKUS et al. 1966). Derartige aneinandergereihte Ribosome nennt man **Polysom** (WARNER et al. 1962). Ihre Größe hängt von der Länge der mRNS ab. Für die Synthese von Globin sollen 5–6 Ribosomen zu einem Polysom zusammengefaßt sein; bei der β-Galaktosidase von *Escherichia coli* sollen ungefähr 40 Ribosomen ein Polysom bilden. Nach STAEHELIN et al. (1963) soll hierbei der Abstand von Ribosom zu Ribosom etwa 90 N-Basen betragen. Ein mRNS-Faden kann nacheinander mehrere Ribosomen durchlaufen. An jedem der Ribosomen wird eine Polypeptidkette

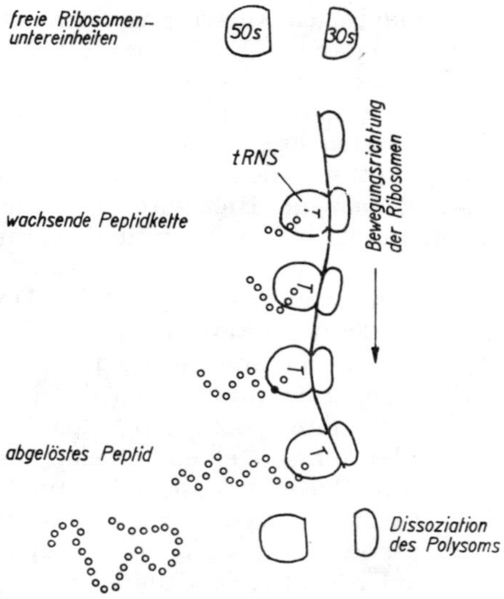

Abb. 77
Ribosomen-Untereinheiten, Polysom und durchlaufende mRNS bei Bakterien (n. TRÄGER 1969).

synthetisiert, die sich nach ihrer Fertigstellung mit den anderen Polypeptidfäden zu einem Proteinmolekül zusammenlagert (s. Abb. 77). Im Verlaufe der Proteinbiosynthese brechen Polysome durch Abspaltung von Ribosomen zusammen und werden andererseits durch Anlagerung neuer Ribosomen wieder aufgebaut. Polysomenauf- und -abbau und Proteinsynthese stehen also in direktem Zusammenhang (Böttger 1965).

Das Ribosom ist der Ort, an dem ein Aminosäurerest an einen anderen Aminosäurerest bzw. an eine Peptidkette geknüpft wird. Es ist gleichsam die „Nähmaschine", die durch fortwährendes Anknüpfen neuer Aminosäurereste ein neues Polypeptid aufbaut. Der durchlaufende mRNS-Faden bestimmt hierbei, welche Aminosäure jeweils angelagert wird.

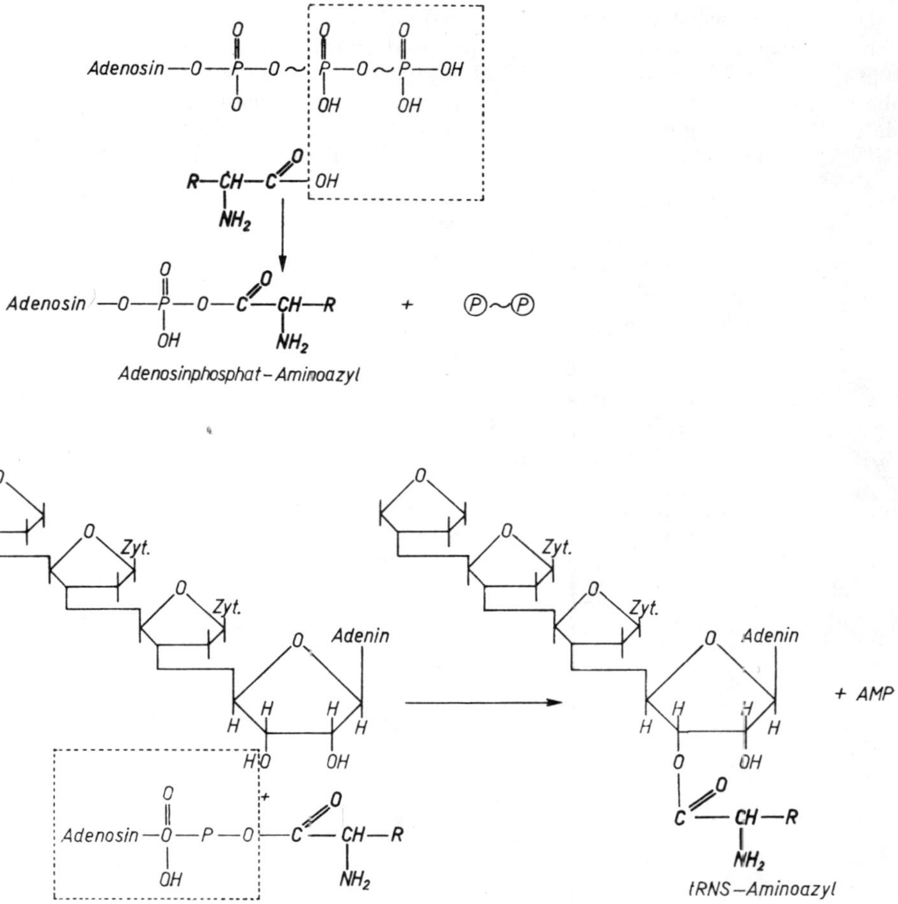

Abb. 78
Die Aktivierung der Aminosäure und die Bindung des Aminoazyls an die tRNS.

Bevor die Aminosäure für den Proteinaufbau verwendet werden kann, muß sie aktiviert werden. Das erfolgt mittels ATP, welches das Aminoazyl unter Abspaltung von Pyrophosphat bindet (s. Abb. 78). Es entsteht hierbei ein Adenosinphosphat-Aminoazyl (= aktivierte Aminosäure). Der Verbrauch von ATP veranschaulicht die für die Synthese notwendige Energie. Das Adenosinphosphat-Aminoazyl überträgt seinen Azylrest auf eine endständige Ribose einer tRNS. Sie bindet unter Freisetzung von AMP das Aminoazyl an das C-3 der Ribose (Abb. 78). Damit ist das Aminoazyl an einen spezifischen Träger gebunden, der es an die vorgeschriebene Stelle der Proteinsynthesereaktion befördert. Der gesamte Prozeß, die Aktivierung der Aminosäure und die Bindung des Aminoazyls an die tRNS, wird von einer Aminoazyl-tRNS-Synthetase katalysiert. Die Spezifität der tRNS, auch sRNS (= soluble RNS) genannt, beruht auf ihrer kleeblattähnlichen Struktur (Abb. 79).

Das Molekül weist vier Schleifen (loops) auf, die dadurch zustande kommen, daß sich die gegenüberstehenden N-Basen nicht komplementär binden (Ninio et al. 1969). Für die Funktion des tRNS-Moleküls sind die beiden Basentripletts an der oberen Schleife und am unteren Ende wichtig. Letzteres Triplett ist bei allen tRNS-Molekülen gleich und besteht aus A–C–C (= Adenin, Zytosin, Zytosin). Mit diesem Triplett bzw. mit seiner endständigen Base Adenin werden die Amino-

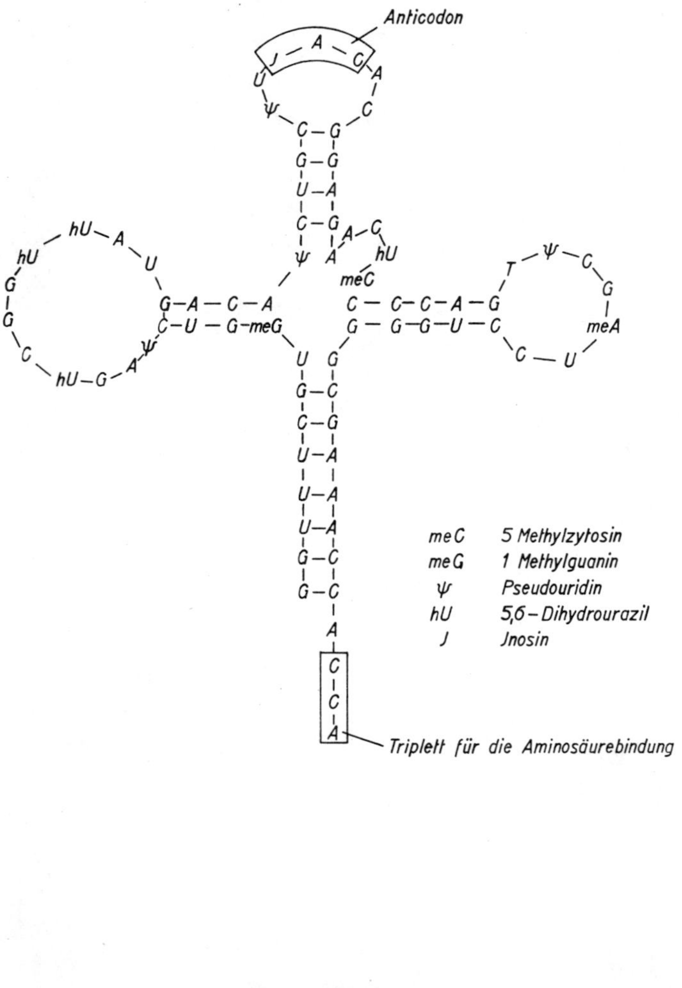

Abb. 79
Struktur der tRNS.

azyle gebunden. Das an der oberen Schleife sitzende Basentriplett ist spezifisch für die zu bindende Aminosäure. Man nennt es **Anticodon,** denn es ist komplementär zu einem Basentriplett der mRNS, welches mit **Codon** bezeichnet wird. Jede Aminosäure hat also mindestens eine tRNS, deren Spezifität sich durch ihr Basentriplett an der oberen Schleife (Anticodon) dokumentiert. Die tRNS transferiert nun ihr spezifisches Aminoazyl zum Ribosom und lagert sich mit ihrem Anticodon dem Codon der mRNS gegenüber. Beide Basentripletts, das des Codons und des Anticodons, sind einander komplementär, so daß sich die tRNS geradezu „ihr Codon" suchen muß. Die komplementäre Bindung ist allerdings nicht ganz streng gegeben, denn die 3. Base des Anticodons vermag auch von der Watson-Crick-Paarung abweichende Basen zu binden (Wobble-Paarung). Die Basentripletts der mRNS (Codon) entsprechen jeweils einer bestimmten Aminosäure, und die Sequenz der Tripletts determiniert damit die Aminosäuresequenz des zu synthetisierenden Polypeptids.

Die bei Mikroorganismen gefundenen Codons der einzelnen Aminosäuren sind in Tabelle 21 aufgeführt. Es gilt als ziemlich sicher, daß diese Codons auch für die höhere Pflanze gelten (Boulter 1970).

Tabelle 21
Die an der mRNS lokalisierten Basentripletts (Codon) der einzelnen Aminosäuren

1. Base	2. Base				3. Base
	U	C	A	G	
U	Phe	Ser	Tyr	Cys	U
	Phe	Ser	Tyr	Cys	C
	Leu	Ser	Term.	Term.	A
	Leu	Ser	Term.	Trp	G
C	Leu	Pro	His	Arg	U
	Leu	Pro	His	Arg	C
	Leu	Pro	$GlnNH_2$	Arg	A
	Leu	Pro	$GlnNH_2$	Arg	G
A	Ileu	Thr	$AspNH_2$	Ser	U
	Ileu	Thr	$AspNH_2$	Ser	C
	Ileu	Thr	Lys	Arg	A
	Met	Thr	Lys	Arg	G
G	Val	Ala	Asp	Gly	U
	Val	Ala	Asp	Gly	C
	Val	Ala	Gln	Gly	A
	Val	Ala	Gln	Gly	G

Term. → terminal, d. h. dieser Codon schließt die Peptidkette ab.

Der Tabelle 21 ist zu entnehmen, daß die meisten Aminosäuren mehrere Codons haben, wobei jeweils die zwei ersten N-Basen gleich sind.

Die Realisierung der in der mRNS vorliegenden Information über die Aminosäuresequenz in Form der Polypeptidsynthese nennt man Translation. Codon und Anticodon lagern sich am Ribosom gegenüber (s. Abb. 80). Es wird so die Bindung

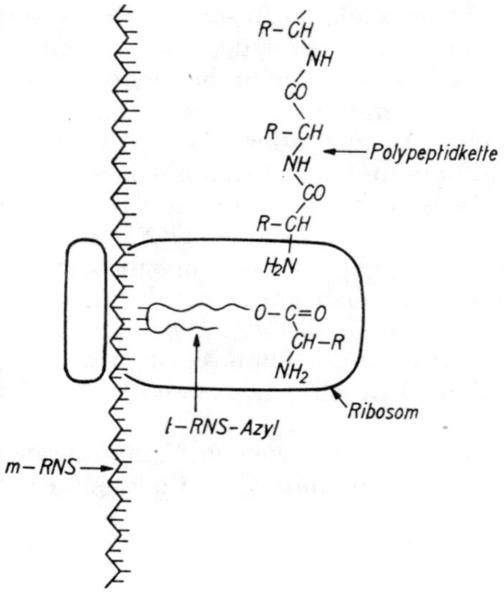

Abb. 80
Schematische Darstellung der Bindung des Aminoazyls an die Polypeptidkette im Ribosom unter Einwirkung von tRNS und mRNS.

des Aminoazyls an die begonnene Peptidkette ermöglicht. Hierbei bindet sich das Aminoazyl mit seiner Karbonylgruppe an die Aminogruppe der Peptidkette.

Bei Bakterien fand man, daß die Polypeptidsynthese immer mit Methionin beginnt. Das tRNS-Methionyl wird formyliert, d. h., ein H der Aminogruppe wird in eine Aldehydgruppe umgewandelt und damit inaktiviert.

$$\text{tRNS}-\text{O}-\text{CO}-\underset{\underset{\text{CH}_2-\text{CH}_2-\text{S}-\text{CH}_3}{|}}{\overset{\overset{\text{NH}_2}{|}}{\text{CH}}} \longrightarrow \text{tRNS}-\text{O}-\text{CO}-\underset{\underset{\text{CH}_2-\text{CH}_2-\text{S}-\text{CH}_3}{|}}{\overset{\overset{\text{HN}-\text{CHO}}{|}}{\text{CH}}}$$

Auf diese Weise wird die Richtung der Polypeptidsynthese festgelegt, denn das nächste Aminoazyl kann sich nur an die Karbonylgruppe und nicht an die Aminogruppe des Methionin binden. Ob für höhere Lebewesen ebenfalls Methionin als Starter dient, ist noch ungeklärt. Für die Ribosome der Chloroplasten und Mitochondrien dürfte Methionin die Peptidsynthese beginnen, da diese Ribosome den Bakterien-Ribosomen entsprechen. Nach Bindung des Aminoazyls an die begonnene Peptidkette verschiebt sich der mRNS-Strang um ein Triplett. Die Verschiebung erfordert Energie in Form von GTP, welches mittels GTPase in GDP und Phosphat gespalten wird. Die Polypeptidkette wird abgeschlossen, wenn auf der mRNS ein Triplett mit dem Symbol ,,Term" erscheint (s. Tabelle 21). Derartige Tripletts sind: UAA, UAG und UGA. Der Polypeptidfaden löst sich dann vom Ribosom und faltet sich zur Tertiärstruktur (Abb. 77). Für die Bindung von mRNS an das Ribosom und für die Peptidsynthese ist die Gegenwart von K^+ oder NH_4^+ erforderlich (Lubin 1963, Ratner und Yelisewa 1968). Na^+ und Li^+ vermögen K^+ hierbei nicht zu substituieren (Kloppstech und Klink 1967). Mg^{++} stabilisiert die Ribosomen-RNS.

Die Proteinsynthese erfolgt in den Ribosomen des Zytoplasmas und denen von Mitochondrien und Chloroplasten. Letztere haben einen autonomen Proteinsyntheseapparat (HEBER 1963), der mit den für die Proteinbildung notwendigen Enzymen ausgerüstet ist. Jedoch ist er nicht ausreichend, um alle in den Mitochondrien vorkommenden Enzyme aufzubauen (HEIL 1970). Die Proteinsynthese der Chloroplasten wird durch Licht begünstigt.

Betrachtet man den gesamten Verlauf der Polypeptidsynthese von der DNS über die mRNS und tRNS bis zum Polypeptidfaden, so wird deutlich, daß die N-Basensequenz der DNS die Sequenz der Aminosäurereste im Polypeptid und damit den Charakter des Proteins bestimmt. Die N-Basensequenz der DNS ist gleichzusetzen mit der genetischen Information, während die Aminosäuresequenz im Protein den Charakter eines Enzyms ausmacht. Hier wird also deutlich, wie die genetische Information über den Proteinaufbau den Stoffwechsel dirigiert. Auf diese Weise wird die genetische Information des Zellkerns über biochemische Strukturen auf den gesamten Stoffwechsel und damit auf Wachstum und Entwicklung des Individuums übertragen.

Tabelle 22
Biochemische Struktur und physiologische Funktion bei der Vererbung (n. SCHRAMM 1965)

Funktion	chemische Verbindung
Gene	DNS
Botenstoffe	RNS
Enzyme	Protein
Stoffwechsel	niedermolekulare Verbindungen

Das genetische Potential, d. h. die im Zellkern mit DNS „aufgeschriebene" Information zur Synthese verschiedenster Enzyme, ist im Verlauf der Evolution immer reichhaltiger geworden, wobei wichtige Enzyme schon auf einer niedrigen Stufe der Entwicklung ausgebildet und bis in höhere Entwicklungsstufen beibehalten wurden. So ist beispielsweise die Aminosäuresequenz von Hefe-Zytochrom c der des menschlichen Zytochrom c außerordentlich ähnlich (ABELSON 1968).

Viren zeigen den gleichen Aufbau wie Nukleoproteide. Das Molekulargewicht der Viren liegt in einer Größenordnung von $2 \cdot 10^6$ bis $40 \cdot 10^6$. Ihr Charakteristikum ist, daß sie sich in der Zelle der Wirtspflanze reduplizieren, d. h. sie sind befähigt, die Stoffwechselprodukte der Zelle für den Aufbau neuer artspezifischer Nukleoproteide zu verbrauchen. Während jedoch die Nukleoproteide des Zellkerns auch die Eiweiße prägen, damit neue Enzyme bilden und so den Stoffwechsel bestimmen, kennt man bei den Viren keinen eigentlichen Stoffwechsel. Sie stehen gleichsam auf der Grenze zwischen lebender und toter Materie. Einesteils sind sie befähigt, sich ähnlich wie die Zellstrukturen aus sich selbst heraus neu zu bilden, andererseits können sie keine Energie umformen oder fremde Substanzen, mit Ausnahme der für ihren Organismus passenden Verbindungen, assimilieren.

6. Organisation und Bau der Zelle

a) Regelmechanismen der Zelle

Der Zellkern ist ein Speicher der genetischen Information. Die Realisierung dieser Information erfolgt über die Bildung von mRNS-Molekülen, die wiederum die Synthese bestimmter Proteineinheiten und damit den Stoffwechsel in eine bestimmte Richtung lenken. Jeder Zellkern eines Individuums besitzt nun potentiell das Vermögen, alle zu diesem Individuum gehörigen Enzyme über den dargelegten Mechanismus zu produzieren. In den meisten Fällen wird jedoch, besonders wenn es sich um differenzierte Zellen handelt, nur ein kleiner Teil der genetisch möglichen Enzyme gebildet. Die Frage, mit welchem Mechanismus die Zelle die Realisation der einzelnen genetisch verankerten Informationen steuert, ist daher von hoher Aktualität. Sie ist keineswegs geklärt, jedoch wurden in den letzten Jahren wesentliche Beiträge zu dieser Frage erarbeitet, so daß das Prinzip der genetischen Steuerung erkennbar wird (JAKOB und MONOD 1961).

Es ist bekannt, daß gewisse Enzyme durch Adaption gebildet werden, d. h. die Enzyme werden nur dann synthetisiert, wenn ein entsprechendes Substrat auf die Zelle einwirkt. Verschiedene Mikroorganismen mit Glukose als Kohlenhydratquelle synthetisieren beispielsweise keine Laktose abbauenden Enzyme. In dem Augenblick, in dem man diesen Mikroorganismen Laktose anbietet, wird das Laktose abbauende Enzymsystem (β-Galaktosidase und Galaktosidpermease) überraschend schnell gebildet. Umgekehrt kann auch eine niedermolekulare Verbindung ihre eigene Synthese oder die verwandter Verbindungen blockieren. So verhindert Tryptophan im Nährmedium die Biosynthese von Tryptophan bei Bakterien (MONOD 1959). Diese fehlende Biosynthese kommt nicht durch eine Hemmung des zuständigen Enzymsystems zustande (z. B. Endprodukthemmung); die Tryptophansynthetase wird vielmehr überhaupt nicht gebildet.

Zur Erklärung dieser Befunde haben besonders MONOD und seine Mitarbeiter – aufbauend auf genetischen und biochemischen Untersuchungen – eine Hypothese entwickelt, die heute allgemein als zutreffend anerkannt wird (PARDEE et al. 1959). Hierbei wird angenommen, daß die einzelnen Gene, die für den Aufbau einer bestimmten Reaktionskette verantwortlich sind, im Genom benachbart angeordnet sind. Diesen Genabschnitt nennt man **Operon.** Am Operon sitzt zusätzlich noch ein sog. Operator-Gen. Dieses Gen produziert einen Operator (= Repressor), der die Weiterleitung der gesamten genetischen Information des Operons blockiert. Das bedeutet, daß die DNS der Chromosomen in diesem „reprimierten" Zustand keine mRNS bilden kann. Die Wirkung des Repressors kann jedoch durch den antagonistischen Einfluß niedermolekularer Verbindungen gesteuert werden. Im Fall der Tryptophan-Synthese ist der Repressor nur in Zusammenarbeit mit Tryptophan effektiv. Wenn also Tryptophan auf die Zelle einwirkt, wird die genetische Information zur Tryptophansynthese durch Repressor + Tryptophan gleichsam verschlossen. Die Tryptophan-Synthetase kann dann nicht gebildet werden. Wird das Tryptophan im Stoffwechsel verbraucht, so entfällt die Hemmung, die Information zur Tryptophan-Synthese kann wieder an die Ribosomen geleitet werden. Tryptophan steuert hier also in Zusammenarbeit mit dem Repressor seine eigene Synthese (s. Abb. 81). Es aktiviert gleichsam den Repressor. Umgekehrt gibt es auch niedermolekulare Verbindungen, die den Repressor inaktivieren. In diesem

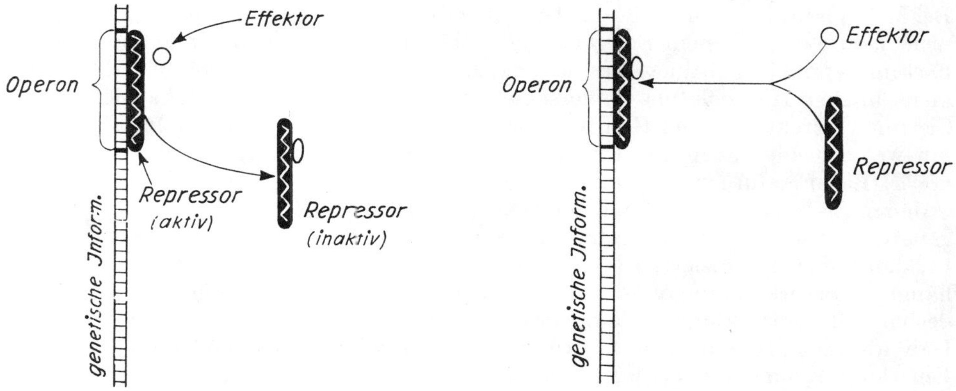

Abb. 81
Schematische Darstellung der Wirkung von Repressor und Effektor bei katabolischen und anabolischen Vorgängen.

Falle verschließt der Repressor ohne Mitwirkung einer niedermolekularen Verbindung die genetische Information des Operons. Bei Zusatz der entsprechenden niedermolekularen Verbindung (Induktor) wird der Repressor inaktiviert. An der Chromosomen-DNS kann dann mRNS gebildet werden. Ein derartiger Mechanismus trifft für das oben erwähnte Beispiel Glukose-Laktose-Ernährung zu. Im Falle der Glukose-Ernährung werden die Laktose abbauenden Enzyme nicht synthetisiert. In dem Augenblick, in dem Laktose in die Zelle eindringt, wirkt sie auf den Repressor; sie inaktiviert ihn, so daß die genetische Information freigegeben wird. Es werden laktoseabbauende Enzyme synthetisiert.

Bei der Tryptophan-Synthese handelt es sich um einen anabolischen Vorgang. Der aufzubauende Stoff (Tryptophan) bewirkt hierbei in Zusammenarbeit mit dem Repressor die Repression. Beim Laktoseabbau liegt ein katabolischer Vorgang vor. Der abzubauende Stoff (Laktose) inaktiviert den Repressor. Man vermutet, daß allgemein bei anabolischen Prozessen der Repressor + „Anabolit“ (aufzubauender Stoff) die Repression bewirken und daß bei katabolischen Vorgängen der „Katabolit“ (abzubauender Stoff) den Repressor inaktiviert. Auf diese Weise wird eine sinnvolle Regelung aufbauender und abbauender Prozesse ermöglicht. Im ersten Falle werden nur dann die Enzyme für den Stoffaufbau synthetisiert, wenn der betreffende Stoff nicht oder nur in geringen Mengen vorhanden ist; im letzteren Falle (Anabolismus) werden die Enzyme für den Stoffabbau gebildet, wenn der Stoff dem Organismus zum Abbau zur Verfügung steht (s. Abb. 81).

Der Stoff, der den Repressor beeinflußt (bei katabolischen Prozessen inaktiviert, bei anabolischen aktiviert), heißt **Effektor.** Er ist eine niedermolekulare Verbindung, und er muß auf Grund seiner physiologischen Funktion zum Repressor eine spezifische Affinität haben. Die chemische Natur des Repressors ist noch nicht restlos geklärt (Horowitz und Metzenberg 1965). Wahrscheinlich stellt er eine Nukleinsäure oder ein Protein dar. Für beide Vermutungen gibt es Anhaltspunkte.

Der Repressor ist genetisch bedingt, d. h. für seine Synthese ist ein bestimmtes Gen verantwortlich. Es soll, wie erwähnt, dem zugehörigen Operon benachbart sein.

Bei Mikroorganismen umfaßt das Operon ganze Syntheseketten. Bei höheren Organismen sind die zu einem Enzymsystem gehörenden Gene nicht unbedingt benachbart im Genom angeordnet. So sind die Cistrone für die α- und β-Polypeptidkette des menschlichen Hämoglobins an verschiedenen Stellen des Genoms lokalisiert. Unter Cistron versteht man ein Gen im biochemischen Sinne, also die N-Basensequenz, mit welcher eine bestimmte Information „aufgeschrieben" ist. Durch Substitution von N-Basen kann ein Cistron mutieren.

Jeder Zellkern, selbst der einer sehr spezialisierten Zelle, enthält die gesamte genetische Information des Individuums. Von dieser Information wird jedoch gerade bei den höher organisierten Organismen nur ein kleiner Teil realisiert. Die zeitabhängige Verwirklichung der genetischen Information der einzelnen Cistrone erlaubt deshalb die Ausbildung differenzierter Gewebe und damit die Entwicklung des Individuums. Die einzelnen Cistrone kommen also entsprechend dem arteigenen Entwicklungsplan einer Spezies nacheinander zur Entfaltung, d. h. zur Übertragung ihrer Information über mRNS und Proteinsynthese auf den Stoffwechsel. An Riesenchromosomen (z. B. von *Drosophila*) hat man nun festgestellt, daß einzelne Stellen im Chromosom aufgelockert und diffus verdickt erscheinen. Solche „Puffs" werden nach ihrem Entdecker auch als „Balbiani-Ringe" bezeichnet. Man nimmt an, daß an diesen aufgelockerten Stellen des Chromosoms die DNS im aktiven Zustand vorliegt, also mRNS synthetisiert (Mechelke 1963). Für diese Annahme spricht der Befund, daß in den Puffs RNS vermehrt vorkommt, während die Menge an DNS konstant bleibt. Neben der RNS findet man in den Puffs nichtbasische Proteine. Chromosomenabschnitte, die nicht derartig diffus aufgeweitet sind, enthalten dagegen vermehrt basische Proteine (Histone). Man nimmt deshalb an, daß die Histone im Ruhezustand das Chromosom bzw. die DNS-Moleküle umhüllen. Sobald diese Hülle aufgelöst wird, kommt es zur Aktivierung der entsprechenden Cistrone. Eine gerichtete Aktivierung der einzelnen Genorte führt dann zur arteigenen Entwicklung des Organismus. Die Aktivierung der Genorte (Loci) erfolgt vermutlich durch Plasmafaktoren (Clever 1963). Derartige Plasmafaktoren können die Hormone darstellen (Horowitz und Metzenberg 1965). Ihre physiologische Auswirkung ließe sich mit dieser Hypothese gut erklären.

b) Feinbau der Zelle

Die einzelne pflanzliche Zelle vermag, falls sie nicht allzu sehr spezialisiert ist, die oben besprochenen verschiedensten Stoffwechselprozesse durchzuführen. Sie ist eine Funktionseinheit, in der sowohl anabolische wie auch katabolische Reaktionen ablaufen. Diese Funktionseinheit ist besonders bei den Einzellern augenscheinlich; sie ist aber auch noch in den Zellen der höheren Pflanze ausgeprägt. Mit Hilfe des Elektronenmikroskops sind die einzelnen Reaktionsräume (Kompartimente) der Zelle in den letzten Jahren näher erforscht worden. Die Biochemie, welche den chemischen Nachweis für eine Substanz erbringt, wird heute in vielen Fällen schon direkt von der Anatomie ergänzt, die über den Bau einer Substanz (z. B. über die Struktur eines Enzymkomplexes) eine Aussage machen kann. Auf der Ebene der Makromoleküle treffen sich also Biochemie und Anatomie.

Die verschiedenartigen, zahlreichen Stoffwechselprozesse, die in einer einzigen Zelle ablaufen, erfordern eine strenge Trennung der einzelnen Reaktionsräume. Diese Abtrennung wird durch **Membranen** bewirkt. Sie bestehen etwa zur Hälfte aus Proteinen und zur Hälfte aus Lipiden. Aufbau und Struktur biologischer Membranen sind noch nicht restlos geklärt. Das von Davson und Danielli postulierte Modell besteht aus zwei Lipidschichten, die beiderseits von globulären Proteinen bedeckt sind (s. Abb. 82). Die beiden Lipidschichten stehen sich jeweils mit ihren hydrophoben Fettsäureresten gegenüber, so daß sich hydrophobe Bindungen ausbilden können. Der Glyzerin- und besonders der Phosphatanteil der Lipide ist an das Protein gebunden (Kleine 1968).

Die Dicke der Membran beträgt etwa 75 Å, wobei die Lipidschicht die Hälfte ausmacht. Dieses Modell einer Membran wird auch als ,,unit membrane" bezeichnet. Es wird der Forderung, Reaktionsräume abzutrennen, gerecht, denn die bimolekulare Lipidschicht stellt für hydrophile Partikel eine kaum überwindbare Diffusionsbarriere dar, während die beiden Proteinschichten den sehr flexiblen Lipidfilm versteifen und so gleichsam das stabilisierende Element der Membran sind. Benson (1966) nimmt jedoch an, daß sich die Membranproteine nicht beiderseits auf die bimolekulare Lipidschicht auflagern, sondern daß sich die Proteine durch die Lipidschicht hindurchziehen, also mit ihr sehr eng ,,verwoben" sind (s. Abb. 82). Da Membranen vielfach auch Träger von Enzymen und Koenzymen sind, wird das Benson-Modell den Stoffwechselanforderungen gerechter. Bei ihm sind Protein und Lipid teils so dicht aneinandergelagert, daß das Protein, besonders hydrophobe Seitenketten der Aminosäuren, seine Hydratation verliert. Es bilden sich hierbei Mizellen aus, die zum Inneren hydrophobe, nach außen hin hydrophile Gruppen gerichtet haben. In diese Mizellen können Koenzyme eingelagert sein. So sollen die hydrophoben Seitenketten des Chlorophylls und des Plastochinons in den hydrophoben Bereich der Mizelle eintauchen, während der mehr hydrophile Teil, beim Chlorophyll der Porphyrinring, nach außen ragt. Ein großer Teil der Membranlipide sind Phospholipide; daneben kommen auch Galakto- und Sulfolipide vor. Die Fettsäurereste sind größtenteils ungesättigt (Ölsäure, Linolsäure, Linolensäure).

Abb. 82 zeigt auch eine Membranpore. Sie ist ein sich durch die Membran ziehender hydrophiler Bereich, der die Diffusion kleinerer Ionen und Moleküle zuläßt.

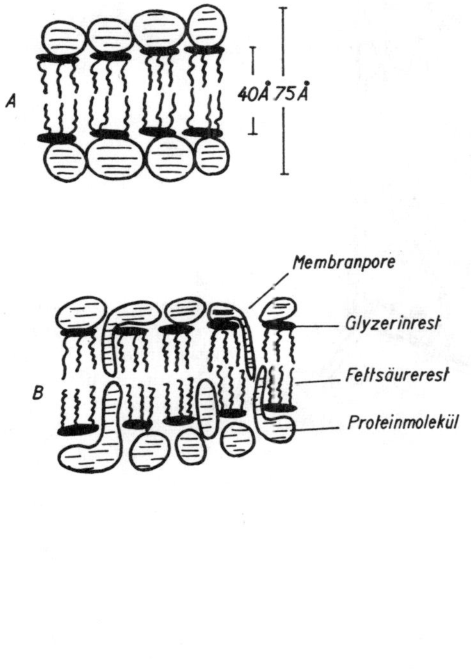

Abb. 82
Modelle einer biologischen Membran. A. Danielli-Modell, B. Modell nach Benson.

Die Größe dieser Poren ist für die Membranpermeabilität von Bedeutung. Sie wird durch zwei- und mehrwertige Kationen erniedrigt, die zwischen benachbarten Phosphorylgruppen eine Brücke aufbauen und damit die Membranpore verengen sollen (Kavanau 1965).

In Abb. 83 ist der Bau einer jungen Pflanzenzelle schematisch dargestellt. Das Zytoplasma wird zur Zellwand hin von einer Membran, dem Plasmalemma, abgegrenzt. An verschiedenen Stellen ist die Zellwand von röhrenförmigen Plasmasträngen (Plasmodesmen) durchbrochen, die den Stofftransport von einer Zelle zur anderen ermöglichen (Sitte 1961). Die Annahme, daß sich Plasmaeinstülpungen, sog. Ektodesmen, in die Zellwand erstrecken, ist zweifelhaft. Franke (1964) führt überzeugende Beweise an, daß diese Ektodesmen nicht zum Plasma gehören. Von Membranen sind weiterhin die Vakuolen (Tonoplast), die Plastiden, die Mitochondrien und der Zellkern umgeben. Von der Zellkernmembran ziehen sich häufig sackartige Membrangebilde in das Plasma hinein. Man nennt diese flach zusammengedrückten Membranen **Endoplasmaretikulum.** Gerade bei älteren Zellen steht es nicht immer in direkter Verbindung mit der Kernmembran. Die flachgedrückten Ausstülpungen des Endomembransystems sind häufig mit granulären Partikeln, den Ribosomen, besetzt. Man nimmt an, daß das Endoplasmaretikulum eine Funktion bei der Proteinsynthese und beim Stofftransport hat. Das Endomembransystem ist auch an der Bildung von Plasmodesmen beteiligt.

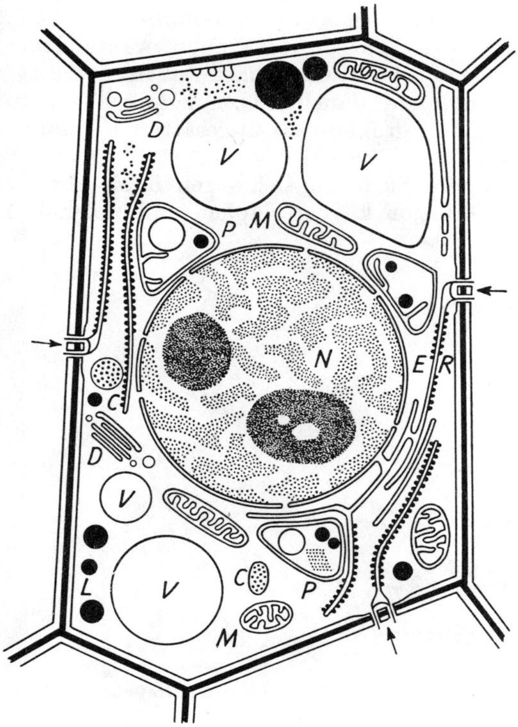

Abb. 83
Schematische Darstellung des Baues einer jungen Pflanzenzelle (n. Sitte 1965). V Vakuole, N Kern, M Mitochondrien, P Plastiden, L Lipidtropfen, C Zytosome, D Diktyosome, ER Endoplasmaretikulum.

Im Plasma befinden sich weiterhin Stapel gekrümmter, zum Teil schon zerfallener Membranen. Man nennt sie **Diktyosome.** Sie sollen der Sekretion bestimmter Stoffe dienen.

Wie bereits erwähnt, werden die DNS sowie die mRNS im Zellkern gebildet. Er ist deshalb der zentrale Ort des Nukleinsäurestoffwechsels. Die mRNS tritt durch die Kernmembranporen ins Plasma und bewirkt hier an den Polysomen die Proteinsynthese (s. S. 178). Die Polysomen stellen kleine Gruppen von Ribosomen dar, die durch Fäden (mRNS) miteinander verbunden sind (s. S. 178). Die Länge dieser Fäden beträgt etwa 1300 Å, ihr Durchmesser 10–15 Å; das einzelne Ribosom hat einen Durchmesser von etwa 230 Å (Warner et al. 1962). Chemisch bestehen die Ribosomen etwa je zur Hälfte aus RNS und Protein. Sie bauen sich aus Untereinheiten auf, die sich relativ leicht voneinander trennen und mittels Ultrazentrifuge durch ihre Sedimentationskonstanten unterscheiden lassen (Ts'o 1962).

Photosynthese und photosynthetische CO_2-Assimilation spielen sich in den **Chloroplasten** ab. Sie sind runde bis ovale Gebilde mit einem Durchmesser von ungefähr 10 μm, also etwa 1000fach größer als die Ribosomen. Die Chloroplasten sind mit einer Doppelmembran umgeben. Die innere Membran stülpt sich teilweise in das Innere des Chloroplasten ein. Im Stroma des Chloroplasten sind sackförmige Gebilde (Thylakoide) stapelförmig übereinandergelagert (s. Abb. 84 und Tafel I).

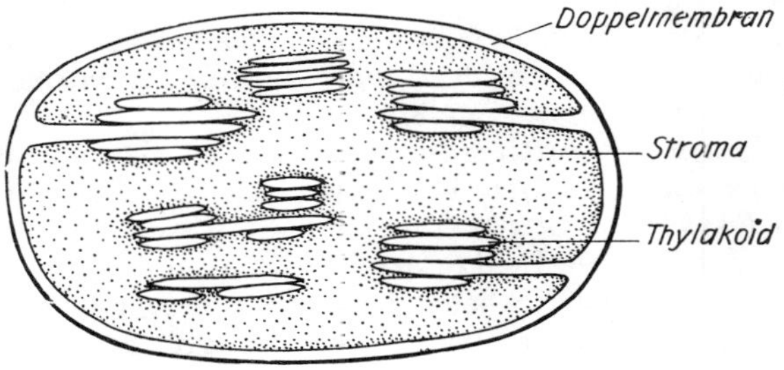

Abb. 84
Schematische Darstellung eines Chloroplasten.

Die Höhe eines einzelnen Thylakoides beträgt etwa 60 Å. In diesen Thylakoidstapeln, die teils als Grana erscheinen, sind die Enzyme und Koenzyme der Lichtreaktion lokalisiert, während sich in der Matrix die Enzyme der CO_2-Fixierung und des Kohlenhydrataufbaues befinden (s. S. 84). Chloroplasten weisen beachtliche Ionenkonzentrationen auf, die für K^+ und Cl^- in einer Größenordnung von 300 m molar liegen; das ist 4–5fach höher als die entsprechenden Konzentrationen im Zytoplasma (Larkum 1968).

Die **Mitochondrien** sind die Kompartimente des oxydativen Kohlenhydratabbaues. Sie enthalten vorwiegend Proteine und Lipide, wobei die Lipide hauptsächlich Bausteine der Membranen darstellen. Ähnlich wie die Plastiden werden auch die Mitochondrien von einer Doppelmembran umgeben. Die innere Membran bildet durch Ausstülpungen zahlreiche, in das Innere ausgedehnte Taschen (Cristae) (s. Abb. 85 und Tafel II). Auf diese Weise wird eine große Oberfläche geschaffen, an welcher die einzelnen Enzyme der Atmungskette lokalisiert sind (Green und Fleischer 1963). In der Matrix sollen sich dagegen die Enzyme des Trikarbonsäurezyklus und des Fettsäureabbaues befinden.

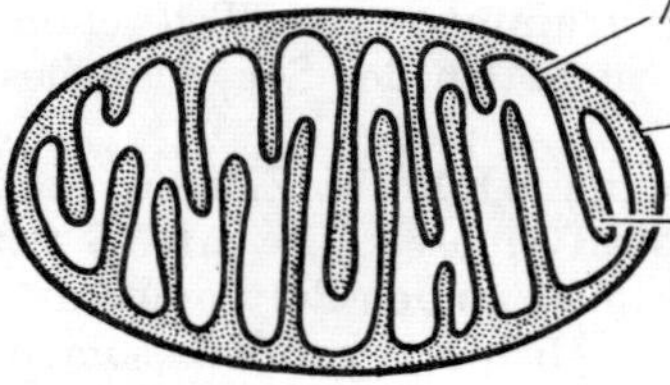

Abb. 85
Schematische Darstellung eines Mitochondrions.

An tierischen Geweben wurde festgestellt, daß es Mitochondrien gibt, die fast ausschließlich dem Kohlenhydratabbau dienen, und solche, die neben dem Kohlenhydratabbau auch reichlich mit den Enzymen des Fettsäureabbaues ausgerüstet sind. Der Aufbau der Mitochondrien aus Lipiden und Proteinen bedingt eine Überschichtung von hydrophilen und hydrophoben Phasen. Auf diese Weise wird eine Trennung der Metaboliten und ein Reaktionsablauf erreicht, der in einem einphasigen System nicht möglich ist (Crane 1961). Das gleiche trifft auch für die Chloroplasten zu. Der Quellungsgrad der Mitochondrien wird nachhaltig von den Stoffwechselbedingungen beeinflußt. Unter anaeroben Bedingungen nehmen sie eine fadenförmige Gestalt an (Drawert und Mix 1961). Normalerweise sind die Mitochondrien oval geformt. Sie haben eine Ausdehnung von ungefähr 1 μm und sind damit um eine Zehnerpotenz kleiner als die Plastiden. Quellung und Struktur der Mitochondrien hängen nach Untersuchungen von Kursanov und Vyskrebentzeva (1966) von der K-Ernährung des pflanzlichen Gewebes ab. Tafel X zeigt, wie sich mit zunehmendem K-Mangel die Mitochondrienstruktur immer mehr auflöst.

Neben den oben aufgeführten Kompartimenten spielen der **Golgiapparat** für die Zellwandsynthese, die **Glyoxysome** für den Fettabbau und die **Peroxysome** für Peroxydationen eine Rolle (Oaks und Bidwell 1970).

Im Vergleich zu den besprochenen Zellkompartimenten sind die Metabolite klein. Der Schraubendurchmesser der DNS beträgt ungefähr 40 Å, das Saccharosemolekül hat eine Ausdehnung von 10, das Glukosemolekül von 6 und das H_2O-Molekül von 3 Å. Für den geordneten Ablauf der einzelnen in den Kompartimenten lokalisierten Prozesse hat der An- und Abtransport, besonders der Transport durch die Membran, eine hervorragende Bedeutung.

7. Phytohormone und Wirkstoffe

a) Allgemeine Eigenschaften und Wirkungsweise

Der Entwicklungsverlauf der höheren Pflanze ist durch ausgeprägte Entwicklungsperioden gekennzeichnet: Samenkeimung, vegetatives Wachstum, Blühinduktion, Samenausbildung und -reife. Dieser Verlauf wird in Abhängigkeit von äußeren Faktoren (Licht, Wärme, Ernährung) von der Pflanze gesteuert; die Steuersignale stellen die **Phytohormone** (= Wuchsstoffe) dar. Hormone, schon seit Jahrzehnten von der Tierphysiologie her bekannt, sind chemisch klar definierte Substanzen, die der Organismus selbst produziert und die schon in äußerst geringer Konzentration einen physiologischer Prozeß induzieren. So genügen beispielsweise 10^{-9} g Gibberellinsäure, um eine Reaktion auszulösen (Phinney und West

1960). Wie dieser Auslösemechanismus vor sich geht, ist noch weitgehend ungeklärt. Die Annahme, daß der Ansatzpunkt der Phytohormone an der DNS lokalisiert sei, hat jedoch Berechtigung (ROYCHOUDHURY und SEN 1964, KEY 1962). Es ist gut vorstellbar, daß die Phytohormone in das Zusammenspiel von Effektor und Repressor (s. S. 185) eingreifen, so daß Genaktivitäten mobilisiert werden, die über die Synthese von mRNS und Enzymen die Voraussetzung für einen bestimmten Stoffwechselablauf schaffen.

Meistens wirkt ein Phytohormon nicht allein, sondern im Zusammenspiel mit anderen Phytohormonen. Sie lassen sich nach unseren heutigen Kenntnissen in 3 Gruppen einteilen: Phytohormone vom Typ der 3-Indolessigsäure, Gibberelline und Zytokinine. Daneben kennt man noch einen weiteren hormonartig wirkenden Stoff, die Abszisinsäure, die jedoch nicht wachstumsfördernd, sondern hemmend wirkt. Sie ist also kein Wuchsstoff, sondern ein Hemmstoff. Darüber hinaus gibt es zahlreiche nicht von der Pflanze selbst produzierte Stoffe, die teils – den Wuchsstoffen chemisch verwandt – analog wie diese wirken, teils aber chemisch völlig anders aufgebaut sind.

Die Wirkung der Phytohormone hängt maßgeblich von ihrer Konzentration ab. Höhere Konzentrationen können das Wachstum hemmen (LINSER 1954). Das ist besonders bei der praktischen Anwendung von Wuchs- und Wirkstoffen zu berücksichtigen. Ihre Wirkung wird weiterhin von der zum Anwendungszeitpunkt gegebenen physiologischen Disposition der Pflanze stark beeinflußt. Die für den normalen Lebensablauf einer Pflanze notwendigen Phytohormone werden von ihr selbst produziert, und sie ist auf eine Zufuhr von außen nicht angewiesen. Zwar entstehen im Boden durch Mikroorganismentätigkeit und durch Humusabbau Wuchs- und Hemmstoffe (FLAIG und BREYHAN 1956, QUASTEL 1965), ob ihnen für den praktischen Pflanzenbau jedoch eine größere Bedeutung zukommt, sei dahingestellt.

b) Phytohormone vom Typ der 3-Indolessigsäure

Die Wuchsstoffe vom Typ der **3-Indolessigsäure** (= IES) werden auch **Auxine** genannt. Ihr wichtigster Vertreter ist die 3-Indolessigsäure. Im Molekülaufbau

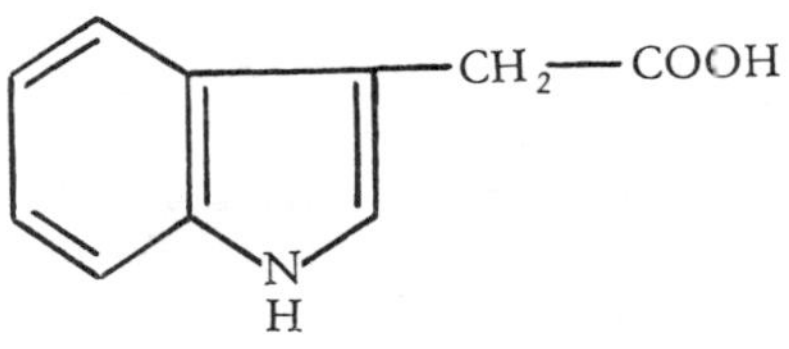

3-Indolessigsäure

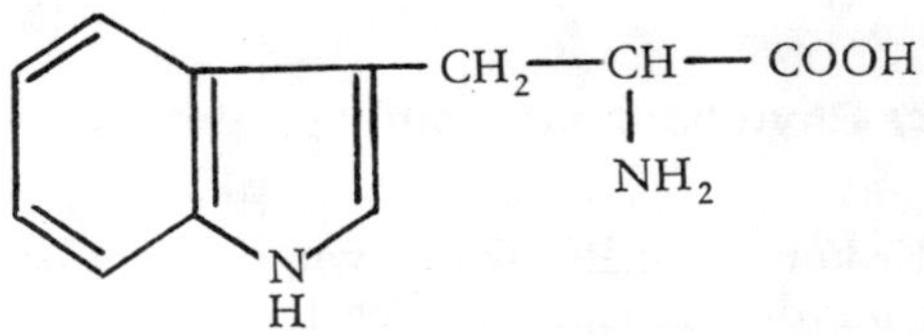

Tryptophan

ähnelt sie dem Tryptophan, und da die Wachstumskegel, in denen die Auxine synthetisiert werden, ein Tryptophan-Indolessigsäureenzym aufweisen, wird vermutet, daß die 3-Indolessigsäure aus Tryptophan gebildet wird. Neben 3-Indolessigsäure wurden aus pflanzlichem Material weitere Indolderivate wie Indolazetonitril, Indolbrenztraubensäure, Indolazetylasparaginsäure, Indolpropionsäure, Indolbuttersäure und Indolglykolsäure isoliert (LINSER 1966). Ob diese Stoffe *in vivo* alle echte Phytohormone darstellen, ist noch ungeklärt. In jedem Falle können sie wahrscheinlich der 3-Indolessigsäuresynthese als Vorstufe dienen.

Nach FAWCETT (1961) sind die Indolessigsäure und die Indolpropionsäure die wichtigsten Auxine.

Indolessigsäure wird in den apikalen Wachstumskegeln synthetisiert und von hier hauptsächlich *via* Phloem basipetal transportiert. Dieser von der Endknospe ausgehende Auxinstrom ist so konzentriert, daß er den Austrieb von Seitenknospen hemmt. Wachstum und Entwicklung der Endknospe „dominieren", so daß man von einer Apikaldominanz spricht. Wird die Endknospe und damit das Zentrum der Auxinsynthese abgeschnitten, so erniedrigt sich die Auxinkonzentration der Seitenknospen beachtlich und sie können austreiben.

Wird eine Hälfte der abgeschnittenen Sproßspitze mit IES behandelt, so setzt ein ungleichmäßiges Wachstum ein, welches eine Sproßkrümmung verursacht. Auf diesem Prinzip beruht der *Avena*-Koleoptil-Test (WENDT 1929). – Auxine sind lichtempfindlich. Einseitig einfallendes Licht bewirkt eine Sproßkrümmung, da an der dem Lichte exponierten Stelle der Wuchsstoff verstärkt abgebaut wird; die Pflanze wächst also zum Lichte hin. Indolessigsäure wird durch Oxydation abgebaut. Der Abbau wird durch Mn katalysiert.

Die durch die Anwendung von Auxinen ausgelösten Stoffwechselveränderungen sind mannigfaltig. Es fragt sich jedoch noch, welche Prozesse primär sind und den eigentlichen Reaktionsablauf einleiten. Nach KEY (1962) stimulieren Auxine die RNS-Synthese im basalen Stengelteil von Keimpflanzen. Ihre weitere Wirkung hängt mit dem Energiestoffwechsel zusammen. So blockieren Oxydations- und SH-Inhibitoren die Auxinwirkung. Kurzfristige Applikationen von IES haben nach FANG et al. (1960) keinen Einfluß auf den Kohlenhydratstoffwechsel. KIM und BIDWELL (1968) berichten, daß die Wirkung von Auxinen auf den Einbau von Kohlenstoff sehr *p*H-abhängig sei.

IES wird bereits bei der Keimung des Samenkorns gebildet. Sie stimuliert das Wachstum des jungen Keimlings und ist normalerweise so reichlich in der Pflanze vorhanden, daß Zugaben von außen nicht mehr wachstumsfördernd wirken (JANSEN 1969). Der Auxingehalt vermindert sich mit abnehmender Wachstumsintensität und ist besonders in Ruheperioden (Winterruhe) niedrig.

Zahlreiche der IES analoge, aber pflanzenfremde Stoffe haben ebenfalls Wuchsstoffcharakter. Sie werden bei der Besprechung der Herbizide näher erörtert.

c) Phytohormone vom Typ der Gibberelline

Die Bezeichnung „Gibberelline" geht auf den Pilz *Gibberella fujikuro* zurück. Er kommt in Reisböden vor und produziert Gibberelline in Mengen, die das Wachstum der Reispflanze beeinflussen können. Man kennt heute 29 verschiedene Gibberelline; es ist wahrscheinlich, daß in naher Zukunft noch weitere gefunden werden. Ihr Molekülaufbau leitet sich von der Gibbanstruktur ab.

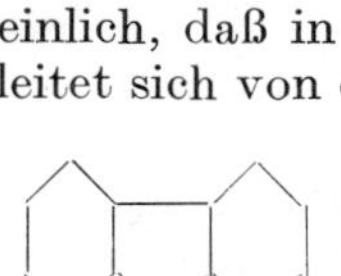

Gibban

Die einzelnen Formen werden mit GA_1, GA_2, GA_3 usf. bezeichnet (GA = gibberellic acid). In der deutschsprachigen Literatur ist auch die Abkürzung GS gebräuchlich. Alle bis jetzt bekannten, natürlich vorkommenden Gibberelline enthalten eine oder auch 2 Karboxylgruppen im Molekül. Es sind also Säuren, wenngleich speziell mit „gibberellic acid" nur die GA_3 bezeichnet wird.

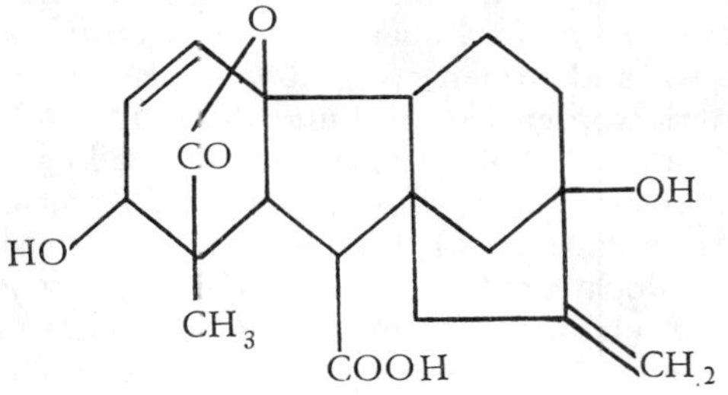

Neben den Gibberellinen kennt man noch die sog. gebundenen oder konjugierten Gibberelline. Bei ihnen ist die Gibberellinsäure an ein anderes Molekül gebunden, z. B. Azetyl-GA oder Glukosyl-GA. Diese gebundene Form soll als Speicher- und Transportform fungieren. Die Biosynthese der Gibberelline ist in ihren wichtigsten Zügen aufgeklärt (Lang 1970). Sie beginnt mit Azetyl-CoA und Mevalonsäure und führt über Geranylgeraniol zur Ringstruktur (Kauren). Gibberelline wurden in zahlreichen höheren und niederen Pflanzen sowie Mikroorganismen nachgewiesen. Sie alle sind offenbar befähigt, Gibberelline zu bilden. In den höheren Pflanzen liegen meistens 2 oder mehrere Formen von Gibberellinen vor. Sie werden hier in den jungen Blättchen der apikalen Knospe und in den Wurzelspitzen synthetisiert. Ihr Ferntransport erfolgt über Xylem und Phloem. Für die Gibberellinversorgung der gesamten Pflanze ist der Wurzelstoffwechsel von Bedeutung. So wird beispielsweise bei stauender Nässe der Gibberellintransport aus der Wurzel in den Sproß beachtlich gehemmt (Reid et al. 1969). Im Gegensatz zur IES sind die Gibberelline weniger lichtempfindlich, und sie wirken auch in höheren Dosen weniger depressiv. Ihre einzelnen Auswirkungen werden vom Zusammenspiel mit anderen Phytohormonen maßgeblich beeinflußt. So fand Wareing (1958) bei verschiedenen Baumarten, daß die Gibberelline im Kambium nur die Bildung von unverholztem Gewebe induzieren, während IES allein nur die Ausbildung neuer verholzter Gefäße bewirkte. Erst das Zusammenwirken beider Wuchsstofftypen ermöglicht ein normales Kambiumwachstum.

Die Wirkung der Gibberelline beginnt bereits bei der Keimung der Samen. So nimmt während der Samenruhe der Gibberellingehalt stetig zu, bis er einen Wert erreicht, der das Austreiben der Wurzel ermöglicht (Jansen 1969). Die Gibberelline stimulieren hierbei besonders Bildung und Aktivität von Amylase (Eastwood et al. 1969). Während der vegetativen Entwicklung sind die Gibberelline hauptsächlich für das Längenwachstum verantwortlich. Reichlich mit Gibberellinen versorgte Pflanzen haben lange Internodien, während Zwergformen nur geringe Gibberellingehalte aufweisen und das Vermögen, Gibberelline zu synthetisieren, weitgehend verloren haben. Dementsprechend kann man Zwergformen durch eine Gibberellinbehandlung in normal wachsende Formen umstimmen. Tafel III zeigt eine derartige Umstimmung bei der Gartenbohne (Jung und Pfaff 1958). Auf Grund ihres verkümmerten Gibberellinsynthesevermögens eignen sich Zwergformen gut für die Durchführung von Biotests auf Gibberelline oder gibberellinartige Substanzen.

Gibberelline stimulieren das Sproßwachstum stärker als das der Wurzel. Letzteres kann sogar gehemmt werden, was eine verminderte Nährstoffaufnahme zur Folge haben kann. Bei Gibberellinbehandlung ist deshalb eine höhere Düngung angebracht. Weiterhin beeinflussen die Gibberelline die vegetative Phase stärker als die generative. Fruchtansatz und Samenertrag können so zugunsten der vegetativen Entwicklung vermindert werden (Stowe und Yamaki 1957, Jung und Pfaff 1958, Wittwer und Bukovac 1959). Unter Umständen kann die Behandlung mit Gibberellinen auch chlorotische Aufhellungen an den Blättern hervorrufen (Stowe und Yamaki 1957, Alleweldt 1960). Die genannten Auswirkungen einer Gibberellinbehandlung sind jedoch nicht in jedem Falle und bei jeder Pflanzenart zu erwarten. Gerade die einzelnen Pflanzenarten, ja selbst die verschiedenen Sorten der gleichen Spezies können sehr unterschiedlich auf eine Gibberellinbehandlung reagieren.

Bei zweijährigen Pflanzen können durch eine Gibberellinbehandlung Schossen und Blühen in das erste Jahr vorverlegt werden. Die normalerweise durch einen Kältereiz induzierte generative Phase wird hier durch die Gibberelline ausgelöst. Darüber hinaus können auch durch Photoperiodismen bewirkte pflanzenphysiologische Prozesse wie Blühbeginn und Längenwachstum durch Gibberelline induziert werden. So fanden Wittwer et al. (1959), daß das durch einen Langtag bewirkte Längenwachstum auch im Kurztag durch Gibberellinbehandlung hervorgerufen wird.

Die geschilderten Versuchsresultate lassen vermuten, daß durch den Kältereiz bzw. durch den Langtag die Produktion von Gibberellinen oder gibberellinähnlichen Substanzen in der Pflanze ausgelöst wird (Bünsow et al. 1958). Tatsächlich konnten Suge und Rappaport (1968) an *Raphanus sativus* nachweisen, daß Vernalisation (Kältebehandlung) die Gibberellinbildung in den Samen fördert. Lang (1960) konnte an *Hyoscyamus niger* zeigen, daß nach der Schoßinduktion im Sproß wesentlich mehr gibberellinähnliche Substanzen vorhanden sind als vorher. Gibberelline können also den Langtag zumindest zum Teil ersetzen, die Wirkung des Kurztages können sie jedoch nicht substituieren (Bünsow et al. 1962). Auch der Kältereiz deckt sich nicht vollkommen mit einer Gibberellinbehandlung, denn häufig wird durch Gibberellinanwendung nur das Schossen, aber nicht das Blühen induziert (Chouard 1962, Bommer 1962).

Welche Bedeutung den Gibberellinen in ihrer praktischen Anwendung zukommt, kann heute in allen Einzelheiten noch nicht ermessen werden. Sicherlich wird man mit ihrer Anwendung in Acker- und Gartenbau nicht bloße Ertragssteigerungen erzielen wollen, sondern vielmehr andere günstige Effekte. So kann man mittels Gibberellinen zweijährige Pflanzen schon im ersten Jahr zur Samenreife bringen. Auch das Jugendwachstum verschiedener Kulturpflanzen läßt sich mit einer Gibberellinbehandlung stimulieren (Kolbe 1959). Wittwer und Bukovac (1958) berichten über einen günstigen Einfluß auf die Blüte und Blütengröße bei Zierpflanzen.

Mit einer Gibberellinbehandlung läßt sich die Keimruhe verschiedener Samen verkürzen (Behrend 1962). Skirde (1962) fand, daß die Gibberelline Blütenbildung und Blühverlauf bei Rot- und Weißklee begünstigen. Wirkliche Ertragssteigerungen lassen sich jedoch mit den Gibberellinen in den seltensten Fällen erzielen (Stuart und Cathey 1961).

d) Die Zytokinine

Die Bezeichnung Zytokinine wird heute für alle die Substanzen gebraucht, die in gleicher Weise wie Kinetin die Zellteilung fördern und Wuchsregulationen bewirken. Man kennt bis jetzt etwa ein Dutzend verschiedener **Zytokinine.** In ihrem Molekülaufbau sind sie ähnlich; es handelt sich in den meisten Fällen um einen Purin- bzw. Adeninring, der an 3 verschiedenen Seitenketten unterschiedliche Substituenten haben kann (SKOOG und ARMSTRONG 1970).

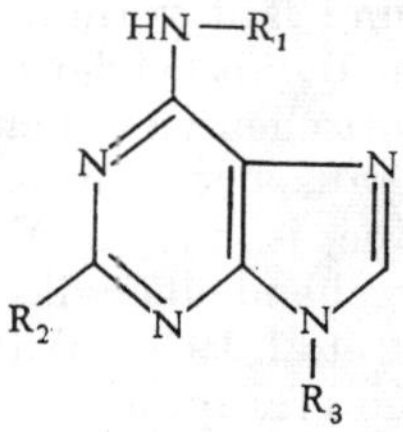

Grundgerüst der Zytokinine

Das erste aus pflanzlichem Material (Mais) isolierte Zytokinin war das Zeatin.

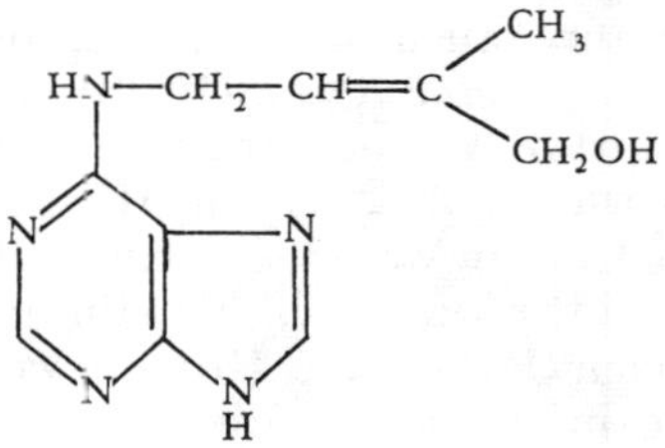

Zeatin

Einige Zytokinine haben an Stelle des Purinringes einen Pyrimidinring. Die Wuchsstoffwirkung dieser Verbindungen soll jedoch schwächer sein. Die wirksamsten Zytokinine enthalten in der oberen Seitenkette (R_1) 5 C-Atome.

Kinetin (Furfurylaminopurin) ist den Zytokininen analog gebaut und ist der am längsten bekannte Vertreter dieser Gruppe (MOTHES et al. 1959). Man nimmt heute an, daß Kinetin kein von der Pflanze selbst synthetisierter Wirkstoff ist (SKOOG und ARMSTRONG 1970), in seiner Auswirkung aber den nativen Zytokininen ähnelt.

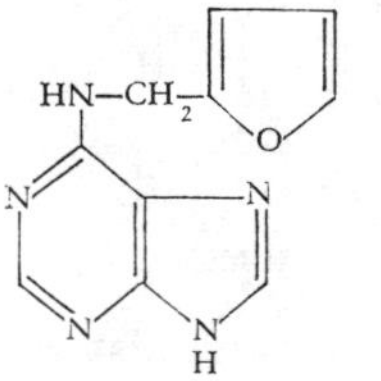

Kinetin

Zytokinine sind für alle wichtigen Entwicklungsphasen der Pflanze wie Zellteilung und -streckung sowie Keimung und Fruchtausbildung notwendig. Ihr Metabolismus und ihr eigentlicher Ansatzpunkt bei der Induktion einer Reaktionskette sind noch weitgehend ungeklärt. Jedoch gibt es zahlreiche Hinweise dafür, daß sie Proteinsynthese und Enzymaktivitäten direkt beeinflussen (SUGIURA et als 1962, SMITH und PALMER 1970). Weiterhin wirken sie auf den DNS- und RNS-Stoffwechsel ein (OSBORNE 1962). Hierbei ist interessant, daß sie vielfach an tRNS gebunden sind (ZACHAU et al. 1966). Die Menge der in pflanzlichem Gewebe vorliegenden Zytokinine ist jedoch zu klein, um jedem tRNS-Molekül ein Zytokininmolekül zuordnen zu können. Der Befund läßt vermuten, daß die physiologische Wirkung der Zytokinine an der tRNS und damit bei der Enzymsynthese ansetzt.

Zytokinine werden in allen meristematischen Geweben, besonders in den Sproß- und Wurzelspitzen, synthetisiert. Ihr Transport vom Synthesezentrum, besonders aus der Wurzel in andere Pflanzenorgane, ist für das Wachstum von Bedeutung. Der akropetale Transport erfolgt weitgehend über das Xylem, er wird von der Transpiration stark beeinflußt (MICHAEL et al. 1970). Während der Kornausbildung von Getreide kann es daher bei niedriger Transpiration (hohe Luftfeuchtigkeit) zu einem Mangel an Zytokininen in der Ähre kommen, der sich negativ auf das Tausendkorngewicht auswirkt (MICHAEL et al. 1969).

Durch die Umstimmung des Stoffwechsels am Wirkungsort beeinflussen die Zytokinine auch den Stofftransport. SHINDY und WEAVER (1967) fanden an *Vitis vinifera*, daß Zytokinine, aber auch Gibberelline, den akropetalen Assimilattransport fördern. Nach SMITH und PALMER (1970) zeigte sich an den mit Kinetin behandelten Stellen von Kartoffelstolonen eine Anreicherung von Stärke, bevor der Knollenansatz sichtbar wurde. ENAYAT und HÖFNER (1965) fanden zwar keine ausgeprägte Wirkung von Kinetin auf den Transport anorganischer Ionen, bei langfristiger, mehrtägiger Einwirkung soll Kinetin jedoch auch den Phosphattransport beträchtlich erhöhen (PENOT und HOURMANT 1969). Zytokinine hemmen den Proteinabbau im Blatt, indem sie die Bildung von Nukleasen und Proteasen erschweren. Das Altern der Blätter wird damit verzögert. In vielen Fällen sind die Auswirkungen der Zytokinine denen der Gibberelline ähnlich; jedoch können sich beide Wuchsstofformen nicht gegenseitig ersetzen (KHAN 1969).

e) Hemmstoffe

Als natürlichen Hemmstoff in der Pflanze kennt man heute die **Abszisinsäure (ABS)**, auch Dormin genannt. Ihr Molekülaufbau ist mit dem der Karotinoide verwandt.

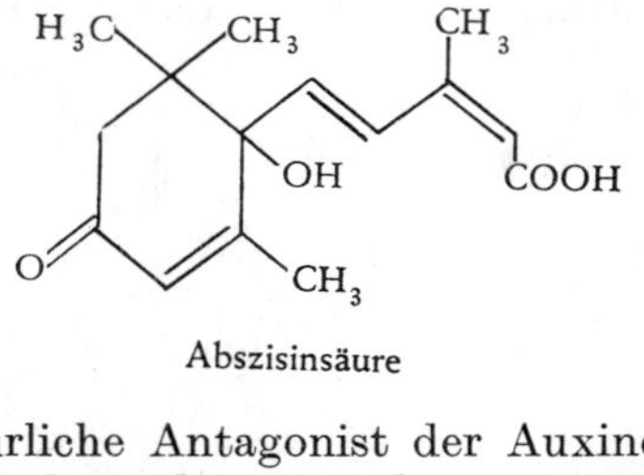

Abszisinsäure

Abszisinsäure ist der natürliche Antagonist der Auxine, Gibberelline und Zytokinine und muß deshalb auch zu den Phytohormonen gezählt werden. Sie ist für den Eintritt der Pflanze in die Ruhephase verantwortlich. Dementsprechend ist ihr Gehalt in ruhenden Samen und Knospen besonders hoch. Er nimmt mit zunehmender Keimbereitschaft der Samen ab, während der Gibberellingehalt der Samen ansteigt. Abszisinsäure fördert Alterung und Abfall der Blätter.

Von den nicht pflanzeneigenen Hemmstoffen kommt dem **Chlorcholinchlorid** (= CCC) die größte Bedeutung zu. Es blockiert die Gibberellinsynthese und schwächt dadurch deren Wirkung (LOCKHART 1962).

$$[Cl\,CH_2-CH_2-\overset{\oplus}{N}(CH_3)_3]\,Cl^-$$

Chlorcholinchlorid (CCC)

Auf diese Weise wird das Längenwachstum der Pflanze eingeschränkt, und es bilden sich bei Gramineen kürzere Internodien aus. Das hat besonders für Getreide eine eminente praktische Bedeutung, denn mit der Halmverkürzung erhöht sich dessen Standfestigkeit (s. Tafel IV). Beim Weizenanbau hat die Anwendung von CCC große Verbreitung gefunden (BRANDENBURGER 1969). Die geringere Lagerneigung, bedingt durch die Applikation von CCC, ermöglicht höhere N-Düngergaben, so daß die Erträge beachtlich gesteigert werden konnten (LINSER und KÜHN 1962, 1963, MAYR et al. 1962). Die Mehrerträge gehen zum Teil auch auf eine Erhöhung der Kornzahl je Ähre und eine größere Bestandesdichte zurück (MARTIN 1969, BACHTHALER 1967, SZABO 1969). Auf die Aminosäurezusammensetzung der Kornproteine hat CCC keinen deutlichen Einfluß (SADEGHIAN et al. 1968).

Die Anwendung von CCC in der Praxis bei anderen Getreidearten ist etwas problematischer. Zwar reagieren auch sie auf eine CCC-Behandlung (LINSER et al. 1966), jedoch ist der Zeitpunkt der Anwendung außerordentlich wichtig für den Erfolg. Nach Untersuchungen von BOHRING (1965) hat Weizen im Gegensatz zu anderen Getreidearten ein gutes Aufnahme- und Retentionsvermögen für CCC, worauf seine hohe Wirksamkeit beim Weizenanbau zurückgeführt werden dürfte. Von den verschiedenen Roggensorten reagieren die kurzstrohigen am besten auf eine CCC-Behandlung (KÜHN und DRESSEL 1967). Es ist somit verständlich, daß man weiterhin nach einem Halmverkürzungsmittel sucht, welches die Standfestigkeit auch der anderen Getreidearten erhöht. JUNG (1970) berichtet, daß N-Dimethylmorpholiniumchlorid bei Weizen, Roggen, Hafer und Gerste die Halmlänge um 10–20 % erniedrigte. Auch Hydrazoniumverbindungen bewirkten bei Getreide und anderen Kulturpflanzen deutliche Wuchshemmungen (JUNG 1967).

CCC und analoge Stoffe bewirken besonders eine Verkürzung der unteren Internodien (PRIMOST und RITTMEYER 1968, JUNG 1970). KOCH (1968) konnte in ausgedehnten Versuchen nachweisen, daß CCC bei Weizen den Halmdurchmesser vergrößert, die Zahl der Gefäßbündel vermehrt, die Zellen des Parenchymgewebes verkleinert, die Zellwände verdickt und die Halmelastizität erhöht. CCC hat unter Umständen Nebenwirkungen auf parasitische Pilze (BACHTHALER 1967). Es vermindert die Anfälligkeit des Weizens gegenüber Halmbruch (*Cercosporella herpotrichoides*), begünstigt aber in feuchten Jahren die Spelzenbräune (*Septoria nodorum*).

Im Obst- und Zierpflanzenbau wird die Anwendung von CCC an zahlreichen Objekten überprüft. Es fördert hier vielfach den Blütenansatz unter Verminderung des Triebwachstums (Jansen 1969). Neben CCC kommt hier der N-Dimethylaminosukzinamidsäure (= Alar oder B 995) erhöhte Bedeutung zu. Ihre Anwendung im Vorsommer bei Obstbäumen bewirkt einen verkürzten Austrieb und einen vermehrten Blütenansatz, so daß beachtliche Ertragssteigerungen möglich sind (Bettner und Mappes 1970).

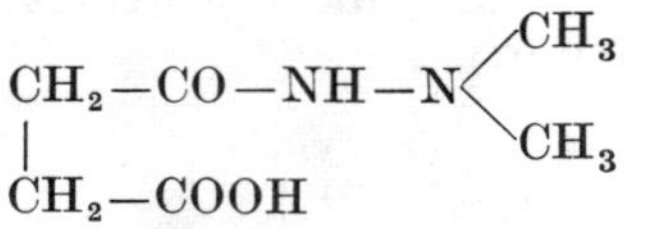

Alar (B 995)

Von den weiteren synthetischen Hemmstoffen sollen noch das Maleinsäurehydrazid und die Morphaktine erwähnt werden. Maleinsäurehydrazid hemmt die Zellteilung und damit das Längenwachstum und den Seitenaustrieb. Es hat praktische Bedeutung bei der Wuchshemmung von Gras an Straßenrändern und im Tabakanbau. Die Morphaktine (Fluorenole) bewirken Zwergwuchs und fördern den Blattachselaustrieb. Die Pflanzen verlieren ihre Polarität, so daß sie nicht mehr auf Licht und Schwerkraft reagieren (Schneider 1970). Morphaktine sind deshalb geeignet, im Zierpflanzenanbau oder beim Bewuchs von Böschungen und Straßenrändern gewünschte Effekte auszulösen.

f) Herbizide

In den letzten Jahren versucht man immer mehr, Unkräuter mit chemischen Mitteln zu bekämpfen. Diese Herbizide entstammen den verschiedensten chemischen Stoffgruppen. Ihre phytotoxische Wirkung geht hauptsächlich auf eine Störung der Zellteilung, der Photosynthese, des Hormonhaushaltes und der Plastidenbildung zurück (Würzer 1969). Die Zahl der im Handel befindlichen Herbizide ist groß, und es können an dieser Stelle nur einige typische Vertreter der einzelnen chemischen Stoffgruppen beispielhaft besprochen werden.

Wuchsstoffe vom Typ der IES wirken in höheren Konzentrationen toxisch auf die Pflanzen. Hiervon macht man bei der Unkrautbekämpfung Gebrauch, denn die Verträglichkeit der einzelnen Pflanzenarten gegenüber den verschiedensten Chemikalien ist unterschiedlich. Bei empfindlichen Pflanzenarten wird eine Überdosierung an Wuchsstoff in der Pflanze erreicht. Es treten Mißbildungen und Verwachsungen an den Pflanzen auf. Zu den Wuchsstoff-Herbiziden zählen neben den Indolderivaten Derivate der Phenoxykarboxylsäure, der Phenylessigsäure und der Benzoesäure. In den meisten Fällen handelt es sich um Cl-substituierte Derivate der genannten Verbindungen. Ihnen allen ist gemeinsam, daß sie einen Ring mit einer Seitenkette haben. Die Seitenkette kann durch β-Oxydation abgebaut werden. Bei längeren Seitenketten kann durch diese β-Oxydation aus einer ursprünglich nicht toxischen Form eine toxische Verbindung entstehen. Dieser Effekt ist für die Wirksamkeit eines Herbizids insofern von Bedeutung, als mit verstärktem Stoffwechsel der Pflanze auch eine Vermehrung der toxisch wirkenden Stoffe parallelläuft (Hilton et al. 1963).

Bekannte Herbizide mit Wuchsstoffcharakter sind das 2,4-D (2,4-Dichlorphenoxyessigsäure), das TBA (Trichlorbenzoesäure), die 2,3,6-Trichlorphenylessigsäure (Fenac) und die 2,3,5-Trijodbenzoesäure. Letztere vermag unter Umständen auch an der Kulturpflanze positive Effekte hervorzurufen. So soll sie bei Soja den Fruchtansatz erhöhen und den Blühtermin vorverlegen.

Herbizide vom Typ der Phenoxyfettsäuren wirken besonders bei zweikeimblättrigen Pflanzen. Sie stören den Stoffwechsel der nativen Indolverbindungen (Auxine) durch verstärktes Anreichern in der Zelle. Hierdurch wird die natürliche Auxinfluktuation verhindert und das Zusammenspiel zwischen den verschiedenen Phytohormonen gestört (Würzer 1969).

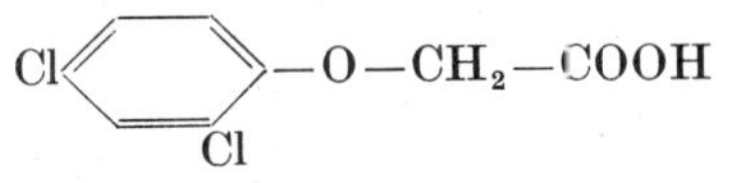

2,4-Dichlorphenoxyessigsäure

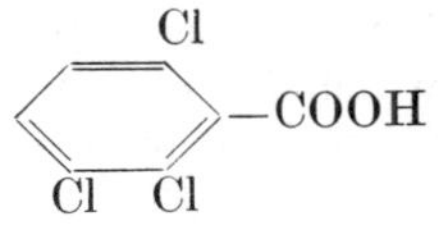

2,3,6-Trichlorbenzoesäure

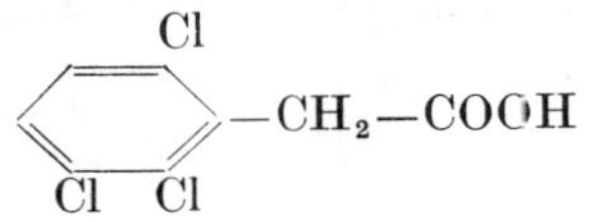

2,3,6-Trichlorphenylessigsäure

Eine weitere Gruppe von Herbiziden stellen die Cl-substituierten aliphatischen Säuren dar. Hierzu zählen Derivate der Essigsäure, Proprionsäure, Buttersäure und der Isobuttersäure. Bekannt sind besonders TCA (Trichloressigsäure) und das Dalapon (2,2-Dichlorpropionsäure). Die genannten Verbindungen beeinflussen die Struktur der Enzyme und greifen so hemmend in den Stoffwechsel ein.

Auch Triazol-Derivate dienen als Herbizide. Am bekanntesten ist das Amitrol (3-Amino-1,2,4-triazol).

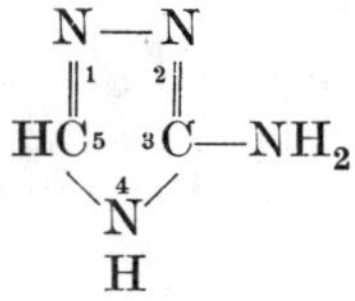

3-Amino-1,2,4-triazol

Es soll die Synthese heterozyklischer N-Verbindungen blockieren, so daß wichtige Metabolite wie Histidin, Riboflavin und Nukleinsäuren nicht mehr in ausreichendem Maße gebildet werden (Wort und Loughman 1961).

Zu den Herbiziden, die sich von den Karbamaten ableiten, zählen das IPC (Isopropyl-N-phenylkarbamat), das Triallat und das Diallat (Avadex). Letzteres ist ein 2,3-Dichlorallyl-di-isopropyl-thiolkarbamat. Es dient der Flughafer- und Ackerfuchsschwanzbekämpfung. Alipur ist ein Kombinationsprodukt, dessen eine Komponente ein Karbamat-, die andere ein Harnstoffderivat darstellt. Alipur wird besonders bei der Unkrautbekämpfung im Rübenbau verwendet. Die Karbamate werden vorwiegend von keimenden Samen und jungen Pflänzchen aufgenommen. Man verwendet sie deshalb als Vorauflauf-Herbizide, d. h. sie werden vor der Saat ausgebracht, um die keimenden Unkrautpflanzen abzutöten. Sie wirken, indem sie die Zellteilung hemmen. Das Wurzelwachstum wird dadurch erheblich gestört, so daß die Pflanzen absterben.

Den Karbamaten verwandt sind die Herbizide, die sich vom Harnstoff ableiten. Hierzu zählen das Monuron, das Diuron, das Fenuron und das OMU (3-Cyclooctyl-1,1-dimethylharnstoff). Letzteres ist eine Komponente des Alipur.

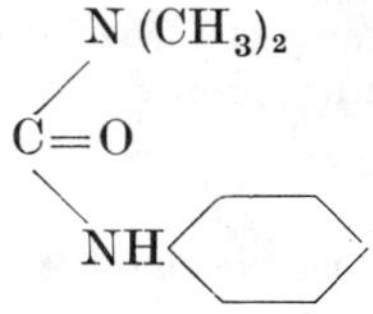

Fenuron (1,1-Dimethyl-3-phenylharnstoff)

Die phytotoxische Wirkung der Harnstoffderivate geht auf Störungen bei der photosynthetischen O_2-Freisetzung zurück. Die Phenylharnstoffderivate sowie die Derivate vom Benzimidazol- und Imidazoltyp hemmen den Elektronentransport der photosynthetischen Transportkette. Bei höheren Konzentrationen blockieren sie auch die Photophosphorylierung (Büchel et al. 1966).

Zu den Herbiziden vom Typ des Triazin zählen besonders Simazin, Atrazin und Propazin.

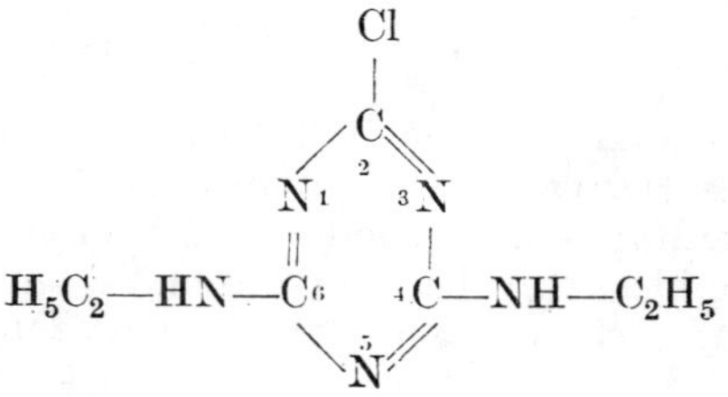

Simazin (2-Chlor-4,6-bis-(äthylamino)-1,3,5-triazin

Sie hemmen die photosynthetische CO_2-Fixierung und den Kohlenhydrataufbau.

Erwähnt seien noch die Derivate des Dipyridyls. Hierzu gehören das Diquat (1,1′-Äthylen-2,2′-dipyridylium-dibromid) und das Paraquat (1,1′-Dimethyl-4,4-dipyridylium). Man verwendet sie besonders bei der Abtötung von Kartoffelkraut.

Pyramin (PCA) ist ein Phenylpyridazon, das für die Unkrautbekämpfung im Rübenbau verwendet wird. Herbizide vom Typ der Nitrophenole sind Aretit (4,6-Dinitro-2-butylphenylazetat) und Raphatox (2,4-Dinitro-o-kresol). Sie haben besonders für die Unkrautbekämpfung im Getreidebau eine Bedeutung.

Bei der praktischen Anwendung der Herbizide kommt es auf die selektive Wirkung an, d. h. die eine Pflanzenart soll durch das betreffende Mittel abgetötet werden, eine andere aber unbeschädigt bleiben. Diese Selektivität kann auf die verschiedensten Ursachen zurückgehen, wie z. B. Aufnahme- und Verteilungsvermögen der einzelnen Pflanzenarten für ein betreffendes Herbizid. Besonders spielt das Vermögen der einzelnen Pflanzenarten, den betreffenden Stoff chemisch zu verändern, eine beachtliche Rolle für die Selektivität. Die Veränderung kann einen Abbau darstellen; sie kann aber auch durch Komplexbildung oder Fixierung die phytotoxische Wirkung aufheben. Weiterhin ist zu berücksichtigen, ob ein Herbizid vornehmlich über den Boden oder über das Blatt von der Pflanze aufgenommen wird. Im letzteren Falle haben Blattform, Behaarung und Kutikula einen maßgebenden

Einfluß auf die Aufnahme und damit auch auf die Wirksamkeit des Herbizids. Daß selbst unter nah verwandten Pflanzenarten selektive Wirkungen möglich sind, zeigt das Beispiel einer 2,4-D-Wirkung bei Johannisbeeren. Rote Johannisbeeren bauten innerhalb einer Woche etwa 50 % des zugeführten 2,4-D in ihren Blättern ab; die Blätter Schwarzer Johannisbeeren vermochten im gleichen Zeitraum nur 2 % des gegebenen 2,4-D abzubauen. Rote Johannisbeeren sind aus diesem Grunde ziemlich resistent gegenüber 2,4-D; Schwarze Johannisbeeren sind gegenüber 2,4-D sehr empfindlich.

Bei der Herbizidanwendung ist auch deren Abbau im Boden und ihre mögliche Anhäufung in Pflanzenorganen zu beachten. Es muß sichergestellt sein, daß es nicht zu gefährlichen Rückständen kommt.

II. TEIL

Ernährungsphysiologie der Pflanze

1. Pflanzennährstoffe

a) Begriff und Charakteristik der Pflanzennährstoffe

Pflanzennährstoffe sind alle die Elemente, die für das Wachstum und für eine normale Entwicklung der Pflanze notwendig sind und die in ihrer Funktion von keinem anderen chemischen Element ersetzt werden können. Nach dieser Definition gelten heute als Pflanzennährstoffe:

Kohlenstoff	Kalium	Zink
Wasserstoff	Kalzium	Molybdän
Sauerstoff	Magnesium	Bor
Stickstoff	Eisen	(Natrium)
Phosphor	Mangan	(Chlor)
Schwefel	Kupfer	(Silizium)

Verschiedene Mikroorganismen benötigen auch Kobalt, andere Vanadium für ihren Stoffwechsel (NICHOLAS 1961). Ob Natrium, Chlor und Silizium wirklich für alle höheren Pflanzenarten unentbehrliche Nährstoffe darstellen, ist noch umstritten. Zumindest gibt es aber verschiedene Pflanzenarten, die auf die genannten Elemente günstig ansprechen. Die aufgeführten Elemente werden als anorganische Stoffe aufgenommen, z. B. als CO_2 oder HPO_4^{2-}, die das eigentliche Nährelement, im vorliegenden Falle C bzw. P, enthalten.

Darüber hinaus findet man in pflanzlichen Substanzen meistens noch eine größere Anzahl weiterer chemischer Elemente, die aber nach dem heutigen Stand unseres Wissens für die Pflanze nutzlos, wenn nicht sogar toxisch sind. Die Pflanze vermag also nicht zu unterscheiden, welcher in ihrem Nährmedium vorkommende Stoff für sie schädlich, wirkungslos oder nützlich ist. Auch der Gehalt einer Pflanzensubstanz an einem bestimmten chemischen Element sagt noch nichts darüber aus, in welchem Maße es physiologisch notwendig ist. So nehmen z. B. die meisten Pflanzen mehr Kieselsäure auf, als sie für ihre Lebenstätigkeit brauchen. Der physiologische Bedarf selbst ist noch von anderen Faktoren abhängig. So hat beispielsweise eine Pflanze bei NH_4-Ernährung weniger Molybdän nötig als bei Nitraternährung. Es gibt Pflanzenarten, die für einen Nährstoff eine besondere Vorliebe zeigen und ihn in entsprechend höheren Mengen benötigen. Der absolute Bedarf einer Pflanze an einem bestimmten Nährstoff kann demnach nur schwer erfaßt werden.

Die Pflanzennährstoffe werden in **Makro-** und **Mikronährstoffe** (Spurenelemente) eingeteilt. Die Elemente Stickstoff, Phosphor, Schwefel, Kalium, Kalzium, Magnesium und Eisen zählen zu den Makronährstoffen. Diese werden in relativ großen, Mikronährstoffe in kleinen Mengen benötigt. So ist in der höheren Pflanze Kalium in einer etwa tausendfach höheren Menge als Bor erforderlich. Aber nicht in jedem Fall ist der Unterschied zwischen Makro- und Mikronährstoffgehalten so groß wie zwischen Kalium und Bor. So liegen die für das Pflanzenwachstum benötigten Mengen an Mangan und Eisen häufig in derselben Größenordnung. Vielfach wird deshalb das Eisen auch zu den Mikronährstoffen gerechnet (HEWITT 1957).

Von den physiologischen Funktionen und von der Wirkungsweise der einzelnen Pflanzennährstoffe her beurteilt, erscheint die Einteilung in Makro- und Mikronährstoffe nicht besonders sinnvoll, da sich häufig ein Makro- und ein Mikronährstoff physiologisch viel ähnlicher verhalten als zwei Mikronährstoffe bzw. Makro-

Tabelle 23
Einteilung der Pflanzennährstoffe nach ihren physiologischen und biochemischen Eigenschaften.

Nährstoff	Nährstoffgruppe	Aufnahme und Transport	physiologische und biochemische Eigenschaften
C H O		Aufnahme als Gas (CO_2 oder O_2). C-Aufnahme auch als HCO_3^-. O-Aufnahme teils als H_2O; H-Aufnahme als H_2O	Die wichtigsten Bausteine organischer Moleküle.
N S P B Si	Nichtmetalle	Aufnahme in Form des Oxokomplexes NO_3^-, SO_4^{2-}, Phosphat, bei N auch als NH_4^+. Transport als anorganisches Ion oder auch als organisches Molekül, z. B. als Aminosäure, Amid, Phospholipoid oder Ester	Wichtige Bausteine organischer Strukturen. NO_3^- u. SO_4^{2-} werden nach Reduktion homöopolar an Kohlenstoffskelette gebunden. Die freien Elektronenpaare des S- bzw. N-Atoms ermöglichen Chelatbindungen. Phosphat, Borat und Silikat bilden Ester mit pflanzeneigenen alkoholischen Gruppen.
K Na Mg Ca	Alkali-Erdalkali	Werden in höheren Mengen als Kation aufgenommen und auch als Kation transportiert.	Sind vorwiegend sorptiv an die organische Substanz gebunden. Sie können sich leicht gegenseitig verdrängen. Unspezifische kolloidchemische Wirkung auf Enzyme (Quellungsgrad). Ca und Mg teils auch als Chelate gebunden. Mg hat in dieser Eigenschaft spezifische Funktionen als Enzymaktivator.
Fe Mn Cu Zn Mo	Schwermetalle	Mit Ausnahme von Mo Aufnahme als Kation oder als Metallchelat. Mo wird als MoO_4^{2-} aufgenommen. Transport als Metallchelat oder als anorganisches Ion.	Vorwiegend Metallkomponente von Enzymen, deren Wirksamkeit häufig auf einem Valenzwechsel des Metalls beruht, Mn und Zn ähneln in ihren Funktionen teils dem Mg, indem sie Enzym und Substrat auf eine enzymatische Reaktion ausrichten. Die Chelatbindung ist vorherrschend.

nährstoffe. Vom biologischen Aspekt dürfte daher eine Einteilung der Pflanzennährstoffe nach ihren biochemischen Eigenschaften und physiologischen Aufgaben zweckmäßiger sein. Eine solche Gruppierung läßt erkennen, daß sich gerade hierin die Nichtmetalle, Erdalkalien und Alkalien sowie die Schwermetalle deutlich unterscheiden (s. Tabelle 23).

Die Gruppe der **Nichtmetalle** umfaßt die Elemente, die neben Kohlenstoff, Wasserstoff und Sauerstoff hauptsächlich beim Aufbau der organischen Substanz gebraucht werden. Hierbei werden Stickstoff und Schwefel in homöopolarer Bindung (= Atombindung) in die Kohlenstoffketten eingebaut, d. h. sie werden nach Reduktion ihrer meist hohen Oxydationsstufe (NO_3^-, SO_4^{2-}) fest an die organische Substanz gebunden. Phosphor, Bor und Silizium liegen in ihrer höchsten Oxydationsstufe vor und werden nicht reduziert, vielmehr neigen sie zur Esterbildung mit den OH-Gruppen der verschiedensten Moleküle, besonders der Zucker. Stickstoff, Schwefel und Phosphor sind Baustoffelemente. Im Unterschied zum Kohlenstoff, der zusammen mit Wasserstoff und Sauerstoff die Stützgewebe wie Zellulose, Lignine und Pektine aufbaut, kommt den Elementen N, S und P eine mehr in den Stoffwechsel eingreifende Bedeutung zu. Sie sind wesentliche Bausteine der Proteine und Nukleinsäuren.

Die **Alkali-Erdalkaligruppe** enthält die Elemente, die hauptsächlich in ionogener Form vorliegen. Sie werden von der Pflanze als Kationen aufgenommen und wahrscheinlich auch in dieser Form in der Pflanze transportiert. In erster Linie müssen in den Alkali- und Erdalkali-Ionen die Elemente gesehen werden, welche die indiffusiblen Ionen, d. h. die negativen Valenzen organischer Verbindungen, absättigen. Die Alkali- und teils auch die Erdalkali-Ionen sind nicht besonders fest an die organische Substanz gebunden. Sie können sich gegenseitig von ihren Bindungsstellen verdrängen. Auch Mangan, das in unserem Falle in der Gruppe der Schwermetalle steht, hat einige Eigenschaften mit den Erdalkali-Ionen, besonders mit dem Magnesium, gemeinsam. Es nimmt also zwischen der Schwermetall- und der Alkali-Erdalkaligruppe eine Grenzstellung ein.

Die hervorstechendste Eigenschaft der **Schwermetalle** ist ihre ausgesprochene Neigung, Metallchelatkomplexe zu bilden. Man darf heute annehmen, daß die Chelate bei der Aufnahme und beim Transport der Schwermetalle eine beachtliche Rolle spielen. Im Gegensatz zu den Alkali-Ionen werden die Schwermetalle sehr fest an die organische Substanz gebunden bzw. in sie eingebaut. Hierbei ist es jedoch immer noch möglich, daß ein stärker zur Chelatbindung neigendes Ion, z. B. Cu^{++}, ein anderes Ion, z. B. Mn^{++}, aus seiner Komplexbindung verdrängt.

b) Die Funktionen der Pflanzennährstoffe bei Stoffwechselvorgängen

N ist ein wesentliches Bauelement der Enzyme, der Nukleinsäuren (s. S. 173), zahlreicher Koenzyme und prosthetischer Gruppen. Sein einsames Elektronenpaar neigt zur koordinativen Bindung, z. B. bei der Bindung des Mg im Chlorophyll oder des Fe im Häm. Als nukleophiles Element vermag es mit OH- bzw. NH_2-Gruppen Wasserstoffbindungen einzugehen, z. B. im DNS-Molekül.

P ist in vielen Fällen energiereich an ein anderes Atom gebunden, beispielsweise im ATP (s. S. 67). Über die Bindung von Phosphat an einen anderen Partner ist es dem Organismus möglich, energiereiche Bindungen aufzubauen. In analoger Weise kann auch S energiereich an ein Azyl gebunden sein (Azyl $\sim$ SCoA). Die SH-

Gruppe ist die reaktive Gruppe des CoA und verschiedener Enzyme (z. B. Fettsäuresynthetase, s. S. 137). Die Sulfhydryl-(SH)-Gruppen können auch Redoxsysteme darstellen wie im System Zystein → Zystin.

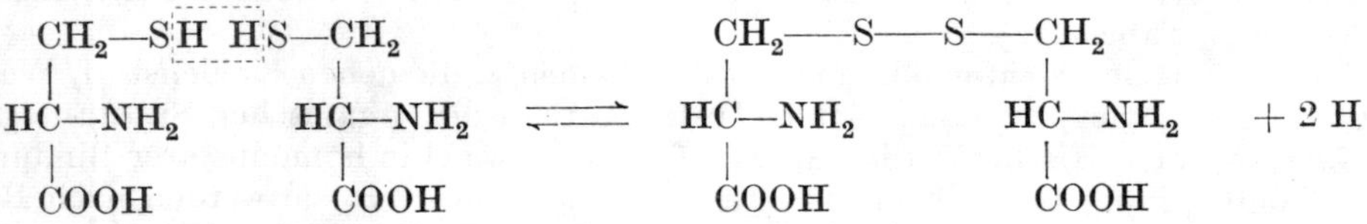

2 Zystein Zystin

Dieses bekannte Redoxsystem: Sulfhydrylgruppen/Disulfidbindung

$$2\,R{-}SH \rightleftharpoons R{-}S{-}S{-}R$$

Sulfhydrylverbindung Disulfidverbindung

ist vielfach als H-Donator bzw. H-Akzeptor mit enzymatischen Reaktionen gekoppelt, so daß man auch die SH-Gruppen eines Moleküls als prosthetische Gruppen ansehen kann. Ein wichtiges Redoxsystem dieser Art ist im pflanzlichen Organismus das Glutathion.

Bei den Metall-Ionen ist zwischen Elementen zu unterscheiden, die fest in ein Enzym eingebaut werden, und solchen, die mehr oder weniger locker an ein Enzym oder Koenzym gebunden sind. Die Funktionen, die die Metall-Ionen bei enzymatischen Vorgängen haben, lassen sich in verschiedene Gruppen unterteilen (Nason 1958).

1. Die Eigenschaft eines Metalls wird dadurch, daß es an organische Liganden gebunden ist, verstärkt.
2. Die Bindung eines Metall-Ions an Enzym-Eiweiß ändert die Eigenschaften des Enzyms.
3. Das Metall-Ion ermöglicht eine Bindung zwischen Substrat und Enzym.

Zu den Ionen, deren spezifische Wirkung durch die Bindung an eine organische Komponente verstärkt wird, zählen Fe, Cu, Co und auch Mo. Die genannten Schwermetalle neigen zum Valenzwechsel, sie ermöglichen also eine Aufnahme bzw. Abgabe von Elektronen. Die Verstärkung der spezifischen Eigenschaften eines Ions durch Bindung an eine „passende" organische Struktur ist erstaunlich. So vermag zwar Cu^{++} die Askorbinsäure zu oxydieren, das Cu-haltige Enzym Askorbinsäureoxydase ist jedoch etwa 1000mal wirksamer als das einfache Cu-Ion.

Auch bei den Fe-haltigen Enzymen wird die spezifische Eigenschaft des Fe, seine oxydierende bzw. reduzierende Wirkung, durch die Bindung des Metall-Ions an die organische Struktur verstärkt. Mo ist eine metallische Komponente der Aldehydreduktase und der Nitratreduktase.

Co kommt im Kobalamin (Vit. B_{12}) vor. Dieses ähnelt in seiner Struktur dem Hämin. An Stelle des Fe hat das Kobalamin Co als Zentralmetallatom.

Bei den oben angeführten Enzymsystemen hat das Metall die für die enzymatische Reaktion benötigte Eigenschaft. Die organische Komponente trägt dazu bei, diese Eigenschaft zu verstärken. Die zweite Art der Einwirkung anorganischer Ionen auf Enzyme stellt den umgekehrten Fall dar. Das Enzymeiweiß hat die für den eigentlichen Vorgang notwendige Eigenschaft. Die anorganischen Ionen bringen das Enzymeiweiß in einen Zustand, in dem seine enzymatische Eigenschaft wirksam werden kann. Das Enzym wird von den anorganischen Ionen „aktiviert". Zu dieser Gruppe zählen hauptsächlich die Alkali-Ionen, wobei *in vitro* dem K^+, Rb^+ und NH_4^+, *in vivo* vornehmlich dem K^+ die größte Bedeutung zukommt (Evans und Sorger 1966, Mengel 1968). Man stellt sich ihre Wirkung so vor, daß gerade die Alkali-Ionen mit kleinerem Ionendurchmesser befähigt sind, die reaktiven Stellen des Enzyms „freizulegen" (Wilson und Evans 1968).

Die dritte Art, wie ein mineralisches Ion eine enzymatische Reaktion ermöglichen kann, besteht in der Brückenbildung zwischen Koenzym bzw. Enzymeiweiß und Substrat. Das augenscheinlichste Beispiel hierfür ist die Bindung einer Pyrophosphatstruktur über Mg^{++} oder Mn^{++} an das Enzymprotein (Calvin 1954).

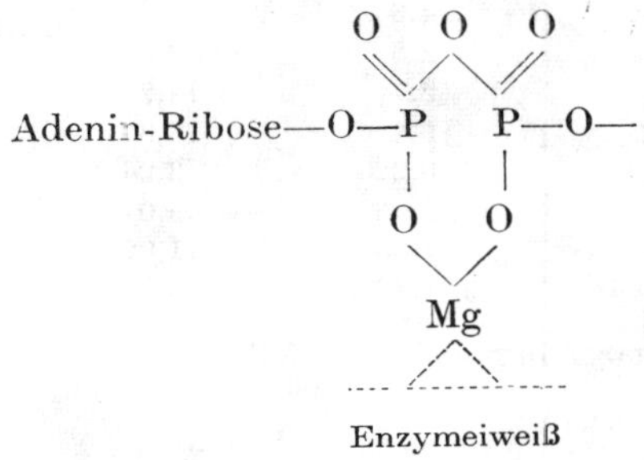

Aus der Strukturformel ist zu ersehen, daß sich das ionogen an das Phosphat gebundene Mg^{++} koordinativ an N-Atome des Enzymproteins anlagert. Diese Bindung hat eine universelle Bedeutung, da sie letzten Endes bei allen Phosphorylierungsprozessen auftritt. Mn^{++} kann das Mg^{++} hierbei ersetzen, man spricht deshalb von einer „multiplen Metall-Aktivierung". Bei Phosphorylierungsprozessen ist jedoch Mg^{++} wirkungsvoller als Mn^{++}.

Metall-Kationen spielen als „Bindemittel" auch in verschiedenen Zellpartikeln eine wesentliche Rolle. So enthalten die Ribosomen relativ viel Mg^{++}. Es bindet hier die Phosphatgruppen der Nukleinsäuren aneinander und stabilisiert damit die Struktur der Ribosomen. Mg^{++} kann hierbei teils von Mn^{++} ersetzt werden. Ca^{++} wird dagegen in den Ribosomen weniger bevorzugt gebunden (Ts'o 1962).

c) Der Gehalt an Mineralstoffen in der Pflanze

In der grünen Pflanze hat das Wasser mit 80–90 % des gesamten Gewichtes den größten Anteil an der Pflanzensubstanz. Der Gewichtsanteil der Mineralstoffe liegt in einer Größenordnung von 5–10 % der Trockensubstanz. Die Höhe des mineralischen Anteils an der gesamten Pflanze ist jedoch meistens nur von geringem Interesse; wesentlicher ist, aus welchen Elementen die Pflanzenasche besteht. Es ist selbstverständlich, daß die Gehalte an den einzelnen Mineralstoffen von der betreffenden Pflanzenart, vom Alter der Pflanze, von der Düngung und vom Standort erheblich beeinflußt werden, d. h. alle Gehaltszahlen sind mit einer gewissen Zufälligkeit behaftet. Trotzdem ist es möglich, zumindest die Größenordnung anzugeben, in der die einzelnen Elemente in den Pflanzen vorkommen können. Im allgemeinen bezieht man dabei die Gewichtsmenge des betreffenden Elementes, z. B. mg oder μg, auf 1 g der trockenen Pflanzensubstanz. Bei physiologischen Aussagen drückt man zweckmäßigerweise den Gehalt eines Nährstoffes in mmol oder mval bezogen auf das Frischgewicht oder auf eine Zellenanzahl aus (vgl. Tabelle 24).

Tabelle 24

Mineralstoffgehalte verschiedener Pflanzensubstanzen

Element	Grünhafer	Haferkorn	Haferstroh	Grünraps
	(Angaben in mg/g Tr.-Sub.)			
N	39	17,2	4,45	55,6
P	4,4	4,3	1,23	4,9
S	3,2	2,8	3,3	9,3
Cl	15,3	2,7	14,2	12,1
K	43	6,4	13,8	46
Na	5,3	0,22	3,24	1,25
Ca	9,4	2,23	9,0	29
Mg	2,10	1,23	1,02	1,96
Si	3,54	1,83	3,27	3,38
	(Angaben in ppm der Tr.-Sub.)			
Fe	74	53	85	550
Mn	132	78	51	250
Cu	7,4	3,15	2,34	7,0
B	5,6	1,1	6,6	35
Mo	1,9	1,6	1,0	–

Wenn man die Gehalte in ganz groben Umrissen angeben will, so läßt sich sagen, daß Stickstoff und Kalium in der höheren Pflanze in Größenordnungen von 20 bis 60 mg N bzw. K je g Trockensubstanz vorkommen. Kalzium, Phosphor und Schwefel liegen in Konzentrationen von ungefähr 3–15 mg/g. Trockensubstanz vor, während der Mg- und Na-Gehalt meistens noch etwas geringer ist, also etwa zwischen 2–6 mg/g Trockensubstanz liegt. Die Gehalte der Mikronährstoffe bewegen sich in Größenordnungen, die unter 1 mg/g Trockensubstanz liegen. Für Eisen, Mangan und Zink darf man Gehalte von 20–200 ppm[1]) bezogen auf das Trockengewicht annehmen, wobei die Zn-Gehalte am niedrigsten sind, während Eisen und Mangan in extremen Fällen auch in erheblich größeren Mengen vorkommen können. Bor liegt in einer Größenordnung von 20 ppm vor. Auch hier kann der Gehalt beachtlich schwanken. Für Kupfer darf man als Anhaltspunkt 5 ppm annehmen, der Mo-Gehalt, bezogen auf die Trockensubstanz, liegt meistens unter 1 ppm.

Neben dem Standort, dem Klima, der Düngung und dem Alter der Pflanze hat auch die Pflanzenart einen Einfluß auf den Mineralstoffgehalt. Zweikeimblättrige Pflanzen enthalten meistens mehr Kalzium, Magnesium und Bor als einkeimblättrige. Der P-Gehalt ist bei vielen Pflanzenarten höher als der S-Gehalt mit

[1]) ppm (= parts per million), d. h. auf 1000000 Gewichtsanteile der gesamten Substanz entfallen so viel Gewichtsanteile, wie der ppm-Wert angibt. 1 g Trockensubstanz (= 1000000 μg) enthält z. B. 20 μg Zn oder der Zn-Gehalt ist 20 ppm.

Ausnahme der Kruziferen, die sich durch relativ hohe Mengen an Schwefel auszeichnen. Als besonders reich an Eisen gelten die ferrophilen Pflanzen wie Hafer, Reis und Spinat; zu den natrophilen Pflanzen zählen die *Beta*-Rüben, Sellerie, Spinat, Raps und Gerste. Mais, Sonnenblumen und Kartoffeln nehmen dagegen wenig Natrium auf.

Bezieht man die Gehalte an den einzelnen Mineralstoffen auf die Trockensubstanz, so kann man ganz allgemein feststellen, daß die jüngere Pflanze höhere Mineralstoffgehalte hat als die ältere. Besonders Kalium und Stickstoff liegen im Jugendstadium in relativ hohen Konzentrationen vor, während Kalzium und Silizium gerade in der älteren Pflanze in höheren Mengen vorkommen.

Die Abb. 86 zeigt, wie sich die Gehalte an Kalium, Kalzium und Phosphor im Verlaufe der Vegetation ändern. Mit dem Einsetzen eines verstärkten Wachstums, also z. Z. des Schossens, fallen die Gehalte innerhalb kurzer Zeit ab. Die während der Bestockungsphase in der Pflanze angesammelten Nährstoffe werden durch das rasche Wachstum im Schoßstadium in ihrer Konzentration verdünnt. Der K-Gehalt beträgt während des Rispenschiebens nur noch etwa 25 % von dem K-Gehalt zur Zeit der Bestockung. Auch der P-Gehalt wird in gleichem Maße erniedrigt. Das K/Ca-Verhältnis in der Pflanze wird mit dem Altern enger. Die in Abb. 86 für Kalium, Kalzium und Phosphor gezeigte Tendenz der Nährstoffgehalte während der Vegetation gilt in großen Zügen auch für die übrigen Pflanzennährstoffe. Diese Tendenz wird im wesentlichen durch den Wachstumsrhythmus der Pflanze bestimmt. So zeigen Pflanzen, die z. B. auf Grund eines Nährstoffmangels schlecht wachsen, häufig erhöhte Konzentrationen an den übrigen Elementen. Die Nährstoffaufnahme war hier mit Ausnahme des im Minimum vorliegenden Elementes relativ größer als das Wachstum.

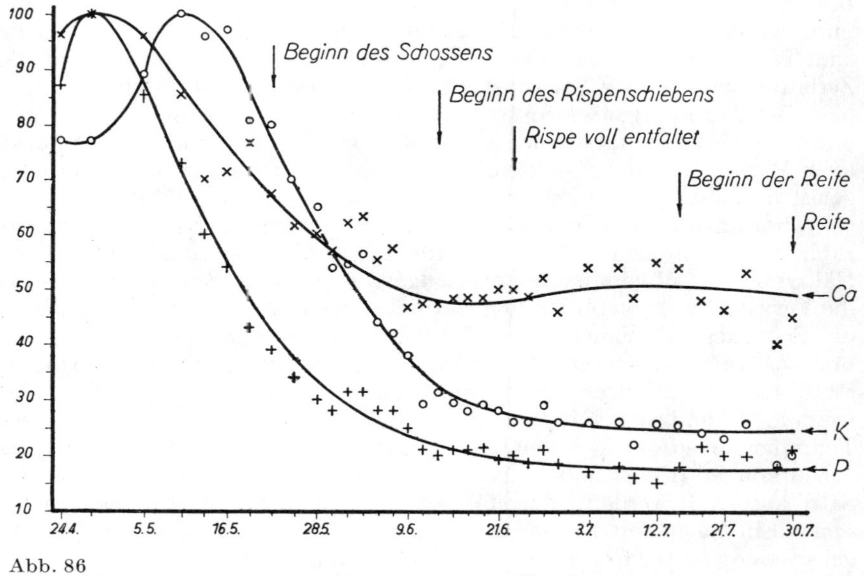

Abb. 86
Der Gehalt an K, Ca und P im Verlaufe der Vegetation bei Hafer (bezogen auf Tr.-Sub.).

2. Der Boden als natürliches Nährmedium der höheren Pflanze

a) Wichtige Eigenschaften des Bodens

Die oben aufgeführten Nährstoffe muß die Pflanze unter natürlichen Bedingungen dem Boden entnehmen. Er selbst ist ein heterogenes System, das sich in seinen Grundzügen aus drei Komponenten aufbaut: Der festen Phase (anorganische und organische Partikel), der flüssigen Phase (Bodenlösung) und der gasförmigen (Bodenluft). Diese drei Komponenten bedingen in ihrem wechselseitigen Zusammenwirken ein Milieu, das ein pflanzliches und mikrobielles Leben in und auf dem Boden ermöglicht. Die feste Phase dient hierbei vornehmlich als Nährstoffspeicher, die flüssige Phase als Transportmittel für die Nährstoffe und als chemisches Agens, in dem sich die meisten chemisch-physikalischen und biologischen Prozesse abspielen; die gasförmige Phase erlaubt die Zufuhr von Sauerstoff und molekularem Stickstoff sowie den Abtransport von Kohlendioxid.

Die feste Phase des Bodens setzt sich wiederum aus einem anorganischen und einem organischen Anteil zusammen. Entstehung, Umwandlung und Eigenschaften der mineralischen Bodenkomponenten, der Gitteraufbau und die Struktur der verschiedenen primären und sekundären Tonminerale sollen genauso wie die organische Komponente des Bodens, der Humus, mit seinen verschiedenen Formen sowie seinen Auf- und Abbauprozessen nicht eingehender behandelt werden. Diese Fachgebiete der Bodenkunde wurden ausführlich von SCHEFFER und SCHACHTSCHABEL (1970), von SCHEFFER und ULRICH (1960) sowie von FIEDLER und REISSIG (1964) dargestellt. Die speichernde Wirkung der Tonmineralien und Huminsäuren, der sog. Bodenkolloide, beruht einmal auf ihrer Fähigkeit, oberflächlich Ionen zu binden. Hierbei können die 2:1-Tonminerale auch Ionen an ihren „innerkristallinen" Oberflächen adsorbieren. Weiterhin wird das Bodenkolloid zum Teil von Bausteinen aufgebaut, die selbst Pflanzennährstoffe sind. Bei seinem Zerfall oder bei seiner Verwitterung werden diese Nährstoffe der Pflanze zugänglich. Bei den anorganischen Bodenkolloiden sind es vorwiegend K^+, Na^+, Mg^{++} und Ca^{++}, bei den organischen Substanzen ist es in erster Linie der Stickstoff, aber auch Phosphor und Schwefel, die beim Abbau aus ihrem festen Verband herausgelöst und damit in eine pflanzenaufnehmbare Form überführt werden.

Weiterhin ist der Boden für die höhere Pflanze ein Nährstoffvermittler, denn zahlreiche im Boden sich abspielende Prozesse sorgen dafür, daß den Pflanzen Nährstoffe in aufnehmbarer Form angeboten werden. Zu diesen Prozessen zählen die Verwitterung von Mineralien, der mikrobielle Abbau von organischer Substanz, die Fixierung von molekularem Stickstoff durch entsprechende Mikroorganismen und das Auflösen schwerlöslicher Salze. Umgekehrt können im Boden auch Nährstoffe aus einer pflanzenverfügbaren Form in eine nicht verfügbare Form überführt werden. K^+ und auch NH_4^+ werden zwischen die Schichtpakete einiger sekundärer Tonminerale so stark eingeklemmt, daß sie nur schwerlich wieder in Lösung gehen können (Fixierung). Phosphate können als schwerlösliche Fe-, Al- oder Ca-Salze ausgefällt werden; Stickstoff, Phosphor und Schwefel können durch biologischen Einbau in die Körpersubstanz von Mikroorganismen vorübergehend festgelegt werden. Im Gegensatz zu der oben aufgeführten Festlegung der verschiedenen Nährstoffe sind die oberflächlich an Bodenkolloide gebundenen Ionen der Pflanze besser zugänglich.

In groben Umrissen lassen sich drei verschiedene Zustände, in denen ein Nährstoff im Boden vorliegen kann, herausstellen: 1. Er ist fixiert und der Pflanze nicht direkt zugänglich; 2. er ist oberflächlich gebunden und der Pflanze indirekt zugänglich, andererseits aber vor Auswaschung geschützt; 3. er liegt als freies Ion in der Bodenlösung vor, ist für die Pflanze gut aufnehmbar, unterliegt aber der Auswaschung.

Unter humiden Klimabedingungen hat die Nährstoffauswaschung einen maßgeblichen Einfluß auf den Nährstoffhaushalt des Bodens. Die Auswaschung ist um so größer, je besser das Durchlaßvermögen des Bodens für Wasser und je geringer sein Festhaltevermögen für Nährstoffe ist. Kolloidarme Böden neigen daher besonders stark zur Auswaschung.

Die Menge an ausgewaschenen Nährstoffen hängt nicht nur von der Sickerwassermenge ab. Sie wird nachhaltig beeinflußt von der Menge an löslichen Nährstoffen, die in der Bodenkrume vorliegt, und von dem Pflanzenbestand, den der Boden trägt. Bei dichten, gut wachsenden Beständen kommt es kaum zur Auswaschung, da hier selbst bei hohen Niederschlägen die verfügbaren Nährstoffe immer wieder von den Pflanzenwurzeln aufgenommen werden. Umgekehrt ist unter Brache die Auswaschung an Nährstoffen besonders hoch (PFAFF 1963). Die durch die Niederschläge in tiefere Bodenschichten verlagerten Nährstoffmengen können beachtlich sein. VÖMEL (1965/66) fand in 8jährigen Lysimeterversuchen die in Tabelle 25 aufgeführten Auswaschungen. Die Zahlen geben die geringsten und höchsten Auswaschungswerte an. Sie entsprechen in ihrer Größenordnung den Zahlen anderer Untersuchungen, die unter ähnlichen klimatischen Bedingungen durchgeführt wurden (HOFFMANN 1967, DAMKOFOED und LINDHARD 1968, COPPENET 1969).

Tabelle 25
Nährstoffauswaschung auf verschiedenen Böden in kg/ha/Jahr (VÖMEL 1965/66)

	N	K	Na	Ca	Mg
Sand	12–52	7–17	9–52	110–300	17–43
Lehm	9–44	3–8	11–45	21–176	9–61
Löß	0–27	0–14	1–69	0–242	0–37
Ton	5–44	3–8	9–42	72–341	10–54

Der Gesamtnährstoffverlust eines Bodens ergibt sich aus Pflanzenentzug und Auswaschung. Bei K hat die Auswaschung am Gesamtverlust einen Anteil von ungefähr 3–25 %, bei N und Mg kann er 50 %, bei Ca sogar bis 90 % und mehr betragen. Gerade auf leichten Böden führt die Auswaschung zu einer starken Verarmung an Mg^{++} und Ca^{++}. Die Auswaschung an K^{+} hängt beachtlich vom Tongehalt und von dessen mineralischer Zusammensetzung ab. Illitische Tonminerale binden K^{+} spezifisch und schützen es vor Auswaschung. Da diese Tonformen in Mitteleuropa weit verbreitet sind, besteht hier die Gefahr der K-Auswaschung hauptsächlich auf organischen Böden und leichten Sandböden (ZUKOVA 1967, DAMKOFOED und LINDHARD 1968, JUNG und DRESSEL 1969).

N wird praktisch nur als Nitrat ausgewaschen. Der Grad der N-Auswaschung hängt erheblich von der N-Mineralisation ab. Solange Feuchtigkeit und Temperatur noch eine mikrobiologische Nitratbildung zulassen, muß bei humiden Bedingungen mit einer Nitratauswaschung gerechnet werden. Das ist besonders im Spätherbst der Fall. In dieser Zeit liegen die Felder meist brach oder tragen nur eine schwache Pflanzendecke, die Witterung ist meist feucht, und die Bodentemperaturen sind für die Bodenmikroorganismen noch ausreichend. Erfolgt die Düngung mit mineralischem N im Frühjahr oder als Kopfdüngung während der Vegetation, so ist mit keinen größeren Auswaschungen zu rechnen, da dieser N schnell von den Pflanzen aufgenommen wird. Der im Spätherbst und Frühwinter ausgewaschene N stammt hauptsächlich aus der organischen Substanz des Bodens (Wurzelreste, Stallmist). Weitere Verluste an N treten auch durch Entweichen von gasförmigem N auf (WOLDENDORP 1968). Die Auswaschung von Phosphat ist so geringfügig, daß ihr keine Bedeutung im Nährstoffhaushalt des Bodens zukommt (PFAFF 1963, HOFFMANN 1967, COPPENET 1969).

Bedingt durch Nährstoffentzug und Durchfeuchtung unterliegt die Ionenkonzentration der Bodenlösung zwar dauernden Schwankungen, sie wird aber durch Bindung und Inlösunggehen von Ionen vor allzu extremen Veränderungen geschützt. Die Ionen, die mit der Nährlösung der Pflanzenwurzel angeboten werden, können demnach nicht so leicht zu hohe, schon toxisch wirkende Konzentrationen erreichen. Hierin liegt eine weitere wichtige Eigenschaft des Bodens, nämlich seine puffernde Wirkung. Allgemein gilt sie für alle Ionen, speziell hat sie für die H-Ionen die größte Bedeutung. Die Bodenkolloide haben vorwiegend Kationen adsorbiert. Im Austausch mit den H-Ionen der Bodenlösung wirken die Kolloide wie ein chemisches Puffersystem (s. Abb. 87).

Die **aktuelle Azidität** – hierunter versteht man die H-Ionenkonzentration der Bodenlösung – wird durch diesen Vorgang herabgesetzt. Unter **potentieller Azidität** versteht man die Summe aus sorptiv an Bodenkolloide gebundenen H-Ionen und freien H-Ionen der Bodenlösung. Die Neutralisation der potentiellen Azidität kann nur durch ein alkalisch wirkendes Agens erfolgen, beispielsweise durch CaO oder MgO (s. Abb. 88).

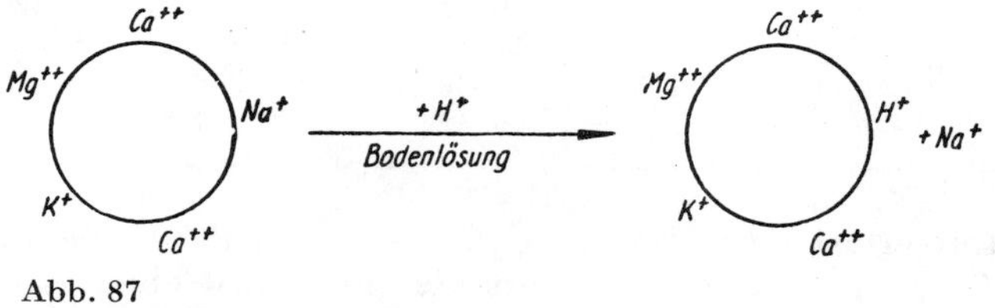

Abb. 87
Die puffernde Wirkung der Bodenkolloide.

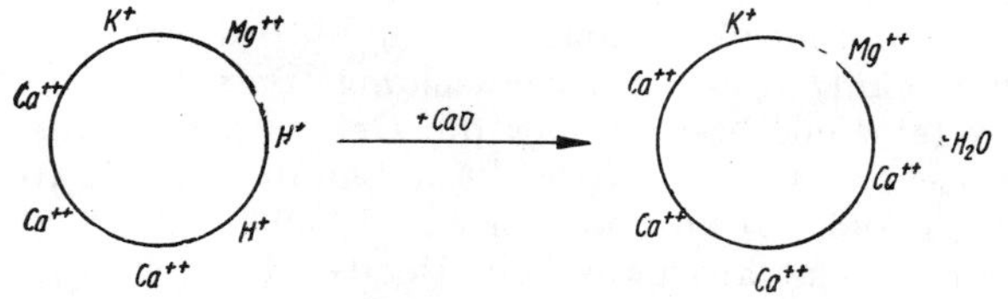

Abb. 88
Die Neutralisation von sorptiv gebundenen H-Ionen.

Zahlreiche Vorgänge im Boden, aber auch pflanzliche Prozesse werden durch zu hohe H-Ionenkonzentrationen (= niedrige *p*H-Werte) nachhaltig beeinflußt. Das Mikroorganismenleben ist gehemmt, die Stabilität der Bodenkolloide und ihr Bindungsvermögen für Kationen sind erniedrigt, die Schwermetalle gehen vermehrt in Lösung und können unter Umständen auf die Pflanze toxisch wirken. Andererseits werden die sorptiv gebundenen Kationen wie K^+, Na^+, Mg^{++} und Ca^{++} durch Austausch mobilisiert und vermehrt ausgewaschen. Phosphate gehen mit den Fe- und Al-Ionen schwerlösliche Verbindungen ein. Die Pflanze selbst reagiert auf eine zu hohe H-Ionenkonzentration der Bodenlösung mit einem verminderten Wachstum. Vielfach zeigen sich an den Spitzen und Rändern der Blätter nekrotische Flecke, die Säureschäden darstellen. Die einzelnen Pflanzenarten haben sich im Laufe ihrer Entwicklung an unterschiedliche Bodenreaktionen angepaßt, so daß man zwischen azidophilen und azidophoben Pflanzen unterscheiden kann (s. Abb. 89).

Im allgemeinen lieben die Leguminosen schwach saure bis alkalische Böden. Dies ist zum Teil dadurch bedingt, daß ihre Knöllchenbakterien in niederen *p*H-Bereichen nicht leben können. Die Lupine stellt eine Ausnahme dar; sie ist ein ausgesprochener Vertreter saurer Böden. Luzerne und Esparsette gedeihen noch auf alkalischen Böden gut. Hafer, Kartoffeln und Roggen können

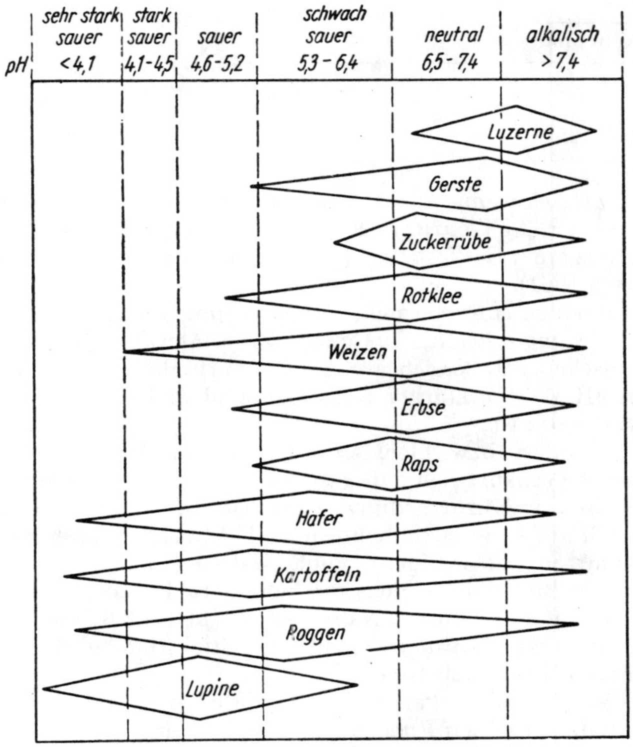

Abb. 89
Optimale Reaktionsbereiche verschiedener Kulturpflanzen (n. Klapp 1951).

über einen weiten pH-Bereich erfolgreich angebaut werden. Die in Abb. 89 angegebenen pH-Werte sind auf Grund der pH-Bestimmungsmethodik konventionelle Angaben, die den eigentlichen H-Ionenkonzentrationen der Bodenlösung nicht entsprechen. Es ist anzunehmen, daß diese etwas niedriger liegen. Bei Wasserkulturen erzielt man für die verschiedensten Pflanzen das beste Wachstum in Reaktionsbereichen zwischen pH 4,5–6.

An sich sind pH-Werte um 4,5 für die höhere Pflanze nicht schädlich. Das pH der Pflanzensäfte liegt um 4–4,5. Hohe H-Ionenkonzentrationen in der Bodenlösung (pH-Werte um 3,5–4,5) bedingen jedoch auf anorganischen Böden eine erhöhte Al-Löslichkeit, so daß die Al^{3+}-Konzentration in der Bodenlösung toxische Werte erreicht. Es ist hier also weniger die H^+- als die Al^{3+}-Konzentration, die direkt schädlich wirkt. VLAMIS (1953) konnte in Wasserkulturversuchen zeigen, daß Gerste bei einem pH-Wert von 4,2 noch gut wächst, falls die Al-Konzentration niedrig gehalten wurde (s. Tabelle 26).

Tabelle 26
Der Einfluß der Al-Konzentration und des pH-Wertes auf das Wachstum von Gerste (auszugsweise n. VLAMIS 1953)

Nährlösung		Ertrag in mg Tr.Sub.
pH	Al in ppm	
4,2	1,8	139
4,2	0,35	315
5,8	0,30	353

Da organische Böden an sich wenig Al enthalten, kommt es hier auch bei niedrigeren pH-Werten zu keiner Al-Toxizität. Aus diesem Grunde strebt man bei organischen Böden niedrigere pH-Werte an (pH um 5,0) als bei anorganischen Böden (LUCAS und DAVIS 1961).

Zu hohe pH-Werte führen zu einer vermehrten Festlegung von Schwermetallen, so daß die Nährstoffversorgung mit Mn, Fe, Cu oder Zn gefährdet sein kann. Auch Bor ist im neutral-alkalischen pH-Bereich weniger gut verfügbar, während Mo als Molybdat bei niederen pH-Werten stärker festgelegt wird und im neutral-alkalischen Bereich besser verfügbar ist.

Niedrige pH-Werte behindern bzw. blockieren die Nitrifikation von NH_3. Auf natürlich sauren Standorten ernährt sich daher die höhere Pflanze weitgehend von NH_4-Stickstoff, falls nicht mit Nitrat gedüngt wird. Da die einzelnen Pflanzenarten sehr unterschiedlich auf eine ausschließliche NH_4-Stickstoff-Ernährung ansprechen, kann es vorkommen, daß weniger die hohe H-Ionenkonzentration als die NH_4-Ernährung auf sauren Böden das Wachstum behindert. EVERS (1963) konnte so z. B. zeigen, daß *Picea* im stark sauren Nährmedium ($p\text{H} = 3{,}3$) noch gut gedeiht, falls sie mit Nitrat ernährt wird, während NH_4-Stickstoff bei diesem pH-Wert nur ein sehr kümmerliches Wachstum zuließ.

Die Ca-Ionen der Bodenlösung bewirken, daß größere Bodenteilchen miteinander verkittet werden, so daß die einzelnen Bodenkrümel ein lockeres, poröses ,,Bodengerüst" aufbauen. Der Gasaustausch und die Wasserführung werden dadurch begünstigt bzw. erst ermöglicht. Die Pflanze findet deshalb auf diesen lockeren, garen Böden optimale Lebensbedingungen. Die Zufuhr von Sauerstoff zur Pflanzenwurzel und der Abtransport des Kohlendioxids aus dem Wurzelbereich der Pflanze sind ungehindert. Um eine derartige optimale Bodenstruktur zu erhalten, ist es notwendig, daß im Boden genügend Ca-Ionen vorhanden sind. Die Bodenkolloide guter krümeliger Böden sind deshalb zu 60–80 % mit Ca-Ionen abgesättigt. Auch die Mg-Ionen haben noch eine gewisse flockende Wirkung; jedoch ist sie geringer als die des Ca^{++}. Die Struktur der weitgehend mit Mg-Ionen abgesättigten Böden ist deshalb weniger gut.

Die Alkali-Ionen wirken nicht flockend auf die Bodenkolloide. Na- und K-reiche Böden weisen deshalb eine schlechte Struktur auf. Die Krümel sind zerfallen (Einzelkornstruktur an Stelle der Krümelstruktur), und der Boden ist dicht und verschlämmt. Derartige Böden finden sich vorwiegend im semiariden bis ariden Klima (Salzböden).

Die sorptiv gebundenen Kationen stehen mit denen der Bodenlösung in einer Gleichgewichtsbeziehung. Die Bodenkolloide der Alkaliböden sind deshalb vorwiegend mit Na^+ und K^+ abgesättigt, die der Schwarzerde weisen einen hohen Ca^{++}-Belag auf; die Podsolböden haben an ihren Komplexen reichlich H^+ sorbiert (s. Tabelle 27).

Tabelle 27
Der prozentuale Anteil der einzelnen Kationen am gesamten Kationenbelag von Böden aus verschiedenen Klimazonen (n. HOAGLAND 1948)

	Anteil in %				
Boden bzw. Klima	Na	K	Mg	Ca	H
Alkali-Boden (arid)	30	15	20	35	0
Schwarzerde (semiarid)	2	7	14	73	4
Podsol (humid)	Spur	3	10	20	67

Die Bodenstruktur, vielfach auch Bodengefüge genannt, beeinflußt maßgeblich die Wasserführung, die Wasserspeicherung und den Gasaustausch zwischen Bodenluft und Atmosphäre. Diese Prozesse wiederum sind bestimmend dafür, ob im Boden bzw. in bestimmten Bodenzonen mehr aerobe oder mehr anaerobe Prozesse vorherrschen, was für das Wurzelwachstum von Bedeutung ist (GEISLER 1969). Man hat früher angenommen, daß das unter anaeroben Bedingungen gehemmte Wurzelwachstum direkt auf einen Sauerstoffmangel und auf eine Reduktion der Wurzelatmung zurückzuführen sei. Neuere Untersuchungen aber zeigen, daß viele höhere Pflanzen, die an sich nicht auf staunassen Böden gedeihen, Sauerstoff mit ihren Blättern aus der Atmosphäre aufnehmen und diesen in die Wurzel leiten und hier sogar an die Wurzelumgebung abgeben können (GREENWOOD 1967).

Mit der Verdrängung von Sauerstoff im Boden wird die Aktivität aerober Mikroorganismen blockiert und die der anaerob lebenden stimuliert. Da letztere ihre organischen Nährstoffe nicht bis zum H_2O und CO_2 abbauen können, produzieren sie zahlreiche Stoffwechselprodukte, die für die Wurzel toxisch sind. Zu diesen Stoffwechselendprodukten zählen: Äthylen, H_2S, Zyanid, Buttersäure und weitere Fettsäuren. Sie und nicht ein direkter O_2-Mangel oder zu hohe CO_2-Konzentrationen sind für das schlechte Gedeihen zahlreicher Kulturpflanzen bei stauender Nässe in erster Linie verantwortlich. Sobald diese Böden stärker durchlüftet werden, kommt es zum aeroben mikrobiellen Abbau der Hemmstoffe. Wie sehr das Wurzelwachstum gehemmt wird, sobald die Wurzelspitzen anaeroben Verhältnissen ausgesetzt werden, zeigt Abb. 90. Hier wurden Senfkeimpflanzen auf einem Boden angezogen, bei dem in der einen Variante der Wasserspiegel 6, in der anderen 9 cm unter der Bodenoberfläche lag (GREENWOOD 1968).

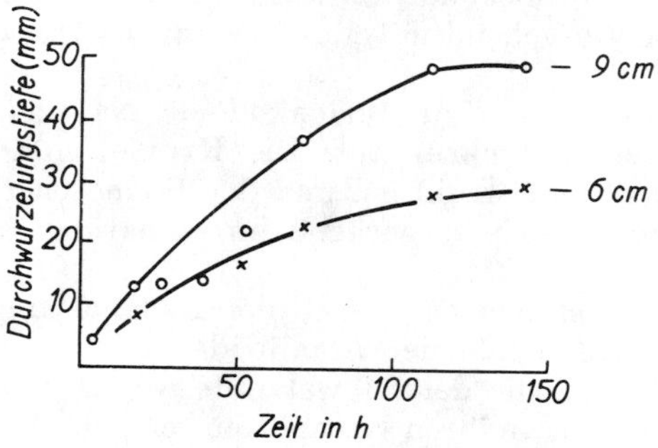

Abb. 90
Der Einfluß der Wasserspiegelhöhe und damit anaerober Bedingungen auf die Wurzellänge von *Sinapis alba* in Abhängigkeit von der Zeit.

Das Vermögen der einzelnen Pflanzenarten, mit reduktiven Bedingungen im Boden fertig zu werden, ist unterschiedlich. Empfindliche Arten, und hierzu zählen die meisten Kulturpflanzen, werden in ihrem Stoffwechsel und in ihrer Nährstoffaufnahme durch anaerobe Bedingungen erheblich gestört (MICHAEL 1959, LETEY et al. 1961).

Die wichtigste Kulturpflanze, die auch reduktive Bedingungen im Nährmedium gut verträgt, ist der Reis. Er vermag Luft mit beachtlicher Rate aus der Atmosphäre bis in die Wurzeln zu schleusen (BARBER et al. 1962) und hier sogar an die Umgebung abzugeben. Die engere Wurzelumgebung wird dadurch aerob „gestimmt", und das reichlich im anaeroben Bereich vorhandene Fe^{++} wird in der Grenzzone zu Fe^{3+} oxydiert und schlägt sich als Eisenoxyhydrat an den Reiswurzeln nieder (KEMMLER 1969). Gesunde Reiswurzeln zeigen daher einen rötlichbraunen Eisenoxyhydratfilm.

Bei überfluteten Reisböden ist nur die obere Schicht von 1–10 mm stärker mit Sauerstoff angereichert. Der nach der Überflutung im Boden noch vorhandene Sauerstoff wird von den aeroben Mikroorganismen schnell verbraucht, und anaerobe Prozesse nehmen überhand: Fe^{3+} wird zu Fe^{2+}, Mn^{4+} zu Mn^{2+}, Sulfat zu Sulfid und Nitrat zu N_2 bzw. zu anderen gasförmigen N-Verbindungen reduziert. Das hat eine beträchtliche Bedeutung für die Pflanze, denn zu hohe Konzentrationen an Mn^{++} oder Fe^{++} wirken toxisch, und der ursprünglich als Nitrat vorliegende N geht der Pflanze als Nährstoff verloren. Es ist deshalb unangebracht, überflutete Reisböden mit Nitrat-N zu düngen.

Diese negativ wirkenden Prozesse spielen sich besonders in humushaltigen Böden oder nach einer organischen Düngung ab; denn in diesem Falle steht den anaeroben Mikroorganismen reichlich organische Substanz zum Abbau zur Verfügung. Interessant ist bei überfluteten Reisböden weiterhin, daß sich ihr *p*H meistens auf einen Wert um 7 einstellt, unabhängig davon, ob der Boden vor der Überflutung sauer oder alkalisch reagierte (PONAMPARUMA 1965). Diese *p*H-Einstellung wird durch die reichliche Anwesenheit von Mn^{++} und CO_2 hervorgerufen, die zu Mn-Karbonat reagieren und damit ein Puffersystem bilden.

b) Die Verfügbarkeit der Pflanzennährstoffe

Der Begriff „Nährstoffverfügbarkeit“ eines Bodens wird häufig gebraucht. Er ist jedoch schwer zu definieren, und noch schwieriger ist es, die verfügbaren Nährstoffe exakt experimentell zu bestimmen. Die effektive Verfügbarkeit eines Nährstoffes, wie sie sich im Verlaufe einer Vegetationsperiode den Pflanzenwurzeln darbietet, hängt nämlich von Faktoren ab, die im voraus nicht quantitativ bestimmt werden können. Hierzu zählen das Wurzelwachstum, die Durchfeuchtung des Bodens und die Mikroorganismentätigkeit.

Direkt verfügbar sind die Nährstoffe, die in der Bodenlösung vorliegen, denn sie können per Diffusion oder mit dem Wasserstrom zur Wurzeloberfläche gelangen, die Wurzelzellwände durchdringen und bis zu den Zentren der Ionenaufnahme einer Pflanzenzelle vorstoßen. Alle Nährstoffe, die diesen Weg nicht zurücklegen können, also alle mehr oder weniger fest gebundenen Nährionen, sind nicht direkt verfügbar. Indirekt spielen sie jedoch für die **Nachlieferung** in die Bodenlösung ein wichtige Rolle. Bei dieser Nachlieferung ist zwischen den Nährionen, die mehr aus dem anorganischen System des Bodens stammen, und denen, die mehr von der organischen Bodenkomponente kommen, zu unterscheiden. Nährionen des anorganischen Bereiches sind vorwiegend K^+, Mg^{++}, Ca^{++} und Na^+, des organischen Bereiches NO_3^- und NH_4^+. Phosphat und Sulfat, teils auch NH_4^+, können beiden Bereichen entstammen. Die Ionen der anorganischen Komponente sind Gleichgewichtsbeziehungen ausgesetzt, die sich zwischen den austauschbar gebundenen Kationen der Bodenkolloide und den freien Ionen der Bodenlösung abspielen. Auf Grund dieser Tendenz zum Gleichgewicht wird jeder Nährstoffentzug aus der Bodenlösung durch Nachlieferung aus der austauschbaren Kationenfraktion weitgehend ausgeglichen (Mengel und Aksoy 1971). Eine analoge Gleichgewichtsbeziehung besteht auch zwischen den schwerer löslichen Phosphaten und Sulfaten einerseits und den Phosphat- und Sulfationen der Bodenlösung andererseits.

Für die Nährstoffanlieferung an die Wurzel ist primär die Höhe der Nährionenkonzentration und damit die Gleichgewichtslage zwischen gelöstem und gebundenem Nährion verantwortlich. Diese wird von dem Ton- und Humusgehalt eines Bodens sowie von seinem *p*H-Wert stark beeinflußt (Nemeth et al. 1970).

Die der organischen Komponente entstammenden Nährionen, besonders das Nitrat, werden von diesen Gleichgewichten weniger berührt. Ihre Nachlieferung in die Bodenlösung hängt in erster Linie von der Intensität ab, mit der die organische Substanz im Boden abgebaut wird. Hierbei freiwerdende Phosphat-, Sulfat- und NH_4^+-Ionen können jedoch ebenfalls wieder von Bodensorptionskomplexen gebunden bzw. ausgefällt werden. Sie unterliegen dann einer Gleichgewichtseinstellung.

Die Rate, mit der die Nährionen an die Pflanzenwurzel angeliefert werden – das ist die Nährionenmenge pro Zeiteinheit und pro Flächeneinheit der Wurzeloberfläche –, ist eine Intensitätsgröße; die Nährstoffmenge, die insgesamt angeliefert werden kann, ist eine Kapazitätsgröße. Die Intensität wird primär durch die Nährionenkonzentration charakterisiert, die Kapazität durch die Gesamtmenge an mobilisierbaren Nährstoffen. Zum Verständnis der beiden Begriffe Intensität und Kapazität, die auch in der Pflanzenernährung keine Schlagwörter, sondern reale Gegebenheiten darstellen, sei ein Beispiel angeführt: Ein Wasserreservoir, das Wasser anliefern soll, wird charakterisiert durch die Gesamtmenge des in ihm vorhandenen Wassers (= Kapazität) und durch die Menge an Wasser, die es pro Zeiteinheit abgeben kann (Intensität). Hohe Kapazität braucht nicht mit hoher Intensität gekoppelt zu sein und umgekehrt. Das gilt auch für die Nährstoffverhältnisse im Boden.

Sie werden dadurch noch komplizierter, daß die Nährstoffanlieferung an die Wurzel vom Grade der Bodendurchfeuchtung erheblich beeinflußt wird. Je trockener der Boden ist, um so länger sind die mittleren Diffusionswege zur Pflanzenwurzel und um so geringer ist die Nährionenanlieferung (Graham-Brice 1963, Barlan et al. 1967, Vaidyanathan et al. 1968, Drew et al. 1969, Grimme 1970). Die Beobachtung, daß gerade in Trockenjahren Mangelerscheinungen an den Kulturpflanzen auftreten (Baier 1967, Gärtel 1964), geht auf die schlechte Nährstoffbeweglichkeit zurück. Die Diffusionsrate ist für Aufnahme und Ertragsbildung wichtig. Abb. 91 zeigt den Kornertrag von Hafer bei einer Anzahl verschiedener Böden mit unterschiedlichen K-Diffusionsraten (v. Braunschweig und Mengel 1971).

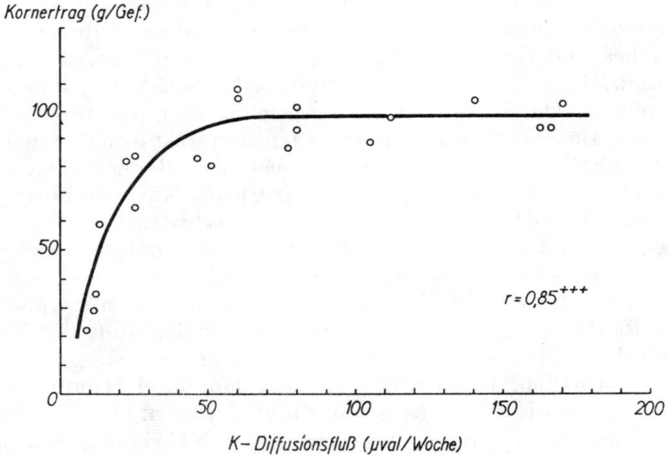

Abb. 91
Der Kornertrag in Abhängigkeit von der K-Diffusionsrate.

In dem oben entwickelten Konzept der Nährstoffverfügbarkeit wird angenommen, daß der größte Teil der von der Pflanze benötigten Nährstoffe an die Wurzel herantransportiert werden muß und nicht von der Wurzel per Wachstum erreicht wird. Tatsächlich haben verschiedene Modelluntersuchungen gezeigt, daß besonders für die Nährstoffe, die in größerer Menge benötigt werden (N, K und Phosphat), die Nährstoffanlieferung an die Wurzel und nicht das Erreichen der Nährstoffe durch die Wurzel (= Interzeption) der weitaus wichtigere Prozeß ist (Barber et al. 1963, Blanchet 1965). Das gilt besonders für einjährige Pflanzen, die jedes Jahr ihr Wurzelsystem neu entwickeln müssen. Drew und Nye (1969) konnten an *Lolium multiflorum* nachweisen, daß etwa 95 % des benötigten K^+ zur Wurzel hin transportiert werden müssen. Die Nährstoffverfügbarkeit eines

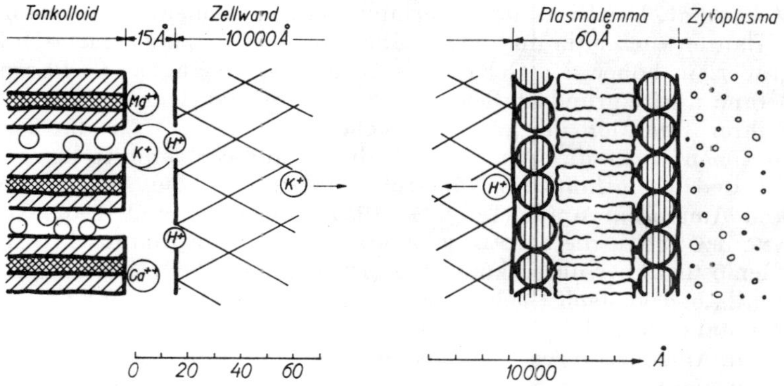

Abb. 92
Dimensionen beim „Kontaktaustausch".

Bodens wird deshalb maßgeblich von der Nährstoffbeweglichkeit im Boden bestimmt.

Ein weiteres wichtiges Problem der Verfügbarkeit ist die Frage, inwieweit die Pflanzenwurzel selbst Bodennährstoffe mobilisieren kann. Es wird vielfach heute noch angenommen, daß bei einem engen Kontakt zwischen Wurzel und Bodenkolloid eine direkte Nährstoffaufnahme der Pflanze möglich ist. JENNY und OVERSTREET (1938) entwickelten diese Theorie des Kontaktaustausches und nahmen an, daß sich die Oszillationsräume der sorbierten Kationen eines Tonkolloids mit denen von sorbierten Kationen der Wurzeloberfläche überlappen. Das würde einen Kationenumtausch vom Wurzelbereich zum Tonmineralbereich ermöglichen. Es könnte so beispielsweise ein H^+ der Pflanzenwurzel im Umtausch an die Stelle eines K^+ des Tonminerals springen (s. Abb. 92). Die räumlichen Gegebenheiten im Bereich Pflanzenwurzel-Tonmineral sprechen jedoch gegen einen Kontaktaustausch. Zwar kann unter Umständen ein derartiger Umtausch zwischen der Peripherie der Zellwand und dem Tonmineral vorkommen. Ein derartiges Ion ist aber noch nicht „aufgenommen", die eigentliche Aufnahmestelle der Zelle, das Plasmalemma, ist noch etwa 10000 Å entfernt. Diese Entfernung ist rund 50fach größer als die Überlappungsschicht der umtauschenden Kationen (MENGEL et al. 1969).

Es kann deshalb nicht angenommen werden, daß die an die Bodenkolloide gebundenen Kationen direkt von der Pflanze aufgenommen werden können (LAGERWERFF 1960). Sie müssen vielmehr nach ihrer Desorption die „freie" Bodenlösung passieren, welche sich vom Boden bis in die freien Räume der Zellwände des Wurzelgewebes erstreckt.

Mit dieser Feststellung soll die Bedeutung der Wurzelausdehnung und besonders der Wurzelhaare nicht unterschätzt werden. Je größer die Wurzeloberfläche einer Pflanze ist, um so größer ist ihre Auffangfläche für die Nährionen und um so kürzer sind deren mittlere Diffusionswege; denn die in enger Nachbarschaft der Wurzel vorliegenden Nährionen gelangen am ehesten zur Wurzel. Sie ist ein „sink" (Grube) für die herandiffundierenden Nährionen. LEWIS und QUIRK (1967) konnten zeigen, daß infolge Aufnahme die unmittelbare Nachbarschaft der Wurzel an

Phosphat verarmt. Der Grad der Verarmung nahm exponentiell mit dem Abstand von der Pflanzenwurzel ab, und der Radius der an Phosphat verarmten Zone war um so größer, je höher der Gehalt des Bodens an verfügbarem Phosphat war. Dieser Befund dürfte grundsätzlich auch für andere Nährionen gelten.

Neben ihrer Funktion als „Auffangfläche" bzw. „sink" für die herandiffundierenden Ionen wirkt die Wurzel auch direkt auf ihre unmittelbare Nachbarschaft ein und beeinflußt die Nährstoffmobilisierung. Sie scheidet organische Säuren und Aminosäuren aus (FRENZEL 1957, SCHEFFER et al. 1962, SULOCHANA 1962, VANCURA 1964), die sorptiv gebundene Nährionen umtauschen und damit in die Bodenlösung überführen können (PETERBURGSKI 1959). Die ausgeschiedenen Substanzen haben vielfach Chelatcharakter und sind damit befähigt, auch Ionen aus den Kristallgittern der Minerale zu lösen (SCHEFFER et al. 1957, GLAUSER und JENNY 1960). Analoge Prozesse werden auch von den Ausscheidungsprodukten der Mikroorganismen induziert. Sie tragen damit auch zur Nährstoffmobilisierung bei. Das ist besonders auf nicht mineralisch gedüngten Flächen von Bedeutung. Die Wurzeln der Waldbäume werden von Pilzen, besonders Basidiomyzeten, in einem dichten Geflecht überzogen. Diese **Mykorrhiza** trägt zur Nährstoffmobilisierung bei. Sie liefert N und Phosphat an die Pflanzenwurzel und entzieht ihr Kohlenhydrate.

Die Frage, welche Wurzelteile Wasser und Nährstoffe besonders intensiv aufnehmen, hat für die Wurzel in ihrer Funktion als „Nährstoff-sink" erhöhte Bedeutung. CLARKSON et al. (1968) stellten an Wurzeln 2–3 Wochen alter Gerstenpflanzen fest, daß für die Phosphataufnahme die gesamte Wurzellänge von der Spitze bis zum basalen Teil in Frage kommt. Bei höheren Konzentrationen (10^{-4} molar Phosphat) zeigten die Wurzelspitzen eine gewisse Phosphatanreicherung, während die vom basalen Wurzelteil aufgenommenen Phosphate vermehrt in den oberirdischen Teil verlagert wurden. Wurde die Rindenschicht des basalen Wurzelteiles während der Pflanzenanzucht ausgetrocknet – ein Vorgang, der unter Feldbedingungen infolge einer Trockenperiode häufig auftritt –, so war die Ionenaufnahme dieses Wurzelsegmentes weitgehend blockiert. Die Austrocknung bewirkt nämlich eine Abspaltung der Rindenschicht vom Zentralzylinder, so daß beide Gewebe durch eine Luftschicht getrennt sind. In diesem Falle vermag der Zentralzylinder zwar noch Wasser und Nährstoffe nach oben zu leiten, als Auffangfläche für Nährionen scheidet der basale Wurzelbereich dann jedoch aus. Unter der Voraussetzung, daß die gesamte Wurzel noch vollkommen intakt ist, dürften alle ihre Teilabschnitte befähigt sein, Phosphat und auch K^+ (RICHTER, persönliche Mitteilung) ohne Schwierigkeiten aufzunehmen. Das gilt jedoch nach CLARKSON (persönliche Mitteilung) nicht für Ca^{++}. Nach seinen Untersuchungen wird Ca^{++} praktisch nur von den Wurzelspitzen aufgenommen. Für die Aufnahme von K^+ sind nach KAUFFMANN und BOULDIN (1967) beim Mais besonders die 6–7 Tage alten Seitenwurzeln wichtig.

Die vertikale Verteilung der Wurzeln in einem Boden zeigt, daß sich das größte Wurzelvolumen in der oberen Bodenschicht unter der Pflanze befindet. In Tabelle 28 ist die vertikale Verteilung von 6 Wochen alten Gerstenpflanzen innerhalb der Saatreihe und zwischen den Reihen aufgeführt (RUSSEL und ELLIS 1968). Man sieht, daß die Wurzelmasse unterhalb einer Tiefe von 25 cm nur noch gering ist. Das sollte jedoch nicht zu dem Schluß verleiten, daß die Wasser- und Nährstoffaufnahme aus tieferen Schichten unbedeutend ist. Besonders ältere Pflanzen nehmen ihr Wasser aus Bodenschichten von $>$ 50 cm Tiefe (GLIEMEROTH 1952,

Rose und Stern 1967). Gleiches trifft für die Nährstoffaufnahme aus tieferen Schichten zu (Wiersum 1967, Woodhouse 1968, Page und Gerwitz 1969). Wie bereits oben ausgeführt, sind gerade die basalen Wurzelbereiche während Trockenperioden nicht mehr in der Lage, Nährstoffe aufzunehmen. Auch ist unter Trockenbedingungen die Nährstoffdiffusion zur Wurzel behindert, wenn nicht sogar blockiert (Rowell et al. 1967). Gerade die für die Nährstoff- und Wasseraufnahme wichtigen noch nicht verholzten jüngeren Wurzeln befinden sich dann in den

Tabelle 28
Die vertikale Verteilung von Gerstenwurzeln
(relative Volumenanteile, obere Schicht = 100)

Tiefe	Wurzelanteil	
in cm	innerhalb der Reihe	zwischen den Reihen
0–5	100	7
5–10	14	6
10–15	5	4
15–20	4	3
20–25	5	3
>25	7	6

tieferen, noch feuchten Bodenschichten (Haahr et al. 1966). Für die Überwindung von Trockenperioden ist es also wichtig, daß die tieferen Bodenschichten noch Wasser und Nährstoffe enthalten (Gliemeroth 1952) und daß hier auch noch ein Wurzelwachstum möglich ist (Wiersum 1967). Falls keine reduzierenden Bedingungen vorliegen, wird nach Gliemeroth (1953) der Austrieb neuer Wurzeln in tiefere Schichten maßgeblich von dem Angebot an Nährstoffen, besonders an N, stimuliert. Welches Wurzelnetz die Zuckerrübe in tieferen Schichten auszubilden vermag, wird mit Tafel V gezeigt.

Von den die effektive Nährstoffverfügbarkeit bestimmenden Faktoren, nämlich der Größe des Wurzelsystems, der Durchfeuchtung des Bodens und der Ionenkonzentration der Bodenlösung, ist die Nährstoffkonzentration der Bodenlösung im voraus noch am leichtesten annähernd zu erfassen. Zwar unterliegt auch sie ständigen Veränderungen (Larsen und Widdowson 1968), bedingt durch Nährstoffentzug und Freisetzung sowie durch den wechselnden Wassergehalt des Bodens. Aber die der anorganischen Komponente des Bodens entstammenden Kationen werden in ihrer Konzentration weitgehend durch die austauschbar gebundenen Kationen abgepuffert (Mengel und Aksoy 1971). Mit abnehmender Durchfeuchtung erhöht sich die Konzentration der Bodenlösung; bei Überschreitung der entsprechenden Löslichkeitsprodukte kommt es zur Ausfällung von Phosphaten und Gips (Reitemeier 1946). Die mit stärkerer Wasserverdunstung eintretende Erhöhung der Ionenkonzentration führt zu keiner besseren Verfügbarkeit, da gleichzeitig die Diffusionsbedingungen erschwert und die Berührungsflächen Bodenlösung → Wurzel kleiner werden. Daraus resultiert eine verminderte Nährstoffaufnahme (v. Braunschweig 1971).

Einen guten Anhaltspunkt für die Größenordnung der Ionenkonzentrationen in der Bodenlösung gibt die Konzentration bei wassergesättigtem Boden (Bodensättigungsextrakt). Die in Tabelle 29 von Fried und Shapiro (1961) zusammengestellten Zahlen entsprechen auch den unter mitteleuropäischen Verhältnissen gefundenen Werten (Mengel et al. 1969). Allgemein ist festzustellen, daß Ca^{++} meist die höchsten, Phosphat die niedrigsten Konzentrationen aufweist. Die Mg-Konzentrationen sind in der Regel um ein Mehrfaches höher als die K-Konzentration. Während die Konzentrationen an Ca^{++} und Mg^{++} befriedigend mit der Menge an austauschbarem Ca^{++} und Mg^{++} korrelieren, hängt die K-Konzentration der Bodenlösung sehr wesentlich von den gegebenen Tonmineralen ab (Nemeth et al. 1970). Böden mit einem hohen Gehalt an illitischen Tonen binden K^+ sehr selektiv und haben deshalb meistens eine niedrige K-Konzentration in der Bodenlösung.

Welche Nährionenkonzentration als optimal anzusehen ist, kann heute noch nicht genau gesagt werden. Für Nitrat dürfte der optimale Bereich bei 2–5 mmolar, für K^+ bei 0,5–1 mmolar liegen (Mengel und Forster 1971). Die Konzentration muß um so höher sein, je intensiver das Wachstum ist; denn es werden dann pro Zeiteinheit viele neue Nährionen für den Substanzaufbau gebraucht. So kann im zeitigen Frühjahr bei niedriger Temperatur und geringem Wachstum eine Nitratkonzentration von 0,5 mmolar schon ausreichend sein. Während der Hauptwachstumszeit im Mai–Juni muß sie dagegen um ein Vielfaches höher liegen. Für ein optimales Wachstum ist es weiterhin wichtig, daß die Nährionenkonzentration im Verlaufe der Vegetationszeit nicht allzu stark abfällt, d. h. die Nachlieferung in die Bodenlösung muß gewährleistet bleiben.

Nicht alle von der Pflanze aufgenommenen und verwerteten Nährstoffe entstammen ursprünglich dem Boden. Neben N_2, der über freilebende und in Symbiose

Tabelle 29

Konzentration der Bodenlösung an Nährionen in mmol

Ion	Konzentr.-Bereich	saure Böden	kalkhaltige Böden
Ca	0,5 – 38	3,4	14
Mg	0,7 –100	1,9	7
K	0,2 – 10	0,7	1
Na	0,4 –150	1,0	29
N	0,16 – 55	12,1	13
P	< 0,001– 1	0,007	< 0,03
S	< 0,1 –150	0,5	24
Cl	0,2 –230	1,1	20

Tabelle 30

Nährstoffmengen, die jährlich mit dem Regenwasser und direkt aus der Atmosphäre in den Boden gelangen (n. Riehm und Quellmalz 1959)

S bzw. Sulfat	18–33 kg S/ha	Na^+	5 –11 kg Na_2O/ha
Cl bzw. Chlorid	8–14 kg Cl/ha	K^+	2,5– 5 kg K_2O/ha
Nitrat	1– 3 kg N/ha	Mg^{++}	5 – 8 kg MgO/ha
NH_4^+	6–11 kg N/ha	Ca^{++}	14 –30 kg CaO/ha
Bor	15–35 g B/ha		

lebende Mikroorganismen der Atmosphäre entnommen wird, gelangen auch noch andere Pflanzennährstoffe aus der Atmosphäre in die Pflanze bzw. in den Boden. Die Nährstoffmengen, die unter mitteleuropäischen Verhältnissen jährlich mit Regenwasser und Atmosphäre direkt dem Boden zugeführt werden, sind in Tabelle 30 aufgeführt. Die mittels N_2-Fixierung mikrobiell gewonnenen N-Mengen sind hierbei nicht berücksichtigt.

c) Methoden zur Bestimmung der Nährstoffverfügbarkeit

Die im vorhergehenden Kapitel beschriebenen Faktoren der Nährstoffverfügbarkeit lassen deutlich werden, daß es nicht leicht ist, die für eine bevorstehende Vegetationsperiode im Boden verfügbaren Pflanzennährstoffe annähernd quantitativ zu bestimmen. Damit ist auch die Abschätzung des Düngerbedarfes auf Grund einer Bodenanalyse nicht einfach. Die zahlreichen Vegetationsversuche, die durchgeführt wurden, um den Zusammenhang zwischen Bodenanalyse einerseits und Mehrertrag durch Düngung andererseits zu überprüfen, zeigen deshalb in vielen Fällen unbefriedigende Resultate (SCHWERDT und JESSEN 1961, SCHACHTSCHABEL 1963, RATHSACK und SCHACHTSCHABEL 1963, WITTER 1967, RATHSACK und JUNGK 1968, MUNK 1969, VAN DER PAAUW 1969, WILD et al. 1969). Meistens wird mit der Bodenuntersuchung nur die Kapazität des Nährstoffes und nicht seine Intensität erfaßt. Letztere aber ist für die Ertragsbildung die wichtigere Größe (VAN DER PAAUW 1969, WILD et al. 1969, SCHUFFELEN 1970). Damit soll die Bedeutung der Bodenanalyse nicht herabgesetzt werden. Im Gegenteil, sie wird mit steigender Intensität der Bodenproduktion wichtiger. Nur muß die Interpretation der ermittelten Werte die Faktoren und ihre kausalen Zusammenhänge berücksichtigen, die für die effektive Verfügbarkeit wichtig sind (BERGMANN 1963). Die verschiedenartigen Verfahren zur Bestimmung der Nährstoffverfügbarkeit im Boden zeigen bei regelmäßiger Untersuchung zuverlässig an, ob ein Boden im Verlaufe mehrerer Vegetationsperioden an Nährstoffen verarmt, ob er seinen Nährstoffspiegel hält oder ob er sich mit Nährstoffen anreichert. Abb. 93 zeigt diesen Zusammenhang zwischen der Phosphatbilanz (P-Zufuhr minus P-Entzug) und dem Gehalt an laktatlöslichem Phosphat (KÖHNLEIN und KNAUER 1965).

Prinzipiell kann man die Nährstoffbedürftigkeit auf drei verschiedene Arten ermitteln:

1. Man kann aus dem Wachstum und aus dem Gehalt an Mineralstoffen der Kulturpflanzen Schlüsse auf die Nährstoffbedürftigkeit ziehen (biologische Methoden).
2. Man kann aus der Gewichtszunahme von Mikroorganismen, die man auf dem zu untersuchenden Boden kultiviert, auf den Gehalt an pflanzenverfügbaren Nährstoffen schließen (mikrobiologische Methoden).
3. Man kann mit einem Extraktionsmittel den zu untersuchenden Boden ausschütteln. Die Menge der gelösten Nährstoffe ist ein Maß für ihre Pflanzenverfügbarkeit (chemische Methoden).

Zu den **biologischen Methoden** zählen der Gefäß- und der Feldversuch. Hierauf fußt die Bestimmung der Nährstoffbedürftigkeit eines Bodens nach MITSCHERLICH. Bei der **Neubauer-Methode** (Keimpflanzenmethode) wird der zu untersuchende Boden mit Quarzsand in bestimmten Gewichtsverhältnissen vermischt und in kleine, sogenannte Neubauerschalen gefüllt. Auf dieses

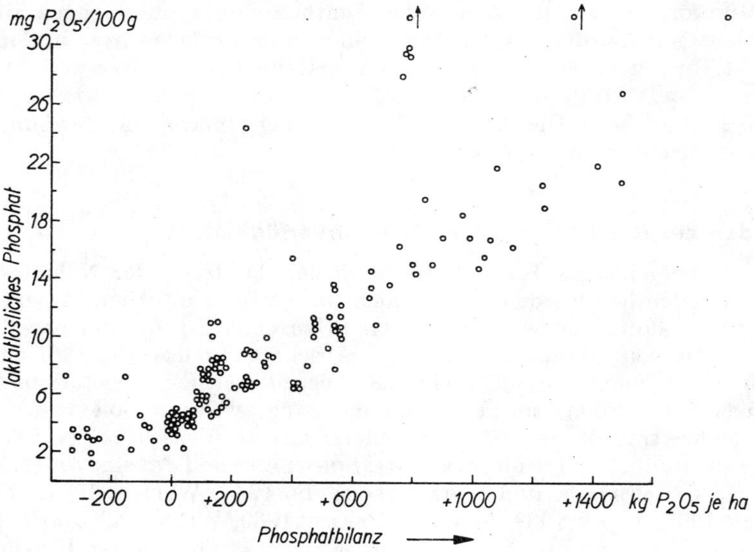

Abb. 93
Beziehung zwischen der Phosphatbilanz (= Differenz aus Phosphatdüngung und Phosphatentzug) und dem Gehalt an laktatlöslichem Phosphat im Boden.

Substrat werden 100 Roggenkörner gesät. Nach zwei Wochen erntet man die Roggenkeimpflanzen und untersucht sie auf ihren Gehalt an K und P. Von den gesamten K- und P-Mengen, die in den oberirdischen Teilen und in den Wurzeln vorhanden sind, wird die im Saatkorn vorhandene Menge an K und P abgezogen. Die Differenz ist ein Maß für die Verfügbarkeit des Bodens an K und P. In Tabelle 31 sind die 100 g Boden entzogenen Mengen an K und P angegeben, nach denen die Auswertung der „Neubauer-Zahlen“ erfolgt.

Tabelle 31
Einstufung der Nährstoffbedürftigkeit nach den Neubauer-Zahlen

	Entzogene Mengen an	
Nährstoffversorgung	K_2O mg/100 g Boden	P_2O_5 mg/100 g Boden
arm	0–15	0–4
mittel versorgt	15–25	4–6
gut versorgt	über 25	über 6

Durchführung und Problematik der **Blatt-** und **Pflanzenanalyse** wurden kürzlich von GOLLMICK et al. (1970) eingehend behandelt. Das Prinzip des Verfahrens beruht darauf, daß mit dem Anstieg der pflanzenverfügbaren Menge eines Nährstoffes im Boden auch der Gehalt dieses Nährstoffes in der Pflanze ansteigt. Pflanzen, die z. B. einen hohen Gehalt an K aufweisen, sind also von einem Standort mit einer relativ hohen Menge an pflanzenaufnehmbarem K. Diese Beziehung ist jedoch nicht ganz so einfach, denn sie kann durch verschiedene Faktoren gestört

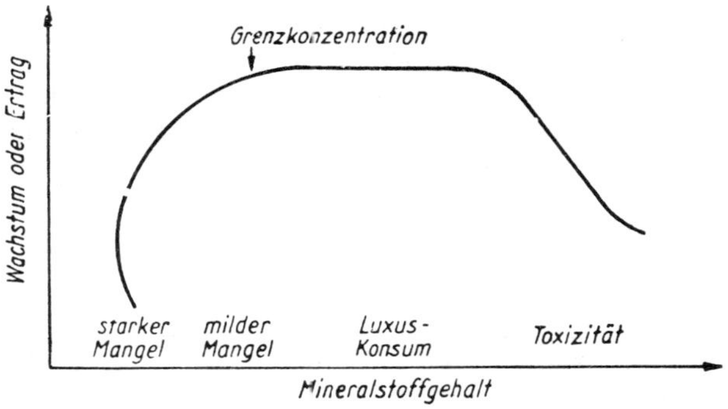

Abb. 94
Relation zwischen dem Mineralstoffgehalt einer Pflanze und dem Wachstum bzw. dem Ertrag (n. SMITH 1962).

werden. Einmal hängt sie ab von der Versorgung mit anderen Nährstoffen. So kann z. B. eine Pflanze auf einem mäßig mit K versorgten Boden trotzdem einen hohen K-Gehalt haben, falls ihr Wachstum durch einen anderen Faktor, z. B. mangelnde N-Ernährung, stark behindert wurde (Konzentrationseffekt). Was hier für K gilt, trifft auch für andere Nähr-Ionen zu. Weiterhin spiegelt der Nährstoffgehalt im Blatt auch die physiologischen Aufnahmebedingungen wider. Ist die Aufnahme eines Ions durch Sauerstoffmangel oder durch die antagonistische Wirkung anderer Ionen gehemmt, so wird die Pflanze relativ niedrige Gehalte des betreffenden Nährstoffes aufweisen, obgleich im Boden ein reichlicher Vorrat daran vorliegen kann. In derartigen Fällen hilft keine Düngung, sondern nur eine Beseitigung der ungünstigen Aufnahmebedingungen.

Die Relation zwischen Nährstoffgehalt der Pflanze und Wachstum bzw. Ertrag ist nicht linear; sie beschreibt vielmehr eine charakteristische Kurve, wie sie in Abb. 94 dargestellt ist. Diese Abbildung zeigt, daß bei starkem Mangel der Mineralstoffgehalt sehr niedrig ist. Mit geringer Abschwächung des Mangels nimmt der Gehalt auf Grund des vermehrten Wachstums sogar etwas ab (Verdünnungseffekt). Danach steigt der Gehalt nur langsam, der Ertrag aber stark an. Für den relativ niedrigen Gehalt in diesem Bereich ist ebenfalls das verdünnend wirkende vermehrte Pflanzenwachstum verantwortlich. Schließlich erreicht der Ertrag sein Maximum (Grenzkonzentration). Dieser Nährstoffgehalt muß also mindestens zur Erreichung eines maximalen Ertrages vorliegen. Eine weitere Erhöhung des Gehaltes wirkt sich vorerst nicht auf den Ertrag aus. Die vermehrte Nährstoffaufnahme in diesem Bereich ist also wirkungslos (Luxuskonsum), falls diese überschüssigen Nährstoffe nicht für spätere Zeiten eine Reserve darstellen. Zu hohe Nährstoffgehalte wirken schließlich toxisch, so daß der Ertrag abfällt.

Die Grenzkonzentration, also der Gehalt, unterhalb dessen Ertrags- und Wachstumsminderung vorliegen, ist der ausschlaggebende Wert für die Bewertung der Nährstoffanalyse und für die Düngerberatung. Die Ermittlung dieser Grenzkonzentration ist nicht leicht; sie hängt ab von der Pflanzenart, vom Pflanzenteil und besonders vom physiologischen Alter. Ein Nährstoffgehalt, der für die ältere Pflanze ausreicht, kann für die junge Pflanze zu niedrig sein. Der Grenzwert einer Pflanzenanalyse muß sich also immer auf eine bestimmte Pflanzenart, auf ein bestimmtes Pflanzenorgan und auf ein bestimmtes physiologisches Alter beziehen. Wie sehr sich die Nährstoffgehalte im Verlaufe der Vegetation bei Getreide ändern, geht aus Abb. 86 hervor. Pflanzen mit einem von Getreide unterschiedlichen Wachstumsrhythmus weisen häufig mit dem Altern für manche Nährstoffe einen fallenden, für andere einen steigenden Gehalt auf (s. Tabelle 32).

Tabelle 32

Veränderung des Nährstoffgehaltes in den Blättern beim Altern der Pflanze (n. SMITH 1962)

Pflanze	Abfall	Anstieg
Apfel	N, P, K	Ca, Mg
Citrus	N, P, K, Cu, Zn	Ca, Mg, Mn, Fe, Al, B
Feige	N, P, K	Ca, Mg
Pfirsich	N, P, K, Cu, Zn	Ca, Mg, Mn, Fe, Al, B
Pinie	K	Ca
Gemüse	N, P, K	Ca

Eine besondere Bedeutung kommt der Pflanzenanalyse im Obst- und Waldbau zu. Da die Wurzeln der Bäume tief in den Boden eindringen, kann man den Zonen, denen sie vornehmlich ihre Nährstoffe entziehen, nur schwerlich Bodenproben entnehmen. Die Analyse von Blättern und Nadeln zur Ermittlung des Nährstoffbedarfes ist deshalb besonders vorteilhaft. Hier gilt jedoch auch, daß alle ermittelten Werte nur im Zusammenhang mit dem Standort vernünftig interpretiert werden können (LAATSCH 1967).

Nach BAULE und FRICKER (1967) gelten für die Nadeln von Kiefern und Fichten die in Tabelle 33 aufgeführten Grenzbereiche. Werden die hier genannten Gehalte unterschritten, so liegt eine Unterversorgung mit dem betreffenden Nährstoff vor.

Tabelle 33

Kritische Nährstoffgehalte in den Nadeln von Kiefern und Fichten in % der Trockensubstanz

Phosphat	0,12–0,13% P	Magnesia	0,05–0,06% Mg
Kali	0,42–0,50% K	Stickstoff	1,2 –1,3% N
Kalk	0,29–0,36% Ca		

Das physiologische Alter der Blätter bzw. Nadeln ist zu berücksichtigen (HÖHNE 1963). WEHRMANN (1961) fand, daß der Mn-Gehalt in Kiefernnadeln während der Vegetation von 87 auf 1855 ppm Mn in der Trockensubstanz ansteigen kann. Der Cu-Gehalt fiel während dieser Zeit von 18 auf 4 ppm ab.

Im Obstbau ist die Blattanalyse zur Ermittlung des Ernährungszustandes der Bäume weit verbreitet. Verständlicherweise sind die Grenzwerte der Analyse für die einzelnen Obstarten, aber auch selbst für verschiedene Sorten einer Art, unterschiedlich (GRUPPE 1961). Tabelle 34 zeigt die Beziehung zwischen dem Nährstoffversorgungsgrad und dem Nährstoffgehalt der Blätter bei der Apfelsorte Cox Orangen.

Tabelle 34

Nährstoffgehalt und Nährstoffversorgung bei Mittelblättern einjähriger Langtriebe; Probenahme im Juli-August (auszugsweise n. GRUPPE 1961)

Nährstoff	Gehalt in % der Tr.-Sub.			
	Mangel	niedrig	optimal	hoch
N	< 2,0	2,1 –2,5	2,6 –2,8	> 2,9
K	< 0,8	0,9 –1,5	1,6 –2,2	> 2,3
Mg	< 0,15	0,15–0,25	0,25–0,35	> 0,40
P	< 0,11	0,11–0,13	0,13	–

Die Pflanzenanalyse bei einjährigen Pflanzen ist problematischer, da deren Gehalte sehr stark von den Aufnahmebedingungen des betreffenden Jahres beeinflußt werden. KÖHNLEIN und KNAUER (1959) ermittelten für Getreide im Blühstadium einen Grenzgehalt von 1,7 % K. Zur Überprüfung derartiger Grenzwerte ist es aber notwendig, daß der in einem Jahr ermittelte Gehalt mit dem Ertrag der darauf folgenden Kultur in einem Zusammenhang steht. Weiterhin sollte bei der Beurteilung derartiger Grenzwerte auch der anzustrebende Ertrag berücksichtigt werden. Untersuchungen von FINCK (1970) zeigen nämlich, daß bei Weizen mit dem Ertragsniveau der Gehalt an P und K in der Pflanze beachtlich ansteigt.

Zur Bestimmung des N-Versorgungsgrades wird bei einigen Kulturen der Nitratgehalt in der Pflanze ermittelt; bei Baumwolle (GARDNER und TUCKER 1967) und Zuckerrüben (WHITE 1959) in den Petiolen, bei Nelken in den Seitentrieben (BLANC 1962). Ein interessantes Verfahren zur Bestimmung des N-Versorgungsgrades einer Pflanze wurde von BAR-AKIVA entwickelt. Er bestimmt in den grünen Pflanzenteilen die vorhandene und die maximale Nitratreduktaseaktivität. Je mehr sich die vorhandene der maximal möglichen Aktivität nähert, um so besser ist die N-Versorgung der Pflanze (BAR-AKIVA et al. 1970). Abb. 95 zeigt das Ergebnis einer derartigen Untersuchung an Weidelgras. Unter „Nitratreduktasequotient" ist das Verhältnis der maximalen Nitratreduktaseaktivität zur vorhandenen Nitratreduktaseaktivität zu verstehen.

Bei **mikrobiologischen Methoden** zur Bestimmung der Nährstoffbedürftigkeit wird der zu untersuchende Boden in eine Nährlösung gegeben, welche der zu über-

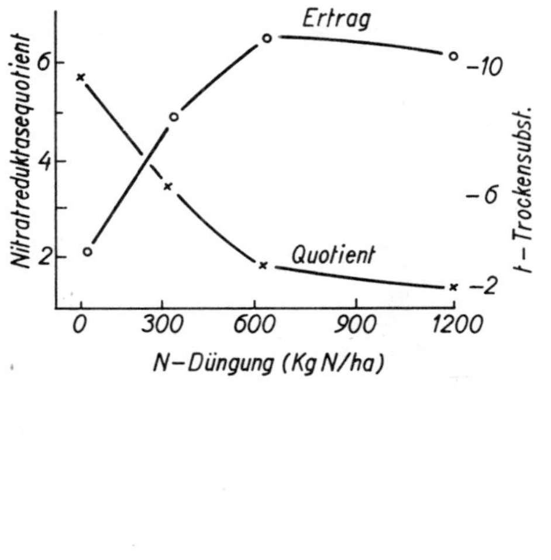

Abb. 95
Beziehung zwischen dem Nitratreduktasequotienten, dem Ertrag und der N-Düngung.

prüfende Nährstoff fehlt. Die Probe wird mit einem Mikroorganismus geimpft und bleibt bei konstanter Temperatur wenige Tage im Brutschrank. Das entwickelte Myzelgewicht gilt als Maß für die Pflanzenverfügbarkeit des betreffenden Nährstoffes. Als Mikroorganismus verwendet man vorwiegend *Aspergillus niger*. Die Methode hat für die Bestimmung der Makronährstoffe keine allzu große Bedeutung erlangt. Dagegen werden die Mikronährstoffe Fe, Cu, Zn und auch der Makronährstoff Mg häufig mit der *Aspergillus-niger*-Methode bestimmt (STAPP und WETTER 1953, NICHOLAS 1960).

Die biologischen Methoden versuchen, den physiologischen Gegebenheiten, denen die Kulturpflanzen unter natürlichen Bedingungen ausgesetzt sind, gerecht zu werden. Besonders in den Bereichen, in denen ein Nährstoff im Minimum vorliegt, und gerade dann, wenn schon äußerlich sichtbare Mangelerscheinungen an der Pflanze auftreten, zeigen die biologischen Methoden sehr deutlich den im Minimum vorliegenden Nährstoff an. Je höher jedoch die pflanzenverfügbare Menge eines Nährstoffes im Boden ist, um so schwieriger wird seine quantitative Erfassung mit biologischen Methoden. Dies liegt daran, daß der Nährstoffgehalt mit steigender Nährstoffkonzentration im Aufnahmemedium nicht linear, sondern in Form einer Sättigungskurve zunimmt.

Die Werte, die man mit biologischen Methoden ermittelt, spiegeln nicht nur die Verfügbarkeit des betreffenden Nährstoffes, sie spiegeln auch dessen Aufnahmebedingungen wider. Bei guten Aufnahmebedingungen (Durchfeuchtung, Durchlüftung, Wärme) kann deshalb auch bei geringerer Verfügbarkeit (stärkere Bindung des Nährstoffes an den Boden) noch eine beachtliche Nährstoffaufnahme vorliegen, und umgekehrt kann bei hoher Verfügbarkeit die Aufnahme durch schlechte Bedingungen (z. B. O_2-Mangel) behindert sein.

Mit den biologischen Methoden lassen sich größere Mengen an pflanzenverfügbaren Nährstoffen, die über den Bedarf einer Vegetation hinausgehen, schlecht erfassen. In diesen Bereichen sind die verschiedenen Extraktionsverfahren besser geeignet **(chemische Methoden).** Für die Bestimmung des pflanzenaufnehmbaren **Kalium** und **Phosphor** hat sich die Doppellaktatmethode nach EGNER-RIEHM weitgehend eingebürgert. Hierbei wird der Boden mit einer Laktatlösung ausgeschüttelt. Im Extrakt werden K und P nebeneinander bestimmt. Die in Tabelle 35 aufgeführte Bewertung der Laktatzahlen trifft heute für viele intensiv wirtschaftende Betriebe nicht mehr zu. Verschiedene Versuchsstationen sind dazu übergegangen, die Bewertung der Laktatzahlen höher anzusetzen. Wie bereits

Tabelle 35
Die Grenzzahlen der Doppellaktatmethode für K und P eines mittelschweren Bodens

Bewertung		mg P_2O_5/100 g Boden	
*p*H-Bereich	bis 5,5	5,6–6,5	6,6 und höher
schlecht versorgt	bis 5	bis 6	bis 7,5
mäßig versorgt	5–10	6–12	7,5–15
gut versorgt	über 10	über 12	über 15
		mg K_2O/100 g Boden (für den gesamten *p*H-Bereich)	
schlecht versorgt		unter 10	
mäßig versorgt		10–20	
gut versorgt		über 20	

erwähnt, sollten für ihre Interpretation weitere Bodeneigenschaften wie Ton- und Humusgehalt sowie *p*H-Wert berücksichtigt werden.

Ein Nachteil der Doppellaktatmethode besteht darin, daß der *p*H-Wert der Extraktionslösung nicht ausreichend gepuffert ist, um auch bei karbonatreichen Böden zu befriedigenden Ergebnissen zu kommen (Teicher 1967). Es wurde deshalb vorgeschlagen, den Boden mit einer Essigsäure-Ammoniumlaktatlösung auszuschütteln (Egner 1955, Riehm 1959). Dieses Extraktionsmittel (0,10 n Ammoniumlaktat, 0,4 n Essigsäure, *p*H 3,7) enthält genügend Essigsäure, um auch noch in karbonatreichen Böden der Pflanzenverfügbarkeit entsprechende Phosphatmengen zu lösen (Riehm 1959). Die Methode wurde von Egner, Riehm und Domingo (1960) entwickelt und als AL-Methode (Ammonium-Laktat) bezeichnet. Als Richtwerte der AL-Methode gibt Riehm (1959) die in Tabelle 36 aufgeführten Zahlen an. Bei höheren Karbonatgehalten (> 15 %) im Boden ist jedoch auch die AL-Methode unzuverlässig.

Tabelle 36
Richtwerte der AL-Methode

Versorgung	P-AL-Zahl (= mg P_2O_5/100 g Boden)
gut versorgt	über 20
mäßig versorgt	11–20
schlecht versorgt	0–10

Abb. 96 zeigt, daß zwischen den mit der AL-Methode ermittelten Phosphatgehalten im Boden und der Ertragshöhe eine gute Übereinstimmung besteht. Sie geht teils darauf zurück, daß es sich hier um ähnliche Böden und um die gleiche Pflanzenkultur handelt.

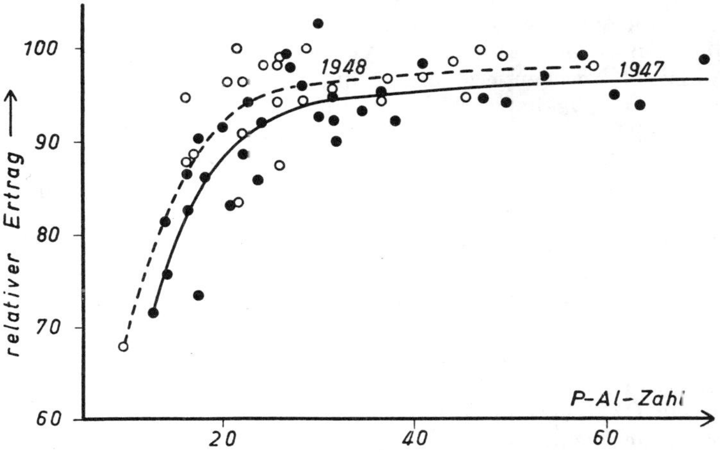

Abb. 96
Beziehung zwischen P-AL-Zahl und den relativen Erträgen von Grünland auf Tonboden in zwei Versuchsjahren (van der Paauw 1960).

Beide Extraktionsmittel, die Doppellaktatlösung (= DL-Methode) und die Ammoniumlaktatlösung (= AL-Methode), lösen auch schwerer lösliche Ca-Phosphate wie Apatite und Octokalziumphosphat auf (WERNER 1969). Böden mit derartigen Phosphatformen werden also überbewertet. Das ist auch dann der Fall, wenn Rohphosphate gedüngt werden (REICHARD 1969). Sie bestehen vorwiegend aus Apatit und werden daher in feingemahlener Form von der Laktatlösung weitgehend gelöst, obgleich ihre direkte Pflanzenverfügbarkeit gering ist (TEICHER 1967, WERNER 1969). Um dieser Schwierigkeit zu begegnen, hat SCHÜLLER (1969) die Ca-Konzentration in der Laktatlösung erhöht und die Essigsäurekonzentration erniedrigt (= CAL-Methode). Mit diesem Extraktionsmittel werden die Apatite nicht angegriffen. DL-Lösung, AL-Lösung und CAL-Lösung unterscheiden sich in ihrem K-Lösungsvermögen nur unwesentlich.

Zur Extraktion des verfügbaren Phosphates in karbonathaltigen Böden wird vielfach auch eine $NaHCO_3$-Lösung (Olsen-Methode) mit gutem Erfolg verwendet.

Das in den Niederlanden gebräuchliche Wasserextraktionsverfahren (1 Teil Boden : 60 Teile Wasser) ist nach den vorliegenden Erfahrungen geeignet, das pflanzenverfügbare Phosphat zuverlässig zu erfassen (VAN DER PAAUW 1962, 1969). Zur Bestimmung des verfügbaren K^+ wird in den Niederlanden der Boden mit 0,1 n HCl extrahiert. Der so gefundene Wert wird unter Einbeziehung des Ton- und Humusgehaltes sowie des pH-Wertes korrigiert und dann als K-Zahl in der Praxis verwendet. In England und den USA wird zur Bestimmung des verfügbaren K^+ das mit NH_4-Azetat austauschbare K^+ herangezogen.

Die Bestimmung des verfügbaren **Stickstoff** im Boden ist besonders problematisch, denn die in der Bodenlösung vorhandenen Mengen an Nitrat und NH_4^+ unterliegen erheblichen Schwankungen. Um einen Anhaltspunkt für den N-Zustand des Bodens zu bekommen, muß man den löslichen N des Bodens über längere Zeit verfolgen (HARMSEN 1959). Eine derartige Methodik ist jedoch für Serienanalysen ungeeignet. Die Schwierigkeit, die N-Menge, die während einer Vegetationsperiode im Boden mineralisiert wird, im voraus zu bestimmen, besteht darin, daß das Mikroorganismenleben und damit der Abbau von organischer Substanz von der Witterung während der Vegetationsperiode weitgehend abhängt. Besonders während Trockenperioden ist die Mineralisierung des organischen N im Boden gehemmt (LÖRSEN und WIDDOWSON 1968). Die Menge an mineralisierbarem N wird weiterhin von dem gesamten organischen N im Boden und dessen C : N-Verhältnis beeinflußt. Je enger letzteres ist, um so intensiver kann die N-Mineralisation ablaufen. Nach QUASTEL (1965) stellt das C : N-Verhältnis von 10 : 1 einen gewissen Schwellenwert dar. Ist das Verhältnis weiter, so liegt eine Tendenz zur N-Fixierung, ist es enger, eine zur N-Mineralisierung vor. N-Fixierung bedeutet, daß der vorhandene mineralische N (NH_4^+, NO_3^-) von den Mikroorganismen für den Aufbau körpereigener Substanz verbraucht wird. Die Fixierung spielt immer dann eine Rolle, wenn mit organischer Substanz von hohem C : N-Verhältnis gedüngt wird, z. B. mit Stroh, welches ein C : N-Verhältnis von 80 : 1 hat. Nach LAATSCH (1967) sind Kiefernbestände, welche in der Rohhumusauflage ihres Bodens ein C : N-Verhältnis von $> 26 : 1$ aufweisen, N-düngungsbedürftig. Die auf ackerbaulich genutzten Böden jährlich anfallende mineralisierte N-Menge bewegt sich zwischen 10 und 50 kg N/ha, vorausgesetzt, daß keine Leguminosenvorfrucht den Boden stärker mit N angereichert hat. Vom insgesamt vorhandenen organischen N werden dementsprechend jährlich 0,5–1 % mineralisiert (KÖHN-

Tabelle 37

N-Freisetzung, C/N-Verhältnis und Gesamt-N in der oberen Ackerkrume (0–20 cm) (n. Angaben v. Vömel 1965/66)

Bodenart	C/N	Gesamt-N kg/ha	mineralisierter N kg/ha/Jahr	% des min. N vom Gesamt-N
Sand	12,6	1590	9	0,6
Lehm	8,7	4500	26	0,6
Löß	9,3	2860	15	0,5
Ton	9,8	4950	50	1,0

lein 1962). Die in der Ackerkrume vorhandene N-Menge beträgt unter gemäßigten Klimabedingungen pro ha 1000 bis 10000 kg N (s. Tabelle 37).

Zur Bestimmung des mineralisierbaren N bedient man sich des Brutversuches. Hierbei werden wenige Gramm lufttrockenen Bodens mit etwa dem doppelten Wasservolumen versetzt und 2 Wochen bei 30 °C inkubiert. Während dieser Zeit wird ein Teil des organisch gebundenen N unter den anaeroben Bedingungen zu NH_4^+ abgebaut. Die Menge des gebildeten NH_4^+ entspricht der unter aeroben Verhältnissen gebildeten Nitratmenge (Waring und Bremner 1964). Man kann den Brutversuch auch im aeroben Medium durchführen.

Die Bestimmung des pflanzenverfügbaren **Schwefels** wird nach Saalbach et al. (1962) befriedigend mit der Erfassung des „hitzelöslichen Schwefels" durchgeführt. Hierbei wird die in Wasser suspendierte Bodenprobe erst eingedampft und anschließend mit einer NaCl-Lösung extrahiert. Der Extrakt wird dann nochmals unter Zugabe von H_2O_2 eingedampft.

Zur Bestimmung des pflanzenverfügbaren **Magnesium** wird der Boden mit $CaCl_2$ ausgeschüttelt. Schachtschabel (1954) gibt als Grenzzahl für Sandböden 5 mg, für Lehmböden 7 mg und für Tonböden 12 mg mit 0,025 n $CaCl_2$ extrahierbares Mg je 100 g Boden an. Bei Gehalten unterhalb dieser Werte kann es zu Mg-Mangel an den Pflanzen kommen.

Die **Kupfer**-Verfügbarkeit eines Bodens läßt sich durch Extraktion mit verdünnter Salz- oder Salpetersäure befriedigend bestimmen. Scharrer et al. (1959) fanden eine gute Korrelation zwischen der Cu-Aufnahme von Hafer auf verschiedenen Böden und deren Gehalt an säurelöslichem Cu.

Die Bestimmung des pflanzenverfügbaren **Mangan** ist schwieriger, da hier nicht allein die leicht lösliche Mn-Fraktion des Bodens, sondern auch die leichtreduzierbare Mn-Fraktion berücksichtigt werden muß. Schachtschabel (1957) empfiehlt für die Bestimmung des „aktiven" Mn (= austauschbares + leicht reduzierbares Mn) eine Extraktion mit Mg-Sulfat + Na-Sulfit. Die Bestimmung des pflanzenaufnehmbaren B wird meist durch Extraktion des Bodens mit heißem Wasser vorgenommen (Müller 1957).

Man bezieht im allgemeinen die Menge an verfügbarem Nährstoff auf die Gewichtsmenge Boden, z. B. auf 100 g Boden. Bei organischen Böden kann dies zu Fehlschlüssen führen; denn infolge ihres niedrigen spezifischen Gewichtes stellen bei ihnen 100 g Boden schon eine relativ hohe Volumenmenge dar. Das bedeutet, daß organische Böden bei gleichen Gehaltszahlen in der Krume weniger Nährstoffe je Flächeneinheit enthalten als Mineralböden. Um den Nährstoffvorrat eines Bodens abzuschätzen, ist zusätzlich auch die Krumentiefe zu berücksichtigen.

3. Stoffaufnahme und Stofftransport

a) Die Kationenadsorption im „Freien Raum" der Wurzel

Die Pflanzenwurzel nimmt anorganische und organische Stoffe in Ionenform und auch in ungeladener Form auf. Die eigentlichen Pflanzennährstoffe werden hauptsächlich als Ionen aufgenommen: Stickstoff als NO_3^- oder NH_4^+, Phosphor als HPO_4^{2-} oder $H_2PO_4^-$, Schwefel als Sulfat, Molybdän als Molybdat, Kohlenstoff als HCO_3^-, teils auch als CO_2. K, Na, Ca, Mg und Schwermetalle werden als Metall-Ionen aufgenommen. Sie können auch als Chelatkomplexe in die Wurzel eindringen. Bor wird wahrscheinlich in Form der undissoziierten Borsäure aufgenommen.

Der Begriff „Nährstoffaufnahme" ist physiologisch gesehen ziemlich ungenau. Man bezeichnet alle die Nährstoffe als aufgenommen, die sich in der Pflanze befinden. Es bleibt hierbei unberücksichtigt, welchen Weg der Nährstoff vom Medium bis in das Innere der Pflanze zurücklegen mußte, welche Barrieren er überwunden hat und an welchen Stellen der pflanzlichen Zelle er sich augenblicklich befindet (Zellwand, Gefäße, Vakuole, Zytoplasma). Der wichtigste Prozeß der Stoffaufnahme ist der Transport durch Diffusionsbarrieren. Als solche Diffusionsbarrieren sind für hydrophile Partikel die Zellmembranen anzusehen. Weiterhin ist gerade bei der höheren Pflanze der Ferntransport der Stoffe von Bedeutung, z. B. der Transport von der Wurzel in die oberirdischen Pflanzenorgane.

Die auf die Wurzeloberfläche auftreffenden Ionen können durch Ionenaustausch oberflächlich adsorbiert werden (Austauschadsorption); sie können aber auch tiefer in das Wurzelgewebe eindringen, d. h. in das Zytoplasma oder in die Vakuole aufgenommen werden. Von der Wurzel werden dann die Ionen in den oberirdischen Pflanzenteil transportiert. Das Nährion durchläuft beim Transport vom Boden bis in den oberirdischen Pflanzenteil die in Abb. 97 schematisch dargestellten Stadien.

Der Übergang von einem Stadium in das andere ist reversibel (Gleichgewicht). Allerdings ist unter normalen Bedingungen der Austritt aus dem Zellinneren in die Bodenlösung und auch der Transport vom oberirdischen Pflanzenteil in die Wurzel gering und für die einzelnen Ionenarten unterschiedlich (Michael und Marschner 1958, Marschner und Michael 1960, Faust 1960).

Die Zellwände des Rindenparenchyms der Wurzel setzen den eindringenden Wassermolekülen und Ionen nur einen geringen Widerstand entgegen. Offenbar

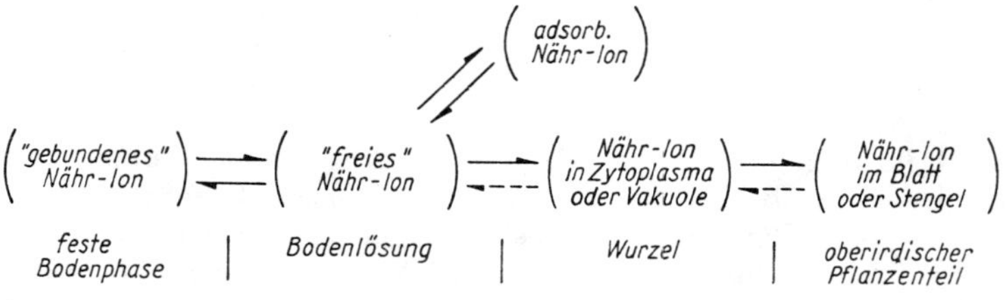

Abb. 97
Transport des Nährions von der festen Phase des Bodens bis in den oberirdischen Pflanzenteil.

befinden sich in den Zellwänden Poren und Hohlräume (Interzellularräume), in denen Ionen und Moleküle frei diffundieren können (MACROBBIE und DAINTY 1959, DIAMOND und SOLOMON 1959). Da dieser Wurzelanteil als „frei" erscheint bzw. für die in- und ausdiffundierenden Ionen und Moleküle „frei" ist, bezeichnet man ihn nach BRIGGS und ROBERTSON (1957) mit „scheinbar freier Raum" (= apparent free space oder AFS). Vielfach nennt man ihn auch nur „freier Raum" (= free space). Das Gegenstück des „freien Raumes" ist der „innere Raum" (= inner space). Es ist der Teil des Gewebes, der den Ionen nicht mehr so leicht durch Diffusion zugänglich ist. Anatomisch wird der freie Raum der Wurzel hauptsächlich von den Zellwänden und Interzellularen des Rindenparenchyms dargestellt (s. Abb. 98). Der Volumenanteil des free space dürfte maximal 10 % der Wurzel betragen. Höhere Angaben sind vielfach auf Unzulänglichkeiten bei der Bestimmung zurückzuführen (LEVITT 1957).

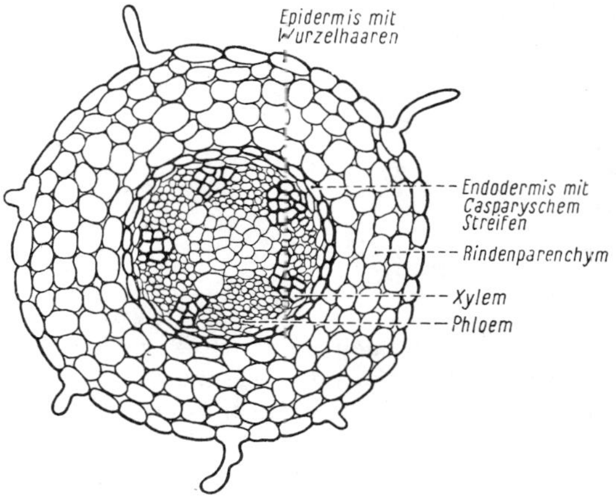

Abb. 98
Querschnitt durch eine junge Wurzel (schematische Darstellung).

Die Ionen können also von der Bodenlösung durch die Zellwände bis zur Endodermis diffundieren (RUSSEL und BARBER 1960). Die Endodermiszellen der jungen Wurzel zeichnen sich durch eine Einlagerung von Lignin und fettartigen Substanzen aus (MOLISCH/HÖFLER 1961), den sog. Casparyschen Streifen. Nach STRUGGER (zit. n. MOLISCH/HÖFLER 1961) ist dieser Streifen für Wasser und Ionen impermeabel, so daß die Ionen, die in das Zentrum der Wurzel eindringen wollen, das Zytoplasma der Endodermiszellen passieren müssen.

Zellwandoberflächen wie auch das an die Zellwand angrenzende Plasmalemma sind mit indiffusiblen Anionen besetzt, wie Karboxylgruppen der Polygalakturonsäuren (Pektinsäure), der Proteine und Phosphatgruppen der Phosphatide. Diese indiffusiblen Anionen bewirken an den einzelnen Stellen ein elektrisches Kraftfeld, das sich auf die Ionenverteilung auswirkt: Kationen werden in dieses Kraftfeld hineingezogen und Anionen herausgedrängt. Es liegt also eine Donnan- bzw. Gouy-Chapman-Verteilung der Ionen im free space der Pflanzenwurzel vor. Man spricht deshalb auch von einem „Donnan-free space" und meint damit den Teil des Freien Raumes, der eine relativ hohe Kationenkonzentration und eine geringe Anionenkonzentration aufweist. Der Donnan-free space umfaßt nur einen kleinen Teil des

Wurzelvolumens, etwa 2 % (BRIGGS et al. 1958). Vom Gesamt-free space nimmt demnach der Donnan-free space nur ungefähr 20 % ein. Daß tatsächlich die Kationen hier im Sinne der Donnan-Gesetze verteilt sind, geht aus einer Untersuchung von MENGEL (1962) an jungen Wurzeln hervor. An ihnen konnte der aus der Donnan-Gleichung resultierende Wertigkeits- und Konzentrationseffekt nachgewiesen werden.

Die Kationen liegen in diesem Donnan-free-space in adsorbierter und damit austauschbarer Form vor (Austauschadsorption). Die Austauschkapazität der Wurzln ist bei den einzelnen Pflanzenarten verschieden. Sie ist bei jüngeren Wurzeln höher als bei älteren. Dikotyledonen haben eine höhere Kationenaustauschkapazität als Monokotyledonen (s. Tabelle 38).

Tabelle 38

Kationenaustauschkapazität verschiedener Wurzeln in mval/100 g lufttrockene Wurzeln (n. KELLER und DEUEL 1958)

Wurzel	Austauschkapazität
Weizen	23
Mais	29
Bohnen	54
Tomaten	62
Rittersporn	100

Die Höhe der Austauschkapazität hängt auch vom *p*H-Wert der einwirkenden Lösung ab. Mit steigender H-Konzentration wird die Dissoziation der indiffusiblen Karboxylgruppen und Phosphatgruppen zurückgedrängt. Bei *p*H-Werten von < 3 wird sogar eine positive Aufladung erreicht (LUNDEGÅRDH 1941, VERVELDE 1953). Dies deutet darauf hin, daß auch Proteine und Phospholipide mit ihren NH_2-Gruppen beteiligt sind. In der Hauptsache aber dürften es die Karboxylgruppen der Polygalakturonsäuren sein, die in physiologischen *p*H-Bereichen eine negative Aufladung an und in den Zellwänden hervorrufen (KELLER und DEUEL 1957, KNIGHT et al. 1961). Nach RAINS et al. (1962) sind unter natürlichen Bedingungen (Boden) die indiffusiblen Anionen des free space hauptsächlich mit Ca^{++} abgesättigt, da Ca^{++} in der Bodenlösung dominiert.

Die Austauschadsorption im free space ist unspezifisch. Sie richtet sich nach der Hofmeisterschen Ionenreihe. KELLER und DEUEL (1958) fanden an abgetöteten Weizen- und Bohnenwurzeln folgende Bindungsneigung der einzelnen Kationen:

Weizen $Li^+ < K^+ < Na^+ < Ba^{++} < Mg^{++} < Zn^{++} < H^+ < Ca^{++} < Cu^{++}$
Bohnen $Li^+ < Na^+ < K^+ < H^+ < Mg^{++} < Ba^{++} < Zn^{++} < Ca^{++} < Cu^{++}$
$\longrightarrow$
Neigung zur Adsorption an die Valenzstellen des freien Raumes

Untersuchungen von MARSCHNER (1963) zeigten, daß das im Freien Raum von Gerstenwurzeln adsorbierte Cs^+ von anderen Kationen im Sinne der lyotropen Reihe verdrängt wird, d. h. ein Kation wirkt um so stärker verdrängend, je höher seine Wertigkeit und je geringer seine Wasserhülle ist.

Die Austauschadsorption hat für die eigentliche Ionenaufnahme (= Transport der Ionen durch das Plasmalemma) keine direkte Bedeutung. Sie stellt nicht den ersten Schritt der Kationenaufnahme dar (LAGERWERFF und PEECH 1961, MARSCHNER 1961, WINTER 1961), wie früher häufig angenommen wurde. Auch die Donnan-Verteilung hat keinen direkten Einfluß auf den Kationentransport ins Innere (Zytoplasma) der Zelle.

b) Der Stofftransport durch die Zellmembranen

Wie bereits auf S. 188 dargestellt, ist die lebende Zelle kein einziger geschlossener Raum, in dem mehr oder weniger ungeordnet die einzelnen biochemischen Vorgänge ablaufen. Die Zelle enthält vielmehr eine Anzahl verschiedener Bezirke, sog. Kompartimente, die durch Membranen voneinander getrennt sind. Zu diesen Membranen zählen Plasmalemma, Tonoplast, Kernmembran, Endomembransystem sowie die Membranen der Plastiden und Mitochondrien. Diese Membranen umschließen spezielle Stoffwechselbezirke. Der Stofftransport durch diese Membranen ist demnach eine Voraussetzung für den Stoffwechselablauf.

Die nachstehenden Ausführungen befassen sich hauptsächlich mit dem Transport anorganischer Ionen durch Zellmembranen. Die grundsätzlichen Überlegungen über den aktiven Transport (Trägertransport) und die Diffusion gelten aber auch für organische Partikel, zumal viele diffusible organische Verbindungen wie Aminosäuren, organische Säuren und phosphorylierte Zucker auch in ionogener Form vorliegen.

Plasmalemma, Tonoplast wie auch die weiteren biologischen Membranen sind für alle hydrophilen Partikel beachtliche Ionenschranken (MACROBBIE und DAINTY 1959, DIAMOND und SOLOMON 1959). Für lipophile Substanzen sind sie besser permeabel. Offenbar lösen sich lipophile Partikel in der Lipidphase der Membran, so daß auf diese Weise eine Permeation ermöglicht wird (COLLANDER und BÄRLUND 1933).

Das Zytoplasma wird zur Zellwand hin vom Plasmalemma abgegrenzt. Im Zellinnern, besonders in der Vakuole, liegen relativ hohe Ionenkonzentrationen vor, welche die entsprechenden Ionenkonzentrationen des Nährmediums um ein Vielfaches übersteigen können (s. Abb. 99).

Valonia war auch imstande, sich vor der hohen Na-Konzentration des Seewassers abzuschirmen. Diese selektive Ionenaufnahme in das Zellinnere und die Ionenanreicherung entgegen einem Konzentrationsgefälle (Ionenakkumulation) sind zwei hervorragende Merkmale des Ioneneintrittes in das Zellinnere. Das dritte wesentliche Merkmal dieses Vorganges ist, daß derIoneneintritt mit dem Stoffwechsel der Zelle gekoppelt ist. Die Zelle wirkt also aktiv bei diesem Prozeß der Ionenaufnahme mit.

Man unterscheidet zwischen aktiver und passiver Ionenaufnahme. **Passive Ionenaufnahme** bedeutet einen Ionentransport entlang dem elektrochemischen Gefälle, also z. B. von der höheren zur niederen Konzentration; **aktive Ionenaufnahme** bedeutet umgekehrt einen Transport entgegen dem elektrochemischen Gefälle, ein sog. „Bergauftransport". Im Gegensatz zur passiven Ionenaufnahme benötigt er Energie. Es gibt heute zahlreiche Hinweise dafür, daß die Zelle den Energiebedarf für die aktive Ionenaufnahme mit ATP oder einer analogen Verbindung deckt. Das ATP kann hierbei der oxydativen, aber auch der photosynthetischen Phosphorylierung entstammen. Dementsprechend wird die Ionenaufnahme

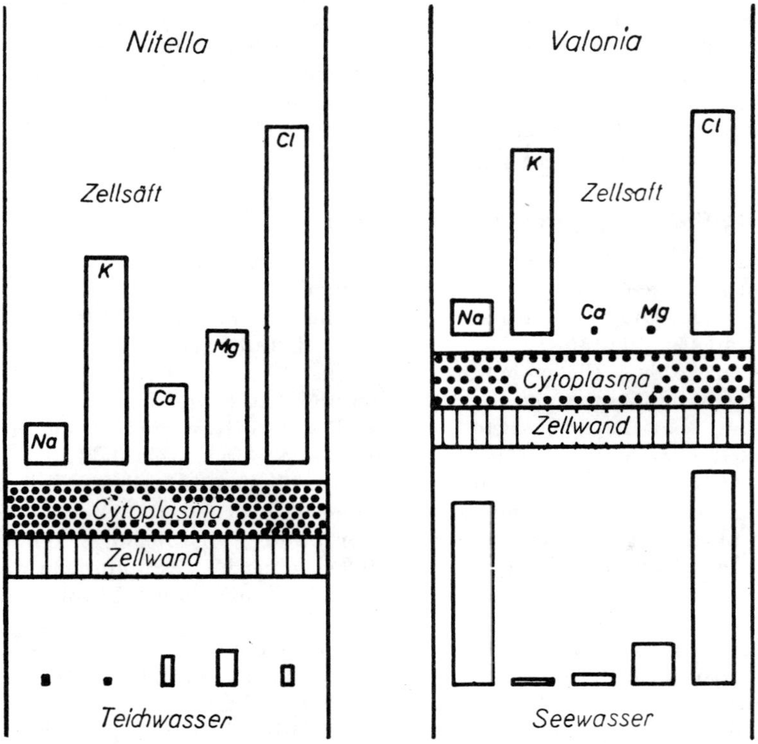

Abb. 99
Die Ionenkonzentration der Nährlösung im Vergleich zur Ionenkonzentration desZellsaftes bei *Nitella* und *Valonia* (n. Hoagland 1948).

der Wurzeln von ihrer Atmung deutlich beeinflußt. Wurzeln mit ausreichender O_2-Versorgung nehmen Ionen mit höherer Rate auf als Wurzeln mit ungenügender O_2-Zufuhr (Hammond et al. 1955, Hopkins 1956), und kohlenhydratreiche Wurzeln sind kohlenhydratarmen Wurzeln bei der Ionenaufnahme und beim Ionentransport überlegen (Mengel 1962, Bowling 1968). In grünen Pflanzenteilen begünstigt die Belichtung offenbar durch Bereitstellung von photosynthetisch gebildetem ATP die aktive Ionenaufnahme (Jeschke 1967, 1970, Weigl 1967, Humble und Hsiao 1969).

Wie das ATP den aktiven Ionentransport, besonders den Transport durch biologische Membranen, bewerkstelligt, ist noch ungeklärt. Die meisten Autoren nehmen an, daß er mittels Träger erfolgt (Michael 1959, Wilbrandt 1963, Weigl 1967, Leggett 1968, Laties 1969, Mengel 1971). Nach der **Trägertheorie** befinden sich in den Zellmembranen organische Moleküle, die in der Membran diffundieren können. Diese Moleküle, die sog. Träger (= carrier), besitzen für eine bestimmte Ionenart eine spezifische Bindungsstelle, mit der sie das Ion binden und dann durch die Membran transportieren. Abb. 100 soll diesen Prozeß veranschaulichen: Der in der Membran diffusible Träger stößt auf eine an der Membran-

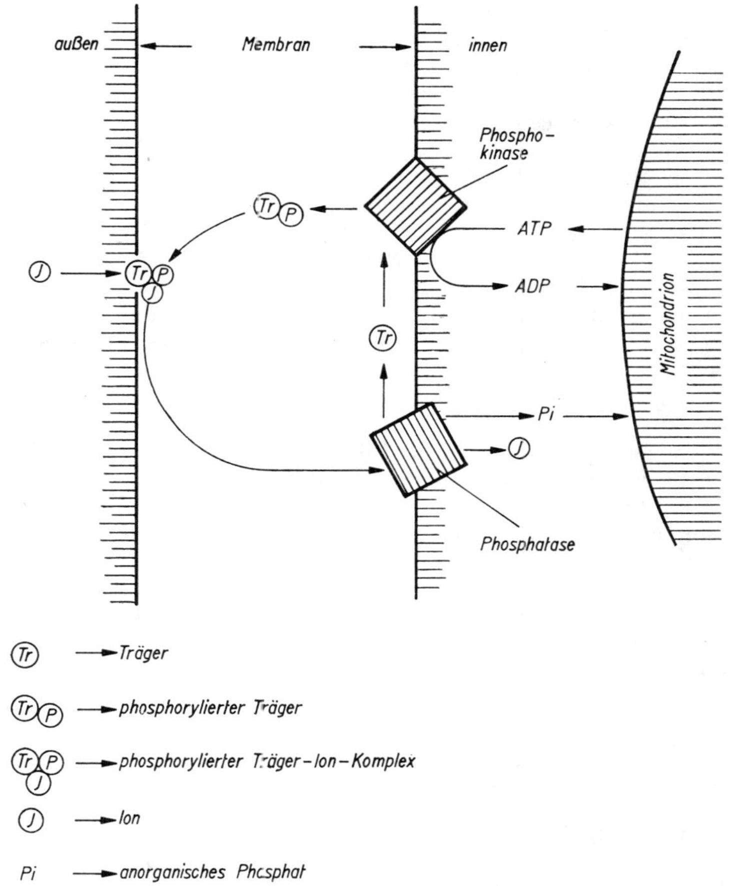

Abb. 100
Schematische Darstellung des Trägertransportes unter Verbrauch von ATP.

Innenseite lokalisierte Phosphokinase. Er wird von ihr unter Verbrauch von ATP phosphoryliert und damit reaktionsfähig, d. h. er kann in dieser Form ein Ion spezifisch binden. Er gelangt per Diffusion zur Membranaußenseite und stößt hier auf „sein spezifisches Ion“. Dieses wird vom Träger gebunden, und der Träger-Ion-Komplex gelangt per Diffusion zur anderen Membranseite. Dort trifft er auf eine Phosphatase, die das Phosphat vom Komplex abspaltet. Der Träger verliert damit seine spezifische Bindungsstelle; das gebundene Ion und das Phosphat werden in das Zytoplasma abgeschieden. Das Phosphat kann erneut für die ATP-Synthese im Mitochondrion (bzw. im Chloroplasten) verwendet werden. Auch der Träger kann wieder phosphoryliert werden, so daß der Zyklus von neuem beginnen kann.

Es ist bis heute noch nicht gelungen, einen Träger direkt nachzuweisen. Die Darstellung des Trägertransportes hat also hypothetischen Charakter. Da der Träger in der Membran diffusibel sein soll, nimmt man an, daß er ein Lipid ist.

Die Trägertheorie stützt sich auf zahlreiche Beobachtungen, besonders auf den Befund der selektiven Ionenaufnahme und auf kinetische Berechnungen (Epstein und Hagen 1952). In Analogie zu Enzymreaktionen wird hierbei der Träger als Enzym, das Ion als Substrat aufgefaßt. Die Selektivität der Aufnahme wird dadurch bewirkt, daß die meisten Ionenarten ihren eigenen Träger haben. Da verwandte Ionenarten wie K^+ und Rb^+, Ca^{++} und Sr^{++} oder Sulfat und Selenat häufig mit etwa gleicher Rate aufgenommen (Menzel und Heald 1955) und in ähnlicher Weise in der Pflanze verteilt werden, nimmt man an, daß die genannten Ionenpaare einen gemeinsamen Träger haben. Diese Anschauung ist jedoch in jüngster Zeit von verschiedenen Autoren angezweifelt worden, zumindest was die Aufnahme von K^+ und Rb^+ anbelangt (West und Pitman 1967, Maas und Leggett 1968, Marschner und Schimansky 1968). K^+ soll im niederen Konzentrationsbereich (0,1–0,5 mmolar) gegenüber Rb^+ bevorzugt aufgenommen werden; im höheren Konzentrationsbereich (> 1 mmolar) ist es umgekehrt (Marschner und Schimansky 1968). Demnach sieht es so aus, als habe jedes aktiv aufnehmbare Ion seinen eigenen Träger. Gegenseitige Behinderungen einzelner Ionenarten bei ihrer Aufnahme können dann nicht darauf zurückgeführt werden, daß eine Ionenart die andere von einer Trägerbindungsstelle verdrängt (Trägerkonkurrenz). Nach den bis jetzt vorliegenden Ergebnissen ist es unwahrscheinlich, daß jede Ionenart ihren eigenen Träger hat, vielmehr dürften zahlreiche Ionenarten passiv in die Pflanze gelangen.

Der aktive Ionentransport in tierischen Zellen (Nervenzelle, Muskelzelle, Erythrozyten) wird mit einer **Ionenpumpe** erklärt. Sie soll unter Aufwendung von Energie Ionen „bergauf" transportieren. Das Innere tierischer Zellen ist reich an K^+ und Chlorid, während im Außenmedium hohe Na-Konzentrationen vorherrschen. Diese asymmetrische Ionenverteilung soll auf die Tätigkeit einer ATPase zurückgehen (Post et al. 1960). Sie spaltet ATP in ADP und Phosphat und transportiert dabei K^+ in die Zelle und Na^+ aus der Zelle heraus (Opit und Charnock 1965, Whittam 1962, Gardos 1966). Nach Lowe (1968) basiert die Ionenpumpe nicht auf einem Trägermechanismus, sondern auf einer Konformationsänderung des Enzymproteins der ATPase. Die Ionenpumpe wird durch Strophanthin (= Ouabain) gehemmt (Horowicz und Gerber 1965). Da man für pflanzliches Gewebe eine derartige Hemmung nicht kennt, ist es wenig wahrscheinlich, daß diese Art des aktiven Ionentransportes für die Pflanzenzelle zutrifft (Mengel 1963, Cram 1968). Schließlich seien noch die **Permeasen** erwähnt. Hiermit bezeichnet man Enzyme, die den Trägertransport ermöglichen (Koch 1964, Albers 1967). Man hat sie für den Transport organischer Moleküle postuliert.

Verfolgt man die Ionenaufnahmerate in Abhängigkeit von der Zeit, so findet man bei vielen aktiv aufnehmbaren Ionenarten (z. B. K^+) einen Verlauf, der anfangs einer Sättigungskurve, bei höheren Konzentrationen einer Geraden entspricht (s. Abb. 101). Dieser Verlauf wird mit 2 verschiedenen Aufnahmemechanismen erklärt; im niederen Konzentrationsbereich (0–0,5 mmolar) wirkt hauptsächlich ein sehr spezifischer Träger, im höheren Konzentrationsbereich soll ein mehr unspezifischer Träger, der beispielsweise nicht nur K^+, sondern auch andere Kationen transportiert, arbeiten (Epstein 1966, Lüttge und Laties 1966,

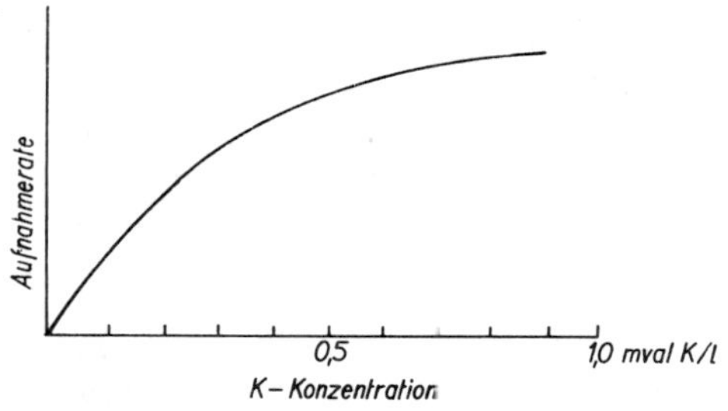

Abb. 101
Die Aufnahmerate von K^+ in Abhängigkeit von der K-Konzentration der Nährlösung.

Laties 1969). Es ist jedoch wahrscheinlicher, daß die im höheren Konzentrationsbereich erfolgende Aufnahme einen passiven Transport darstellt. Hierfür sprechen der lineare Verlauf und die unspezifische Aufnahme (Maas 1969).

Mit der Trägertheorie läßt sich der Ionentransport durch eine Diffusionsbarriere (lipide Phase der Zellmembran) gut erklären. Läuft dieser Trägertransport nur in einer Richtung (von außen nach innen), so kann es mit der Zeit zu beachtlichen Ionenanreicherungen kommen, falls die Membran nicht leck ist (Ionenfalle). Es gibt heute genügend Anhaltspunkte dafür, daß Zellmembranen von wassergefüllten Poren durchzogen werden (Passow 1963). Der Durchmesser dieser Poren soll etwa 10 Å betragen, so daß auch hydratisierte Ionen diese Poren durchdringen können. Kleinere Ionen können demnach nicht nur mittels des Trägertransportes, sie können auch durch Diffusion das Plasmalemma oder auch andere Zellmembranen durchqueren. Dieser passive Transport hängt nicht direkt vom Stoffwechsel ab; für ihn sind die physikalischen Gegebenheiten maßgebend, d. h. er erfolgt immer vom höheren zum niedrigeren elektrochemischen Potential (Ussing 1961, Dainty 1962). Die passive Bewegung des Ions wie auch die ungeladener Partikel geht also immer vom Ort der höheren Konzentration (Aktivität) zum Ort der niedrigeren Aktivität (chemischer Potentialgradient). Die Bewegung des Ions unterliegt daneben noch den einwirkenden elektrischen Kraftfeldern (elektrischer Potentialgradient). Ein Kraftfeld, das von einer entgegengesetzt aufgeladenen Oberfläche ausgeht, wird das Ion anziehen und umgekehrt. Sind beispielsweise Ionen durch eine poröse Membran voneinander getrennt, so ist erst dann Gleichgewicht erreicht, wenn chemisches Potential + elektrisches Potential der einen Seite = chemisches Potential + elektrisches Potential der anderen Seite sind. Das kann unter Umständen bedeuten, daß selbst im Gleichgewichtszustand auf einer Seite der Membran eine beachtliche Ionenanreicherung vorliegt. Diese Situation ist bei der lebenden Zelle gegeben. Potentialmessungen haben ergeben, daß die lebende Zelle, Zytoplasma wie Vakuole, gegenüber dem Außenmedium negativ aufgeladen sind (Walker 1957, Higinbotham et al. 1962 u. 1964, Spanswick und Williams 1964). Auf Grund dieser negativen Aufladung werden Kationen durch die wassergefüllten Poren der Zellmembranen ins Zellinnere gezogen, so daß es hier zu einer Ionenanreicherung kommen kann. Diese Anreicherung basiert auf passiven Vorgängen und braucht nicht durch einen Träger bzw. durch eine Ionenpumpe hervorgerufen worden zu sein. Erst dann, wenn die Ionenanreicherung größer ist, als es dem im Gleichgewichtszustand erreichbaren, elektrochemischen Potential entspricht, muß eine aktive Aufnahme angenommen werden. Da sich viele Ionenanreicherungen in der Zelle auch nicht mit dem elektrochemischen Gleichgewicht erklären lassen, ist es gerechtfertigt, zumindest für bestimmte Ionenarten Träger bzw. Ionenpumpen anzunehmen. Andernfalls ließe sich auch die Selektivität der Ionenaufnahme zu schlecht erklären. Die Möglichkeit der passiven Ionenaufnahme (Influx) und auch der passiven Ionenabgabe (Efflux) darf jedoch nicht unterschätzt werden.

Für diese passiven Ionenflüsse hat die Permeabilität der Membranen eine große Bedeutung. Biologische Membranen bauen sich aus einem bimolekularen Lipidfilm auf, der beiderseits von einer Proteinschicht überzogen ist (s. S. 187). Es gibt verschiedene Hinweise dafür, daß sich die lipide Phase der Membran aus Mizellen aufbaut. Zwischen den einzelnen Mizellen befinden sich Poren, die eine Permeation kleiner hydrophiler Partikel zulassen (KAVANAU 1965). Der Durchmesser dieser Poren ist entscheidend für die Membranpermeabilität. Nach KAVANAU (1965) sollen zwei- und mehrwertige Kationen durch Brückenbildung negativ·geladene Gruppen binden und absättigen, wodurch die Membran in ihrer Dicke zusammenschrumpft (geschlossene Konfiguration). Die einzelnen, senkrecht zur Membran stehenden Lipidmizellen werden dadurch kürzer und breiter, sie pressen die wassergefüllten Poren zusammen, und die Permeabilität der Membran für hydrophile Partikel wird erniedrigt (s. Abb. 102).

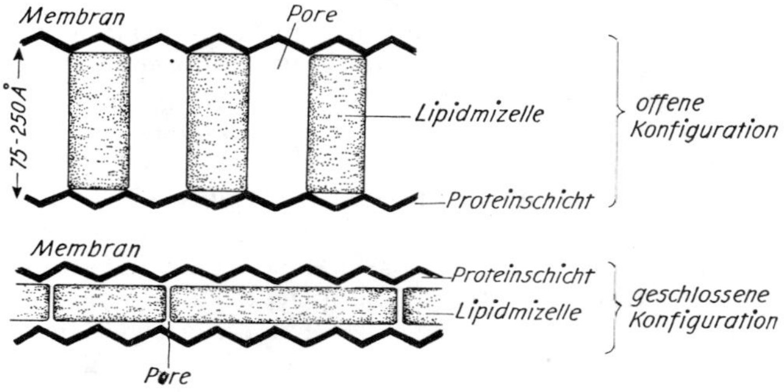

Abb. 102
Schematische Darstellung einer offenen und einer geschlossenen Membrankonfiguration (nach KAVANAU 1965).

Diese modernen Vorstellungen über die Wirkung mehrwertiger Kationen auf die Membranpermeabilität decken sich mit der schon seit Jahrzehnten vertretenen Lehrmeinung, daß zweiwertige Kationen, besonders Ca^{++}, entquellend und zellabdichtend wirken. Aus zahlreichen Untersuchungsbefunden geht hervor, daß die Anwesenheit von Ca^{++} in der Außenlösung das Herausdiffundieren von Ionen und organischen Stoffen aus der Zelle hemmt (VIETS 1944, MARSCHNER 1964, VAN STEVENINCK 1965). Es ist offenbar so, daß bei ungenügender Absättigung der Zellgrenzflächen, besonders des Plasmalemmas, mit Ca^{++} die Membranporen weiter sind, so daß diffusible Zellpartikel leichter nach außen diffundieren können. Für diese Absättigung ist vorwiegend das von außen einwirkende bzw. austauschbare Ca^{++} der Zellen verantwortlich (MENGEL und HELAL 1967).

Diese Wirkung zwei- und mehrwertiger Kationen auf die Membranpermeabilität erklärt auch den **Viets-Effekt.** Hierunter versteht man, daß Ca^{++} und andere mehrwertige Kationen schon in geringen Dosen die Aufnahme von K^+, aber auch die Aufnahme anderer Ionen (HOOYMANS 1964, ELZAM und EPSTEIN 1965) und selbst die Aufnahme organischer Stoffe fördern (ANDREAE und VAN YSSELSTEIN 1960). Hierbei handelt es sich eigentlich nicht um eine Aufnahmeförderung, sondern um eine erhöhte Retention, d. h. bei einer durch Ca^{++} verminderten Membranpermeabilität können die aktiv aufgenommenen Stoffe nicht mehr so leicht zurück ins Außenmedium diffundieren, so daß die Nettoaufnahme höher erscheint. Diese Erklärung schließt ein, daß der Ionengehalt in der Zelle aus Aufnahme und Abgabe resultiert. Die Ionenabgabe (= Efflux) dürfte ein passiver Vorgang sein. Sie steigt mit dem Gehalt des betreffenden Ions in der Zelle an (MENGEL 1964).

Während Ca^{++} und auch andere mehrwertige Kationen die Membranpermeabilität erniedrigen, wirkt H^+ entgegengesetzt (MARSCHNER und MENGEL 1966). Hiermit erklärt sich weitgehend die schlechte Nettoaufnahme (= Gehalt) in niedrigen *p*H-Bereichen. Abb. 103 zeigt, daß die höchsten Ionengehalte im neutralen Reaktionsbereich vorliegen. Je weiter der *p*H-Wert unter dem Neutralpunkt liegt, um so geringer ist die Nettoaufnahme. Nur Nitrat weicht von dieser Regel ab. Dieser Befund erklärt sich damit, daß Nitrat sehr schnell umgewandelt wird, so daß bei normalem Stoffwechsel für Nitrat ein dauerndes Gefälle zur Zelle hin besteht. Eine Rückdiffusion von Nitrat aus der Zelle ist deshalb nicht so leicht möglich, und die Permeabilität der Zellmembran (Plasmalemma) spielt für die Retention des als Nitrat aufgenommenen N keine so große Rolle wie für Ionen, die in geringem Grade oder überhaupt nicht in organische Verbindungen eingebaut werden. Immer dann, wenn ein Stoff assimiliert wird, besteht ein zur Zelle hin gerichtetes Gefälle. Das gilt für NO_3^-, NH_4^+, Harnstoff, HCO_3^-, teils auch für Ca^{++}, Mg^{++}, Phosphat und Sulfat (Einbau von Ca^{++} und Mg^{++} in Phytinsäure, Pektinsäure, Oxalsäure, Einbau von Mg^{++} und Fe^{++} in Porphyrinringe).

Bei der Betrachtung des Ionentransportes durch biologische Membranen ist ferner noch zu berücksichtigen, daß der Transport einer Ionenart sich auch auf die Bewegung der Ionen mit entgegengesetzten Vorzeichen auswirken muß. Wird beispielsweise ein bestimmtes Anion mit hoher Rate aktiv in die Zelle transportiert, so muß, um die Elektroneutralität zu wahren, eine äquivalente Menge an Anionen aus der Zelle herausgehen, oder es müssen auch die Kationen in äquivalenter Menge in die Zelle eindringen. Hierbei kann ohne weiteres die Anionenaufnahme aktiv sein, während die Kationen dann entsprechend dem elektrischen Potentialgradienten passiv durch die Membranporen in die Zelle dringen. Schon

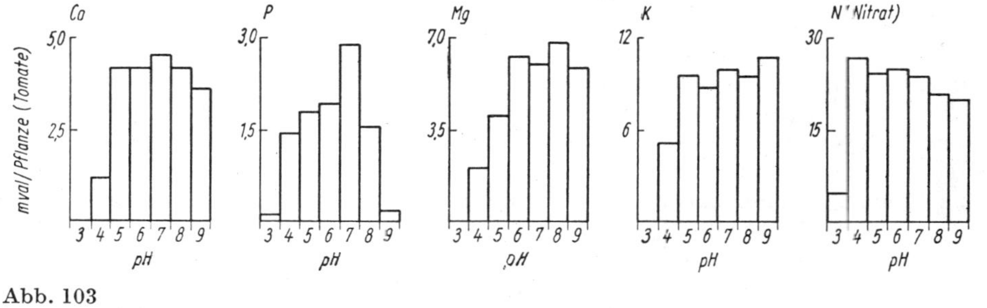

Abb. 103
Der Einfluß des *p*H-Wertes auf die Ionenaufnahme (ARNON et al. 1942).

LUNDEGÅRDH (1945) hat auf diese Möglichkeit des passiven Kationentransportes hingewiesen. Die Vorstellung deckt sich mit zahlreichen Untersuchungsbefunden. Hohe Nitrataufnahme ist meist von hoher Kationenaufnahme und von geringerer Aufnahme anderer Anionen begleitet (DIJKSHOORN 1957, JUNGK 1967). Diese Regel gilt jedoch nicht in jedem Fall. So ist die K-Aufnahme intakter Pflanzen ziemlich unabhängig vom begleitenden Anion, d. h. K^+ wird aus einer K-Sulfatlösung etwa in gleicher Menge aufgenommen wie aus einer K-Chloridlösung (MENGEL 1965). Der elektrostatische Ausgleich kann dann über den Gehalt an organischen Säuren erfolgen (JACOBSON 1955, MACDONALD und LATIES 1964). Daß den organischen Säuren hierbei eine beachtliche Bedeutung zukommt, geht aus einer Untersuchung von KIRKBY und DE KOCK (1965) deutlich hervor. Sie fanden, daß mit dem Anstieg des Ca-Gehalts der Gehalt an Malat weitgehend parallel verlief. Die Elektroneutralität kann auch noch über die Abgabe von HCO_3^- bzw. H^+ geregelt werden (JACKSON und ADAMS 1963).

Wie sehr die Pflanze mit ihrem Säurestoffwechsel auf ein Überangebot an Kationen oder Anionen reagieren kann, zeigt eine in Tabelle 39 auszugsweise wiedergegebene Untersuchung von HIATT (1967) an Gerstenwurzeln. Bei hohem Kationenangebot (K_2SO_4) – K^+ wird mit hoher Rate, Sulfat mit geringer Rate aufgenommen – erhöht sich der Gehalt an organischen Säuren, und die CO_2-Fixierung ist hoch; bei hohem Anionenangebot ($CaCl_2$) – Chlorid wird mit hoher, Ca^{++} mit niedriger Rate aufgenommen – werden die organischen Anionen verstärkt abgebaut, und die CO_2-Fixierung ist gedrosselt. Bei Applikation von KCl, einem Salz, dessen Ionen mit vergleichbarer Rate aufgenommen werden, bleibt der Gehalt an organischen Säuren unverändert.

Tabelle 39

Der Einfluß einer überwiegenden Anionenaufnahme und einer überwiegenden Kationenaufnahme auf die Änderung des Gehaltes an organischen Säuren und auf die CO_2-Fixierung

Aufnahme-lösung 1 mval/l	Aufnahme in μ val/g		Änderung im Gehalt an org. Säuren in μ val/g	^{14}C-Fixierung (relativ)
	Kation	Anion		
K_2SO_4	17	< 1	+ 15,1	145
KCl	28	29	— 0,2	100
$CaCl_2$	< 1	15	— 9,7	60

Ein Überschuß an negativer Ladung in einer Zelle ist möglich, jedoch muß er sehr klein sein – etwa 10^{-20} molar. Diese Mengen sind chemisch nicht mehr nachweisbar und nur mit einer Elektropotentialmessung zu erfassen. Ein relativer Überschuß negativer Ladungsträger kann den Kationengehalt beeinflussen. Liegt z. B. eine hohe Ca-Konzentration in der Außenlösung vor, dann werden auch relativ viel Ca^{++} dem elektrischen Potentialgradienten folgend passiv in das Zellinnere dringen, um hier die negativen Ladungsträger auszubalancieren. Dadurch wird die Anziehung und Retention anderer Kationen vermindert. Auf diese Weise kommt eine unspezifische Kationenkonkurrenz zustande. Gerade Ionen, die mit hoher

Rate, sei es aktiv oder passiv, in die Zelle eindringen, wirken auf andere Ionen verdrängend und können so deren Efflux auslösen. Der Befund, daß eine überdosierte Gabe einer Kationenart den Gehalt an anderen Kationenarten erniedrigt (SCHARRER und JUNG 1955), läßt sich am ehesten mit dieser unspezifischen Kationenkonkurrenz erklären. Sie erklärt auch das von EHRENBERG formulierte Kalk-Kali-Gesetz, welches besagt, daß bei einer reichlichen K-Ernährung die Ca-Gehalte erniedrigt werden und umgekehrt.

Schließlich sei noch darauf hingewiesen, daß die Art der Stickstoffversorgung – NH_4^+ oder NO_3^- – Aufnahme und Gehalt an Mineralstoffen erheblich beeinflußt. Schon PIRSCHLE (1931) stellte fest, daß bei Nitraternährung die Kationengehalte erhöht, die Phosphatgehalte erniedrigt sind. Bei NH_4^+-Ernährung liegen demgegenüber niedrigere Kationengehalte und höhere Phosphatgehalte vor. Dieser Befund wurde in der Folgezeit immer wieder bestätigt (JUNG 1956, COIC et al. 1962, WELTE und WERNER 1962, JUNGK 1967). So zeigt Abb. 104, daß mit steigender NH_4^+-Ernährung die Kationengehalte (K, Mg, Ca) deutlich abfallen.

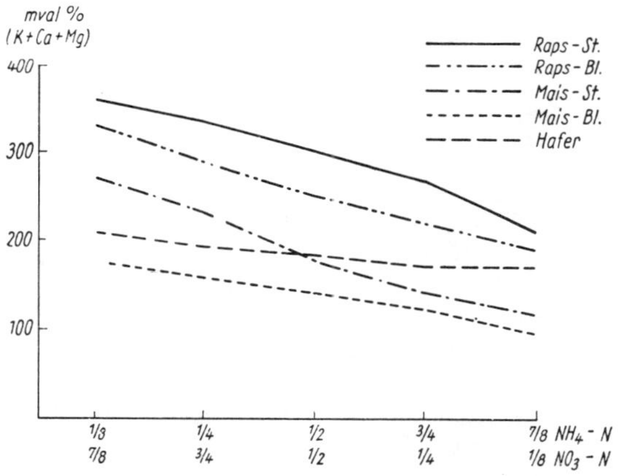

Abb. 104
Der Einfluß einer steigenden Ammoniumernährung auf den Kationengehalt verschiedener Pflanzenarten (n. WELTE und WERNER 1962).

Die einzelnen Ionen können sich also bei der Aufnahme durch die Zelle auf verschiedenste Art gegenseitig beeinflussen: Permeabilitätsveränderungen durch Ca^{++} und H^+, unspezifische Kationenkonkurrenz, Wahrung der Elektroneutralität. Nährionen, die Wachstum und Stoffwechsel begünstigen, fördern die Aufnahme anderer Nährstoffe. (KURSANOV 1962). So wird bei reichlicher N-Ernährung der Phosphattransport in die oberirdischen Pflanzenteile erhöht (TUEVA 1960).

e) Ferntransport, Stoffbeweglichkeit und Blattdüngung

Der Stofftransport durch biologische Membranen stellt einen wichtigen Vorgang im Transportgeschehen lebender Organismen dar. Für die höhere Pflanze ist aber auch der Ferntransport der Stoffe von hervorragender Bedeutung. Daß diese

Transportleistungen beachtlich sein können, läßt sich am Stofftransport von Bäumen gut demonstrieren. Hier werden in relativ kurzer Zeit Nährionen von der Wurzel über meterlange Strecken bis in die höchsten Wachstumsspitzen transportiert. Die Geschwindigkeit des Ferntransportes liegt in einer Größenordnung von 0,5–1 m/h.

Betrachtet man nun den Weg des Stoffes von der Bodenlösung bis zur Sproßspitze, so muß vorerst die Barriere „Plasmalemma“ überwunden werden. Da die einzelnen Zellen durch plasmatische Stränge (Plasmodesmen) miteinander verbunden sind, kann der aufgenommene Stoff unter Umgehung der Vakuolen von Zelle zu Zelle wandern (s. Abb. 105). Das gesamte, durch die Plasmodesmen verbundene Plasma bezeichnet man als **Symplasma.** Ausgedehnte Untersuchungen von ARISZ haben ergeben, daß die Ionen das Gewebe hauptsächlich auf dem „Plasmaweg“ durchdringen (ARISZ 1952, 1956, ARISZ und SOL 1956). Der Ionentransport von Zelle zu Zelle erfolgt also in erster Linie durch die Plasmodesmen (Symplasmatheorie). Nach ARISZ (1956) hängt der Ionentransport im Plasma eng mit dem Stoffwechsel zusammen.

Der Transportvorgang ist im Vergleich zur Diffusion schnell, und er wird vermutlich auch durch eine organische Trägersubstanz bewerkstelligt (KURSANOV 1962). Auf diese Weise können also die Ionen nach ihrem aktiven Eintritt in das Zytoplasma von der Peripherie des Wurzelgewebes zum Zentrum vordringen. Das Rindengewebe hat ein hohes Ionenaufnahmevermögen und „sammelt“ die Ionen gleichsam ein, um sie dann an den Zentralzylinder abzugeben (LÜTTGE und LATIES 1967). Diese Abscheidung ist wahrscheinlich ein aktiver Vorgang, denn der Xylemsaft ist in vielen Fällen wesentlich höher konzentriert als die Nährlösung. Seine Konzentration scheint ziemlich unabhängig von der des Nährmediums zu sein (BROUWER 1965). Ähnlich wie zwischen Vakuole und Nährlösung so liegt auch zwischen Xylemsaft und Nährlösung eine Potentialdifferenz von etwa 50 mV vor (BOWLING und SPANSWICK 1964). Der Xylemsaft ist hierbei der negative Pol.

Wie aus den Abb. 105 u. 106 ersichtlich ist, erfolgt der Ionentransport unter Umgehung der Vakuolen. Allerdings können Ionen auch aktiv aus dem Zytoplasma in die Vakuole abgeschieden werden (ARISZ 1956). Die in der Vakuole befindlichen Ionen können zum Teil schwerlich wieder heraustreten und weiter transportiert werden (MARSCHNER und MICHAEL 1960).

Es ist auch eine Diffusion der Ionen durch die Zellwände bis hin zum Xylem möglich. Im Vergleich zum aktiven Transport ist dieser passive Vorgang nur von untergeordneter Bedeutung (BERNSTEIN und GARDENER 1961). Er wird immer dort eine etwas größere Rolle spielen, wo die Verharzung der Endodermiszellen weniger

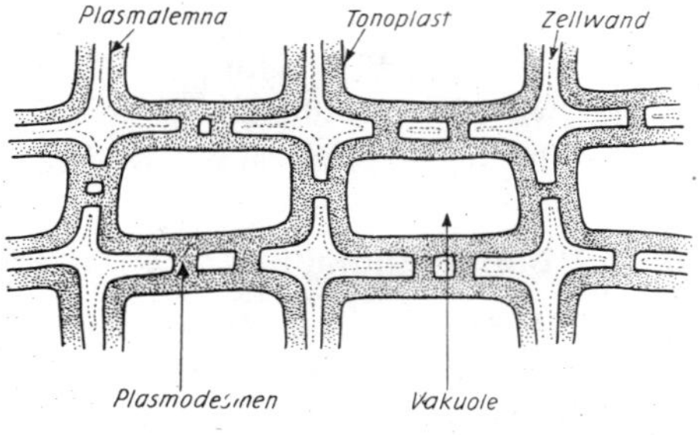

Abb. 105
Schematische Darstellung der plasmatischen Verbindung von Zelle zu Zelle (n. BROUWER 1965).

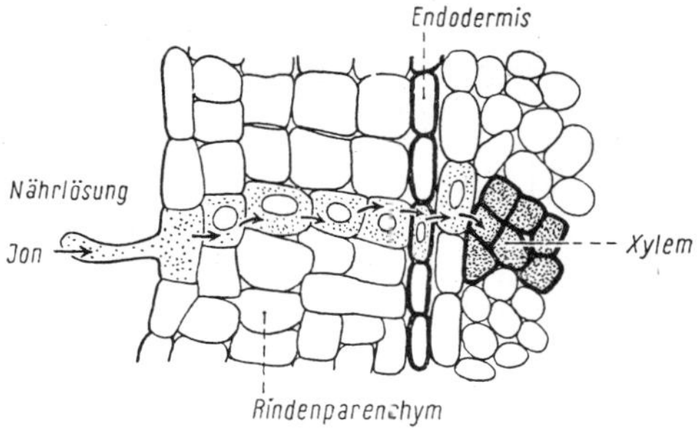

Abb. 106
Schematische Darstellung des Ionentransportes von der Nährlösung bis zum Xylem.

stark ausgeprägt ist, also z. B. in älteren Wurzelteilen. Auch ist der Anteil der passiven Aufnahme an der Gesamtaufnahme dann relativ hoch, wenn der Stoffwechsel gehemmt ist. MICHAEL und WILBERG (1951) konnten zeigen, daß die Aufnahme von Li^+ im Vergleich zu K^+ um so größer wird, je mehr die oxydative Atmung blockiert wird (s. Tabelle 40). Das Ergebnis erklärt sich damit, daß Li vorwiegend passiv, K vorwiegend aktiv aufgenommen wird.

Tabelle 40
Die Relation von Li und K in Keimpflanzen bei verschiedenen Aufnahmebedingungen (MICHAEL 1959)

Behandlung der Nährlösung	Li : K
Nährlösung belüftet	3 : 10
Nährlösung unbelüftet	4 : 10
Nährlösung + CO_2	5 : 10
Nährlösung + Urethan	6 : 10

Nach der Abscheidung der Ionen in das Xylem werden sie mit dem Transpirationsstrom in die einzelnen oberirdischen Pflanzenorgane befördert.

Die Transportrichtung im Xylem ist ausschließlich akropetal. Der Transportmechanismus beruht auf Massenströmung. Auf dem Transportweg werden Ionen und Moleküle aus den benachbarten Zellen aufgenommen bzw. an diese abgegeben. Die Zusammensetzung des Xylemsaftes ändert sich damit dauernd. Der Eintritt in die benachbarten Zellen ist genau wie der Eintritt ins Innere der Wurzelzellen ein aktiver Vorgang (WINTER 1961). Er dürfte ebenfalls durch Trägersysteme bewerkstelligt werden. Die Ausbreitung der Ionen im Gewebe oberirdischer Pflanzenteile erfolgt von den Gefäßbündeln aus hauptsächlich über das Plasma. Ionen, die bevorzugt in das Wurzelgewebe aufgenommen werden, treten auch wieder bevorzugt aus dem Xylem in das benachbarte Gewebe ein (MICHAEL und MARSCHNER 1962). Andererseits werden Ionen, die zu den Trägern nur eine geringe Affinität haben, bis zu den Enden der Gefäßstränge geführt. Hier kann es unter Umständen zu einer toxisch wirkenden Anreicherung derartiger Ionen kommen. Chlorosen und Nekrosen an Blatträndern und -spitzen werden häufig durch solche Ionenanreicherungen hervorgerufen. Besonders die Akkumulation von Schwermetallen und auch von Borat wirkt toxisch (KOHL und OERTLI 1961).

Der Xylemsaft enthält anorganische Ionen wie K, Ca, Mg, Phosphat, Nitrat und Sulfat, und in geringeren Mengen Aminosäuren, organische Säuren, teils auch Zucker (ZIEGLER 1963). In Bäumen wird N vorwiegend in Form organischer Verbindungen (Säureamide, Aminosäuren) und weniger als anorganisches Ion transportiert (BOLLARD 1960). Die Konzentration an Nährstoffen im Xylem ist weitgehend vom physiologischen Zustand abhängig (DE NAEYER-DE SMET 1962). Zur Zeit der Blüte ist sie am größten, während in der Ruhephase der Pflanze die Konzentrationen an den einzelnen Nährstoffen wesentlich niedriger sind. Der *p*H-Wert des Xylemsaftes liegt zwischen 5 und 6.

Tabelle 41
Konzentration im Xylemsaft
zur Zeit der Blüte (BOLLARD 1960)

Element	Konzentration in ppm
N	160
P	30
K	175
Mg	20

Da die Ionen, bevor sie in die Gefäßbündel gelangen, aktiv aufgenommen werden, hat die Transpirationsintensität für den Ionentransport in den oberirdischen Pflanzenteil nur eine zweitrangige Bedeutung. Es kommt weniger darauf an, wieviel Wasser in der Zeiteinheit im Xylem transportiert wird, als auf die Ionenmenge, die in der Zeiteinheit in das Xylem eintritt. Mit einem vermehrten Wassertransport vom Wurzelgewebe in das Xylem ist ein Absinken der Ionenkonzentration in diesem Wasser verbunden, so daß die beförderte Ionenmenge kaum ansteigt (JACKSON und WEATHERLEY 1962). Wenn die Ionen ausschließlich in einem passiven Nährstoffstrom mit dem Wasser aus der Nährlösung in die oberirdischen Pflanzenteile befördert würden, dann dürfte sich die Nährlösung in ihrer Ionenzusammensetzung nicht ändern. Tatsächlich aber wird diese Ionenzusammensetzung der Nährlösung dadurch, daß unterschiedliche Mengen an Wasser und einzelnen Ionen aufgenommen werden, erheblich geändert. Wird ein Ion im Vergleich zum Wasser stärker aufgenommen, so wird seine Konzentration in der Nährlösung geringer und umgekehrt. In Abb. 107 ist dieser Wechsel der Ionenanteile in der Nährlösung dargestellt, wie er durch den Wasser- und Nährstoffentzug von Gerste innerhalb von 24 Stunden hervorgerufen wurde.

Das K- und das Nitrat-Ion wurden im Vergleich zum Wasser bedeutend stärker, Ca, Mg, Phosphat und Sulfat wurden dagegen mit einer etwas geringeren Rate als das Wasser aufgenommen. Die hohe Bikarbonatkonzentration am Ende des Versuches ist bemerkenswert. Sie spricht für eine beachtliche Abgabe von Bikarbonationen während der Ionenaufnahme. Auch BROYER und HOAGLAND (1943) fanden, daß die aufgenommene Wassermenge praktisch keinen Einfluß auf die K^+- und Rb^+-Aufnahme hatte, und Untersuchungen von BARBER und KOONTZ (1963) zeigen, daß Transpiration und Ca-Aufnahme nicht parallel verlaufen.

Ionenaufnahme und Ionentransport sind jedoch nicht in jedem Falle von der Transpiration unabhängig. RUSSELL und SHORROCKS (1959) fanden, daß bei niedrigen Konzentrationen die Transpiration praktisch keinen Einfluß auf den

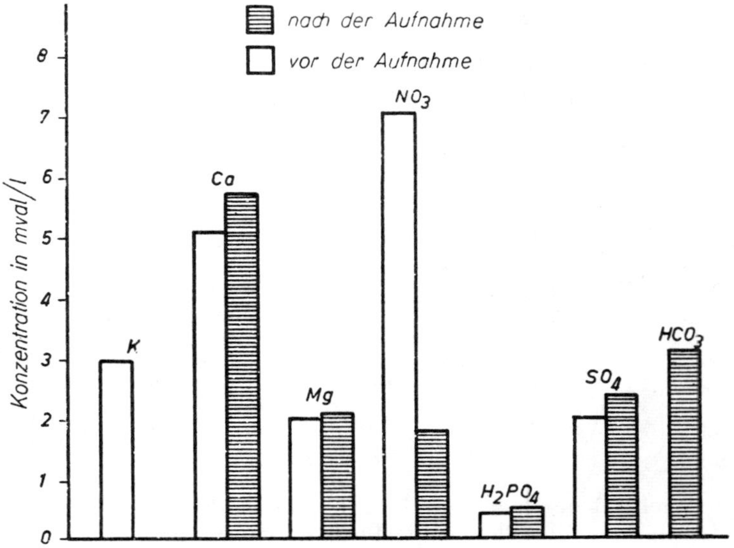

Abb. 107
Die Konzentration der Ionen einer Nährlösung vor und nach der Nährstoffaufnahme (Hoagland 1948).

Ionentransport in den oberirdischen Pflanzenteil hat. Bei hohen Nährlösungskonzentrationen dagegen steigt der Ionentransport im Xylem mit der Transpiration an. Man erklärt sich diesen Befund damit, daß bei niederen Konzentrationen der Nährlösung der Ionentransport aus der Lösung in das Xylem der begrenzende Faktor ist, also ein Vorgang, der durch die Transpiration nicht direkt beeinflußt wird. Bei hohen Nährlösungskonzentrationen soll dagegen der Ionentransport im Xylem der limitierende Vorgang sein (Russel und Barber 1960). Verständlicherweise sind Nährstoffaufnahme und -transport von der Lufttemperatur und noch mehr von der Temperatur des Nährmediums abhängig. Zhurbitzky et al. (1958) fanden, daß bei niederen Temperaturen (3–10 °C) nur ein Bruchteil von Ca und Phosphat in die oberirdischen Teile der Pflanze transportiert wird wie bei höheren (22–25 °C).

Die Ionenverteilung in den oberirdischen Pflanzenorganen zeigt eine gewisse Abhängigkeit von der Transpirationsintensität. Unter stark humiden Bedingungen (hohe relative Luftfeuchtigkeit) kann sie unzureichend sein. Es werden dann nicht genügend Nährstoffe in die oberen Wachstumskegel der Pflanze transportiert, so daß es zu Wuchsstockungen und zu Deformierungen der Blätter kommt (Michael und Marschner 1962, Michael et al. 1969). Das Xylem spielt demnach für den vertikalen Ionentransport, besonders für den Transport über längere Strecken, eine beachtliche Rolle. Dieser Transport in den Leitgeweben – Xylem oder Phloem – bedingt, daß der vertikale Transport wesentlich schneller vor sich geht als die transversale Ausbreitung. Aus Untersuchungen von Rinne und Langston (1960) an Pfefferminze geht hervor, daß die Verteilung des über die Wurzel aufgenomenen

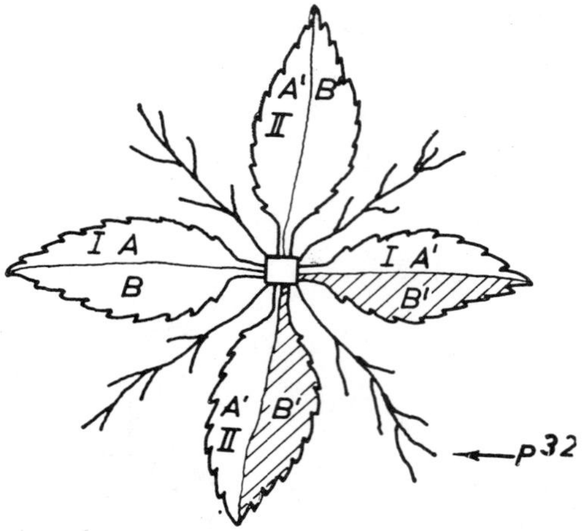

Abb. 108
Schematische Darstellung der Verteilung von markiertem, nur über ein Wurzelviertel zugeführtem P (RINNE und LANGSTON 1960). Die schraffierte Fläche zeigt den Blattanteil, in den ^{32}P eingewandert ist.

Phosphates weitgehend durch den Verlauf der wasserleitenden Gefäße bestimmt wird. Selbst im gleichen Blatt hängt die Phosphatverteilung davon ab, über welches Gefäßbündel das Phosphat eindringt. Abb. **108** zeigt, daß nur in diejenigen Blatthälften markiertes Phosphat eingedrungen war, die direkt durch das Xylem mit dem mit ^{32}P gefütterten Wurzelviertel verbunden waren.

Die höhere Pflanze besitzt analog einer hochentwickelten Volkswirtschaft eine ausgeprägte Arbeitsteilung. Die Blätter sind vornehmlich für die CO_2-Aufnahme und die CO_2-Assimilation zuständig, die Wurzeln für die Aufnahme von Wasser und Mineralstoffen, teils auch für die Synthese bestimmter organischer Stoffe (Phytohormone, Aminosäuren, Proteine, Reservestoffe), Stengel und Petiolen enthalten die wichtigsten Leitgewebe, und Samen und Früchte sind Speicher für organisches Material. Diese Arbeitsteilung erfordert ein gut entwickeltes Transportsystem. Die wichtigsten Transportbahnen sind Xylem und Phloem. Wie bereits dargestellt, ist das Xylem vorwiegend für den akropetalen Transport von anorganischen Stoffen und Wasser zuständig, daneben werden im Xylem auch Phytohormone (Gibberelline, Zytokinine) und in geringen Mengen auch Aminosäuren transportiert. Der Transport im Xylem ist ein Massenfluß, und er hängt dementsprechend von der Transpirationsintensität ab. Das Phloemgewebe ist hauptsächlich für den Transport organischer Stoffe zuständig. Der Phloemsaft ist ziemlich konzentriert. Er enthält 10–20 % Zucker, meist in Form der Saccharose, daneben Aminosäuren, Phytohormone und relativ hohe Mengen an ATP (GARDNER und PEEL 1969). Phosphat und N liegen hauptsächlich in organischer Form vor. Der Phloemsaft enthält praktisch kein Nitrat (MARTIN 1968). Unter den Kationen dominiert K^+ mit etwa 70–90 % der gesamten vorhandenen Kationenmenge (DIJKSHOORN et al. 1968). Die Transportgeschwindigkeit in den Leitbündeln des Phloems liegt in einer Größenordnung von 35–70 cm/h (ZIEGLER und VIEHWEG 1961).

Wichtigste Aufgabe der Phloemleitbahnen ist es, die in den Blättern gebildeten Assimilate zu anderen Pflanzenorganen zu transportieren. Dementsprechend besitzen die Blätter ein reichlich verzweigtes Netz feiner Adern (Feinnervatur), welche die Assimilate gleichsam „einsammeln“ und zu den größeren, dem Auge sichtbaren Adern weitergeben. Diese wiederum leiten in die Petiolen und von da zum Stengel bzw. Zweig über. Die Gesamtlänge der Feinnervatur eines Blattes ist etwa 10fach größer als die der Grobnervatur (GEIGER und CATALDO 1969). Daraus mag ersehen werden, wie intensiv die Feinnervatur das gesamte Blatt „erschließt“. Bei jungen Zuckerrübenblättern beträgt der seitliche Einzugsbereich etwa 70 μm, was ungefähr zwei Mesophyllzellen rechts und links von der Leitbahn entspricht. Die Adern enthalten Xylemzellen, Parenchymzellen, Siebzellen und Geleitzellen. Bei den feinen Adern sind die Siebzellen noch wenig spezialisiert. Ihr Durchmesser ist wesentlich kleiner als der der Geleitzellen (s. Abb. 109). Die Geleitzellen (eine Bezeichnung, die schon im vorigen Jahrhundert von FISCHER geprägt wurde) ziehen sich an den Siebzellen entlang. Im System der Feinnervatur sind sie nach Untersuchungen von TRIP (1969) an Zuckerrübenblättern in erster Linie für das „Einsammeln“ und den Transport der Assimilate zuständig, während die Siebzelle erst bei den großen Adern diese Funktion ausfüllt.

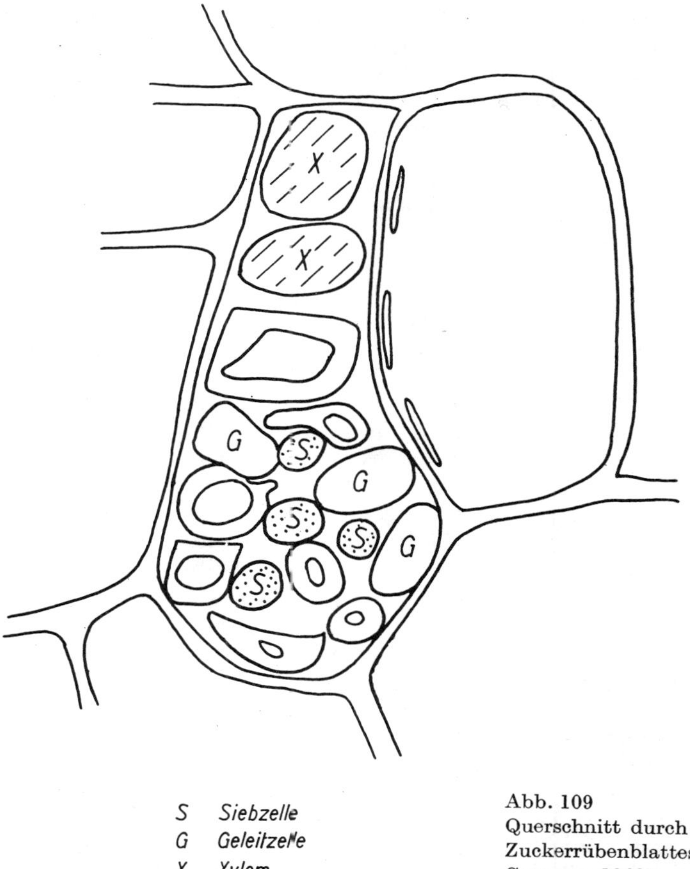

Abb. 109
Querschnitt durch die Feinader eines Zuckerrübenblattes (n. GEIGER und CATALDO 1969).

Der Assimilattransport aus den Mesophyllzellen in die Zellen der Feinnervatur ist noch ziemlich ungeklärt. Die Saccharose – sie ist die wichtigste Transportform organischer Stoffe (KURSANOV 1962) – wird in den Chloroplasten gebildet und gelangt über das Symplasma, teils aber auch über Zellwandbereiche in das Leitgewebe (WILLENBRINK 1968). Der Transport durch freie Räume der Zellwände ist eine Diffusion. Er wird deshalb vom Wassergehalt der Zellen und Zellwände beeinflußt. Bei Trockenheit ist er gehemmt (WARDLAW 1969), bei anhaltenden Niederschlägen können die Assimilate aus den Zellwänden ausgewaschen werden. Der Saccharosetransport durch biologische Membranen ist noch unklar. Nach BROVCHENKO (1967) soll er über eine hydrolytische Spaltung der Saccharose in Fruktose und Glukose bewerkstelligt werden.

Die von den Geleitzellen der Feinnervatur eingesammelten Assimilate werden in den Siebelementen der größeren Adern weitertransportiert. Der Transport in diesen hochspezialisierten Siebzellen ist kein Massenfluß und entspricht nicht der jahrzehntelang vertretenen Druckströmungstheorie von MÜNCH (MILTHORPE und MOORBY 1969). Gegen einen Massenfluß spricht ein Versuch von PEEL et al. (1969), die an *Salix viminalis* feststellten, daß im Phloem markierter C und markiertes Phosphat wesentlich schneller wandern als markiertes Wasser. Auch der Befund, daß in der gleichen Siebröhre Zucker in beiden Richtungen transportiert werden kann, spricht gegen einen Massenfluß (TRIP und GORHAM 1968). Schließlich ist die Siebröhre nach eingehenden Untersuchungen von THAINE für einen Massenfluß denkbar ungeeignet (THAINE 1962, THAINE et al. 1967). Ihre in Transportrichtung liegenden Begrenzungen, die Siebplatten, sind nämlich ziemlich dicht. Sie werden von langen membranösen Plasmasträngen durchzogen (Abb. 110), und diese Plasmastränge dürften für den aktiven Stofftransport von einer Siebzelle zur anderen eine wichtige Rolle spielen (PEEL 1970).

Der dünne Plasmabelag, der die Siebröhre auskleidet, hat einen intensiven Phosphatstoffwechsel, seine Mitochondrien sind jedoch verkümmert, so daß der reichlich im Phloemsaft vorhandene Zucker nicht so leicht veratmet werden kann. Demgegenüber zeichnen sich die Geleitzellen durch einen hohen Atmungsstoffwechsel aus. Das reichlich im Phloemsaft vorhandene ATP – es kann bis zu 2 % betragen (GARDNER und PEEL 1969) – kommt wahrscheinlich von den Geleitzellen und dürfte für den aktiven Stofftransport wichtig sein. Dementsprechend kommt es bei Stoffwechselbehinderung (Unterkühlung, O_2-Mangel) zu einer Transporthemmung (BOWLING 1968, GEIGER und CATALDO 1969). Der Mechanismus dieses aktiven Stofftransportes ist noch ungeklärt. Nach BOWLING (1968) hängt er mit einer elektrischen Potentialdifferenz zwischen beiden Seiten der Siebplatte zusammen, die auf eine Verteilung von K^+ zurückgeht. In Übereinstimmung mit dieser Annahme konnte HARTT (1969, 1970) an Zuckerrohr nachweisen, daß der K-Ernährungszustand den basipetalen Stofftransport deutlich beeinflußt.

Im gesamten Leben der höheren Pflanze spielt der Transport organischer Verbindungen eine wichtige Rolle. Meristematische Gewebe stellen für organische Stoffe einen erheblichen „physiologischen sink" dar. So importiert das junge Blatt Kohlenhydrate, bis es etwa $^1/_3$ seiner maximalen Größe erreicht hat (HOPKINSON 1964); der Import von organischen N-Verbindungen hält an bis zur vollständigen Ausbildung des Blattes (MILTHORPE und MOORBY 1969). Das ausgewachsene ältere Blatt exportiert organische Stoffe, die zu den jüngeren Blättern, Wurzeln, Früchten oder Stengeln geleitet werden. Die Transportrichtung kann basipetal und akro-

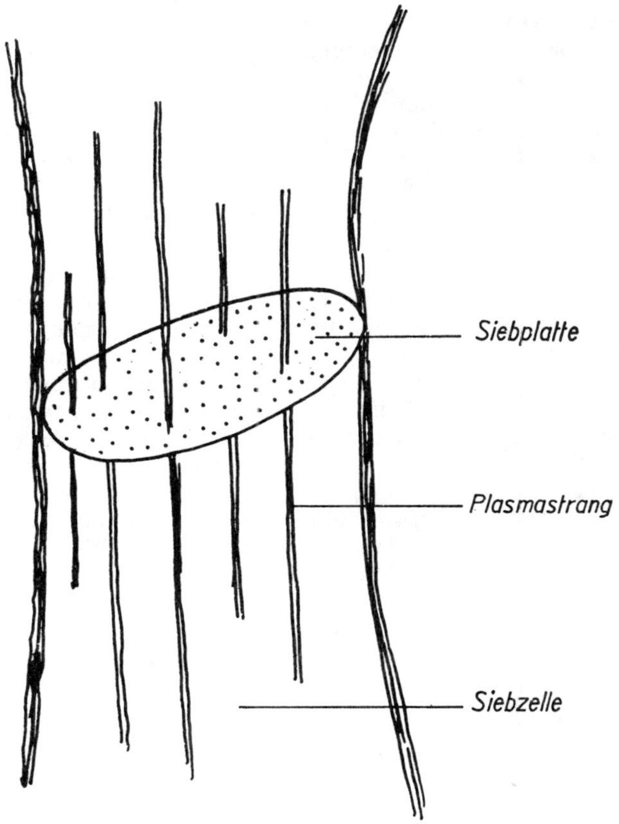

Abb. 110
Schematische Darstellung einer Siebplatte, die von Plasmasträngen durchzogen wird.

petal sein. Nach Untersuchungen von KOBLET (1969) an der Weinrebe exportieren die höher inserierten Blätter vornehmlich in die jüngeren Blätter, während die weiter unten inserierten Blätter ihre Assimilate verstärkt in basipetaler Richtung verlagern. Mit der Blüte setzt der Kohlenhydrattransport zur Frucht ein. Bei der Weinrebe sind es zuerst die in der Nähe der jungen Frucht befindlichen Blätter, die ihr Assimilate liefern. Mit zunehmender Ausreife der Früchte transportieren immer mehr Blätter aus den oberen Insertionsbereichen ihre Kohlenhydrate in die unterhalb befindlichen Früchte. Für die Transportrichtung und für die Transportintensität ist die physiologische Disposition der Pflanze maßgebend; darunter ist die in irgendeinem Pflanzenorgan (Wurzel, Blüte, Frucht, junges Blatt) gegebene Möglichkeit zum Aufbau neuer Gewebe zu verstehen. Sie sind „physiologische sinks", die durch Phytohormone initiiert werden (MOORBY 1968, SHANNON 1968, MICHAEL et al. 1970, SMITH und PALMER 1970).

Die wichtigsten Stofftransportbahnen der Pflanze sind nicht direkt miteinander verbunden. Selbst in den Zellen eines Blattes besteht noch eine beachtliche Trennung. Dagegen ist nach Mothes und Engelbrecht (1956) ein größerer Austausch zwischen Xylem und Phloem in der Wurzel möglich. Die Wurzel hat daher für den Stoffkreislauf der gesamten Pflanze eine erhebliche Bedeutung. Untersuchungen von Kursanov und Mitarbeitern demonstrieren sehr deutlich den Zusammenhang zwischen Wurzelmetabolismus und Stofftransport. Bei starker photosynthetischer Arbeit werden mehr als die Hälfte der in den Blättern gebildeten Assimilate in die Wurzel transportiert (Kursanov 1958). Es handelt sich hier hauptsächlich um Saccharose. Sie ist die fast ausschließliche Zuckertransportform der höheren Pflanze (Kursanov 1962). Die Saccharose wird in den Wurzeln über Glykolyse und Krebs-Zyklus zu organischen Säuren umgebaut. Es entstehen hierbei unter anderem Ketosäuren, die anorganischen Stickstoff zu Aminosäuren assimilieren (Kursanov und Kulaeva 1958). Die einzelnen Stoffwechselvorgänge sind mit Phosphorylierungsprozessen verbunden, die ihrerseits wieder anorganisches Phosphat benötigen. Die aus den oberirdischen Pflanzenteilen stammenden Assimilate werden also in der Wurzel mit Hilfe der anorganischen Pflanzennährstoffe (N, P, S) umgebaut und zum größten Teil wieder als organische Moleküle (Aminosäuren und Amide) in die oberirdischen Pflanzenteile transportiert. Hier werden Aminosäuren und Amide bei der Proteinsynthese verbraucht (s. Abb. 111). Glykolyse, Trikarbonsäurezyklus, Nitratreduktion und Aminierung sind jedoch nicht nur den Wurzeln vorbehalten, sie laufen auch in anderen Pflanzenteilen ab, ebenso wie die Proteinsynthese auch in den Wurzeln erfolgt.

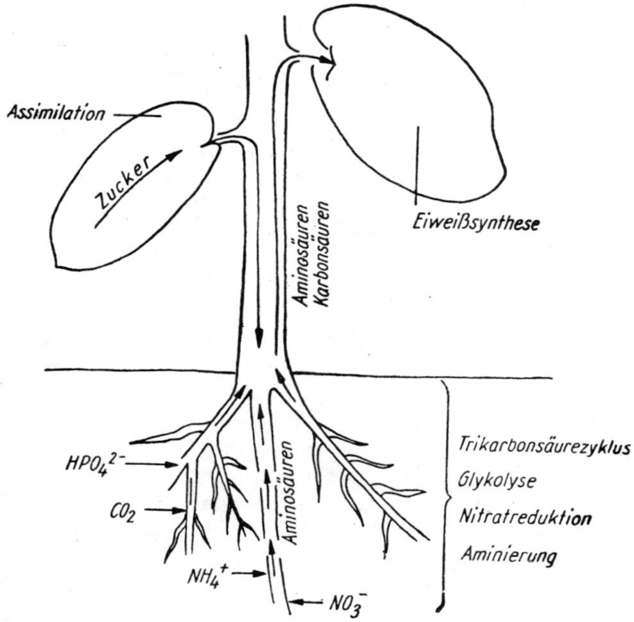

Abb. 111
Stofftransport und Metabolismus der Wurzel.

Die Beweglichkeit der einzelnen Nährionen in der Pflanze ist unterschiedlich. Sie können allgemein in akropetaler Richtung gut translokiert werden, dagegen gibt es eine Anzahl von Ionen, die in basipetaler Richtung schlecht wandern können. Vermutlich sind diese Ionen nicht in der Lage, bis in das Phloem vorzudringen, so daß aus diesem Grunde ihr basipetaler Transport sehr beschränkt ist (Biddulph et al. 1958, Wittwer und Teubner 1959) (s. Tabelle 42).

Tabelle 42
Die Beweglichkeit der einzelnen Nährstoffe in basipetaler Richtung

gut beweglich	mäßig beweglich	schlecht beweglich
Rb	Zn	Ca
Na	Cu	Sr
K	Mn	Ba
P	Fe	Mg
S	Mo	
Cl		

Die basipetale Beweglichkeit der verschiedenen Ionen richtet sich weitgehend nach deren chemischen Eigenschaften. Die Alkali-Ionen wandern gut, wahrscheinlich können sie ohne Schwierigkeit aktiv oder passiv bis zum Phloem vordringen; gleiches gilt für Chlorid. N und S werden im Phloem hauptsächlich als Aminosäuren und Amide transportiert, und auch P dürfte im Phloem meist in organischer Form vorliegen.

Auch das Festhaltevermögen der Pflanze ist für die verschiedenen Ionen unterschiedlich. Tukey et al. (1958) setzten die oberirdischen Pflanzenteile einem künstlichen Nebel aus. Auf diese Weise wurden eine Anzahl verschiedener Ionenarten ausgelaugt. Der Grad der Auswaschung war unterschiedlich, wie aus Tabelle 43 hervorgeht.

Tabelle 43
Die Auswaschung verschiedener Ionen aus oberirdischen Pflanzenteilen durch künstlichen Nebel

leicht	mittel auswaschbar	schwer
Na	K	Fe
Mn	Mg	Zn
	Ca	P
	Sr	Cl
	S	

Aus jungen Blättern wird weniger ausgewaschen als aus älteren. So zeigten Auswaschungsversuche mit *Cucurbita maxima*, daß bei alten Blättern innerhalb 24 Stunden etwa 80 % des gesamten K ausgewaschen wurden; bei jungen Blättern betrug dagegen die K-Auswaschung nur 5 %. Eine derartige Ionenauswaschung kann je nach den vorliegenden Verhältnissen auf die Pflanze günstig oder auch ungünstig wirken. Nach ROWE-DUTTON (1959) kann der Auswaschungsgrad durch Nebel bei jungen Obststecklingen so groß sein, daß Nährstoffmangelerscheinungen auftreten. Andererseits kann durch Ionenauswaschung eine toxische Salzanreicherung in den Blättern verhindert werden. TUKEY et al. (1963) sind der Ansicht, daß maritime Pflanzen diesen Auswaschungseffekt benötigen, während Pflanzen des kontinentalen Klimas gegen höhere Salzkonzentrationen weniger empfindlich sind. Auch organische Verbindungen wie verschiedene Zucker (Fruktose, Glukose, Galaktose), Aminosäuren und Pektinsubstanzen werden durch Regen und Nebel aus den oberirdischen Pflanzenteilen ausgewaschen.

Die Beweglichkeit anorganischer Stoffe, besonders ihr basipetaler Transport, ist für die Blattdüngung von Bedeutung. Unter **Blattdüngung** versteht man die Nährstoffzufuhr über oberirdische Pflanzenorgane. In den meisten Fällen werden hierbei die in Wasser gelösten Nährstoffe in Form eines feinen Nebels auf die Blätter aufgesprüht. Um eine bessere Benetzung zu erreichen, setzt man der Sprühlösung häufig Benetzungsmittel zu. Die Konzentration der Sprühlösung darf nicht zu hoch sein, da andernfalls Verbrennungsschäden an den Blättern auftreten. Sie sollte maximal 2 % nicht überschreiten. In vielen Fällen muß sie noch wesentlich niedriger sein, da die Anfälligkeit gegenüber Verbrennungen auch von der Pflanzenart und dem zu sprühenden Salz abhängt.

Die Blätter sind in erster Linie Aufnahmeorgane für gasförmige Nährstoffe wie CO_2, O_2 und auch SO_2 (FALLER 1968). Aber auch Ionen können in die Blätter eindringen. Ihr Eintritt in das Blatt ist um so besser, je länger ein Wasserfilm auf der Blattoberfläche liegt, da andernfalls das Salz auskristallisiert, so daß die Ionen nicht mehr tiefer eindringen können. Blattdüngungen sind deshalb besonders dann wirksam, wenn die Verdunstung gering ist. Man führt sie daher meist abends durch.

Die Nährionen müssen beim Eindringen in das Blatt zuerst die Kutikula durchdringen. Deren wichtigste Komponente ist das Kutin. Es ist ein Kondensat von C_{18}-Hydroxyfettsäuren. Zwischen den Kutinschichten sind Wachsschichten eingelagert. Ihr Anteil an der Kutikula nimmt mit dem Altern zu. Je mehr Wachs in das Kutin eingelagert ist, um so stärker wird die Diffusion hydrophiler Substanzen behindert. Da Kutin OH-Gruppen besitzt, hat es etwas hydrophilen Charakter (FRANKE 1967). Bei Benetzung dehnt sich die Kutikula aus und begünstigt die Diffusion von Ionen zu den Zellwänden der Epidermis. Die Ionen treten damit in den freien Raum des Blattes ein und können bis zum Zytoplasma durch Diffusion vordringen (s. Abb. 112). Der Eintritt in das Zytoplasma ist ein Vorgang, der im Prinzip der Ionenaufnahme durch die Wurzelzellen entspricht.

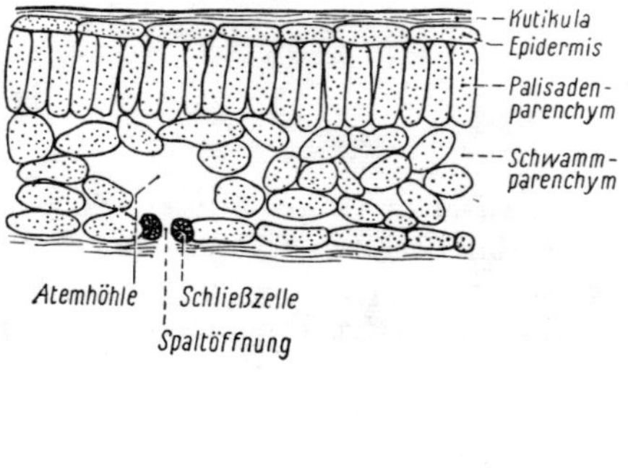

Abb. 112
Schematische Darstellung eines Blattquerschnittes.

Die Stomata haben für das Eindringen von Ionen in die Blattzellen keine größere Bedeutung, denn die in die Atemhöhle vorgedrungenen Ionen müssen auch noch durch die Zellwände der angrenzenden Zellen bis zum Zytoplasma diffundieren. Der weitere Transport der Ionen im Gewebe dürfte vornehmlich über die Plasmodesmen von Zelle zu Zelle erfolgen.

Grundsätzlich können alle oberirdischen Organe (Blatt, Petiole, Stengel und Früchte) Ionen aufnehmen. Selbst voll ausgewachsene Bäume sind fähig, über die Rinde des Stammes Ionen aufzunehmen. Man macht hiervon in der Praxis beim Düngen von Obstbäumen Gebrauch, indem man einige Wochen vor dem Blattaustrieb Stamm, Äste und Zweige mit relativ hochprozentigen Nährlösungen besprüht. Im allgemeinen kommt jedoch den Blättern die größte Bedeutung bei der extraradikalen Ionenaufnahme zu, da sie die größte Oberfläche darbieten und einen regen Stoffwechsel haben. Jüngere Blätter nehmen auf Grund ihres intensiveren Stoffwechsels die Ionen schneller auf als ältere Blätter (MACNICOL et al. 1962). Auch kann ein Zusatz von Saccharose die extraradikale Ionenaufnahme fördern. Neben dem eigentlichen Nährion, z. B. K^+, hat auch das Begleition des entsprechenden Salzes (Chlorid oder Sulfat) einen Einfluß auf die Aufnahme. Im allgemeinen ist es günstig, wenn auch das Begleition schnell in das Blatt eindringt und sich nicht auf der Blattoberfläche anreichert. Bei Stickstoff-Blattdüngung verwendet man daher gern Harnstoff, da dieser als gesamtes Molekül bis ins Zytoplasma eindringt und hier vom Stoffwechsel verarbeitet wird. Bei Blattdüngung von Schwermetallen düngt man diese aus dem gleichen Grunde häufig als Metallchelate.

Der Einfluß des *p*H-Wertes der Sprühlösung auf die extraradikale Ionenaufnahme ist unterschiedlich und hängt vom betreffenden Salz ab. In jedem Falle sind extreme *p*H-Werte zu vermeiden. Schließlich ist die Ionenaufnahme über das Blatt auch vom Ernährungszustand der Pflanze abhängig. Ist eine Pflanze mit einem bestimmten Nährstoff gut versorgt, so wird sie diesen Nährstoff nur in kleinen Mengen extraradikal aufnehmen und umgekehrt. Diese Beziehung gilt auch für die Wurzelaufnahme. Sie ist bei Ionen, die in hohem Maße für den Stoffwechsel benötigt werden (Nitrat, Phosphat, NH_4^+, K^+), besonders deutlich ausgeprägt. Auch beeinflußt die extraradikale Ionenaufnahme die Ionenaufnahme über die Wurzel. In den Fällen, wo man mit der Blattdüngung den Metabolismus der Pflanze stimuliert, werden auch andere Nährionen vermehrt über die Wurzel aufgenommen. So fanden THORNE (1957) und auch IKONENKO (1959), daß mit einer N-Blattdüngung die Aufnahme von K^+ und Phosphat durch die Wurzel erhöht wird. Andererseits kann die Blattdüngung auch konkurrierend auf die radikale Ionenaufnahme (= Ionenaufnahme über die Wurzel) wirken (SCHARRER und MENGEL 1960). Die Nährstoffaufnahme über das Blatt wird also von zahlreichen Faktoren beeinflußt. Diese Faktoren sind für die extraradikale Phosphataufnahme in Tabelle 44 zusammengefaßt. Sie treffen im großen und ganzen auch für andere Nährionen zu.

Es bleibt immer zu berücksichtigen, daß das eigentliche Organ für die Aufnahme von Nährionen die Wurzel ist. Es ist zwar möglich, die Pflanze ausschließlich über die oberirdischen Pflanzenteile zu ernähren (TUKEY et al. 1963), das Wachstum dieser Pflanzen ist im Vergleich zu jenen mit Wurzelernährung jedoch weniger gut. Gerade die generative Entwicklung ist bei ausschließlicher Blatternährung gestört (FRANKE 1962). KICK und HELLWIG (1959) konnten zeigen, daß es mög-

Tabelle 44

Faktoren, welche die Phosphataufnahme über das Blatt beeinflussen (n. TUKEY et al. 1963)

Sprühlösung	äußere Faktoren	pflanzliche Faktoren
*p*H-Wert	Temperatur	Stomata
Begleition	Licht	besprühtes Organ
Benetzungsmittel	Feuchtigkeit	Alter des Blattes
Saccharosezusatz	Tageszeit	Feuchtigkeit der Oberfläche
Konzentration		Entwicklungszustand
		Ernährungszustand

lich ist, Sonnenblumen mit N, P und K nur über das Blatt zu versorgen. Allerdings war auch hier die Phosphaternährung nicht so wirkungsvoll wie die Phosphatzufuhr über die Wurzel.

Allgemein gilt, daß man mit der Blattdüngung nur geringe Nährstoffmengen auf die Pflanze aufbringen kann. Im Vergleich zur Wurzeldüngung werden diese jedoch in einem hohen Grade ausgenutzt. Andrerseits muß man jedoch gerade bei den Makronährstoffen sehr häufig sprühen, um eine ausreichende Ernährung der Pflanzen sicherzustellen. Aus diesem Grunde sind der Blattdüngung in der Praxis Grenzen gesetzt. Man kann mit ihr allerdings sehr gezielte und schnelle Effekte erreichen. Das trifft z. B. zu, wenn Nährionen im Boden stark fixiert werden, wie es bei Schwermetallen (Fe, Zn, Mn) häufig der Fall ist. Die Wurzeldüngung ist hier oft wirkungslos. Eine Blattdüngung ist immer dann besonders effektvoll, wenn man mit ihr zu Zeiten eines suboptimalen Nährstoffspiegels in der Pflanze deren Ernährung verbessert; sie kann dann der Bodendüngung überlegen sein (MATHUR et al. 1968).

Im Obstbau spielt die Blattdüngung eine größere Rolle, da hier infolge der tief in den Boden reichenden Wurzeln eine Wurzeldüngung häufig weniger wirkungsvoll ist. Gerade bei reichlich tragenden Apfelbäumen kann der Ca-Transport in die Frucht unzureichend sein. Die Äpfel werden dann stippig (Apfelstippe). Man versucht, mit Ca-Blattdüngung diesem Mangel vorzubeugen (WIENECKE 1968). Die Düngung über das Blatt läßt sich hier teils mit der Schädlingsbekämpfung kombinieren. Die Wirksamkeit einer Blattdüngung hängt weitgehend von der Tröpfchengröße der auf das Blatt aufgebrachten Lösung ab. In den letzten Jahren ist es gelungen, mit Feinsprühverfahren unter Zusatz von Formulierungsmitteln (Synergid 3) eine sehr feine und gleichmäßige Tröpfchengröße zu erzeugen. Man erreicht auf diese Weise dauerhafte Beläge, die ein Besprühen mit hochprozentigen Lösungen (10–20 %) erlauben, ohne Blattschäden befürchten zu müssen (BEHLEN 1965).

4. Der Wasserhaushalt der Pflanze

a) Die Hydratation

Alle lebenden Organismen benötigen Wasser. Die grüne Pflanze besteht zum großen Teil aus Wasser (80–99 %). Es hat hier verschiedene wichtige Funktionen: Es transportiert gelöste Stoffe, in den vakuolisierten Zellen nicht verholzter Gewebe bewirkt es einen hydrostatischen Druck (Turgor), so daß diese Gewebe straff und nicht schlaff sind. Wasser ist das Rohmaterial für Stoffwechselvorgänge, z. B. für die Photosynthese und schließlich spielen sich alle biochemischen Reaktionen in mehr oder weniger wäßrigen Systemen ab. Wasser ist zwar im Sinne der Definition (s. S. 203) kein Pflanzennährstoff. Aber die beiden chemischen Elemente des Wassers, Wasserstoff und Sauerstoff, sind unentbehrliche Pflanzennährstoffe. Sie werden hauptsächlich in Form von Wasser aufgenommen.

Wasser kann in der Pflanze zumindest in zwei verschiedenen Zuständen vorliegen, frei oder gebunden (SLATYER 1962). „Freies Wasser", d. h. Wasser, das in seiner molekularen Bewegung nicht weiter behindert ist, befindet sich in den Hohlräumen der Pflanze, im Xylem, Phloem, in der Vakuole, den Interzellularräumen und den Zellwänden. „Gebundenes Wasser" befindet sich überall dort, wo eine elektrostatisch aufgeladene Oberfläche die Wassermoleküle auf Grund ihres Dipolcharakters adsorbiert (s. S. 20).

Die molekulare Wasserschicht wird hierbei gleichsam an die Oberfläche gedrückt, wobei Drucke von 500 atm und höher auftreten. Die auf diese molekulare Schicht folgende Wasserschicht ist schon weniger ausgerichtet und daher beweglicher. Es gilt auch hier analog zur Ionensorption, daß die Bindung der Wassermoleküle an die Oberfläche um so lockerer ist, je weiter das Molekül von der Oberfläche entfernt ist. Man nennt diese Wasseradsorption an Oberflächen **Hydratation.** Auf Grund der geringeren kinetischen Energie derartig adsorbierter Wassermoleküle ist der Dampfdruck des Hydratationswassers im Vergleich zum „freien Wasser" gering.

Die Wassermoleküle können auch in Spalten und Hohlräume der Gewebe eindringen, so daß diese aufquellen und ein größeres Volumen annehmen. Die Quellung hat für zahlreiche physiologische Prozesse, z. B. für das Keimen der Samen, eine Bedeutung. Ihrer physikalischen Natur nach ist sie teils eine Hydratation, teils ein bloßes Ausfüllen von Hohlräumen mit Wasser. Auch im Wasserhaushalt des Bodens sind Hydratation und Quellung wichtige Prozesse.

b) Die Osmose

Eine zweite, für den Wasserhaushalt der Pflanze wichtige Erscheinung ist die **Osmose.** Ihr Prinzip besteht darin, daß zwei wäßrige Lösungen unterschiedlicher Konzentration, die durch eine semipermeable Wand getrennt sind, sich auszugleichen versuchen. Die semipermeable Membran läßt hierbei nur Wassermoleküle, aber nicht den gelösten Stoff permeieren. In der Zeiteinheit treffen aber auf Grund der Molekularbewegung von der geringer konzentrierten Lösung mehr Wassermoleküle auf die Membran als von der höher konzentrierten, d. h., es permeieren mehr Wassermoleküle von der niedriger konzentrierten Lösung zur höher konzentrierten Lösung als umgekehrt. Der Druck der Wassermoleküle auf die beiden Seiten der Membran ist also verschieden hoch. In der geringer konzentrierten Lösung

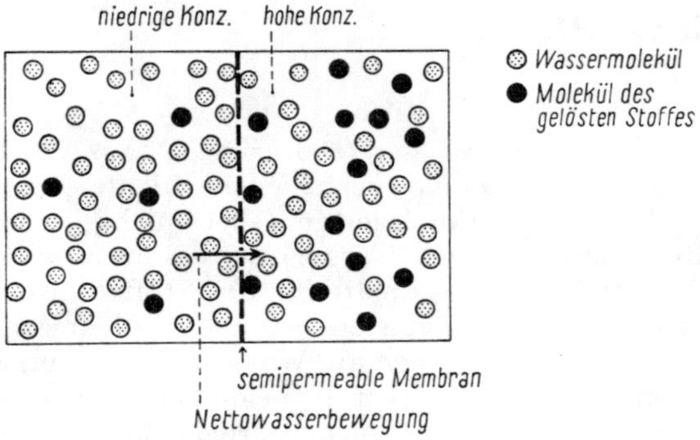

Abb. 113
Schematische Darstellung der osmotischen Wasserbewegung.

ist er höher, denn hier treffen mehr H_2O-Moleküle auf die Membran. In der amerikanischen Literatur wird dieser Druckunterschied mit „diffusion-pressure-deficit“ (= DPD) bezeichnet (Diffusions-Druck-Defizit). Das DPD ist mit dem Saugdruck (s. S. 259) identisch. Die Nettowasserbewegung geht also von der niedrigen zur höheren Konzentration (s. Abb. 113).

Auf Grund dieses einseitig gerichteten Wassertransportes muß in der höher konzentrierten Lösung ein Überdruck (osmotischer Druck) entstehen, der sich als vermehrtes Auftreffen von Wassermolekülen auf die Wände des die Lösung einschließenden Systems äußert. Auch auf die semipermeable Wand treffen damit von der konzentrierten Lösung her mehr Wassermoleküle auf; das bedeutet, die Rate des einseitigen Wassertransportes wird geringer. Schließlich wird der Überdruck so groß, daß der Wasserfluß in beiden Richtungen gleich groß ist; das System steht dann im Gleichgewicht.

Der osmotische Druck wird bestimmt durch die Konzentration des gelösten Stoffes (osmotische Konzentration), bzw. durch die Konzentrationsdifferenz beider Lösungen. Unter idealen Bedingungen vermag 0,1 Mol eines Anelektrolyten in 1 *l* Wasser gelöst gegenüber reinem Wasser einen maximalen Druck von 2,24 atm zu entwickeln.

Auch die vakuolisierte Zelle stellt mit gewissen Einschränkungen ein osmotisches System dar. Der Vakuolensaft entspricht der Lösung mit der höheren Konzentration, das Zytoplasma und die Zellmembranen der semipermeablen Wand, und die umgebende Lösung, z. B. die Bodenlösung, stellt die niedriger konzentrierte Lösung dar. Die in die Vakuole eindringenden Wassermoleküle erhöhen deren Volumen und pressen dadurch das Zytoplasma an die Zellwand. Die Zelle wird durch den Eintritt der Wassermoleküle immer praller. Je mehr Wasser in die Vakuole eindringt, um so größer wird der Widerstand, den die Zellwand der Vakuolenausdehnung entgegengesetzt. Diesen Widerstand bezeichnet man mit **Turgor** oder **Turgordruck.** Man hat also einen Druck der Wassermoleküle von außen auf die Zelle, den sogenannten **osmotischen Druck,** und einen entgegengesetzt gerichteten Druck, den Turgor. Unter Umständen halten sich beide Kräfte die Waage. Die Zelle hat dann ihren vollen Turgor erreicht. Es werden zwar noch Wassermoleküle das Zytoplasma in beiden Richtungen passieren, die Netto-Aufnahme bzw. -Abgabe von Wasser ist jedoch gleich Null (s. Abb. 114).

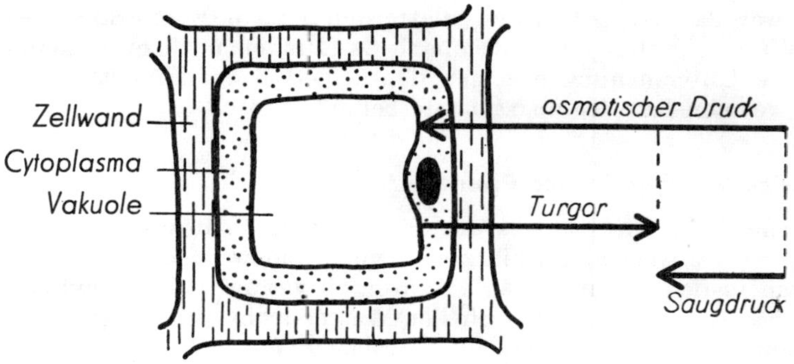

Abb. 114
Osmotischer Druck, Turgor und Saugdruck in ihrer Wirkung auf die Zelle.

Im allgemeinen ist der Turgordruck etwas geringer als der osmotische Druck. Die Zelle ist dann bestrebt, Wasser anzureichern, wir sprechen vom **Saugdruck.** Es gilt also die Gleichung (HÖFLER 1920):

Osmotischer Druck — Turgordruck = Saugdruck

Der Saugdruck ist die Größe, die bei der Wasseraufnahme für den Transport von Wasser in die Zelle und damit in die Pflanze am meisten interessiert. Er hängt, wie dargestellt, vom osmotischen Druck ab. Zellen, die eine hohe osmotische Konzentration im Vakuolensaft aufweisen, das sind Zellen, die in der Vakuole viele organische Moleküle und Ionen enthalten, nehmen demnach mehr Wasser auf und halten auch das Wasser besser zurück. Diese Tatsache ist für die Pflanzenernährung von Bedeutung, da man die osmotische Konzentration der Zelle im gewissen Ausmaß durch die Düngung beeinflussen kann. Es ist bekannt, daß eine ausreichende K-Versorgung den Wasserhaushalt der Pflanze begünstigt. K fördert die Wasseraufnahme, hemmt aber die Wasserabgabe (BLANCHET et al. 1962). Dieser Einfluß dürfte hauptsächlich auf die osmotische Wirksamkeit einer höheren K-Ionenkonzentration im Zellsaft zurückzuführen sein.

Für die osmotische Konzentration im Zellsaft sind nach WALTER (1955) hauptsächlich anorganische Ionen, organische Salze und Zucker, aber weniger organische Säuren verantwortlich.

Die lebende Pflanzenzelle ist kein ideales osmotisches System, da mit der Wasserbewegung auch Volumenänderungen (Zusammenziehen und Ausdehnen der Vakuole) verbunden sind. Wie schon ausgeführt wurde, ist der Widerstand der Zellwände gegenüber der Wasserdiffusion gering. Plasmalemma, Zytoplasma und Tonoplast stellen den Wassermolekülen einen größeren Widerstand entgegen (HÖFLER 1950). Nach GUTKNECHT (1967) ist der Wassertransport durch Zellmembranen in erster Linie eine Diffusion und kein Massenfluß durch Membranporen. Untersuchungen mit radioaktiv markierten Wassermolekülen zeigten, daß der Wasseraustausch zwischen Außenlösung und Vakuolensaft selbst nach 75 Stunden noch kein Gleichgewicht erreicht hatte (VARTAPETYAN und KURSANOV 1959, VARTAPETYAN 1960). Zu ähnlichen Ergebnissen kamen BIDDULPH et al. (1961). Selbst nach dreitägigem Einwirken von Tritium-markiertem Wasser (THO) auf die Wurzeln war das Wasser in den Blättern nur zu 65 % markiert. Auch das Wasser des Wurzelgewebes war selbst nach 24 Stunden noch nicht 100prozentig markiert. Diese Untersuchungen zeigen deutlich, daß der Eintritt von Wassermolekülen in verschiedene Kompartimente behindert ist.

c) Der Weg des Wassers in der Pflanze

Die Wassermoleküle dringen aus der Bodenlösung in das Rindengewebe der Wurzel, wandern transversal bis hin zum Xylem und werden von hier als Transpirationsstrom in den oberirdischen Pflanzenteil getragen. Der Verästelung der Leitbahnen entsprechend verteilt sich der Wasserstrom auf die einzelnen oberirdischen Pflanzenorgane, besonders auf die Blätter. Diese Wasserleitung ist nicht vollkommen „dicht". Ein Teil des Wassers dringt vielmehr beim Transport in die benachbarten Gewebe, so daß alle Pflanzenteile auf diese Weise mit Wasser versorgt werden. Ein großer Teil des Wassers gelangt jedoch, besonders bei starker Transpiration, bis in die Blätter, dringt hier an den Enden der Leitbahnen in die Gewebe ein und erreicht schließlich die Atemhöhlen der Blätter. Von hier aus wird das Wasser in Gasform an die Atmosphäre abgegeben (Transpiration).

Es existiert demnach ein zusammenhängender Wasserstrom von der Bodenlösung bis zur Atmosphäre (s. Abb. 115). Dieser Strom verbindet zwei unterschiedliche „Wasserpotentiale". Denn in Analogie zum elektrischen Strom, der zwischen zwei unterschiedlichen elektrostatischen Potentialen fließt, kann man auch den Wasserstrom in der Pflanze als einen Strom auffassen, der zwei verschiedene Wasser-

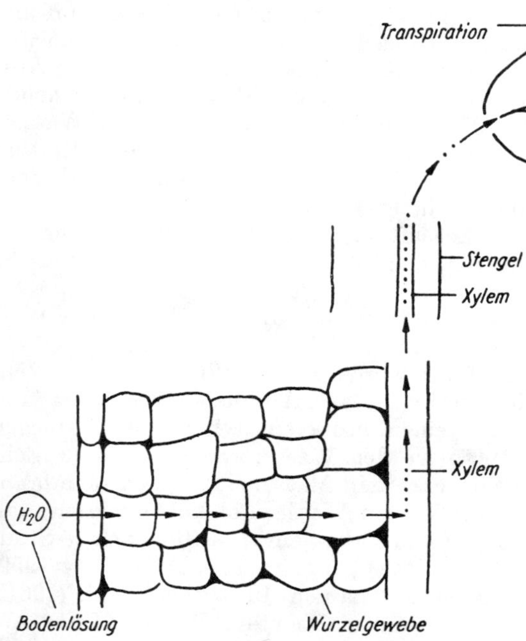

Abb. 115
Der Weg des Wassers von der Bodenlösung durch die Pflanze in die Atmosphäre.

potentiale verbindet (VAADIA et al. 1961). Für beide Systeme gilt: Je höher die Potentialdifferenz und je geringer der Widerstand, desto größer der Stromfluß. Im System Bodenwasser – Pflanze – atmosphärisches Wasser hat in den meisten Fällen der Boden einen relativen Wasserüberschuß, die Atmosphäre ein Wasserdefizit, so daß ein Wasserfluß zur Atmosphäre vorliegt. Wie gesagt, muß dieser Wasserfluß einen Widerstand, nämlich die Pflanze, überwinden. Dieser Widerstand ist nicht homogen, d. h. auf dem Wege vom Boden zur Atmosphäre gibt es in der Pflanze verschiedene Barrieren, die den Wasserstrom mehr oder weniger behindern.

Da ist einmal der transversale Wassertransport von der Bodenlösung durch das Rindenparenchym bis zum Xylem der Wurzel. Dieser Transport erfolgt teils über die Zellwände, teils über das Zytoplasma und über die Vakuolen. Der Transport über die Zellwände ist ein passiver Vorgang, wird also im wesentlichen durch Massenfluß und Diffusion bestimmt. Er soll nach STRUGGER (1940) nicht unbedeutend sein. Andererseits wird diesem Wassertransport über die Zellwände vom Casparyschen Streifen ein erheblicher Widerstand entgegengesetzt (s. Abb. 98). Hier ist eine größere Wasserbewegung durch die Zellwände nur über die Durchlaßzellen der Endodermis möglich. Durchlaßzellen sind hier und dort in die Endodermis eingestreute, dünnwandige Zellen, deren Wände nicht durch Lignin und fettartige Substanzen verstärkt sind.

Der Wassertransport aus der Bodenlösung bis zum Xylem über Zytoplasma und Vakuolen kann zum Teil als osmotischer Vorgang gedeutet werden. Die Epidermiszelle nimmt auf Grund ihres Saugdruckes Wasser aus der Bodenlösung in die Vakuole auf, ihre osmotische Konzentration wird dabei verdünnt, so daß ihr die Nachbarzelle auf Grund ihres relativ höheren Saugdruckes wieder Wasser entzieht. Auf diese Weise wird das Wasser einem osmotischen Gefälle entsprechend von Vakuole zu Vakuole bis zum Xylem befördert. Auch dieser Wassertransport ist, falls er nur auf osmotischen Vorgängen beruht, ein rein physikalischer Prozeß. Andererseits wird jedoch die osmotische Konzentration der Vakuolen durch Stoffwechselvorgänge wie aktive Ionenaufnahme, Produktion von Zuckern und organischen Säuren bestimmt. Der transversale Wassertransport im Wurzelgewebe wird deshalb zumindest indirekt vom Stoffwechsel beeinflußt (KRAMER 1955). In Übereinstimmung hiermit fanden BARBER und KOONTZ (1963), daß Stoffwechselgifte, ein anaerobes Wurzelmedium und ein Abtöten der Wurzeln die Transpiration junger Gerstenpflanzen erheblich senken. EHRLER (1962) stellte bei Luzerne fest, daß bei niederen Wurzeltemperaturen (5 °C) die Wasseraufnahme der Wurzel um 70 % vermindert wurde, so daß die Pflanzen zu welken begannen, obwohl den Wurzeln genügend Wasser angeboten wurde.

Die Abhängigkeit des transversalen Wassertransportes aus der Bodenlösung in die Leitbündel der Wurzel hängt direkt mit der Ionenaufnahme zusammen (DREW 1967). Werden die Ionen mit hoher Rate aus dem Rindengewebe in das Xylem abgeschieden, so baut sich zwischen der Bodenlösung und den Xylemzellen ein Konzentrationsgefälle auf, welches eine osmotische Wasserbewegung von außen durch die Zellwände bis hin zum Xylem begünstigt (KRAMER 1955, LEVITT 1967). Wird die Ionenabscheidung in das Xylem durch Stoffwechselbehinderung gehemmt, so wird dementsprechend auch der transversale Wassertransport eingeschränkt (MENGEL und PFLÜGER 1969). Diese Art des mit dem Stoffwechsel zusammenhängenden Wassertransportes ist also nur indirekt aktiv. Für die Pflanze hat er insofern eine Bedeutung, als er wesentlich dazu beiträgt, die beachtlichen Diffusionsbarrieren des Wurzelgewebes zu überwinden (JENSEN et al. 1961) und besonders dann noch Wasser in die oberirdischen Pflanzenteile zu transportieren, wenn kein Transpirationssog vorliegt. In diesem Falle wird das Wasser regelrecht nach oben gedrückt. Man spricht deshalb vom **Wurzeldruck.** Er zeigt sich besonders bei dekapitierten Pflanzen. Sie „bluten", d. h. an der Stengelschnittfläche wird ein wäßriger Saft (Exsudat) ausgeschieden. Die Intensität dieser Exsudation wird maßgeblich von der Ernährung der Pflanze (HÖFNER und HERWIG 1966) und vom Stoffwechsel bestimmt (MENGEL und PFLÜGER 1969). Der Wurzeldruck ist gerade für jüngere einjährige Pflanzen von Bedeutung, da sie im gemäßigten Klimabereich häufig unter humiden Bedingungen heranwachsen, die in gewissen Zeiten nur eine schwache oder gar keine Transpiration zulassen.

Auch die **Guttation** geht auf den Wurzeldruck zurück. Unter Guttation versteht man das Heraustreten von Wasser an den Blattspitzen. So zeigen sich nach feucht-warmen Nächten an den Blattspitzen junger Pflanzen Wassertropfen, die Tau ähneln, in Wirklichkeit aber aus dem Xylem ausgepreßtes Wasser darstellen. Mittels dieses Vorganges kann die Pflanze überschüssige, schädliche Stoffe abscheiden. So berichten KOHL und OERTLI (1961) sowie OERTLI (1962), daß Lilien und junge Gerstenpflanzen mit den Guttationstropfen beachtliche Mengen an Bor abgeben, falls die Pflanzen überreichlich mit Bor ernährt wurden. Wurde die Guttation durch eine trockene Atmosphäre verhindert, so reicherte sich das Bor in den Blattspitzen an und bewirkte hier Nekrosen (Absterben der Blattspitzen).

Weiterhin ist die Intensität des Wassertransportes in der Pflanze von der **Transpiration** abhängig. Transpiration nennt man den Übergang des Wassers von der flüssigen in die gasförmige Phase an den Grenzflächen der Pflanze. Auch dieser Übergang erfordert viel Energie, die jedoch von der Sonne geliefert wird. In dem Maße, wie an der Blattoberfläche Wassermoleküle an die Atmosphäre abgegeben werden, rücken auf Grund der Kohäsion der noch in flüssiger Form vorliegenden Moleküle andere Wassermoleküle nach. Der an der Blattoberfläche ansetzende Transpirationssog pflanzt sich also in Form eines zusammenhängenden Wasserfadens über das Xylem und das Wurzelgewebe bis zur Bodenlösung fort (Transpirations-Kohäsions-Theorie). Eine starke Transpiration bedingt dementsprechend eine vermehrte Wasseraufnahme durch die Wurzeln. Die Transpirationsintensität selbst hängt ab vom Wassersättigungsdefizit der Luft und damit von Sonneneinstrahlung, Temperatur und Luftbewegung. Wind trägt dazu bei, die an der Blattoberfläche angereicherten gasförmigen Wassermoleküle schnell zu beseitigen, so daß an der Blattoberfläche immer ein relativ hohes Sättigungsdefizit vorliegt. Besonders an klaren, sonnenreichen Tagen zeigt der Verlauf der Transpiration in Abhängigkeit von der Tageszeit einen typischen Verlauf, der in Abb. 116 dargestellt ist.

Die hier dargestellte Transpiration wurde an einem Luzernefeld gemessen. Sie wird vorwiegend von der Sonneneinstrahlung bestimmt und ist in der Mittagszeit am höchsten. Diese hohe Wasserabgabe zur Mittagszeit kann an heißen Tagen so weit führen, daß die Pflanzenzellen ihren optimalen Turgordruck verlieren und die Blätter schlaff herunterhängen. Mit abnehmender Transpiration erreichen die Zellen gegen Abend wieder einen höheren Turgordruck, und die Blätter richten sich wieder auf. Dieses vorübergehende Absinken des Turgors zur Mittagszeit hat einen günstigen Einfluß auf den Wasserhaushalt, denn mit dem Schlaffwerden der

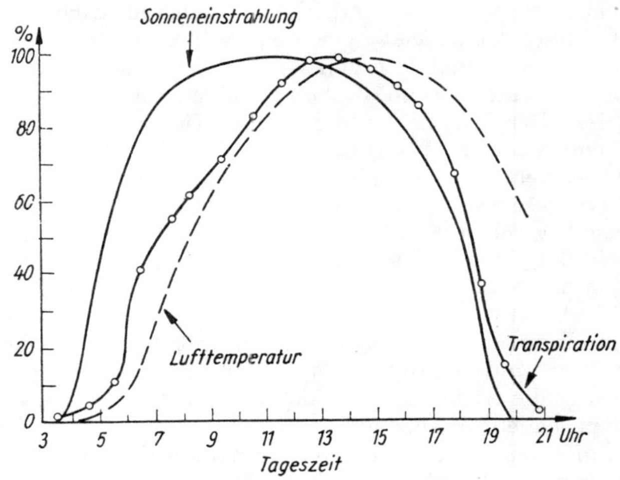

Abb. 116
Die Transpiration, die Sonneneinstrahlung und die Temperatur im Verlaufe eines Tages (n. BONNER und GALSTON 1952).

Blätter schließen sich ihre Spaltöffnungen. Die Transpiration wird dadurch erheblich eingeschränkt. Bei unseren Kulturpflanzen erfolgt mehr als 90 % der gesamten Transpiration über die Stomata.

Der Grad der Stomata-Öffnung hängt vom Turgor ihrer Schließzellen ab. Dieser wird in erster Linie durch einen spezifischen Transport von K^+ (FISCHER und HSIAO 1968, FISCHER 1968, HUMBLE und HSIAO 1969) aus den benachbarten Zellen in die Schließzellen hervorgerufen (s. Abb. 117). Die beachtliche Ionenanreicherung bewirkt einen hohen Turgor der Schließzellen und damit ein Öffnen der Stomata.

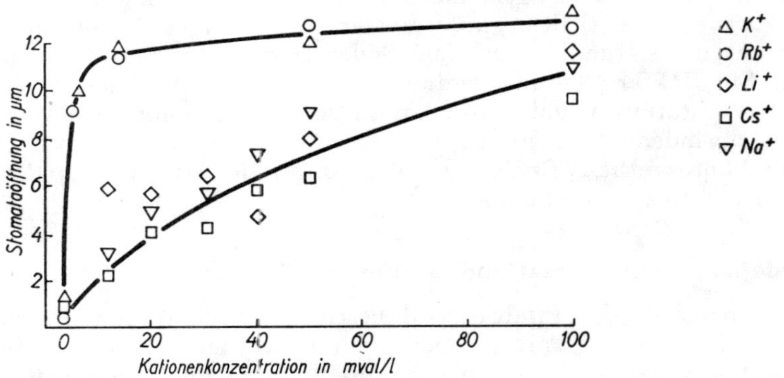

Abb. 117
Der Einfluß verschiedener Alkali-Ionen auf die Öffnung der Stomata von *Vicia faba*.

Der Abb. 117 ist zu entnehmen, daß K^+ und Rb^+ schon bei niedriger Konzentration eine maximale Öffnung der Stomata bewirken, während die anderen Alkali weniger wirksam sind. Die Akkumulation von K^+ in den Schließzellen hängt von der einwirkenden CO_2-Konzentration ab. Je höher sie ist, um so schlechter kann K^+ akkumuliert werden. Der Turgor der Schließzelle ist dann niedrig und die Spaltöffnung weitgehend geschlossen (Stålfelt 1967). Die Stomata schließen sich, wenn ein Schwellenwert von > 0,05 % CO_2 überschritten wird. Mit dem Abklingen der Photosynthese am Abend wird dieser Schwellenwert erreicht; die Stomata sind daher nachts geschlossen. Mit beginnender Photosynthese am Morgen sinkt der CO_2-Gehalt in den Atemhöhlen ab, die Stomata öffnen sich.

Eine gute Regulation des Spaltöffnungsmechanismus wirkt sich vorteilhaft auf den Wasserhaushalt der Pflanze aus. Besonders Gramineen besitzen eine sehr empfindliche Spaltöffnungsregulation (Stocker 1967), mit der das Gleichgewicht zwischen Wasseraufnahme und Transpiration scharf eingestellt werden kann. Bei starker Dürre versagt die Stomataregulation. Die Blätter transpirieren dann ungehemmt und sterben schließlich ab.

Die Spaltöffnungen dienen in erster Linie der Aufnahme von CO_2. Die Pflanze bietet mit ihren Blättern der Atmosphäre eine beachtlich große Oberfläche dar, um auf diese Weise möglichst viel CO_2 aufnehmen zu können. Der morphologische Bau der meisten höheren Pflanzen begünstigt CO_2-Aufnahme und Lichtabsorption und damit die Photosynthese, während der Wasserhaushalt hierdurch benachteiligt wird; denn die großen Blattoberflächen müssen zwangsweise viel Wasser an die Atmosphäre abgeben.

Bei geschlossenen Stomata ist die Photosynthese auf Grund von CO_2-Mangel unterbrochen. Die maximale Photosyntheserate wird jedoch schon erreicht, bevor die Stomata den höchsten Grad ihrer Öffnung erreicht haben. Um in ariden Gebieten Wasser zu sparen, bemüht man sich heute, mittels Antitranspirationsmittel einen Grad der Stomata-Öffnung zu erreichen, bei der die Photosynthese optimal verläuft, die Transpiration aber schon erheblich eingeschränkt ist. Solche Antitranspirationsmittel können Herbizide, Fungizide und Stoffwechselinhibitoren sein (Gale und Hagan 1966, Fulton 1967).

Meistens verbleibt vom aufgenommenen Wasser weniger als 1 % in der Pflanze. Die meisten höheren Pflanzen gehen also mit dem Wasser wenig ökonomisch um. Eine reife Maispflanze enthält etwa 2 *l* Wasser, während ihrer Vegetationszeit hat sie aber mehr als das Hundertfache dem Boden entzogen und an die Atmosphäre abgegeben. Ein Hektar Getreide verdunstet etwa 1,5–2,0 Millionen *l* Wasser im Verlaufe der Vegetation. Von dem durch die Pflanze aufgenommenen Wasser wird nur ein verschwindend kleiner Anteil direkt für Stoffwechselprozesse benötigt, z. B. für die Photosynthese, für Wasseranlagerungen der Hydratasen oder bei der Hydratation von Enzymen und dgl.

d) Wasserdefizit, Stoffwechsel und Stoffproduktion

Der Wasserhaushalt der Pflanze wird bestimmt durch Wasseraufnahme und Wasserabgabe (vorwiegend Transpiration). Ein Wasserdefizit in der Pflanze wird immer auftreten, wenn die Wasserabgabe die -aufnahme übersteigt, z. B. bei starker Transpiration, bei geringer Wasserverfügbarkeit im Boden oder bei gehemmtem Stoffwechsel der Wurzel. Bei einem Wasserdefizit ist die Wasserversorgung und damit der Wassergehalt der einzelnen Pflanzenorgane und ihrer anatomischen Strukturen nicht mehr optimal. WALTER (1950) bezeichnet den „Wasserzustand" des pflanzlichen Gewebes mit **Hydratur.** Sie ist 100 %, falls das Wasser dieses Gewebes einen Dampfdruck hat, der dem reinen Wasser gleich ist. Gibt ein derartiges Gewebe Wasser ab, so wird erst das „freie Wasser" verdunstet und danach das am lockersten gebundene und so fort, d. h., je mehr Wasser abgegeben wird, desto geringer ist der Dampfdruck des verbleibenden Wassers. Mit der Wasserabgabe sinkt also die Hydratur des Gewebes unter 100 %. So kann an sonnigen Tagen die Hydratur der Blätter bis zu 60 % fallen. Unter normalen Bedingungen liegt die Hydratur des Zellsaftes und des Zytoplasmas zwischen 98–100 %. Das entspricht einer Bindung von 27–0 atm (WALTER 1955). Diese Wasserbindung wird bewirkt durch Osmose und Hydratation.

Ein hohes Wasserdefizit vermindert den Turgor der Zellen erheblich; die Pflanzen werden schlaff, und die Stomata schließen sich. Damit wird zwar der Wasserhaushalt geschützt, gleichzeitig aber auch der Eintritt von CO_2 in die Pflanze blockiert. Auf diese Weise führt ein vorübergehendes Wasserdefizit zu einer verminderten Photosynthese. Ein länger anhaltendes Defizit führt zum Welketod der Pflanze. Ein Wasserdefizit bzw. eine geringe Hydratur bedeuten auch immer eine gewisse Dehydratation des Zytoplasmas (KRAMER 1955). Das Zytoplasma aber enthält die meisten Enzyme des pflanzlichen Stoffwechsels, für deren Wirksamkeit die Hydratation weitgehend bestimmend ist (KLOTZ 1958, SANTARIUS 1967). Die verminderte Hydratur des Zytoplasmas bewirkt vielfach eine veränderte Atmung, einen vermehrten Abbau von Proteinen und eine stimulierte Spaltung von Stärke durch Amylase (VAADIA et al. 1961). Die Nettostoffproduktion wird also durch ein Wasserdefizit der Pflanze erheblich vermindert. In nicht vakuolisierten Zellen hemmt ein Wasserdefizit das Wachstum. In vakuolisierten Zellen ist bei mangelnder Wasserversorgung auf Grund des niedrigen Turgors die Zellstreckung behindert. Auch die Synthese von Zellulose wird in diesem Falle herabgesetzt. Die Zellteilung wird weniger durch den Turgor beeinflußt (ORDIN 1960, BROUWER 1963). Ein unzureichendes Wasserpotential der Wurzel wirkt sich negativ auf die Ionenaufnahme aus (DOVE 1969).

Unter natürlichen Bedingungen wird ein Wasserdefizit in der Pflanze durch eine allzu starke Transpiration oder durch eine zu schlechte Wasserverfügbarkeit im Boden hervorgerufen (PADURARIU et al. 1969). Die Wasserverfügbarkeit des Bodens hängt von der absoluten Wassermenge, von der Wasserführung und von der Stärke der Wasserbindung an die Bodenpartikel ab. Die Wasserführung wird weitgehend durch die Bodenart bestimmt. Leichte Böden leiten das Wasser schnell, verlieren aber auch ihr Wasser infolge von Verdunstung und Versickerung aus der Wurzelzone ziemlich rasch. Je kolloidreicher der Boden, desto besser ist das Festhaltevermögen für Wasser und desto langsamer auch die Wasserführung. Zwar vermag die Wurzel zum Wasser hin zu wachsen, für die gesamte Wasserversorgung ist jedoch der Wassertransport zur Wurzel wichtiger (GARDNER 1965). Nach PHILIP (1958) kann in trockenen Böden das Wasser auch über die Dampfphase die Wurzel erreichen, d. h. der in den luftgefüllten Hohlräumen des Bodens vorliegende Wasserdampf kondensiert (besonders nachts) an den Pflanzenwurzeln. Ein derartiger, über die Dampfphase verlaufender Wassertransport zur Wurzel wirkt wie eine semipermeable Membran: Er bewirkt nur einen Transport von Wassermolekülen, aber keinen Transport gelöster Nährstoffe.

Der Nährstofftransport im flüssigen Wasser ist von Bedeutung. Bei hoher Transpiration liegt ein gewisser, zur Wurzel hin gerichteter Massenfluß der Bodenlösung vor. Er transportiert – entsprechend der Konzentration an den einzelnen gelösten Nährstoffen – die Ionen zur Wurzel.

Die Wasserbindung im Boden kann adsorptiver oder osmotischer Natur sein. Die osmotische Wasserbindung spielt in Salzböden eine größere Rolle (BERNSTEIN und HAYWARD 1958). Auf Grund des hohen Salzgehaltes dieser Böden ist der osmotische Wert der Bodenlösung hoch, so daß das osmotische Gefälle zwischen Bodenlösung und Vakuolensaft der Wurzelzellen gering ist. Die Wasseraufnahme der Wurzel ist daher erschwert. Tabelle 45 zeigt, wie mit steigendem Versalzungsgrad die Transpiration abnimmt und wie gleichzeitig auch der Ertrag hiervon beeinflußt wird.

Tabelle 45
Der Einfluß der Versalzung des Bodens auf den Ertrag, die Transpiration und den Wirkungsgrad des Wassers (auszugsweise n. LÜKEN 1962)

Versalzungsgrad in mmhos/cm	Frischgewicht g/Gefäß	Transpiration g H_2O/Gefäß	Frischgewicht je 100 g verbrauchten Wassers
1	7,00	784	0,89
9	7,77	570	1,36
16	3,60	361	1,00
24	1,35	235	0,57

mmhos/cm = Maß für die Leitfähigkeit

Mit dem Anstieg des osmotischen Wertes der Nährlösung nimmt der Transport von Nährstoffen in den oberirdischen Pflanzenteil ab (LINSER und HERWIG 1963). Die Ionenaufnahme selbst wird jedoch durch niedrigere osmotische Konzentrationen (0,5–2,0 molar) kaum beeinflußt (s. Abb. 118).

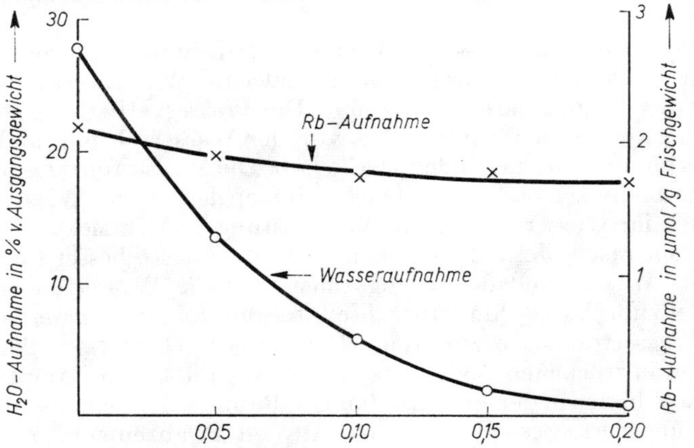

Abb. 118
Der Einfluß einer steigenden osmotischen Konzentration auf die Wasser- und Rb-Aufnahme von Artischockenschnitten (HANSON und BONNER 1954).

Die osmotischen Werte der Bodenlösung liegen bei normalen Böden meistens unter 5 atm. Salzböden haben jedoch Werte von 30 atm, und in der Wüste können Werte von 100 atm auftreten. Das Parenchymgewebe der Wurzeln weist osmotische Werte zwischen 5–20 atm auf, während das Blattgewebe wesentlich höhere osmotische Drucke (30–40 atm) haben kann. Auf Salzböden kann sich die Pflanze in gewissen Grenzen gegen den osmotischen Druck der Bodenlösung dadurch wehren, daß sie vermehrt Ionen in die Vakuole aufnimmt und damit einen höheren osmotischen Wert erreicht (WALTER 1955). So fand BROUWER (1963) in Modellversuchen, daß mit steigendem osmotischem Wert der Nährlösung der Saugdruck in den Blattzellen von *Phaseolus vulgaris* von 8 auf 14 atm anstieg. Bei einem Saugdruck von 13–14 atm hörte das Wachstum auf. Der osmotische Wert der Zellen kann also nicht beliebig hoch gesteigert werden (BERNSTEIN und HAYWARD 1958, OERTLI 1968).

In jedem Falle verschlechtert der hohe Salzgehalt der Bodenlösung die Wasserversorgung der Pflanze (SLATYER 1961). Hierin liegt ein wesentlicher Grund für das schlechte Pflanzenwachstum auf Salzböden.

Daneben kann durch den einseitig hohen Gehalt einiger Ionenarten die Bodenlösung in ihrer Zusammensetzung unausgeglichen sein. Es können dadurch toxische Wirkungen einzelner in hoher Konzentration vorliegender Ionenarten (Bikarbonat, Chlorid, Borat, Mg^{++}) hervorgerufen werden.

Die schlechte Wasserversorgung auf Salzböden führt zu typischen Symptomen an den Pflanzen. Sie bleiben im Wachstum zurück, sind gedrungen und haben kleine dunkelgrüne Blätter. Im Verhältnis zur oberirdischen Pflanzenmasse ist die Wurzelmasse groß. Diese Symptome ähneln Trockenschäden. Interessanterweise treten jedoch auf Grund hoher Salzkonzentrationen in der Bodenlösung selten Welkeerscheinungen auf, da von der Pflanze immer noch etwas Wasser aufgenommen werden kann. Kulturen auf Salzböden müssen deshalb bewässert werden, lange bevor der Welkepunkt (wilting point) der Pflanze erreicht ist (BERNSTEIN und HAYWARD 1958). Die Salztoleranz der einzelnen Kulturpflanzen ist unterschiedlich. WALTER (1949) gibt für verschiedene Kulturpflanzen die in Tabelle 46 aufgeführte Salzverträglichkeit an.

Tabelle 46
Die Salztoleranz verschiedener Kulturpflanzen

Toleranzgrad	Kulturpflanzen
hoch	Dattelpalme, Ölbaum, Wein
weniger hoch	Apfelsine, Mandel, Feige, Birne, Apfel
mittel	Zitrone, Pfirsich, Aprikose, Pflaume, Maulbeere, *Beta*-Rübe, Zwiebel, Sellerie, Rettich, Gerste
gering	Weizen, Luzerne, Kartoffel, Möhre, *Phaseolus*-Bohne

Der Bebauung und Melioration von Salzböden dürfte in Zukunft eine steigende Bedeutung zukommen, da zahlreiche Böden in ariden Klimazonen lediglich ihres hohen Salzgehaltes wegen keine befriedigende Pflanzenproduktion zulassen. Es kann an dieser Stelle nicht auf die einzelnen Meliorationsmaßnahmen wie Bewässerung und Drainung, Düngung mit Gips oder organischer Substanz, Mulchen usw. für derartige Böden eingegangen werden.

Die einzelnen Pflanzenarten haben ein unterschiedliches Vermögen, das Wasser aus dem Boden aufzunehmen. Je besser eine Pflanze den Boden zu durchwurzeln vermag und je mehr Wurzelhaare ausgebildet werden, um so besser ist auch die Wasseraufnahme aus dem Boden. Aber auch die osmotischen Werte der Wurzelzellen beeinflussen die Wasseraufnahme. Die Wurzel konkurriert mit den Bodenkolloiden um das Bodenwasser. Je höher ihre Saugkraft, desto besser vermag sie dem Boden das Wasser zu entziehen. Die Pflanzen des gemäßigten Klimas haben Saugkräfte von etwa 10–20 atm. Wie schon erwähnt, können diese osmotischen Werte der Wurzelzellen durch die Aufnahme von Ionen unter Umständen beachtlich erhöht werden. Schließlich können auch die Wurzeln verschiedener Pflanzenarten sich gegenseitig das Bodenwasser streitig machen. Häufig sind es gerade Unkräuter oder Hecken und Bäume, die wegen ihres tieferen und verzweigteren Wurzelsystems den landwirtschaftlichen Kulturpflanzen das Bodenwasser entziehen (Steubing 1956).

Der Wirkungsgrad, mit dem das von der Pflanze verbrauchte Wasser für die Stoffproduktion genutzt wird, ist für die einzelnen Pflanzenarten, aber auch für die einzelnen Klimazonen unterschiedlich. Verständlicherweise braucht eine Pflanzenart für die Produktion von 1 kg Trockensubstanz unter ariden Bedingungen mehr Wasser als unter humiden Bedingungen. Man nennt die Wassermenge (in Liter), die für die Produktion von 1 kg Trockensubstanz benötigt wird, **Transpirationskoeffizient** (= verbrauchte Wassermenge in l/kg Trockensubstanz). Tabelle 47 zeigt die für gemäßigtes Klima zutreffenden Transpirationskoeffizienten verschiedener Kulturpflanzen.

Tabelle 47
Die Transpirationskoeffizienten verschiedener Kulturpflanzen
(Shantz, zit. n. Römer und Scheffer 1953)

Hirse	277	Hafer	583
Mais	349	Sommerroggen	634
Zuckerrüben	443	Rotklee	698
Sommerweizen	491	Lein	783
Gerste	527	Luzerne	844
Kartoffeln	575		

Selbstverständlich sind die angeführten Zahlen erheblichen Schwankungen, bedingt durch andere Faktoren, unterworfen. Allgemein gilt jedoch, daß die Pflanze das Wasser um so besser auszunutzen vermag, je mehr die anderen Wachstumsfaktoren im Optimum vorhanden sind (Linser und Herwig 1968). So haben Pflanzen mit ausreichender Mineralstoffversorgung einen niedrigeren Transpirationskoeffizienten als Pflanzen, die zwar unter sonst gleichen Bedingungen, aber mit ungenügender Nährstoffgabe angebaut werden (s. Tabelle 48).

Tabelle 48

Die Ausnutzung des Wassers in Abhängigkeit von der Düngung (MITSCHERLICH und BEUTELSPACHER 1938)

Düngung	Ertrag an Trockensubstanz in kg	Transpirationskoeffizient
ungedüngt	0,450	693
Mineraldüngung	0,928	357
Stallmist	0,741	428
Mineraldüngung + Stallmist	1,049	320

5. Ernährung und Ertrag

a) Wachstum, Entwicklung und Ertragsbildung

Wachstum und Entwicklung der Pflanze sind von zahlreichen inneren und äußeren Wachstumsfaktoren abhängig. Unter dem Begriff „innere Wachstumsfaktoren" sind die genetisch verankerten Eigenschaften zu verstehen; „äußere Wachstumsfaktoren" sind die von außen einwirkenden Einflüsse wie Licht, Wärme, Nährstoffe und Wasser. Letztere sind notwendig, um die genetisch verankerten Merkmale zu entwickeln. Am Beispiel einer Getreidepflanze ist nachstehend dargestellt, wie die einzelnen Faktoren zusammenwirken und damit Wachstum, Entwicklung und Ertragsbildung gewährleisten.

Das Getreidekorn enthält in den Zellen seines Embryos seine ihm eigene genetische Information. In den Zellkernen ist mit den Symbolen der DNS aufgeschrieben, ob es sich um eine lang- oder kurzstrohige Sorte handelt, ob die Ähre begrannt ist, ob die Widerstandsfähigkeit gegenüber Schädlingen groß oder gering ist, ob das Individuum gegenüber niederen Temperaturen empfindlich sein wird usf. Das ausgesäte, im Boden befindliche Getreidekorn wird durch äußere Faktoren auf die Keimung vorbereitet. Wärme bewirkt einen zunehmenden Abbau der Hemmstoffe wie Abszisinsäure und eine Anreicherung von Wuchsstoffen (Auxine, Gibberelline). Das begierig aus seiner Nachbarschaft aufgesaugte Wasser bewirkt eine Quellung des Getreidekornes, die im Embryo vorhandenen Enzyme erhalten damit eine optimale Konformation und können mit ihrer Arbeit beginnen. Amylasen und Proteasen greifen den Vorrat an Reservekohlenhydraten und Proteinen des Kornes an. Die Atmung setzt verstärkt ein und liefert über ATP die nötige Energie für den Aufbau neuer Moleküle. Diese neuen Moleküle stellen die Substanz für die sich neu bildenden meristematischen Zellen dar, nämlich DNS, RNS, Enzymproteine sowie Membranproteine und -lipide. Mit der Stimulation von Bildung und Teilung meristematischer Zellen beginnt das Wurzelwachstum und später das Sproßwachstum. Wichtige äußere Faktoren für diesen Prozeß der Keimung sind Wärme, Wasser und Sauerstoff.

Sobald der junge Keimling sein erstes Blatt entwickelt hat, erlangen für ihn weitere äußere Faktoren zunehmende Bedeutung. Die Reservekohlenhydrate des Endosperms und auch der Mineralstoffvorrat des Samenkornes werden aufgebraucht. Die junge Pflanze muß sich selbst ernähren, die Blattzellen müssen für den Transfer von Lichtenergie in chemische Energie sorgen, die Wurzelzellen für die Aufnahme mineralischer Nährstoffe. Licht und Nährstoffe sind damit für die weitere Entwicklung wichtige äußere Faktoren.

Schon im 2–3-Blattstadium hat die Ernährung einen für die spätere Ertragsbildung ausschlaggebenden Einfluß, indem sie nämlich den Grad der Bestockung und damit die Anzahl der ährentragenden Halme beeinflußt (HEYLAND 1961, MENGEL und FORSTER 1968). Eine unzureichende Ernährung in diesem Stadium vermindert die Anzahl gut ausgebildeter starker Halme mit vollen Ähren. Schon in diesem Frühstadium führen also Versäumnisse in der Ernährung zu Ertragsdepressionen, die durch spätere reichliche Ernährung nicht mehr wettgemacht werden können. Unter mitteleuropäischen Bedingungen wird der Kornertrag bei Getreide ganz wesentlich von der Anzahl ährentragender Halme je Flächeneinheit bestimmt. Hohe Erträge (50–70 dt Korn/ha) werden nur erreicht, wenn mindestens 500–600 Ähren je m^2 vorhanden sind (VOR SCHULTE 1970). Eine hohe Anzahl ährentragender Halme erfordert jedoch auch eine ausreichende Wasserversorgung der Pflanze; denn dichte Pflanzenbestände benötigen mehr Wasser als dünnere Bestände. Bei Wassermangel ist die Periode der Ausreife kürzer, das Tausendkorngewicht sowie die Kornzahl je Ähre sind erniedrigt (DAY und INTALAP 1970). In Klimabereichen mit geringeren Niederschlägen sind daher dünnere Getreidebestände angebracht (PELTON 1969). Die Einzelpflanze kann dann starke Halme mit guten Ähren entwickeln, deren Körner sich durch ein hohes Tausendkorngewicht (TKG) auszeichnen. Neben der Anzahl ährentragender Halme sind nämlich das Tausendkorngewicht und die Kornzahl je Ähre für den Ertrag bestimmend.

Nach der Bestockungsphase setzt die Periode des stärksten Wachstums ein. In der Regel sind während dieser Zeit die klimatischen Faktoren Licht und Wärme in ausreichender Intensität vorhanden, während die Versorgung mit Wasser oder mineralischen Nährstoffen zum begrenzenden Wachstumsfaktor werden kann. Das ist besonders während Trockenperioden der Fall; Wärme und Lichtintensität sind dann optimal, aber ihre volle Ausnutzung ist nicht möglich, da es an Wasser und/oder mineralischen Nährstoffen fehlt.

Der Nährstoffbedarf ist in der Schoß- und Blühphase am stärksten. Hier benötigt die Einzelpflanze pro Tag etwa 2–3mal so viel K^+ wie zur Zeit der Bestockung (MENGEL und FORSTER 1971). Ähnliches dürfte für N und Phosphat zutreffen. Eine reichliche Ernährung im Schoßstadium begünstigt die Kornausbildung. Für sie ist weiterhin die nach der Blüte einsetzende generative Phase wichtig. Sie zeichnet sich durch Einlagerung von Reservestoffen in das Korn aus, die zu etwa $^2/_3$ dem obersten Blatt (Fahnenblatt, flagleaf) und zu etwa $^1/_3$ der Assimilation der Ähre entstammen (EVANS und RAWSON 1970). Die Photosynthese in Spelzen und Grannen trägt also wesentlich zum Kohlenhydratgehalt der Körner bei, und begrannte Getreidearten assimilieren in ihrer Ähre einen höheren Anteil der im Korn vorhandenen Kohlenhydrate als unbegrannte (EVANS und RAWSON 1970). Für die Einlagerung organischer Stoffe in das sich ausbildende Korn ist selbstverständlich die Intensität des Kohlenhydrattransportes und damit die Photosynthese in Fahnenblatt, Spelze und Granne von Bedeutung. Je länger diese Organe grün bleiben, um so besser kann sich das Korn ausbilden. Es stellt für die herantransportierten Assimilate einen „physiologischen sink“ dar, dessen Wirksamkeit hormonell gesteuert wird (MICHAEL et al. 1970). Für die Intensität der Kornausbildung haben daher die in der Ähre gebildeten und die vom Wurzelsystem her angelieferten Phytohormone Bedeutung. Ein intaktes Wurzelsystem ist deshalb auch für die Kornausbildung wichtig. Da trockene Tage mit geringer Luftfeuchtigkeit die Transpiration und damit den Nährstoff- und Phytohormontransport zur Ähre begünstigen, sind diese Witterungsbedingungen auch für optimale Erträge wünschenswert. Niedere Temperaturen verlängern die Phase der Kornausbildung und erhöhen damit den Ertrag (BERINGER 1967). Eine reichliche N-Ernährung während der Kornausbildungsphase erhöht den Anteil der N-haltigen Inhaltsstoffe des Kornes ganz beachtlich, was für die Qualität von Back- und Futtergetreide wichtig ist.

Die während einer Vegetationsperiode gebildeten Assimilate einer Pflanze übertreffen bei weitem die in den Körnern vorhandene organische Substanz. Ein Teil der gebildeten Assimilate wird veratmet, ein weiterer Teil für den Bau von Stengel und Blättern benötigt. Hoher Wuchs und viel Blattmasse sind aber nicht unbedingt Voraussetzung für hohe Erträge. Hohe Pflanzentypen haben sich im Verlaufe der Evolution selektiert. Sie überragten ihre Nachbarn und konnten sich deshalb besser durchsetzen. Für sie war das Überleben wichtiger als die Ausbildung großer Samen. In den letzten Jahren hat man sich erfolgreich bemüht, diese im Verlaufe der Evolution erworbenen Eigenschaften wegzuzüchten. Das Ziel, kleine standfeste Pflanzen mit großen Ähren zu züchten, ist bei Weizen und Reis weitgehend gelungen. Diese Hochertragssorten (high yielding varieties) haben einen hohen Nährstoffbedarf. Im Gegensatz zu den herkömmlichen Weizensorten bewirkt bei ihnen hohe N-Düngung kein Lagern, im Gegenteil: eine reichliche N-Versorgung ist Voraussetzung für höchste Erträge.

Mittels markierten Kohlenstoffs ($^{14}CO_2$) wurden in den letzten Jahren zahlreiche Untersuchungen zum Studium der Kornausbildung bei Getreide unternommen. Hierbei zeigte sich, wie bereits erwähnt, daß den Spelzen und Grannen der Ähre eine wichtige Rolle für die Bereitstellung von Assimilaten zukommt. Besonders zu Beginn der Kornausbildung entstammen bis zu 80 % der angelieferten Assimilate der Ähre. Mit forschreitender Reife geht dieser Anteil immer mehr zurück (EVANS und RAWSON 1970). Auch Nachschosser tragen nach LUPTON und PINTHUS (1969) mit ihren Assimilaten zur Kornausbildung bei, falls sie selbst keine Ähren entwickeln.

Die einzelnen Pflanzenorgane (Blätter, Früchte, Knollen, Wurzeln) konkurrieren um die gebildeten Assimilate. Diese Konkurrenz hat für die Kornertragsbildung von Getreide keine größere Bedeutung, da bei ihm das vegetative Wachstum nach der Blüte normalerweise abklingt. Bestimmend für den Kornertrag ist dann noch die vorhandene Blattfläche (THORNE 1969). Bei Kartoffeln und *Beta*-Rüben beeinflußt jedoch die Konkurrenz um Assimilate den Knollen- bzw. Rübenkörperertrag. Bei diesen Pflanzen ist es wichtig, daß in der 2. Phase der Entwicklung die Assimilate mit hoher Rate in die Knollen bzw. Wurzeln transportiert werden. Bei der Kartoffel beginnt diese 2. Phase mit dem Knollenansatz, der bei neueren Sorten etwas vor der Blüte liegt; bei der *Beta*-Rübe ist diese 2. Phase schlechter abzugrenzen. Sie dürfte aber 6–8 Wochen vor der technischen Reife der Rübe anzusetzen sein. Während in der 1. Phase der Entwicklung die Pflanze möglichst viel Blattmasse bilden soll, um viel Licht auffangen zu können, sollen in der 2. Phase die gebildeten Assimilate dem Aufbau der Reserveorgane und weniger der Blattentwicklung dienen. Die 1. Phase verlangt eine reichliche N-Ernährung, damit möglichst große und viele Blätter ausgebildet werden; die 2. Phase erfordert eine gedrosselte N-Ernährung, um jedes weitere Blattwachstum einzuschränken. Vorübergehend hohe N-Angebote in der 2. Phase, wie sie besonders durch Mineralisation von organisch gebundenem N im Boden auftreten können, bewirken Störungen in der Knollenausbildung der Kartoffel (HEYLAND 1963). KRAUSS (1970) konnte im Modellversuch zeigen, wie eine reichliche N-Ernährung (3,5 mval NO_3^-/l in der Nährlösung) den Wuchs der Knollen fördert, ein Überangebot an N (7,0 mval NO_3^-/l) aber die Knollenausbildung hemmt. Bei der Zuckerrübe bewirkt ein zu hohes N-Angebot in der 2. Phase der Entwicklung verminderte Gehalte an Zucker im Rübenkörper zugunsten des Blattertrages (FORSTER 1970).

b) Wachstumsfaktoren

Licht, Wärme, Wasser, CO_2, Sauerstoff und Mineralstoffe sind die wichtigsten von außen auf die Pflanze einwirkenden Wachstumsfaktoren. Die Intensität ihrer Einwirkung bestimmt den Ertrag. Nur dann, wenn alle Faktoren in den einzelnen Entwicklungsphasen in optimaler Intensität einwirken, werden Höchsterträge erzielt. Sie sind wesentlich höher als die normalerweise unter praktischen Bedingungen erzielten Erträge. GAUCH und WEIGEL (1968) erreichten mit Nährlösungsversuchen im Gewächshaus Erträge bei Soja, die ein Mehrfaches der im Freiland möglichen Erträge betrugen.

Der Ertrag resultiert aus dem Zusammenspiel aller Wachstumsfaktoren, und der Faktor, der am stärksten von seiner optimalen Intensität abweicht, ist das schwächste Glied in der Kette des Zusammenspiels. Er ist deshalb in erster Linie ertragsbestimmend. LIEBIG, der die Bedeutung der Mineralstoffe für die Pflanzenernährung erkannte und formulierte, hat diesen Zusammenhang bereits gesehen und im „Gesetz des Minimums" dargestellt. Es besagt, daß eine Steigerung des im Minimum vorliegenden Faktors den Ertrag am stärksten erhöht. Dieser Befund hat auch noch heute seine praktische Bedeutung, denn hohe Flächenerträge sind eine wesentliche Voraussetzung für eine ökonomische landwirtschaftliche Produktion. Für den praktischen Landwirt stellt sich also immer wieder die Frage, welches unter den gegebenen Bedingungen der ertragsbegrenzende Faktor ist. Mit der Steigerung des ertragsbegrenzenden Faktors nimmt der Ertrag nicht linear, sondern in Form einer Sättigungskurve zu (s. Abb. 120). Das gilt für mineralische und für klimatische Wachstumsfaktoren (Lichtintensität, CO_2-Konzentration). Mit steigender Lichtintensität nimmt der Ertrag logarithmisch zu (Sättigungskurve). Die Beziehung zwischen beiden Variablen wird durch nachstehende Gleichung ausgedrückt (WARREN-WILSON 1969).

$$P = \frac{b \cdot I}{1 + \frac{b \cdot I}{K}}$$

P → Photosyntheseaktivität
I → Lichtintensität
b → eine Konstante, welche die Wirksamkeit des Photosynthesesystems ausdrückt
K → eine Konstante, in der die CO_2-Konzentration und die Diffusionsmöglichkeit des CO_2 zum Photosynthesezentrum ausgedrückt sind

Die obige Gleichung beschreibt also bei konstanter CO_2-Konzentration die Photosyntheseaktivität bei steigender Lichtintensität. Hält man die Lichtintensität konstant und steigert die CO_2-Konzentration, so ergibt sich eine analoge Kurve für die Photosyntheseaktivität. Die zugehörige Formel lautet:

$$P = \frac{k \cdot C}{1 + \frac{k \cdot C}{L}}$$

P → Photosyntheseaktivität
C → CO_2-Konzentration
k → eine Konstante, die die Transfermöglichkeiten von CO_2 zum Photosynthesezentrum beschreibt
L → eine Konstante, mit der die Lichtintensität und die Wirksamkeit des Photosynthesesystems ausgedrückt sind

Das durch Steigerung der CO_2-Konzentration erreichbare Ertragsniveau hängt nun wiederum von der Lichtintensität ab. Der Anstieg der Photosyntheseaktivität in Abhängigkeit von der CO_2-Konzentration ist nämlich um so steiler, je höher die Lichtintensität ist. Dieser Zusammenhang ist in Abb. 119 näher dargestellt. Eine Achse der grafischen Darstellung zeigt die CO_2-Konzentration, ausgedrückt in ppm C, die zweite Achse repräsentiert die Lichtintensität (I), ausgedrückt in Joule (Energiemenge) pro m^2 pro sec (1 lux = 0,045 Joule m^2/sec). Die vertikale Achse stellt die Nettophotosyntheserate dar (assimiliertes CO_2 in mg pro m^2 Blattfläche pro sec).

Das aus der Interaktion von Lichtintensität und CO_2-Konzentration resultierende Relief ist repräsentativ für alle Interaktionen zwischen zwei Wachstumsfaktoren. So zeigt sich ein analoges Bild, wenn man den Ertrag in Abhängigkeit von einer steigenden Wasser- und einer steigenden N-Ernährung darstellt. Hierbei wird vorausgesetzt, daß die Steigerung der Wachstumsfaktoren keine toxischen Intensitäten erreicht.

Die unter praktischen Bedingungen herrschenden Lichtintensitäten sind in erster Linie eine Frage des Klimas. Unter der Voraussetzung, daß Wasser und mineralische Nährstoffe reichlich vorhanden sind, besitzen die Klimazonen mit der höchsten Sonneneinstrahlung, die ariden Gebiete, das höchste Ertragspotential (Tabelle 49).

Tabelle 49
Maximale Trockensubstanzproduktion von *Helianthus annuus* bei ausreichender Nährstoff- und Wasserversorgung in den verschiedenen Klimazonen (WARREN-WILSON 1969)

Klimazone	Trockensubstanz (dt/ha/Jahr)
Arktisches Klima (Kanada)	67
Gemäßigtes Klima (England)	217
Tropisches Klima (Nigeria)	511
Arides Klima (Australien)	522

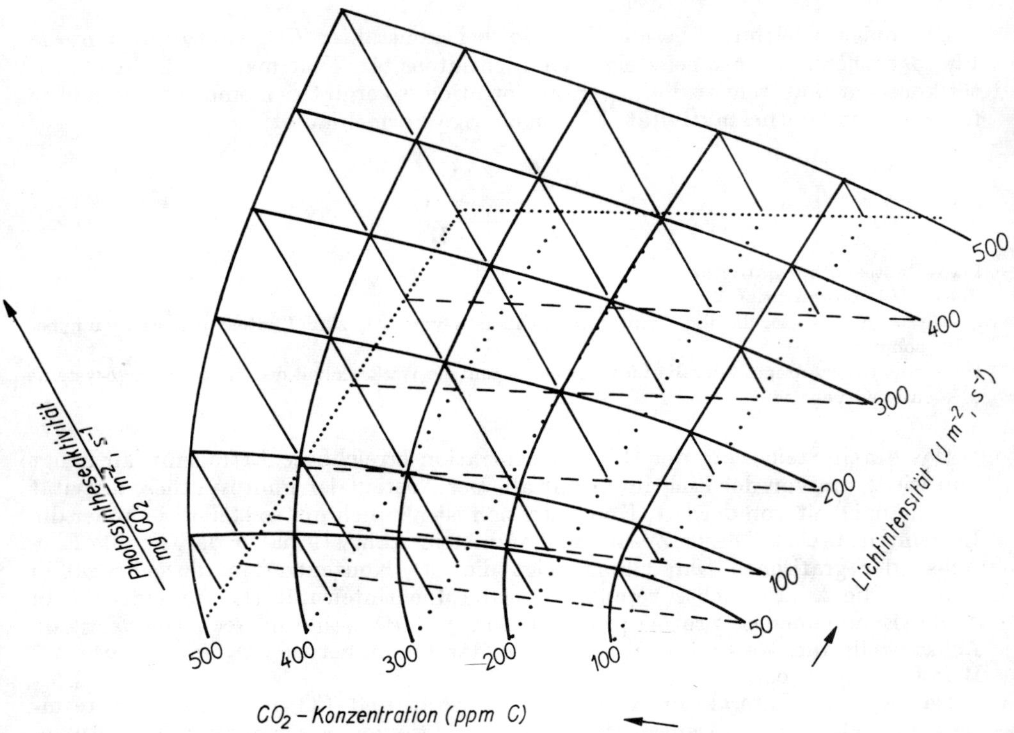

Abb. 119
Beziehung zwischen steigender Lichtintensität und steigender CO_2-Konzentration einerseits und der Photosyntheseaktivität andererseits bei *Trifolium pratense* (WARREN-WILSON 1969).

Nur bei intensiver Bewirtschaftung, d. h. guter Düngung und teils auch Bewässerung, wird das Licht zum begrenzenden Ertragsfaktor. Das trifft beispielsweise für den Intensivanbau von Sumpfreis in Japan und in anderen Gebieten Ostasiens zu. Hier sind bei Sumpfreis die während der Trockenzeit heranwachsenden Erträge höher als die der Regenzeit. Die Höchsterträge erreichen 10 t Korn/ha und mehr. Um die Lichtausnutzung der Einzelpflanze zu verbessern, züchtet man deshalb Reispflanzen mit einer mehr aufrechten Blattstellung. Sie bewirkt, daß sich die Pflanzen gegenseitig weniger stark beschatten. Diese gegenseitige Beschattung hängt verständlicherweise von der Pflanzenzahl je Flächeneinheit ab. Während einerseits die Pflanzenzahl den Ertrag vermehrt, kann sie bei zu dichten Beständen infolge gegenseitiger Beschattung auch depressiv auf den Ertrag wirken. Es gibt also für die einzelnen Standorte und Kulturpflanzen optimale Bestandesdichten. Bei Zuckerrüben beispielsweise beträgt diese unter den Bedingungen Norddeutschlands (Braunschweig) 50000 bis 70000 Pflanzen/ha (BOMMER und DAMBROTH 1970). Bei dichteren Beständen ist die Beschattung größer und damit die Assimilationsintensität der einzelnen Rübe geringer, was sich besonders in niedrigen

Zuckergehalten bemerkbar macht. Pflanzen mit einem weiten Standraum bilden ein großes Blätterdach aus, so daß der Blattflächenindex eines Pflanzenbestandes nicht direkt proportional seiner Bestandesdichte ist. Unter **Blattflächenindex** (= leaf index) versteht man das Verhältnis der gesamten Blattoberfläche zur Fläche des zugehörigen Standraumes. Wenn beispielsweise bei einem Rübenbestand auf einen Standraum von 1 m^2 eine Rübenblattfläche von 4 m^2 entfällt, so liegt ein Blattflächenindex von 4 vor. Er kann um so höher sein, je stärker die Sonneneinstrahlung einer gegebenen Klimazone ist. So gelten in unserem Bereich Blattindices von 3,2–3,7 als optimal (Birke 1966), während die Optimalwerte für Nordjugoslawien zwischen 6 und 7 liegen (Stanacev 1967).

Wärme als Wachstumsfaktor ist zwar eng mit der Sonneneinstrahlung und Sonnenscheindauer korreliert, es zeigen sich aber zwischen Gebieten mit vielen Sonnentagen (arid) und denen mit einer geringeren Anzahl Sonnentagen (tropisches und gemäßigtes Klima) charakteristische Unterschiede, die für die Entwicklung der Pflanze wichtig sind. Wärme begünstigt alle enzymatischen Reaktionen und damit alle Vorgänge, die das Wachstum betreffen wie Zellteilung und Zelldifferenzierung. Wärme begünstigt aber auch die stoffabbauenden Prozesse, besonders die Atmung. Licht stimuliert primär nur die Photosynthese bzw. die Bildung von Assimilaten. Ihre weitere Verarbeitung und ihr Verbrauch hängen maßgeblich von der einwirkenden Wärme ab. Mit steigender Wärme nimmt der für Wachstum und Atmung benötigte Anteil zu. Bei hohen Temperaturen sind daher Wachstums- und Atmungsrate hoch, die Gehalte an Kohlenhydraten in den Blättern aber niedrig. Im extremen Falle vergeilen die Pflanzen. Kühles Klima mit hoher Lichtintensität (arktischer Sommer) bewirkt dagegen eine Anreicherung von Kohlenhydraten im Blatt, die unter Umständen sogar die Photosyntheserate einschränken kann.

Die Nettophotosynthese, die Differenz zwischen gebildeten Assimilaten und Atmung (s. S. 126), wird durch zu hohe Temperaturen vermindert. Die durch die Atmung bewirkten Verluste gehen hauptsächlich auf die Photorespiration zurück, die, wie auf S. 125 dargestellt, einen reinen Luxuskonsum darstellt und kein ATP liefert (Jackson und Volk 1970). Demgegenüber stellt die oxydative Atmung keinen Luxus dar, denn sie liefert die ATP-Mengen, die für den Aufbau höhermolekularer Verbindungen (Polysaccharide, Proteine, Lipide) notwendig sind. Bei der Kornausbildung von Getreide werden von den angelieferten Kohlenhydraten 20–30% veratmet, um für die Aufbauprozesse im Korn die notwendige Energie bereitzustellen (Evans und Rawson 1970).

Die individuellen Witterungsbedingungen eines einzelnen Jahres beeinflussen aus den oben erwähnten Zusammenhängen die Qualität der Ernteprodukte deutlich. Sonnige Herbsttage mit kühlen Nächten begünstigen die Photosynthese und behindern die nächtliche Atmung. Sie erhöhen dadurch die Zuckergehalte in Zuckerrüben, Obst und Wein.

Der Zusammenhang zwischen der Intensität der mineralischen Ernährung und dem Ertrag wurde von Mitscherlich in zahlreichen Versuchen überprüft und formuliert.

Mitscherlich sagt: „Der Pflanzenertrag steigt mit der Steigerung eines jeden Wachstumsfaktors proportional dem an dem jeweilig mit diesem erreichbaren Höchstertrage fehlenden Ertrage.“ Man bezeichnet diese Gesetzmäßigkeit heute mit Wirkungsgesetz der Wachstumsfaktoren oder auch mit Gesetz vom abnehmenden Ertragszuwachs.

Abb. 120 soll die mathematische Formulierung des Ertragsgesetzes veranschaulichen. Der Ertrag steigt nicht linear mit der Steigerung des Wachstumsfaktors an. Vielmehr wird der Ertragsanstieg um so geringer, je größer der Wachstumsfaktor x wird. Der Ertragszuwachs nimmt also mit der Steigerung des Wachstumsfaktors ab. Praktisch bedeutet dieses, daß beispielsweise das erste Kilogramm Stickstoff, mit dem man einen Pflanzenbestand düngt, einen höheren Ertragsanstieg hervorbringt als das zweite und dieses wieder einen höheren als das dritte usf., bis eine Düngermenge N erreicht wird, die keinen Ertragsanstieg mehr hervorruft. Der Höchstertrag A ist erreicht.

x → Wachstumsfaktor
y → jeweiliger Ertrag bei einer gegebenen Größe x
A → Höchstertrag

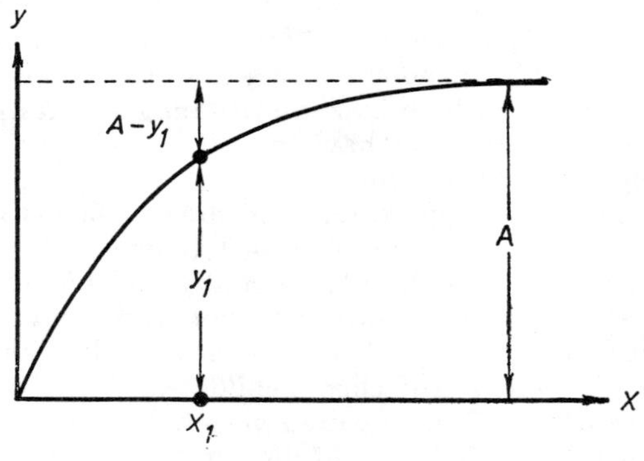

Abb. 120
Der Ertragsanstieg in Abhängigkeit vom Anstieg eines Wachstumsfaktors.

Der Ertragsanstieg ist dem am Höchstertrag fehlenden Anteil proportional, also dem jeweilig zugehörigen Wert von A–y (s. Abb. 120). Der Ertragsanstieg bedeutet den jeweiligen Anstieg der Kurve bei einem zugehörigen Wert von x. Er wird charakterisiert durch den Winkel α (Anstiegswinkel), den die Tangente an diesem Punkte mit der Abszisse bildet. tg α bedeutet den Anstieg der Tangente und damit auch den Ertragsanstieg am jeweiligen Punkt. Es gilt also die Beziehung:

$$\operatorname{tg}\alpha = c_1(A - y)$$

tg α → Ertragsanstieg
A—y → der am Höchstertrag fehlende Anteil
c_1 → Konstante

Die Ableitung des Ausdruckes $\frac{dy}{dx}$ geht von der Vorstellung aus, daß, wie in Abb. 121 dargestellt, die Verbindungslinie zwischen jeweils zwei Punkten der Kurve eine Gerade ist. Es ergibt sich also:

$$\operatorname{tg}\alpha = \frac{y_2 - y_1}{x_2 - x_1} = \frac{\Delta y}{\Delta x}$$

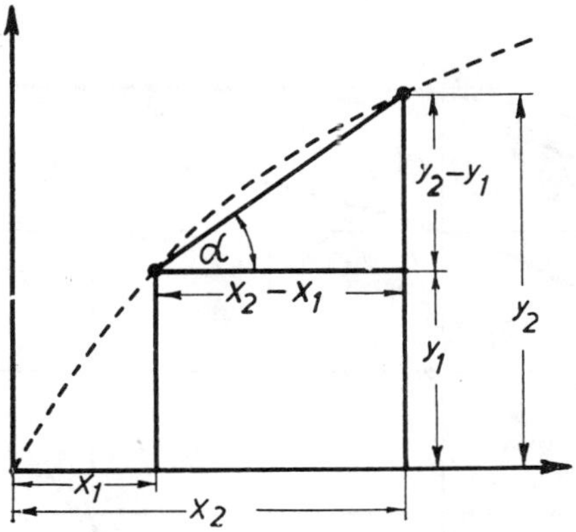

Abb. 121
tg α als Funktion von y und x.

Da in Wirklichkeit diese beiden Punkte der Gerade unendlich dicht beieinanderliegen, wird $\frac{\Delta y}{\Delta x} \rightarrow \frac{dy}{dx}$. MITSCHERLICHS Gesetz vom abnehmenden Ertragszuwachs läßt sich also durch die nachstehende Gleichung formulieren:

$$\frac{dy}{dx} = c_1(A - y). \qquad \text{Gl. 12}$$

Der Gesamtverlauf der Kurve wird, da die Ausdrücke $\frac{dy}{dx}$ und $A - y$ variabel sind, durch den Ausdruck c_1 bestimmt. Je größer dieser Wert c_1 ist, um so stärker wird auch die Kurve ansteigen. Das bedeutet, je größer c_1 ist, um so eher wird der Höchstertrag erreicht. c_1 ist also gerade von der praktischen Seite der Pflanzenernährung her gesehen eine wichtige Größe, denn sie besagt letzten Endes, ob man von einem Wachstumsfaktor viel oder wenig braucht, um den Höchstertrag zu erreichen. MITSCHERLICH hat daher diesen Ausdruck bezeichnenderweise **Wirkungswert** genannt[1]). In zahlreichen Untersuchungen konnte er feststellen, daß dieser Wirkungswert für die einzelnen Wachstumsfaktoren unterschiedlich ist. Die wichtigsten Wachstumsfaktoren der mineralischen Düngung, die Nährstoffe N, K und P, haben die Wirkungswerte 0,20, 0,40 und 0,60, falls man in der Gleichung als Nährstoffeinheit (x) dt N, K_2O bzw. P_2O_5 je ha setzt. Die Wirkungswerte sind jedoch nicht konstant und für die einzelnen Pflanzenarten unterschiedlich (VAN DER PAAUW 1952). Ihre Größe wird nach ATANASIU (1954) auch von der Ertragshöhe beeinflußt. Abb. 122 zeigt den Ertragsverlauf einer steigenden N-, P- und K-Düngung und damit die Charakteristik der drei zugehörigen Wirkungswerte.

In zahlreichen Gefäß- und Feldversuchen haben MITSCHERLICH und Mitarbeiter nachweisen können, daß die mathematische Formulierung des Gesetzes vom abnehmenden Ertragszuwachs in erster Annäherung mit den Versuchsergebnissen übereinstimmt. Das bedeutet, daß bei der Variation eines beliebigen Wachstumsfaktors immer eine Veränderung im Sinne der Mitscherlich-Kurve zu erwarten ist.

---

[1]) Der Wirkungswert (c) entspricht nicht dem Ausdruck c_1 der zuvor genannten Gleichung. Er ist ihm lediglich proportional (s. S. 280).

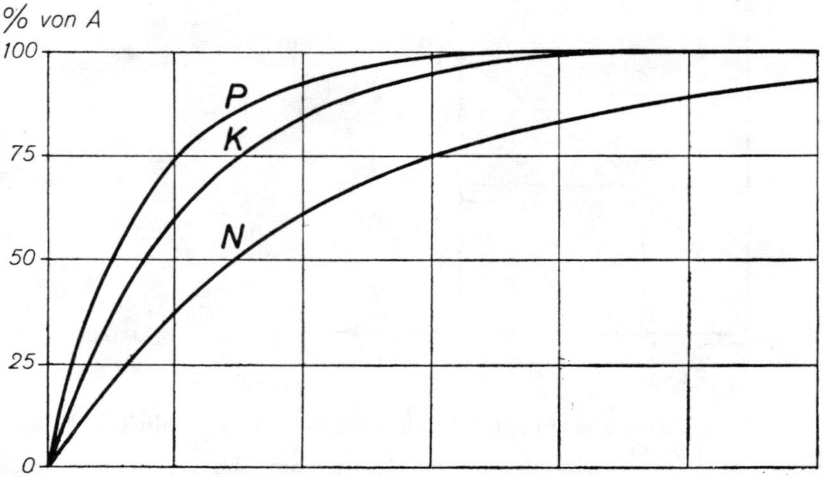

Abb. 122
Ertragskurven für **N,** P und K (v. BOGUSLAWSKI 1958).

MITSCHERLICH selbst ging bei der Aufstellung seiner Gleichung von empirischen Werten aus. Dies ist verständlich, denn die Ertragskurve ist letzten Endes das Integral aller Prozesse, die zum Ertrag beisteuern. Es ist daher einleuchtend, daß die mathematische Formulierung des Gesetzes dann nicht mehr zutrifft, wenn extreme Bedingungen vorliegen. So hat man festgestellt, daß bei einer außergewöhnlichen Steigerung eines Wachstumsfaktors die Ertragskurve nicht der Formel entsprechend asymptotisch am Höchstertrag A entlangläuft, sondern absinkt.

Dieses durch ein überhöhtes Angebot eines Wachstumsfaktors ausgelöste Absinken der Ertragskurve kann ganz unterschiedliche physiologische Ursachen haben. Deshalb ist das Ausmaß der Depression bei den einzelnen Wachstumsfaktoren sehr unterschiedlich. Extrem hohe Temperaturen bewirken einen Hitzetod, der in einer Koagulation der Enzymproteine besteht. Hohe CO_2-Konzentration ($>3\,\%$) in der Atmosphäre beeinträchtigt die Permeabilität der Zellmembranen (FAUST 1960) und damit das Wachstum (PENNINGSFELD 1954). Hohe Ionenkonzentrationen der Bodenlösung hemmen die Keimung. Hierbei gibt es noch spezifische Ionenwirkungen (BARKER et al. 1970). Ein Überangebot an einer Kationenart kann die Retention anderer Kationenarten verschlechtern und so eine Ertragsdepression auslösen. Eine überreichliche N-Ernährung des Getreides in der vegetativen Phase kann Lager verursachen und damit den Kornertrag beachtlich erniedrigen.

Diese Hinweise mögen klar machen, daß man bei der Ertragskurve sowohl den ansteigenden Bereich als aber auch besonders den Bereich der Depression nicht allzu mechanistisch sehen kann. Es gilt vielmehr auch hier, die physiologischen Ursachen zu erkennen.

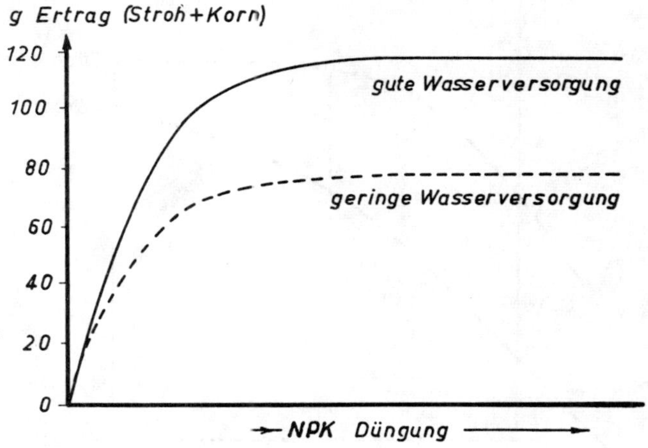

Abb. 123
Der Ertrag in Abhängigkeit von der Wasserversorgung bei steigender NPK-Düngung (v. BOGUSLAWSKI et al. 1954).

Von Bedeutung für den jeweiligen Höchstertrag und damit auch für die Größe des Wirkungswertes ist die Wasserversorgung. Abb. 123 zeigt, wie mit unterschiedlicher Wasserversorgung der Ertragsanstieg zwar der Mitscherlich-Kurve entspricht, die bessere Wasserversorgung aber einen größeren A-Wert (Höchstertrag) bewirkte.

Die Steigerung eines Wachstumsfaktors wirkt sich nicht gleichmäßig auf die Wachstumsintensität der einzelnen Pflanzenorgane aus, d. h. die einzelnen Pflanzenorgane weisen für den gleichen Wachstumsfaktor unterschiedliche Wirkungswerte auf. Abb. 124 zeigt den Einfluß einer steigenden N-Gabe auf den Trockensubstanzertrag an Stroh, Körnern und Wurzelmasse bei Hafer (R. MEYER, zit. nach Angaben von SCHEFFER und WELTE 1955).

Wie dargelegt, entspricht das Ertragsgesetz der Gleichung:

$$\frac{dy}{dx} = c_1 (A - y)$$

Integriert man diese Gleichung, so erhält man über verschiedene Umformungen, die hier im einzelnen nicht erläutert werden sollen, schließlich nachstehende Formulierung:

$$\ln (A - y) = C - c_1 \cdot x \qquad \text{Gl. 13}$$

C ist eine Integrationskonstante, in der alle nicht variablen Größen außer c_1 der Integrationsgleichung zusammengefaßt sind. Da y (Ertrag) gleich Null wird, wenn x (Wachstumsfaktor) = Null ist, kann C wie folgt eliminiert werden:

$$\ln (A - 0) = C - 0 \qquad \ln A = C$$

Nach Gl. 13 ergibt sich demnach folgende mathematische Formulierung:

$$\ln (A - y) = \ln A - c_1 x \qquad \text{Gl. 14}$$

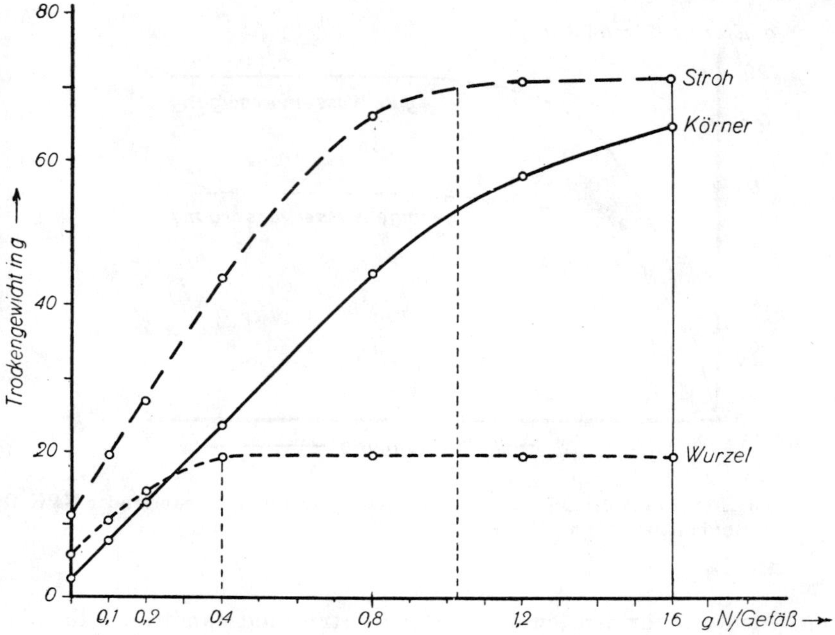

Abb. 124
Der Einfluß einer steigenden N-Gabe auf das Trockengewicht von Haferwurzeln, -körnern und -stroh.

Bei Überführung des natürlichen Logarithmus der Gl. 14 in den dekadischen Logarithmus ändert sich der Proportionalitätsfaktor c_1 wie folgt:

$$c = c_1 \cdot 0{,}434$$

Die Gleichung lautet demnach:

$$\log(A - y) = \log A - c x \qquad \text{Gl. 15}$$

In dieser Form wird das Ertragsgesetz mathematisch meist wiedergegeben. Der hier aufgeführte Wert c ist die rechnerische Größe des Wirkungswertes (MITSCHERLICH 1954).

Die praktische Bedeutung des Wirkungsgesetzes der Wachstumsfaktoren (Ertragsgesetz) liegt vornehmlich darin, daß es mit seiner Hilfe möglich ist, den pflanzenverfügbaren Anteil eines Nährstoffes im Boden zu erfassen. Werden dem zu untersuchenden Boden alle Nährstoffe bis auf den zu bestimmenden in ausreichender Menge zugeführt, so wird der unter diesen Bedingungen gewonnene Ertrag der im Boden verfügbaren Menge des zu bestimmenden Nährstoffes entsprechen. Man bezeichnet diese Menge an verfügbarem Nährstoff mit „b" (b-Wert), und es gilt in diesem speziellen Falle $b = x$, da neben b von dem betreffenden Nährstoff der Pflanze nichts mehr gegeben wird. Aus der Beziehung

$$\log(A - y_0) = \log A - c \cdot b \text{ bzw. aus } b = \frac{\log A - \log(A - y_0)}{c}$$

läßt sich der b-Wert ermitteln. Für die Berechnung des b-Wertes muß man also den Höchstertrag sowie den Ertrag kennen, der nur durch den im Boden vorhandenen Nährstoff hervorgebracht wurde (y_0). Die Untersuchung des betreffenden pflanzenverfügbaren Nährstoffes erfordert also eine „Volldüngungsreihe" zur Ermittlung des Höchstertrages sowie eine Versuchsreihe, welcher der zu untersuchende Nährstoff fehlt, zur Ermittlung von y_0.

Auch aus Düngungssteigerungen läßt sich der b-Wert berechnen. Die einwirkende Nährstoffmenge ergibt sich dann aus der gedüngten (x) plus der im Boden vorhandenen Nährstoffmenge (b), so daß die Beziehung gilt:

$$\log(A - y) = \log A - c(x + b) \qquad b = \frac{\log A - \log(A - y)}{c} - x.$$

Mehrere Steigerungsstufen eines Nährstoffes ermöglichen es so, den b-Wert in einem Versuch mehrmals zu ermitteln. Für die Sicherheit der Aussage ist dies besonders wertvoll.

c) Nährstoffentzug, Nährstoffverhältnis und Düngung

Bei einjährigen Pflanzen entspricht die Trockensubstanzbildung in Abhängigkeit von der Vegetationszeit einer S-Kurve (s. Abb. 125). Im ersten Jugendstadium ist die Wachstumsrate niedrig; sie steigt dann an und erreicht im Schoßstadium ihre höchsten Werte. In der generativen Phase klingt die Wachstumsrate allmählich ab, bis sie zur Reifezeit den Wert Null erreicht. Der Entzugsverlauf der Pflanze an Mg und Ca aus dem Boden entspricht ungefähr dem Verlauf der Trokkensubstanzbildung, während der Entzugsverlauf an K, N und Phosphat im Verlaufe der Vegetation eher einer Sättigungskurve entspricht. Für N kann bei Ge-

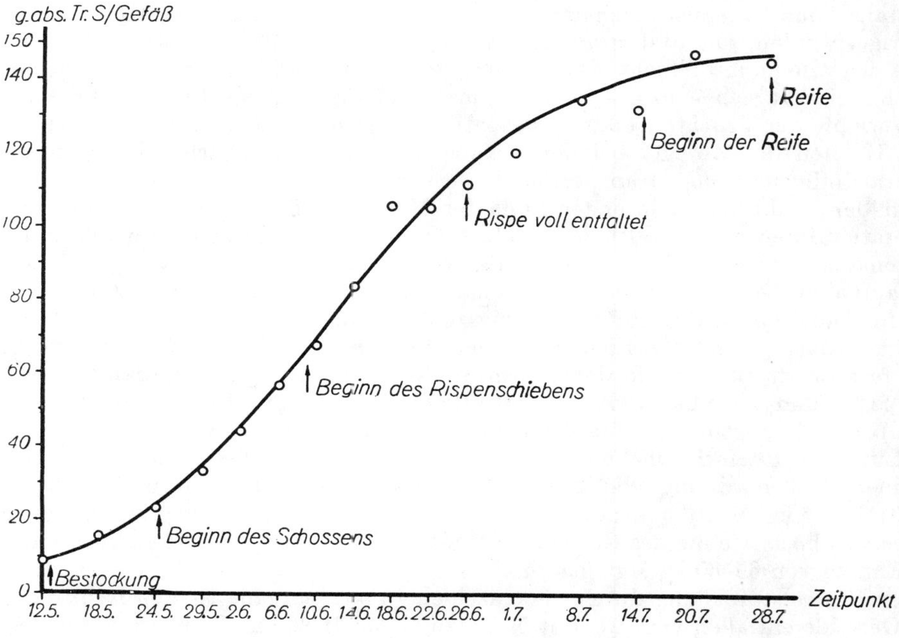

Abb. 125
Die Produktion von Trockensubstanz bei Hafer in Abhängigkeit von der Zeit (nach Angaben von SCHARRER und MENGEL 1960).

treide in der generativen Phase nochmals ein merklicher Aufnahmeanstieg erfolgen, der auf eine verstärkte Einlagerung von N in die Körner zurückzuführen ist.

Die Unterschiede im Entzugsverlauf zwischen N, K und Phosphat einerseits und Ca sowie Mg andererseits ergeben sich aus den unterschiedlichen Mineralstoffgehalten in den einzelnen Entwicklungsstadien. Junge Pflanzen bzw. junge Pflanzenteile sind reich an N, K und Phosphat, ältere Pflanzen bzw. ältere Pflanzenteile enthalten relativ viel Ca und Mg. Diese Gehaltsangaben beziehen sich auf die Trockensubstanz der Pflanze. Jede Erhöhung der Trockensubstanzgehalte wirkt dementsprechend verdünnend auf die Gehalte an Mineralstoffen. Hierin liegt der eigentliche Grund, weshalb junge Pflanzen bzw. junge Gewebe hohe Mineralstoffgehalte aufweisen. Sie haben im Vergleich zu älteren, mehr verholzten Geweben höhere Saftanteile und damit geringere Gehalte an Trockensubstanz. Bezieht man die Mineralstoffgehalte auf das Frischgewicht, was vom physiologischen Aspekt sinnvoller ist, so zeigt sich für viele Mineralstoffe, daß die Unterschiede im Gehalt zwischen älteren und jüngeren Pflanzenteilen ziemlich unbedeutend sind. So fand JUNGK (1970) bei *Sinapis alba* und *Petunia multiflora*, daß sich die Gehalte an K^+ und Nitrat während der gesamten Entwicklung kaum verändern, falls man sie auf das Frischgewicht bezieht. Das bedeutet – eine ausreichende Ernährung vorausgesetzt –, daß die Konzentration von K^+ und Nitrat im Zellsaft weitgehend konstant bleibt.

Der Zusammenhang zwischen Trockensubstanzgehalt und Mineralstoffgehalt gilt auch für generative Organe. Die junge Apfelfrucht enthält bezogen auf Trockensubstanz hohe Mineralstoffgehalte, die mit dem Heranwachsen des Apfels immer niedriger werden, so daß der reife Apfel nur etwa $^1/_4$ des Mineralstoffgehaltes aufweist wie die junge Frucht (CASSAGNES et al. 1969). Die Mineralstoffmenge je Frucht reichert sich jedoch – bedingt durch das starke Wachstum der Frucht – im Verlaufe der Fruchtausbildung beachtlich an. Hierbei werden beim Apfel aus dem Holzteil der Zweige, bei der Traube aus den benachbarten Blättern die Mineralstoffe zur Frucht transportiert.

Für den Praktiker ist in erster Linie der Mineralstoffentzug im Verlaufe einer Vegetation interessant. Er ist das Produkt aus Ertrag und Mineralstoffgehalt der Erntemasse, und er wird deshalb von der Ertragshöhe, aber auch von den Nährstoffaufnahmebedingungen des betreffenden Jahres beeinflußt (SAALBACH 1968). Die in Tabelle 50 aufgeführten Entzugszahlen können deshalb nur als Orientierungsgrößen gewertet werden. Sie beziehen sich auf mittlere bis höhere Erträge und resultieren aus Publikationen von v. BOGUSLAWSKI und v. GIERKE (1961), HOFMANN und AIGNER (1965), OEHM (1966), KLUSMANN (1968) und PRIMOST (1970). Die Entzugsmengen für Mg wurden nicht angeführt. Für sie findet man in der Literatur unterschiedliche Angaben. Nach OEHM (1966) liegen sie bei Getreide in einer Größenordnung von 20–30 kg MgO/ha; während JUNG und DRESSEL (1969) 10–15 kg MgO/ha angeben. Die Mg-Entzüge der Hackfrüchte sind etwa doppelt so hoch wie die des Getreides. WINNER (1967) gibt für Zuckerrüben einen Mg-Entzug von 65–80 kg MgO/ha an.

Der Mineralstoffentzug durch die einzelnen Pflanzenorgane ist unterschiedlich. Bei Getreide entfallen vom Gesamt-N-Entzug etwa 70 % auf die Körner, der Rest auf das Stroh. Für Phosphat trifft eine ähnliche Relation zu, während für Kali etwa 70 % des Gesamtentzuges im Stroh vorliegen. Bei Hackfrüchten (Kartoffeln, *Beta*-Rüben) liegt der Anteil des mit den Knollen bzw. Rübenkörpern entzogenen

Tabelle 50

Der Nährstoffentzug verschiedener Kulturpflanzen während einer Vegetation in kg/ha

	N	P_2O_5	K_2O
Roggen	90	60	100
Winterweizen	130	60	140
Sommerweizen	110	45	100
Wintergerste	120	45	140
Sommergerste	100	45	120
Hafer	110	70	160
Winterraps	130	60	200
Zuckerrüben	300	100	530
Kartoffeln	140	75	230
Körnermais	180	160	215
Ackerbohnen	250	80	230
Pflückerbsen	240	70	190
Weißkohl	250	90	360
Luzerne (3 Schnitte)	380	80	420
Wiese (3–4 Schnitte)	270	90	270

N bei etwa 30 % des Gesamtentzuges, während der Kalientzug durch Wurzeln und Knollen ungefähr 70 % vom Gesamtkalientzug ausmacht. Eine nennenswerte Abgabe der Nährstoffe über die Wurzel an den Boden erfolgt auch im Zustand der Reife nicht (Faust 1960). Es gelangen aber Nährstoffe durch Blattabwurf wieder in den Boden. Bei anhaltenden Regenfällen ist auch mit einer Nährstoffauswaschung aus der Pflanze zu rechnen.

Die Nährstoffentzugsmengen sind wichtige Orientierungshilfen für den Landwirt, da sie ihm eine Berechnung der Nährstoffbilanz ermöglichen und damit eine wichtige Hilfe bei der Düngerplanung darstellen. In jedem Falle sollte die Bilanz ausgeglichen sein, d. h. es ist durch mineralische + organische Düngung dem Boden mindestens soviel an Nährstoffen zu verabreichen, wie entzogen wurde. Hierbei ist noch zu berücksichtigen, daß Nährstoffverluste nicht nur durch den Pflanzenentzug, sondern auch durch Auswaschung, Festlegung und bei N auch durch Entweichen gasförmiger N-Verbindungen auftreten (Woldendorp 1968). Für Betriebe mit hohen Flächenerträgen können die vom Boden angelieferten Nährstoffe (N durch Mineralisation, Phosphat und Kali durch Mineralverwitterung) auf die Dauer in die Bilanzberechnung nicht einbezogen werden, weil mit der Nährstoffverarmung des Bodens auch die Intensität der Nährstoffanlieferung absinkt. Die Nährstoffintensität bestimmt aber maßgeblich den Ertrag.

Bei allen intensiven Ackerbaubetrieben beeinflußt die Höhe des Flächenertrages den wirtschaftlichen Erfolg ganz wesentlich, denn je höher der Flächenertrag ist, um so besser ist die Rendite (vor Schulte 1970). Hohe Erträge – bei Getreide 70–80 dt Korn/ha – erfordern jedoch eine intensive Düngung, die weit über eine Ersatzdüngung (= Düngung nach Nährstoffverlust) hinausgeht.

Die Berechnung der Nährstoffbilanz auf der Weide ist insofern schwierig, als mit dem Harn und Kot der Tiere ein Teil der Nährstoffe direkt dem Boden wieder zugeführt wird. Diese Rücklieferung hängt maßgeblich davon ab, wie stark beweidet wird und inwieweit neben der Beweidung auch noch Heu- oder Siloschnitte genommen werden. Die in Tabelle 51 aufgeführten Zahlen geben Hinweise für die Phosphat- und Kalirücklieferung in Abhängigkeit von der Bewirtschaftung (Bergmann 1969).

Tabelle 51

Der Anteil der Rücklieferung an Phosphat und Kali vom Gesamtentzug bei Beweidung und steigendem Anteil Schnittnutzung (Gesamtentzug = 100%)

Anteil der Schnittnutzung	Ganztagsweide		Kurztagsweide	
	Kali	Phosphat	Kali	Phosphat
0%	75%	80%	25%	30%
25%	60%	65%	18%	22%
33%	53%	60%	16%	18%
50%	40%	45%	14%	15%

Der Gesamtnährstoffentzug auf der Weide wird verständlicherweise maßgeblich von der Ertragshöhe bestimmt. Nach Zürn (1968) entfallen auf je 100 dt Trockenmasse (Heu) die in Tabelle 52 aufgeführten Nährstoffentzüge.

Tabelle 52

Nährstoffentzug durch 100 dt Heu

160–250 kg N
50– 90 kg P_2O_5
200–350 kg K_2O
20– 50 kg MgO
80–120 kg CaO

Neben der Höhe der Düngung hat auch das Verhältnis der einzelnen Nährstoffe zueinander eine Bedeutung für den Ertrag. Eine reichliche N-Düngung kommt beispielsweise nur dann voll zur Wirkung, wenn auch die anderen Nährstoffe der Pflanze in ausreichender Menge angeboten werden (Steineck 1966, MacLeod et al. 1969). Es ist also dafür zu sorgen, daß sowohl die Intensität der Nährstoffanlieferung in einer Relation erfolgt, die für die Entwicklung der Pflanze optimal ist, als daß auch die Gesamtmenge an Nährstoffen, die für die Ertragsbildung benötigt wird, in einer angemessenen Relation vorliegt. Die letztere Forderung ist leichter zu berechnen, da sie sich an den Nährstoffentzügen orientieren kann. Wie der Tabelle 50 zu entnehmen ist, sind bei Getreide $N : P_2O_5 : K_2O$-Relationen von etwa 1 : 0,6 : 1 gegeben, bei Hackfrüchten liegen sie in einer Größenordnung von 1 : 0,6 : 2 (v. Boguslawski und v. Gierke 1961). Diese Verhältnisse sind für die Düngung dann richtungweisend, wenn sie auch in der Nährstoffanlieferung (Intensität) der Pflanze genügen (Hackett 1966). Wird beispielsweise ein Nährstoff vom Boden stärker fixiert, so muß dieser Nährstoff vorerst in wesentlich höherer Menge gedüngt werden, bis die Fixierungsstellen des Bodens abgesättigt sind. Die Frage der Nährstoffintensität wird noch dadurch erschwert, daß die Relationen der benötigten Nährstoffe in den einzelnen Entwicklungsstadien der

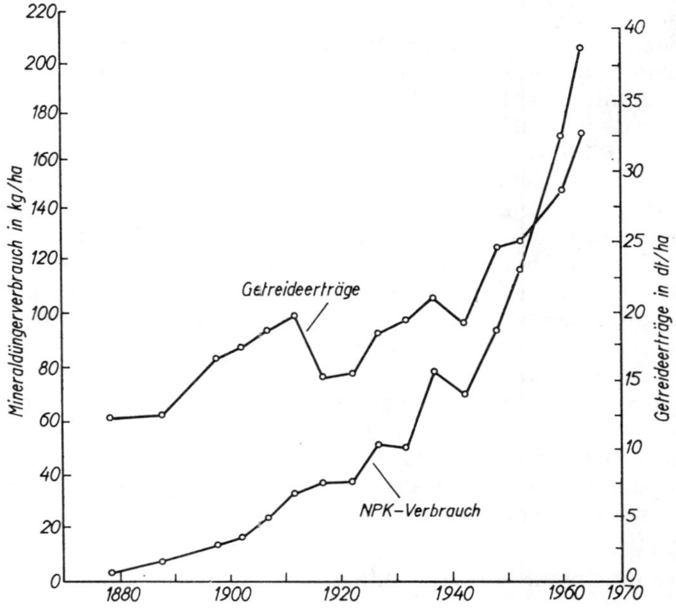

Abb. 126
Die Getreideerträge in Abhängigkeit vom Mineraldüngerverbrauch in den letzten 90 Jahren.

Pflanze unterschiedlich sind. Getreide braucht beispielsweise in der vegetativen Phase relativ viel K, während in der generativen Phase K, im Gegensatz zu N, für die Ertragsbildung kaum noch eine Rolle spielt (MENGEL und FORSTER 1968). Hackfrüchte, Obst und Wein haben dagegen auch in der generativen Phase noch einen beachtlichen K-Bedarf. Die mineralische Düngung hat wesentlich dazu beigetragen, daß in diesem Jahrhundert in Europa keine größeren Hungersnöte aufgetreten sind (SCHMITT 1963), denn mit dem Verbrauch an Düngemitteln sind auch die Erträge beachtlich angestiegen (s. Abb. 126).

6. Der Einfluß der Ernährung auf die Qualität pflanzlicher Produkte

a) Der Begriff Qualität

Der Begriff „Qualität" umfaßt die unterschiedlichsten Eigenschaften landwirtschaftlicher Produkte. So versteht man unter „guter Qualität" bei Braugerste etwas anderes als bei Futtergerste; ein guter Faserlein ist von anderer Beschaffenheit als ein guter Öllein. Der Qualitätsbegriff wird also von dem Endzweck eines Produktes her bestimmt. Es ist verständlich, daß sich dieser Endzweck unter variierenden Wirtschaftsbedingungen ändern kann. Weiterhin ist einleuchtend, daß man die Größe „Qualität" weniger gut quantitativ erfassen kann als den Ertrag. Meistens läßt sich mit der Bestimmung eines oder weniger Inhaltsstoffe noch kein

Maß für die Qualität geben, da sie aus den verschiedensten Komponenten resultiert. Darüber hinaus gibt es qualitätsbestimmende Eigenschaften wie Geschmack, Geruch und Bekömmlichkeit, die kaum objektiv zu erfassen sind. Von seiten der Pflanzenernährung interessiert deshalb weniger ein augenblicklicher Qualitätsanspruch als die grundlegende Frage: Inwieweit kann man mit einer gelenkten Nährstoffzufuhr die Bildung der verschiedenen pflanzlichen Inhaltsstoffe beeinflussen? Unter diesem Gesichtspunkt sollen die wichtigsten Pflanzennährstoffe nachstehend behandelt werden.

Es wurde schon betont, daß die Wirkung der mineralischen Ernährung der Pflanze in dieser Hinsicht begrenzt ist und daß klimatische Faktoren, in erster Linie aber die genetisch bedingten Eigenschaften einer Pflanze, den Aufbau ihrer verschiedenen Inhaltsstoffe weit nachhaltiger beeinflussen. So konnte man beispielsweise durch Züchtung bitterstoffarmer Lupinen, zuckerreicher *Beta*-Rüben oder stärkereicher Kartoffelknollen die Qualität der genannten Produkte erheblich verbessern. Jedoch vermag auch die Ernährung der Pflanze bis zu einem gewissen Grade die Synthese verschiedener qualitätsbestimmender pflanzlicher Stoffe wie Eiweiße, Kohlenhydrate, Fette und Vitamine günstig zu beeinflussen. Diese Möglichkeiten gilt es, durch eine den Qualitätsanforderungen entsprechende sachgemäße Düngung auszuschöpfen.

b) Kohlenhydrate und nicht N-haltige Inhaltsstoffe

Der günstige Einfluß einer ausreichenden K-Versorgung der Pflanze auf ihren Gehalt an Kohlenhydraten ist bekannt. So erhöht eine reichliche K-Düngung den Stärkegehalt der Kartoffelknollen und den Zuckergehalt der Zuckerrüben. ADONSK und JACOB (1943) kamen im Mittel vieler Felddüngungsversuche zu den in Tabelle 53 aufgeführten Beziehungen zwischen K-Düngung und Zuckergehalt.

Tabelle 53
Der Einfluß einer steigenden K-Düngung auf den Zuckergehalt von Zuckerrüben

Düngung K_2O/ha	% Zucker
–	17,7
80	18,3
120	17,8
160	18,9

Die technologische Qualität der Zuckerrübe richtet sich nach ihrem Zuckergehalt und nach ihrem Gehalt an löslichen N-Verbindungen und löslicher Asche. Je höher der Zuckergehalt und je niedriger der Gehalt an löslichen N-Verbindungen und löslicher Asche ist, um so besser ist die Zuckerausbeute bei der Verarbeitung der Rübe (WINNER 1967). Die löslichen N-Verbindungen, hauptsächlich Amide und Aminosäuren, und die lösliche Asche, vorwiegend K- und Na-Salze, stören beim Auskristallisieren des Zuckers und erhöhen den Melasseanteil. Bei der Berechnung des „bereinigten Zuckerertrages“ werden die oben aufgeführten Kriterien berücksichtigt. Die Berechnung erfolgt nach einer von LÜDECKE (1954) entwickelten Formel:

$$\text{bereinigter Zuckerertrag} = \text{Rübenertrag} \times \frac{S^0\text{-}(\%\ \text{Gehalt Asche} \times 5 + \%\ \text{Gehalt Blauzahl-N} \times 25)}{100}$$

S^0 → Saccharose-Polarisationswert
% Gehalt Asche → Aschegehalt in % der Frischsubstanz, ermittelt mittels Leitfähigkeitsmessung
% Gehalt Blauzahl-N → Gehalt an löslichem N in % der Frischsubstanz, ermittelt durch eine Schnellmethode

Die Faktoren 5 und 25 geben jeweils den Grad der Störung beim Auskristallisieren an. Das Verfahren ist konventionell. Seine Gültigkeit hängt von dem jeweiligen technischen Verfahren der Zuckergewinnung ab. Die Rübe ist um so „reifer", je höher ihr Zuckergehalt und je niedriger ihr Na-Gehalt ist (WINNER 1967). Eine hohe N-Ernährung besonders in den letzten Wochen vor der Ernte erhöht den Gehalt an löslichen N-Verbindungen beachtlich und senkt damit die Qualität (WINNER 1968, BRONNER 1969). Hohe K-Düngungsgaben können diesen negativen Effekt bis zu einem gewissen Grade kompensieren (DOBRUNOW und WERSCHININA 1966, GUTSTEIN 1967, WINNER 1967). Der Aschegehalt der Rübe hängt in erster Linie vom Grad der Ausreife und damit auch vom Gehalt an löslichem N im Rübenkörper ab (BRONNER 1969, FORSTER 1970). Sehr hohe K-Gaben erhöhen den K-Gehalt des Rübenkörpers bei meistens abfallendem Na-Gehalt (v. BOGUSLAWSKI und SCHILDBACH 1969). Witterung und Anbautechnik haben ebenfalls einen nachhaltigen Einfluß auf die Qualität der Rübe. In trockenen Jahren sind die Zuckergehalte und die Gehalte an löslichem N besonders hoch. Zu hohe Bestandesdichten (70000–100000 Rüben/ha) vermindern den Zuckergehalt und erhöhen die Gehalte an löslichem N und an Na (DAMBROTH 1970).

HOFMANN und v. SCHMELING (1955) fanden in mehrjährigen Düngungsversuchen mit Roggen, daß eine reichliche K-Düngung den Stärkegehalt der Körner erhöht, den Eiweißgehalt etwas erniedrigt. Die günstige Wirkung des K auf die Ausbildung von Sklerenchymfasern ist bekannt. Die Standfestigkeit des Getreides wird dadurch erhöht, die Qualität der Flachs- und Hanffaser verbessert (ALTEN und GOEZE 1936). SCHARRER und WERNER (1957) berichten über einen günstigen Einfluß des K auf den Askorbinsäuregehalt in verschiedenen Gemüsearten. BARAUD et al. (1957) fanden in Kartoffelknollen mit dem Anstieg der K-Konzentration einen höheren Gehalt an organischen Säuren. K begünstigt die Ausreife und den Zuckergehalt sowie den Gehalt an organischen Säuren bei zahlreichen Obstarten und bei der Traube (BÜNEMANN und GRUPPE 1962, MÜNZ 1964, PENNINGSFELD und KURZMANN 1967).

Kartoffelknollen mit guter K-Versorgung haben im ausgereiften Zustand einen hohen Stärkegehalt, aber einen niedrigen Gehalt an reduzierenden Zuckern (SCHEFFER und WELTE 1962). Für die Stärkebildung in der Kartoffelknolle ist weiterhin von Bedeutung, ob das K als K-Chlorid oder als K-Sulfat gedüngt wird. Das Cl-Ion hat zwar keinen negativen Einfluß auf den Knollenertrag, es drückt aber den Stärkegehalt der Kartoffelknolle. Bei Chlorid-Ernährung soll die Ableitung der Assimilate aus dem Blatt in die Knolle gehemmt sein. Nach BUCHNER (1951) wird durch das Cl-Ion der Gehalt an reduzierenden Zuckern in der Kartoffelknolle erniedrigt, der Gehalt an höhermolekularen Kohlenhydraten erhöht. Für einen hohen Kohlenhydratgehalt ist neben einer ausreichenden K-Düngung auch eine entsprechende Phosphatversorgung notwendig. Sie fördert sowohl den Stärkegehalt der Kartoffelknolle und des Getreidekorns als auch den Zuckergehalt der Zuckerrübe. Reichliche P-Düngung erhöht auch den P-Gehalt der Stärke in den Kartoffelknollen (EFFMERT 1967). Das in der Knolle vorkommende Phosphat ist etwa zu $^1/_4$ an die Stärke esterartig gebunden. Diese Phosphat-Stärkeester verbessern die Qualität der Kartoffelstärke (GÖRLITZ 1965).

Die Wirkung einer Nährstoffgabe auf die Qualität ist dann immer besonders groß, wenn der betreffende Nährstoff im Minimum vorliegt. Tabelle 54 zeigt eine derartige günstige Wirkung von Mg auf den Stärkegehalt und den Ertrag von Kartoffeln.

Tabelle 54

Der Einfluß einer Mg-Düngung auf den Stärkegehalt der Kartoffelknolle (WERNER 1959)

Düngung	Stärkegehalt in %	Stärkeertrag (g/Gefäß)	Mg-Gehalt d. Blattes (mg Mg/g Tr.-S.)
NPK ohne Mg	13,8	46,8	0,56
NPK mit Mg	16,2	67,4	1,38

Während für die Industrie- und Futterkartoffel der Stärkegehalt ein wichtiges Kriterium ist, wünscht man bei der Speisekartoffel gute Haltbarkeit und Schmackhaftigkeit. Blaufleckigkeit der Speisekartoffel stellt eine erhebliche Qualitätsminderung dar. Nach HUGHES und SWAIN (1962) soll diese Blaufleckigkeit auf eine Komplexbildung zwischen Fe und Chlorogensäure zurückgehen. Zitronensäure wirkt der Reaktion entgegen. Zwischen dem Gehalt an Zitronensäure und K^+ in der Kartoffelknolle besteht eine positive Korrelation (MACLON und DE KOCK 1967), die wahrscheinlich dafür verantwortlich ist, daß reichliche K-Ernährung der Kartoffel der Blaufleckigkeit entgegenwirkt (MULDER 1949). Dementsprechend strebt man heute in den Niederlanden bei Speisekartoffeln K-Gehalte von $> 2{,}5$ % in der Trockensubstanz an (PRUMMEL, persönliche Mitteilung). Nach VERTREGT (1968) ist bei K-Gehalten von $> 2{,}5$ % K in der Trockensubstanz der Knolle nicht mehr mit Blaufleckigkeit zu rechnen. Im modernen Kartoffelbau spielt auch die Beschädigungsempfindlichkeit der Kartoffelknolle eine Rolle. Sie wird nach PÄTZOLD und DAMBROTH (1964) durch reichliche Phosphatdüngung vermindert.

Etwas verallgemeinernd darf man feststellen, daß Mg^{++} und K^+ die Synthese höhermolekularer Verbindungen (Polysaccharide, Lipide, sekundäre Pflanzenstoffe und selbst Proteine) begünstigen. Dieser Effekt hängt sicherlich damit zusammen, daß die genannten Ionen die Bildung von ATP fördern. ATP aber stellt als Energielieferant die notwendige Voraussetzung für jegliche Synthesetätigkeit dar.

N und K stehen in einer gewissen Konkurrenz um die Assimilate. Ist die K-Zufuhr hoch, so wandern die Assimilate relativ mehr in den Kohlenhydratstoffwechsel, nimmt dagegen das N-Angebot zu, so werden die Assimilate über den Trikarbonsäurezyklus vermehrt für die Bildung von Aminosäuren und Amide verwendet (Webster und Elder 1962). Grob gesprochen bedeutet dies, daß eine relativ stärkere N-Düngung die Synthese N-haltiger Inhaltsstoffe (Rohprotein), eine relativ stärkere K-Düngung die Synthese der Kohlenhydrate oder auch der Fette begünstigt. Tabelle 55 zeigt, wie eine K-Gabe nicht nur den Ertrag an Wiesenheu, sondern auch den Gehalt an Rohfett und Rohfaser erhöht, den Rohproteingehalt aber erniedrigt.

Tabelle 55
Der Einfluß der K-Düngung auf die Zusammensetzung von Wiesengras (Nehring 1956).
(Die Angaben beziehen sich auf die Trockensubstanz)

Düngung	Ertrag dt/ha	Rohprotein in %	Rohfett in %	Rohfaser in %
1. Schnitt				
NP	20,5	15,1	1,77	31,4
NPK	52,8	10,7	2,01	34,4
2. Schnitt				
NP	14,7.	16,2	2,36	25,9
NPK	26,4	12,7	2,70	29,1

c) Eiweiße und organische N-Verbindungen

Ob in einem pflanzlichen Ernteprodukt ein höherer Eiweiß- oder ein höherer Kohlenhydratgehalt wünschenswert ist, hängt von seinem Verwendungszweck ab. Bei Braugerste verlangt man einen relativ niedrigen Eiweiß- und relativ hohen Stärkegehalt im Korn. Man muß hier also mit der N-Düngung vorsichtig sein, während man die K-Gabe reichlich bemessen soll. Neben einer guten K-Düngung soll die Braugerste auch ausreichend mit P versorgt werden (Schropp 1942). P fördert die Ausbildung großer Körner und senkt gleichzeitig damit deren Eiweißgehalt. Bei Futtergerste ist dagegen ein hoher Eiweißgehalt erwünscht, der sich durch N-Düngung erreichen läßt. Allgemein wird bei den Futterpflanzen ein hoher Gehalt an Eiweiß bzw. Rohprotein angestrebt. Die Wirkung einer N-Düngung auf den Gehalt an verdaulichem Roheiweiß ist in Tabelle 56 aufgeführt.

Tabelle 56
Der Einfluß einer N-Düngung auf den Gehalt an verdaulichem Rohprotein
(Arbeiten der Landwirtschaftlichen Versuchsstation Limburger Hof, S. 141, 1939)

Futterpflanze	% verdauliches Rohprotein i. d. Tr.-Sub.	
	PK	NPK
Winterrüben	11,4	14,1
Futterraps	11,0	12,7
Rapko	10,2	12,5
Futterroggen	7,4	8,5

Neben der Erhöhung des Rohproteingehaltes wurde durch die N-Düngung auch der Ertrag beachtlich gesteigert. Geringe N-Gaben wirken sich häufig nur auf den Ertrag, aber nicht auf den Eiweißgehalt aus. Die zusätzliche N-Düngung bewirkt hier nur ein vermehrtes Massenwachstum, während sie für eine Erhöhung des Eiweißgehaltes nicht ausreicht. MULDER (1949) berichtet, daß eine merkliche Erhöhung des Eiweißgehaltes im jungen Weidegras erst bei N-Gaben erreicht wird, die 60 kg N/ha übersteigen. Ähnlich liegen die Verhältnisse beim Getreidekorn. Bei N-Mangel bilden die Pflanzen nur kleine, aber eiweißreiche Körner aus. Offenbar sind hier im vegetativen Stadium die Assimilationsorgane (Blätter, Chloroplasten) nur ungenügend und in zu geringer Menge ausgebildet, um ausreichende Mengen an Assimilaten zur Verfügung zu stellen. Mit steigender N-Düngung wächst die photosynthetische Leistung der Pflanze, das Getreidekorn und besonders sein Mehlkörper werden größer, während der relative Anteil an Eiweiß dadurch absinkt. Erst wenn das N-Angebot so hoch wird, daß es gewissermaßen im Vergleich zum photosynthetischen Aufbau von Kohlenstoffskeletten im Überschuß vorliegt, steigt der Rohproteingehalt des Kornes wieder an. Abb. 127 zeigt diesen Zusammenhang zwischen N-Düngung, Rohproteingehalt, Kornertrag und Tausendkorngewicht.

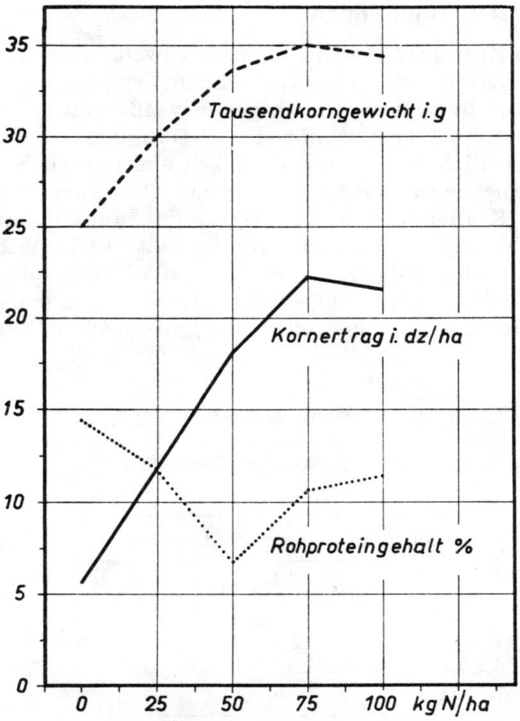

Abb. 127
Der Einfluß einer steigenden N-Düngung auf den Gehalt an Rohprotein, auf den Kornertrag und auf das Tausendkorngewicht des Weizenkorns (SCHMALFUSS 1952).

Die Wirkung einer N-Düngung auf Getreide hängt in hohem Maße vom Düngungszeitpunkt ab. Die N-Düngung zur Aussaat wirkt sich hauptsächlich auf das vegetative Wachstum aus. Sie erhöht die Bestandesdichte, aber auch die Lagergefahr. Die N-Düngung zu Schoßbeginn erhöht teils noch die Bestandesdichte, wirkt sich aber auch günstig auf die Kornzahl je Ähre aus (JAHN-DEESBACH und WEIPERT 1965). Die N-Düngung zu Beginn des Ährenschiebens, **die zusätzliche N-Düngung,** wie sie von SELKE in zahlreichen Untersuchungen überprüft wurde, bewirkt bei den Getreidearten einen signifikanten Anstieg des Rohproteingehaltes im Korn. Auch der Eiweißgehalt des Strohes wird durch eine späte zusätzliche N-Düngung erhöht. MICHAEL und BLUME (1960) konnten mit markiertem N (^{15}N) nachweisen, daß bei späten N-Gaben der Stickstoff vornehmlich in das Getreidekorn und weniger in die vegetativen Organe der Pflanze transportiert wird. Er wird hauptsächlich für den Aufbau der eigentlichen Reserveeiweiße, des Glutelins und des Prolamins, verwendet (s. Abb. 128). Eine späte zusätzliche N-Düngung verschiebt auch das Verhältnis der verschiedenen Eiweißfraktionen. MICHAEL und BLUME (1960) fanden, daß mit steigender N-Düngung der Gehalt an Globulin und Albumin, bezogen auf die Gesamt-N-Menge im Getreidekorn, etwas abnimmt, wogegen Glutelin und Prolamin zunehmen. Diese Feststellung hat für die menschliche und tierische Ernährung insofern eine Bedeutung, als der Anteil an essentiellen Aminosäuren bei den einzelnen Eiweißfraktionen unterschiedlich ist. So ist die essentielle Aminosäure Lysin im Globulin und im Albumin, den Eiweißen, die vornehmlich in der Aleuronschicht und im Keimling vorkommen, in höherer

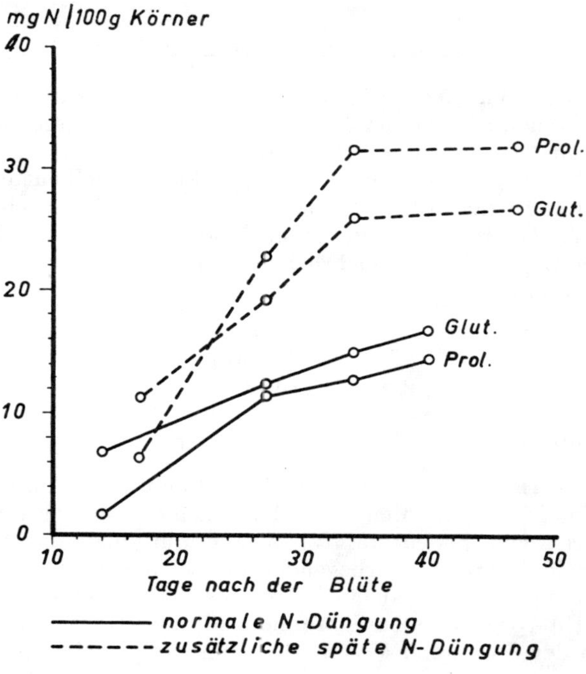

Abb. 128
Die Eiweißfraktionen des Gerstenkornes in vier Entwicklungsstadien bei normaler und zusätzlicher später N-Düngung (MICHAEL und BLUME 1960).

Konzentration vorhanden als im Prolamin. Eine späte N-Düngung fördert aber während der Reife hauptsächlich die Bildung von Prolamin und Glutelin, so daß der relative Anteil an Lysin geringer wird (MICHAEL 1961).

Tatsächlich wurde bei den verschiedenen Getreidearten festgestellt, daß mit steigender N-Düngung der Anteil von Lysin an der gesamten Aminosäuremenge abnimmt. MITCHELL et al. (1952) fanden bei Mais, daß die N-Düngung den Zeingehalt (Prolamin) beachtlich erhöht, den Gehalt an Lysin und Tryptophan erniedrigt. VÖLKER (1960) untersuchte den Einfluß einer späten zusätzlichen N-Düngung auf den Gehalt an 13 verschiedenen Aminosäuren in Weizen- und Gerstenkörnern. Er fand, daß mit steigender N-Düngung der Rohproteingehalt im Korn zunimmt und daß sich der Anteil der einzelnen Aminosäuren am Rohprotein verschiebt (s. Tabelle 57). Analoge Befunde ermittelten BAYZER und MAYR (1967) an den Proteinen des Roggenkornes.

Tabelle 57
Der Anteil der einzelnen Aminosäuren in Abhängigkeit vom Rohproteingehalt des Getreidekornes (VÖLKER 1960)

Mit steigendem Rohproteingehalt nehmen ab:	nehmen zu:	bleiben konstant:
Arginin	Glutaminsäure	Serin
Lysin	Phenylalanin	Isoleuzin
Alanin	Leuzin	
Threonin		
Glyzin		
Asparaginsäure		
Tryptophan		
Valin		

Wenngleich man heute die Wirkung einer Düngungsmaßnahme auf den Gehalt an verschiedenen Eiweißformen und Aminosäuren analytisch gut erfassen kann, so bereitet die Frage, wie eine Verschiebung der einzelnen Aminosäureanteile bzw. Eiweißformen vom ernährungsphysiologischen Standpunkt aus zu beurteilen ist, noch einige Schwierigkeiten. Bekanntlich werden verschiedene Aminosäuren im menschlichen und tierischen Organismus nicht gebildet, so daß sie mit der Nahrung zugeführt werden müssen. Zu diesen unentbehrlichen Aminosäuren, den sogenannten **essentiellen Aminosäuren,** zählen:

Threonin	Histidin
Valin	Tryptophan
Leuzin	Lysin
Isoleuzin	Arginin
Methionin	Phenylalanin

Der Wert eines Eiweißes hängt von seinem Gehalt an essentiellen Aminosäuren ab. Hierbei ist nicht allein die absolute Menge, sondern auch das Mengenverhältnis der einzelnen Aminosäuren von Bedeutung. Vielfach nimmt man das Mengenverhältnis der in Milch- oder Eiprotein vorliegenden essentiellen Aminosäuren als Maßstab für die Beurteilung der Qualität eines Proteins. So richtet sich der von OSER (1951) eingeführte EAA-Index (essential amino acid) oder EAS-Index (essentielle Amino-Säure) nach der Zusammensetzung des Hühnereiproteins. Die essentiellen Aminosäuren des Testproteins werden in Prozent von den entsprechenden essentiellen Aminosäuren des Eiproteins ausgedrückt. Die für die einzelnen Aminosäuren erhaltenen relativen Werte (Prozentzahlen) werden miteinander multipliziert, und das Produkt wird mit dem reziproken Wert der Anzahl der zu berechnenden Aminosäuren potenziert.

$$\text{EAS-Index} = \left(\frac{100 \cdot a}{a_e} \cdot \frac{100 \cdot b}{b_e} \cdot \frac{100 \cdot c}{c_e} \cdot \frac{100 \cdot n}{n_e}\right)^{\frac{1}{x}}$$

$$= \sqrt[x]{\frac{100 \cdot a}{a_e} \cdot \frac{100 \cdot b}{b_e} \cdot \frac{100 \cdot c}{c_e} \cdot \frac{100 \cdot n}{n_e}}$$

a, b, c ... n → Gehalt der betreffenden Aminosäure im Testprotein
a_e, b_e, c_e, ... n → Gehalt der betreffenden Aminosäure im Eiprotein
x → Zahl der untersuchten Aminosäuren

Oser bildet also mit dieser Formel das geometrische Mittel aus den einzelnen Relationen der Aminosäuren im Testprotein zu denen im Eiprotein. Gesetzt den Fall, die zu untersuchenden Aminosäuren des Testproteins lägen in gleicher Menge wie im Eiprotein vor, so würde der EAS-Index = 100. Im allgemeinen liegt der EAS-Index der verschiedenen Eiweißformen unter 100.

Die mit dem EAS-Index ermittelte **Eiweißqualität** deckt sich nicht immer mit dem eigentlichen Futterwert des Proteins. Dieser kann nur im Tierversuch ermittelt werden. Brune et al. (1968), die mit Schweinen und Ratten derartige Fütterungsversuche durchführten, fanden, daß eine steigende N-Düngung die biologische Proteinqualität von Gersten- und Weizenkörnern vermindert. Für Haferkörner wurde der entgegengesetzte Befund festgestellt. Hier wurde die Proteinqualität durch N-Düngung verbessert.

Bei Brotgetreide interessiert weniger die biologische Wertigkeit des Eiweißes; es interessiert hier in erster Linie, inwieweit durch eine veränderte Eiweißzusammensetzung der Klebergehalt und die Kleberqualität und damit die **Backqualität** durch die Düngung beeinflußt werden können. Es ist bekannt, daß die mitteleuropäischen Weizen eine schlechte Backqualität aufweisen, so daß man vielfach überseeische Weizensorten importiert, um die Backqualität der einzelnen Mehle zu verbessern. Pelshenke und Drews (1956) verweisen darauf, daß seit 1900 die Backqualität der deutschen Getreidearten ganz erheblich abgesunken sei. Die früher angebauten Landsorten unserer Getreidearten waren zwar nicht so ertragreich, ihre Backqualität aber war wesentlich besser. Die Backqualität wird in erster Linie durch das Klima und durch die genetisch bedingten Eigenschaften der betreffenden Getreideart bestimmt.

Die Erfahrungen der letzten Jahre haben nun gezeigt, daß man mit einer späten N-Düngung auch in klimatisch weniger günstigen Gebieten die Backqualität des Weizens erheblich steigern kann (Hoeser 1956, Primost 1962, Kürten 1962, Brandenburger 1969). Die günstige Wirkung der späten N-Düngung auf den Klebergehalt des Weizenkornes erfordert nach Primost (1968) auch eine reichliche Ernährung mit anderen Pflanzennährstoffen.

Meistens wird die Backqualität nach dem Rohproteingehalt des Kornes und dem Sedimentationswert des Schrotes ermittelt (Seibel 1969). Qualitätsweizen (Aufmischweizen) müssen einen Rohproteingehalt von mindestens 13% und einen Sedimentationswert von mindestens 38 aufweisen. Wie sehr sich eine gestaffelte N-Düngung auf die qualitätsbestimmenden Kriterien von Backweizen auswirkt, zeigt Tabelle 58 (JAHN-DEESBACH und WEIPERT 1965).

Tabelle 58

Der Einfluß einer gestaffelten N-Düngung auf die Weizenqualität (Sorte Opal) n. JAHN-DEESBACH und WEIPERT 1965/66

N-Düngung kg N/ha	Rohprotein in %	Feuchtkleber in %	Sed.-Wert	Backwertzahl
40 + 20	16,0	36,4	55	193
40 + 30 + 30	18,2	45,2	64	208
50 + 30 + 20	17,9	46,4	66	216
40 + 40 + 40	18,6	48,4	67	209

Die in der 1. Spalte stehenden N-Düngergaben zeigen die Staffelung der N-Düngung an.

Für Qualitätshafer sind ein großes Korn und ein geringer Spelzenanteil wichtig. Die Siebfraktion unter 2 mm soll nicht mehr als 10 % der gesamten Partie ausmachen. Das Zwischenkorn der 3. Blüte ist deshalb unerwünscht. Eine zusätzliche N-Gabe bei Hafer nach dem Rispenschieben verbessert die Korneigenschaften (GANSSMANN 1964).

d) Mineralstoffe

Die Mineralstoffgehalte als Qualitätsmerkmal haben besonders für das wirtschaftseigene Futter Bedeutung. Sie werden von zahlreichen Faktoren beeinflußt.

Die N-Düngung hat einen erheblichen Einfluß auf die Zusammensetzung der Pflanzengesellschaft einer Wiese. Sie fördert die Vermehrung der Gräser auf Kosten der Leguminosen und Kräuter. Ein langjähriger Wiesendüngungsversuch auf einem typischen Wiesenstandort (alluvialer Auelehm) ergab im Mittel von 10 Jahren (40.–49. Versuchsjahr) die in Tabelle 59 aufgeführte botanische Zusammensetzung.

Diese Ergebnisse zeigen geradezu beispielhaft, wie mit einer PK-Düngung der Anteil der Leguminosen um mehr als das Doppelte gegenüber einer einseitigen K- oder Phosphatdüngung erhöht wird, während der Anteil der minderwertigen Kräu-

Tabelle 59

Botanische Zusammensetzung eines Wiesenbestandes in Abhängigkeit von der Düngung (n. A. BRAUER, noch unveröffentlicht)

Düngung	Gräser	Leguminosen	Kräuter
ungedüngt	67	6	27
ohne Kali	67	7	26
ohne Phosphat	59	9	32
PK-Düngung	63	21	16
NPK-Düngung	77	8	15

ter beachtlich zurückgeht. Die N-Düngung vermehrte die Gräser auf Kosten der Leguminosen. Neben dieser Veränderung der botanischen Zusammensetzung erhöhte die PK- bzw. NPK-Düngung den Ertrag gegenüber „ungedüngt" um etwa 80 %. Die Frage, ob bei Wiesen eine PK-Düngung oder eine NPK-Düngung zu empfehlen ist, hängt von der Nutzungsart der Wiese ab (MOTT 1963). Bei zweischürigen Wiesen ist eine PK-Düngung angebracht. Die Bestände werden bei dieser Nutzungsform ziemlich alt, und da die Gräser stärker verholzen als die Leguminosen, würde ein durch N-Düngung bewirkter höherer Anteil der Gräser die Qualität des Futters negativ beeinflussen. Ihr Rohproteingehalt nimmt mit dem Altern ab, ihr Rohfasergehalt beachtlich zu (BRAUER 1960). Anders bei Wiesen mit 3 oder noch mehr Schnitten. Hier wird das Futter schon in ziemlich jungem Zustand geschnitten, so daß die Gräser noch reich an Rohprotein und arm an Rohfaser sind. So kann man mit reichlichen N-Düngungsgaben $>$ 400 kg N/ha) beachtliche Ertragssteigerungen bei eiweißreichem Futter erzielen (STÄHLIN 1967, HERRMANN 1968, WETZEL 1969).

Die regelmäßige N-Düngung der Wiese führt zu einseitigen Gräserwiesen, wie man sie besonders in den Niederlanden antrifft. Es sind bei entsprechender Düngung und Pflege sehr ertragreiche Wiesen. Voraussetzung jedoch ist, daß auch die übrigen Wachstumsfaktoren, besonders das Wasser, in ausreichendem Maße vorhanden sind (SCHWERDT 1963). Auf trockeneren Standorten sind Leguminosen-Gräserbestände ertragssicherer. Hier ist eine N-Düngung weniger angebracht. Weiden wie Mähweiden sind in jedem Falle ausreichend und regelmäßig mit N zu düngen.

Mit dem Wiesen- bzw. Weidegras sollen in erster Linie Rohprotein und Kohlenhydrate produziert werden. Aber auch der Mineralstoffgehalt des Weidefutters bzw. Heues beeinflußt den Futterwert. Er hat für die Gesunderhaltung der Tiere Bedeutung. Die Mineralstoffgehalte hängen zum Teil von der botanischen Zusammensetzung des Futters ab (s. Tabelle 60). Leguminosen und Kräuter enthalten etwa den dreifachen Ca-Gehalt wie die Gräser. Auch der Mg-Gehalt ist etwas höher. Wichtiger jedoch als die botanische Zusammensetzung ist für den Mineralstoffgehalt das Alter des Futters. Je jünger das Futter, desto reicher ist es an Mineralstoffen, bezogen auf die Trockensubstanz. Das gilt besonders für

Tabelle 60

Die Rohprotein- und Mineralstoffgehalte in den drei verschiedenen Artengruppen in % der Trockenmasse von Gras zweischüriger Wiesen (KÖNIG 1957)

	Gräser	Leguminosen	Kräuter
Rohprotein	10,5	18,0	12,4
SiO_2 + Sand	2,83	0,44	1,46
Reinasche	5,58	8,57	9,43
K_2O	2,45	2,14	2,83
Na_2O	0,04	0,05	0,10
CaO	0,84	2,75	2,29
MgO	0,41	0,64	0,89
P_2O_5	0,59	0,58	0,76
Cl	0,67	0,28	0,55

Phosphat und Kali (SCHECHTNER 1967). Nach Untersuchungen von WERNER (1959) enthielt die Mehrzahl von über 300 zum Zeitpunkt des Weideauftriebs genommenen Proben mehr als 0,45 % P (= 1,03 % P_2O_5/Tr. Subst.). Das ist etwa doppelt so viel wie zur Zeit des Blühbeginns. Unter normalen Verhältnissen mit ausreichender Düngung ist der K-Gehalt des Grases in jedem Falle hoch genug. Auf reinen Gräserwiesen kann sogar bei extremer K-Düngung der Gehalt an anderen Kationen infolge Ionenantagonismus unter Umständen unter einen vom ernährungsphysiologischen Aspekt geforderten Mindestwert absinken. Bei Wiesen mit unterschiedlichen Artengruppen wird durch die K-Düngung, besonders in Verbindung mit P, der Anteil der Leguminosen erhöht und damit im Endeffekt der Ca- und Mg-Gehalt des Futters gesteigert (JÜRGENS-GSCHWIND 1962).

Nach Untersuchungen von NEHRING (1956) liegt der Gehalt des Wiesenheues meist unter 0,5 % P_2O_5/Tr. Subst. Von der Tierernährung wird jedoch ein Gehalt von 0,50–0,65 % P_2O_5/Tr. Subst. im Heu gefordert. Auch PFULB (1959) fand bei ausgedehnten Untersuchungen in Baden allgemein niedrige P-Gehalte im Heu. Während man den K-Gehalt im Futter durch Düngung leicht erhöhen kann, ist eine Anreicherung von P nur durch eine regelmäßige reichliche P-Versorgung über längere Jahre möglich. Nach GERICKE (1957) konnte durch Phosphatdüngung im Mittel von 4000 Versuchen der P_2O_5-Gehalt des Heues von 0,42 % auf 0,66 % gesteigert werden. NEHRING (1956) fand ebenfalls bei mehrjährigen Versuchen einen beachtlichen Anstieg der P- und Ca-Gehalte bei ausreichender P-Düngung (s. Tabelle 61).

Tabelle 61

Düngung und Mineralstoffgehalte bei Wiesenheu (Gehalte in %)

Düngung	N	K_2O	CaO	P_2O_5
4. Versuchsjahr				
K N	–	–	–	0,30
P N	2,43	0,84	0,94	0,80
K P N	1,72	2,06	0,84	0,63
5. Versuchsjahr				
K N	1,58	2,47	0,56	0,32
P N	1,61	1,38	0,74	0,61
K P N	1,52	2,28	0,78	0,68

Auch durch Erhöhung des Ca-Gehaltes wird die Mineralstoffqualität des Futters verbessert. Meistens läßt sich der Ca-Gehalt einer Einzelpflanze nicht allzusehr durch Düngung steigern, dagegen trägt die soziologische Umschichtung der Wiese beachtlich dazu bei, den Ca-Gehalt des Futters zu erhöhen. Daß hierbei auch kulturtechnische Maßnahmen neben einer ausreichenden Ca- und P-Versorgung besonders wirkungsvoll sind, braucht nicht weiter betont zu werden.

In Pflanzen, die dem direkten Verzehr dienen, sind hohe Nitratgehalte unerwünscht. Für Gemüse besteht diese Gefahr praktisch nur bei Spinat, im Bereiche der tierischen Ernährung im beschränkten Maße bei jungem Gras. An sich wirkt nicht das Nitrat, sondern das während der Aufbereitung des grünen Pflanzenmaterials aus Nitrat entstehende Nitrit toxisch. Diese Reduktion zu Nitrit wird nach RIEHLE und JUNG (1966) mikrobiell verursacht.

Hohe Nitratgehalte sind bei hoher Nitratdüngung, bei sehr jungen Pflanzen und bei unzureichender Belichtung zu erwarten. Herbstspinat weist beispielsweise gegenüber Frühjahrsspinat ein Mehrfaches an Nitrat auf (5 mg NO_3-N gegenüber 0,5 mg NO_3-N je g Tr. Sub.). Bei guter Belichtung hat die Nitratdüngung nur einen geringfügigen Einfluß, bei unzureichender Belichtung einen beachtlichen Einfluß auf den Nitratgehalt (KNAUER und SIMON 1968).

Da der wirtschaftliche Erfolg im Spinatanbau sehr stark von der Nitratdüngung abhängt – Spinat spricht außerordentlich auf Nitrat- und weniger auf NH_4^+-Düngung an –, kann man die Düngung schwerlich nach dem anzustrebenden Nitratgehalt ausrichten, zumal er noch durch andere Faktoren maßgeblich beeinflußt wird (KNAUER und SIMON 1968). Es gilt hier vielmehr, bei der Aufarbeitung und Lagerung des Spinates die Nitritbildung zu verhindern. Nitratgehalte von $>$ 4 mg NO_3N in der Trockensubstanz werden für den Wiederkäuer als toxisch angesehen, da es dann unter den reduzierenden Bedingungen im Pansen vermehrt zur Nitritbildung kommen kann. Derartig hohe Gehalte sind bei einmalig hohen Nitratdüngergaben (300–400 kg N/ha) zu befürchten (LAWRENCE et al. 1968, NIENSTEDT 1969).

Die Frage, ob man die für eine gesunde Tierernährung notwendigen Mineralstoffgehalte durch Mineraldüngung anstreben soll, oder ob man besser Mineralstoffgemische beifüttert, ist umstritten. Bei Stallfütterung läßt sich eine Mineralstoffzugabe zur Futterration gut dosieren und kontrollieren; bei Weidegang ist das schwieriger. Aus diesem Grunde ist es bei der Weide in jedem Falle angebracht, die notwendigen Mineralstoffgehalte des Futters durch Mineraldüngung anzuheben. Bei intensiver Beweidung sind unter mitteleuropäischen Bedingungen besonders die Na- und Mg-Gehalte, bei Gräserwiesen auch die Ca-Gehalte, bei älteren Beständen die Phosphatgehalte niedrig. Na- und Mg-Gehalte im Futter lassen sich durch regelmäßige Düngung deutlich anheben (KNABE 1967, SCHMITT und BRAUER 1969, WERNER und TODT 1970, FINGER 1970). Das Aufnahmevermögen der einzelnen Pflanzenarten und selbst der einzelnen Gräser ist sehr unterschiedlich. Die verschiedenen Weidelgräser und das Knaulgras nehmen Na gut auf. Lieschgras, Wiesenrispe und die verschiedenen Schwingelarten haben ein geringes Na-Aufnahmevermögen (GRIFFITH und WALTERS 1966, SAALBACH et al. 1968, WERNER und TODT 1970). Das Aufnahmevermögen von *Trifolium pratense* für Na und Mg ist höher als das vieler Gräser (WERK 1971). Na- und Mg-Unterversorgung sind am ehesten bei Milchkühen zu befürchten, da sie über die Milch relativ hohe Mengen an Na und Mg ausscheiden. Unzureichende Na-Versorgung führt auf die Dauer zu verminderter Freßlust, Lecksucht sowie zum Rückgang der Milchleistung und des Körpergewichtes (KEMP und HARTMANS 1968). Man strebt deshalb einen Na-Gehalt von mindestens 0,15 % Na in der Trockensubstanz des Futters an.

Eine Unterversorgung an Mg (Hypomagnesämie) der Wiederkäuer führt zur Weide- bzw. Grastetanie. Sie ist weniger eine Folge des absoluten Mg-Gehaltes im Futter als der Mg-Verwertung. In jungem Futter wird Mg zu einem wesentlich geringeren Grade ausgenutzt als in mehr ausgereiftem Futter. Im ungünstigsten Fall kann der Ausnutzungsgrad weit unter 10 % absinken, während normalerweise die Mg-Ausnutzung im Weidefutter 15–20 % beträgt. Die Ursache für diese schlechte Mg-Ausnutzung in jungem Futter ist noch nicht geklärt (PULSS und HAGEMEISTER 1969).

Bei intensiver Grünlandbewirtschaftung mit hohen Düngermengen, hohen Flächenleistungen und hoher tierischer Leistung ist sicherlich die Gefahr für Ernährungs- und Gesundheitsstörungen beim Tier größer als bei mehr extensiver Bewirtschaftung. Da aber der wirtschaftliche Erfolg entscheidet, stellt die extensive Gründlandbewirtschaftung in den meisten Fällen keine brauchbare Alternative dar. Daß auch bei hoher Intensität der Gründlandbewirtschaftung die Kuhherden gesund und leistungsfähig bleiben, konnte von WITT et al. (1968) in einer ausgedehnten Erhebungsuntersuchung nachgewiesen werden.

e) Vitamine

Auch die Frage, inwieweit Düngungsmaßnahmen den Vitamingehalt pflanzlicher Erzeugnisse beeinflussen, ist von Interesse. SCHARRER und WERNER (1957) überprüften im Gefäßversuch eine Anzahl verschiedener Gemüsearten auf ihren Vitamin-C-Gehalt in Abhängigkeit von der Düngung. Sie stellten fest, daß durch steigende N-Gaben der Vitamin-C-Gehalt in der Frischsubstanz vermindert, durch steigende K-Gaben dagegen erhöht wurde. Die P-Düngung hatte keinen eindeutigen Einfluß auf den Gehalt an Vitamin C. Auch der Vitamin-C-Gehalt von Möhre und Tomate kann durch K-Düngung erhöht werden (PENNINGSFELD und FORCHTHAMMER 1961). Nitrat-Düngung bewirkt im allgemeinen einen etwas höheren Vitamin-C-Gehalt als NH_4-Düngung.

Der Einfluß einer unterschiedlichen Düngung auf den Vitamin-C-Gehalt ist nicht allzu groß. Für die Praxis dürfte es also wenig sinnvoll sein, die Düngung vornehmlich nach ihrer Wirkung auf die Vitamin-C-Bildung auszurichten. Nach Untersuchungen von SCHARRER und WERNER (1957) scheint der Vitamin-C-Gehalt ein genetisch bedingtes, familientypisches Pflanzenmerkmal zu sein. So weisen Kompositen im allgemeinen einen niedrigen, Kruziferen dagegen einen relativ hohen Vitamin-C-Gehalt auf. Daneben gibt es innerhalb einer Pflanzenart auch noch sortentypische Unterschiede.

Die Tatsache, daß die Vitamin-C-Synthese durch K gefördert, durch N aber behindert wird, ist insofern interessant, als sie eine Parallele zur Kohlenhydratsynthese darstellt. Auch hier wirkt K günstig, N ungünstig, Die Bildung von Vitamin C muß also im Zusammenhang mit dem Kohlenhydratstoffwechsel gesehen werden. Es ist gut möglich, daß bei verstärktem N-Angebot die Säuren des Trikarbonsäurezyklus vermehrt für die Aminosäurebildung verbraucht werden, so daß weniger Kohlenstoffskelette für den Aufbau von Vitamin C zur Verfügung stehen. Weiterhin dürften auch die Redoxvorgänge in der Pflanze für den Vitamin-C-Gehalt von Bedeutung sein. Die Cu-haltige Askorbinsäureoxydase oxydiert das Vitamin C (= Askorbinsäure) zur Dehydroaskorbinsäure.

Der Vitamin-B_1-Gehalt ähnelt in seiner Reaktion auf Düngungsmaßnahmen mehr dem Eiweiß bzw. den N-haltigen Inhaltsstoffen, d. h. er wird durch steigende N-Düngung erhöht (s. Tabelle 62). Auch die Bildung von Vitamin B_2 wird durch N begünstigt, während die Synthese von Vitamin E durch die N-Versorgung unbeeinflußt bleibt (PFÜTZER et al. 1952). Allgemein ist festzustellen, daß die Bildung von Vitamin B_1 und B_2 nur in geringem Maße von der Nährstoffversorgung be-

Tabelle 62

Der Einfluß einer steigenden N-Düngung auf den Gehalt an Vitamin B_1 von Sommergerstenkörnern (SCHARRER und PREISSNER 1954)

Düngung	Kornertrag g/Gefäß	B_1-Gehalt in mg 100 g Körner
P K N_1	11,9	381
P K N_2	14,6	499
P K N_3	13,4	518

einflußt wird, so daß für praktische Zwecke in erster Linie ein optimales Pflanzenwachstum und weniger ein bestimmter Gehalt an Vitaminen anzustreben ist.

Die stärkste Beeinflussung des Vitamingehaltes durch die Düngung liegt beim Karotin (Provitamin A) vor. Vornehmlich die N-Düngung begünstigt die Karotinsynthese in der Pflanze. PENNINGSFELD und FORCHTHAMMER (1961) fanden, daß mit steigender N-Düngung der Karotingehalt von Möhre und Tomate erhöht wird.

Die Tabelle 63 zeigt, daß auch eine ausreichende K-Versorgung den Gehalt an Provitamin A in gewissen Grenzen steigert. Besonders deutlich aber ist die N-Wirkung, die jedoch nur dann voll zur Geltung kommt, wenn die K-Ernährung ausreichend ist. SCHARRER und BÜRKE (1953) berichten über den günstigen Einfluß einer steigenden Phosphatgabe auf den Provitamin-A-Gehalt von Salat.

Tabelle 63

Der Einfluß einer variierten N- und K-Düngung auf den Karotingehalt von Weidelgras (mg Karotin/10 g Tr.-Sub.) (SCHARRER und BÜRKE 1953)

Düngung	K_0	K_1	K_2	K_3
N_1	1,53	2,03	2,33	2,09
N_2	2,15	4,16	5,21	5,06
N_3	2,14	6,87	7,54	7,83

K_0 = ohne Kalium

Die günstige Wirkung des N auf die Synthese von Karotin erklärt sich mit dem Aufbau der N-haltigen Proteolipide und Lipoproteide, in welche die Chloroplastenpigmente eingelagert sind. Chlorophyll- und Karotinsynthese werden durch eine reichliche N-Ernährung stimuliert (SCHULZE 1957), obgleich das Karotinmolekül selbst kein N-Atom enthält.

III. TEIL

Die spezielle Wirkung und Bedeutung der einzelnen Pflanzennährstoffe

1. Der Stickstoff

a) Der Stickstoffkreislauf der Natur

Schon im vorigen Jahrhundert erkannte man, daß ein großer Teil der pflanzlichen Substanz N enthält, daß also der Stickstoff ein wichtiges Bauelement der Pflanze darstellt. Die weiteren Forschungen zeigten, daß der Stickstoff das wesentliche Element der Proteine und Proteide ist. Ihre Bedeutung als Träger der Fermentsynthese im Stoffwechsel wurde bereits ausführlich erläutert. Daraus läßt sich die Unentbehrlichkeit des Stickstoffs für das gesamte Leben erkennen, denn jeglicher Lebensvorgang, selbst bei den primitivsten Organismen, ist auf die Wirksamkeit von Enzymen, also letztlich auf den Stickstoff angewiesen. Es interessiert daher die Frage, wie der Stickstoff der unbelebten Natur über die verschiedensten Zwischenstufen schließlich in diese hochkomplizierten organischen Strukturen gelangt.

Bei der Besprechung des Eiweißstoffwechsels wurde dargelegt, daß die höhere Pflanze selbst imstande ist, anorganische Formen des N, also vornehmlich Nitrat und Ammoniak, zu assimilieren. Diese Formen des Stickstoffs stellen jedoch im Vergleich zur gesamten N-Menge auf der Erde nur einen kleinen Prozentsatz dar. Die geringen Mengen, die hiervon im Boden vorkommen und die meistens biologischer Herkunft sind, reichen bei weitem nicht aus, um die Pflanzendecke der Erdoberfläche genügend mit N zu versorgen. Das eigentliche Stickstoffreservoir der Natur stellt der molekulare Stickstoff der Atmosphäre dar. Die Luft enthält etwa 80 % N. Die Bedeutung dieses großen N-Anteiles liegt darin, daß er ein erheblicher Vorrat für das pflanzliche und damit für das tierische und menschliche Leben der Erde ist.

Die höhere Pflanze kann zwar das CO_2 der Atmosphäre unmittelbar verwerten, sie ist also C-autotroph, den molekularen Luftstickstoff vermag sie dagegen nicht direkt zu assimilieren. In der Natur sind lediglich eine Anzahl von Mikroorganismen befähigt, den molekularen N umzuformen, in ihre Körpersubstanz einzubauen oder auch in Form organischer Verbindungen an andere Pflanzen abzugeben. Diese relativ wenigen Mikroorganismen stellen gewissermaßen die Schleuse dar, durch die der Stickstoff aus dem Reservoir der Atmosphäre zu den verschiedensten anderen Formen des Lebens gelangen kann, also zur höheren Pflanze, zu Tier und Mensch. Dieser Paß muß vielfach als Engpaß angesehen werden. Man darf mit Recht behaupten, daß die N-Versorgung in sehr vielen Fällen der begrenzende Faktor der pflanzlichen Produktion ist.

Auch durch atmosphärische Entladungen kann der molekulare Luft-N in eine pflanzenverfügbare Form überführt werden. Die oxydierten N-Verbindungen, Nitrate und Nitrite, gelangen mit dem Regenwasser in den Boden. Im Gesamt-N-Haushalt der Natur sind diese N-Mengen jedoch gering. VIRTANEN (1953) nimmt an, daß in nördlicheren Breiten auf diese Weise etwa 1 kg Nitrat-N/ha im Jahr in den Boden gelangt. In tropischen Gebieten werden infolge häufiger Gewitter und starker Regenfälle etwa 2–5 kg Nitrat-N je ha und Jahr mit dem Regenwasser dem Boden zugeführt. Wenn man bedenkt, daß dem Boden durch eine Getreideernte etwa 80–100 kg N/ha entzogen werden, so wird deutlich, wie belanglos die mit dem Regenwasser zugeführte N-Menge ist.

Das von HABER und BOSCH zu Anfang dieses Jahrhunderts entwickelte Verfahren, aus N_2 und H_2 Ammoniak zu synthetisieren, stellt für den Menschen eine unschätzbare Möglichkeit dar, den N_2-Vorrat der Atmosphäre vermehrt für den Anbau von Kulturpflanzen zu nutzen. Es hat seither wesentlich dazu beigetragen, die Erzeugung landwirtschaftlicher Produkte erheblich zu steigern.

Die Abb. 129 soll den N-Kreislauf zwischen der Atmosphäre, dem Boden (bzw. den Mikroorganismen des Bodens) und der höheren Pflanze in groben Umrissen aufzeigen. Die N-Umsetzungen im Boden werden – wie aus Abb. 129 zu ersehen ist – im wesentlichen durch die drei Vorgänge

N-Fixierung
Nitrifikation (Mineralisation)
Denitrifikation

bestimmt. Unter **N-Fixierung** versteht man die Überführung des molekularen N in eine organische Bindung. Wie erwähnt, wird diese Bindung nur von Mikroorganismen durchgeführt. Hierbei ist zu unterscheiden zwischen den freilebenden Mikroorganismen und denen, die in Symbiose mit höheren Pflanzen leben. Zu den freilebenden zählen:

1. *Azotobacter chroococcum* (aerob)
2. *Bacillus amylobacter* (anaerob)

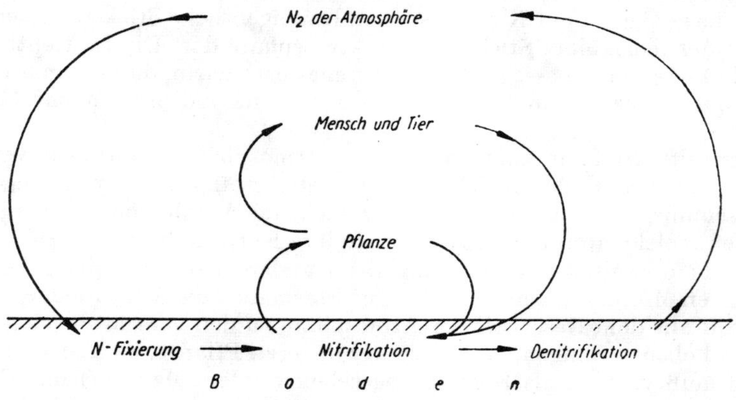

Abb. 129
Der N-Kreislauf in der Natur.

3. *Azotomonas insolita* (aerob)
4. *Bacillus asterosporus* (fakultativ anaerob)
5. *Aerobacter aerogenes*
6. *Methanobacter omelianskii* (BROWN und METCALFE 1957).

Azotobacter und *Azotomonas* sind zwar aerob lebende Bakterien, sie fixieren aber N_2 mit höherer Rate, wenn der O_2-Gehalt ihrer Atmosphäre unter 20 % liegt. Dementsprechend fand ROUQUEROL (1962), daß in überschwemmten Reisböden die N-Bindung durch *Azotobacter* wesentlich höher ist als in nicht überfluteten Reisböden. Dieser Befund erklärt sich damit, daß sich in den überschwemmten Böden vermehrt anaerob lebende, zelluloseabbauende Bakterien befinden, deren Stoffwechselprodukte (organische Säuren) *Azotobacter* als Nahrung dienen. Die N-bindenden Bazillen sind gegen niedere *p*H-Werte weniger empfindlich. Wichtig ist, daß die aufgeführten Mikroorganismen C-heterotroph sind. Sie sind also auf eine organische Kohlenstoffversorgung angewiesen und gedeihen nur, wenn im Nährsubstrat leicht umsetzbare Kohlenhydrate, also Zucker, vorhanden sind. Für die natürlichen Verhältnisse bedeutet dies, daß man nur dann mit einem regen Leben der N-bindenden Bakterien rechnen kann, wenn sie im Boden vergesellschaftet mit anderen Mikroorganismen vorkommen, die zur Aufspaltung hochmolekularer Kohlenhydrate (Zellulose; Stärke), befähigt sind. Das ist besonders unter anaeroben Bedingungen der Fall. Deshalb ist hier auch die N-Fixierungsrate der freilebenden Mikroorganismen höher als unter aeroben Verhältnissen (STEWART 1967).

Die Bedeutung der freilebenden N-bindenden Mikroorganismen für die höheren Pflanzen darf nicht überschätzt werden. Besonders unter unserem klimatischen Bedingungen dürften nach VIRTANEN (1953) nur wenige kg N je ha und Jahr durch die freilebenden Mikroorganismen gebunden werden. HÜSER (1963) fand, daß frei lebende Mikroorganismen unter weniger günstigen Bedingungen nur 1–2 kg N/ha jährlich fixieren. Dagegen werden unter guten Voraussetzungen, besonders in tropischen Zonen, 20–60 und mehr kg N/ha jährlich von den freilebenden Mikroorganismen gebunden.

Weiterhin gibt es Blaualgen, die befähigt sind, molekularen N zu binden. Bei ihnen ist noch nicht geklärt, ob sie selbst N_2 zu binden vermögen, oder ob sie in Symbiose mit N_2-bindenden Bakterien leben. Es wird angenommen, daß sie in Süßwasser und auf überfluteten Reisfeldern den höheren Pflanzen beachtliche N-Mengen zuführen.

Die größte Bedeutung für die N-Ernährung kommt den in Symbiose lebenden N-bindenden Bakterien zu. Es sind vornehmlich die verschiedenen Rassen von *Rhizobium leguminosarum* (*Bacterium radicicola*), die als **Knöllchenbakterien** bekannten Mikroorganismen, die der Atmosphäre beachtliche N-Mengen entnehmen und der grünen Pflanze zuführen. So werden auf guten Klee- und Luzernefeldern 200–400 kg N/ha jährlich gebunden. Das ist eine gewaltige Leistung, die für die praktische Landwirtschaft von außerordentlichem Nutzen ist, wie HELLRIEGEL und WILLFAHRT schon zu Ausgang des vergangenen Jahrhunderts erkannten. Neben den Knöllchenbakterien ist bei der Erle noch ein Strahlenpilz, *Actinomyces alni*, bekannt, der ebenfalls molekularen N bindet und der Wirtspflanze zur Verfügung stellt. Gleiches gilt für die Symbiose zwischen Sanddorn und *Actinomyces elaeagni*. Auch gibt es Blaualgen, die in Symbiose mit grünen Pflanzen leben.

Die N-Bindung von *Actinomyces alni* dürfte für den N-Haushalt der Waldböden keine geringe Bedeutung haben, für landwirtschaftliche Verhältnisse verdienen die Knöllchenbakterien der Leguminosen das größte Interesse. Man kennt etwa 12000 verschiedene Leguminosenarten, die alle in Symbiose mit *Rhizobium leguminosarum* zur N_2-Fixierung befähigt sein dürften. Etwa 200 verschiedene Leguminosenarten werden landwirtschaftlich genutzt (SCHMID 1968). Die Symbiose besteht darin, daß die C-autotrophe Wirtspflanze das C-heterotrophe Bakterium mit Kohlenhydraten versorgt, während das Bakterium an die grüne Pflanze organische N-Verbindungen (Aminosäuren und Amide) liefert.

Die einzelnen Rassen von *Rhizobium leguminosarum* leben jeweils nur mit ganz bestimmten Leguminosenarten in Symbiose. So können die Knöllchenbakterien des Rotklees keine Knöllchenbildung bei anderen Leguminosen hervorbringen, die der Erbse sind unwirksam bei Klee und Luzerne. Man kennt heute 16 verschiedene Rassen von Knöllchenbakterien, die sich zu 6 Gruppen zusammenfassen lassen:

1. Erbsengruppe (Erbse, Ackerbohne, Wicke, Linse)
2. Kleegruppe (alle *Trifolium*-Arten)
3. Lupinengruppe (Lupine, Serradella)
4. Medicagogruppe (Luzerne, Steinklee)
5. Phaseolusgruppe (*Phaseolus*-Bohnen)
6. Sojagruppe (Sojabohne)

Innerhalb dieser Gruppen gibt es wieder eine Anzahl verschiedener Stämme mit unterschiedlichem N-Bindungsvermögen. Vereinzelte Stämme bilden zwar an den Wurzeln der Wirtspflanze Knöllchen, vermögen aber keinen N zu liefern, sind also wirkungslos. Ist also eine Pflanze mit einem wenig wirksamen oder sogar unwirksamen *Rhizobium*-Bakterium infiziert, so wird sie nur ungenügend mit N ernährt werden, falls ihr im Nährsubstrat keine anderen N-Quellen ausreichend zur Verfügung stehen.

Die frühere Annahme, daß Nitrat, Nitrit, NH_3 und Harnstoff die Knöllchenbildungen und N-Fixierung behindern, trifft nicht ganz zu. Lediglich höhere Konzentrationen ($>$ ca. 20 ppm) können schädlich wirken (RAGGIO und RAGGIO 1962). Weiterhin sind die Knöllchenbakterien empfindlich gegen niedrige *p*H-Werte des Bodens. Sie lieben eine neutrale oder höchstens schwach saure Reaktion. Vielfach sind es nicht die Wirtspflanzen selbst, sondern ihre Knöllchenbakterien, die höhere *p*H-Werte beanspruchen. So wächst Klee noch bei *p*H 4, falls man ihn mit anorganischem N ernährt. Eine N-Ernährung durch die *Rhizobium*-Bakterien ist jedoch bei diesem *p*H-Wert nicht möglich. Für den Anbau der Leguminosen und für eine weitgehende Ausnutzung der N-Fixierung der Knöllchenbakterien ist es also wichtig, effektive Bakterienstämme zu haben, höhere Nitratgehalte des Nährmediums zu vermeiden und seinen *p*H-Wert auf eine schwach saure bis neutrale Reaktion zu bringen.

Das Leben der *Rhizobium*-Bakterien ist dem Lebensrhythmus der Wirtspflanze weitgehend angepaßt. Das junge Pflänzchen wird von den Bakterien infiziert, indem diese durch die Wurzelhaare in die Rindenschicht der Wurzeln eindringen und hier das Plasma zu einer verstärkten Teilung anregen. In diesem Stadium wird vermehrt Polygalakturonase gebildet, welche die Zellwände der Wirtspflanze enzymatisch auflöst. Es entstehen die Verdickungen der Wurzeln, die äußerlich sichtbaren Knöllchen (s. Tafel VI).

In den ersten Tagen nach der Infektion werden die Bakterien vollkommen von der Wirtspflanze ernährt. Sie vermehren sich während dieser Zeit sehr stark. Danach wandeln sich die stäbchenförmigen Bakterien in sogenannte **Bakteroide** um; das sind gelappte oder Y-förmige Gebilde. Mit dieser Umwandlung setzt die N-Fixierung ein. Es werden an den Wurzeln der Wirtspflanze zahlreiche neue Knöllchen gebildet, und der gebundene Stickstoff wird hauptsächlich für den Aufbau des Bakterienproteins verwendet. Erst wenn genügend Knöllchenbakterien ausgebildet sind, tritt die Periode der größten N-Lieferung des Bakteriums an die Wirtspflanze ein. Etwa 90 % des assimilierten Luft-N werden zu dieser Zeit vom Bakterium an die grüne Pflanze abgegeben. Diese Phase trifft zusammen mit der Zeit des größten N-Bedarfs der Pflanze. Es ist die Zeit des beginnenden Längenwachstums bis zum Ende der Blüte. Daß während dieser Periode die starke Assimilationsleistung der grünen Pflanze ihrerseits die Tätigkeit der Knöllchenbakterien begünstigt, ist anzunehmen. Nach der Blüte stellen die Knöllchenbakterien ihre N-Bindung allmählich ein, die Bakteroide verwandeln sich in stäbchenförmige Bakterien, der N-Gehalt der Knöllchen nimmt stark ab (s. Abb. 130).

Aus dem Verlauf der beiden Kurven wird deutlich, daß nach Überwindung einer gewissen Anfangszeit der meiste von den Bakterien gebundene Stickstoff an die Wirtspflanze weitergegeben wird. Das lebende Bakterium liefert also den Stickstoff an die grüne Pflanze, und es ist nicht so, daß der von den Bakterien assimilierte N erst nach ihrem Absterben den höheren Pflanzen zur Verfügung steht. Aus dem

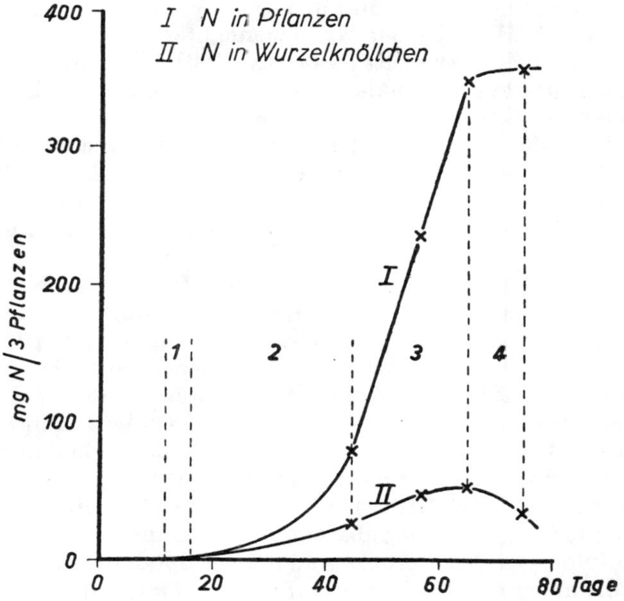

Abb. 130
Der N-Gehalt der Erbse und ihrer Wurzelknöllchen im Verlaufe der Vegetation (VIRTANEN 1953). *1* Infektionsstadium; *2* Knöllchenbildung; *3* Intensive N-Lieferung an die Wirtspflanze; *4* Umwandlung der Bakteroide in Bakterien.

Verlauf der N-Lieferung an die Wirtspflanze ist zu ersehen, daß im Jugendstadium die Pflanze noch auf andere N-Quellen des Nährmediums angewiesen ist, zumal sie anfangs auch die Knöllchenbakterien mit N versorgen muß. Beim Anbau von Leguminosen ist deshalb eine gewisse N-Reserve im Boden für die Jugendentwicklung der Pflanze erforderlich. Daher ist es auf N-armen Böden angebracht, bei Neuansaat von Leguminosen eine geringe Stickstoffgabe, den sogenannten Startstickstoff, zu verabreichen. Spätere N-Gaben wirken dagegen ungünstig, sie vermindern die Tätigkeit der Knöllchenbakterien und fördern die Verunkrautung, bei Luzerne und Rotklee besonders die Vergrasung des Bestandes. Daß man Böden, auf denen zum ersten Mal eine bestimmte Leguminosenart angebaut werden soll, zweckmäßigerweise mit der entsprechenden *Rhizobium*-Rasse impft, braucht nicht weiter betont zu werden.

Der Mechanismus der bakteriellen N-Fixierung wurde bereits auf S. 153 erläutert. Nach REISENAUER (1960) ist auch Co für die N-Fixierung der Leguminosenknöllchen notwendig. Es ist die Metallkomponente des Vitamins B_{12} (KLIEWER und EVANS 1962). Vitamin B_{12} wiederum ist vermutlich für die Biosynthese des Hämoglobins unentbehrlich. Interessanterweise wurde dieses sog. Kobamid-Koenzym (Vitamin B_{12}) auch in den Knöllchen von *Alnus* gefunden (KLIEWER und EVANS 1963). Der Gehalt an Vitamin B_{12} der Knöllchen stieg mit der Co-Versorgung an. Co ist also ein unentbehrlicher Nährstoff der *Rhizobium*-Bakterien und weiterer symbiontisch lebender, N-fixierender Mikroorganismen. Selbst *Azotobacter vinelandii* benötigt Co. Es ist demnach wahrscheinlich, daß dem Co eine ziemlich allgemeine Bedeutung bei der mikrobiologischen N-Fixierung zukommt.

Weiterhin sind für die N-Bindung der Knöllchenbakterien und auch der frei lebenden Bakterien Mo und Fe notwendig (NICHOLAS 1961). Fe wird als Baustein des Häms benötigt; dagegen ist noch unklar, auf welche Weise Mo wirkt. Vermutlich existiert ein Mo-haltiges Enzym, das vielleicht ähnlich wie die Nitratreduktase arbeitet. Der Mo-Bedarf von *Rhizobium* ist relativ hoch. MULDER (1948) fand in den Wurzelknöllchen der Erbse zehnmal mehr Mo als in den oberirdischen Pflanzenteilen. Es ist also nicht die höhere Pflanze selbst, sondern es sind die mit ihr in Symbiose lebenden Knöllchenbakterien, die den höheren Anspruch an die Mo-Versorgung stellen.

Der von den Mikroorganismen fixierte N, vermutlich NH_3, wird an Kohlenstoffskelette, wahrscheinlich Ketosäuren, angelagert. Diese Kohlenstoffskelette stammen von der Wirtspflanze (s. Abb. 131). Auf diese Weise werden Aminosäuren und Amide synthetisiert, die der N-Ernährung der Wirtspflanze dienen. Die Art der gebildeten Aminosäure hängt vom spezifischen Aminosäure-Stoffwechsel der Wirtspflanze ab. In den meisten Fällen ist es Glutaminsäure und weniger Asparaginsäure oder Alanin, die zuerst gebildet wird. In den Wurzelknöllchen der Erle dagegen wird auch viel Zitrullin synthetisiert (VIRTANEN und MIETTINEN 1952).

Über Wurzel- und Stoppelreste, Laubabfall, Absterben von Mikroorganismen und über die Düngung mit organischen Substanzen werden dem Boden erhebliche Mengen an Stickstoff in organischer Form zugeführt, der durch die Tätigkeit zahlreicher Bakterien in die anorganische Form überführt, also mineralisiert wird. Der hauptsächlich als Aminostickstoff vorliegende N wird durch den mikrobiellen Abbau der Eiweißsubstanzen zu NH_3 umgebaut. Diese Ammonifizierung geht nur bei reichlicher Durchfeuchtung des Bodens vor sich. Das NH_3 bzw. das NH_4-Ion kann sich auf Böden mit niedrigem *p*H-Wert und schlechter Durchlüftung, z. B.

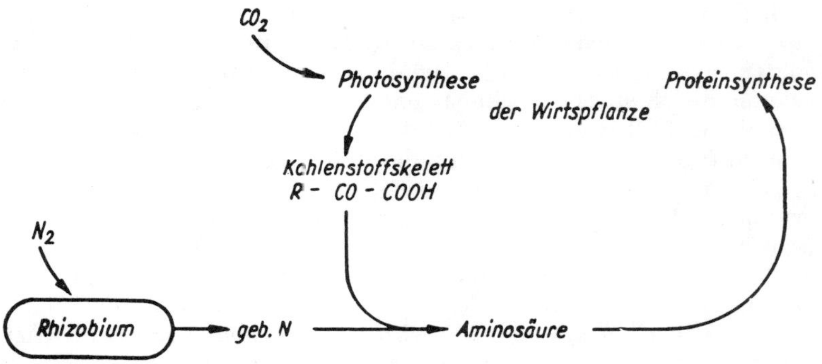

Abb. 131
Symbiose von *Rhizobium* und Wirtspflanze.

Hochmoorböden und Rieselfeldern, anreichern. Gut durchlüftete Böden mit schwach saurer bis neutraler Reaktion weisen dagegen optimale Bedingungen für die nitrifizierenden Bakterien auf. MUNK (1958) fand in Modellversuchen auf gleichem Boden ohne und mit Kalkung die in Tabelle 64 aufgeführten Werte. Unterhalb von *p*H 4,1 konnte keine Nitrifikation mehr festgestellt werden.

Tabelle 64
Die Nitrifikation von 20 mg NH_4-N in 100 g Boden in Abhängigkeit vom *p*H-Wert

Zeitdauer	mg NO_3-N/100 g Boden *p*H 4,4	*p*H 6,0
14 Tage	1,78	8,00
21 Tage	2,30	12,00
35 Tage	4,72	21,40

Die Oxydation des NH_3 zu Nitrit und dessen weitere Oxydation zu Nitrat werden von unterschiedlichen Bakterien bewirkt, den Nitritbildnern und Nitratbildnern. Beide Prozesse verlaufen offenbar parallel, da eine Akkumulation von Nitrit im Boden nicht bekannt ist. Summarisch lassen sie sich wie folgt wiedergeben:

$$2\,NH_4^+ + 3\,O_2 \rightarrow 2\,HNO_2 + 2\,H_2O + 2\,H^+$$
$$2\,HNO_2 + O_2 \rightarrow 2\,HNO_3$$

Diese mit **Nitrifikation** bezeichneten Vorgänge laufen unter schwach sauren bis neutralen Reaktionsverhältnissen schnell ab, besonders wenn die Tätigkeit der Bakterien durch feuchte und warme Witterung begünstigt wird. So kennt man im Frühjahr und Herbst ein Maximum der Nitratbildung, dagegen ist in trockenen Sommermonaten und im Winter die Nitrifikation unterdrückt. Bei hoher Wasserspannung im Boden, also unter trockenen Bedingungen, verläuft die Nitrifikation langsam (SABEY 1969). Dies macht sich besonders auf Standorten, die nicht gedüngt werden (Waldböden), sehr deutlich bemerkbar (WEHRMANN 1961). Starke Winterfröste haben dagegen kaum einen Einfluß auf die N-Mineralisation im darauffolgenden Frühjahr (HARMSEN 1961). Höhere NH_3-Konzentrationen, wie sie beispielsweise durch starke Stallmist- oder Jauchedüngung verursacht werden können, schränken die Tätigkeit der Nitratbildner ein. Weiterhin kann man die Nitrifizierung mit Methionin, Methioninderivaten, Urethan und Thioharnstoff blockieren (QUASTEL 1965).

Normalerweise verläuft die Nitratbildung schnell, so daß ein großer Teil des als NH_4-Stickstoff gedüngten N nicht als NH_4^+, sondern als NO_3^- aufgenommen wird (JACOB und WIEGAND 1952). In jedem Falle wird jedoch das gedüngte NH_4^+ die H-Ionenkonzentration des Bodens erhöhen. Wird es direkt von der Pflanze assimiliert, so bildet sich je NH_4^+ ein H^+; wird es im Boden vorerst nitrifiziert, so wird bei seiner Oxydation zur salpetrigen Säure von jeweils einem NH_4-Ion ein H-Ion gebildet (s. obige Gleichung). Abb. 132 zeigt die Nitrifikation von NH_4^+ auf einem kalkhaltigen Lehmboden (pH = 7,8) in Abhängigkeit von der Zeit. Mit dem Anstieg des NO_2^--Gehaltes nimmt die Menge an NH_4^+ ab. Der NO_2^--Gehalt erreicht ein Maximum und sinkt im weiteren Verlauf infolge der verstärkten Nitratbildung wieder ab. Der pH-Wert wird deutlich mit fortschreitender Nitritbildung erniedrigt. Nitrit braucht nicht immer zu Nitrat oxydiert zu werden, es wird auch zum Teil in die organische Substanz eingebaut (FÜHR und BREMNER 1963).

Unter anaeroben Bedingungen kann das Nitrat auch wieder reduziert werden. Man nennt den Vorgang **Denitrifikation.** Er beginnt mit der Reduktion von $NO_3^- \rightarrow NO_2^-$ und führt weiter zu den gasförmigen Verbindungen N_2O und N_2.

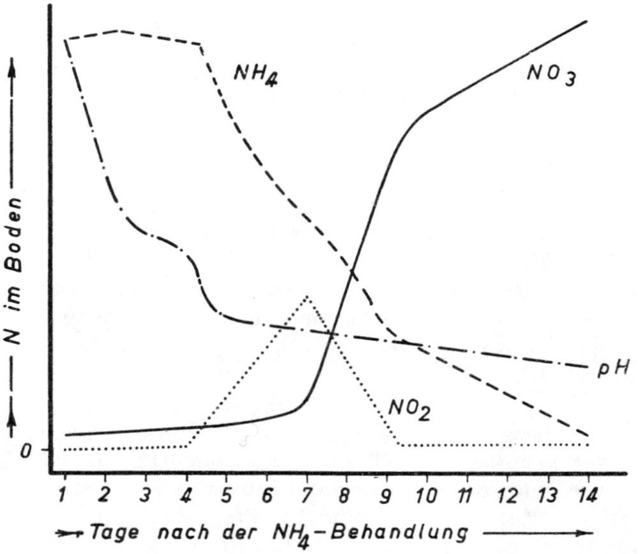

Abb. 132
Die Nitrifikation von NH_4^+ im Verlaufe der Zeit (DUISBERG und BUEHRER 1954).

Letztere entweichen aus dem Ackerboden und stellen damit einen N-Verlust dar. Die Denitrifikation wird von fakultativ anaeroben Mikroorganismen ausgelöst, die bei O_2-Mangel den O von Nitrat und Nitrit nutzen. Wurzelausscheidungen, die den Mikroorganismen als H-Donator dienen, begünstigen die Denitrifikation (TROLLDENIER 1971). Die dadurch auftretenden N-Verluste sind größer, als man früher annahm. Selbst auf gut durchlüfteten Böden muß man mit denitrifizierenden Vorgängen rechnen, da in ihnen immer Bereiche mit schlechter O_2-Zugänglichkeit gegeben sind. Untersuchungen mit markiertem N (^{15}N) in Wiesenböden zeigten, daß vom Dünger-N auf sandigen Böden 11–25 %, auf Tonböden 16–31 % und auf Moorböden 19–40 % durch Denitrifikation verlorengehen können (WOLDENDORP 1968). Auch auf Ackerböden und besonders auf überfluteten Reisböden sollte die Denitrifikation nicht unterschätzt werden (ATANASIU et al. 1966, TERMAN und BROWN 1968, DINCHEV und BADJOV 1969, MACRAE und ANCAJAS 1970). Sie erreicht auch hier Werte von 10–15 % des Dünger-N. Die Denitrifikation wird begünstigt durch hohe Bodenfeuchte, niedrige O_2-Partialdrucke, gut assimilierbare organische Substanz sowie von Schwermetallen (Cu und Mn). Bei *p*H 6 erreicht sie ihre maximale Rate; unterhalb *p*H 4,5 findet kaum noch eine Denitrifikation statt.

Die stark anaeroben Bedingungen beim Anbau von Sumpfreis führen zu einer erheblichen Reduktion von Nitrat (PONNAMPARUMA 1965). Es ist hier also unangebracht, mit Nitrat-N zu düngen.

N-Verluste des Bodens entstehen auch dadurch, daß NH_3 entweicht. Sie sind um so größer, je höher der *p*H-Wert des Bodens ist. Man sollte deshalb alkalisch reagierende Böden (Salzböden) nicht mit NH_4-Düngemitteln düngen. Auch vermeidet man aus diesem Grunde, Kalkung und NH_4-Düngung gleichzeitig durchzuführen.

Die Umsetzung von Zyan-N im Boden wird ebenfalls durch mikrobiologische und rein chemische Prozesse bewerkstelligt. **Kalkstickstoff** (21–22 % N), in der Hauptsache Ca-Zyanamid, wird über die nachstehend aufgeführten Stufen im Boden bis zu NH_4-N abgebaut.

$$\underset{\text{Ca-Zyanamid}}{2\,CaN{-}CN} + 2\,H_2O \rightarrow Ca(OH)_2 + \underset{\text{Mono-Ca-Zyanamid}}{Ca(NH{-}CN)_2}$$

$$Ca(NH{-}CN)_2 + 2\,H_2O \rightarrow Ca(OH)_2 + \underset{\text{Zyanamid}}{2\,NH_2{-}CN}$$

$$2\,NH_2{-}CN + 2\,H_2O \rightarrow \underset{\text{Harnstoff}}{2\,C{=}O\begin{matrix}\diagup NH_2\\ \diagdown NH_2\end{matrix}}$$

$$2\,C{=}O\begin{matrix}\diagup NH_2\\ \diagdown NH_2\end{matrix} + 4\,H_2O \rightarrow 2\,C{=}O\begin{matrix}\diagup O{-}NH_4\\ \diagdown O{-}NH_4\end{matrix}$$

$$\text{Bilanz: } 2\,CaN{-}CN + 10\,H_2O \rightarrow 2\,(NH_4)_2CO_3 + 2\,Ca(OH)_2$$

Demnach sind für die Umsetzung eines Moleküls Ca-Zyanamid in NH_4-Karbonat 5 Moleküle H_2O notwendig. Auf Grund dieser verschiedenen Umsetzungsreaktionen von einer schwer wasserlöslichen in eine gut wasserlösliche N-Form gilt der Kalkstickstoff als nachhaltiges N-Düngemittel, d. h. seine Wirkung erstreckt sich über längere Zeit. Dazu kommt noch, daß er als wasserunlösliche Verbindung im Gegensatz zu den meisten anderen N-Düngemitteln nicht ausgewaschen wird. Die hohe, zu seiner Umsetzung notwendige Wassermenge bedingt auf der anderen Seite, daß die Pflanzen mit Kalkstickstoff als N-Quelle nur dann genügend mit N versorgt werden, wenn der Boden eine gewisse Feuchtigkeit hat. So kommt in trockenen Jahren der Kalkstickstoff schlecht zur Wirkung. Bei extrem feuchten Böden kann die Umsetzung des Kalkstickstoffes einen anderen Verlauf als oben aufgezeigt haben. Neben Harnstoff entstehen dann noch Guanidin, Guanylharnstoff und Dizyandiamid (Rathsack 1955). Harnstoff wird auf sauren Böden ziemlich schnell zu NH_3 abgebaut; in kalkhaltigen oder alkalischen Böden ist der Abbau von Harnstoff zu NH_3 jedoch verzögert.

Ähnlich wie K^+, so kann auch NH_4^+ zwischen den Schichtpaketen der Tonminerale außerordentlich fest gebunden werden. Nach Schachtschabel (1961) werden auf diese Art in kolloidreichen Böden 2500–3000 kg N/ha fixiert. Bremner (1959) fand im Durchschnitt zahlreicher Bodenprofile, daß in der Krume 5,6 % des Gesamt-N in Form von fixiertem NH_4^+ vorliegen. Im Unterboden erhöhte sich dieser Anteil sogar auf 21,5 %. Es fixieren besonders aufgeweitete Illite und Vermikulit. K^+ und NH_4^+ können auf Grund ihres Ionenradius in die Zwischenschichten der genannten Tonminerale eindringen und unter Abstreifung ihrer Hydratationshüllen die parallel gelagerten benachbarten Schichtpakete anziehen. Das Tonmineral kontrahiert und ,,klemmt" so die NH_4^+- bzw. K^+-Ionen fest. Sie sind damit für die Pflanze nur schwer zugänglich. Dementsprechend kommt bei fixierenden Böden die NH_4^+- oder auch K^+-Düngung unter Umständen kaum zur Wirkung. Zwischen K^+ und NH_4^+ besteht hierbei eine gewisse Konkurrenz. Für ihre Düngerwirkung ist die zeitliche Reihenfolge der Applikation von Bedeutung, denn das zuerst gedüngte Kation wird am stärksten fixiert und kommt damit am schwächsten zur Wirkung (Atanasiu et al. 1967, Bartlett und Simpson 1967). Abb. 133 zeigt diesen Zusammenhang bei einem Gefäßversuch mit Getreide.

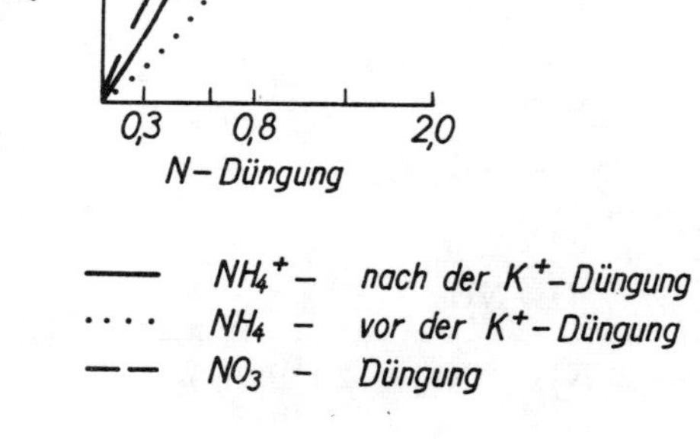

Abb. 133
Der Einfluß der zeitlichen Reihenfolge von K^+- und NH_4^+-Düngung bei einem fixierenden Boden auf den Kornertrag (Atanasiu et al. 1967).

Die biologische Bindung des N im Boden ist die wirksamste Art, den N vor Auswaschung zu schützen. Unter dieser biologischen Bindung versteht man die Assimilation von leicht löslichen N-Verbindungen (Aminosäuren, NH_4^+, NO_3^-) durch Mikroorganismen und auch durch die Wurzeln der höheren Pflanzen. Der leicht lösliche N wird also für den Aufbau von Körpersubstanz der einzelnen Lebewesen verwendet. So erklärt sich, daß auf unbewachsenen Böden die N-Auswaschung größer ist als auf bewachsenen. Die biologische Festlegung des N wirkt sich auf diese Weise vorteilhaft aus. Sie kann jedoch auch nachteilig werden, wenn die Mikroorganismen mit den höheren Pflanzen um die leicht löslichen N-Verbindungen konkurrieren. Diese Gefahr besteht, wenn den Mikroorganismen höhere Mengen an Kohlenhydraten zur Verfügung stehen, so daß sie ein reges Leben entfalten. So werden ihnen mit einer Strohdüngung viel Kohlenhydrate, aber wenig Stickstoff zugeführt. Der im Boden vorhandene Stickstoff wird vermehrt biologisch festgelegt und kann den Kulturpflanzen erst nach dem Absterben und dem Abbau der Bakterienleiber zugänglich werden. Um eine derartige Festlegung des N zu vermeiden, düngt man mit dem Stroh gleichzeitig auch noch Stickstoff (SCHMIDT und UNGER 1968, AMBERGER und AIGNER 1969). Hierbei verwendet man auf 100 kg Stroh 1 kg N. Das C/N-Verhältnis im Boden hat also einen maßgeblichen Einfluß auf die biologische Bindung von löslichem N und auch auf die Freisetzung von biologisch gebundenem N (N-Mineralisation). Als Faustregel nimmt man an, daß bei einem C/N-Verhältnis von 10 : 1 die N-Mineralisation verstärkt einsetzt, während mit höheren C/N-Relationen die biologische N-Bindung immer mehr zunimmt. Der Grad der N-Mineralisation hängt deshalb weniger von der Beschaffenheit der organischen Substanz als von ihrem C/N-Verhältnis ab. Je niedriger dieses ist, um so mehr wird der N mineralisiert. Die organische Substanz der Mikroorganismen weist ein enges C/N-Verhältnis auf (Bakterien und Aktinomyzeten 5 : 1, Pilze 10 : 1). Getreidestroh hat ein C/N-Verhältnis von 80 : 1. Gute Böden enthalten relativ viel organisch gebundenen N. Ihr C : N-Verhältnis ist deshalb eng. Es beträgt bei Schwarzerdeböden etwa 8 : 1, auf Podsolböden etwa 20 : 1.

Der lösliche N des Bodens ist im Verlaufe eines Jahres starken Schwankungen unterworfen, die teils auf die Mineralisation, teils auf die N-Aufnahme der Pflanzen und teils auf die vertikale Wanderung des N im Boden zurückgehen (GARDNER und TUCKER 1967). Die vertikale Wanderung wird durch Niederschläge und Verdunstung bewirkt. HARMSEN (1959) stellte auf Marschböden in Holland fest, daß der Spiegel an löslichem N im Frühjahr (April/Mai) erheblich ansteigt und im Spätsommer wieder abfällt (s. Abb. 134).

Der Anstieg ist um so stärker, je höher die N-Düngung ist. Auch die Nutzungsweise des Bodens beeinflußt den Gehalt an löslichem N nachhaltig. Der zugeführte mineralische Dünger-N wird auf Wiesen und Weiden am stärksten aufgenommen bzw. in eine unlösliche Form überführt. Bei Brache ist demgegenüber die Umwandlung des löslichen N in eine unlösliche Form am schwächsten ausgeprägt (WHITE und GREENHAM 1967). Böden mit Getreidebestand nehmen eine Mittelstellung ein. Ihr Gehalt an löslichem N erschöpft sich meistens schon im Juni.

Sommerniederschläge waschen den löslichen N nach unten, zur Zeit höherer Verdunstung steigt er wieder kapillar mit dem Bodenwasser in höhere Bodenschichten (HARMSEN 1961). Diese vertikale N-Wanderung ist auf leichten Böden besonders stark, hat aber auch für Lößböden eine gewisse Bedeutung (GLIEMEROTH 1959). Sie ist verständlicherweise auf brachen Böden stärker als auf bewachsenen.

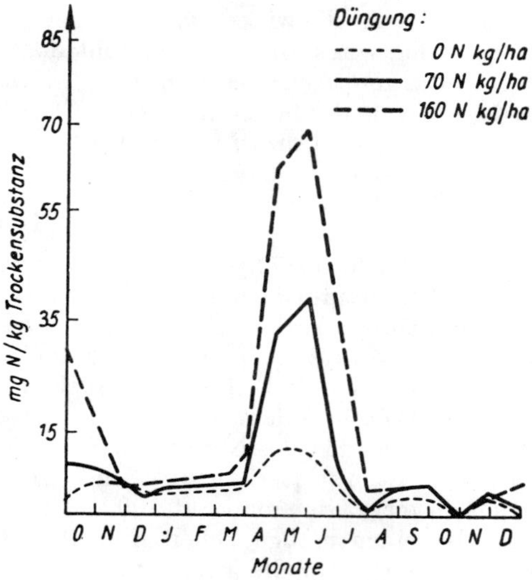

Abb. 134
Der Gehalt an löslichem N in der Ackerkrume auf leichtem Marschen-Ton bei verschiedener N-Düngung im Verlaufe von 15 Monaten (n. HARMSEN 1959).

Der Transport des löslichen N durch Sommerregen in tiefere Bodenschichten führt zu keinen größeren N-Verlusten, da selbst höhere Niederschläge den N nicht tiefer als 50 cm in den Boden waschen (HARMSEN 1959).

Die N-Verluste durch Auswaschung über Winter hängen maßgeblich von der vertikalen Wasserverlagerung ab. Auf schweren Böden wird der lösliche N zwar bis in eine Tiefe von etwa 1 m verlagert, ist aber im folgenden Jahr den Pflanzen wieder zugänglich (MOMMIK 1966, BADJOV 1969). Nitratverluste können jedoch durch das Ablaufen von Oberflächenwasser auftreten (MOE et al. 1967). Auf leichteren Böden werden besonders in regenreichen, milden Wintern höhere N-Mengen ausgewaschen. In diesen Jahren sollte man deshalb höhere N-Düngungsmengen anwenden (JUDEL und KÜRTEN 1968). VAN DER PAAUW (1962) konnte in Feldversuchen deutliche Zusammenhänge zwischen der Höhe der Winterniederschläge und dem Getreideertrag feststellen (N-Auswaschung s. S. 211).

b) Stickstoffaufnahme, Transport und Beweglichkeit in der Pflanze

Die wichtigsten N-Formen, die von der Pflanze aufgenommen werden, sind Nitrat- und NH_4-Stickstoff. Daneben ist die Pflanze auch noch befähigt, organische N-Verbindungen aufzunehmen, was für praktische Belange jedoch mit Ausnahme des Harnstoffes nur von untergeordneter Bedeutung ist. Die Aufnahme der genannten N-Verbindungen erfolgt vornehmlich über die Wurzel; eine extraradikale Sorption, also eine Aufnahme über das Blatt, ist jedoch auch möglich. Selbst Zyan-N kann von der Pflanze über Wurzel, Blatt und Stengel aufgenommen werden (HOFMANN und LATZKO 1954). Zyan-N wirkt schädlich auf den pflanzlichen Stoffwechsel. Er behindert nach Untersuchungen von AMBERGER (1961) die Katalase-Aktivität, während die Peroxydase unbeeinflußt bleibt.

Unter normalen Verhältnissen wird der anorganisch aufgenommene N in der Pflanze schnell assimiliert, also in eine organische N-Verbindung umgewandelt.

Das gilt auch für den Harnstoff (WEBSTER et al. 1955), obgleich seine Aufnahme im Vergleich zur Nitrataufnahme langsamer verläuft (KIRKBY und MENGEL 1970). Die einzelnen N-Verbindungen sind in der Pflanze gut beweglich. So zeigt sich ein N-Mangel immer zuerst an den älteren Blättern. Aus ihnen werden die durch Proteolyse gebildeten N-haltigen Moleküle in die noch grünen, jungen Wachstumskegel transportiert. BURR et al. (1958) untersuchten die Verteilung des N bei radikaler Aufnahme von markiertem Ammonsulfat. Nach einer 24stündigen Einwirkung wurden die einzelnen Pflanzenteile auf ihren Gehalt an ^{15}N analysiert. Es ergab sich die in der Tabelle 65 dargestellte Verteilung von ^{15}N. Bei dieser Verteilung überrascht, daß der meiste N nicht in die jüngsten Blätter (1.–3. Blatt), sondern in die Blätter eingewandert ist, die schon voll ausgebildet waren und den höchsten N-Gehalt aufwiesen. BURR et al. schließen hieraus, daß der N an die Stellen des physiologischen Bedarfes, nicht aber zu den Stellen mit niederem N-Gehalt wandert. Auch die Untersuchungen von MICHAEL (1960) und Mitarbeiter lassen diese Tendenz erkennen. Die genannten Autoren fanden, daß bei Getreide zur Zeit der Körnerbildung der mit ^{15}N-markierte N hauptsächlich direkt bis in das Korn transportiert wird und nur geringfügig im Halm oder in den Blättern verbleibt.

Tabelle 65
Die Verteilung von ^{15}N auf die verschiedenen Blätter der Zuckerrohrpflanze bei radikaler N-Versorgung

Blatt	Ges. N	^{15}N-markierter N in % v. ges. N	^{15}N-markierter N in mg/100 g Sub.
1.– 3.	1,42	5,4	77
4.– 6.	1,85	6,7	124
7.– 9.	1,75	4,0	70
10.–11.	1,50	2,3	35

Mit steigender N-Ernährung erhöht sich der N-Gehalt in der Pflanze deutlich. Hierbei werden jedoch in erster Linie die Gehalte an löslichen Aminoverbindungen und weniger die Proteingehalte gesteigert (WENZEL und MICHAEL 1966, SIEGEL und VOGT 1968, MENGEL und HELAL 1970). Von den verschiedenen löslichen Aminosäuren zeigt der Gehalt an Glutaminsäure den N-Versorgungsgrad der Pflanze zuverlässig an (HELAL und MENGEL 1968, KOCH und MENGEL 1971).

Die wichtigsten N-Formen für die Ernährung der höheren Pflanze sind NO_3^- und NH_4^+. Sie haben unterschiedliche physiologische Auswirkungen: NO_3^- bewirkt bei der Assimilation eine *p*H-Erhöhung (s. S. 151), NH_4^+ bewirkt dagegen durch Aufspaltung in $NH_3 + H^+$ eine *p*H-Erniedrigung in der Pflanzenzelle. Diese Verschiebung des *p*H-Wertes in der Pflanze wirkt sich auch auf das Nährmedium aus; bei NO_3-Ernährung werden vermehrt OH- bzw. HCO_3-Ionen, bei NH_4-Ernährung vermehrt H-Ionen an das Nährmedium abgegeben. Nitrat-Ernährung bewirkt deshalb immer eine Erhöhung, NH_4-Ernährung eine Erniedrigung des Nährmedium-*p*H (KIRKBY und MENGEL 1967). Die physiologisch saure Wirkung der NH_4-Salze beruht auf diesen Vorgängen. Weiterhin begünstigt die Nitratassimilation in der Zelle die Bildung organischer Säuren. Vermutlich wird durch die *p*H-Erhöhung die

Inkorporation von Bikarbonat und damit die Synthese organischer Säuren begünstigt (CHOUTEAU 1963). Daß bei Nitraternährung hohe Gehalte, bei NH_4-Ernährung niedrige Gehalte an organischen Säuren vorliegen, wurde wiederholt nachgewiesen (COIC et al. 1962, DIJKSHOORN 1962, EHRENDORFER 1964, KIRKBY und MENGEL 1967).

Da N das Element ist, welches in größten Mengen von der Pflanze aufgenommen wird, hat die Form der N-Ernährung auch einen maßgeblichen Einfluß auf das Kationen/Anionenverhältnis in der Pflanze. Bei NH_4-Ernährung macht das NH_4^+ den größten Anteil der aufgenommenen Kationen aus. Die anderen Kationen werden in ihrer Aufnahme zurückgedrängt, die Anionen, besonders Phosphat, begünstigt. Bei Nitraternährung ist es umgekehrt (s. auch S. 243).

NH_4^+ wird in seiner Aufnahme wesentlich stärker vom *p*H-Wert des Nährmediums beeinflußt als NO_3^-. MICHAEL et al. (1965) fanden bei jungen Pflanzen (Gerste, *Beta*-Rüben, Kartoffeln), daß bei *p*H 6,8 NO_3^- und NH_4^+ etwa zu gleichen Anteilen aufgenommen werden. Bei *p*H 4 wurde jedoch beachtlich mehr NO_3^- als NH_4^+ aufgenommen. Diese mit ^{15}N durchgeführten Untersuchungen ergaben weiterhin, daß der NH_4-Stickstoff schneller assimiliert wird als der NO_3-Stickstoff und daß NO_3^- stärker in die oberirdischen Pflanzenteile transportiert wird als NH_4^+.

PIRSCHLE (1931) fand bei 21 verschiedenen Pflanzenarten, daß die Wirkung des NH_4-Stickstoff lediglich im Bereich von *p*H 5,5–6,5 der des Nitrates entsprach. Der optimale Bereich für die Nitrataufnahme lag zwischen *p*H 4,5–7. Der wesentliche Unterschied zwischen beiden Formen des Stickstoffs besteht also darin, daß der Nitrat-N einen wesentlich breiteren Reaktionsbereich für ein optimales Pflanzenwachstum aufweist als der NH_4-Stickstoff. Auf Böden mit extremen Reaktionsverhältnissen wird also im allgemeinen die Nitrat-N-Ernährung der NH_4-Stickstoff-Ernährung überlegen sein. In Übereinstimmung hiermit stellte auch PRIANISCHNIKOW (1952) bei Mais und Zuckerrüben fest, daß die NH_4-Ernährung im Vergleich zum Nitrat bei *p*H-Werten dicht unterhalb des Neutralpunktes die beste Wirkung zeigt.

c) Die Stickstoffernährung der Kulturpflanzen

Auch zahlreiche Feldversuche mit den verschiedensten Kulturpflanzen lassen erkennen, daß gerade auf sauren Böden die Nitratdüngung der NH_4-Düngung überlegen ist (HUPPERT und BUCHNER 1953, WIDDOWSON et al. 1967). Bei dieser allgemeinen Feststellung ist zu berücksichtigen, daß die einzelnen Pflanzenarten unterschiedlich auf die verschiedenen N-Formen reagieren (EVERS 1963). Da die verbreitetsten NH_4-Düngemittel $(NH_4)_2SO_4$ (21 % N) und NH_4Cl physiologisch sauer wirken, sind vorwiegend die Pflanzen, die auch bei niedrigen *p*H-Werten gut gedeihen, für eine NH_4-Düngung dankbar. Hierzu zählen: Kartoffeln, Roggen, Hafer, Mais, Reis und Tee. Im übrigen sind in erster Linie der *p*H-Wert des Bodens und seine Pufferkapazität dafür maßgebend, welche N-Form zweckmäßigerweise zu düngen ist. In jedem Fall muß man auf Böden, die zur Versauerung neigen (leichte Böden, humose Sandböden), mit einer allzu häufigen NH_4-Düngung vorsichtig sein. Die einzelnen Nitrat-Düngemittel (Kalksalpeter, Natronsalpeter) sind sehr schnell wirkende N-Düngemittel. Sie werden überall da angewandt, wo innerhalb kurzer Zeit ein intensives Pflanzenwachstum erreicht werden soll. So düngt man gern im Frühjahr lückige, ausgewinterte Getreidebestände mit reinen Salpeterdüngemitteln. Die Bestockung wird dadurch gefördert, und die Bestände erholen sich häufig innerhalb weniger Tage. Man bemüht sich auch, langsam wirkende, der Auswaschung weniger ausgesetzte N-Düngemittel zu produzieren. Ein Kondensationsprodukt aus Krotonaldehyd und Harnstoff (= Krotonylidendiharnstoff) hat diese geforderten Eigenschaften (JUNG 1961, 1963). Das entsprechende Düngemittel ist als „Floranid" im Handel[1]).

Die in der landwirtschaftlichen Praxis am meisten angewandten N-Düngemittel enthalten sowohl Nitrat als auch NH_4-Stickstoff: Kalkammonsalpeter (23 % N), Ammonsulfatsalpeter (26 % N). Die Kombination von Nitrat- und NH_4-Stickstoff hat verschiedene Vorteile. So fanden DROUINEAU und BLANC (1961), daß ein Zusatz von NH_4^+ zur Nitraternährung einen günstigen Wachstumseffekt hat, der durch einen entsprechenden Nitratzusatz nicht ausgelöst wurde. Kalkammonsalpeter wird für die verschiedensten Kulturen wie Getreide, Hackfrüchte, Zwischenfrüchte und Weiden verwendet. Sein Vorteil besteht nicht allein darin, daß er Nitrat- und NH_4-Stickstoff enthält; sein Gehalt an kohlensaurem Kalk (etwa 35 %) neutralisiert die physiologisch saure Wirkung der NH_4-Salze.

Auch Kalkstickstoff (22 % N und ca. 60 % CaO) wirkt physiologisch alkalisch, denn bei seinem Abbau wird $Ca(OH)_2$ frei (s. S. 309). Kalkstickstoff selbst ist unlöslich. Infolge der Umwandlung wirkt er nachhaltiger als Nitrat-N. Die Dauer dieser Umwandlung wird entscheidend von Bodentemperatur und -feuchtigkeit bestimmt. Unter feuchtwarmen Bedingungen geht die Umwandlung sehr schnell vor sich. Auch im Spätherbst muß unter den klimatischen Verhältnissen Mitteleuropas noch mit einer Umsetzung von Kalkstickstoff gerechnet werden. Im Frühjahr ist es wünschenswert, wenn nach der Ausbreitung des Kalkstickstoffs feuchtwarmes Wetter herrscht. Die Umsetzung geht dann rasch bis zum NH_4^+ und Nitrat vor sich. Unter kalten Witterungsverhältnissen können durch chemische Umsetzungen toxisch wirkende Stoffe entstehen, die das Wachstum hemmen und zu einem Gelbwerden der Blätter führen. Diese Schäden treten jedoch nur vorübergehend auf. Sie wachsen sich meistens schnell aus und haben damit keinen negativen Einfluß auf den Ertrag. Neben seiner guten Düngerwirkung ist Kalkstickstoff auch ein bewährtes Unkrautbekämpfungsmittel. Bei rechtzeitiger Ausbringung werden mit ihm Ackerfuchsschwanz und Windhalm erfolgreich bekämpft. Auch der Befall mit *Cercosporella* (Fußkrankheit bei Getreide) wird durch Kalkstickstoffanwendung vermindert.

Die Anwendung von Harnstoff nimmt in der Landwirtschaft ständig zu. Das gilt auch für den Düngerharnstoff. Er wird einmal direkt zur Bodendüngung angewendet, ist aber besonders für die Blattdüngung geeignet, da er auch bei höheren Konzentrationen kaum Blattschäden verursacht (KRZYSCH und EBERHARDT 1960). Ein wesentlicher Vorteil des Harnstoffs liegt in seinem hohen N-Gehalt (46 % N). Er eignet sich deshalb besonders gut zur Herstellung von N-Düngerlösungen (BUCHNER et al. 1969), zumal er gut wasserlöslich ist. Diese sog. druckfreien Düngerlösungen werden immer mehr angewendet. Die N-Düngerlösung besteht aus Harnstoff und Ammonnitrat. Das Gemisch besitzt hohe Löslichkeitso daß N-Konzentrationen von 28–30 Gewichtsprozenten möglich sind. Die Lösung

---

[1]) In der DDR hergestellt und gehandelt werden: Kalkammonsalpeter (25% N), Harnstoff (46% N), wasserfreies Ammoniak, NH_3 (82% N).

kristallisiert bei Temperaturen von < -14 °C aus. Neben der N-Düngerlösung gibt es auch noch drucklose N—P-Düngerlösungen. Die P-Komponente besteht aus Superphosphorsäure (Polyphosphorsäure und etwas Metaphosphorsäure) mit Gehalten von 72–75 % P_2O_5. In ihr sind die Schwermetalle und Mg^{++} chelatartig gebunden, so daß die Lösung klar bleibt. Diese Superphosphorsäure wird mit NH_4^+ neutralisiert. Durch einen weiteren Zusatz von NH_4NO_3 und Harnstoff lassen sich die verschiedensten N/P-Relationen einstellen (SLACK 1967). Mischt man dieser Lösung KCl zu, so wird die Löslichkeit beachtlich vermindert. Die Herstellung von N—P—K-Düngerlösungen stößt deshalb auf Schwierigkeiten. Die drucklosen Düngerlösungen lassen sich gut ausbringen und dosieren. Ihre Ertragswirkung entspricht der Wirkung der herkömmlichen Düngung mit Düngersalzen (STURM und ZWICK 1968).

Im Gegensatz zur drucklosen Düngerlösung ist die Verwendung von wasserfreiem NH_3 (82 % N) als flüssigem N-Dünger an eine Lösung mit Druck gebunden, da NH_3 bei Normaldruck flüchtig ist. Die wasserfreie NH_3-Düngung erfordert deshalb einen höheren technischen Aufwand. Hierbei wird NH_3 in druckfesten Behältern verfrachtet und auf dem Felde mit Spezialdüngerstreuern ausgebracht. Es wird mit Scharen etwa 15–20 cm tief in den Boden injiziert und bei richtiger Einarbeitung von den Bodenkolloiden und dem Bodenwasser schnell sorbiert (PÖRR und PAPENDICK 1966). NH_3 breitet sich im Boden vorerst nur mäßig aus und ist als Drillstrang von etwa 10–15 cm nachweisbar. In diesem Bereich erhöht sich der *p*H-Wert um etwa 2 Einheiten (SØNDERGÅRD KLAUSEN 1967), da bei der Lösung von NH_3 in Wasser OH-Ionen entstehen.

$$NH_3 + H_2O \rightarrow NH_4^+ + OH^-$$

Bei der Nitrifikation von NH_4^+ fällt dann der *p*H-Wert wieder ab, da sie mit einer Spaltung von NH_4^+ in $NH_3 + H^+$ verbunden ist.

Besonders auf kolloidreicheren Böden wird NH_3 von den Tonmineralen als NH_4^+ sorbiert und damit vor Auswaschung geschützt. Die Oxydation von NH_3 zu NO_3^- führt jedoch zu einer sehr mobilen N-Form. Bei tätigen Böden und warmer Witterung ist deshalb auch hier mit Auswaschungsverlusten zu rechnen. Besonders auf leichteren Böden ist aus diesem Grunde eine Herbstdüngung mit NH_3 nicht angebracht (KORENSKY und NEUBERG 1968, STURM und ZWICK 1968, SAALBACH 1968).

Ammoniakgas wird auch im Wald gedüngt. Es soll hier weniger den Waldbäumen als Nährstoff dienen als durch den Einbau von N in die Rohhumussubstanzen die Humusformen des Waldbodens verbessern. Ein merklicher Einbau von N-Atomen in die Humussubstanzen ist nur bei schwach saurer bis neutraler Bodenreaktion möglich. Da das Ammoniakgas als Base selbst den *p*H-Wert des Bodens erhöht, wirkt es neben seiner Eigenschaft als N-Quelle auch als neutralisierendes Agens. Neben dem Ammoniakgas werden bei der Düngung im Wald auch Nitrat- und Ammoniakdüngemittel verwendet.

Die Höhe der N-Düngung richtet sich nach den einzelnen Pflanzenarten und dem N-Haushalt des Bodens. Für letzteren sind Auswaschung, Mikroorganismenleben und Vorfrucht maßgebend. So hinterlassen die Leguminosen eine mit N angereicherte Ackerkrume. Der N-Bedarf der einzelnen Kulturpflanzen selbst wird durch ihren mittleren N-Entzug gut charakterisiert. Als Faustzahlen für diesen Entzug seien die in Tabelle 50 aufgeführten Zahlen angegeben.

Bei intensiver Bewirtschaftung und hohem Ertragsniveau werden heute für Getreide bis zu 160–180 kg N/ha, bei Intensivweiden bis zu 400 kg N/ha jährlich mit Erfolg gedüngt. Diese hohen Mengen müssen verständlicherweise in mehreren Gaben ausgebracht werden. Für ein gutes Wachstum ist es wesentlich, daß den Pflanzen während ihrer Vegetation zu jedem Zeitpunkt genügend N zur Verfügung steht. Es genügt also nicht nur, daß man ausreichend mit N düngt, wichtig ist, daß der N in stetem Fluß der Pflanze zugeführt wird. Diese Forderung ist in der Praxis teilweise schwer zu erfüllen. In extremen Fällen wird durch eine mineralische N-Düngung der N-Spiegel der Bodenlösung zwar sehr stark erhöht, durch Auswaschung und Aufnahme kann er sich aber im Laufe der Vegetation so erniedrigen, daß gegen Ende der Vegetation ein latenter N-Mangel vorliegt. Der durch Düngung zugeführte mineralische N „mischt sich" mit dem N des Bodens, d. h. er wird zum Teil in organische Verbindungen inkorporiert und kommt dann später wieder nach der Mineralisation der Pflanze zugute (GASSER et al. 1967, WOLDENDORP 1968). Je tätiger ein Boden ist, desto besser ist diese Durchmischung und um so gleichmäßiger ist die N-Anlieferung an die Pflanze. Auf armen, leichten Sandböden mit nur geringer N-Mineralisation ist es deshalb besonders angebracht, den N in mehreren Gaben zu düngen (BOGUSZEWSKI und PENTOWSKI 1969, VOR SCHULTE 1970).

Für die Düngung des Getreides hat die sogenannte „zusätzliche späte N-Gabe" eine besondere Bedeutung erlangt. Bekanntlich wird bei allzu hoher N-Düngung im Frühjahr die Lagergefahr von Getreide erhöht. Hierdurch wird die Höhe der Düngung begrenzt. SELKE (1938) konnte in zahlreichen Versuchen nachweisen, daß eine zusätzliche N-Düngung nach dem Schossen des Getreides weniger der vegetativen als der generativen Phase zugute kommt. Die Lagergefahr wird dadurch nicht erhöht, obgleich der Kornertrag ansteigt. Gleichzeitig steigt auch der Rohproteingehalt des Kornes beachtlich an. So fand SELKE (1940) bei Weizen eine Steigerung von 11,2 auf 16,5 % Rohprotein, während der Kornertrag um 2,5 dt/da auf Grund der späten N-Düngung anstieg. Allgemein läßt sich feststellen, daß bei Getreide die frühe N-Düngung hauptsächlich das vegetative Wachstum stimuliert. Die zusätzliche späte N-Düngung bei Eintritt in die generative Phase bewirkt erst eine merkliche Erhöhung des Rohproteingehaltes (s. Tabelle 66).

Tabelle 66

Der Einfluß des Düngungszeitpunktes einer zusätzlichen N-Gabe auf den N-Gehalt und den relativen Ertrag bei Gerste (n. COIC 1965)

Anwendungszeitpunkt	ohne zusätzlichen N	11. Mai	27. Mai	8. Juni
relativer Ertrag	100	112	113	97
N-Gehalt im Korn in %	1,82	1,75	1,78	1,92

Die späte N-Düngung fällt in die Zeit zwischen Beginn des Ährenschiebens und Beginn der Blüte. Getreide hat während der Kornausbildung noch einmal einen hohen N-Bedarf, der zum Teil über den im Nährmedium vorhandenen N, teils über den N der vegetativen Pflanzenteile gedeckt wird. Bei Mais werden ungefähr

60 % des gesamten im Korn vorliegenden N aus den vegetativen Organen entnommen (HAY et al. 1953). Das Stroh wird dadurch an Rohprotein verarmt. Im reifen Zustand sind vom gesamten N einer Getreidepflanze etwa $^3/_4$ im Korn lokalisiert.

Allgemein sind junge Pflanzen eiweißreich. Mit dem Alterungsprozeß werden relativ mehr andere Inhaltsstoffe (Kohlenhydrate, Zellulose, Stärke) gebildet. Für die Schnittzeit der Wiesen hat dies eine Bedeutung: junge Grasbestände liefern ein eiweißreicheres und leichter verdauliches Heu als veraltete Bestände (s. Tabelle 67).

Tabelle 67
Der Gehalt an Rohprotein und Rohfaser von Weidelgras zu verschiedenen Zeitpunkten
(zit. n. SCHARRER 1956)

Zeit	Rohprotein in %	Rohfaser in %
6. 5.	27,9	17,7
26. 5.	16,0	21,4
10. 6.	14,8	22,4
24. 6.	12,8	23,6
10. 7.	12,0	32,5
22. 7.	12,5	28,6
15. 8.	7,8	29,7

Es ist verständlich, daß sich eine mangelnde N-Versorgung auf das gesamte Stoffwechselgeschehen der Pflanze negativ auswirken muß. Die Eiweißbildung und damit auch der Aufbau der Enzymkomplexe, letztlich also das gesamte Wachstum, werden gehemmt. Pflanzen mit **N-Mangel** sind kleine, kümmerliche, aufrecht stehende Pflanzen. Die Blätter zeigen eine fahle, hellgelbe Farbe, auch rötliche Farbtöne sind nicht selten. Die Verfärbungen beginnen an den älteren Blättern (s. Tafel XX), die häufig vorzeitig abgeworfen werden. N-Mangel bei Getreide äußert sich hauptsächlich im Jugendstadium (Bestockung) in einer hellgrünen blassen Farbe. Die Bestockung ist eingeschränkt; die Bestände schließen sich deshalb schlecht. Die Mangelpflanzen erscheinen starr und sperrig. Mit dem beginnenden Längenwachstum wird der dünne Halm von N-Mangelpflanzen immer deutlicher, die generative Phase setzt vorzeitig ein. Die Ähre bleibt kurz, und die Körner werden nur unvollkommen ausgebildet.

Eine reichliche N-Versorgung führt zu dunkelgrünen, saftigen Pflanzen mit breiten Blättern. Die dunkelgrüne Farbe wird durch eine vermehrte Synthese von Chloroplasten hervorgerufen, so wie die hellgrüne, blasse Farbe von N-Mangelpflanzen auf eine ungenügende Ausbildung von Chloroplasten zurückzuführen ist. Bei N-Mangel werden die Chloroplasten nicht voll entwickelt; die Grana sind geschwollen, ihre Anzahl ist gering (THOMSON und WEIER 1962). Übermäßig mit N versorgte Pflanzen sehen schwammig und weich aus. Bei ihnen werden vermehrt Parenchym- und weniger Sklerenchymzellen ausgebildet. Die Anfälligkeit gegenüber Schädlingen wird dadurch größer, bei Getreide verringert sich die Standfestigkeit.

2. Der Schwefel

a) Der Schwefel im Boden

Gips ($CaSO_4 \cdot 2\,H_2O$) und Anhydrit ($CaSO_4$) sind die hauptsächlichsten Sulfate, FeS_2 (Pyrit) und FeS die wesentlichen Sulfide des Bodens. Auf Salzböden finden sich noch größere Mengen an Alkali- und Mg-Sulfaten (Bittersalz). Nicht unbeträchtlich ist die Menge des organisch gebundenen Schwefels im Boden. Sie kann nach Untersuchungen von GRUNWALDT (1969) 0,8–100 % vom Gesamt-S des Bodens betragen. Die Menge an organisch gebundenem Schwefel ist um so höher, je humusreicher ein Boden ist (s. Abb. 135). Dementsprechend ist auf Marsch-, Niederungsmoor- und Aueböden keine S-Unterversorgung der Pflanzen zu befürchten,

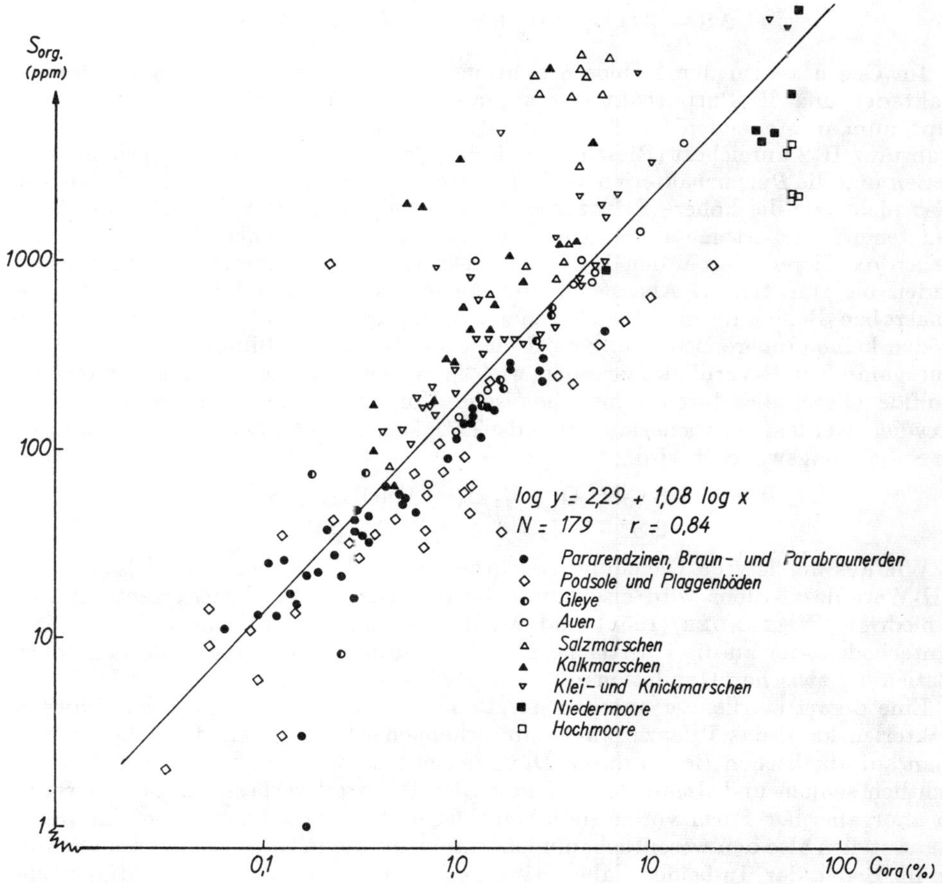

Abb. 135
Der Gehalt an organisch gebundenem S in Abhängigkeit vom organischen C des Bodens (n. GRUNWALDT 1969).

während unter humiden Bedingungen Podsole und durchlässige Braunerden an S verarmt sind (GRUNWALDT 1969).

Dieser Tatsache kann man schon entnehmen, daß der Mineralisation organischer Substanz und damit dem Mikroorganismenleben eine erhebliche Bedeutung bei der S-Umsetzung im Boden zukommt. Der bei der Mineralisation freiwerdende in reduzierter Form vorliegende S wird unter aeroben Bedingungen von den farblosen Schwefelbakterien (*Beggiatoa, Thiothrix, Thiobacillus*) zu elementarem Schwefel oder Sulfat oxydiert. Die bei dieser Oxydation freiwerdende Energie dient den genannten Bakterien zur Reduktion von CO_2. Sie sind also chemoautotroph, d. h. sie gewinnen ihre für die CO_2-Inkorporierung notwendige Energie nicht wie die höhere Pflanze vom Sonnenlicht, sondern durch Oxydation einer anorganischen Verbindung.

$$2\,H_2S + O_2 \rightarrow 2\,H_2O + 2\,S + 122\text{ kcal}$$
$$2\,S + 3\,O_2 + 2\,H_2O \rightarrow 2\,H_2SO_4 + 282\text{ kcal}$$

Im Gegensatz zu den farblosen Schwefelbakterien leben die grünen Schwefelbakterien und die Purpurbakterien unter anaeroben Bedingungen. Sie finden ihr Optimum in stehenden Gewässern, in denen sich durch Abbau von organischer Substanz H_2S anreichert (Rieselfelder, Reisfelder). Ihn benutzten die grünen Bakterien und die Purpurbakterien als H-Donator bei ihrer Photosynthese. Sie spalten also nicht wie die höhere Pflanze ein H_2O-, sondern ein H_2S-Molekül, um die so entstehenden H-Atome als reduzierendes Agens zu gebrauchen. Die grünen Bakterien oxydieren hierbei den H_2S bis zum elementaren Schwefel, die Purpurbakterien bis zum Sulfat. Abgesehen von einigen Ausnahmen kommt dieser unter anaeroben Bedingungen vor sich gehenden Oxydation des S bei unseren Ackerböden keine größere Bedeutung zu. Demgegenüber ist die Bildung von Sulfat aus anorganischen S-Verbindungen der wichtigere Vorgang. Es sind besonders die Sulfide (FeS), die durch reine chemische Vorgänge zu elementarem Schwefel oxydiert werden, der wiederum durch die Tätigkeit der farblosen Schwefelbakterien in Sulfat umgewandelt wird.

$$FeS + H_2O + {}^1/_2\,O_2 \rightarrow Fe(OH)_2 + S$$
$$2\,S + 2\,H_2O + 3\,O_2 \rightarrow 2\,H_2SO_4$$

Wie aus der letzten Gleichung ersichtlich, entsteht hierbei Schwefelsäure. Der *p*H-Wert des Bodens wird also durch die Oxydation von elementarem Schwefel erniedrigt. WIKLANDER (1958) und Mitarbeiter fanden auf einem FeS-haltigen Unterboden, der an die Oberfläche gebracht wurde, die in Tabelle 68 aufgeführte Beziehung zwischen Oxydationszeit und *p*H-Wert.

Eine derart starke Versauerung des Bodens durch die Tätigkeit der Schwefelbakterien kann das Pflanzenwachstum erheblich einschränken. Umgekehrt kann man auf alkalischen Böden durch Düngung mit Schwefelblume den *p*H-Wert beachtlich senken und damit den Standort der Pflanzen verbessern. Der als Sulfid in anorganischer Form vorliegende Schwefel und derjenige der organischen Substanz stellen also den wesentlichen, nicht direkt für die Pflanze verfügbaren Schwefel im Boden dar. In beiden Fällen wird dieses S-Reservoir durch die Tätigkeit der unter aeroben Bedingungen lebenden Mikroorganismen zu Sulfat oxydiert. Dieses liegt im Boden hauptsächlich als Gips vor. Seine Löslichkeit ist groß genug, um die Pflanzen ausreichend mit Sulfat-Ionen zu beliefern. Das Sulfat-Ion ist die haupt-

Tabelle 68
Der pH-Wert in Abhängigkeit von der S-Oxydation

Zeitliche Einwirkung der Luft in Tagen	pH-Wert
0	6,3
12	4,7
27	3,7
47	3,6
77	2,9
120	2,9

sächlichste Form, in welcher der S von der Wurzel aufgenommen wird. Eine Aufnahme S-haltiger Aminosäuren ist wahrscheinlich, hat aber für die praktischen Verhältnisse keine Bedeutung.

In der Pflanze selbst wird der Sulfat-S vorwiegend wieder in die reduzierte Form (—SH) überführt und gelangt so auch wieder mit den auf dem Felde verbleibenden Pflanzenresten bzw. denen der organischen Düngung in den Boden. Ähnlich wie für das NO_3-Ion besteht also auch für das SO_4-Ion ein Kreislauf zwischen dem Boden und der Pflanze. In der Pflanze werden die in höchstoxydierter Form vorliegenden Ionen (SO_4^{2-} und NO_3^-) reduziert, im Boden oxydiert.

In dem aufgezeigten Schwefelkreislauf zwischen Boden und Pflanze können jedoch auch Verluste oder Störungen auftreten. So kommt es auf dichten, unbelüfteten Böden vielfach zu einer Reduktion des Sulfats zu H_2S. Dieser kann die im Boden vorhandenen Fe^{III}-Ionen zu Fe^{II} reduzieren. Es kommt zu Ausfällungen von Fe-Sulfiden (FeS und FeS_2), also zu Verbindungen, deren S den Pflanzen nicht direkt zugänglich ist. Gleichzeitig bilden sich hierbei verdichtete Horizonte im Boden (Scheffer und Welte 1955). Auch die Verfügbarkeit des Fe wird durch diesen Vorgang eingeschränkt, und es ist so nicht verwunderlich, daß gerade auf Reisfeldern, die ja auf Grund ihrer Bewässerung zu anaeroben Bedingungen im Boden neigen, häufig Fe-Mangel beobachtet wird.

In Analogie zur Denitrifikation bezeichnet man die Reduktion von Sulfat zu Sulfid im Boden mit **Desulfurikation.** Sie spielt, wie erwähnt, auf gut durchlüfteten Böden keine Rolle. Hier ist es neben dem Entzug durch die Pflanze die Auswaschung, die den Boden an pflanzenverfügbarem S verarmt. Nicht unbeträchtlich ist die S-Menge, die dem Boden jährlich mit den Niederschlägen zugeführt wird. Vor allen Dingen in Industriegegenden, deren Atmosphäre mit SO_2 angereichert ist, können beträchtliche Mengen an S mit dem Regen in den Boden gelangen. Eriksson (1952) fand Schwankungen zwischen 2,7 und 260 kg S je ha und Jahr, die mit den Niederschlägen dem Boden zugeführt werden. Unter mitteleuropäischen Verhältnissen werden nach Kurmies (1957) jährlich rund 70 kg S/ha, nach Riehm und Quellmalz (1959) etwa 18–33 kg S/ha dem Boden über Niederschläge und Atmosphäre zugeführt. Eine Getreideernte entzieht dem Boden etwa 12–15 kg S; die mit den Niederschlägen zugeführten S-Mengen können also unter Umständen für die S-Ernährung der Pflanze eine erhebliche Bedeutung haben. Hierbei ist jedoch immer zu berücksichtigen, daß gerade in den Wintermonaten ein hoher Anteil des mit den Niederschlägen in den Boden gelangten S schnell wieder ausgewaschen wird (Pfaff 1963, Dam Kofoed und Fogh 1968). Die Sorption von Sulfat an Ton und Sesquioxide spielt nur bei niederen *p*H-Werten eine gewisse Rolle (Grunwaldt 1969).

b) Aufnahme des S und seine Funktion in der Pflanze

Normalerweise nimmt die Pflanze den größten Teil ihres S-Bedarfes als Sulfat aus dem Bodenmedium auf. Das Aufnahmevermögen von SO_2 über die Stomata der Blätter sollte aber nicht unterschätzt werden. Faller (1968) konnte in Versuchen mit definierten SO_2-Konzentrationen in der Atmosphäre nachweisen, daß die Pflanzen über längere Zeit nur von SO_2—S leben können (Tabelle 69). Die Variante „ohne SO_2" zeigte hierbei deutlichen S-Mangel, während bei der höchsten SO_2-Konzentration (1,5 mg SO_2/m^3) toxische Wirkungen auftraten, die sich als Blattnekrosen und vermindertes Längenwachstum bemerkbar machten. Der Wert 1–1,5 mg SO_2/m^3 kann daher als kritischer Gehalt angesehen werden, oberhalb dessen mit größeren SO_2-Toxizitäten an den Pflanzen (Rauchschäden) zu rechnen ist (Faller et al. 1970). Der Gehalt der Atmosphäre liegt normalerweise bei 0,3 mg SO_2/m^3; er kann aber im Winter in Stadtnähe besonders bei Kohlefeuerung 1,0 mg SO_2/m^3 erreichen.

Tabelle 69
Der Einfluß der SO_2-Konzentration der Atmosphäre auf den Ertrag an Trockensubstanz bei Ausschaltung einer S-Versorgung über das Wurzelmedium (n. Faller 1968)

	SO_2-Konzentration in mg SO_2/m^3					Einwirkungsdauer in Tagen
	0,0	0,2	0,5	1,0	1,5	
Sonnenblumen	79	103	103	113	100	15
Mais	100	110	118	111	107	13
Tabak	31	41	43	54	46	9

Der als SO_2 über das Blatt aufgenommene S wird in der Pflanze reduziert und für den Aufbau organischer S-haltiger Verbindungen genutzt. Die Reduktion kann nach de Cormis (1968) unter Umständen bis zum H_2S erfolgen, der dann wieder an die Atmosphäre abgegeben wird.

Die Sulfatreduktion ist in großen Zügen bekannt (Thompson 1967). Sie beginnt mit einer Reaktion des Sulfates mit ATP zu Adenosinphosphorylsulfat (= APS) unter Abspaltung von anorganischem Phosphat.

$$SO_4^{2-} + ATP \rightarrow APS + P_{an}$$

APS wird mittels ATP ein 2. Mal zu Phosphoadenosinphosphorylsulfat phosphoryliert. Das so gebundene Sulfat (= aktives Sulfat) wird durch ein H-Atome übertragendes Enzym zu Sulfit reduziert, welches wiederum unter Einwirkung von NADPH bis zu Sulfid-S (S^{2-}) reduziert wird. Dieses reagiert mit Serin zu Zystein. Die Abhängigkeit der Sulfatreduktion von der ATP-Versorgung erklärt den günstigen Einfluß der Belichtung auf die Inkorporation von anorganischem S (Kylin 1966).

Die Sulfataufnahme über die Wurzel wird durch andere Ionen kaum beeinflußt. Besonders die für die Pflanzenernährung wichtigen Anionen (Nitrat, Phosphat und Chlorid) beeinträchtigen die Sulfataufnahme nicht. Dagegen wird die Sulfataufnahme durch Selenat infolge Ionenkonkurrenz gehemmt (LEGGETT und EPSTEIN 1956). Für praktische Belange, besonders für die ausreichende Versorgung der Pflanze mit Sulfat, spielt diese Ionenkonkurrenz jedoch keine Rolle. Umgekehrt hat die Einschränkung der Selenat-Aufnahme durch Sulfatdüngung auf Se-reichen Böden, wie sie in Nordamerika und auch in Irland vorkommen, eine wirtschaftliche Bedeutung, denn höhere Se-Gehalte im Futter sind für die Tiere schädlich. Es kommt zu Erkrankungen, die man früher mit „alkali disease" bezeichnete (KURNICK et al. 1958), die aber auf die toxische Wirkung des Selenats und nicht auf die der Alkali-Ionen zurückzuführen sind. Die Krankheitssymptome sind vielfach Mißbildungen der Hufe und Haarausfall.

Die Sulfataufnahme wird in dem Reaktionsbereich, in dem unsere Kulturpflanzen wachsen können, nur unwesentlich durch den *p*H-Wert beeinflußt (HENDRIX 1967). Die Beweglichkeit des S in akropetaler Richtung ist gut. Er strebt von der Wurzel vorwiegend in die jüngeren Blätter und Meristeme. Die Rückwanderung von S ist nur gering. Hierin wie auch im Austausch an der Wurzeloberfläche unterscheidet sich der Schwefel sehr wesentlich vom Phosphor (BIDDULPH et al. 1958, MARSCHNER und MICHAEL 1960). Pflanzen mit einer vorübergehenden S-Unterversorgung nehmen bei erneutem S-Angebot diesen mit hoher Rate auf und transportieren ihn vorerst in die älteren Pflanzenteile. Erst wenn diese wieder ausreichend mit S versorgt sind, findet eine S-Verlagerung in die jüngeren Pflanzenorgane statt (BOUMA 1967).

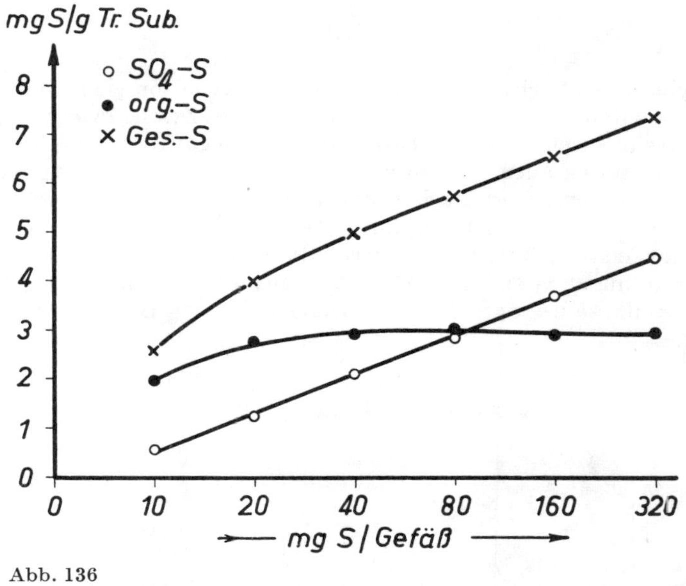

Abb. 136
Der Einfluß einer steigenden Sulfatversorgung auf den Neutralschwefel und den Sulfatschwefel in Sonnenblumenblättern (DELOCH 1960).

In der Pflanze kommt der Schwefel in organischer und anorganischer Form vor. Zwischen beiden Fraktionen besteht keine feste Relation, vielmehr ist die anorganische Komponente, das Sulfat, als S-Reserve zu betrachten. Mit steigender S-Versorgung nimmt so vornehmlich der Gehalt an anorganischem S, weniger aber der organisch gebundene S (Neutralschwefel) zu (s. Abb. 136). Die Pflanze ist also vorerst bestrebt, ihren organischen S-Bedarf zu decken. Der darüber hinaus aufgenommene S wird als Sulfat gespeichert und kann im Bedarfsfalle reduziert und in die organische Substanz eingebaut werden (SAALBACH et al. 1961). Im Gegensatz zu den organischen N-Verbindungen kann der S der organischen Moleküle in der Pflanze auch wieder zu Sulfat oxydiert werden. So nimmt beim Altern der Pflanze der Neutralschwefel infolge von Eiweißabbau etwas ab, während der Gehalt an anorganischem S ansteigt (MOTHES 1939).

Der Neutralschwefel ist in unterschiedlicher Weise in die organische Substanz eingebaut:

1. als SH-Gruppe oder als Derivat dieser Gruppe ($R-SH$ bzw. R_1-S-R_2),
2. als Disulfidgruppe ($R_1-S-S-R_2$),
3. als Rhodanid ($R-N=C=S$),
4. als heterozyklisch eingebauter S.

Zu der Bindungsform unter 1. zählen die S-haltigen Aminosäuren, Peptide und Eiweiße.

$$\begin{array}{l} H_2C-SH \\ \quad | \\ CH-NH_2 \\ \quad | \\ COOH \end{array} \quad \text{Zystein} \qquad \begin{array}{c} H \\ HOOC-\overset{}{C}-CH_2-CH_2-S-CH_3 \\ | \\ NH_2 \end{array} \quad \text{Methionin}$$

Die sulfhydrylhaltigen Verbindungen gehen durch Oxydation vielfach in Disulfidverbindungen über (Redoxsystem des Glutathion und des Zystin/Zystein, s. S. 167). Eine weitere physiologisch wichtige Disulfidbrücke liegt in der Liponsäure vor (s. S. 76). Daneben weisen auch Verbindungen vom Typ der Lauchöle die Disulfid-Gruppe auf. Aus der Formel wird schon deutlich, daß es sich hier nicht um eine Disulfidbrücke zwischen zwei Aminosäureresten handelt, so daß zwischen den beiden verschiedenen Arten von Disulfidverbindungen zu unterscheiden ist.

Zu den S-Verbindungen vom Rhodanid-Typ zählen die Senföle. Ihre Biosynthese soll von einer Aminosäure ausgehen und nachstehender Sequenz entsprechen (FOWDEN 1967):

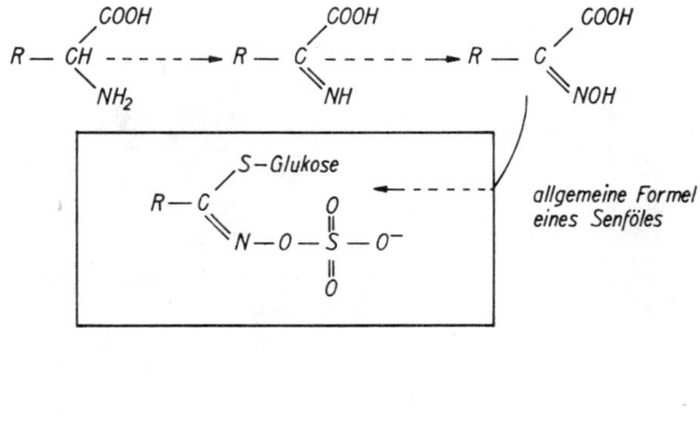

Als Ausgangsaminosäuren sollen Glutaminsäure, Asparaginsäure, Serin und Alanin dienen. Der oben in der allgemeinen Formel eines Senföls mit R bezeichnete Rest kann nachstehende Gruppen symbolisieren:

$CH_2{=}CH{-}CH_2{-}$ Sinigrin (*Brassica nigra*)

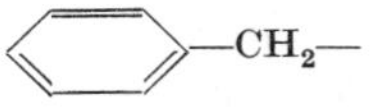
Glukotropäolin (*Tropaeolum majus*)

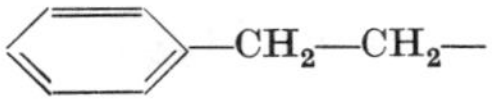
Glukonasturtiin (*Nasturtium officinale*)

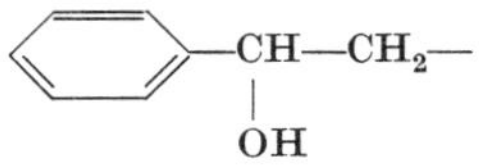
Glukobarbarin (*Reseda luteola*)

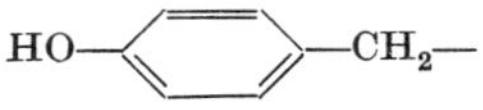
Glukosinalbin (*Sinapis alba*)

Senföle kommen vorwiegend in Kruziferen vor und bedingen deren hohen S-Gehalt. Dieser wird nach Untersuchungen von MARQUARD et al. (1968) beachtlich von der S-Ernährung beeinflußt, und er steigt mit erhöhter S-Ernährung selbst dann noch an, wenn das maximale Ertragsniveau überschritten wurde. – Lauchöle finden sich vornehmlich in Lauch, Zwiebeln und Knoblauch.

Zu den heterozyklischen S-haltigen Verbindungen in der Pflanze zählen das **Aneurin** (Thiamin oder Vitamin B_1) und das **Biotin** (Vitamin H). Aneurin kommt vorwiegend in Getreidekörnern und Leguminosensamen vor. Biotin und Thiamin bzw. Thiaminpyrophosphat sind wichtige prosthetische Gruppen (s. S. 71 u. 74).

Die wichtigste Funktion kommt dem S beim Aufbau von Aminosäuren und Proteinen zu. So wie beim N die Aminogruppe, so ist beim S die Sulfhydrylgruppe eine physiologisch bedeutsame Struktur. Zahlreiche Enzyme sind durch die SH-Gruppe gekennzeichnet. Diese Fermente oder Kofermente können durch Hg-Ionen vergiftet werden, da diese bekanntlich mit SH-Gruppen sehr stabile Bindungen eingehen. Auf die im Stoffwechsel so bedeutungsvolle Rolle des Glutathion-Redoxsystems wurde bereits hingewiesen. Es hat hier im Vergleich zum Zystin/Zystein die größere Bedeutung, da Glutathion besser wasserlöslich ist. Das Prinzip dieser Systeme ist die Aufnahme bzw. die Abgabe von H-Atomen. Das gilt auch für die Liponsäure.

Jedoch fungieren nicht alle physiologisch wichtigen SH-Strukturen nach diesem Prinzip. So ist das Koenzym A eine S-Verbindung, deren Wirksamkeit nicht in Redoxvorgängen, sondern in der esterartigen Bindung von Azylen besteht. Seine Bedeutung für den Trikarbonsäurezyklus und besonders für den Aufbau und Abbau der Fettsäuren wurde ausführlich dargestellt.

Nicht allen in Proteinen eingebauten SH-Gruppen kommt eine größere physiologische Aufgabe zu. Es sind immer nur wenige, durch ihre Stellung im Gesamtproteinkomplex besonders exponierte SH-Gruppen, die zu Redoxprozessen befähigt sind (BALEY 1957). Das S-Atom ist also im Stoffwechsel nicht nur ein physiologisch wirksames Atom, sondern hat auch eine Funktion als Bauelement. Gerade die Disulfidbrücken (R—S—S—R) im Eiweißgerüst tragen wesentlich zur Stabilisierung der Proteinstruktur bei. Es sind Zysteinreste, die hier ein Bindeglied zwischen den Polypeptidketten darstellen.

Zystein und Methionin bzw. ihre in Peptidketten eingebauten Reste sind mengenmäßig die am meisten vorkommenden organischen S-Verbindungen im pflanzlichen

Organismus, falls es sich nicht gerade um senf- oder lauchölhaltige Pflanzen handelt. Nach BERSIN (1950) soll etwa die Hälfte des Eiweißschwefels aus Methionin bestehen. Die SH-Gruppen in der Pflanze sind etwa zu 90 % an Proteine gebunden (PRICE und TAYLOR 1957). Es ist daher nicht verwunderlich, daß die eiweißreichsten Pflanzenteile auch die höchsten S-Gehalte aufweisen. Blätter sind S-reicher als Stengel (BERSIN 1950, DELOCH 1960). Bei ausreichender S-Versorgung enthalten die Chloroplastenproteine weniger S als die des Zytoplasmas (WILLENBRINK 1967). Unterversorgung an S vermindert in erster Linie den S-Gehalt der Plasmaproteine und nicht den der Chloroplasten.

c) Die S-Ernährung der Kulturpflanzen

Daß bei ungenügender S-Versorgung der Pflanze besonders der Eiweißstoffwechsel der Pflanze gestört wird, ist aus seiner Funktion als Eiweißbaustein erklärlich. Bei S-Mangel steigt der Gehalt an löslichen N-Verbindungen einschließlich Nitrat; der Eiweißgehalt und der Chlorophyllgehalt nehmen dagegen ab (SCHROPP und ARENZ 1940, ERGLE und EATON 1951, CUPINA und SARIC 1967). Diese Verschiebung der N-haltigen Fraktionen kann nicht allein darauf zurückgeführt werden, daß es beim Aufbau bestimmter Proteine an S-haltigen Aminosäuren fehlt. Auch die Funktion des S in Enzymsystemen ist mit für die Akkumulation nicht eiweißartiger N-Verbindungen verantwortlich. Der Ablauf enzymatischer Reaktionen wird offenbar durch das Fehlen des S maßgeblich beeinflußt. Die Tatsache, daß man bei S-Mangel eine Anreicherung von solchen Aminosäuren vorfindet, die im normalen Falle überhaupt nicht oder nur geringfügig vorhanden sind (Arginin), spricht dafür, daß die Eiweißsynthese gehemmt ist (MERTZ et al. 1952, COLEMAN 1957). Nach COIC et al. (1962) reichern sich in Gerste bei S-Mangel Asparagin und Glyzin an. Auch das Kornprotein wurde bei S-Mangel verändert. Die Anhäufung löslicher N-Verbindungen kann auch noch daher rühren, daß es bei ungenügender S-Versorgung zu einem Eiweißabbau kommt (EATON 1951). Die N-freien Fraktionen der Pflanze werden bei S-Mangel weniger stark beeinflußt.

Die **S-Mangelerscheinungen** ähneln dem N-Mangel. Mit nachlassender S-Versorgung werden die Blätter hellgrün und später gelb, teils nehmen sie auch rötliche Farbtöne an. Die Mangelpflanzen haben vielfach einen starren, spröden Habitus. Im Unterschied zum N-Mangel, der an den älteren Blättern zuerst beginnt, äußert sich der S-Mangel meist zuerst an den jüngsten Blättern. Besonders charakteristisch ist der S-Mangel bei den Kruziferen ausgeprägt. Die Pflanzen bleiben nicht nur klein und kümmerlich, auch die Blattlamina wird in ihrer seitlichen Ausbreitung gehemmt. Die S-Mangelblätter der Kruziferen sehen deshalb schmal und länglich aus (s. Tafel VII).

Es ist verständlich, daß S-Mangelpflanzen einen geringeren S-Gehalt haben als Pflanzen mit ausreichender S-Versorgung (s. Tabelle 70). S-Mangelpflanzen weisen niedrige Eiweißgehalte auf. Der Gehalt an Chloroplasten in den Blattzellen ist gering, und auch das Verhältnis der Proteine zueinander wird durch S-Mangel verändert (DIJKSHOORN und VAN WIJK 1967). Nach KYLIN (1953) kann sogar ein Abbau der Chloroplasten durch eine ungenügende S-Versorgung induziert werden.

Eine größere wirtschaftliche Bedeutung hat der S-Mangel im Teeanbau. Die als „tea yellows“ bekannte Krankheit äußert sich darin, daß die Blätter chlorotisch

Tabelle 70

Der S-Gehalt von S-Mangelpflanzen und der von ausreichend mit S ernährten Pflanzen (DELOCH 1960) (in mg S/g Tr.-Sub.)

Pflanze		Mangel	ausreichend mit S versorgt
Buschbohnen	(Blatt und Stengel)	1,35	2,83
Ackerbohnen	(Blatt und Stengel)	0,95	1,55
Tomaten	(Blatt und Stengel)	1,05	2,17
Mais	(Stengel)	0,67	1,05
Senf	(Stroh)	1,47	5,47
Tabak		2,34	6,44
Rotklee		1,31	2,41

werden. Sie sind kleiner als gesunde Blätter und vom Rande her etwas nach der Oberfläche zu eingerollt; sie fassen sich spröde und steif an.

In Europa wird zwar der S-Düngung noch keine besondere Bedeutung beigemessen, denn über die Atmosphäre und über andere sulfathaltige Düngemittel (schwefelsaures Ammoniak, schwefelsaures Kali, Kalimagnesia, Superphosphat, Ammonsulfatsalpeter) wird dem Boden S zugeführt. Ob diese Zufuhr in Zukunft bei abnehmenden SO_2-Gehalten der Atmosphäre ausreichen wird, ist offen. Es gibt heute zumindest in einzelnen Gebieten Hinweise dafür, daß auch unter europäischen Verhältnissen S-Unterversorgung unter Freilandbedingungen auftreten kann (COOKE 1969, SAALBACH 1969), so daß mittels Sulfatdüngung Mehrerträge erzielt werden. Auf vielen Standorten ist jedoch die S-Zufuhr aus der Atmosphäre ausreichend, um die S-Bilanz zu decken (DAM KOFOED und FOGH 1968). In industriefernen Gebieten, z. B. in gewissen Gegenden Australiens, kommt jedoch der Sulfatdüngung schon eine größere Bedeutung zu (MCLACHLAN und MARCO 1968).

Im Vergleich zum Getreide und auch zu den Hackfrüchten haben die Kruziferen infolge ihres Senfölgehaltes einen hohen S-Bedarf. Der S-Entzug einer Rapsernte ist ungefähr drei- bis viermal so hoch wie der einer Getreideernte. Eine ungenügende S-Versorgung äußert sich also in erster Linie bei den Kruziferen. Auch die Leguminosen haben auf Grund ihres relativ hohen Eiweißgehaltes gegenüber den Getreidearten ein vermehrtes S-Bedürfnis. Wie aus Tabelle 71 zu entnehmen ist, macht sich dieses auch im S-Gehalt der Samen und Früchte der einzelnen Pflanzenarten bemerkbar.

Tabelle 71

Der S-Gehalt verschiedener Samen und Früchte (DELOCH 1960) (in mg S/g Tr.-Sub.)

Gramineen	mg S	Leguminosen	mg S	Kruziferen	mg S
Roggen	1,54	Ackerbohnen	2,37	Sareptasenf	10,1
Gerste	1,81	Buschbohnen	2,43	Raps	11,5
Hafer	1,81	Erbsen	2,67	Senf	13,9
Weizen	1,69	Zottelwicke	2,92	Ölrettich	16,6
Mais	1,69	Soja	3,25		

In den Körnern und Samen liegt S hauptsächlich in organischer Form vor. Ihr Gehalt an S wird weniger durch eine S-Düngung beeinflußt als der des Strohes. Vermutlich transportiert die Pflanze bei der Ausbildung des Samens zunächst soviel S in die generativen Organe, wie zur Ausbildung ihrer arteigenen organischen S-Verbindungen notwendig ist. Darüber hinausgehende aufgenommene S-Mengen verbleiben in den vegetativen Pflanzenorganen.

3. Der Phosphor

a) Phosphate im Boden

Der Gesamtgehalt eines Bodens an P liegt bei Mineralböden in einer Größenordnung von 0,02–0,15 % P, für humusreiche Böden gibt WIKLANDER (1958) einen Gehalt von 0,04–0,2 % P, also etwa die doppelte Menge, an.

Der Phosphor kommt im Boden in anorganischer oder organischer Bindung vor. In beiden Fällen handelt es sich fast ausschließlich um Orthophosphate oder in geringerem Maße auch um Pyrophosphate. Reduktionen oder Oxydationen, wie man sie für N und S kennt, sind im Boden unbekannt. Das in organischer Form vorliegende Phosphat macht auf humusreichen Böden mehr als 50 % des Gesamt-P aus. Aber auch in Mineralböden kann nach WILLIAMS (1959) mehr als die Hälfte des Gesamt-P organisch gebunden sein. Die Mineralisation des organisch gebundenen P ist deshalb für die Pflanzenernährung von Bedeutung. Nach NORGAARD-PEDERSEN (1952) liegt ein großer Anteil des organisch gebundenen Phosphates im Boden als Ca- oder Fe-Salz der Phytinsäure vor (Phytin s. S. 333).

Die wichtigsten anorganischen Phosphate des Bodens sind die Ca-Phosphate sowie die Al- und Fe-Phosphate. Erstere sind die wichtigsten Phosphatformen der neutralen bis alkalischen Böden, letztere dominieren in mehr sauren Böden (MACHOLD 1963).

$Ca_3(PO_4)_2$	Trikalziumphosphat
$Ca_5(PO_4)_3OH$	Hydroxylapatit
$Ca_5(PO_4)_3F$	Fluorapatit
$Fe^{III}(OH)_2H_2PO_4$	Strengit
$Al(OH)_2H_2PO_4$	Variszit

Daneben gibt es noch zahlreiche andere besonders isomorphe Al- und Fe-Phosphate. Ca-Phosphate können in den unterschiedlichsten Formen im Boden vorkommen. So lassen sich vom Apatit verschiedene Ca-Phosphate ableiten, die mit abnehmendem Ca-Gehalt immer mehr dem Octokalziumphosphat ($Ca_4H(PO_4)_3 \cdot H_2O$) ähneln. Am Ende dieser Kette steht also das Octokalziumphosphat (ULRICH 1961). Die einzelnen Glieder der Kette stellen eine sog. Defektserie von Hydroxylapatit dar. Erwähnt sei noch der Vivianit ($Fe^{II}_3(PO_4)_2 \cdot 8\,H_2O$), ein Ferrophosphat, das nur unter reduktiven Bedingungen existieren kann, wie beispielsweise in schlecht durchlüfteten Böden. Bei Berührung mit Sauerstoff geht es in Ferriphosphat über.

Neben den genannten anorganischen Phosphatverbindungen, in denen das Phosphat-Ion eine regelrechte ionogene Bindung mit einem Kation eingeht, werden die Phosphate auch sorptiv an Bodenkolloide gebunden. Diese Sorption ist um so höher, je mehr Fe_2O_3 im Boden vorliegt (SYERS et al. 1970). Hydroxyl-Ionen können das sorptiv gebundene Phosphat austauschen. Bekanntlich nimmt die sorptive Bindung von Anionen an Bodensorptionskomplexe mit fallendem *p*H-Wert zu. Das sorptiv gebundene Phosphat wird demnach der Pflanze um so schwerer zugänglich sein, je saurer das Nährmedium ist.

Beim Absinken des *p*H-Wertes unter *p*H 5,3 zerfallen zahlreiche sekundäre Tonminerale. Es entstehen hierbei freie Al^{3+}- und Fe^{3+}-Ionen, die mit den Phosphat-Ionen zu schwerlöslichen Al- und Fe-Phosphaten reagieren. Diese Art der Festlegung spielt vorwiegend auf kolloidreichen Mineralböden eine größere Rolle. Um sie zu vermeiden, ist also eine regelmäßige Kalkung notwendig, so daß eine Reaktion von *p*H 6–7 eingehalten wird. In Grundwasserböden wird nach Schlichting (1962) viel Raseneisen angehäuft, welches hohe Mengen an Phosphat in einer schlecht verfügbaren Form bindet.

Auf kalkreichen Böden wird dagegen die P-Versorgung der Pflanze durch die Ausfällung schwerlöslicher Ca-Phosphate gefährdet. Zu diesen Verbindungen zählen neben Trikalziumphosphat vor allen Dingen die Apatite. Fluorapatit zeigt die geringste Löslichkeit, während Hydroxylapatit und besonders Dikalziumphosphat von der Pflanze noch bis zu einem gewissen Grade ausgenutzt werden können. Weiterhin hat die Korngröße und damit die reaktionsfähige Oberfläche einen Einfluß auf die Löslichkeit der Apatite. Je höher die Dispersion, um so eher kann das Phosphat der Apatite von den Pflanzen aufgenommen werden (Munk 1960). Das Minimum der Phosphatlöslichkeit liegt in einem Reaktionsbereich zwischen *p*H 7–8 (Mattson et al. 1953). Besonders kritisch ist die P-Versorgung der Kulturpflanzen auf Lateritböden. Auf Grund ihres hohen Al-Gehaltes neigen sie auch in höheren *p*H-Bereichen sehr stark zur Phosphatfixierung.

Zur Fraktionierung der anorganischen Bodenphosphate hat sich die von Chang und Jackson (1957) entwickelte Methode bewährt. Der Boden wird hierbei mit verschiedenen Lösungen extrahiert, so daß man die Al-Phosphate (Extrakt. mit NH_4F), die Fe-Phosphate (Extrakt. mit NaOH), die Ca-Phosphate (Extrakt. mit H_2SO_4) sowie weitere Phosphatfraktionen erhält.

Die dem Boden zugeführten Phosphate, besonders lösliche Phosphate, werden rasch verändert. Welche neuen Phosphatformen hierbei gebildet werden, hängt von der Beschaffenheit des Bodens ab. Bei mehr sauren kolloidreichen Böden sind es Al- und Fe-Phosphate, bei mehr kalkreichen Böden Ca-Phosphate (Schachtschabel 1967). Auf organischen Böden braucht man infolge ihrer Armut an Fe und Al auch bei niedrigeren *p*H-Werten eine Al- bzw. Fe-Festlegung nicht zu befürchten. Hier sind *p*H-Werte von 4–5 für die Phosphatverfügbarkeit am günstigsten. Die Umwandlung schwerlöslicher Phosphate in eine pflanzenaufnehmbare Form geht hauptsächlich auf den Angriff von H-Ionen zurück. Diese H-Ionen werden im Boden biologisch, besonders von Mikroorganismen, produziert. Hierbei kann es lokal zu relativ hohen H-Ionenkonzentrationen kommen. *Escherichia freudii* produziert unter aeroben und anaeroben Bedingungen Ameisensäure, Essigsäure, Propionsäure und besonders Milchsäure. *Aspergillus niger* produziert Oxalsäure, die ebenso wie Zitronensäure hauptsächlich auf Fe- und Al-Phosphate lösend wirkt. Apatite werden von 2-Ketoglukonsäure angegriffen, welche auch von Bodenbakterien gebildet wird (Quastel 1965). Nadelbäume können mittels ihrer Mykorrhiza das Fe- und Al-Phosphat angreifen und gedeihen deshalb noch auf ziemlich sauren Standorten. Unter anaeroben Bedingungen ist die Wirksamkeit der biologisch produzierten Säuren noch größer als unter aeroben Verhältnissen, da in letzterem Falle die Säuren ziemlich rasch oxydativ abgebaut werden (LARSEN 1967). Die Wirkung dieser bakteriellen Stoffwechselsäuren ist um so größer, je kleiner die Phosphatpartikel sind; denn mit ihrer größeren Aufteilung wächst ihre Oberfläche, und damit wird gleichzeitig die Angriffsfläche für die Säuren erhöht (SPERBER 1957).

Allgemein läßt sich also feststellen, daß auch für die P-Versorgung der Pflanze ein reges Mikroorganismenleben im Boden günstig wirkt. Es ist bekannt, daß mit der Zufuhr von organischer Substanz zum Boden die P-Aufnahme der Pflanzen erhöht wird. Diese mit **Humateffekt** bezeichnete Wirkung dürfte vornehmlich auf ein gesteigertes Mikroorganismenleben zurückzuführen sein. Daneben ist auch noch zu berücksichtigen, daß beim Abbau organischer Substanz Verbindungen mit chelatisierender Wirkung gebildet werden. Es ist gut möglich, daß diese Chelatoren größere Mengen von Ca-Ionen der Bodenlösung durch Chelatbindung abfangen, so daß sie nicht mit den Phosphat-Ionen zu unlöslichen Phosphaten reagieren können (MARSCHNER 1958). Bikarbonat hat keinen Einfluß auf die Mobilisierung der verschiedenen Phosphate. Bei hohen *p*H-Werten kann es jedoch die Phosphataufnahme der Pflanze hemmen (MILLER und RUSSEL 1962).

Die Ausscheidungen der Pflanzenwurzel können Phosphate in unmittelbarer Nachbarschaft mobilisieren, jedoch sollte man diesen Effekt nicht überschätzen. Wichtig für die Ausnutzung des Bodenphosphates ist vielmehr die vertikale und horizontale Ausbreitung des Wurzelsystems. Je größer die zur Phosphataufnahme befähigte Gesamtoberfläche einer Wurzel ist, je mehr ,,Aufnahmeoberfläche" dem Boden dargeboten wird, um so besser ist die Phosphataufnahme; denn selbst das Phosphat der Bodenlösung ist nicht sonderlich mobil, so daß zur Pflanzenwurzel hauptsächlich die in ihrer engeren Nachbarschaft vorhandenen, gelösten Phosphate diffundieren. Dementsprechend verarmen diese Zonen besonders an Phosphat (LEWIS und QUIRK 1967). Das Vermögen der Pflanze, schwerlösliche Phosphate des Bodens zu nutzen, das sog. Aufschließungsvermögen für Phosphat, dürfte daher nicht nur von der Intensität der Wurzelausscheidung, sondern auch von der Größe des Wurzelsystems abhängen. Tabelle 72 zeigt, daß dieses Aufschließungsvermögen für die einzelnen Pflanzenarten unterschiedlich ist. Auch das Phosphataufnahmevermögen aus tieferen Schichten ist bei den einzelnen Pflanzenarten entsprechend dem Tiefenwachstum ihrer Wurzeln unterschiedlich ausgeprägt PAGE und GERWITZ 1969). Für die effektive Phosphatverfügbarkeit ist auch die Bodenfeuchte wichtig. In trockenen Böden sind Phosphatumsatz und -diffusion und damit auch die Phosphataufnahme gehemmt (LOW und PIPER 1960, BARLAN et al. 1967). Ein weiterer wichtiger Parameter der Phosphatverfügbarkeit ist die Phosphatkonzentration der Bodenlösung. Sie wird maßgeblich von dem Gleich-

Tabelle 72

Aufnahme von schwerlöslichem Phosphat in % der gesamten Menge an schwerlöslichem Phosphat des Nährmediums (n. PFEIFFER und RIPPEL, zit. n. SCHEFFER und WELTE 1955)

Gerste	0,0	Bohnen	5,0
Hafer	1,1	Senf	7,1
Buchweizen	2,7		

gewichtsverhältnis zwischen festem Phosphat und gelöstem Phosphat bestimmt (SCHUFFELEN 1970). Diese Gleichgewichtsrelation wird nicht nur von der Art der chemischen Bindung des Phosphates, sondern auch ganz entscheidend von dem Grad der Kristallisation der Phosphatverbindung beeinflußt. Gut kristallin ausgeprägte Phosphate wie Apatite, Strengit und Variszit haben eine sehr geringe Löslichkeit, so daß ihre Phosphatgleichgewichtslösung außerordentlich niedrig konzentriert ist (MURRMANN und PEECH 1969). Mono- und Dikalziumphosphate, ja selbst Trikalziumphosphat und Oktokalziumphosphat weisen wesentlich höhere Phosphatkonzentrationen in ihrer Gleichgewichtslösung auf, und sie haben dementsprechend eine vorrangige Bedeutung bei der Ernährung der Pflanze (MORARD 1967, MURRMANN und PEECH 1969).

Diese Unterscheidung zwischen kristallinen und amorphen Phosphatverbindungen hat auch für die Bewertung der Düngerphosphate eine Bedeutung. Rohphosphate sind kristallin. Ihre P-Gleichgewichtslösungen sind nur unter mehr sauren Bedingungen für die Pflanzenernährung von größerer Bedeutung. Amorphe Düngerphosphate (Thomasphosphat, Rhenaniaphosphat) haben eine höhere P-Gleichgewichtslösung. Jedes amorphe Phosphat altert jedoch mit der Zeit und geht in den kristallinen Zustand über. Seine Verfügbarkeit für die Pflanze geht damit zurück.

Im Vergleich zu anderen Nährionen ist die Phosphatkonzentration der Bodenlösung niedrig. Für Ackerböden mitteleuropäischer Standorte beträgt sie zwischen 10–100 μ molar (MENGEL et al. 1969). Aus diesem Grunde ist auch die vertikale Phosphatverlagerung sehr schleppend (MUNK 1969), und die Phosphatauswaschungsverluste sind praktisch bedeutungslos. Die geringe vertikale Phosphatverlagerung wirkt sich nachteilig bei pflugloser Kultur aus.

b) Aufnahme, Verteilung und Funktion des P in der Pflanze

Phosphat wird unter mehr sauren Bedingungen in Form des $H_2PO_4^-$, unter mehr neutralen Bedingungen in Form des HPO_4^{2-} von der Pflanze aufgenommen. Nach Untersuchungen von HENDRIX (1967) ist die Aufnahmerate von $H_2PO_4^-$ größer als die von HPO_4^{2-}. Er fand an Bohnenpflanzen bei *p*H 4 eine etwa 10fach höhere Aufnahmerate als bei *p*H 8,7. Jedoch ist die Phosphataufnahmeintensität in Abhängigkeit vom *p*H-Wert nicht ganz eindeutig (BIDDULPH und WOODBRIDGE 1952). Polyphosphate (ROUX 1968) wie auch organische Phosphate (FLAIG und KAUL 1956) werden erst nach Abspaltung von Orthophosphat der Pflanze in Form des Orthophosphats zugänglich. Die Phosphataufnahme wird durch andere Ionen praktisch nicht beeinflußt. Das aufgenommene Phosphat ist in der Pflanze gut beweglich, und es wandert hauptsächlich in die jungen oberirdischen Pflanzenorgane. So zeigt die auf Tafel VIII dargestellte Autoradiographie, daß das radioaktiv markierte Phosphat besonders im jüngsten Blatt angereichert ist (Blatt Nr. 4), während die älteren Blätter das markierte Phosphat vornehmlich in ihren Adern und Petiolen aufweisen. Diese von MORARD (1970) an *Fagopyrum esculentum* durchgeführte Untersuchung ergab weiterhin, daß das neu in die jungen Blätter aufgenommene Phosphat nach einer gewissen Zeit zum Teil wieder in die älteren Blätter und Kotyledonen verlagert wird. Es ist anzunehmen, daß diese Verlagerung in Form organischer Phosphate vor sich geht, die in den jungen Pflanzenorganen gebildet werden (PEEL et al. 1969).

Auch in der Wurzel wird bereits ein Teil des aufgenommenen anorganischen Phosphates in eine organische Form umgewandelt. HABER und TOLBERT (1959) berichten, daß selbst im Keimlingsstadium kurz nach dem Austritt der ersten Würzelchen das aufgenommene anorganische Phosphat in Phosphorylcholin und in Phospholipide umgewandelt wird. JACKSON und HAGEN (1960) fanden an abgeschnittenen Gerstenwurzeln, daß innerhalb von 10 Minuten etwa 80 % des aufgenommenen Phosphates in den Stoffwechsel einbezogen worden waren. Unter den P-Verbindungen, die in dieser kurzen Zeit gebildet wurden, waren vor allen Dingen Glukose-1-Phosphat und Uridindiphosphat-Glukose. LOUGHMAN und RUSSELL (1957) fanden, daß beim Einbau von anorganischem Phosphat in der Wurzel vornehmlich Phosphonukleotide (ATP, ADP) gebildet werden. Die gute Beweglichkeit des P in der gesamten Pflanze läßt vermuten, daß P vorwiegend in Form organischer Moleküle transportiert wird. Das trifft besonders für den basipetalen Transport zu. Hier ist es nach MAIZEL et al. (1956) hauptsächlich das **Phosphorylcholin,** welches als P-Träger fungiert.

Die Verteilung des P in der Pflanze hängt weitgehend von deren physiologischem Entwicklungszustand ab. LINCK und SWANSON (1960) konnten in interessanten Studien an der Erbse zeigen, daß eine auf das Blatt aufgebrachte markierte P-Gabe vorwiegend basipetal wandert, falls das Blatt nicht an ein Internodium inseriert ist, das eine Hülse trägt. Gehört das betreffende Blatt jedoch zu einem Internodium mit Blüte bzw. Hülse, so wird das Phosphat überwiegend in die Organe der Blüte transportiert, jedoch erst nach deren Befruchtung. Mit der Stoffwechselaktivität der jungen Embryonen der Hülse steigt der Transport des Phosphates in die generativen Organe an. Diese Ausrichtung des P-Transportes auf bestimmte Pflanzenorgane dürfte durch Phytohormone ausgelöst werden. So zeigen Untersuchungen von PENOT und HOURMANT (1969), daß Kinetin bei längerer Einwirkungszeit die Phosphataufnahme erhöht.

Die organischen P-Verbindungen im pflanzlichen Organismus sind Phosphorsäureester bzw. Pyrophosphatverbindungen (s. S. 68). Sie wurden im einzelnen bei der Besprechung der verschiedenen Stoffwechselvorgänge schon dargelegt. Die **Phospholipoide** sind Derivate der Glyzerinphosphorsäure, ihre wichtigsten Vertreter, **Lezithin** und **Kephalin** (Strukturformel S. 132), sind in der Pflanze weit verbreitet. Sie haben eine hydrophobe und eine hydrophile Stelle in ihrem Molekül. Diese Eigenschaft befähigt sie, als bindendes Glied zwischen hydrophoben und hydrophilen Zellstrukturen zu wirken. Hierin dürfte ihre wichtigste Funktion im pflanzlichen Organismus liegen. Phospholipoide sind besonders am Aufbau von Zellmembranen der Mitochondrien und der Chloroplasten beteiligt. Einen weiteren wichtigen Phosphorsäureester stellen die **Nukleinsäuren** dar. Hieraus wird die Bedeutung des P für den Eiweißstoffwechsel und für die Synthese von Enzymen deutlich. Sie tritt ebenbürtig neben die des N.

Damit ist jedoch die Funktion des P im lebenden Organismus noch nicht erschöpft. Der Baustein der Nukleinsäuren, das Nukleotid, setzt sich bekanntlich aus einer N-Base, einer Pentose und aus Phosphat zusammen. Ein solches Nukleotid ist auch die **Adenylsäure** (=Adenosinmonophosphat). Sie ist die Ausgangssubstanz für die Synthese von Adenosindiphosphat (ADP) und Adenosintriphosphat (ATP). Bedeutung und Reaktionen dieser stoffwechselphysiologisch so wichtigen Verbindungen sind auf S. 66 im einzelnen erläutert. Hier sei deshalb nur darauf hingewiesen, daß die zahlreichen Prozesse dieser Koenzyme (ATP, GTP, UTP, CTP) an die Anwesenheit von P gebunden sind. Gerade die Pyrophosphatstruktur mit ihren energiereichen Bindungen bestimmt den Charakter und damit auch die Funktionsfähigkeit dieser Koenzyme. Photosynthese, Glykolyse, Zitronensäurezyklus, Atmung, direkte Glukoseoxydation und Kohlenhydrataufbau (Beladungsreaktion) sind Vorgänge, die alle **Phosphorylierungen** einschließen. Das P-Atom bzw. das Phosphat-Ion oder die Phosphorylgruppe ist so praktisch in alle wichtigen biologischen Prozesse verwickelt. Weitere wichtige P-haltige Koenzyme sind die Nikotinamid-adenin-dinukleotide (NAD, NADP), das Flavinmononukleotid und das Flavinadenindinukleotid (S. 58 und 61).

Neben den aufgeführten organischen P-Verbindungen kommt in den Getreidekörnern vermehrt das Phytin vor. Es umfaßt hier ungefähr 80 % des gesamten P, während in grünen Pflanzenteilen der Anteil des im Phytin gebundenen P am Gesamt-P bei etwa 2 % liegt. Phytinsäure ist ein Hexaphosphorsäureester des Inosits. Den Aufbau der Phytinsäure kann man sich in der Weise vorstellen, daß durch die Esterbildung von jeweils einer Hydroxylgruppe des Inosits mit einem Phosphorsäuremolekül vorerst 6 H_2O-Moleküle abgespalten werden. Jeweils zwei benachbarte Phosphatreste reagieren außerdem miteinander unter Bildung einer Pyrophosphatstruktur. Hierbei werden vom gesamten Molekül drei Moleküle H_2O abgespalten. An jeweils einen Phosphatrest lagert sich danach ein H_2O-Molekül an, so daß bei der Bildung von Phytinsäure aus Phosphorsäure und Inosit eine Nettoabgabe von drei H_2O-Molekülen vorliegt.

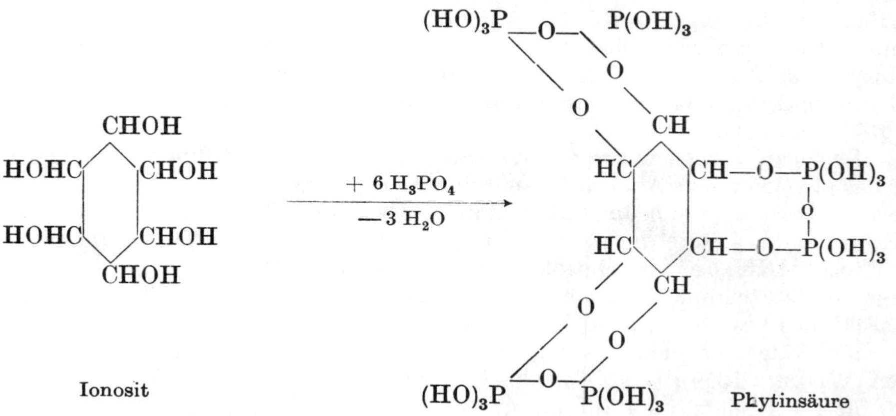

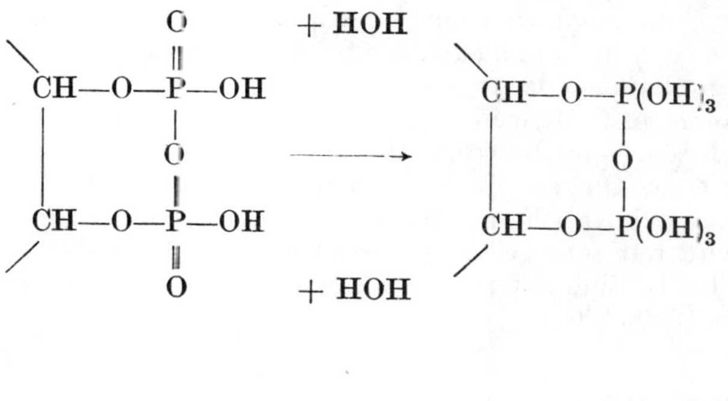

Tabelle 73
Mineralstoffgehalt des reifen Strohes und des Kornes bei Hafer (K. Scharrer und K. Mengel 1960)

	Korn	Stroh	
P	4,29	1,23	(mg P/g Tr.-Sub.)
Mg	1,23	1,02	(mg Mg/g Tr.-Sub.)
Ca	2,23	9,0	(mg Ca/g Tr.-Sub.)
K	6,40	13,8	(mg K/g Tr.-Sub.)
Na	0,22	3,24	(mg Na/g Tr.-Sub.)
Cl	2,66	14,2	(mg Cl/g Tr.-Sub.)

Die Tatsache, daß Phytin besonders in Samen und Früchten angetroffen wird, deutet schon darauf hin, daß es hauptsächlich eine Reserveform des P darstellt. Im Getreidekorn liegt es als Mg- und Ca-Salz der Phytinsäure vor. Die Pflanze gibt also im Phytin dem jungen Keimling gleichsam die für die Phosphorylierungsvorgänge wichtigsten anorganischen Elemente mit, nämlich Mg^{++} und Phosphat. Beide Nährstoffe kommen im Gegensatz zu den meisten anderen Pflanzennährstoffen im Korn in höherer Menge vor als im Stroh (s. Tabelle 73). Die generativen Organe enthalten mehr P als die vegetativen. Eaton und Ergle (1957) fanden bei Baumwolle, daß zur Zeit der Reife die generativen Teile etwa 80 % des gesamten P der Pflanze enthielten. Die Bildung von Phytin erfolgt hauptsächlich im Reifestadium. Das in anorganischer Form vorliegende Phosphat wird dabei für die Phytinsynthese verwendet. Umgekehrt wird beim Keimen der Samen das Phytin mobilisiert und in andere P-Formen umgewandelt (Ergle und Guinn 1959) (vgl. Abb. 137).

Die Menge an vorliegendem organischem Phosphat wird demnach wesentlich durch das physiologische Alter und damit durch die jeweils vorherrschende Synthese organischer Inhaltsstoffe bedingt. So konnten Rowan und Turner (1957) an reifenden Erbsensamen feststellen, daß mit der Stärkebildung das Verhältnis anorganisches Phosphat/Hexosemonophosphat abnimmt (s. Abb. 138).

Diese rapide Abnahme des anorganischen Phosphates zur Zeit der Stärkebildung überrascht nicht weiter, da die Stärkesynthese durch die Phosphorylierung von Glukosemolekülen eingeleitet wird. Auch kann Phosphat an Stärke angelagert werden (Wegner 1959). Das Beispiel zeigt sehr deutlich die Bedeutung des Phosphates für den Kohlenhydrataufbau, und es wird verständlich, daß eine reichliche Produktion von Kohlenhydraten nur dann gewährleistet ist, wenn das Phosphat im pflanzlichen Organismus in ausreichender Menge vorliegt.

Im allgemeinen nimmt in der grünen Pflanze das anorganische Phosphat von der gesamten vorhandenen P-Menge den größten Anteil ein. Dieser Anteil ist in alten Blättern am höchsten, junge Blätter enthalten also relativ viel organisch gebundene Phosphate, vor allen Dingen Nukleoproteide. Eine steigende Phosphatdüngung wirkt sich fast ausschließlich auf den Gehalt an anorganischem Phosphat aus. Phosphatid-P wird nur sehr gering angereichert und Nukleoprotein-P überhaupt nicht (Michael 1939). Eine N-Düngung kann jedoch den Gehalt an Nukleoprotein-P erhöhen (Garz 1959, 1960).

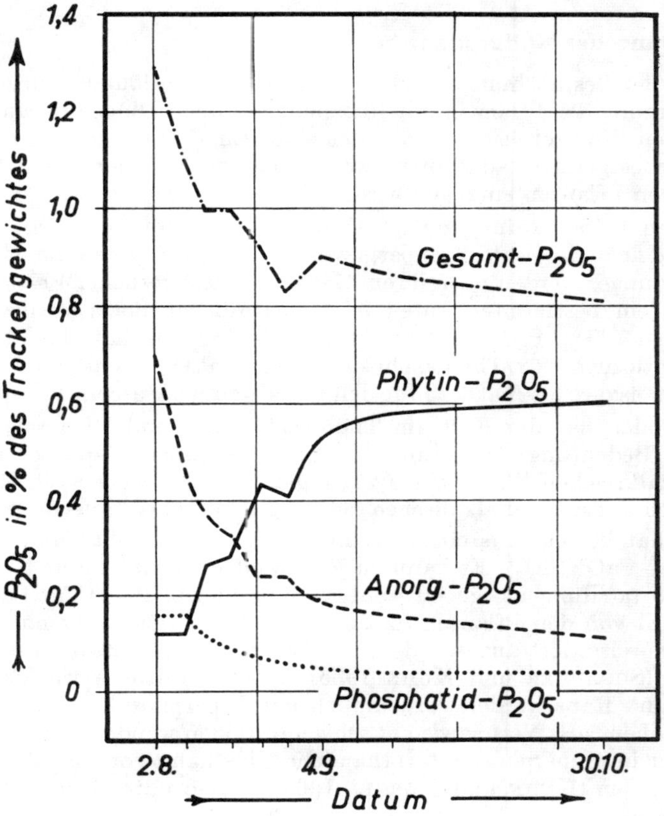

Abb. 137
Wandlungen der P-Verbindungen in reifenden Maiskörnern (SCHMALFUSS 1952).

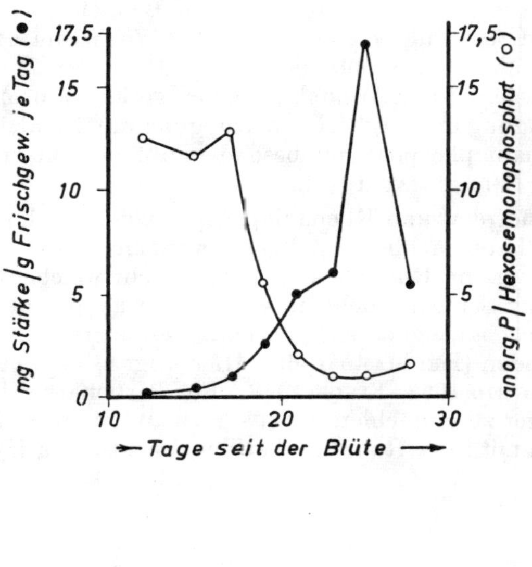

Abb. 138
Beziehungen zwischen der Intensität der Stärkesynthese und dem Verhältnis anorganisches Phosphat/Hexosemonophosphat.

c) Die P-Ernährung der Kulturpflanzen

Wie schon bei der Besprechung der Phosphate im Boden erläutert wurde, kommt es bei der Versorgung der Pflanzen mit Phosphat vor allen Dingen darauf an, daß die Phosphate den Pflanzen leicht zugänglich sind. Ein Teil des gedüngten P wird im Boden immer festgelegt, so daß man zweckmäßigerweise immer mehr Phosphat düngt, als von den Pflanzen entzogen wird.

Die wichtigsten Phosphatdüngemittel werden nach ihrem Gehalt an löslichem Phosphat gehandelt und bewertet. Superphosphat (18 % P_2O_5) und die daraus hergestellten Mischdünger werden nach ihrem Gehalt an zitratlöslicher Phosphorsäure bewertet, wobei ein bestimmter Anteil in wasserlöslicher Form vorliegen muß. Rhenaniaphosphat (29 % P_2O_5) (entspricht Alkalisinterphosphat, 11–12 % P) ist vorwiegend zitratlöslich, für Thomasphosphat (15 % P_2O_5) dient die Löslichkeit in 2 %iger Zitronensäure als Maßstab für den Gehalt an wirksamem Phosphat.

Auf sauren Böden hat der Kalk im Thomasphosphat und Rhenaniaphosphat eine zusätzliche Bedeutung. Die saure Reaktion des Superphosphates hat demgegenüber auf kalkreichen Böden einen günstigen Einfluß. Aber auch Rhenaniaphosphat hat sich auf neutral-alkalischen Böden gut bewährt (Scharrer 1950).

Thomasphosphat besteht aus einem Gemisch von Ca-Phosphat und Ca-Silikat ($Ca_3P_2O_8 \cdot CaO + CaO \cdot SiO_2$). Es kann zu jeder Zeit im Frühjahr und im Herbst oder auch als Vorratsdünger gegeben werden. Superphosphat enthält $Ca(H_2PO_4)_2$ und Gips. Es wird von den Pflanzen im Jugendstadium leicht aufgenommen und ist daher vorzugsweise dort anzuwenden, wo eine rasche und starke P-Aufnahme gewünscht wird (Scharrer und Kühn 1956). Intensivkulturen wie Braugerste, Frühkartoffeln und Raps werden vornehmlich mit Superphosphat gedüngt. Auch auf Böden mit hohem *p*H-Wert sowie auf schweren Böden wendet man gern Superphosphat an. Der im Superphosphat vorhandene Gips kann von den Pflanzen gut aufgenommen werden (Kühn und Mengel 1963) und so unter Umständen einen S-Mangel verhüten.

Rhenaniaphosphat wird durch einen alkalischen Aufschluß mit Natriumkarbonat und Quarzsand aus Rohphosphaten gewonnen. Es enthält $CaNaPO_4$ und $CaSiO_3$. Rhenaniaphosphat hat auch noch im neutral-alkalischen Bereich eine gute und nachhaltige Wirkung. Sein Na kann unter Umständen das Wachstum natrophiler Pflanzen begünstigen. So fanden Scharrer und Kühn (1958) bei Zucker- und Futterrüben, Spinat, Sommergerste und Weidelgras einen gesicherten Mehrertrag durch Rhenaniaphosphatdüngung im Vergleich zur Düngung mit Dikalzium- oder Monokalziumphosphat. Rhenaniaphosphat hat besonders auf phosphatverarmten Böden eine schnelle Wirkung (Obigbesan 1970).

Im Gegensatz zum Superphosphat und Rhenaniaphosphat, die durch einen Aufschluß von Rohphosphaten (hauptsächlich Apatite) gewonnen werden, stellt das Hyperphos (29 % P_2O_5) (entspricht Runaphos, 9–15 % P) ein weicherdiges, fein gemahlenes Rohphosphat dar. Seine Löslichkeit ist geringer als die der meisten anderen Phosphatdüngemittel. Es eignet sich deshalb besonders zur Düngung schwach saurer bis saurer Böden (Reichard 1969). Hier zeigt es eine beachtliche Wirkung (Schaffler und Schmid 1958, Finck 1958). Für karbonathaltige Böden ist dagegen Hyperphos weniger zu empfehlen (Prausse 1968). Die teilaufgeschlossenen Phosphate entsprechen mit ihrer Rohphosphatkomponente dem Hyperphos.

Das unterschiedliche Verhalten eines leichtlöslichen Phosphatdüngemittels im Vergleich zu einem schwerlöslichen Phosphatdüngemittel im Boden besteht im wesentlichen darin, daß letzteres nur dann zur Wirkung kommt, wenn genügend H-Ionen vorhanden sind, um die Phosphat-Ionen aus dem Kristallgitter zu lösen. Beim leichtlöslichen Phosphat vermindert sich die Löslichkeit durch Einwirken von Al^{+++}, Fe^{+++} und Ca^{++}. Es entstehen amorphe Phosphatniederschläge, deren Phosphate noch über längere Zeit den Pflanzen gut verfügbar sind.

Verschiedene Untersuchungen zeigen übereinstimmend, daß neu zugeführtes lösliches Phosphat hauptsächlich in der Al-Phosphatfraktion wiedergefunden wird (MACHOLD 1963, KAILA 1964, MACKENZIE und AMER 1964). Es ist hierbei unwahrscheinlich, daß das Phosphat als Al-Phosphat (Variszit) ausfällt. Vielmehr zeigen Untersuchungen von PA HO HSU (1964), daß dieses Phosphat vornehmlich an Al- und Fe-Hydroxide adsorbiert ist.

Wie sehr der Bodenzustand die Phosphatverfügbarkeit beeinflußt, geht aus einem englischen Dauerversuch hervor (ROSCOE 1960). Auf einer Dauerweide, die 58 Jahre in regelmäßigem Turnus mit Superphosphat bzw. mit Thomasphosphat gedüngt wurde, fand sowohl auf der Thomas- als auch auf der Superphosphat-

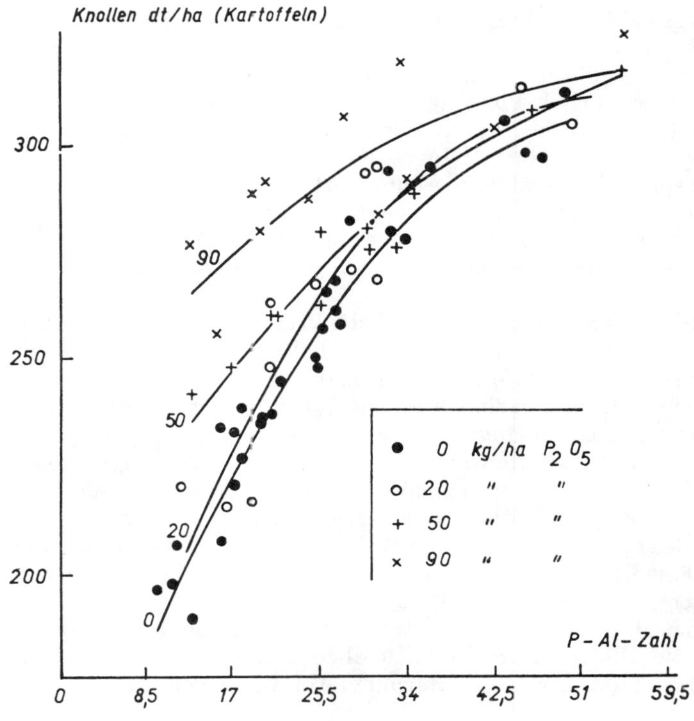

Abb. 139
Wirkung einer frisch gegebenen P-Düngung bei verschiedenem P-Zustand des Bodens (n. VAN DER PAAUW 1960).

parzelle eine sehr starke Anreicherung von pflanzenverfügbarem Phosphat statt. In beiden Fällen befand sich das Phosphat fast ausschließlich in der Oberkrume. Die Parzelle ohne P-Düngung zeigte starke Mindererträge, die Parzelle mit Thomasphosphat und Kalk war im besten Zustand. Sie hatte nicht nur die beste Bodenstruktur und das regste Mikroorganismenleben, auch der Gehalt an pflanzenverfügbarem Phosphat war auf dieser Parzelle am höchsten.

Entsprechend der Mitscherlich-Gleichung ist die Düngerwirkung des Phosphates um so höher, je geringer der Gehalt an pflanzenverfügbarem Phosphat ist (s. Abb. 139). Die Ausnutzung des gedüngten Phosphates hängt verständlicherweise vom Boden, dem Pflanzenwuchs, besonders aber von der Düngungsmenge ab. Köhnlein und Knauer (1965) fanden in langjährigen Feldversuchen mit einer in der Praxis üblichen Fruchtfolge Ausnutzungswerte von 21–75 %. Mit einer regelmäßigen ausreichenden Phosphatdüngung wird der Gehalt an pflanzenverfügbarem Phosphat im Boden erhöht (Thomas 1964, Köhnlein und Knauer 1965, Knauer 1968). Die Phosphatfixierung nimmt um so mehr ab, je mehr dem Boden Phosphat zugeführt wird (Hughes und Searle 1964).

Um bei leicht löslichen Phosphatdüngemitteln die Festlegung im Boden etwas zu verzögern, werden sie vielfach granuliert (granuliertes Superphosphat). Die Oberfläche der Granulate ist wesentlich kleiner als die einer gleichen Gewichtsmenge des feingemahlenen Düngemittels. Diese Granulate sind deshalb weniger dem Angriff fremder Ionen, beispielsweise der Ca-Ionen, ausgesetzt, ihre Phosphate werden nicht so schnell in eine unlösliche Form überführt. Phosphatdüngemittel, die vorwiegend wasserlösliches Phosphat enthalten, werden deshalb zweckmäßigerweise granuliert. Anders bei wasserunlöslichen Phosphaten. Hier ist eine große Oberfläche erwünscht, um den H-Ionen des Bodens eine große Angriffsfläche zu bieten. Thomasphosphat und Hyperphos wirken so in feingemahlener Form am besten. Um die Festlegung des löslichen Phosphates einzuschränken, ist bei verschiedenen Kulturpflanzen eine Reihendüngung angebracht (Ryan 1962). Sie bewirkt in lokal begrenzten Zonen eine relativ hohe Phosphatkonzentration (Prummel 1957).

P-Mangelpflanzen sind kleine, kümmerliche Pflanzen mit aufrechtem Wuchs und starrer Haltung der Blätter. Man spricht deshalb bei P-Mangel auch von **„Starrtracht"** im Gegensatz zum K-Mangel, den man als „Welketracht" bezeichnet. Die Stengel der P-Mangelpflanzen sind dünn, das Wurzelwachstum ist gering, und beim Getreide ist die Bestockung eingeschränkt. P-Mangel ähnelt also, was das Wachstum, die Ausbildung von Seitensprossen und Wurzeln anbelangt, dem N-Mangel. Ein wichtiges Unterscheidungsmerkmal für P-Mangel ist die schmutziggrüne Farbe der Mangelblätter (s. Tafel XVI). Vielfach erscheinen daneben noch rote Farbtöne, die auf eine Anthozyanbildung zurückzuführen sind. Auch bronzene Farbtöne sind nicht selten. Diese Charakteristika gelten für die meisten Kulturpflanzen. Vielfach werden die älteren Blätter frühzeitig abgeworfen.

Tafel IX zeigt den P-Mangel bei Hafer. Auch hier sind wie bei den übrigen Getreidearten die Blätter aufrecht nach oben gestellt. An den älteren Blättern beginnt von der Spitze her die Rotfärbung. Häufig zeigen auch die Stengel eine Anthozyanfärbung (s. Tafel XX). P-Mangel bei Obstbäumen ist nicht selten. Hier sind das Wachstum der Triebe und das Öffnen der Blüten und Knospen gehemmt. Die Blätter sind rötlich oder bronzen gefärbt; sie werden vorzeitig abgeworfen.

Eine ungenügende P-Versorgung wirkt sich immer negativ auf die Ausbildung von Blüten, Samen und Früchten aus (s. Tafel IX). Sie führt gerade bei Obst und Getreide zu erheblichen Mindererträgen. Beim Getreide ist es wichtig, daß besonders am Ende der Vegetationszeit, also bei der Kornausbildung, der Pflanze noch genügend Phosphat zugänglich ist. Eine gute Phosphaternährung erhöht hier die Anzahl der Ähren tragenden Halme und das Korngewicht (Knauer 1966, Lachover und Ephrat 1967).

Der Einfluß einer ungenügenden P-Versorgung auf die verschiedensten pflanzlichen Inhaltsstoffe ist unterschiedlich und noch nicht eindeutig geklärt. Vielfach findet man bei P-Mangel eine Anhäufung von nicht eiweißartigen N-Verbindungen. Offenbar ist die Eiweißsynthese gehemmt (Eaton 1950). Da das Phosphat ein wichtiges Bauelement der für die Eiweißsynthese notwendigen Nukleinsäuren darstellt, ist dies einleuchtend. Andererseits hat man bei Sojabohnensamen festgestellt, daß eine unzureichende P-Versorgung hauptsächlich den Fettgehalt erniedrigte und den Eiweißgehalt eher erhöhte. Wie schon im einzelnen erläutert wurde, wird P bei den unterschiedlichsten Stoffwechselreaktionen benötigt. Es ist daher nicht verwunderlich, daß sich ein P-Mangel auch unterschiedlich auf die Synthese pflanzlicher Inhaltsstoffe auswirken kann. Das physiologische Alter der Pflanze wie auch ihre Versorgung mit anderen Nährstoffen dürften dafür maßgebend sein, welche Stoffwechselreaktion bei P-Mangel am stärksten eingeschränkt wird.

Der P-Gehalt von P-Mangelpflanzen ist niedriger als der der gesunden Pflanzen. Während man bei jungem Getreide einen P-Gehalt von ungefähr 0,3–0,4 % P in der Trockensubstanz findet, liegt der Gehalt von Mangelpflanzen etwa bei 0,1 % P (Wallace 1951).

4. Das Kalium und weitere Alkalimetalle

a) Kalium im Boden

Die Erdrinde enthält ungefähr 3 % K, welches sich hauptsächlich in den primären und sekundären Tonmineralen befindet. Zu diesen primären Tonmineralen zählen die Feldspäte und die Glimmer (Muskovit = Kaliglimmer, Biotit = Magnesiaglimmer). Die Kaligehalte der kalireichsten Tonminerale (Kalifeldspat, Muskovit, Biotit) betragen 8–10 %. Zu den wichtigsten kalibindenden sekundären Tonmineralen zählen Illit, Vermikulit, Chlorit und Montmorillonit. K^+ ist in den Tonmineralen unterschiedlich gebunden. In den Feldspäten sitzt das K^+ in den Zwischenräumen des Si—Al—O-Gitters, bei den Schichtsilikaten der 2 : 1 Tonminerale (Illit, Vermikulit) und bei den Glimmern sitzt es an der Tetraederschicht (s. Abb. 140) und verbindet die beiden Schichten. K^+ ist weiterhin sorptiv an die äußeren Oberflächen der Tonminerale gebunden.

Der Gehalt an K^+ der verschiedensten Minerale bedingt, daß in der Regel ein Boden um so mehr Gesamt-K enthält, je höher seine Ton- und Schlufffraktion ist (Aquaye et al. 1967, Gardner 1967, Kaila 1967, Milcheva 1968). Nach Scheffer et al. (1960) liegen bei Lößböden etwa 40 % des Gesamt-K in den Feldspäten, 25 % in den Glimmern und 28 % in der Tonfraktion vor. Das austauschbare K^+ beträgt bei anorganischen Böden vom Gesamt-K nur etwa 1–2 %. Das in der Bodenlösung vorhandene K^+ macht wiederum nur wenige Prozente des austauschbaren K^+ aus (WIKLANDER 1954).

Durch Mineralverwitterung und Ionenumtausch wird K^+ freigesetzt, und dieses K^+ ist auf ungedüngten Böden die wichtigste K-Quelle der Pflanze. Sie bestimmt hier maßgeblich deren Fruchtbarkeitszustand. Die Verwitterung der Feldspäte setzt vom Rande her ein und verläuft schleppend. Sobald bei den Kalifeldspäten die Randflächen stärker verwittert sind, überziehen sie sich mit einer Verwitterungsschicht, bei der $Al(OH)_2^+$ das K^+ substituiert. Diese etwa 300 Å starke an K^+ verarmte Schicht schützt das Mineral vor weiterer Verwitterung (RICH 1968). Für die K-Nachlieferung durch Verwitterung kann deshalb unter Umständen der Kalkfeldspat eine größere Bedeutung haben als der Kalifeldspat (DUTHION 1968). Auch die Verwitterungsrate von Muskovit ist geringer als die von Biotit, so daß letzterer für die K-Freisetzung oft wichtiger ist. Allgemein gilt, daß die K-Freisetzungsrate um so kleiner wird, je stärker das Mineral an K^+ bereits verarmt ist. Die Glimmer gehen bei Verwitterung (Verlust an K^+) in Illit und Vermikulit über (FARMER und WILSON 1970). Beide Minerale besitzen in ihren Zwischenschichten spezifische K-Bindungsstellen, die noch mit K^+ besetzt sind. Je mehr dieses K^+ vom Rande her durch andere Kationen verdrängt wird, um so mehr lockert sich vom Rande beginnend der Kristallverband (ALESIN und KUSNECOV 1967); denn K^+ bindet durch elektrostatischen Ausgleich die beiden sich gegenüberstehenden Tetraederschichten. Mit zunehmender Auflockerung expandiert das Mineral. Die Basisabstände der Schichtpakete werden größer. Sie betragen beim Illit 10 Å, beim Vermikulit 14 Å und beim Montmorillonit 18 Å. Die Verwitterung wird durch niedrige *p*H-Werte begünstigt, denn H^+ vermag sein Hydratationswasser schnell zu wechseln, so daß das Proton in den Zwischenschichten gut diffundieren und K^+ verdrängen kann (RICH 1968). Auch wird nach HUANG et al. (1968) unter sauren Bedingungen die Oxydation von Fe^{2+} zu Fe^{3+} im Kristallgitter der Feldspäte begünstigt. Hierbei wird das Gittergleichgewicht gestört, so daß K^+ eher freigesetzt werden kann.

Vermikulit und die randlich aufgeweiteten Illite besitzen noch ihre K-spezifischen Bindungsstellen, und sobald wieder K-Ionen auf diese Stellen einwirken, werden die anderen Kationen verdrängt. Das K^+ nimmt wieder seine spezifischen Positionen in den „Näpfen" der Tetraederschicht ein und kontrahiert hierbei das Mineral (s. Abb. 140). Der Basisabstand reduziert sich hierbei von 14 auf 10 Å. Das so gebundene K^+ ist „fixiert", der Pflanze nicht zugänglich und nur durch einen spezifischen Ionenumtausch (H^+ oder NH_4^+) wieder in Freiheit zu setzen. NH_4^+ verhält sich dem K^+ analog: es kann ebenfalls fixiert werden (s. S. 310). Diese Art der **K-Fixierung** geht unter feuchten und trockenen Bedingungen vor sich. Man nennt sie Feuchtfixierung. Montmorillonit fixiert unter feuchten Bedingungen nicht. Bei starker Austrocknung verliert er aber auch Adsorptionswasser aus den Zwischenschichten. Es kommt dann zur Schrumpfung, so daß das zwischen den Schichtpaketen befindliche K^+ ebenfalls fixiert wird. Da bei der Trockenfixierung neben den aufgeweiteten Illiten und Vermikulit auch Montmorillonit fixiert, sind die Werte der Trockenfixierung höher als die der Feuchtfixierung (SCHROEDER 1955).

Das K-Fixierungsvermögen erhöht sich langsam, wenn man tonreiche Böden (Illit, Vermikulit) längere Zeit mit K-Unterbilanz bewirtschaftet (NIELSEN 1970). In diesen Fällen wird vermehrt K^+ den Zwischenschichten entzogen. Je mehr diese

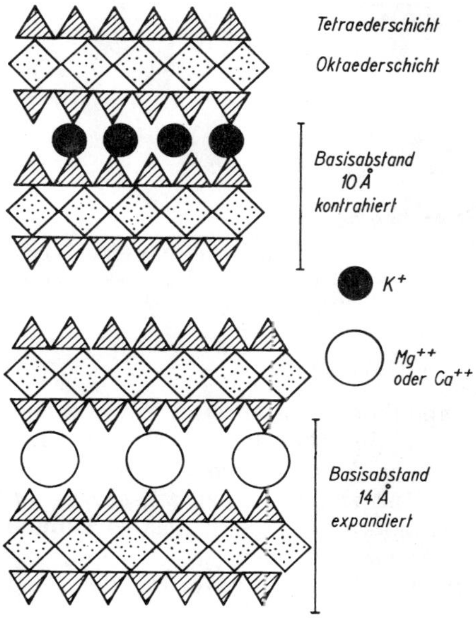

Abb. 140
Schematische Darstellung einer aufgeweiteten und einer kontrahierten Zwischenschicht.

an K^+ verarmen, um so größer wird das potentielle Fixierungsvermögen (GRAHAM und LOPEZ 1969), welches die K-Anlieferung an die Pflanze unsicher gestaltet. Es wirkt sich um so nachteiliger aus, je schlechter unter den gegebenen Bedingungen die K-Aufnahmeverhältnisse sind, z. B. trockene Witterung, schlechte Bodendurchwurzelung. Es kann dann zu erheblichen Ernteausfällen kommen. Um diese K-spezifischen „Löcher" aufzufüllen und um damit die Gefahr einer K-Fixierung auszuschalten, muß man unter Umständen mit hohen Kaligaben düngen, die 1000–2000 kg K_2O/ha betragen können (GHOBADIAN 1969).

Bei der Bindung von K^+ an Tonminerale unterscheidet man zwischen 3 Bindungspositionen unterschiedlicher Selektivität. Die Bindungsstelle zwischen den Schichtpaketen (i-Position) hat die höchste K-Selektivität, die Bindungsstelle an der Mineraloberfläche, die planare Bindungsstelle (p-Position), hat die niedrigste K-Selektivität, die an der Ecke eines aufgeweiteten Illites befindliche Bindungsstelle (e-Position) besitzt eine mittlere K-Selektivität (EHLERS et al. 1967, BECKETT und NAFADY 1967). Die Selektivität der Bindung kann mit dem Gaponkoeffizienten charakterisiert werden (s. S. 28); je höher dieser Koeffizient ist, um so selektiver ist die K-Bindung. Vergleicht man beispielsweise die selektive Bindung von K^+ mit der von Ca^{++}, so erhält man für die einzelnen Bindungspositionen nachstehende Gaponkoeffizienten (DUTHION 1966):

p-Position	2
e-Position	200–1000
i-Position	$>$ 1000

Diese Zahlen geben einen Hinweis, wie außerordentlich stark sich die einzelnen Positionen in ihrer K-Selektivität unterscheiden.

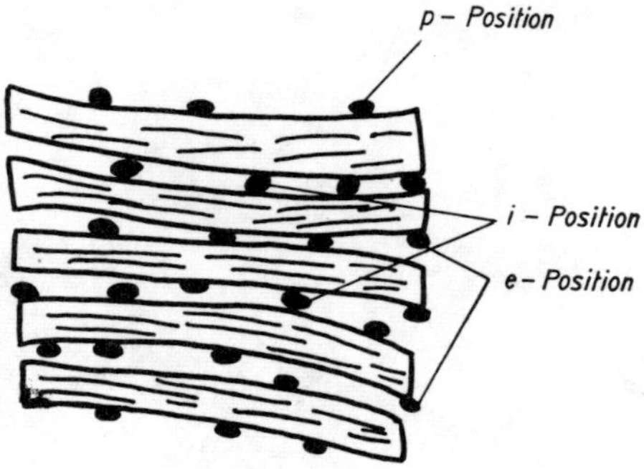

Abb, 141
Schematische Darstellung der einzelnen K-Bindungspositionen bei einem 2 : 1 Tonmineral.

Die an Bodenproben ermittelten Gaponkoeffizienten sind Mittelwerte, die aus den 3 verschiedenen Positionen resultieren. Je höher diese Werte sind, um so mehr überwiegen die spezifisch bindenden Stellen (Tucker 1967, Nemeth et al. 1970). Die K-Bindung an Humus und Kaolinit ist ziemlich unspezifisch. Sie entspricht in ihrer Selektivität der p-Position (Ehlers et al. 1968). Das so gebundene K^+ kann leicht von anderen Kationen umgetauscht werden.

Der Grad der selektiven K-Bindung hat für die Ernährung der Pflanze eine direkte Bedeutung, denn von ihm hängt das Gleichgewicht zwischen der K-Konzentration der Bodenlösung und dem sorbierten K^+ maßgeblich ab. Das planar gebundene K^+ steht mit einer wesentlich höheren K-Konzentration im Gleichgewicht als das mehr spezifisch gebundene K^+. Abb. 142 veranschaulicht diesen Zusammenhang. Es wird hier das sorptiv gebundene K^+ (austauschbares K^+) eines tonarmen Bodens und eines tonreichen Bodens mit den zugehörigen K-Konzentrationen der Bodenlösung in Beziehung gesetzt. Der tonarme Boden hat wenig K-spezifische Bindungsstellen. Schon bei einer niedrigen Menge an austauschbarem K^+ hat er eine relativ hohe K-Gleichgewichtskonzentration, welche

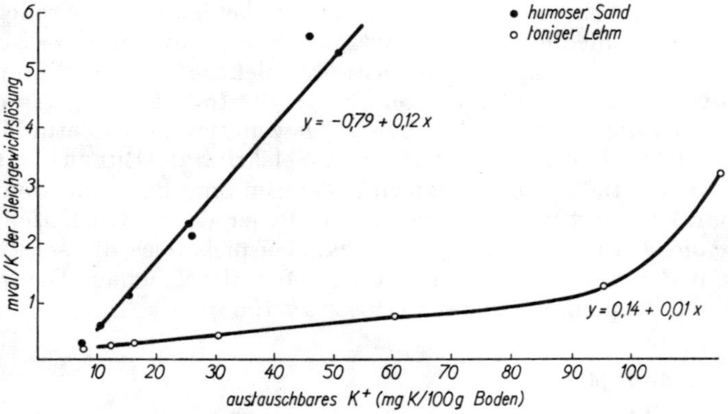

Abb. 142
Der Einfluß einer steigenden Menge an austauschbarem K^+ auf die K-Gleichgewichtslösung bei einem tonreichen und bei einem tonarmen Boden.

mit zunehmendem austauschbarem K^+ steil ansteigt. Beim tonreichen Boden ist die K-Gleichgewichtskonzentration niedrig, und sie steigt mit dem austauschbaren K^+ nur langsam an. Erst wenn eine gewisse Menge an austauschbarem K^+ überschritten wird, nämlich dann, wenn die spezifisch bindenden Positionen mit K^+ abgesättigt sind, steigt auch bei diesem tonreichen Boden die Kurve steiler an.

Dementsprechend liefert bei gleichem Gehalt an austauschbarem K^+ der leichtere Boden mit wesentlich höherer Rate das K^+ an die Pflanzenwurzel im Vergleich zum tonreicheren Boden. Um bei letzterem die K-Konzentration auf ein höheres Niveau einzustellen, sind unter Umständen hohe K-Düngungsmengen erforderlich, denn bei geringeren Gaben steigt die K-Konzentration nur unwesentlich an, so daß eine Ertragswirkung nicht zu erwarten ist. Welche optimale K-Konzentration anzustreben ist, kann heute noch schwerlich gesagt werden. Sie dürfte jedoch in einer Größenordnung von 0,7–1 mval/l liegen (SEILLAC 1967, MENGEL und FORSTER 1971), und sie sollte um so höher sein, je höher das zu erwartende Ertragsniveau ist. Zwar kann K^+ auch bei wesentlich niedrigeren Konzentrationen selektiv mit vergleichsweise hoher Rate aufgenommen werden, das Pflanzenwachstum ist dann noch normal, und es zeigen sich keine Mangelsymptome; Höchsterträge werden jedoch bei diesen niedrigeren Konzentrationen nicht erreicht (ASHER und OZANNE 1967, WILLIAMS 1961).

Der schwere Boden unterscheidet sich vom tonarmen Boden in seiner K-Dynamik weiterhin durch eine bessere Pufferung der K-Konzentration der Bodenlösung d. h. die der Bodenlösung entzogene K-Menge wird durch K-Nachlieferung, teils aus den Zwischenschichten, weitgehend ausgeglichen (BLANCHET und BOSC 1967, KUDSIN et al. 1967), so daß die K-Konzentration der Bodenlösung im Verlaufe der Vegetation nur unwesentlich abfällt (MENGEL und AKSOY 1971). Die K-Absättigung der anorganisch bedingten Austauschkapazität eines Bodens korreliert bei vergleichbarem Tonmineralbestand recht gut mit der K-Konzentration der Bodenlösung (NEMETH et al. 1970). Demgegenüber zeigt die Gesamtaustauschkapazität (anorganisch + organisch) vielfach keine deutliche Beziehung zwischen austauschbarem K^+ und K^+ der Bodenlösung. Diese Unregelmäßigkeit wird durch die geringe Selektivität der K-Bindung an Humus bedingt. Der prozentuale Anteil des K^+ an der Gesamtaustauschkapazität eines Bodens liegt bei mitteleuropäischen Kulturböden zwischen 1–5 % (SCHILLER und LENGAUER 1967, SCHMID 1967).

Der Grad der Bindung des K^+ an die Bodenkolloide beeinflußt auch den vertikalen K-Transport beachtlich. Böden mit illitischen Tonmineralen – hierzu zählt ein großer Teil unserer Ackerböden – zeigen nur eine langsame nach unten gerichtete Verlagerung von K^+. Dementsprechend weist bei den Kulturböden die obere Bodenschicht die höchsten Gehalte an austauschbarem K^+ auf. Bei Parabraunerden fängt der tonreichere B_t-Horizont das nach unten wandernde K^+ hauptsächlich durch Bindung an Illit und Chlorit ab (NIEDERBUDDE et al. 1969). Der behinderte K-Transport in tiefere Bodenschichten kann sich bei tiefwurzelnden Kulturpflanzen negativ auswirken. Die Rebe beispielsweise, die ihre Nährstoffe aus tieferen Bodenschichten (40–60 cm) entnimmt, kann auf tonreichen Böden unter K-Mangel leiden, obgleich die obere Krume gut mit Kali gedüngt wurde und reich an austauschbarem K^+ ist (BUDIG 1970). Hier hilft nur eine Tiefendüngung mit Kali. Die geringe vertikale K-Verlagerung ermöglicht bei den meisten Böden eine Kaliherbstdüngung, ohne größere K-Auswaschungsverluste befürchten zu müssen. Nur bei sehr tonarmen Böden (Sand) und vor allen Dingen bei organischen

Böden wird K^+ über Winter stärker ausgewaschen. Da diese Böden kaum Tonminerale haben, ist ihre K-Reserve gering (s. Tabelle 74).

Tabelle 74
K- und Phosphatgehalt in den obersten 20 cm der verschiedenen Moorarten (n. BADEN 1965)

	K_2O kg/ha		P_2O_5 kg/ha	
	gesamt	laktatlösl.	gesamt	laktatlösl.
Hochmoor	125	100	250	12
Übergangsmoor	350	160	750	8
Niedermoor	500	200	1250	4

b) Aufnahme, Verteilung und Funktionen des Kaliums in der Pflanze

Höhere wie niedere Pflanzen haben ein gutes Aufnahmevermögen für K^+, d. h. sie vermögen K^+ aus niedrig konzentrierten Lösungen noch aufzunehmen und in der Zelle zu akkumulieren. Zwischen den einzelnen Pflanzenarten bestehen zwar Unterschiede im K-Aufnahmevermögen, ja selbst zwischen den Subspezies einer Art können Unterschiede vorliegen (SHEA et al. 1968), jedoch sind diese Differenzen nicht allzu gravierend. Die K-Aufnahme hängt eng mit der Stoffwechselintensität zusammen. Ausreichende O_2-Zufuhr und genügend verfügbare Kohlenhydrate in der Wurzel sind unentbehrliche Voraussetzungen für maximale K-Aufnahmeraten (HARRIS und VAN BAVEL 1957, MENGEL 1962, BOWLING 1968). Grüne Pflanzenteile zeigen bei Belichtung eine erhöhte K-Aufnahme (BARBER 1968, RAINS 1968, JESCHKE 1970). Die K-Aufnahmerate steigt in Form einer Sättigungskurve mit der K-Konzentration der Aufnahmelösung an, jedoch wurden in jüngster Zeit von HIATT (1970) bei Gerstenwurzeln Abweichungen von dieser allgemeinen Regel gefunden. Die Nettoaufnahmerate hängt weiterhin vom K-Gehalt der Pflanze ab. Je höher dieser ist, um so geringer sind die Nettoaufnahmeraten (JOHANSEN et al. 1970). Die K-Abgabe an das Außenmedium ist bei intakten Pflanzen vernachlässigbar gering (MENGEL und HAEDER 1971).

Die Nettoaufnahme an K^+ kann durch Überwiegen einer Kationenart erniedrigt werden (MULDER 1950, GÄRTEL 1955, ELZAM und HODGES 1967). Umgekehrt vermag auch K^+ die Nettoaufnahme anderer Kationen beachtlich zu senken. Die von EHRENBERG schon vor Jahrzehnten als Kalk-Kali-Gesetz genannte Beziehung ist nur ein spezieller Fall der gegenseitigen Aufnahmebehinderung bzw. Verdrängung der einzelnen Kationenarten. Dieses Kalk-Kali-Gesetz besagt, daß bei einer reichlichen Kaliversorgung die Ca-Gehalte der Pflanze niedrig sind und umgekehrt. Über den eigentlichen Mechanismus der aktiven K-Aufnahme ist noch wenig bekannt. Neuerdings hat man zyklische Peptide gefunden, die befähigt sind Alkali-Ionen, besonders K^+, spezifisch zu binden (DOBLER et al. 1969). Diese Verbindungen (Enniatin, Nonaktin, Valinomycin) sollen die Membranpermeabilität für K^+ um mehr als das Hundertfache erhöhen (MUELLER und RUDIN 1967, PACKER et al. 1970). Die Annahme, daß sie als Träger für den K-Transport durch Membranen fungieren, ist demnach gerechtfertigt.

Die Beweglichkeit des K in der Pflanze ist gut. Im Gegensatz zu den Erdalkali-Ionen vermag es auch in basipetaler Richtung zu wandern (BUKOVAC und WITTWER

1957). Bei seiner Verteilung strebt es besonders zu den stoffwechselaktiven Blättern und den meristematischen Geweben. In den jüngeren Blättern befinden sich so unter normalen Bedingungen höhere K-Konzentrationen als in älteren. Auch sind jüngere Pflanzen reicher an K als ältere, falls man den K-Gehalt auf das Trockengewicht bezieht. So hat das Getreide zur Zeit der Bestockung einen 4–5fach höheren K-Gehalt als zur Zeit der Reife. Im Gegensatz zum K findet man bei Ca die umgekehrte Verteilung. Hier sind es vornehmlich die älteren Blätter, die den höchsten Ca-Gehalt aufweisen. Ein weiterer Unterschied zwischen K und Ca besteht in ihrer Verteilung auf Blatt und Stengel. Ca tendiert immer zu einer gewissen Anreicherung im Blatt, so daß der Ca-Gehalt der Blätter in den meisten Fällen beachtlich höher ist als der des Stengels. Demgegenüber sind die K-Gehalte zwischen Blatt und Stengel wesentlich ausgeglichener.

Dieses unterschiedliche Verteilungsmuster von K^+ und Ca^{++} in der höheren Pflanze erklärt sich mit der guten basipetalen Beweglichkeit des K^+ und mit der geringen basipetalen Beweglichkeit des Ca^{++}. K^+ wird über den Phloemtransport aus den Blättern wieder in die Stengel und Petiolen zurücktransportiert. Ein guter N-Ernährungszustand begünstigt den K-Transport in die jüngeren Pflanzenorgane (Haeder und Mengel 1969).

Die zahlreichen Funktionen, die K^+ im pflanzlichen Stoffwechsel erfüllt, lassen sich im wesentlichen mit zwei Eigenschaften des K^+ erklären, nämlich mit seiner beachtlich hohen, selektiven Aufnahmerate und mit seinem Vermögen, die Enzymkonformation zu verändern. Die erstere Eigenschaft ist wesentlich für den Wasserhaushalt, die zweite für die enzymatischen Reaktionen der Pflanze.

Eine hohe K-Aufnahmerate ruft hohe osmotische Werte in der Zelle hervor. Sie vermag dann vermehrt Wasser aufzunehmen, bzw. besser das vorhandene Wasser zurückzuhalten. Das gilt für Wurzelzellen und Blattzellen. Dementsprechend kann eine gut mit K^+ versorgte Pflanze das Bodenwasser besser ausnutzen (Blanchet et al. 1962, Laatsch 1967) und das in den Blättern vorhandene Wasser besser vor Transpiration schützen. Aus diesem Grunde haben gut mit K^+ versorgte Pflanzen einen niedrigen Transpirationskoeffizienten (Blanchet et al. 1962, Linser und Herwig 1968).

Abb. 143 zeigt diesen Zusammenhang zwischen K-Gehalt der Pflanze und Transpirationskoeffizient.

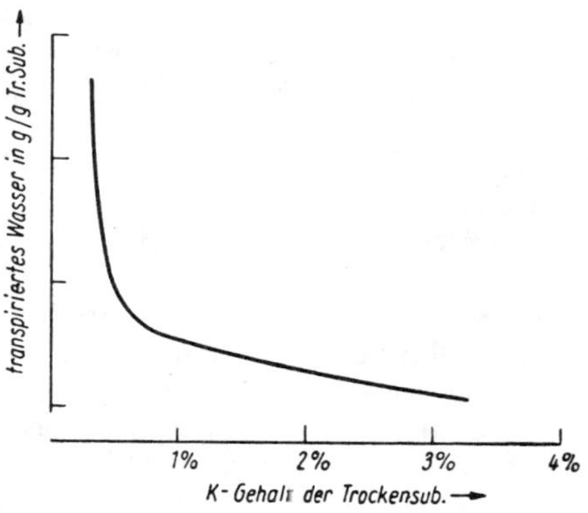

Abb. 143
Transpirierte Wassermenge in Abhängigkeit vom K-Gehalt der Pflanze (Luzerne) (n. Blanchet et al. 1962).

Die günstige Wirkung des K^+ auf den Wasserhaushalt der Pflanze geht weiterhin auf die sehr selektive und rasche K-Aufnahme der Schließzellen zurück (s. S. 263). Hierdurch werden plötzliche Veränderungen im Turgor und damit ein rasches Öffnen und Schließen der Stomata ermöglicht (FISCHER 1968, FISCHER und HSIAO 1968, HUMBLE und HSIAO 1969). K^+ begünstigt schließlich noch den Wassertransport aus der Bodenlösung in das Xylem und fördert damit den Wurzeldruck (BAKER und WEATHERLY 1969, MENGEL und PLFÜGER 1969). Die Wirkung des K^+ auf den Wasserhaushalt der Pflanze ist nicht unbedingt spezifisch für K^+. Auch andere Ionen, besonders Na^+ und Chlorid, vermögen ebenfalls, den osmotischen Wert der Zelle zu erhöhen. Na^+ kann deshalb K^+ bei natrophilen Pflanzen teilweise substituieren. Bei den meisten Kulturpflanzen ist jedoch der Na-Transport in den oberirdischen Pflanzenteil zu träge, um höhere, wirksame Na-Konzentrationen in den Blattzellen aufzubauen (LAGERWERFF und EAGLE 1961). Hohe K-Konzentrationen in den Zellen vermindern auf Grund von Gefrierpunktserniedrigung die Frostgefahr (KOSKELA 1970).

Man kennt heute über 40 verschiedene Enzyme, die mehr oder weniger spezifisch durch K^+ aktiviert werden (EVANS und SORGER 1966). Das Prinzip dieser Aktivierung wurde bereits auf S. 56 näher dargelegt, die Spezifität der K-Wirkung mit Abb. 24 am Beispiel der Azetyl-CoA-Synthetase erläutert. Die Enzyme, die durch K^+ aktiviert werden, gehören den verschiedensten Gruppen an (Synthetasen, Lyasen, Hydrolasen, Oxydoreduktasen, Transferasen). In Tabelle 75 sind einige wichtige durch K^+ aktivierte Enzyme aufgeführt. In vielen Fällen handelt es sich um Kinasen und Dehydrogenasen, die zur Aktivierung Alkali-Ionen, besonders K^+, benötigen. *In vitro* kann zwar K^+ vielfach durch Rb^+ oder NH_4^+ substituiert werden, *in vivo* kommt dieser Substitution keine größere Bedeutung zu, da Rb^+ und NH_4^+ in höheren Konzentrationen toxisch wirken. Höhere K-Konzentrationen (0,05–0,2 m) sind aber in den meisten Fällen für eine optimale Enzymaktivierung notwendig. JONES (1966) sowie COOPER et al. (1967) konnten zeigen, daß sich ein guter K-Ernährungszustand positiv auf die CO_2-Assimilation auswirkt.

Die photosynthetische Phosphorylierung und die aerobe Phosphorylierung werden durch K^+ begünstigt (LATZKO und CLAUS 1958, RIVENBARK und HANSON 1962, PFLÜGER 1971). Ob dieser Effekt mit der Aktivierung der Adenylkinase zusammenhängt, oder ob er auf K-Transportvorgänge durch die Thylakoidmembranen bzw. Mitochondrienmembranen zurückgeht, sei dahingestellt. Quellung und Struktur der Mitochondrien werden nach KURSANOV und VYSKRENTZEVA (1966) maßgeblich vom K-Ernährungszustand der Zelle beeinflußt (s. Tafel X). Bei unzureichender K-Versorgung ist die Phosphorylierung gehemmt, die Atmung aber häufig erhöht, so daß über den Kohlenhydratabbau Energieverluste auftreten, die über eine entsprechende ATP-Synthese nicht kompensiert werden (KURSANOV und VYSKREBENTZEVA 1967). Nach Untersuchungen von HARRIS et al. (1967) hat der K-Gehalt der Mitochondrien einen günstigen Einfluß auf den Transport von Atmungssubstraten in die Mitochondrien.

Die Aktivierung der verschiedensten Kinasen (EVANS 1962, BUSH 1969) begünstigt den Aufbau höhermolekularer Verbindungen. Dementsprechend findet man bei unzureichender K-Ernährung eine Anreicherung an niedermolekularen Kohlenhydraten und löslichen N-Verbindungen (AMBERGER 1954, HOFMANN und v. SCHMELING 1955, RATNER und YELISEOVA 1968, OKAMOTO 1967, MOLL 1967, PATTEE und TEEL 1967). Nach LUBIN (1963) sowie KLOPPSTECH und KLINK

Tabelle 75

Wichtige durch K^+ aktivierte Enzyme

Synthetasen	
	Azetyl-CoA-Synthetase: (Azetat + ATP + CoA → Azetyl-CoA + AMP + Pyrophosphat)
	NAD-Synthetase: (Desamido-NAD + ATP + NH_4^+ → NAD + AMP + Pyrophosphat)
	Glutathionsynthetase: (Glutamat + Zystein + ATP → γ-Glutamylzystein + ADP + Phosph.)
	Malatenzym: (Pyruvat + CO_2 + NADPH + H^+ → Malat + $NADP^+$)
Oxydoreduktasen	
	Glyzerindehydrogenase: (Glyzerin + NAD^+ → Glyzerinaldehyd + NADH + H^+)
	Malatdehydrogenase: (Malat + NAD^+ → Oxalazetat + NADH + H^+)
	Sukzinatdehydrogenase: (Sukzinat + FAD → Fumarat + $FADH_2$)
Transferasen	
	Fruktokinase: (Fruktose + ATP → Fruktosephosphat + ADP)
	Pyruvatkinase: (Phosphoenolpyruvat + ADP → Pyruvat + ATP)
	Adenylkinase: (ADP + Phosphat → ATP)
	Phosphohexokinase: (Fruktose-6-phosphat + ATP → Fruktose-1,6-diphosphat + ADP)

(1967) soll K^+ für die Bindung der mRNS an das Ribosom und für die Peptidbindung notwendig sein. Die erniedrigten Proteingehalte und die erhöhten Gehalte an löslichen Aminoverbindungen, besonders Säureamiden, erklären sich auch mit dieser spezifischen Funktion des K^+ bei der Proteinsynthese. Bei stärkerem K-Mangel kommt es zur Bildung toxischer Amine (s. S. 166) wie Putreszin und Agmatin (SINCLAIR 1969). Der erhöhte Gehalt an niedermolekularen Verbindungen bei unzureichender K-Versorgung kann nach AMBERGER (1954) auch auf die verstärkte Aktivität von Hydrolasen (Amylase, Saccharase, Glukosidase, Proteasen) zurückgehen. HSIAO et al. (1968) berichten, daß bei K-Mangel der Gehalt an Ribonuklease etwa um das Dreifache erhöht ist. Diese verschiedenen Reaktionen, die von K^+ ermöglicht bzw. begünstigt werden, sind teils für die Pflanze spezifisch; das gilt besonders für die mit der Photosynthese und der CO_2-Assimilation zusammenhängenden Prozesse. Andererseits gibt es jedoch zahlreiche Enzyme, die in der höheren Pflanze, in Mikroorganismen und in der tierischen Zelle in analoger Weise durch K^+ aktiviert werden. Der hohe K-Gehalt tierischer Zellen spricht dafür, daß auch hier K^+ unentbehrlich ist (HESS und HAECKEL 1967).

Es ist verständlich, daß die verschiedenen durch K^+ aktivierten stoffaufbauenden Prozesse sich günstig auf die Ertragsbildung und auf den Gehalt an qualitätsbestimmenden Inhaltsstoffen (Zucker, Stärke, Protein, Zellulose, Vitamine) auswirken. Daneben hat K^+ aber noch einen indirekten Einfluß auf die Ertragsbildung, indem es die Resistenz der Pflanze gegen tierische und pilzliche Schädlinge erhöht (BRÜNING 1967, BAULE 1969, TROLLDENIER 1969). Diese erhöhte Resistenz wird auf eine bessere Ausbildung der Zellwände (schlechteres Eindringen der Pilzhyphen) und auf den verminderten Gehalt löslicher Zucker und Aminoverbindungen zurückgeführt. Letztere dienen den verschiedenen Schädlingen als direkte Nahrungsquelle.

c) Die K-Ernährung der Kulturpflanzen

Die meisten Pflanzen haben zur Zeit ihres stärksten Massenwachstums den höchsten K-Bedarf. K^+ wird in diesem Stadium bei der Ausbildung neuer Zellen, zur Erhöhung der photosynthetischen Leistung und für den Transport organischer Verbindungen benötigt (HARTT 1970). Getreide spricht vornehmlich während der vegetativen Phase auf die Intensität der K-Ernährung an, während nach der Blüte K^+ für die Ertragsbildung kaum noch eine Bedeutung hat. Störungen in der K-Ernährung im 2–3-Blattstadium der Getreidepflanze vermindern die Anzahl ährentragender Halme, spätere Störungen (Schoßstadium) wirken sich negativ auf das Tausendkorngewicht aus (MENGEL und FORSTER 1968). Pflanzen, die saftige Früchte oder Reserveorgane ausbilden, wie Obst, Tomaten, Weintrauben, Kartoffeln und Rüben, benötigen auch während der Ausbildung dieser Organe reichlich K^+. Nach Untersuchungen von LOUE (1968) an Wein und von JUNGK (1970) an Senf ist im Stadium der Blütenknospenbildung der K-Gehalt der Blätter besonders hoch.

Die Bedeutung der mineralischen Kalidüngung ist um so größer, je höher die Ertragsansprüche sind und je besser die anderen Wachstumsfaktoren, besonders Stickstoff und Wasser, zur Verfügung stehen. Die Ertragswirkung der Kalidüngung ist verständlicherweise auf kaliarmen Böden (organische Böden, Sandböden) besonders augenscheinlich (GARNER 1967, WICKE 1968). Tonreichere Böden, die das Düngerkali stärker sorptiv binden und unter Umständen sogar fixieren, zeigen nicht immer überzeugende Kaliwirkungen (SCHWERDT und JESSEN 1961, BUCHER 1964). Hier bleibt zu klären, ob diese Böden genügend pflanzenverfügbares K^+ enthalten, oder ob das Düngerkali auf Grund von Sorption oder sogar Fixierung nicht zur Wirkung kommt. Zur Überprüfung dieser Frage sind höhere Kalidüngermengen als üblich notwendig. WICKE (1968) konnte zeigen, daß auf Lehmböden nur höhere Kaligaben (bis zu 1660 kg K_2O/ha) zu signifikanten Mehrerträgen führten. Kalkhaltige Standorte sind häufig kaliarm. Da hier der hohe Ca-Gehalt die Nettoaufnahme an K^+ erniedrigt, ist auf diesen Böden die K-Versorgung der Pflanze besonders gefährdet (LANG 1962, KRAPFENBAUER 1969, ZECH 1969). Die Böden des ariden Klimabereiches sind vielfach ausreichend mit K^+ versorgt (FINCK 1962), solange sie extensiv bewirtschaftet werden. Mit dem Anbau anspruchsvollerer Sorten, mit der Anwendung von N- und Phosphatdüngemitteln und besonders bei Bewässerung steigen auch hier die Ansprüche an die K-Ernährung. Auch sollte man hier, wie ATANASIU (1970) in Äthiopien zeigen konnte, zwischen den einzelnen Bodenarten differenzieren.

Die Höhe der Kalidüngung kann sich nach dem Kalientzug richten (s. Tabelle 50), falls der K-Spiegel des Bodens, besonders die K-Konzentration der Bodenlösung, hoch genug ist. Diese Frage ist nicht leicht zu entscheiden. Sie hängt von der Kulturpflanze, von der Intensität der anderen Wachstumsfaktoren und von den Ertragsansprüchen ab.

Die meisten Kalidüngemittel sind wasserlöslich. Ihr K^+ vermischt sich daher ziemlich schnell mit dem des Bodens, so daß „Düngerkali" und „Bodenkali" in gleicher Weise zur Ertragsbildung beitragen (PARKS und WALKER 1969). Neben dem K^+ hat auch das begleitende Anion des Kalidüngemittels eine Bedeutung für die Pflanzenernährung. Am verbreitetsten sind die Kalidüngemittel auf Chloridbasis (40er Kali mit etwa 40 % K_2O, 50er Kali mit rund 50 % K_2O sowie verschiedene Mehrnährstoffdüngemittel)[1]). Chloridhaltige Kalidüngemittel werden vorwiegend für die Düngung von Getreide, *Beta*-Rüben, Feldfutter, Wiesen und Weiden verwendet. Sulfathaltige Düngemittel (Kalisulfat mit 48–52 % K_2O, Kalimagnesia mit 26–30 % K_2O und 8–10 % MgO) sind die Kalidüngemittel der chloridempfindlichen Pflanzen. Hierzu zählen Tabak, Wein, Obst, Baumwolle, Zuckerrohr und Kartoffeln. Von den gärtnerischen Kulturen sind nach BUCHNER (1958) Erdbeere, Tomate, Gurke, Zwiebel, Radieschen und Lauch chlorophob, Spinat, Salat, Sellerie, Endivien, Mangold, Wirsing sowie Rot- und Weißkohl chlorophil. Sulfatisches Kali wirkt sich vorteilhaft auf die Qualität von Gewürzpaprika aus (SPALDON und IVANIC 1968); bei Tomaten begünstigt es die Ausreife der Früchte (WINSOR und LONG 1967). Bei der Kartoffel ist meistens das Kalisulfat dem chloridischen Kali (KCl) überlegen (HOFMANN 1957, ALTUNIN und ALTUNINA 1967). Das Chlorid drückt hierbei, wie Tabelle 76 zeigt, weniger den Ertrag als den Stärkegehalt.

Tabelle 76

Die Wirkung von K-Sulfat und K-Chlorid auf den Ertrag und den Stärkegehalt von Kartoffeln (Mittelwerte von 17 Feldversuchen 1939–1948, n. TERMAN 1950)

Düngung	Knollenertrag bush/acre	Stärke in %
KCl	418	13,3
K_2SO_4	420	14,6
$\frac{1}{2}$ KCl + $\frac{1}{2}$ K_2SO_4	426	13,8

Bei chlorophoben Pflanzen wirkt sich die Chloriddüngung besonders dann negativ aus, wenn sie im Frühjahr erfolgt. Bei Herbstdüngung oder bei Stoppeldüngung im Spätsommer wird ein großer Teil des Chlorids mit den Winterniederschlägen ausgewaschen. K^+ selbst wird, wie bereits auf S. 341 näher erläutert, auf Böden mit mittleren bis höheren Tongehalten nur in unbedeutenden Mengen in tiefere Schichten verlagert, so daß hier Herbst- oder Stoppeldüngung angebracht sind.

Kalimagnesia ist der Kalidünger Mg-armer Standorte. Er enthält 8–10 % MgO in Form von Sulfat. Magnesia-Kainit ist der Kalidünger der Weide. Er ist ein

---

[1]) In der DDR hergestellte und gehandelte Kalidünger sind: Emgekali (27,5–30,7 % K), Kamex (31,5–35 % K); beide entsprechen etwa Kalimagnesia. Ferner PKMg-Dünger (5,9 % P, 16,6 % K), entspricht dem Rhe-Ka-Phos bzw. Magnesium-Re-Ka-Phos.

chloridischer Dünger und enthält neben 12 % K_2O 6 % MgO und 24 % Na_2O. Bei den PK-Düngern sind Rhe-Ka-Phos, Thomaskali und Phosphatkali R chloridisch. Von letzterem Düngemittel gibt es auch eine Variante, deren Kali zur Hälfte aus K-Sulfat, der Rest aus KCl besteht. Chloridische NPK-Dünger haben rot oder gelb gefärbte Granulate, die blauen Granulate der NPK-Dünger sind dagegen chloridarm. Schwerlösliche Kalidüngemittel (Kalisilikate, Kalipolyphosphate) finden nur im Gartenbau Verwendung. Kalinitrat (KNO_3) hat für die Blattdüngung Bedeutung.

Wie bereits erwähnt, hat die reichliche Ernährung mit K^+ nicht nur einen günstigen Einfluß auf den Ertrag, sie wirkt sich auch vorteilhaft auf die Ertragssicherheit aus, indem sie die Resistenz gegen tierische und pilzliche Schädlinge sowie gegen Frost und bei Getreide die Standfestigkeit erhöht (s. Tafel X, Querschnitt durch einen Haferhalm bei ausreichender und unzureichender K-Versorgung).

Eine ungenügende K-Versorung äußert sich zuerst im Turgor der betroffenen Pflanzen. Die Blätter sind schlaff und hängen nach unten, vom Rande her beginnen hellgrüne Aufhellungen, die mit fortschreitendem Mangel braun und nekrotisch werden. Der gesamte Habitus der Pflanze macht einen schlaffen, welken Eindruck; man bezeichnet deshalb diese Erscheinung auch mit **„Welketracht“** im Gegensatz zur Starrtracht, die bei P-Mangel auftritt. Der **K-Mangel** macht sich bei den Dikotyledonen zuerst an den älteren Blättern bemerkbar. Er ähnelt in dieser Hinsicht dem Mg-Mangel. Während jedoch bei ungenügender Mg-Versorgung die Chlorosen und Nekrosen meistens in der Mitte des Blattes zwischen den Blattnerven lokalisiert sind, beginnt der K-Mangel vom Rande her (s. Tafel XVII und XVIII). Beide Schadbilder lassen sich darüber hinaus auch noch durch den gesamten Habitus der Blätter unterscheiden; bei K-Mangel sind sie schlaff und vielfach an den Rändern etwas nach unten gewellt, bei Mg-Mangel sind sie spröde und starr; die Interkostalfelder wölben sich nach oben.

K-Mangelerscheinungen werden gewöhnlich durch einen ungeregelten Wasserhaushalt hervorgerufen, die Transpiration ist zu groß, die Zellen können das Wasser zu schlecht festhalten. Die Stellen des Blattes, an denen die Transpiration am stärksten ist, die Blattspitzen und Blattränder, beginnen so am ehesten welk und nekrotisch zu werden. Die unterschiedlichen Symptome zwischen K- und Mg-Mangel sind besonders für die Beurteilung von Mangelerscheinungen an Obst- und Beerensträuchern zu beachten. Hierbei ist nicht immer die Verteilung der nekrotischen Flecke auf dem Blatt allein maßgebend. Auch Mg-Mangel kann unter Umständen vom Rande her beginnen. Unterschiedlich aber ist in jedem Fall die Blattgröße; bei ungenügender K-Versorgung bleiben die Blätter klein, sie sitzen fest am Zweig; bei Mg-Mangel wird ihr Wachstum weniger gehemmt, die Blätter, und zwar vorwiegend die älteren, werden vorzeitig abgeworfen (MULDER 1950).

Farbtafel XVIII zeigt K-Mangel bei Mais. Das Bild ist charakteristisch für die meisten Gramineen. Zuerst hellen sich die Blattspitzen auf. Diese Aufhellungen schreiten an beiden Blatträndern in Richtung Blattbais weiter vor. Auf die Chlorosen folgen Nekrosen. LÖHR (1953) fand, daß beim Getreide der Haupttrieb am stärksten vom K-Mangel befallen wird. Bei ungenügender K-Versorgung wandert das K aus dem Hauptsproß in die Nebensprosse, so daß der Hauptsproß zuerst die Mangelsymptome zeigt. K-Mangelsymptome an den verschiedensten Pflanzenarten wurden von BUSSLER (1962) ausführlich beschrieben.

In den letzten Jahren wurden in verschiedenen Gegenden Westdeutschlands K-Mangelerscheinungen an Reben beobachtet (WILHELM 1950, 1955, HERSCHLER 1955). Bei sehr starkem Mangel sterben bereits die Blütenstände ab, so daß es nicht mehr zur Ausbildung von Trauben kommt. Bei weniger starken Mangelerscheinungen befinden sich die befallenen Blätter in der Nähe der Trauben. Die K-Mangelblätter sind tiefblau bis violett gefärbt. WILHELM (1955) nimmt an, daß bei der Ausbildung der Traube das K verstärkt aus den Blättern in die reifende Traube einwandert, so daß bei nicht ausreichender K-Versorgung besonders die in der Nähe der Trauben befindlichen Blätter geradezu an K erschöpft werden.

Der K-Gehalt der Pflanze wird stark durch ihre K-Versorgung beeinflußt. K-Mangelpflanzen enthalten immer wenig K. Ihr Gehalt liegt bei grünen Pflanzenteilen meistens unter 15 mg K/g Trockensubstanz. Reichlich mit K ernährte Pflanzen weisen K-Konzentrationen von 20–60 mg K/g Trockensubstanz auf. Es wurde bereits erwähnt, daß junge Pflanzen K-reicher sind als alte. So enthält Getreide zu Zeit der Bestockung etwa 50–60 mg K/g Trockensubstanz, ausgereiftes Stroh hat dagegen einen Gehalt von 10–15 mg K/g Trockensubstanz.

d) Natrium

Natrium ist am Aufbau der Erdrinde mit ungefähr 3,8 % beteiligt. Es kommt in etwas höherer Menge als das K vor. Selbst der Ionenbelag der Sorptionskomplexe kann u. U. einen etwas höheren Na- als K-Anteil aufweisen. Na-reiche Böden, die Alkaliböden, finden sich besonders in ariden Klimazonen. Ihr Gehalt an Na ist so hoch, daß sie vielfach nicht für landwirtschaftliche oder gärtnerische Kulturen genutzt werden können, zumindest gibt es nur wenige Kulturen, die hier mit Erfolg angebaut werden. Der hohe Gehalt an Na bewirkt eine ungünstige Struktur dieser Böden. Daneben wird die Aufnahme anderer Kationen durch den konkurrierenden Einfluß des Na-Ions gehemmt (LARSON und PIERRE 1953). In extremen Fällen kommt es zu toxischen Wirkungen des Na, die vornehmlich durch eine starke Na-Akkumulation in der Wurzel hervorgerufen werden. Diese hohen Na-Gehalte sollen die Wasseraufnahme und den Wassertransport behindern (BERNSTEIN und PEARSON 1956). Die Verträglichkeit der einzelnen Pflanzen gegenüber hohen Na-Konzentrationen im Nährmedium ist unterschiedlich. Sie sinkt nach den Untersuchungen von BERNSTEIN und PEARSON (1956) in nachstehender Reihenfolge ab:

Rote Rüben > Luzerne > Klee > Bohnen

Unter humiden Klimabedingungen entspricht der Na-Gehalt der Böden ihrem Gehalt an K.

Das Vermögen der lebenden Zelle – nicht nur der pflanzlichen, sondern auch der tierischen – zwischen den nah verwandten Kationen K^+ und Na^+ sehr scharf unterscheiden zu können, stellte lange Zeit ein Rätsel dar. In tierischen Zellen und in Zellen von Meerespflanzen ist die im Innern vorliegende K-Konzentration um ein Vielfaches höher als die der Außenlösung. Für Na^+ trifft das Umgekehrte zu. Diese asymmetrische K/Na-Verteilung soll auf die Tätigkeit von Ionenpumpen zurückgehen, welche Na^+ unter Verbrauch von ATP aus der Zelle ausscheiden und dabei gleichzeitig K^+ aufnehmen (LOWE 1968, MONTGOMERIE et al. 1968, WHEELER und WHITTAM 1970). Nach LOWE (1968) soll die Ionenpumpe eine ATPase sein. Ob die hohe Selektivität für K^+ im Vergleich zu Na^+ nur auf diesem Mechanismus beruht und ob er besonders für Zellen, die nicht in einer Na-reichen Umgebung leben, Bedeutung hat, sei dahingestellt. Der neuere Befund, daß verschiedene zyklische Peptide (Antibiotika), besonders Valinomyzin, K^+ im Vergleich zu Na^+ sehr selektiv binden und transportieren können (MUELLER und RUDIN 1967), läßt vermuten, daß hier der Schlüssel für die K/Na-Unterscheidung der lebenden Zelle liegt.

Dieses Unterscheidungsvermögen ist nicht bei allen Pflanzenarten in gleichem Grade ausgeprägt. Die *Beta*-Rüben nehmen beispielsweise Na^+ mit beachtlicher Rate auf, Mais dagegen hat ein sehr schwaches Aufnahmevermögen für Na^+ (MARSCHNER und SCHAFARCZYK 1967). Bei gleichen Konzentrationen im Außenmedium ist die Aufnahmerate junger Maispflanzen für K^+ etwa 50fach höher als die für Na^+ (SHONE et al. 1969). Auch ist der Na-Transport in den oberirdischen Pflanzenteil der „natrophoben" Pflanzen schwach ausgeprägt (s. Tabelle 77). Dieser geringe Na-Transport in den oberirdischen Pflanzenteil soll damit zusammenhängen, daß Na^+ aus dem Xylem der Primärwurzel verstärkt in die Sekundärwurzeln verlagert wird (PEARSON 1967, SHONE et al. 1969).

Tabelle 77

Der Na-Transport aus der Wurzel in die oberirdischen Pflanzenteile

gut	mäßig	schlecht
Beta-Rüben	Gerste	Mais
Spinat	Hafer	Bohnen
Baumwolle	Tabak	Sonnenblumen
	Tomaten	Astern

Das unterschiedliche Na-Aufnahmevermögen der einzelnen Pflanzenarten dürfte auch für die Na-Verteilung auf die einzelnen Zellkompartimente zutreffen. LARKUM (1968) berichtet, daß der Na-Gehalt in den Chloroplasten von *Limosium vulgare* (etwa 500 m molar!) mehr als 10fach höher sei als der in den Chloroplasten von *Tolypella intricata*. Die K-Konzentration in den Chloroplasten beider Spezies war etwa gleich und betrug rund 350 m molar.

Die Frage, ob Na^+ ein unentbehrlicher Pflanzennährstoff sei, kann nicht pauschal beantwortet werden. Es gibt zwar eine ganze Reihe von Enzymen, die durch Na^+ aktiviert werden, sie werden aber in den meisten Fällen mindestens genauso wirksam von K^+ aktiviert. K^+ kann Na^+ praktisch immer substituieren, während das Umgekehrte nicht zutrifft. MCCLURKIN und MCCLURKIN (1967) berichten zwar, daß sie aus den Wurzeln von *Pinus taeda* zwei verschiedene ATPasen isolierten, von denen die eine vorwiegend von Na^+ und weniger von K^+, die andere nur durch K^+ aktiviert wurde. Ob es jedoch ganz spezifisch nur auf Na^+ ansprechende Enzyme gibt, sei dahingestellt. Bei Pflanzenarten, die Na^+ in stärkerem Maße in den oberirdischen Pflanzenteil transportieren können, kann Na^+ den Wasserhaushalt der Pflanze begünstigen. Es wirkt dann immer besonders positiv, wenn die K-Versorgung nicht optimal ist (ULRICH und OHKI 1956, HYLTON et al. 1967, WICKE 1968, AMIN und JOHAM 1968). Tabelle 78 zeigt, wie bei einem niedrigen K-Angebot Na^+ das Wachstum von Reis begünstigte, bei einem hohen K-Angebot

Tabelle 78

Der Einfluß einer steigenden K-Konzentration in An- und Abwesenheit von Na^+ in der Nährlösung auf den Kornertrag von Reis (g Korn/Gefäß)

K-Konzentration m mol/l	ohne Na^+	43 m mol Na/l
0,025	4,6	11,0
0,050	6,9	19,9
0,125	26,4	46,6
0,25	63,3	67,3
1,25	67,5	75,9
2,50	90,8	87,6
5,00	103,6	92,6

aber eher negativ als positiv wirkte (YOSHIDA und CASTANEDA 1969). Günstige Wirkungen einer Na-Düngung auf den Ertrag sind vornehmlich bei den mehr natrophilen Pflanzen, wie *Beta*-Rüben, Spinat, Sellerie und Gerste zu erwarten (SCHARRER und KÜHN 1958). Bei der Zuckerrübe soll Na^+ nach Untersuchungen von EL-SHEIK et al. (1967) vorwiegend das Blattwachstum und weniger das des Rübenkörpers fördern.

Wie bereits erwähnt, ist es auf der Weide angebracht, Na-haltige Düngemittel zu verwenden (Rhenaniaphosphat, Rhe-Ka-Phos, Na-Salpeter, Magnesia-Kainit), um den Na-Gehalt des Futters zu erhöhen. Nach FINGER (1970) wirkt sich der erhöhte Na-Gehalt des Weidefutters positiv auf die Freßlust der Tiere aus.

Na-Mangel konnte im Freiland noch nicht beobachtet werden. WOOLLEY (1957) gelang es, im Gewächshaus an Tomaten einen Na-Mangel zu induzieren. BROWNELL und WOOD (1957) berichten, daß sich der Na-Mangel beim australischen Salzbusch durch ein Vergilben der Blätter äußert. Es beginnt an den Spitzen und Rändern der älteren Blätter mit weißen und nekrotischen Flecken. Nach Untersuchungen von BROWNELL (1965) stellt Na für *Atriplex vesicaria* einen unentbehrlichen Nährstoff dar.

5. Das Kalzium

a) Kalzium im Boden

Im Vergleich zu den anderen für die Pflanzenernährung wichtigen Kationen ist der Ca-Gehalt anorganischer Böden im allgemeinen hoch. Ein großer Teil des Ca im Boden liegt in schwerlöslicher Form, sei es als Gitterbaustein besonders der basischen Gesteine oder als Salz, vor. Das Ca im Gitter der Mineralien wird nur langsam durch Verwitterungsprozesse in Freiheit gesetzt. Es hat weniger für die direkte Pflanzenernährung als für die Bodenbildung und -entwicklung eine Bedeutung. So sind bekanntlich die kolloidreichen fruchtbaren Mineralböden aus basischen Gesteinen (Basalt, Diabas) entstanden. Von den im Boden vorhandenen schwerlöslichen Salzen sind es vornehmlich die Ca-Karbonate, Calcit ($CaCO_3$) und Dolomit CaMg (C_2O_6), die in kalkreichen Böden den größten Teil des vorhandenen

Ca ausmachen. Daneben kennt man noch verschiedene Ca-Phosphate, wie sekundäres Ca-Phosphat ($CaHPO_4$), Octophosphat $Ca_4H(PO_4)_3 \cdot 3\,H_2O$ und die Apatite. Die Löslichkeit dieser Phosphate ist für das $CaHPO_4$ am größten, für die Apatite am geringsten. Sie steigt mit fallendem *p*H-Wert und wird verständlicherweise durch eine Erhöhung der Ca- oder Phosphat-Ionenkonzentration im Boden verschlechtert. Auch die Löslichkeit der Ca-Karbonate ist bekanntlich im niederen *p*H-Bereich größer als bei schwach saurer oder neutraler Bodenreaktion. Vor allen Dingen hat die CO_2-Produktion im Boden einen nachhaltigen Einfluß auf die Lösung von Ca-Karbonaten.

$$CaCO_3 + CO_2 + H_2O \rightarrow Ca(HCO_3)_2$$

Das hierbei gebildete wasserlösliche Ca-Bikarbonat ist im Boden gut beweglich und kann leicht ausgewaschen werden. Auf diesem Vorgang beruht der Ca-Verlust vieler Böden. Im humiden[1]) tropischen Klima mit seinem außerordentlich starken Mikroorganismenleben, das einen hohen Abbau organischer Substanz und eine starke CO_2-Produktion bedingt, sind offenbar durch Bikarbonatbildung die Böden sehr stark an Ca verarmt worden. Auf Lateritböden findet man sehr niedrige Ca-Gehalte, selbst dann, wenn sie aus Ca-reichem Ausgangsgestein entstanden sind. Auch in unserem Klimabereich wird viel Ca ausgewaschen, so daß hier eine regelmäßige Ca-Zufuhr notwendig ist. Andererseits kennt man in Mitteleuropa jedoch auch Ca-reiche Böden, die aus Kalksteinen entstanden sind. Die Kalkmergelböden weisen Ca-Karbonatgehalte von mehr als 20 % auf.

Für die Bodenfruchtbarkeit ist es wichtig, daß die Sorptionskomplexe weitgehend mit Ca^{++} abgesättigt sind (50–80 %) (Schmid 1967). Wie schon erwähnt, wird auf diese Weise eine stabile Krümelstruktur erhalten (Schachtschabel 1967). Daneben sind auch die am Sorptionskomplex gebundenen und die freien Ca-Ionen der Bodenlösung die für die Pflanze leicht zugänglichen Ca-Quellen. Die Ca-Konzentration der Bodenlösung ist vergleichsweise hoch (s. Tabelle 29). Sie korreliert mit dem austauschbaren Ca^{++} (Nemeth et al. 1970). Die Ca-Sorption an Tonminerale ist unspezifisch. Sie ist in der Regel nicht so stark wie die Bindung des Ca^{++} an organische Sorptionskörper.

b) Aufnahme, Verteilung und Funktionen des Ca in der Pflanze

Der Ca-Gehalt der Pflanze ist meistens nicht ganz so hoch wie ihr K-Gehalt. Die Dikotyledonen enthalten Ca-Mengen (10–30 mg Ca/g Trockensubstanz), die an die des K herankommen. Die Gramineen weisen dagegen niedrigere Ca-Konzentrationen auf. Sie liegen vielfach unter 10 mg Ca/g Trockensubstanz. Wenn trotzdem viele Pflanzen nicht so hohe Mengen an Ca aufnehmen, so zeigt sich darin die geringere Bevorzugung des Ca^{++} gegenüber K^+ bei der Aufnahme. Ca^{++} muß nach Untersuchungen von Berry und Ulrich (1968) in relativ hoher Konzen-

[1]) humid = die durchschnittliche, jährliche Wassersickerung in den Boden ist größer als die Verdunstung, so daß die Tendenz der Ionenverlagerung von der Bodenoberfläche in tiefere Schichten des Bodens vorliegt.

arid = die durchschnittliche, jährliche Wasserverdunstung ist größer als die Wassersickerung, so daß die Ionen aus tieferen Bodenschichten an die Bodenoberfläche verlagert werden.

tration, etwa 1 mval Ca/*l* vorliegen, damit kein Ca-Mangel auftritt. Die Ca-Aufnahme selbst kann durch den konkurrierenden Einfluß anderer Kationen gehemmt werden, wobei das nahverwandte Sr-Ion am meisten hemmend wirkt. Für praktische Belange ist dies jedoch weniger wichtig. Hier ist es vornehmlich der Ionenantagonismus des Ca^{++} gegenüber K^{+} und auch Mg^{++}, der die Versorgung der Kulturpflanze mit einem der genannten Nährstoffe gefährden kann. So wurde bei Nadelbäumen auf kalkreichen Standorten K-Mangel beobachtet; Plant (1956) induzierte durch eine Gipsdüngung einen Mg-Mangel bei Kruziferen. Lang (1962) berichtet, daß Maßnahmen, die auf kalkhaltigen Sandböden die Ca-Aufnahme senkten, sich günstig auf den K-Haushalt der Pflanze und den Pflanzenertrag auswirkten. Umgekehrt wird auch die Ca-Aufnahme durch andere Kationen so stark erniedrigt, daß ein Ca-Mangel auftreten kann (Geraldson 1957). Zu diesen Kationen zählen NH_4^{+}, K^{+}, Na^{+} und Mg^{++}.

Der Ca-Transport in der Pflanze unterscheidet sich grundsätzlich von dem des K. Ca ist nur in akropetaler Richtung beweglich. Es wandert hier vorwiegend in Richtung des Transpirationsstromes. Die wenigen Ca-Ionen, die aus dem Xylemsaft in das Phloem zu dringen vermögen, sind unbedeutend (O. Biddulph et al. 1959). Über das Blatt zugeführte Ca-Ionen dringen zwar in das Blattgewebe ein, werden aber hier nur spitzenwärts transportiert. Ca^{++} kann nur sehr schwer bis zum Phloem vordringen, um dann basipetal zu wandern (Ringoet et al. 1968).

Bei der Aufnahme des Ca über die Wurzel werden Wurzel und Stengel von den Ca-Ionen schnell durchdrungen, danach wandern sie vorwiegend in die jüngeren Blätter ein (Ririe und Toth 1952). Da aber ein Ca-Rücktransport aus dem Blatt in andere Pflanzenorgane nicht stattfindet, wird es in den Blättern immer zu einer gewissen Ca-Akkumulation kommen. Sie wird in den älteren Blättern am deutlichsten in Erscheinung treten, da auf sie die längste Zeit der Ca-Strom aus der Wurzel über den Stengel eingewirkt hat. So erklärt es sich, daß in den meisten Fällen die älteren Blätter einen höheren Ca-Gehalt aufweisen als die jüngeren. Auch der relativ hohe Ca-Gehalt der Blätter gegenüber dem des Stengels dürfte sich hiermit erklären. Die schlechte basipetale Beweglichkeit des Ca^{++} kann bei einer Unterbrechung der Ca-Zufuhr zur Wurzel bewirken, daß an den jüngsten Pflanzenorganen Ca-Mangelsymptome auftreten, obgleich die älteren Organe reichlich Ca enthalten (Loneragan und Snowball 1969).

Ca kann in der Pflanze frei oder sorptiv gebunden vorkommen, daneben kennt man auch verschiedene Ca-Salze, die in der Vakuole oder als Inkrustation in der Zellwand vorliegen. Zu diesen Ca-Salzen zählen Ca-Phosphat, Ca-Karbonat und besonders Ca-Oxalat. Organische Ca-Verbindungen sind das Ca-Pektinat und das Ca-Salz der Inosithexaphosphorsäure.

Bei dem Ca der organischen Salze dürfte es sich vorwiegend um Ablagerungen in älteren Blättern handeln. Vielfach werden dadurch organische Säuren ausgefällt (Ca-Oxalat). Man nimmt an, daß das Ca-Ion in dieser Weise entgiftend wirkt. Jedoch ist diese Theorie umstritten, da man andererseits beobachten konnte, daß gerade durch eine verstärkte Ca-Versorgung die Oxalsäurebildung in der Pflanze angeregt wird (Scharrer und Jung 1954). Auf jeden Fall dürfte Ca^{++} wesentlich zum elektrostatischen Ausgleich der Zelle beitragen. Übereinstimmend hiermit fanden Kirkby und de Kock (1965), daß in Rosenkohlblättern die Gehalte an Malat und Ca parallel verlaufen. Es ist wahrscheinlich, daß das Ca^{++} als unentbehrlicher Pflanzennährstoff ähnlich wie das K^{+} im physiologischen Geschehen Aufgaben zu erfüllen hat, die über reine quellende bzw. entquellende Prozesse hinausgehen. Längenwachstum und Zellvermehrung in den meristematischen Geweben werden durch Ca gefördert (BURSTRÖM 1954, KARLA 1956). Besonders auf die Zellstreckung hat Ca^{++} einen sehr spezifischen Einfluß. Ca^{++} fördert die Synthese von Mitochondrien (FLORELL 1957). Ganz allgemein hat Ca^{++} einen günstigen Einfluß auf das Wurzelwachstum (BERGMANN 1954) (s. Tafel XI). Ca^{++} ist für das Keimen und Wachsen der Pollenschläuche notwendig (BREWBAKER und KWACK 1963). Nach Untersuchungen von MASCARENHAS und MACHLIS (1964) wirkt es chemotropisch auf das Wachstum des Pollenschlauches. Dem Ca^{++} dürfte als Baustein von Ca-Pektinat in der Mittellamelle der Zellwand, besonders aber beim Bau biologischer Membranen, eine wichtige Bedeutung zukommen. Untersuchungen von ROLAND und BESSOLES (1968) zeigen, daß sich Ca^{++} vornehmlich an der Grenzfläche Zellwand/Zytoplasma anreichert. Zahlreiche Befunde deuten darauf, daß Struktur und Permeabilität der Zellmembranen maßgeblich von Ca^{++} beeinflußt werden (MARSCHNER und GÜNTHER 1964, VAN STEVENINCK 1965) und daß das als Viets-Effekt bekannte Phänomen letzten Endes auch auf die durch Ca^{++} veränderte Permeabilität zurückgeht (MENGEL und HELAL 1967).

Im Vergleich zu anderen Kationen kennt man nur wenige Enzyme, die durch Ca^{++} aktiviert werden. Ca^{++} begünstigt unspezifisch die Oxydation von Zytochromen und von NADH (HONDA et al. 1958). Auch verschiedene Dehydrasen der Phosphorsäureester sollen nach MCNAIR et al. (1953) unspezifisch durch Ca^{++} aktiviert werden. In den genannten Fällen kann das Ca^{++} in seiner Wirkung durch andere zweiwertige Kationen, besonders durch Mg^{++} und Mn^{++}, ersetzt werden. Es gibt jedoch auch Enzyme, wie die Brenztraubensäurephosphokinase und die Enolase (MILLER und EVANS 1957, MILLER 1958), die durch Mg^{++} oder Mn^{++} aktiviert, durch Ca^{++} aber gehemmt werden. Es bleibt noch zu erwähnen, daß Ca^{++} unter Umständen die Aufnahme anderer Kationen, besonders die der Alkalien, fördert (JACOBSON et al. 1960). Für eine normale Aufnahme von Kationen, aber auch Anionen, muß in der Nährlösung eine gewisse Konzentration an Ca^{++} vorliegen; anderenfalls verläuft die Entwicklung der Pflanze nicht normal. Vielfach treten die Ionen bei mangelndem Ca sogar aus der Wurzel hervor (VIETS 1944, LEGGETT 1956, FLORELL 1957).

c) Die Düngung mit Kalk und die Ca-Ernährung der Kulturpflanzen

Es ist zwischen den Aufgaben des Ca^{++} im Boden und denen in der Pflanze zu unterscheiden. Hierbei kommt vom praktischen Gesichtspunkt her gesehen dem Ca^{++} als Bodendünger die größere Bedeutung zu. Um das Mikroorganismenleben, die Krümelstabilität sowie die Aufbau- und Abbauprozesse im Boden günstig zu gestalten, sind wesentlich höhere Ca-Mengen im Boden erforderlich, als die Pflanze für ihre Lebenstätigkeit braucht. Die Kalkung ist also in erster Linie eine **Bodendüngung.** Wenn durch sie der Ca-Haushalt des Bodens in Ordnung gehalten wird, dann ist auch in jedem Falle die Ca-Ernährung der Kulturpflanzen gesichert.

Mit der Kalkung werden dem Boden einmal Ca-Ionen zugeführt, zum anderen gelangen Verbindungen (Ca- oder Mg-Salze) in den Boden, die alkalisch wirken. Durch den ersten Prozeß wird die Ca-Konzentration, durch den zweiten der *p*H-Wert erhöht. Es ist wichtig, daß man sich über diese beiden grundsätzlich unterschiedlichen Vorgänge im klaren ist. Eine Erhöhung der Ca-Ionenkonzentration kann man beispielsweise auch durch Düngung mit Gips oder Kalksalpeter erreichen, eine Erhöhung des *p*H-Wertes durch Alkalikarbonate. Die genannten Vorgänge stellen jedoch keine Kalkung dar.

Die Böden in unserem humiden Klimabereich tendieren immer zu einer Ca-Verarmung und zur einer Versauerung (WITTER und BERGMANN 1960). Der *p*H-Wert des Bodens und seine Ca-Konzentration sind deshalb durch Kalkung auf einem optimalen Stand zu halten. Man erreicht dies durch Düngung mit sogenanntem „basisch wirksamem Kalk". Hierunter versteht man Ca- oder Mg-Karbonate, -Oxide und Silikate. Nicht in jedem Falle ist eine Erhöhung des *p*H-Wertes erwünscht. So müssen beispielsweise bei der Melioration von Alkaliböden zwar Ca-Ionen zugeführt werden – sie sollen die K- und Na-Ionen von den Sorptionskomplexen verdrängen –, der ohnehin schon hohe *p*H-Wert soll aber möglichst gedrückt werden. In diesem Falle düngt man also mit Gips, einem neutral wirkenden Ca-Salz.

Bei den basisch wirkenden Düngekalken ist zwischen den Karbonaten und den Oxiden zu unterscheiden. Die Karbonate sind in Wasser nur gering löslich.

$$CaCO_3 + H_2O + CO_2 \rightarrow Ca^{++} + 2\,HCO_3^-$$
$$2\,HCO_3^- + 2\,H^+ \rightarrow 2\,H_2CO_3 \rightarrow 2\,CO_2 + 2\,H_2O$$
$$\text{Netto} \quad CaCO_3 + 2\,H^+ \rightarrow Ca^{++} + CO_2 + H_2O$$

Die Gleichung zeigt, wie durch die Umsetzung des kohlensauren Kalkes im Boden sowohl H-Ionen neutralisiert als auch Ca-Ionen in Freiheit gesetzt werden. Die geringe Löslichkeit des Ca-Karbonates in Wasser bedingt, daß eine Düngung mit kohlensaurem Kalk nur langsam, dafür aber über längere Zeit anhaltend zur Wirkung kommt. Der *p*H-Wert des Bodens wird nicht stoßartig verschoben. Eine derartige langsame Wirkung ist immer dann erwünscht, wenn ein Boden schlecht gepuffert ist und so in seiner Reaktion schon empfindlich auf geringe Mengen schnell basisch wirkender Düngemittel reagiert. Kohlensaurer Kalk wird daher vorwiegend auf leichten Böden verwendet.

Die Oxide wirken dagegen auf Grund ihrer heftigen Reaktion mit Wasser sehr schnell.

$$CaO + H_2O \rightarrow Ca(OH)_2$$
$$Ca(OH)_2 + 2\,H^+ \rightarrow Ca^{++} + 2\,H_2O$$

Die oxidischen Kalke bezeichnet man mit **Branntkalk** (80 % CaO). Sie werden durch Glühen von kohlensaurem Kalk bei ungefähr 1100 °C gewonnen. Hierbei zerfällt das Karbonat in CO_2 und CaO (thermische Dissoziation).

$$CaCO_3 \rightarrow CO_2 + CaO$$

Bei längerem Liegen geht der Branntkalk wieder in kohlensauren Kalk über. Branntkalk düngt man hauptsächlich auf schweren, untätigen Böden. Er muß einige Zeit vor der Saat ausgestreut werden, da er durch seine ätzende Wirkung die jungen Pflänzchen schädigt.

Die handelsüblichen Kalkdüngemittel enthalten hauptsächlich Ca und etwa Mg als Kationen. So weist der kohlensaure Kalk meistens mehr als 80 % $CaCO_3$ auf, und der Branntkalk enthält 80–95 % CaO. Der Mg-Anteil dieser Kalke liegt um 5 % $MgCO_3$ bzw. MgO. Daneben wird auch noch „kohlensaurer Magnesiumkalk" und „Magnesium-Branntkalk" gehandelt. Sie enthalten mindestens 15 % $MgCO_3$

bzw. MgO. Wenngleich die Mg-Karbonate in Wasser nur gering löslich sind, so hat der Mg-Gehalt dieser Düngemittel einen beachtlichen Einfluß auf den Mg-Haushalt des Bodens, so daß man mit Recht in den Mg-haltigen Kalken auch einen Mg-Pflanzendünger sehen muß.

Die Kalke werden nach ihrem prozentualen Anteil an $CaCO_3 + MgCO_3$ bzw. CaO + MgO beurteilt, wobei Ca und Mg gleich bewertet werden. Thomasphosphat enthält etwa 45 % Kalk (CaO und Ca_2SiO_4). Bei regelmäßiger Anwendung kann man dem Abfall des *p*H-Wertes vorbeugen (Schmitt und Brauer 1969), jedoch reichen die Thomasphosphatgaben nicht immer aus, um die Ca-Auswaschungsverluste zu kompensieren (Knauer 1966). In analoger Weise wirkt Rhenaniaphosphat mit seiner basisch wirksamen Komponente (40 % CaO) neutralisierend auf die H-Ionen des Bodens.

Erwähnt sei noch der **Scheideschlamm,** ein Abfallprodukt der Zuckerindustrie. Er enthält etwa 20 % CaO, hauptsächlich als Karbonat. Daneben weist er noch geringe Mengen an N, P und K auf.

Unter humiden Verhältnissen ist die Auswaschung an Ca beträchtlich (Pfaff 1963, Coppenet 1969). Sie liegt bei 300–400 kg CaO/ha im Jahr. Demgegenüber ist der Entzug an Ca durch die Pflanze gering. Bei Getreide kann man mit 15–30, bei Hackfrucht mit 50–90 und bei Luzerne und Rotklee mit 150–250 kg Ca/ha im Jahr rechnen (s. Tabelle 79). Alles in allem gehen also dem Boden reichliche Mengen an Ca jährlich verloren, so daß man – selbst wenn der augenblickliche Kalkhaushalt des Bodens in Ordnung ist – regelmäßig mit Kalk düngen muß (Erhaltungskalkung). Die Erhaltungskalkung wird in der Regel im dreijährigen Turnus durchgeführt. Meistens streut man hierbei im Spätsommer den Kalk auf die Stoppel und arbeitet ihn anschließend in den Boden. Die angewendeten Mengen liegen bei 15–25 dt/ha $CaCO_3$ bzw. 10–15 dt/ha CaO. Bei stark versauerten Böden werden dagegen höhere Mengen an Kalk gedüngt. Sie errechnen sich aus den Bodenuntersuchungsergebnissen (Austauschazidität, hydrolytische Azidität, *p*H-Bestimmung). Die anzuwendenden Kalkmengen liegen dabei häufig über 25 dt/ha CaO. Bei Profildüngung (Kalkung auf 60–100 cm Tiefe) können die zu düngenden Kalkmengen über 200 dt CaO/ha betragen. Derartig hohe Kalkgaben sind schon als Meliorationen anzusehen. Sie rentieren sich daher nur in Ausnahmefällen. Eine allzu starke Erhöhung des *p*H-Wertes führt zur Festlegung von Mikronährstoffen. So ist bekannt, daß die Schwermetalle Fe, Mn, Zn und Cu, aber auch B mit steigendem *p*H-Wert weniger pflanzenverfügbar werden, so daß es unter Umständen zu Mangelerscheinungen an den genannten Elementen kommen kann. Besonders Moorböden dürfen nicht allzu hoch aufgekalkt werden. Im allgemeinen erreicht man hier schon in einem *p*H-Bereich zwischen *p*H 4–5 ein optimales Pflanzenwachstum (Lucas und Davis 1961).

Ein absoluter **Ca-Mangel** ist in der Praxis selten. Meistens zeigen sich bei einem zu niedrigen Reaktionsbereich Säureschäden, bedingt durch eine zu hohe H-Ionenkonzentration der Bodenlösung, oder aber toxische Schäden durch Al^{+++} und teils auch durch Mn^{++} (Friedrichsen 1967). Die genannten Elemente liegen bei niederem *p*H-Bereich in relativ hohen Mengen in pflanzenverfügbarer Form vor. Ca-Mangel ist nicht in jedem Fall durch äußerlich sichtbare Symptome gekennzeichnet. Vielfach bleiben die Pflanzen nur in ihrem Wachstum zurück (Hallsworth et al. 1957). Bei Ca-Mangel ist das Wachstum der meristematischen Gewebe gehemmt. Mit fortschreitendem Mangel sterben sie ab, die jüngsten Blätter werden chlorotisch, die älteren zeigen dagegen vielfach eine dunkelgrüne Farbe; ihre Blattspreite wird vergrößert (KARLA 1956). Die Ca-Mangelschäden an den jungen Zellen beginnen mit einem Aufweichen und Verfärben der Zellwände, danach lösen sich die Zellwandbestandteile auf, und es bilden sich braune Stoffe, die sich in den Interzellularen anhäufen und die Gefäße verstopfen. Hierdurch wird der Stofftransport behindert, es kommt zu sekundären Schäden, z. B. hakenförmiges Abknicken des oberen Stengelteiles (s. Tafel XI) oder Aderbräune an den jungen Blättern (BUSSLER 1963). Auch JOHAM (1957) führt die Ca-Mangelsymptome bei Baumwollpflanzen zum Teil auf einen gehemmten Kohlenhydrattransport zurück.

Größere praktische Bedeutung kommt dem Ca-Mangel im Obstbau zu. Bei unzureichendem Ca-Transport in die Apfelfrucht werden die Zellen nur unvollkommen ausgebildet; es kommt zum Zusammenbruch von Gewebepartien, die als braune Flecke (Stippe) erscheinen. Die befallenen Äpfel zeichnen sich durch einen niedrigen Ca-Gehalt und einen erhöhten Gehalt an K und Mg aus (HUSCHKA 1968). Die Stippigkeit des Apfels wird durch ein starkes Frucht- und Triebwachstum begünstigt (KOHL 1967, BÜNEMANN und LÜDDERS 1969). Trockenperioden erhöhen die Gefahr der Apfelstippigkeit. Es kann dann nach Untersuchungen von WILKINSON (1968) das Ca^{++} aus der Frucht in die Stengel und Blätter zurückwandern. Diese Redistribution erfolgt wahrscheinlich über die Xylembahnen, denn über die Frucht wird wenig, über die Blätter relativ viel Wasser transpiriert, so daß unter Trockenbedingungen ein Sog zu den Blättern besteht. Eine geregelte Wasserversorgung wirkt der Stippe entgegen (KRÜGERKE 1968). VAN DER BOON et al. (1968) konnten auf leichten Böden den Stippebefall durch Gipsdüngung reduzieren. Man bemüht sich, durch Fruchtspritzungen mit den verschiedensten Ca-Präparaten ($CaCl_2$, $CaNO_3$) die Stippe zu bekämpfen (NAUMANN 1968). Jedoch muß man diese Präparate mehrmals im Verlaufe der Vegetation applizieren, um zum Erfolg zu kommen (SCHUHMACHER und FANKHAUSER 1968).

Eine der Apfelstippe analoge Erscheinung ist die Fruchtendfäule der Tomate. Auch sie ist ein Ca-Mangel, der zu einem Gewebezerfall der Tomatenfrucht führt. Es entstehen hierbei größere schwarze Flecke an der Frucht. Die Fruchtendfäule wird durch feuchte, kühle Witterung begünstigt. Offenbar ist unter diesen Bedingungen die Transpirationsrate zu niedrig, um genügend Ca^{++} in die Früchte zu verlagern. Auch begünstigt ein hohes K/Ca-Verhältnis der Nährlösung die Blütenendfäule (VAN GOOR 1968).

Der Ca-Gehalt von Ca-Mangelpflanzen ist gering. Er liegt meistens unter 0,5 % Ca in der Trockensubstanz.

Sr^{++} verhält sich in der Pflanze in vielen Fällen ähnlich wie Ca^{++}. Besonders die Aufnahme und die Verteilung der beiden Elemente verlaufen weitgehend parallel (MICHAEL 1959). Aus neueren Untersuchungen von MYTTENAERE (1964) geht jedoch hervor, daß in der Zelle Ca^{++} und Sr^{++} unterschiedlich verteilt werden. Sr^{++} wird vergleichsweise stärker in den Zellwänden angereichert. Es kann keine physiologischen Funktionen des Ca^{++} übernehmen. Hohe Mengen von Sr im pflanzlichen Organismus führen vielmehr zu toxischen Schäden, die sich durch eine bräunliche Farbe und ein Absterben besonders der unteren Blätter äußern. Nach SCHILLING (1961) werden in Erbsen beim Alterungsprozeß Sr-Sulfate aber keine Ca-Sulfate ausgefällt. Durch Kalkung kann die Sr-Aufnahme eingeschränkt werden (REISSIG 1962).

6. Das Magnesium

a) Magnesium im Boden

Das Mg des Bodens ähnelt in mancher Hinsicht dem Ca. Es kommt in zahlreichen Mineralien wie Biotit, Serpentin, Vermikulit, Chlorit und Olivin vor. Daneben sind die Karbonate Magnesit ($MgCO_3$) und Dolomit weitere wichtige Mg-haltige Bodenbestandteile. Die Wasserlöslichkeit der Mg-Karbonate ist höher als die der Ca-Karbonate, so daß ein Boden infolge von Auswaschung immer zuerst an Mg und dann an Ca verarmt. Das in das Kristallgitter der Mineralien eingebaute Mg wird dagegen nicht so leicht durch Verwitterungsprozesse freigelegt wie das Ca. Die Mineralien enthalten so meistens mehr Mg als Ca.

Leichte podsolierte Sandböden und Lateritböden gelten als besonders Mg-arm, während die Schwarz- und Braunerdeböden mehr Mg enthalten. Mg-reich sind Böden mit Dolomit als Muttergestein, aber auch junge Marschböden weisen viel Mg auf. Nach Schroeder und Zahiroleslam (1963) nimmt der Mg-Gehalt der einzelnen Bodentypen in nachstehender Reihenfolge ab:

Marschboden > lehmige Braunerden > sandige Braunerden > Podsol-Braunerden > Podsole.

Der größte Anteil des Gesamt-Mg des Bodens ist weder in Wasser noch in verdünnten Säuren löslich und auch nicht austauschbar. Dieses Mg hat für die Nachlieferung nur eine geringe Bedeutung (Schroeder und Zahiroleslam 1963). Die Pflanze ist also hauptsächlich auf die am Sorptionskomplex und die in der Bodenlösung vorhandenen Mg-Ionen angewiesen (Michael und Schilling 1957, Hoffmann 1962). Die Mg-Nachlieferung hängt allerdings auch vom Bodentyp und von der Bodenart ab. Sie ist nach Welte et al. (1960) in Lößböden vergleichsweise hoch, in humosen Sanden und auf tonhaltigen Lehmböden gering. Besonders schwach ist sie in podsolierten Böden, während Marschböden ein gutes Mg-Nachlieferungsvermögen haben (Schroeder et al. 1963). Unter normalen Bedingungen ist der Anteil des Mg^{++} am Sorptionsbelag und in der Bodenlösung zwar wesentlich niedriger als der des Ca^{++}, aber höher als der des K^{+}. Mg^{++} wird nur unspezifisch von den Bodenkolloiden gebunden, so daß die Mg-Konzentration der verschiedensten Bodenarten gut mit dem austauschbaren Mg^{++} korreliert (Nemeth et al. 1970). Mg^{++} ist im Boden gut beweglich, so daß nennenswerte Mengen ausgewaschen werden können (10–30 kg MgO/ha/Jahr) (Jung und Dressel 1969). Das gilt auch dann, wenn kein Mg gedüngt wurde, die Mineralverwitterung aber Mg^{++} freisetzt (Mindermann und Leeflang 1968).

b) Aufnahme, Verteilung und Funktionen des Mg in der Pflanze

Im allgemeinen wird Mg^{++} von der Pflanze in geringeren Mengen als Ca^{++} oder K^{+} aufgenommen. Sein Gehalt in pflanzlichen Organen liegt meistens unter 0,5 % Mg, bezogen auf die Trockensubstanz. Die Ionenkonkurrenz zwischen den verschiedenen Kationen hat für die Mg-Aufnahme insofern eine besondere Bedeutung, als sie in der Praxis vielfach zu Mg-Mangelerscheinungen führte. D. Mulder (1950) berichtet, daß hohe K-Gehalte des Bodens Mg-Mangelerscheinungen bei Apfelbäumen hervorriefen, Ferrari und Sluijsmans (1955) fanden bei Getreide eine ungenügende Mg-Versorgung besonders dann, wenn der Boden vergleichsweise viel K enthielt. E. G. Mulder (1956) berichtet über eine durch NH_4-Ionen behinderte Mg-Aufnahme. Die schlechte Mg-Aufnahme in sauren Reaktionsbereichen ist allgemein bekannt.

Daß höhere Mg-Gaben die Mn-Aufnahme hemmen und daß man auf diese Weise eine allzu starke schon toxisch wirkende Mn-Aufnahme durch die Pflanze verhindern kann, wurde von Löhnis (1954, 1960) nachgewiesen. In weiteren ausgedehnten Untersuchungen konnte Löhnis (1960) zeigen, daß das Mg^{++} bei den einzelnen Pflanzenarten in unterschiedlichem Ausmaße die Mn-Aufnahme hemmt.

Bei seinem Transport in der Pflanze ähnelt das Mg^{++} dem Ca^{++}. Es wird fast ausschließlich in akropetaler Richtung befördert. Mg-Ionen, die auf das Blatt gebracht werden, dringen zwar in das Innere des Blattes, werden aber von der Applizierungsstelle nur noch spitzenwärts, also in Richtung des Transpirationsstromes, transportiert (Bucovac und Wittwer 1957). Die Tatsache, daß bei Mg-Mangel zuerst die unteren Blätter befallen werden, deutet jedoch darauf hin, daß zumindest bei ungenügender Mg-Versorgung der Pflanze das Mg aus den älteren in die jüngeren Blätter wandert. Während nämlich bei ausreichender Mg-Versorgung der Pflanze die ältesten Blätter die höchsten Mg-Gehalte aufweisen, zeigen Mangelpflanzen einen kontinuierlichen Abfall im Mg-Gehalt von den jüngsten zu den ältesten Blättern.

In der Pflanze liegt das Mg als Salz (Mg-Oxalat, Phytin), als freies oder sorptiv gebundenes Ion oder auch in chelatartiger Bindung vor. Die Mg-Salze, wie das Mg-Oxalat oder auch anorganische Verbindungen, sind physiologisch weniger interessant. Dagegen tritt die Bedeutung des Mg als Baustein des Chlorophylls augenscheinlich hervor (Strukturformel s. S. 64). Es ist jedoch nicht so, daß sich die spezifische Funktion des Mg im pflanzlichen Organismus durch seine Aufgabe im Chlorophyllmolekül erschöpft. Der Anteil des im Chlorophyll gebundenen Mg vom gesamten Mg der Pflanze ist vielmehr gering und liegt bei 15–20 % vom Gesamt-Mg (Neales 1956). Michael (1941) fand, daß selbst bei Mg-Mangel nur 30 % des gesamten Mg im Chlorophyll vorliegen. Hieraus muß man schließen, daß das Mg neben seiner Funktion als Chlorophyllbaustein noch andere lebenswichtige Aufgaben zu erfüllen hat. Es kommt als integrierender Baustein in den Ribosomen vor. Mg wird hier gegenüber Ca bevorzugt von der RNS gebunden und hält die Untereinheiten der Ribosomen zusammen (Ts'o 1962).

Mg aktiviert vornehmlich Phosphorylierungsprozesse. Es bewirkt hierbei eine chelatartige Kopplung zwischen der Pyrophosphatstruktur (z. B. ATP) und dem Enzym bzw. Substrat.

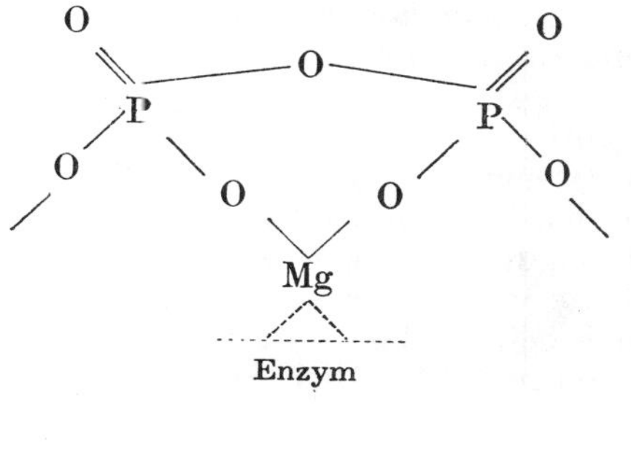

Die zentrale Bedeutung der Phosphorylierungsprozesse im Stoffwechsel braucht an dieser Stelle nicht mehr im einzelnen erläutert zu werden. Es sind die wesentlichen Prozesse bei der Energieübertragung und Energieumformung. Phosphorylierungen sind für die Photosynthese, für die Glykolyse, für den Krebs-Zyklus, die Atmung, für den Aufbau verschiedener pflanzlicher Inhalts- und Reservestoffe und auch für den N-Stoffwechsel eine notwendige Voraussetzung. Daraus mag man auch die Bedeutung des Mg im gesamten Stoffwechsel ermessen. Sicherlich ist nicht in jedem Falle das Mg-Ion das einzige Ion, das bei Phosphorylierungen aktivierend wirkt. Es kann vielfach durch Mn^{++} ersetzt werden. Jedoch ist dessen Wirksamkeit, was die Phosphokinasen (Phosphorylgruppen übertragende Enzyme mit hohem Energiewechsel) und die Phosphotransferasen (Phosphorylgruppen übertragende Enzyme mit geringem Energiewechsel) anbetrifft, nicht so groß wie die des Mg^{++} (Hewitt 1958).

Die bei der Glykolyse wirkenden Enzyme Enolase und Karboxylase sowie verschiedene Dehydrasen des Trikarbonsäurezyklus werden unspezifisch durch Mg^{++} aktiviert. Seine Wirksamkeit ist jedoch bei den Dehydrasen nicht so groß wie die des Mn^{++} (Nason 1958).

Aus diesen wenigen Hinweisen kann man erkennen, daß das Mg-Ion für zahlreiche enzymatische Prozesse notwendig ist. In seinem Wirkungsmechanismus ähnelt es hier vielfach dem Mn^{++}, so daß es durch dieses teilweise ersetzt werden kann. Dagegen unterscheidet es sich hinsichtlich seiner enzymatischen Wirksamkeit sehr deutlich von Ca^{++} und K^{+}.

Es ist verständlich, daß diese in die verschiedenen Stoffwechselvorgänge eingreifende Wirkung des Mg^{++} sich auch sehr unterschiedlich auswirken kann. Ganz unabhängig von der Funktion des Mg als Chlorophyllbaustein kommt es bei ungenügender Mg-Versorgung zu einer gehemmten Assimilation, die sehr wahrscheinlich durch eine verminderte Phosphorylierung bedingt wird; denn sowohl die photosynthetische Phosphorylierung als auch die Rückbildung des Ribulosediphosphates im Pentosezyklus (s. S. 86) benötigen Mg^{++}. In Übereinstimmung hiermit berichtet Neales (1955), daß bei Mg-Gehalten von 1,2 mg Mg und niedriger in jungen Gerstenpflanzen keine Nettoassimilation beobachtet werden konnte. Werner (1959) fand, daß Kartoffelknollen von Mg-Mangelpflanzen im Vergleich zur Kontrolle deutlich niedrigere Stärkegehalte aufwiesen, und Stenuit und Piot (1957) stellten fest, daß der Kohlenhydratgehalt von Haferkörnern bei Mg-Mangelpflanzen geringer war als bei gesunden. Der günstige Einfluß des Mg-Gehaltes im Blatt auf die CO_2-Assimilation ist in Abb. 144 dargestellt (Peaslee und Moss 1966).

Aber auch die N-haltigen Verbindungen werden durch die Mg-Versorgung beeinflußt (s. Abb. 145). Allgemein konnte man feststellen, daß vornehmlich die Proteinfraktion bei Mg-Mangel erniedrigt wird, während die nichteiweißartigen N-haltigen Verbindungen relativ ansteigen. Hieraus ist zu schließen, daß bei Mg-Mangel die Eiweißsynthese gehemmt ist, und zwar nicht dadurch, daß es an Eiweißbausteinen (Aminosäuren) fehlt, sondern offenbar liegt im eigentlichen enzymatischen Aufbau eine Störung vor. Von den zahlreichen Einzelreaktionen der Proteinsynthese werden die Bindung der Aminosäure an die tRNS und die Ablösung der Polypeptidkette vom Ribosom (s. S. 179) durch Mg^{++} aktiviert. Ihre ungenügende Aktivierung bei Mg-Mangel dürfte demnach die gehemmte Proteinsynthese bewirken (Webster 1961). Auch die Synthese der Blattpigmente wird

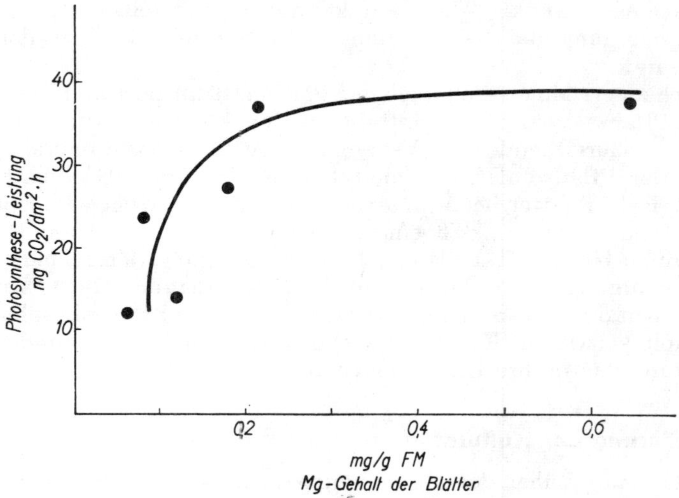

Abb. 144
Der Einfluß des Mg-Gehaltes von Maisblättern auf die CO_2-Assimilation.

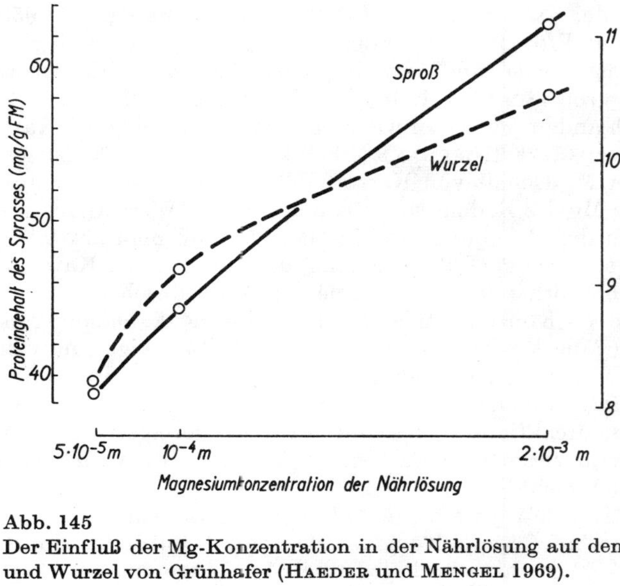

Abb. 145
Der Einfluß der Mg-Konzentration in der Nährlösung auf den Proteingehalt in Sproß und Wurzel von Grünhafer (Haeder und Mengel 1969).

bei Mg-Mangel eingeschränkt. Allgemein kann man feststellen, daß eine ungenügende Mg-Versorgung die Assimilations- und Synthesetätigkeit der Pflanze empfindlich hemmt.

Es bleibt noch zu erwähnen, daß auch der Phosphattransport und die Phosphataufnahme der Pflanze vom Mg beeinflußt werden können. TRUOG et al. (1947) fanden, daß bei unzureichender Mg-Versorgung die Phosphataufnahme gehemmt ist. Mg soll in der Pflanze als „Phosphat-Träger" fungieren. GÄRTEL (1959) berichtet, daß die Rebenblätter bei Mg-Mangel auch einen niedrigen Phosphatgehalt aufweisen. Er fand weiterhin, daß eine Mg-Düngung unter Umständen auf die Phosphataufnahme besser wirkt als eine Phosphatdüngung. Umgekehrt hat auch die Phosphatversorgung einen Einfluß auf die Mg-Aufnahme (GRUPPE und NURBACHSCH 1961). Auf die enge Beziehung zwischen Mg^{++} und Pyrophosphatstruktur wurde wiederholt verwiesen. Es ist gut möglich, daß auch die Befunde der oben genannten Autoren hierin ihre Erklärung finden.

c) Die Mg-Ernährung der Kulturpflanzen

Allgemein hat man früher der Mg-Düngung keine allzu große Bedeutung beigemessen. Vielfach wurde Mg auch mit anderen Düngemitteln dem Boden zugeführt, wie beispielsweise mit Kainit ($KCl \cdot MgSO_4 \cdot 2\,H_2O$) oder auch Thomasphosphat. Mit der vermehrten Anwendung von höherprozentigen Kalisalzen und durch die steigenden Ernten und damit durch den steigenden Entzug an Mg durch die Kulturpflanze tritt jedoch eine spezielle Mg-Düngung immer mehr in den Vordergrund, zumal man in den vergangenen Jahren verschiedentlich Mg-Mangel bei Kulturpflanzen beobachten konnte. Er tritt, was die landwirtschaftlichen Kulturpflanzen anbetrifft, vorwiegend auf diluvialen Sanden auf (HOFFMANN et al. 1959). Diese Böden, die sich vor allen Dingen in Nordwestdeutschland (SCHACHTSCHABEL 1956), in den Niederlanden (FERRARI und SLUIJSMANS 1955) und in Belgien (STENUIT und PIOT 1957) befinden, sind meistens etwas degradiert, ihre Sorptionskapazität ist gering, und dementsprechend ist auch die Auswaschungsgefahr für Mg sehr groß (SCHMITT 1936). Der Mg-Mangel auf diesen Böden wird meistens noch durch andere Faktoren wie hohe Konzentrationen an Kationen oder niedrige *p*H-Werte verstärkt. HOFFMANN (1960) konnte in einer statistischen Arbeit nachweisen, daß der Mg-Gehalt von Kartoffelblättern von dem salzsäurelöslichen und austauschbaren Mg des Bodens sowie von dessen *p*H-Wert und von seinem K-Gehalt abhängt. Bei der Behebung des Mg-Mangels muß man also nicht nur mit Mg-Salzen düngen, sondern auch dafür sorgen, daß die anderen Kationen nicht in zu großem Überschuß vorhanden sind und der *p*H-Wert durch Aufkalkung erhöht wird. Eine zu hohe Ca-Konzentration der Bodenlösung kann andererseits auch wieder hemmend auf die Mg-Aufnahme wirken. Abb. 146 zeigt eine von STENUIT (1959) aufgestellte Beziehung zwischen dem *p*H-Wert und der Intensität von Mg-Mangel bei Hafer auf Sandböden. Aus der Darstellung ist zu ersehen, daß die Gefahr eines Mg-Mangels im Reaktionsbereich von *p*H 5 am geringsten ist, während bei höheren *p*H-Werten die vermehrten Ca-Ionen, bei niederen die vermehrten H-Ionen die Mg-Aufnahme hemmen.

Der Mg-Entzug (Tabelle 79) ist bei den Hackfrüchten mehr als doppelt so hoch wie bei Getreide. Zur Aufrechterhaltung des Mg-Spiegels im Boden sind Düngungsmengen von 25–50 kg MgO/ha erforderlich; bei Mg-Verarmung des Bodens sollten

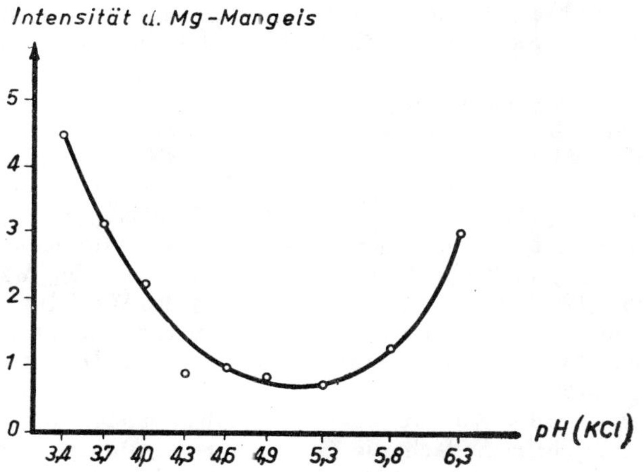

Abb. 146
Beziehung zwischen Mg-Mangelsymptomen bei Hafer und dem *p*H-Wert.

Tabelle 79
Der Ca- und Mg-Entzug verschiedener landwirtschaftlicher Nutzpflanzen
(D. MEYER, zit. n. JACOB 1955)

Kulturpflanze	kg/ha	
	CaO	MgO
Getreide	29	14
Zuckerrüben	86	56
Kartoffeln	76	27
Erbsen	118	21
Luzerne	242	28
Lupine	188	50
Seradella	149	38

jedoch Mengen von 100–200 kg MgO/ha gedüngt werden. In diesen Fällen ist mit beachtlichen Mehrerträgen durch Mg-Düngung zu rechnen (JUNG und DRESSEL 1969, VETTER und KLASING 1970). Als mineralische Mg-Düngemittel sind Stickstoffmagnesia, Kalimagnesia (Patentkali), verschiedene Mg-Kalke (dolomitische Kalke), Magnesiakainit, Magnesium Rhe-Ka-Phos und mehrere Mg-haltige Volldünger auf dem Markt[1]). Stickstoffmagnesia $(NH_4)_2SO_4 \cdot MgSO_4)$, Kieserit $(MgSO_4 \cdot H_2O)$ und Kalimagnesia $(K_2SO_4 \cdot MgSO_4)$ enthalten das Mg als Sulfat und damit in einer leicht löslichen Form. Sie haben also eine schnelle und sichere

[1]) In der DDR hergestellt und gehandelt werden: Mg-Mergel (Kamsdorf) mit 9–10% Mg; dolomitischer Branntkalk (16–20% Mg); beide entsprechen den dolomitischen Kalken; Kainit mit 3,5–4% Mg, also etwas weniger Mg als Magnesia-Kainit; Kierserit (18% Mg).

Wirkung. Die Mg-Kalke und auch die einzelnen Mg-haltigen Volldünger enthalten dagegen Mg meist als Karbonat. Sie wirken weniger schnell, dafür aber um so anhaltender. Die Mg-Sulfate wird man also immer dort anwenden, wo ein akuter Mangel vorliegt, während die Mg-Karbonate sich besonders für die Aufrechterhaltung eines ausreichenden Mg-Gehaltes im Boden eignen (Kühn 1960). Weiterhin wendet man die karbonathaltigen und MgO-haltigen Düngemittel vorzugsweise auf mehr sauren Böden an. So fand (Kühn 1962) in ausgedehnten Gefäßversuchen, daß halbgebrannter Dolomit ($CaCO_3 \cdot MgO$) auf sauren und mäßig sauren Böden eine beachtliche Mg-Wirkung hat, die der der Mg-Sulfate gleichkommt. Thomasphosphat (etwa 3–5 % MgO) stellt ebenfalls einen langsam wirkenden Mg-Dünger dar. Birch und Molton (1961) fanden, daß der Mg-Gehalt des Weidefutters durch eine Mg-Düngung erhöht wird; gleichzeitig stieg damit der Mg-Gehalt im Blut der mit reichlich Mg-haltigem Weidefutter ernährten Milchkühe an. Ihre Anfälligkeit gegenüber Weidetetanie nahm ab.

Auch zahlreiche gärtnerische Kulturen und Obstkulturen sind für eine Mg-Düngung dankbar, zumal hier vielfach die Gefahr für Mg-Mangel gegeben ist (de Haas und Gruppe 1959, Wilhelm 1954, Gärtel 1959, Platz 1970).

Die **Mg-Mangelsymptome** sind zwar für die einzelnen Pflanzenarten unterschiedlich, jedoch zeigen sie im allgemeinen durchweg einige gemeinsame charakteristische Merkmale. So beginnt der Mangel immer bei den älteren Blättern, und zwar meist nicht am Rande, sondern in der Mitte der Blatthälfte zwischen den Blattadern. Hier entstehen Blattaufhellungen, die immer mehr um sich greifen und von der Mitte her nekrotisch werden. Schließlich sieht man, daß nur noch die an den Hauptadern des Blattes entlang führenden Blattgewebe grün sind. Tafel XIX zeigt diese typischen Mg-Mangelsymptome bei der Weinrebe, so wie sie auch bei vielen anderen Dikotyledonen auftreten (Kohlarten, *Beta*-Rüben, Ackerbohnen Buschbohnen, Kartoffeln, Tomaten).

Weiterhin ist für Mg-Mangel noch charakteristisch, daß bei starker Sonneneinstrahlung die gesamte Pflanze einen welken, schlaffen Eindruck macht, der an die Welketracht bei K-Mangel erinnert und auf einen gestörten Wasserhaushalt zurückzuführen ist. Das einzelne, vom Mangel befallene Blatt wirkt dagegen steif und spröde, die Interkostalfelder sind aufgewölbt, vermutlich infolge von Assimilatstauungen. Die Mg-Mangelblätter werden häufig vorzeitig abgeworfen.

Bei Getreide bzw. bei den Gramineen sehen die Mangelsymptome anders aus. Auch hier ist der Wasser- und Kohlenhydrathaushalt gestört, auch hier beginnt der Mangel an den älteren Blättern mit Aufhellungen. Hierbei entstehen jedoch, vom basalen Teil des Blattes ausgehend, kleine dunkelgrün gefärbte Flecke (Chlorophyllanhäufungen), die sich vom übrigen aufgehellten Blatt deutlich abheben (s. Tafel XX). Sie sind in Richtung des Blattes angeordnet und sehen wie eine Perlenschnur aus. Die Blattmitte weist meistens noch einen dunkelgrünen Streifen auf. Weizen, Gerste und Roggen zeigen die gleichen Symptome, während Mais bei Mg-Mangel gestreifte oder „getigerte“ Blätter hat (Scharrer und Mengel 1958). Bei ungenügender Mg-Versorgung wird das Reifen der Pflanzen verzögert (Schmitt 1936, Scharrer und Mengel 1960, Gruppe und Nurbachsch 1962).

Der Mg-Gehalt von Mg-Mangelpflanzen ist deutlich niedriger als der von vergleichbaren gesunden Pflanzen. Schroeder (1959) gibt für Kartoffelblätter einen Grenzwert von 2 mg Mg, Ward und Miller (1969) für Tomatenblätter einen von 3 mg Mg und de Haas und Gruppe (1959) für Apfelbaumblätter einen von 1,6 mg

Tabelle 80

Der Mg-Gehalt verschiedener Pflanzen (mg Mg/g Tr.-Sub.)

Spinat	um 5,0	Kresse	3,1–3,7
Schnittsalat	2,9–5,1	Gurken (Frucht)	2,8–4,1
Feldsalat	um 3,0	Tomaten (Frucht)	1,36
Grünkohl	2,0–3,7	Sellerieknollen	1,6–3,6
Blumenkohl	2,3	Radieschenknollen	1,5–2,8
Rotkohl	1,7	Karottenwurzeln	1,6–1,7
Weißkohl	1,6	Kartoffelknollen	1,0–1,4
Wirsing	1,9	*Beta*-Rüben	2,2–2,6
Getreidestroh	0,7–1,8	Getreidekorn	1,1–1,5

Mg/g Trockensubstanz an. Unterhalb dieser Werte ist mit einem sichtbaren Mg-Mangel zu rechnen.

Tabelle 80 zeigt Mg-Gehalte verschiedener Pflanzen und Pflanzenorgane.

Im Getreidekorn liegt das Mg vornehmlich als Salz der Inosithexaphosphorsäure vor. Im normalen Falle ist der Mg-Gehalt des Getreidestrohes nur geringfügig niedriger als der des Kornes. Bei Mg-Mangel ist dagegen der Unterschied zwischen beiden Pflanzenteilen groß. Offenbar wird das im Stroh noch verfügbare Mg zur Reifezeit in das Korn transportiert und hier für die Phytinsynthese verbraucht, so daß besonders das Stroh an Mg verarmt. Bei Sommergetreide kann man vielfach einen vorübergehenden Mg-Mangel beobachten, der sich in leichten Fällen nicht negativ auf den Ertrag auszuwirken braucht. Der Mangel beginnt meistens zur Zeit der Bestockung und wächst sich in der Endphase des Schossens wieder aus. Er wird vermutlich durch eine im Vergleich zur Wachstumsintensität zu geringe Mg-Aufnahme hervorgerufen (Scharrer und Mengel 1960).

7. Das Eisen

a) Eisen im Boden

Der größte Teil des Fe im Boden ist im Kristallgitter zahlreicher Mineralien eingebaut. Hierzu zählen sowohl die primären Mineralien wie Hornblenden, Augite, Olivin und Biotit als auch die verschiedensten sekundären Mineralien. Die Sorptionskomplexe vermögen das Fe ziemlich fest zu binden. Das im Gitter eingebaute wie auch das sorbierte Fe können als Fe^{2+} oder als Fe^{3+}, auch als $Fe(OH)_2^+$ oder $FeOH^{2+}$ gebunden sein. Der Gehalt an löslichem Fe im Boden ist gering; er nimmt mit steigender Azidität zu und erreicht meistens auf Podsolböden höhere Werte. Die Fe-Beweglichkeit ist hier gut, d. h., das in der Oberkrume vorhandene Fe wird leicht in tiefere Schichten gewaschen, wo es wieder ausfällt und zu Bodenverdichtungen führt. Die Komplexverbindungen, meistens Chelate, die das Fe mit organischen Molekülen eingehen kann, schützen es vielfach vor Ausfällung. Für die Ausfällung selbst spielt das Redoxpotential eine wichtige Rolle, denn Fe^{3+} wird schon ab *p*H 3 als Hydroxid bzw. Hydrat ausgefällt, während Fe^{2+} erst bei Erreichen des Neutralpunktes als Hydroxid ($Fe(OH)_2$) ausfällt. Mit steigendem Redoxpotential wird die Oxydation und damit die Festlegung des Fe begünstigt. Da das

Redoxpotential selbst wieder stark *p*H-abhängig ist – es wird mit zunehmendem *p*H-Wert größer –, wird die Fe-Verfügbarkeit um so geringer sein, je höher der *p*H-Wert des Bodens ist. Auf kalkhaltigen Böden ist so vielfach die Fe-Versorgung der Pflanzen gefährdet. Die Oxydoreduktion $Fe^{2+} \rightarrow Fe^{3+}$ hängt natürlich auch noch von der Durchlüftung des Bodens ab. Stauende Nässe begünstigt die Reduktion. Der Anteil des Fe^{2+} am Gesamt-Fe wird in tieferen Schichten immer größer. So liegt nach Untersuchungen von WIKLANDER und HALLGREN (1949) bei einer Tiefe von 2 m über 90 % des säurelöslichen Fe als Fe^{2+} vor. Auf staunassen podsolierten Böden reichert sich vielfach Raseneisenstein in größeren Mengen an (SCHLICHTING 1962).

b) Aufnahme, Verteilung und Funktionen des Fe in der Pflanze

Die Neigung des Fe, Chelatkomplexe einzugehen, und seine Fähigkeit zum Valenzwechsel ($Fe^{2+} \rightarrow Fe^{3+}$) sind zwei wichtige Charakteristika, auf denen seine zahlreichen physiologischen Wirkungen beruhen. Von der Pflanze wird es als Fe^{2+}- und Fe^{3+}, aber auch als ganzes Chelatmolekül aufgenommenen (NICHOLAS 1961). Hierbei ist es wahrscheinlich, daß die Pflanze selbst Chelatoren ausbildet (E. G. BOLLARD 1960), die die Fe-Ionen binden und in die Pflanze transportieren. Zumindest geben die Untersuchungen DE KOCKS (1956) hierfür einen Anhaltspunkt. Er fand bei Senf, daß die Fe-Aufnahme und der Fe-Transport in der Pflanze durch die konkurrierende Wirkung anderer Schwermetalle um so mehr gehemmt werden, je stärker diese Elemente zur Chelatbildung neigen. So wurde der Fe-Mangel (Fe-Chlorose) durch die verschiedenen Schwermetalle in nachstehender Reihenfolge begünstigt:

$$Cu > Ni > Co > Zn > Cr > Mn$$

Auch in der Pflanze vorhandene, aber nicht native Chelatoren können die Fe-Aufnahme begünstigen (BENEDICT et al. 1962).

Bei Düngung mit Fe-Chelaten wirken Cu und besonders Zn – offenbar auf Grund einer Verdrängung des Fe aus dem Chelatkomplex – hemmend auf die Fe-Aufnahme (LINGLE et al. 1963). Nach Untersuchungen von BROWN und TIFFIN (1960) ist es jedoch nicht so, daß bei Fe-Chelatdüngung in jedem Fall das gesamte Fe-Chelatmolekül von der Pflanze aufgenommen wird. Die genannten Autoren fanden vielmehr, daß nur ein Teil des gesamten als Chelat gegebenen Fe als Fe-Chelat in die Wurzel gelangt. Das Fe-Chelat wird also zum Teil an der Pflanzenwurzel in Fe und Chelator gespalten. Die Intensität dieser Spaltung hängt nach HILL-COTTINGHAM und LLOYD-JONES (1961) von dem Fe-Ernährungszustand der Pflanze ab. Fe-Mangelpflanzen haben vermutlich genügend eigene, native Chelatoren, um das Fe des gedüngten Chelates an sich zu reißen. In diesem Falle ist also die Aufnahme an Fe größer als die Aufnahme an Chelator, während bei ausreichender Fe-Ernährung Fe in ähnlichen Mengen wie der Chelator aufgenommen wird. Man muß also die günstige Wirkung einer Fe-Chelatdüngung auf die Fe-Aufnahme hauptsächlich darauf zurückführen, daß der Chelator das Fe-Ion vor der Ausfällung schützt, während die Aufnahme und der Transport des Fe selbst in der Pflanze teilweise durch pflanzeneigene Chelatoren bewerkstelligt werden (HEINONEN und WARIS 1956). Daß es hierbei zu Ionenkonkurrenzen zwischen den Fe- und anderen Metallionen kommen kann, wurde durch die Versuchsergebnisse verschiedener

Autoren erhärtet (SIDERIS 1950, SMITH und SPECHT 1953, BROWN und HOLMES 1955, LINGLE et al. 1963). Das Fe-Aufnahmevermögen ist bei den einzelnen Pflanzenarten, ja sogar bei den Sorten einer gleichen Art unterschiedlich ausgeprägt. So berichtet BROWN (1967) von zwei Genotypen von Soja, von denen einer sehr empfindlich, der andere unempfindlich gegenüber Fe-Chlorose war.

Für die Verhältnisse in der Praxis sind Ausfällungs- und damit Festlegungsprozesse des Fe im Boden von Bedeutung. Sie werden durch hohe *p*H-Werte, durch hohe Phosphorgehalte und auch hohe Ca^{2+}-Konzentrationen bedingt. Hohe *p*H-Werte sowie auch eine gute Durchlüftung begünstigen die Oxydation von Fe^{2+} zu Fe^{3+} und damit die Ausfällung von Ferrisalzen (SIDERIS 1950, JACOBSEN und OERTLI 1956). Die Ausfällung von Fe-Phosphaten (SIDERIS und YOUNG 1956) kann nicht nur im Nährmedium, sondern auch noch in den Leitbahnen der Pflanze erfolgen (REDISKE und BIDDULPH 1953). In jedem Fall wird die Fe-Ernährung der Pflanze behindert. Hohe Mengen an Ca-Ionen in der Bodenlösung und in der Pflanze wirken nach BURSTRÖM (1957) auf das physiologisch aktive Fe ungünstig. Auch Mn wirkt sich ähnlich aus. Nitrat-Ernährung behindert, NH_4-Ernährung begünstigt die Fe-Aufnahme. Der Befund erklärt sich mit der physiologischen Reaktion der beiden N-Formen, d. h. mit der Veränderung des *p*H-Wertes an der Pflanzenwurzel.

Die Beweglichkeit des Fe in der Pflanze ist nicht besonders groß, jedoch größer als die der Erdalkali-Ionen (BUKOWAC und WITTWER 1957). Als Fe-Transportmoleküle wurden von TIFFIN und BROWN (1962) Fe-Malat und Malonat nachgewiesen. Nur ein kleiner Teil des gesamten Fe in der Pflanze ist wasserlöslich, während 80–90 % relativ fest an organische Strukturen gebunden sind. Fe kommt in zahlreichen prosthetischen Gruppen in Form des Häm bzw. Hämins vor. Die Zytochrome, die Zytochromoxydase, die Peroxydase und die Katalase sind solche Fe-haltigen Enzyme. Bei Fe-Mangel vermindert sich ihre Aktivität (MACHOLD 1968).

Entsprechend den Zentren des Kohlenhydratabbaues und der Atmung findet man in den Mitochondrien viel Fe. Interessanterweise ist aber nach CRANE (1958) ein großer Teil dieses Fe nicht in einen Porphyrinring eingebaut. Ähnliches gilt für die Chloroplasten. Sie sind mit ungefährt 80 % des Gesamt-Fe der Pflanze die Fe-reichsten Zellpartikel. Nur ein Bruchteil ihres Fe liegt jedoch als Häm bzw. Hämin vor. Neben den Mitochondrien und Chloroplasten gelten die Zellkerne ebenfalls als Fe-reich (POSSINGHAM und BROWN 1957). Nach Untersuchungen von BERGERSEN (1963) kommt in Wurzelknöllchen **Ferritin** vor. Es ist ein Fe-haltiges Protein, das im Tierkörper als Fe-Speicher dient. Ferritin baut sich aus einem Fe^{3+}-Hydroxyphosphatkomplex auf, der von einer Proteinhülle, dem Apoferritin, umgeben ist.

Das nicht im Häm bzw. Hämin vorliegende Fe dürfte zum Teil im Ferredoxin lokalisiert sein. Es ist ein wichtiges Redoxsystem der Photosynthese (s. S. 65). Man nimmt an, daß Fe für den Aufbau des Chlorophylls notwendig ist. Dementsprechend findet man bei ungenügender Fe-Versorgung einen Abfall des Chlorophyllgehaltes in der Pflanze. Die Annahme, daß vielleicht ganz allgemein die Proteinsynthese auch vom Fe beeinflußt wird, ist nicht unberechtigt; denn eine Anzahl von Autoren konnte feststellen, daß bei Fe-Mangel die Eiweißfraktion zugunsten der löslichen organischen N-Verbindungen abnimmt (BENNET 1945, ILJIN 1951, DEMETRIADES 1956, POSSINGHAM 1956, PERUR et al. 1961). ILJIN (1951) fand, daß bei Obstbaumblättern der Eiweißgehalt infolge Fe-Mangels um die Hälfte abgesunken war. Interessanterweise liegt auch dann eine Anreicherung freier Aminosäuren vor, wenn die Fe-Chlorose genetisch und nicht durch mangelnde Fe-Ernährung bedingt wird (DE KOCK und MORRISON 1958).

Auch die Kohlenhydratfraktion wird durch die Fe-Versorgung der Pflanze beeinflußt. Bei Fe-Mangel steigt der Gehalt an reduzierenden Zuckern und organischen Säuren an (BROWN et al. 1958), ein Befund, der sich mit einer Hemmung der Zytochromsysteme, also mit einem behinderten Abbau der vom Trikarbonsäurezyklus kommenden Stoffwechselprodukte erklären dürfte.

c) Die Fe-Ernährung der Kulturpflanze

Im allgemeinen enthalten die meisten Böden genügend pflanzenverfügbares Fe, um die Pflanze damit ausreichend zu versorgen. Kritisch ist die Fe-Versorgung hauptsächlich auf karbonathaltigen Böden (ZECH 1970). Der *p*H-Wert dieser Böden ist so hoch, daß das vorhandene Fe fast ausschließlich in schwerlöslicher Form vorliegt. Es kommt zum Fe-Mangel (ILJIN 1951, BROWN 1953, HOLMES und BROWN 1955). Auch die hohen Bikarbonatgehalte der Bodenlösung karbonathaltiger Böden begünstigen die Fe-Chlorose (SAGLIO 1969). Es ist wahrscheinlich, daß das Bikarbonat den *p*H-Wert pflanzlicher Gewebe erhöht und damit die Reduktion von Fe^{3+} zu Fe^{2+} behindert. Der Anteil von Fe^{2+} am Gesamt-Fe in der Pflanze bestimmt aber nach MACHOLD et al. (1968) maßgeblich den Grad der Fe-Chlorose.

Fe-Mangelerscheinungen wurden vorwiegend an Obstbäumen (KESSLER 1957) und Wein beobachtet. Eine Bodendüngung mit anorganischen Fe-Salzen ist meistens zwecklos, da die Fe-Ionen infolge der Bodenbeschaffenheit sofort wieder festgelegt werden. Fe-Chelate als Düngemittel, seien sie über das Blatt oder über die Wurzel angewendet, haben sich dagegen zur Bekämpfung der **Fe-Chlorose** bewährt. Hierbei ist jedoch bei der Bodendüngung zu beachten, daß die Stabilität der Chelate genügend groß ist. Vielfach verdrängen die in hohen Mengen vorhandenen Ca-Ionen das Fe aus seinem Chelatkomplex, so daß das Fe-Chelat über die Bodendüngung nicht zur Wirkung kommt. Auch hohe Phosphatgaben behindern durch Ausfällung von Fe-Phosphaten im Nährmedium oder auch in der Pflanze die Fe-Versorgung.

Eine hohe Mn : Fe-Relation des Nährmediums begünstigt den Fe-Mangel. Offenbar ist das Mn imstande, durch seine konkurrierende Wirkung nicht nur die Aufnahme, sondern auch die enzymatische Wirksamkeit des Fe zu hemmen. Es ist wahrscheinlich, daß auch in der Pflanze beide Metalle um gleiche Bindungsstellen konkurrieren, so daß bei einer starken Mn-Ernährung vom Mn Bindungsstellen belegt werden, die für einen normalen Ablauf des physiologischen Geschehens vom Fe abgesättigt werden müßten (SIDERIS und YOUNG 1949). Umgekehrt kann auch das Fe, wenn es in größeren Mengen in der Pflanze vorkommt, sich an spezifische Mn-Enzyme binden (ANDERSON und EVANS 1956).

Die frühere Annahme von SOMERS und SHIVE (1942), ein Fe-Mangel sei gleichbedeutend mit einer Mn-Toxizität und umgekehrt, der Mn-Mangel stelle eine Fe-Toxizität dar, trifft nach Untersuchungen von BURGHARDT (1956) nicht zu. Vielmehr sind die einzelnen Schadbilder unterschiedlich; Fe-Mangel beginnt mit einer ziemlich gleichmäßigen Aufhellung der jüngsten Blätter, Mn-Toxizität beginnt mit chlorotischen Flecken an den älteren Blättern; bei Mn-Mangel werden die Blätter zwischen den Adern aufgehellt, bei Fe-Toxizität zeigen die gesamten Blätter einen erhöhten Pigmentgehalt.

Der Fe-Mangel wird im Gegensatz zum Mg-Mangel immer an den jüngsten Blättern sichtbar. Vielfach wird die Nervatur in ihren Einzelheiten als grüne Streifen auf dem hellgrünen bis gelben Untergrund des Blattes ersichtlich. Auch bei Obstbäumen äußert sich der Fe-Mangel in dieser Weise. Bei Gramineen sieht man häufig überhaupt keine Blattadern mehr. Die befallenen Blätter erscheinen bei leichterem Mangel hellgrün, bei starkem Mangel gelb bis weißlich (s. Tafel XX).

Der Chlorophyllgehalt korreliert deutlich mit der Intensität des Mangels (s. Tabelle 81). Der Gehalt an „Gesamt-Fe" gibt dagegen vielfach keine brauchbare Aussage über den eigentlichen Fe-Versorgungsgrad (s. Tabelle 81). Das säurelösliche Fe ist hierfür ein besserer Indikator.

Tabelle 81

Fe-Mangelsymptome in Abhängigkeit vom Fe- und Chlorophyllgehalt bei Tabakblättern (n. Jacobson 1945)

Grad des Fe-Mangels	Chlorophyll-gehalt	säurelösl. Fe in ppm d. Tr.-Sub.	Gesamt-Fe
stark chlorotisch	0,24	39,6	78,9
schwach chlorotisch	0,51	40,0	87,0
blaßgrün	0,74	42,1	70,2
grün	1,11	46,5	73,2
dunkelgrün	1,54	92,7	115,0

Zech (1970) berichtet, daß bei Vegetationsbeginn der Fe-Gehalt von chlorotischen Nadeln von *Pinus silvestris* nur etwa halb so hoch war wie der gesunder Nadeln, welche etwa 50 ppm Fe in der Trockensubstanz enthielten. Im Herbst wurde dieser Unterschied im Fe-Gehalt zwischen chlorotischen und gesunden Nadeln nicht mehr beobachtet. Nach Untersuchungen von Machold et al. (1968) haben grüne Blätter einen höheren Gehalt an Fe^{2+} als chlorotische Blätter. Bedingungen, welche die Reduktion zu Fe^{2+} begünstigen, z. B. NH_4^+-Ernährung an Stelle von NO_3^--Ernährung oder mehr reduktive Verhältnisse im Nährmedium, mildern oder verhindern sogar die Fe-Chlorose (Machold 1967). Das Fe^{2+} dürfte dem „aktiven Fe" entsprechen (Jacobson 1945).

Leichte Fe-Mangelschäden lassen sich durch eine Fe-Gabe schnell beheben. Dagegen kann bei fortgeschrittenem Mangel das gesamte System der Zelle schon so gestört sein, daß eine Fe-Düngung wirkungslos bleibt (Jacobson und Oertli 1956). Der Fe-Gehalt von grünen Pflanzenteilen liegt für die meisten Pflanzenarten in einer Größenordnung von 100–200 ppm Fe, bezogen auf die Trockensubstanz. Ferrophile Pflanzen dagegen wie Hafer, Spinat und Reis können in der Trockensubstanz wesentlich höhere Fe-Konzentrationen aufweisen. Wurzeln, Knollen und auch Getreidekörner sind verhältnismäßig arm an Fe.

8. Das Mangan

a) Mangan im Boden

Im Boden kann das Mn in zwei-, drei- oder vierwertiger Form vorkommen. Mn^{2+} ist hauptsächlich an die Sorptionskomplexe gebunden (austauschbares Mn) oder liegt als freies Ion in der Bodenlösung vor. Die höherwertigen Mn-Verbindungen sind vorwiegend schwerlöslich (Mn-Oxide wie MnO_2, $MnO_2 \cdot 2\,H_2O$ und $Mn_2O_3 \cdot nH_2O$, $MnO \cdot Mn_2O_3$). Von ihnen ist der Pyrolusit (MnO_2) am stabilsten. Daneben enthalten auch verschiedene Mineralien Mn^{2+} in ihrem Gitteraufbau. Der Pflanze sind vorwiegend die Mn^{2+}-Ionen der Sorptionskomplexe und der Bodenlösung zugänglich, während die Mn-Oxide erst nach Reduktion, das Mn verschiedener Mineralien erst nach ihrer Verwitterung pflanzenaufnehmbar werden. DION und MANN (1946) nehmen einen sog. Mn-Zyklus im Boden an, d. h. die in verschiedener Wertigkeit vorliegenden Mn-Verbindungen stehen in einem gewissen Gleichgewicht, wie aus nachstehender Skizze (Abb. 147) ersichtlich ist.

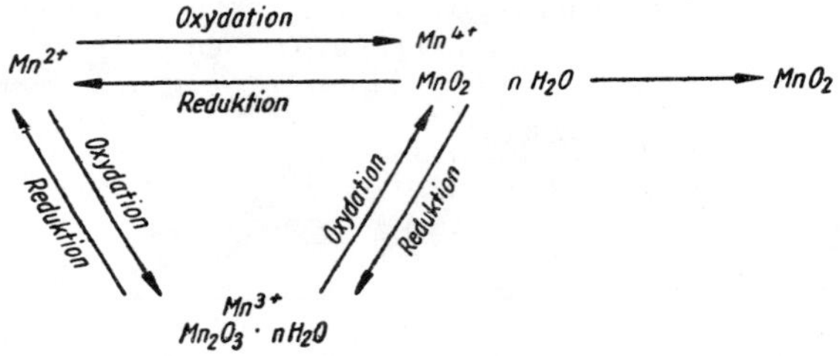

Abb. 147
Der Mn-Zyklus im Boden.

Die Verfügbarkeit der Manganoxide ist um so besser, je feiner verteilt sie im Boden vorkommen (SCHACHTSCHABEL 1955). Als verfügbares Mn gilt Mn^{2+} + leicht reduzierbares Mn. Beide Fraktionen zusammen bezeichnet man als „aktives Mn". Für eine ausreichende Mn-Ernährung der Pflanzen muß der Gehalt an aktivem Mn um so höher sein, je höher der *p*H-Wert ist. Nach SCHACHTSCHABEL (1955) sind bei den einzelnen *p*H-Stufen die folgenden Gehalte an aktivem Mn ausreichend:

Aktives Mn (mg Mn/100 g Boden)	2,5	3,0	4,0	5,0	6,0	7,0
*p*H-Wert	6,0	6,2	6,4	6,6	6,8	7,0

Das Gleichgewicht zwischen den verschiedenwertigen Mn-Verbindungen hängt vom **Redoxpotential** des Bodens ab. Das Redoxpotential eines Bodens ist ein Maß für seine oxydierende bzw. reduzierende Kraft. Je niedriger das Redoxpotential, um so mehr nimmt die reduzierende Kraft zu. Die reduzierenden Substanzen können biologischer Natur sein (z. B. Stoffwechselprodukte der Mikroorganismen) oder auch anorganische Verbindungen darstellen (z. B. H_2S). Je schlechter die Durchlüftung eines Bodens, um so niedriger ist sein Redoxpotential und um so mehr wird höherwertiges Mn zu Mn^{2+} reduziert. Das verfügbare Mn steigt dann erheblich an, so daß evtl. toxische Mn-Schäden an den Pflanzen auftreten (LÖHNIS 1960). Je niedriger der *p*H-Wert, um so niedriger ist auch das Redoxpotential, so daß viel Mn in zweiwertiger Form vorliegt. Umgekehrt wird auf neutral bis schwach alkalischen Böden das Gleichgewicht so weit zugunsten der drei- und vierwertigen

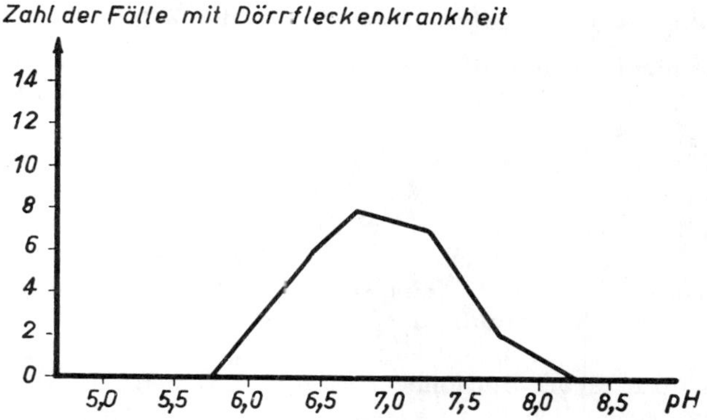

Abb. 148
Die Mn-Versorgung und die Anfälligkeit gegen Dörrfleckenkrankheit bei Hafer in Abhängigkeit vom *p*H-Wert des Bodens.

Mn-Verbindungen verschoben, daß die Mn-Ernährung der Pflanze gefährdet wird. Es ist jedoch nicht allein der *p*H-Wert, der für die Oxydation des Mn^{2+} zu höherwertigen Verbindungen maßgebend ist. LUNDEGÅRDH (1932) stellte schon vor Jahrzehnten fest, daß nach dem Überschreiten des Neutralpunktes die Mn-Versorgung wieder besser wird (s. Abb. 148).

Aus den Untersuchungen von JONES (1957) ist zu schließen, daß das Mikroorganismenleben des Bodens einen außerordentlich starken Einfluß auf die Mn-Verfügbarkeit hat. Zahlreiche Mikroorganismen oxydieren Mn^{2+} zu Mn^{4+}. Da aber die Lebenstätigkeit dieser Bakterien im neutralen Reaktionsbereich am größten ist, so liegt auch hier der Bereich der stärksten Mn-Festlegung in Form höherwertiger Oxide. Es ist verständlich, daß man so den Mn-Mangel vorwiegend auf neutralen humosen, kalkhaltigen Böden mit regem Mikroorganismenleben findet (Niederungsmoorböden). Durch Reduktion der höherwertigen Mn-Verbindungen, wie sie beispielsweise von E. BOKEN (1955, 1956) mittels Fe^{2+} durchgeführt wurde, kann man das Mn wieder in eine pflanzenaufnehmbare Form überführen. Auch das Abtöten der Mikroorganismen durch Dämpfen des Kulturbodens (z. B. Treibhausböden) führt zu einer beachtlich höheren Mn-Aufnahme durch die Pflanzen (ROLL-HANSEN 1952).

Für die Verfügbarkeit des Mn im Boden hat neben *p*H-Wert und Mikroorganismenleben auch noch die Wasserversorgung eine Bedeutung. Wie erwähnt, begünstigt die Durchfeuchtung des Bodens die Reduktion höherwertiger Mn-Verbindungen. In nassen Jahren ist deshalb die Mn-Verfügbarkeit höher als in trockenen. Eine starke Austrocknung des Bodens kann dehydratisierend auf die verschiedenen Mn-Salze wirken und so deren Löslichkeit verschlechtern. Andererseits können jedoch durch Austrocknungsvorgänge auch Doppelsalze des Mn gespalten werden, wobei Mn^{2+}-Ionen frei werden.

Daß eine Kalkung die Mn-Verfügbarkeit verschlechtert, während sie durch Düngungsmaßnahmen, die den *p*H-Wert des Bodens erniedrigen, verbessert wird, braucht nicht weiter betont zu werden (GISIGER und HASLER 1949). Düngung mit physiologisch sauren Düngemitteln, z. B. NH_4-Sulfat, begünstigt die Mn-Aufnahme (KÜHN 1962).

b) Aufnahme, Verteilung und Funktionen des Mn in der Pflanze

Eine Kalkung wirkt nicht allein durch die Erhöhung des *p*H-Wertes auf die Mn-Aufnahme hemmend, auch das Ca-Ion vermag die Aufnahme und den Transport des Mn zu behindern (Löhnis 1960). Der konkurrierende Einfluß von Fe und Mg auf die Mn-Aufnahme wurde bereits erwähnt. Auch andere Schwermetalle können aus gleichem Grunde die Aufnahme von Mn behindern, wie umgekehrt auch das Mn seinerseits die Aufnahme verschiedener Schwermetalle negativ beeinflussen kann (Hewitt 1948). Die Beweglichkeit des Mn in der Pflanze ist gering. Williams und Vlamis (1957) berichten über eine schlechte Mn-Verteilung in Gerstenblättern bei ungenügender Si-Versorgung der Pflanzen.

Ähnlich wie Mg, so vermag auch Mn zahlreiche Enzyme zu aktivieren. Sein Wirkungsmechanismus dürfte bei Phosphorylierungsreaktionen dem des Mg entsprechen, d. h. es bewirkt eine Brücke zwischen dem Pyrophosphat und dem Substrat bzw. Enzym. Weiterhin aktiviert Mn verschiedene Enzyme des Trikarbonsäurezyklus. So erfordern die Oxydation der α-Ketoglutarsäure sowie die Dekarboxylierung der Oxalessigsäure und der Oxalbernsteinsäure die Anwesenheit von Mn^{2+}. Auch die Enolase wird unspezifisch durch Mn^{2+} aktiviert.

Spezifischere Reaktionen dürfte das Mn noch bei anderen physiologischen Prozessen zu erfüllen haben. Es bewirkt die Oxydation von Indolessigsäure durch Aktivierung der Peroxydase (McLachlan und Waygood 1956, Mumford et al. 1962). Die Wirksamkeit des Mn beruht hier auf seinem Valenzwechsel ($Mn^{2+} \rightarrow Mn^{3+}$). Nach Kenten und Mann (1953) kann Mn auf Grund seines Valenzwechsels auch die Oxydation verschiedener Dikarbonsäuren aktivieren.

Weiterhin wird Mn^{2+} für das Photosystem II benötigt (Hind und Olson 1968). Nach Kenten und Mann (1955) ermöglicht es die Reduktion der Chloroplasten, was mit der Wasserspaltung in Zusammenhang stehen dürfte. In Übereinstimmung hiermit fanden Spencer und Possingham (1961), daß Chloroplasten von Mn-Mangelpflanzen eine geringe Sauerstoffentwicklung und eine gehemmte Photophosphorylierung haben. Für die Nitrat- bzw. Nitritreduktion hat das Mn nach neuerer Anschauung keine direkte Bedeutung (Kessler 1964).

Diese wenigen Hinweise über die physiologischen Aufgaben des Mn lassen erkennen, daß das Mn bei einigen Reaktionen in seinem Wirkungsmechanismus dem Mg entspricht; bei anderen, besonders bei denen, die mit einem Valenzwechsel verbunden sind, ähnelt es mehr dem Fe.

Es ist verständlich, daß das Mn auf Grund seiner verschiedenen Funktionen die Synthese pflanzlicher Inhaltsstoffe beeinflußt. Es begünstigt vor allen Dingen die Kohlenhydratfraktion. Nach Wlassjuk (1958) übt es einen günstigen Einfluß auf die Zuckerbildung in der *Beta*-Rübe und in der Erdbeere sowie auf die Kohlenhydratsynthese im Maiskorn aus. Nach Günzel (1955) hat das Mn auch eine positive Wirkung auf die Eiweißbildung, dagegen soll es zwar den Zuckergehalt erhöhen, aber den Stärkegehalt erniedrigen. Eine Erhöhung des Vitamin-C-Gehaltes durch Mn bei verschiedenen Gemüsearten konnte von Scharrer und Werner (1957) nachgewiesen werden.

c) Die Mn-Ernährung der Kulturpflanzen

Die meisten Böden haben genügend Mn in pflanzenverfügbarer Form, so daß eine regelmäßige Mn-Düngung nicht notwendig ist, zumal Mn als Mikronährstoff nur in relativ geringen Mengen benötigt wird. Eine ungenügende Mn-Versorgung kommt in der Praxis hauptsächlich auf organischen Böden vor. Gerade auf den karbonathaltigen Niederungsmoorböden kann infolge ihres hohen *p*H-Wertes die Mn-Versorgung gefährdet sein (LUNDEGÅRDH 1932, GISIGER und HASLER 1949, GÜNZEL 1955). Nach Untersuchungen von KIRCHGESSNER et al. (1968) enthält das Futter derartiger Standorte sehr niedrige Mn-Gehalte, so daß es zu Mn-Unterversorgung bei den mit diesem Futter ernährten Tieren kommen kann. Eine Mn-Düngung kommt hier nicht so ohne weiteres zur Wirkung, da unter den gegebenen Bedingungen die Oxydation des Mn^{2+} und damit seine Festlegung sehr schnell erfolgt. Maßnahmen, die den *p*H-Wert des Bodens erniedrigen, beispielsweise die Düngung mit elementarem Schwefel oder aber eine wiederholte Mn-Blattdüngung, können auf diesen humusreichen, karbonathaltigen Böden wirkungsvoller sein.

Neben den kalkhaltigen organischen Böden gibt es auch humose und podsolierte Sandböden, auf denen Mn-Mangel bei Kulturpflanzen beobachtet wurde (ZHIZNEVSKAJA 1958). Im Unterschied zu den Niederungsmoorböden handelt es sich hier um eine absolute Mn-Armut, die meistens als Mn-Mangel nach einer Kalkung dieser an sich meist sauren Böden sichtbar wird. Diese leichten Sandböden neigen bei weitem nicht so stark zur Festlegung des Mn wie die kalkhaltigen organischen Böden, so daß sich auf ihnen eine Mn-Düngung deutlich auswirkt. Vielfach wird $MnSO_4$ in Mengen um 100 kg $MnSO_4$/ha zur Bekämpfung von Mn-Mangel angewendet. Bei Böden mit einer hohen Neigung zur Mn-Festlegung werden sogar Mengen von 400–600 kg $MnSO_4$/ha empfohlen (HENKENS 1965). Man kann das $MnSO_4$ auch über das Blatt düngen. Die Blattdüngung muß meistens mehrfach wiederholt werden. Der Mn-Entzug landwirtschaftlicher Kulturpflanzen ist gering. Er liegt bei 500–1000 g Mn/ha (SCHACHTSCHABEL 1955).

Hafer reagiert am stärksten auf eine ungenügende Mn-Versorgung mit Mn-Mangel; er wird dörrfleckenkrank. Neben Hafer lieben auch Spinat und Reis eine reichliche Mn-Versorgung. Die **Dörrfleckenkrankheit** (grey speek) beginnt nach der Bestockung im Frühjahr an den älteren Blättern (FINCK 1954). Am basalen Teil des Blattes treten schmutziggraue Streifen oder Punkte auf. Der Turgor der gesamten Pflanze ist nicht optimal. Schließlich knickt der obere Teil des Blattes über und hängt schlaff herab. Auf Tafel XII ist ein solcher Mn-Mangel bei Hafer dargestellt.

Mn-Mangelsymptome bei den Dikotyledonen werden zuerst an den jüngsten Blättern als chlorotische, hellgelbe Flecke, die sich zwischen den Blattadern befinden, sichtbar. Man kann sie vom Fe-Mangel, der ja auch an den jüngsten Blättern beginnt, dadurch unterscheiden, daß sich hier beim Fe-Mangel immer das ganze Feld zwischen den Blattadern aufhellt, während es beim **Mn-Mangel** nur Flecke sind, die chlorotisch erscheinen.

Mn-Mangelpflanzen haben ein geringes Zellvolumen. Die Zellwände treten stark hervor, während das interepidermale Gewebe zusammengeschrumpft ist (BUSSLER 1958). Der Mn-Gehalt von Mangelpflanzen liegt im allgemeinen unter dem von gesunden Pflanzen. Als kritischer Gehalt für Haferpflanzen wird von FINCK (1954) ein Gehalt von 17 ppm Mn in der Trockensubstanz angegeben. Nach Untersuchungen von VÖMEL und ULRICH (1963) treten bei Zuckerrüben Mindererträge auf, falls der Mn-Gehalt in den physiologisch reifen Blättern unter 10 ppm Mn der Tr. Sub. absinkt. Als optimale Gehalte werden 15–25 ppm Mn angegeben. Nicht immer ist jedoch der Mn-Gehalt ein sicherer Indikator für den Mn-Ernährungszustand einer Pflanze. Wesentlich ist, welche Menge an Mn in der Pflanze physiologisch wirksam ist. Hierbei muß man im Auge behalten, daß durch die Konkurrenz anderer Ionen das Mn von seinen physiologisch wichtigen Bindungsstellen verdrängt werden kann. Darüber hinaus kann das Mn^{2+} auch zu Mn^{4+} oxydiert und als MnO_2 in den peripheren Zellen abgelagert werden (BUSSLER 1958). Schließlich bleibt auch noch zu berücksichtigen, daß der Mn-Bedarf einer Pflanze sich nach ihrem physiologischen Alter richtet. So berichtet FINCK (1956), daß Hafer von der Bestockung bis zum Schossen seinen höchsten Mn-Bedarf hat.

Der Mn-Gehalt gesunder Pflanzen kann außerordentlich schwanken. So hat man im Wiesenheu Gehalte zwischen 8–1119 ppm Mn festgestellt (KURMIES 1955). LÖHNIS (1960) fand in gesunden Pflanzen von *Vaccinium myrtillus* in der Trockensubstanz Mn-Gehalte von über 2000 ppm. Die einzelnen Pflanzenarten haben ein sehr unterschiedliches Mn-Aneignungsvermögen. Reis nimmt Mn in wesentlich höheren Mengen auf als Gerste. Er ist gegenüber Mn-Toxizität unempfindlich (VLAMIS und WILLIAMS 1964). COLLANDER (1941) stellte fest, daß bei verschiedenen Pflanzenarten, die unter gleichen Bedingungen angezogen wurden, die Mn-Gehalte um den Faktor 30 schwanken können. Auch hängt der Mn-Gehalt vom physiologischen Alter der Pflanze bzw. des Pflanzenteils ab. So steigt nach WEHRMANN (1961) in Kiefernnadeln der Mn-Gehalt während der Vegetation sehr stark an.

Zu erwähnen bleibt noch, daß die Pflanzen auf sauren Standorten besonders viel Mn aufnehmen, so daß es zu toxischen Schäden kommen kann. Sie äußern sich als braune Flecke an den älteren Pflanzenteilen (BURGHARDT 1956, WILLIAMS und VLAMIS 1957). Pflanzen, die saure Standorte bevorzugen, sind gegen Mn-Toxizität ziemlich unempfindlich (LÖHNIS 1960).

9. Das Kupfer

a) Kupfer im Boden

Cu kommt im Boden fast ausschließlich in zweiwertiger Form vor. Der größte Teil ist an organische oder anorganische Sorptionskomplexe gebunden oder aber in die Gitter der Mineralien eingebaut. Daneben dürfte auch ein Teil des Boden-Cu in komplexer Verbindung mit organischen Substanzen vorliegen. Diesen Cu-Verbindungen kommt insofern eine besondere Bedeutung zu, als sie die Beweglichkeit des Cu im Boden erhöhen. Die Cu-Konzentration der Bodenlösung ist niedrig und weist Werte von 0,01 ppm Cu auf. Das in den Gittern gebundene Cu kann durch Verwitterungsprozesse mit der Zeit freigelegt werden. Es wird dann sorptiv von den Sorptionskomplexen des Bodens gebunden. Diese Bindung ist im Vergleich zu zahlreichen anderen Kationen sehr fest (GRIMME 1968), so daß das sorptiv gebundene Cu nicht in jedem Falle der Pflanze zugänglich ist. Dementsprechend können andere Kationen das Cu, das sowohl als Cu^{2+} wie auch als $CuOH^{+}$ sorbiert sein kann, nur schwerlich vom Sorptionskomplex verdrängen. Am wirkungsvollsten dürfte in dieser Hinsicht das H-Ion sein. Zumindest wird mit dem Anstieg des *p*H-Wertes die Cu-Verfügbarkeit kleiner. Dementsprechend kann eine physiologisch alkalische Düngung die Cu-Aufnahme behindern (SCHARRER und SCHAUMLÖFFEL 1960). Die Cu-Konzentration in der Bodenlösung kalkhaltiger Böden ist sehr gering. Cu wird hier entweder besonders stark sorbiert oder als schwerlösliches

Salz ausgefällt (BOISCHOT und QUILLON 1952). Schwerlöslich sind Cu-Karbonate, -Phosphate und -Sulfide. Cu-Sulfid kann durch *Thiobacillus thiooxydans* oxydiert und damit in eine pflanzenverfügbare Form überführt werden.

$$CuS + H_2O + \frac{1}{2} O_2 \rightarrow Cu(OH)_2 + S$$

Infolge seiner starken Bindung ist das Cu im Boden nur gering beweglich. Cu-Gaben zum Boden, wie sie besonders in den letzten Jahren durch die Anwendung Cu-haltiger Spritzmittel erfolgten, wirken sich so aus, daß das meiste Cu in den oberen Bodenschichten gebunden wird (DELAS 1963). Der Cu-Gehalt vieler Böden nimmt also von oben nach unten ab. Cu-Verlagerungen können durch starke Säuren oder aber durch organische Verbindungen, die sich mit dem Cu komplex binden, bewirkt werden (BERINGER 1963). Wie sehr die Beweglichkeit des Cu im Boden durch zur Komplexbildung neigende Agenzien erhöht wird, geht daraus hervor, daß man etwa die Hälfte des im Boden vorhandenen Cu mit einer KCN-Lösung extrahieren kann. Bei Behandlung des Bodens mit anderen, nicht zur Komplexbildung befähigten Extraktionsmitteln wird bedeutend weniger Cu gelöst. BERINGER (1963) konnte zeigen, daß dem Boden zugegebenes ionogenes Cu in kurzer Zeit fast zu 100 % sorbiert wird. Wurden dem gleichen Boden dagegen Cu-Chelate zugesetzt, so war die Cu-Sorption des Bodens um so schwächer, je höher die Stabilitätskonstante des entsprechenden Chelates war (s. Tabelle 82).

Tabelle 82
Die Sorption von Cu^{++} unterschiedlicher Cu-Verbindungen in % der Cu-Gabe bei einem humosen, Cu-armen Sandboden (n. BERINGER 1963)

Cu-Verbindung	Stab. als log K	Sorption in % nach	
		2 h	50 Tagen
$CuSO_4$	–	99,4	99,8
Cu-Nitrilotriazetat	12,1	44,5	81,5
Cu-Äthylendiamintetraazetat	18,3	7,3	67,6
Cu-1,2-Diaminozyklohexan-N,N′-tetraazetat	21,3	5,3	26,1

Da man vorwiegend auf humusreichen Böden Cu-Mangel an Kulturpflanzen antreffen kann, wurde angenommen, daß bestimmte Humusformen das Cu besonders stark binden (fixieren). Aus verschiedenen Untersuchungen darf man jedoch schließen, daß diese Cu-Fixierung keine ausgesprochene Eigenschaft gewisser Humusformen ist (LUNDBLAD et al. 1949, SCHLICHTING 1955, SCHAUMLÖFFEL 1958).

b) Aufnahme, Verteilung und Funktionen des Cu in der Pflanze

Cu wird nur in geringen Mengen von der Pflanze aufgenommen. Die Cu-Gehalte pflanzlicher Trockensubstanz liegen im allgemeinen bei 2–20 ppm Cu; sie sind also um etwa eine Zehnerpotenz niedriger als die des Mn. Die Cu-Aufnahme selbst hängt in erster Linie von der Menge an pflanzenverfügbaren Cu-Ionen im Boden ab, während eine Behinderung der Cu-Aufnahme durch die Ionenkonkurrenz anderer Kationen für praktische Verhältnisse bedeutungslos bleibt. KELLER und DEUEL (1958) konnten an abgeschnittenen Wurzeln verschiedener Pflanzenarten feststellen, daß Cu auf die meisten anderen Kationen verdrängend wirkt und daß es sehr fest an die Pflanzenwurzel gebunden wird. Hiermit mag zusammenhängen, daß die Wurzel im Vergleich zu anderen Pflanzenteilen meistens die höchsten Cu-Gehalte aufweist (RUSS 1958).

Die Beweglichkeit des Cu in der Pflanze ist gering. Es liegt wahrscheinlich im pflanzlichen Organismus hauptsächlich in komplexer bzw. chelatartiger Bindung vor. Ob auch seine Aufnahme und sein Transport in der Pflanze in dieser Form vor sich gehen, ist noch ungeklärt.

Relativ viel Cu – nach NEISH (1939) etwa 70% des Gesamt-Cu – ist in den Chloroplasten lokalisiert. Es liegen hier also ähnliche Verhältnisse wie beim Fe vor, das bekanntlich auch in hohen Konzentrationen in den Chloroplasten vorkommt. Die Vermutung, daß Cu auch an der Photosynthese beteiligt sei, hat daher ihre Berechtigung (ARNON 1950). Die Chloroplasten als Zentren zahlreicher Enzymsysteme dürften wahrscheinlich verschiedene Cu-haltige Fermente enthalten. Nach HÖFNER et al. (1961) sind die pollenhaltigen Staubbeutel der Gramineen reich an Cu. Getreidekörner enthalten im Embryo viel Cu, während das Endosperm vergleichsweise arm an Cu ist.

Man kennt bis jetzt einige Cu-Oxydasen, also Fermente, die zur Übertragung von H-Atomen auf molekularen Sauerstoff befähigt sind. Hierzu zählen die Laccase, die Polyphenoloxydase (Tyrosinase) und die Askorbinsäureoxydase.

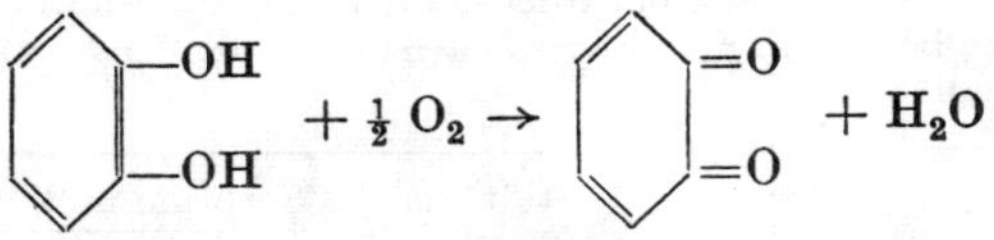

Reaktionsschema der Polyphenoloxydasen

Die **Polyphenoloxydasen** bewirken eine Oxydation des Diphenols zum Chinon. Ein in den Pflanzen vorkommendes Diphenolderivat ist das Dioxyphenylalanin.

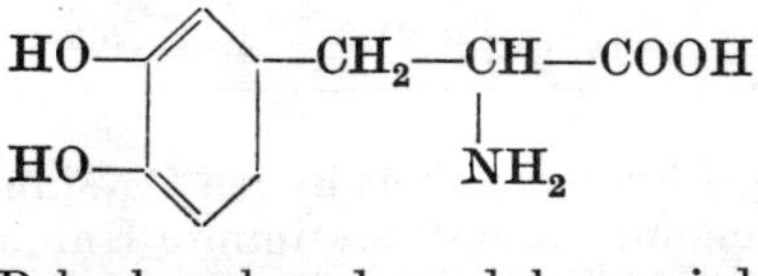

Es ist ein Substrat der Polyphenoloxydase, d. h. es wird durch sie zum o-Chinon oxydiert. Auch die Tyrosinase zählt zu den Polyphenoloxydasen. Im pflanzlichen Organismus sind es vorwiegend Tyrosin und Tannine, die durch sie oxydiert werden.

Die Tyrosinase oxydiert das Tyrosin (Hydroxyphenylalanin) unter Einwirkung von O_2 zu einem Dioxyphenolderivat. Dieses wird dann durch Abgabe von jeweils einem H-Atom der beiden Hydroxylgruppen zum Chinon umgewandelt. Der letztere Reaktionsschritt ist reversibel. Die Reduktion des Chinons zum Diphenolderivat wird durch H-Atome der reduzierten Nikotinamid-adenindinukleotide bewerkstelligt. Die Tyrosinase ist also befähigt, die H-Atome des Krebs-Zyklus unter Umgehung der Zytochromsysteme auf den molekularen Sauerstoff zu übertragen. Wird die Reduktion des Chinons unterbrochen, d. h. werden vom Trikarbonsäurezyklus aus irgendwelchen Gründen keine H-Atome mehr auf das Chinonderivat übertragen, so kommt es zur Anreicherung des Chinons. Falls an dieses genügend Sauerstoff herankann, wird es spontan über verschiedene Zwischenprodukte zu einem Benzochinonderivat oxydiert. Diese Verbindung wird leicht polymerisiert, wobei sich dunkelfarbige Melanine bilden. Das Braunwerden von angeschnittenem Obst, Gemüse und Kartoffeln ist auf diese Melaninbildung zurückzuführen, die ihrerseits wieder – wie ausgeführt – auf eine Akkumulation von Chinon und damit auf die Tyrosinasetätigkeit zurückzuführen ist. Die Verletzung des Gewebes bewirkt, daß der Sauerstoff im Überschuß an die entsprechenden Zentren herantreten kann.

Ein weiteres Cu-haltiges Ferment ist die **Askorbinsäureoxydase.** Ihre Substrate sind Verbindungen mit einer Dienol-Gruppe.

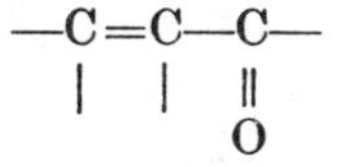

Dienolgruppe

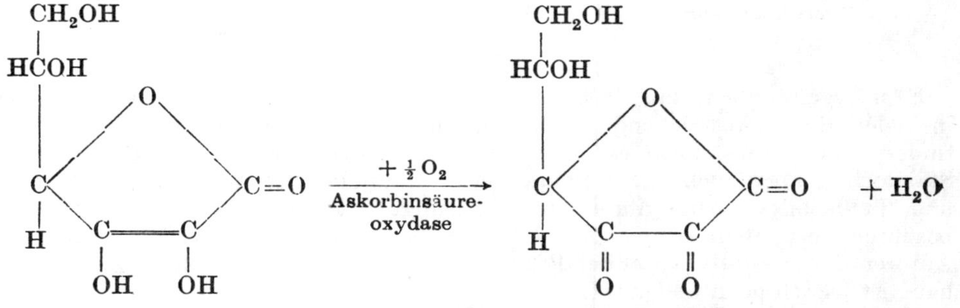

Askorbinsäure **Dehydroaskorbinsäure**

Der Reaktionsmechanismus der Cu-Oxydasen beruht wahrscheinlich auf einem Valenzwechsel des $Cu^{+} \rightleftharpoons Cu^{2+}$. Auch die Zytochromoxydase enthält neben Fe noch Cu, welches ebenfalls durch Valenzwechsel wirksam werden soll (Hayaishi 1962).

Es ist wahrscheinlich, daß neben den uns heute bekannten Cu-haltigen Enzymen noch weitere im pflanzlichen Stoffwechsel existieren. Zumindest hat man feststellen können, daß sich die Cu-Ernährung der Pflanze in verschiedenerlei Hinsicht auswirkt. Ausreichend mit Cu versorgte Pflanzen haben verständlicherweise eine höhere Polyphenoloxydase- und Askorbinsäureoxydase-Aktivität als Cu-Mangelpflanzen (Krauja 1958, Okanenko und Ostrowskaja 1958). Nach Dawson (1950) sollen Spuren von Cu für den Aufbau von Fe-Porphyrinproteinen notwendig sein. Cu begünstigt die Kohlenhydratsynthese (Brown et al. 1958); Cu-Mangelpflanzen zeigen eine Anreicherung von organischen Säuren sowie Asparaginsäure. Nach Possingham (1956) wird durch Cu die Proteinsynthese begünstigt. Okunzow (1958) berichtet, daß Cu das Chlorophyll vor frühzeitigem Abbau schützt, die Pflanze verweilt länger in einem jugendlichen Habitus und hat so eine höhere Assimilationsleistung.

c) Die Cu-Ernährung der Kulturpflanzen

Die Cu-Gehalte in pflanzlichem Material sind niedrig (s. Tabelle 83).

Tabelle 83
Der Cu-Gehalt verschiedener Pflanzen (in ppm Cu der Tr.-Sub.) (n. SCHARRER und SCHAUMLÖFFEL 1959)

	ppm Cu
Haferstroh	2,7
Haferkörner	4,1
Luzerne	5,2
Tomatenkraut	3,3
Tomatenfrucht	4,8
Zuckerrübenblätter	7,5
Zuckerrübenwurzel	5,1

Es ist verständlich, daß diese geringen von der Pflanze benötigten Cu-Mengen in vielen Böden ausreichend vorhanden sind. Eine ungenügende Cu-Versorgung findet man hauptsächlich auf humosen, podsoligen Sandböden. Auf derartigen Standorten, aber auch auf Parabraunerden und Marschböden, konnten VETTER und TEICHMANN (1968) durch eine Cu-Düngung in Höhe von 5–10 kg Cu/ha beachtenswerte Mehrerträge bei Getreide erzielen. Cu soll hierbei nach Ansicht der Autoren den N-Stoffwechsel der Pflanze beeinflussen. Der eigentliche Zusammenhang ist jedoch noch ungeklärt.

Für eine ausreichende Cu-Versorgung des Getreides sollen mindestens 4 ppm Cu im Boden in salpetersäurelöslicher Form vorliegen (HENKENS 1965). Wenn man bedenkt, daß eine mittlere Getreideernte dem Boden etwa 20–30 g Cu/ha entzieht, so wird deutlich, wie gering die anzuwendenden Cu-Mengen sein müssen. Trotzdem müssen sie noch um ein Vielfaches den Pflanzenentzug überschreiten; denn das Düngungs-Cu wird gerade auf den Böden, die zu Cu-Mangel neigen, ziemlich stark fixiert. Der Cu-Gehalt des Grases kann nur langsam erhöht werden, da das gedüngte Cu stark am Gras haftet und nur allmählich in den Boden eindringt. Am empfindlichsten gegenüber Cu-Mangel sind Hafer, Gerste und Weizen. Roggen, Flachs, Hanf, Baumwolle, Hirse und Rotklee reagieren weniger schnell auf eine ungenügende Cu-Versorgung, und die Kartoffel stellt die geringsten Ansprüche an das Cu (OKUNZOW 1958).

Als Cu-Düngemittel wird vielfach $CuSO_4$ angewendet. In den letzten Jahren hat man auch mit Erfolg Cu-haltige Metallmehle gedüngt. Ihr Unterschied zu den $CuSO_4$-haltigen Düngemitteln besteht darin, daß sie das Cu in metallischer Form enthalten. Aus diesen Metallgittern dissoziieren die Cu-Ionen nur allmählich ab. Dieser geringe, aber nachhaltige Cu-Strom reicht aus, um die Pflanze mit genügend Cu zu versorgen. Bei Cu-Sulfat geht der größte Teil der Cu-Ionen schnell in Lösung. Diese Cu-Ionen werden aber häufig von den Sorptionskomplexen des Bodens so stark gebunden, daß sie der Pflanze nur schwer zugänglich sind.

Der Einfluß einer Cu-Düngung auf den Ertrag bei Cu-Mangelboden geht aus Tabelle 84 hervor.

Tabelle 84
Der Einfluß einer Cu-Düngung auf den Ertrag von Hafer auf einem Heidesandpodsol (Cu-Mangelboden) (SCHARRER und SCHAUMLÖFFEL 1960)

Düngung entspricht	Stroh in g/Gefäß	Körner in g/Gefäß
ohne Cu	72,6	29,6 (Cu-Mangel)
3,5 kg Cu/ha	57,0	56,7
25 kg Cu/ha	58,4	57,7

Die Ergebnisse zeigen, wie durch die Cu-Düngung der Kornertrag beachtlich gesteigert wurde, während in der Cu-Mangelreihe das vegetative Wachstum auf Kosten der Körnerbildung überwog.

Wie erwähnt, findet man Cu-Mangel häufig auf Heidesandböden oder anmoorigen Böden. Vielfach beobachtet man ihn auf neu gerodeten Flächen, so daß man den Mangel mit **Urbarmachungskrankheit** oder **Heidemoorkrankheit** bezeichnet hat. Da die Cu-Verfügbarkeit im Boden mit dem Ansteigen des *p*H-Wertes abnimmt. tritt der Cu-Mangel besonders leicht nach einer Kalkung dieser Böden auf. Es ist also hier zweckmäßig, neben einer Kalkung noch eine Cu-Düngung zu verabreichen.

Der **Cu-Mangel** beginnt beim Getreide an den Spitzen, meistens nach der Bestockung, in schweren Fällen aber auch schon früher. Die Spitzen werden weiß, die Blätter bleiben schmal und drehen sich ein. Das Wachstum der Internodien ist gehemmt (BROWN et al. 1958). Mit fortschreitender Vegetation wird der Mangel immer stärker, und in extremen Fällen kommt es nicht mehr zur Ähren- oder Rispenbildung. Tafel XII zeigt einen typischen Cu-Mangel beim Hafer. Der büschelige Habitus der Pflanzen, ihre weißen eingedrehten Spitzen und die verhinderte Rispenbildung sind untrügliche Kennzeichen des Cu-Mangels. Bei weniger starkem Mangel kommt es zwar noch zu einem schwachen Rispen- bzw. Ährenschieben, jedoch bleiben Ähre bzw. Rispe teilweise taub (SCHARRER und SCHAUMLÖFFEL 1960). Die Rispe wird dabei nur unvollständig aus dem Halm geschoben (s. Tafel XIII). Der Cu-Mangel bei Getreide wird in der anglo-amerikanischen Literatur mit „yellow tip", „wither tip" oder „reclamation disease" bezeichnet.

Neben Getreide reagieren auch Obstbäume auf eine ungenügende Cu-Versorgung empfindlich. Die jungen Schößlinge sterben ab (die back), und die Blätter zeigen an den Rändern Chlorosen und Nekrosen. Genau wie beim Getreide, so wird auch bei den Obstbäumen die generative Phase, Blüte und Fruchtansatz, behindert. Auch hier sind es wieder die Wachstumskegel, an denen sich der Mangel zuerst bemerkbar macht (HEWITT et al. 1954). Im allgemeinen haben Cu-Mangelpflanzen einen niedrigeren Cu-Gehalt als gesunde Pflanzen. Höhere Cu-Konzentrationen der Nährlösung wirken auf die Pflanzen toxisch. Mg^{2+} wirkt dem entgegen (BURGER 1967). Im Boden ist die Gefahr einer Cu-Toxizität jedoch weniger gegeben, da hier die Cu-Ionen sofort durch die Sorptionskomplexe gebunden werden (KÜHN und SCHAUMLÖFFEL 1961). Allerdings kann bei häufiger Anwendung von Cu-haltigen Schädlingsbekämpfungsmitteln (z. B. im Weinbau) die Bodenkrume bis zur toxischen Wirkung mit Cu angereichert werden (DELAS 1963). Diese Cu-Toxizität tritt hauptsächlich auf sauren Böden auf, da hier das Cu nicht so fest gebunden wird (DROUINEAU und MAZOYER 1962).

10. Das Zink

a) Zink im Boden

Zn kommt im Gitter verschiedenster Tonminerale (Biotit, Augit, Hornblenden) vor. Daneben ist es als Zn^{2+} oder $ZnOH^+$ bzw. $ZnCl^-$ sorptiv an Bodenminerale gebunden. Die Intensität dieser Bindung nimmt nach GRIMME (1968) mit steigendem *p*H-Wert zu, und dementsprechend ist die Mobilität des Zn im Boden besonders bei neutralen bis alkalischen Böden gering. Auf diesen sowie auf phosphatreichen Standorten wird das Dünger-Zn von der obersten Bodenschicht so stark gebunden, daß es nur schwer zu den für die Ionenaufnahme wichtigen Wurzelbereichen gelangen kann. Das gilt besonders für tiefwurzelnde Kulturen wie Obst und Wein (BENSON 1966). Die vertikale Zn-Verlagerung ist bei Böden mit niederen *p*H-Werten besser (HÖFNER 1957). Sie wird nach BENSON (1966) durch K^+ vermutlich infolge Ionenumtausch begünstigt.

Hohe Phosphatgehalte des Bodens mindern die Zn-Verfügbarkeit erheblich (KÜHN 1962, STUKENHOLTZ et al. 1966), so daß in extremen Fällen Zn-Mangel auftritt (GÄRTEL 1969). Dieser negative Einfluß des Phosphates auf die Zn-Verfügbarkeit wird mit der Bildung schwerlöslicher Zn-Phosphate erklärt. Untersuchungen von STUKENHOLTZ et al. (1966) an Mais zeigen jedoch, daß bei hohem Phosphatangebot speziell der Zn-Transport in den oberirdischen Pflanzenteil und weniger die Zn-Aufnahme der Wurzel behindert ist. Nach GÄRTEL (1969) soll es hierbei zu einer Zn-Ausfällung in und an der Wurzel kommen. Hohe Zn-Gehalte des Bodens wirken besonders auf sauren Standorten toxisch. Die Empfindlichkeit gegenüber Zn-Toxizität ist für die einzelnen Pflanzenarten verschieden. *Armeria helleri* gedeiht noch auf Standorten, auf denen andere Pflanzenarten infolge Zn-Toxizität absterben (CARLES et al. 1969).

b) Aufnahme, Verteilung und Funktionen des Zn in der Pflanze

Die Zn-Aufnahmerate der Pflanze sowie ihr Zn-Bedarf sind niedrig, dementsprechend weist der Zn-Gehalt der Pflanze nur geringe Werte auf (s. Tabelle 85). Die Zn-Aufnahme kann durch andere Schwermetalle, besonders durch Cu, behindert werden (HAWF und SCHMID 1967); der Zn-Transport in der Pflanze wird bei hohemPhosphatangebot gehemmt (STUKENHOLTZ et al. 1966). In jungenBlättern ist die Zn-Beweglichkeit im Vergleich zu älteren Blättern groß. Auch vermag das junge Blatt eher Zn extraradikal aufzunehmen als das alte, ein Befund, der auf die Verknüpfung der extraradikalen Nährstoffaufnahme mit dem Stoffwechsel deutet (WALLIHAN und HEYMANN-HERSCHBERG 1956).

In seiner Wirkungsweise hat Zink gewisse Parallelen mit Mg^{2+} und Mn^{2+}, so daß man annehmen darf, daß das Zn eine Bindung und Ausrichtung zwischen Substrat und Enzym ermöglicht. Für diese Vermutung spricht auch die Tatsache, daß verschiedene Enzyme, beispielsweise die Enolase (MILLER 1958), in gleicher Weise von

Mg^{2+}, Mn^{2+} oder Zn^{2+} aktiviert werden. Auch die Bindung der Nikotinamid-adenindinukleotide an das Trägereiweiß wird durch Zn^{2+} katalysiert (NASON 1958). Hierdurch wird die Oxydation der universellen Wasserstoffüberträger NADP und NAD ermöglicht (NICHOLAS und GOODMAN 1958).

Verschiedene Dehydrasen (Glutaminsäuredehydrase, Alkoholdehydrase, Milchsäuredehydrase) werden durch Zn^{2+} spezifisch aktiviert (NASON et al. 1953, NASON 1958). Zn^{2+} ist auch bei einigen Peptidasen wirksam (Dehydropeptidase, Dipeptidase, Karboxypeptidase). Es greift also auch in den N-Stoffwechsel ein. PRICE (1962) fand bei *Euglena gracilis*, daß Zn sich direkt auf die RNS-Synthese auswirkt. Bei Zn-Mangel war die RNS-Synthese und damit auch der Proteinaufbau gehemmt; Glukose, Nichtprotein-N und auch DNS stiegen relativ an.

Es ist bekannt, daß eine reichliche Zn-Versorgung der Pflanze die Synthese von Tryptophan begünstigt (TSUI 1948, HÖFNER 1957). Da man das Tryptophan als eine Vorstufe der Indolessigsäure ansieht, dürfte man dem Zn auch einen Einfluß auf die Indolessigsäuresynthese in der Pflanze zuschreiben. Unter wärmeren klimatischen Bedingungen werden Phytohormone dieses Typs nach HOFFMAN (1969) mit höherer Rate in der Pflanze abgebaut. Sie benötigt deshalb höhere Zn-Gehalte, die für Blätter von Obstbäumen mindestens 50 ppm Zn in der Trockensubstanz betragen sollen. Im gemäßigten Klima werden dagegen 30–40 ppm Zn als ausreichend angesehen (HOFFMAN 1969).

c) Die Zn-Ernährung der Kulturpflanzen

Die Empfindlichkeit der einzelnen Kulturpflanzen gegenüber **Zn-Mangel** ist unterschiedlich. Die Getreidearten (Hafer, Weizen, Gerste, Roggen) sind ziemlich unempfindlich, Kartoffeln, Tomaten, Zuckerrüben, Luzerne und Rotklee nehmen eine mittlere Stellung ein, und Mais, Hopfen, Flachs und *Phaseolus*-Bohnen stellen an die Zn-Versorgung die höchsten Ansprüche (VIETS et al. 1954). Bei Obst und Wein wird verhältnismäßig häufig Zn-Mangel beobachtet (MULDER 1950, BOLLARD 1953, GÄRTEL 1969, HOFFMANN 1969). Da es sich in den meisten Fällen mehr um eine Zn-Fixierung im Boden und weniger um ein absolut Zn-armes Nährmedium handelt, bleibt eine Bodendüngung mit Zn vielfach wirkungslos (HEWITT und GARDENER 1956). Eine wiederholte Blattdüngung mit Zn-Salzen oder eine Düngung mit Zn-Chelaten – sei es über das Blatt oder über die Wurzel – ist wirkungsvoller (BENSON et al. 1957).

Tabelle 85
Der Gehalt verschiedener Pflanzensubstanzen an Zn (n. SCHARRER und MUNK 1956)

	ppm Zn in d. Tr.-Sub.
Roggenstroh	13
Wiesenheu	36
Luzerneheu	34
Gerstenkörner	30
grüner Spinat	87

Der Zn-Mangel bei Obstbäumen zeigt sich in einer spärlichen Belaubung und vor allen Dingen in der Ausbildung kleiner, vielfach lanzettförmiger Blätter (little leaf). Häufig sind die Blätter rosettenartig angeordnet (rosette). Das Wachstum der Zweige ist gehemmt, die jungen Schößlinge sterben ab, und die Blätter werden häufig vorzeitig abgeworfen. Tafel XIII zeigt einen Zn-Mangel beim Apfelbaum. Nicht nur das Wachstum der Blätter ist gehemmt, auch die Rinde des Zn-Mangelzweiges ist rauh und brüchig, ein Symptom, das ebenfalls für Zn-Mangel charakteristisch ist (BOULD et al. 1949). Bei der Weinrebe ruft Zn-Mangel kleine Blätter mit gelben Flecken in den Interkostalfeldern hervor. Die Triebe sind dünn, es werden viele Geiztriebe entwickelt, die Früchte bleiben kleinbeerig (GÄRTEL 1962). Das ausgesprochene Zwergwachstum der Blätter bei ungenügender Zn-Versorgung dürfte mit der gehemmten RNS-Synthese zusammenhängen. Zn-Mangel behindert die normale Entwicklung der Chloroplasten-Grana. Ihre Feinstruktur wird nicht ausgebildet. In den Grana entwickeln sich Vakuolen (THOMSON und WEIER 1962).

Eine ungenügende Zn-Versorgung behindert bei Obstbäumen das Öffnen der Knospen. Die befallenen Blätter sind nicht nur klein oder lanzettförmig, häufig zeigen sie auch zwischen den Blattnerven chlorotische Aufhellungen (BOLLE-JONES und HILTON 1956). Es kommt jedoch auch vor, daß bei Zn-Mangel die Blätter olivengrün werden und eine schmutziggraue Grünfärbung annehmen, die dem P-Mangel ähnelt (HEWITT et al. 1954).

Der Zn-Gehalt von Zn-Mangelpflanzen ist gering. NELSON (1956) fand bei Soja 15 ppm Zn in der Trockensubstanz, während die ausreichend mit Zn ernährten Pflanzen einen Zn-Gehalt von 30 ppm Zn aufwiesen. Die entsprechenden Werte für die Weinrebe liegen nach GÄRTEL (1969) bei 10 bzw. 38–40 ppm Zn.

11. Das Molybdän

a) Molybdän im Boden

Im Unterschied zu den schon besprochenen Schwermetallen Fe, Mn, Cu und Zn kommt das Mo im Boden hauptsächlich als Oxokomplex ($Mo^{4+}O_4^{2-}$) vor. Das Verhalten des Mo bzw. des Molybdat-Anions im Boden unterscheidet sich daher grundsätzlich von dem der oben genannten Schwermetalle. Mo wird als Molybdat ähnlich wie Phosphat von den Sorptionskomplexen des Bodens sorbiert. Diese Sorption ist um so stärker, je niedriger der *p*H-Wert des Bodens ist. Die Mo-Versorgung der Pflanze ist also gerade auf sauren Böden gefährdet, während sie durch eine Kalkung gefördert wird (RUBINS 1956, FIELDS und WELLS 1957). Mit dem Anstieg des *p*H-Wertes nimmt demnach die Mo-Verfügbarkeit zu, ein Befund, der sich wahrscheinlich mit einem vermehrten Austausch von Molybdat-Ionen der Sorptionskomplexe gegen OH-Ionen der Bodenlösung erklärt. Grundsätzlich dürften auch andere Anionen befähigt sein, das Molybdat vom Sorptionskomplex zu verdrängen, falls ihre Sorptionsenergie hoch genug ist. Für praktische Verhältnisse kommt in dieser Hinsicht dem Phosphat eine gewisse Bedeutung zu. Nach den seitherigen Erfahrungen ist jedoch das OH-Ion das wirkungsvollste Ion, so daß seine Erhöhung in der Bodenlösung die beste Maßnahme ist, die Mo-Verfügbarkeit zu fördern (PLANT 1956).

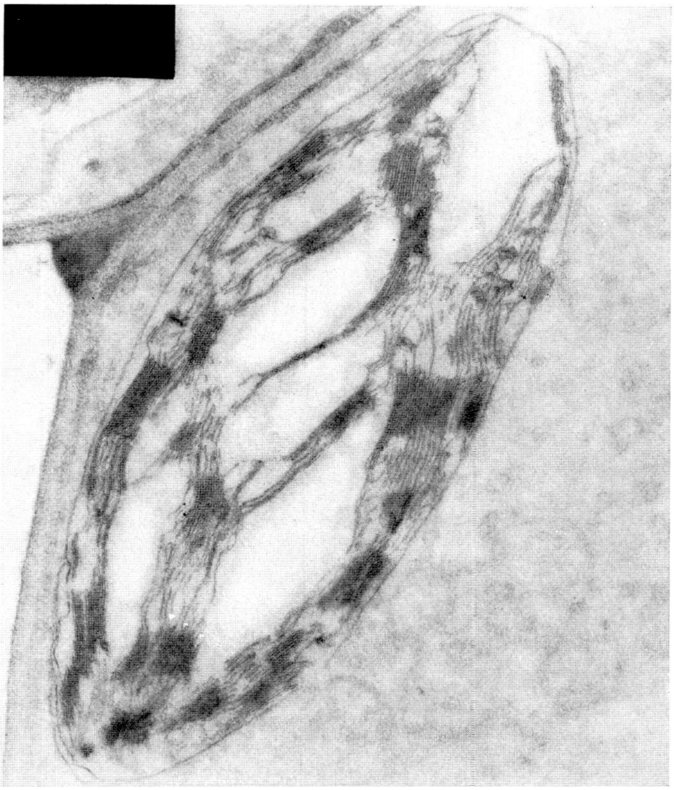

Chloroplast einer *Phaseolus*-Bohne. Vergrößerung: 7600. (Foto: MIX.)

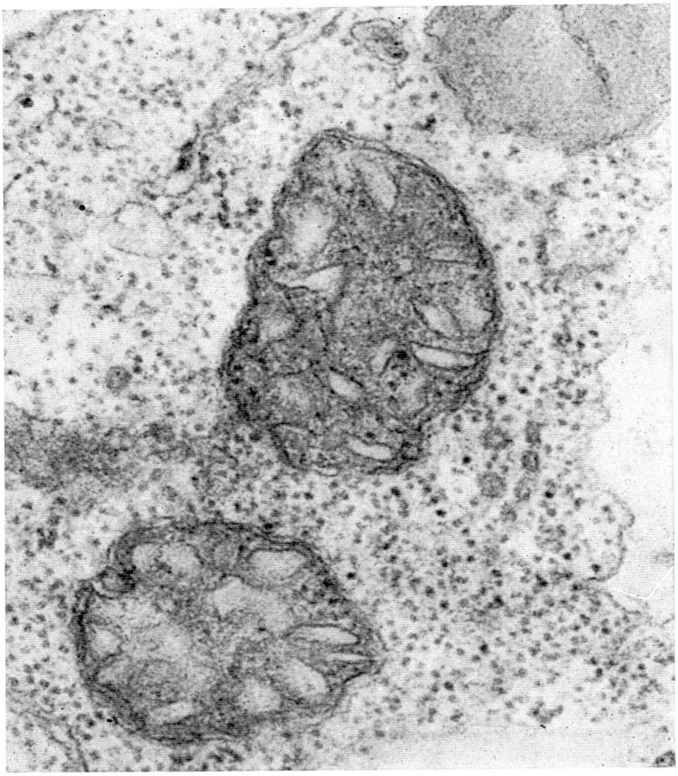

Mitochondrien aus Maiswurzelspitzen. Vergrößerung 39 000. (Foto: HECHT-BUCHHOLZ.)

Der Einfluß der Gibberelline auf den Wuchstypus der Buschbohne
(links ohne, rechts mit Gibberellin). (JUNG und PFAFF 1958; Foto: BASF.)

Der Einfluß von CCC auf die Halmlänge von Weizen. Rechts CCC behandelte Pflanze. (Foto: Institut für Pflanzenernährung Gießen.)

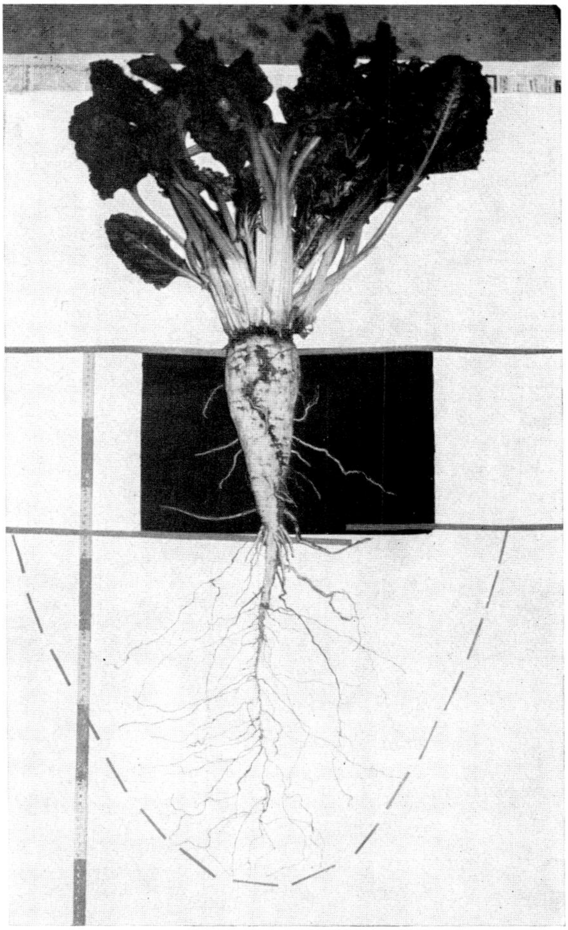

Pfahlwurzel einer Zuckerrübe. (Foto: SCHULTE-KARRING.)

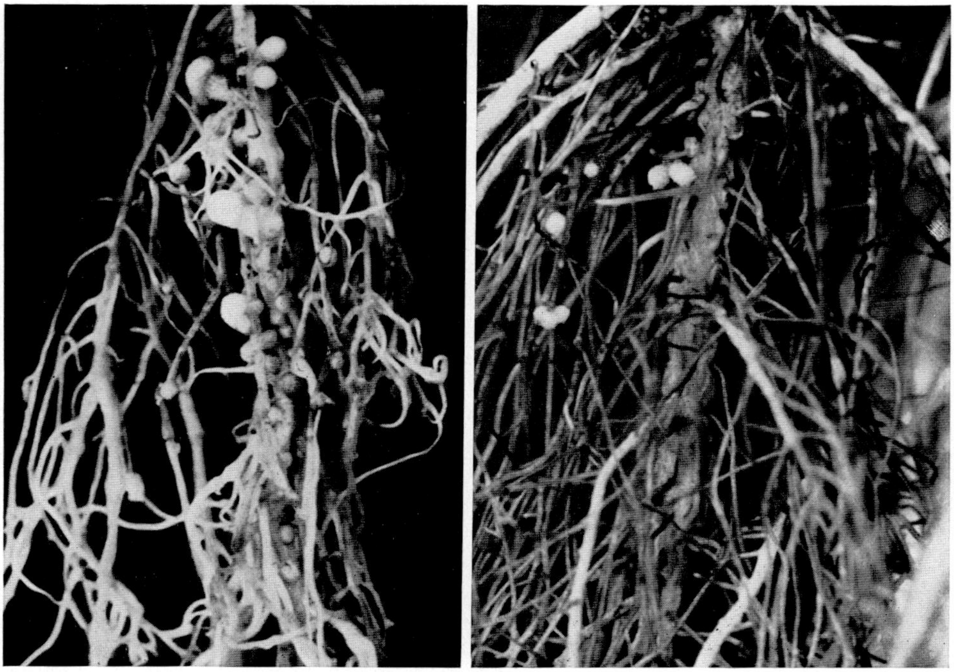

Wurzelknöllchen bei der Erbse und Ackerbohne. (Foto: Mengel.)
(Links Erbse, rechts Ackerbohne.)

S-Mangel bei Senf. (Foto: VÖLKER.) (Links Mangel, rechts mit S versorgt.)

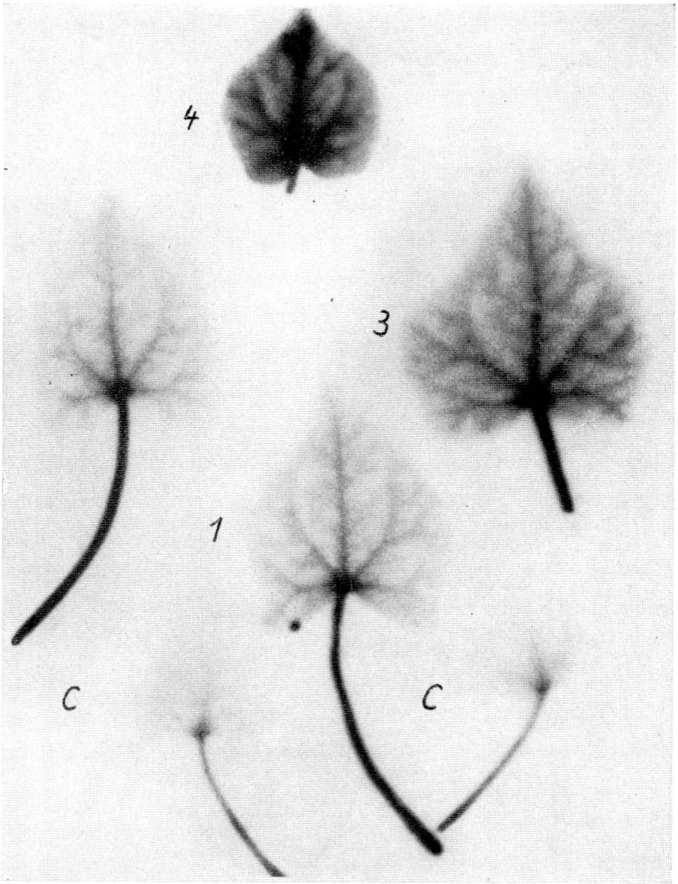

Verteilung von neu aufgenommenem Phosphat in Abhängigkeit vom Alter der Blätter.

1 → älteres Blatt

4 → jüngstes Blatt

c → Kotyledonen

(Foto: MORARD.)

P-Mangel bei Hafer (Foto: MENGEL)

und bei Sonnenblumen (Foto: Thomasphosphatfabriken), (links ohne, rechts mit P).

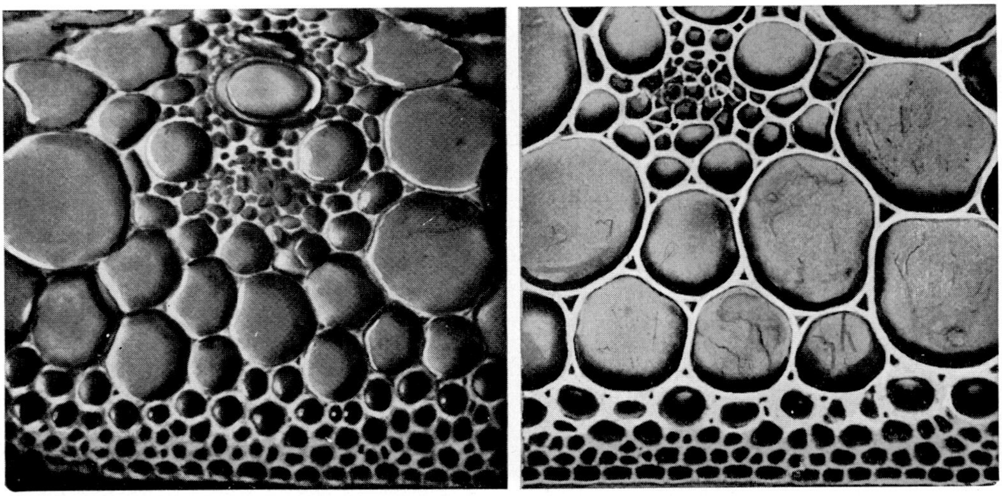

Zellwände und Zellstruktur eines Haferhalmes (links ohne, rechts mit K).
(Foto: Verkaufsgemeinschaft Deutscher Kaliwerke.)

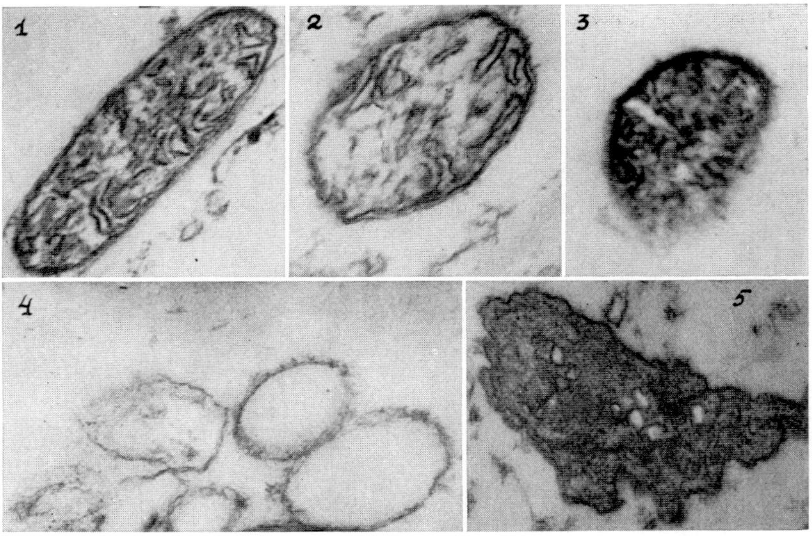

Veränderung der Mitochondrienstruktur in den Wurzelspitzen von *Cucurbita pepo* bei fortschreitendem Kaliummangel.

1. Ausreichende Kaliumversorgung
2. Struktur nach dreitägiger Unterbrechung der Kaliumversorgung
3. Struktur nach 10tägiger Unterbrechung der Kaliumversorgung
4. Struktur nach 34tägiger Unterbrechung der Kaliumversorgung
5. Leere Mitochondrien.

(Vergrößerung 20 000–30 000fach. Elektronen-mikroskopische Aufnahmen von A. Kursanov, E. Vyskrebenzewa, I. Sweschnikowa und M. Krassawina.)

Der Ca-Einfluß auf das Wurzelwachstum der Tomate.
(Foto: ZEIDLER.)
(Links ohne, rechts mit Ca.)

Ca-Mangel bei Sonnenblumen (Stengelknicken). (Foto: BUSSLER.)

Dörrfleckenkranker Hafer. (Foto: Agrikulturchemisches Institut Gießen.)

Cu-Mangel bei Hafer
(rechts ohne Cu, links mit Cu-Düngung).
(Foto: MENGEL.)

Die Rispe einer gesunden Pflanze und einer Cu-Mangelpflanze. (Foto: MENGEL.)

Zn-Mangelblätter eines Apfelbaumzweiges. (Foto: BASF-Limburgerhof.)

„Whip Tail" bei Blumenkohl
(Foto: BRANDENBURG),
(unten Beginn des Mangels bei der jungen Pflanze).

Herz- und Trockenfäule bei der Zuckerrübe. (Foto: Agrikulturchemisches Institut Gießen.)

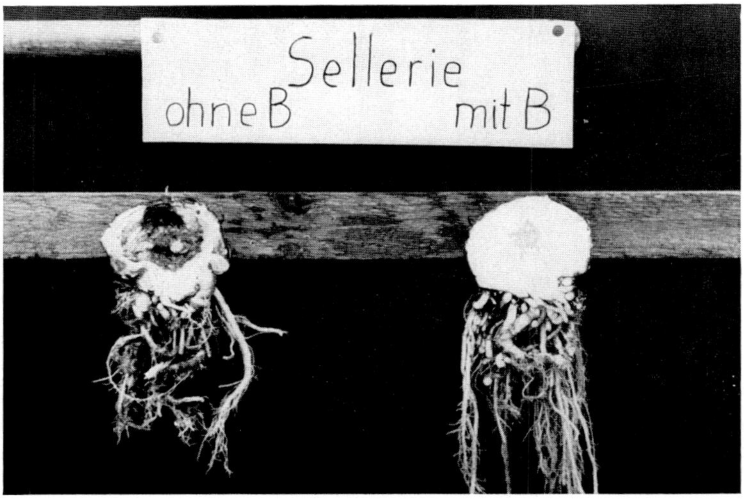

Schlecht und gut mit B versorgte Sellerieknollen. (Foto: MENGEL.)

Phosphatmangel bei Tomatenblättern. (Foto: Thomasphosphatfabriken.)

K-Mangel beim Apfelbaum. (Foto: Verkaufsgemeinschaft Deutscher Kaliwerke.)

K-Mangel bei Mais. (Foto: Verkaufsgemeinschaft Deutscher Kaliwerke.)

Mg-Mangel bei der Weinrebe. (Foto: Verkaufsgemeinschaft Deutscher Kaliwerke.)

a

c

b

d

a) N-Mangel bei Tabak. (Foto: MENGEL.)
b) P-Mangel bei Mais. (Foto: MENGEL.)
c) Mg-Mangel bei Gerste. (Foto: Agrikulturchemisches Institut Gießen.)
d) Fe-Mangel bei Mais. (Foto: Agrikulturchemisches Institut Gießen.)

Es ist verständlich, daß der Anteil des in der Bodenlösung vorhandenen Mo vom Gesamt-Mo des Bodens sehr unterschiedlich sein kann. In kalifornischen Böden hat man festgestellt, daß etwa $^2/_3$ des Gesamt-Mo wasserlöslich ist, während die Mo-Mangelböden Floridas einen Anteil von wasserlöslichem Mo aufweisen, der noch nicht einmal 1 % des Gesamt-Mo ausmacht (Wiklander 1958). Erhebungsuntersuchungen an verschiedenen Böden Schleswig-Holsteins ergaben, daß die Marschböden die höchsten (0,17–1,40 ppm), die Podsole die geringsten (0,10–0,36 ppm) Gehalte an oxalatlöslichem Mo aufwiesen (Massumi 1967). Die Gehalte der Parabraunerden und Niederungsmoore lagen dazwischen (0,10–0,50 ppm oxalatlösliches Mo). Neben dem sorbierten und frei in der Bodenlösung vorhandenen Molybdat kommt Mo in nicht austauschbarer Form in verschiedenen Mineralien vor. Weiterhin ist es als Sulfid (MoS_2), als Ca-Molybdat und in Form der verschiedenen hydratisierten Mo-Oxide im Boden vorhanden. Das Mo der genannten Verbindungen kann nur durch Verwitterungsvorgänge der Pflanze allmählich zugänglich gemacht werden. Auch Raseneisenerze können Mo besonders bei niedrigen *p*H-Werten sehr stark binden, so daß unter Umständen Mo-Mangel an den Pflanzen auftreten kann (Schlichting 1960).

Ein Teil des im Boden vorhandenen Mo liegt in organischer Bindung vor. Beim Abbau der organischen Substanz wird es vielfach in eine pflanzenaufnehmbare Form überführt. Mitchell (1954) berichtet, daß selbst auf sauren Böden die Pflanzen noch genügend Mo aufnehmen können, falls durch einen verstärkten Abbau von organischer Substanz genügend Mo in Freiheit gesetzt wird.

Von den verschiedenen Muttergesteinen enthalten die sauren Ausgangsgesteine das meiste Mo. Ihre Verwitterungsböden können den meisten Pflanzen so viel Mo zur Verfügung stellen und deren Mo-Gehalt so erhöhen, daß das Futter dieser Böden auf den tierischen Organismus toxisch wirkt (Mitchell 1954, Wöhlbier und Kirchgessner 1957).

b) Aufnahme, Verteilung und Funktionen des Mo in der Pflanze

Mo wird als Molybdat von der Pflanze aufgenommen. Die Aufnahme kann durch den konkurrierenden Einfluß von SO_4-Ionen behindert werden (Trobisch 1965). Nach Hewitt und Agarwala (1952) ist Mo vornehmlich im Phloem und im vaskulären Parenchym lokalisiert. Seine Beweglichkeit in der Pflanze ist gering. Auf Grund der geringen verfügbaren Mo-Mengen im Boden sind auch normalerweise die Mo-Gehalte in der Pflanzensubstanz niedrig (s. Tabelle 86).

Tabelle 86

Mo-Gehalte verschiedener Pflanzen in ppm Mo der Trockensubstanz (n. Massumi 1967)

Rotklee	0,2– 7
Raps	0,7–11
Weißklee	0,4–10
Gräser	0,5– 3,4
Blumenkohl (gesund)	0,5– 0,8
Blumenkohl (krank)	0,1

Im Gegensatz zu anderen Mikronährstoffen kann Mo jedoch auch in wesentlich höheren Mengen von der Pflanze aufgenommen werden, ohne auf sie toxisch zu wirken. So kann der Mo-Gehalt in Pflanzenmaterial um den Faktor 100 schwanken (AGARWALA und HEWITT 1954). JOHAM (1953) berichtet, daß Baumwollpflanzen, falls man sie übermäßig mit Mo ernährt, das Mo in ihren Blättern akkumulieren, wobei Gehalte bis zu 1500 ppm Mo in der Trockensubstanz auftreten. Gleiches wurde auch für *Phaseolus*-Bohnen festgestellt (WIDDOWSON 1966). Der physiologische Bedarf der Kulturpflanzen ist dagegen wesentlich niedriger und liegt in einer Größenordnung, die den Angaben der Tabelle 86 entspricht.

Mo ist Metallkomponente verschiedener Enzyme. Zu ihnen zählen die Aldehydoxydase, die Hydrogenase und besonders die Nitratreduktase (CRANE 1958). Es sind Flavoproteine, deren Wirkungsmechanismus vermutlich auf dem Valenzwechsel des $Mo^{5+} \rightleftharpoons Mo^{6+}$ beruht. Aldehydoxydase kommt in Kartoffeln vor. Sie vermag auch das Nitrat zu reduzieren, ist jedoch mit der Nitratreduktase nicht identisch. Die Hydrogenase spaltet den molekularen Wasserstoff in H-Ionen und Elektronen.

$$H_2 \rightarrow 2\,H^+ + 2\,e$$

Nach SHUG (1955) hat sie für die N-Bindung verschiedener Bakterien eine Bedeutung. Die Vermutung, daß auch in den Knöllchenbakterien die N-Bindung über die Hydrogenasetätigkeit erfolgt, ist naheliegend, zumal die *Rhizobium*-Rassen relativ viel Mo benötigen (MULDER 1948). Daß Mo für die Bindung des molekularen N notwendig ist, geht aus Arbeiten von BECKING (1961) hervor. Hier rief eine ungenügende Mo-Versorgung von Erlensämlingen N-Mangel hervor. Mo reichert sich besonders in den Wurzelknöllchen an (s. Tabelle 87).

Tabelle 87
Mo-Gehalte in den verschiedenen Teilen junger Erlenpflanzen (n. BECKING 1961) (ppm Mo in der Tr.-Sub.)

	Blatt	Stamm	Wurzel	Knöllchen
Mo-ungedüngt	0,01	0,14	0,24	2,00
Mo-gedüngt	0,27	1,89	2,62	17,30

Die **Nitratreduktase** ist das Mo-haltige Enzym, das bis jetzt am besten erforscht ist. EVANS und NASON (1953) isolierten sie aus Sojablättern. Sie katalysiert die Reduktion von Nitrat zu Nitrit (s. S. 152). Mo ist also für die Nitratreduktion im pflanzlichen Organismus unentbehrlich. Es ist daher verständlich, daß die Pflanzen bei Nitraternährung einen höheren Mo-Bedarf haben als bei Ernährung mit NH_4-N, Harnstoff oder Nitrit (MULDER 1948, ICHIOKA und ARNON 1955, HEWITT und MCCREADY 1956). CANDELA et al. (1957) konnten an Blumenkohl nachweisen, daß die Nitratreduktase-Aktivität mit der Mo-Versorgung ansteigt. Mo-Mangel führt zu einer Anreicherung von Nitrat in der Pflanze. Die Fraktion der löslichen NH_2-Verbindungen nimmt ab, was verständlicherweise auf die verminderte Nitratreduktion, d. h. auf einen Mangel an reduzierten N-Verbindungen zurückzuführen ist (POSSINGHAM 1956).

Bei ungenügender Mo-Versorgung wird die Mittellamelle nicht normal entwickelt, die Pflanzen haben niedrige Zuckergehalte, und die Biosynthese von Askorbinsäure ist gehemmt (Tschernawina 1958, Zhurovska 1958). Der Chlorophyllgehalt von Mo-Mangelpflanzen ist niedrig, und dementsprechend ist die Photosynthesetätigkeit gering, während die Atmung verstärkt ist (Loneragan und Arnon 1954). Es ist wahrscheinlich, daß neben den aufgeführten Enzymen noch andere, bis jetzt unbekannte Fermente in ihrem Reaktionsmechanismus von der Mo-Versorgung abhängen.

c) Die Mo-Ernährung der Kulturpflanzen

Die meisten Böden enthalten genügend Mo in pflanzenaufnehmbarer Form, um die auf ihnen wachsenden Kulturpflanzen ausreichend mit Mo zu versorgen. Lediglich auf sauren Standorten kann es unter Umständen auf Grund einer allzu starken Mo-Festlegung zu Mo-Mangel kommen. So hat man in den Vereinigten Staaten Mo-Mangel vorwiegend auf den sauren Sandböden der Atlantik- und Golfküste festgestellt (Rubins 1956). Nach Angaben von Henkens (1965) ist in den Niederlanden auf Fe-reichen Standorten bei niedrigen *p*H-Werten ein Mo-Mangel zu befürchten (*p*H 5,4 >). Daneben werden die Mo-Verfügbarkeit und der absolute Mo-Gehalt der Böden weitgehend von ihrer geologischen Herkunft bestimmt (Michael und Trobisch 1961). In Westdeutschland wurde Mo-Mangel bei Leguminosen und besonders bei Blumenkohl beobachtet (Brandenburg und Buhl 1955). Brandenburg (1960) konnte auf Raseneisensteinböden sowie auf Hochmoorkulturen in Nordwestdeutschland bei Hafer, Roggen, Kruziferen und *Beta*-Rüben Mo-Mangel nachweisen. Die mit Mo gedüngten Versuchsparzellen zeigten nicht nur gesicherte Mehrerträge, sie hatten vor allen Dingen eine raschere und kräftigere Jugendentwicklung (Brandenburg 1961).

Die einzelnen Kulturpflanzen haben einen unterschiedlichen Mo-Bedarf. Besonders die Kruziferen und hier wieder die Kohlarten (Rosenkohl und Blumenkohl) benötigen relativ viel Mo. So wurde in vielen Gartenbaubetrieben Mo-Mangel bei Blumenkohl festgestellt. Die Dikotyledonen und hier besonders die Leguminosen bzw. ihre Knöllchenbakterien haben einen höheren Mo-Bedarf als die Monokotyledonen.

Um den Mo-Mangel zu bekämpfen, genügt vielfach eine Aufkalkung. Es gibt jedoch auch Fälle, bei denen man nur mit einer Mo-Düngung den Ertrag und den Mo-Gehalt der Pflanzen steigern kann (Hagstrom und Berger 1965). Man wird eine Mo-Gabe einer Kalkung immer dann vorziehen, wenn eine weitere *p*H-Erhöhung nicht unbedingt wünschenswert ist. Andererseits muß man mit einer Mo-Düngung vorsichtig sein, da ein zu hoher Mo-Gehalt des Futters bei den Wiederkäuern Erkrankungen (Molybdenose) hervorruft. Bergmann (1960) gibt nachstehende Düngungsmengen an (Tabelle 88):

Die angegebenen Mengen sollen nur in den Fällen gedüngt werden, wo ein wirklicher Mo-Mangel vorliegt. Neben Brandenburg berichten auch Bergmann (1959) und Anke et al. (1962) über die günstige Wirkung einer gut dosierten Mo-Düngung. Hagstrom und Berger (1965) konnten durch Behandlung des Saatgutes mit Molybdat (Naßbeize) beachtliche Mehrerträge erzielen. Die Mo-Behandlung begünstigte hierbei besonders Blütenbildung und Samenertrag und weniger das vegetative Wachstum von Rotklee.

Tabelle 88
Häufigkeit und Menge einer Mo-Düngung

Fruchtart	Na-Molybdat je ha	Häufigkeit der Anwendung
Weiden und Futterpflanzen	150–200 g	alle 4–6 Jahre
Andere Feldfrüchte	150–200 g	jährlich
Obst und Gemüse, besonders Blumenkohl	0,5–2,0 kg	jährlich

Da die wichtigste Mo-Funktion im pflanzlichen Stoffwechsel in der Tätigkeit der Nitratreduktase liegt, äußert sich ein **Mo-Mangel** ähnlich wie ein N-Mangel (Hagstrom und Berger 1965). Die Mangelpflanzen bleiben im Wuchs zurück, die Blätter hellen sich auf und beginnen zu welken; die Ausbildung der Blüte ist gehemmt (Hewitt et al. 1954). Auch die Mangelsymptome der Leguminosen äußern sich in dieser Weise, wenngleich bei ihnen weniger die Nitratreduktase als die Mo-Versorgung der Knöllchenbakterien den begrenzenden Faktor darstellt. Häufig treten in einem Bestand Mo-Mangelerscheinungen nur an einzelnen Stellen auf. Das Feld erhält dadurch ein scheckiges Aussehen; denn die von Mo-Mangel betroffenen Stellen erscheinen gelblich bis weiß, während der übrige Bestand eine dunkelgrüne Farbe haben kann.

Vielfach zeigen Mo-Mangelpflanzen auf ihren mittleren und älteren Blättern nekrotische Flecke, die gesamte Blattspreite hat eine graugrüne Farbe, das Blatt rollt sich häufig vom Rande her ein (Bergmann 1960). Am auffälligsten ist der Mo-Mangel bei Blumenkohl. Das Blattgewebe zeigt zwischen den Adern gelbe Flecke, vom Rande her wird es grau-grün und schlaff. Die Mittellamelle der Zellwände ist nur unvollständig ausgebildet (Agarwala und Hewitt 1954), so daß die Ausbreitung der Blattlamina behindert ist. Sie wird mit fortschreitendem Mangel immer schmäler und ähnelt im extremen Fall einem Peitschenstiel (whip tail). In der anglo-amerikanischen Literatur wird so der Mo-Mangel bei Blumenkohl auch mit ,,whip tail" bezeichnet. In Tafel XIV ist ein solcher Mo-Mangel bei Blumenkohl dargestellt. Man sieht, daß praktisch nur noch die Mittelrippe vom Blatt vorhanden ist.

Bei den Kohlarten verdrehen sich häufig die Herzblätter infolge ungenügender Mo-Versorgung (Klemmherzigkeit). Plant (1956) berichtet, daß auch bei Salat die Ausbildung der Blattlamina infolge Mo-Mangels gehemmt ist. Die Blätter erscheinen oval, ihr Gewebe ist dünn und durchsichtig, die Herzblätter sind verkrüppelt.

Da der Mo-Mangel meistens auf sauren Böden auftritt, also auf Standorten, auf denen Al und Mn übermäßig stark aufgenommen werden, findet man häufig neben einer unzureichenden Mo-Versorgung auch toxische Al- und Mn-Schäden. Nach Agarwala und Hewitt (1954) ist jedoch Mn-Toxizität keine notwendige Ursache für ,,whip tail" bei Blumenkohl. Mo-Mangelpflanzen haben meistens einen niedrigeren Mo-Gehalt als ausreichend mit Mo ernährte Pflanzen (Steinberg 1953).

12. Das Bor

a) Bor im Boden

Bor kommt im Boden hauptsächlich als Borsäure (H_3BO_3) bzw. als Borat vor. Es kann an Bodenteilchen sorbiert sein, als freies Anion in der Bodenlösung vorliegen oder auch einen Baustein der Silikate bilden. Vergleichsweise reich an B ist der Turmalin; in verschiedenen Silikaten, im Kalkstein und im Dolomit kommt B in geringen Mengen vor. Bei ihrer Verwitterung wird es mit der Zeit in eine pflanzenverfügbare Form überführt. Über die Natur der Borat-Sorption im Boden ist wenig bekannt. Offenbar unterscheidet sie sich wesentlich von der Sorption anderer Anionen, beispielsweise von Phosphat oder Molybdat, deren Sorption mit sinkendem *p*H-Wert zunimmt. Dagegen wird die B-Verfügbarkeit mit steigendem *p*H-Wert geringer. Man darf deshalb vermuten, daß es sich bei der Bindung des Borat-Ions im Boden weniger um eine im strengen Sinne definierte Sorption als um eine Adsorption handelt (s. S. 20). Die Tatsache, daß die Bindung des B besonders auf Böden mit hoher Dispersion, also mit relativ großen Oberflächen der Bodenteilchen, groß ist, bestätigt diese Vermutung (Scharrer et al. 1954). Dementsprechend enthalten tonreiche Böden im Vergleich zu ihrem Gesamt-B-Gehalt weniger wasserlösliches B als leichtere Böden (Pilipson 1953). In Übereinstimmung hiermit fand Bucher (1957), daß bei mittelschweren bis schweren Böden mit dem Azetat-Auszug wesentlich mehr B extrahiert wird als mit dem Heißwasserauszug. Auf Sandböden wurden dagegen mit den beiden Verfahren etwa die gleichen B-Mengen extrahiert.

Es ist bekannt, daß die B-Verfügbarkeit durch eine Kalkung wesentlich gemindert wird, so daß es unter Umständen zu B-Mangel an den Pflanzen kommt. Diese schlechtere Verfügbarkeit kann durch verschiedene Faktoren bedingt sein. Einmal wird mit der Kalkung der *p*H-Wert und damit auch die Adsorption des Borates an die Oberflächen der Bodenteilchen erhöht; weiterhin ist es möglich, daß B gerade bei höheren *p*H-Werten in Form von Ca-Al-Silikatniederschlägen ausfällt (Parks und Shaw 1941).

Der B-Gehalt von Böden in ariden oder semiariden Klimazonen ist im allgemeinen höher als der von Böden humiderer Klimabereiche (Kanwar und Shah Singh 1961). Besonders die podsolierten Böden sind durch die starke Auswaschung an B verarmt (Oullette 1963). Als reich an B gelten junge, aus Meeresablagerungen entstandene Böden.

b) Aufnahme, Verteilung und Funktionen des B in der Pflanze

Die Beweglichkeit des B in der Pflanze ist nicht groß (Eaton 1944). Vielfach findet man, daß der B-Gehalt in einer Pflanze von unten nach oben abnimmt (Cripps 1956, Wilkinson 1957). Nach Untersuchungen von Michael et al. (1969) an Tabak hat die Transpiration einen maßgeblichen Einfluß auf den akropetalen B-Transport. Bei reichlicher B-Ernährung reichert sich das B in den Blattspitzen an. Diese B-Akkumulation kann unter Umständen toxisch wirken. Die Pflanze vermag dieses B mit den Guttationstropfen auszuscheiden (Oertli 1962). Im übrigen gibt es einige Pflanzenorgane wie Antheren, Narbe, Griffel und Fruchtknoten, deren B-Gehalt etwa doppelt so hoch ist, wie der des Stengels. Die Samen selbst sind, wie der Tabelle 89 zu entnehmen ist, nicht besonders reich an B.

Tabelle 89

B-Gehalte verschiedener Pflanzenteile von Opiummohn (SYWOROTKIN 1958)

Pflanzenorgan	Gehalt in ppm B d. Tr.-Sub.
Samenkapseln	69,0
obere Blätter	45,1
mittlere Blätter	34,3
Blütenstand	21,2
Halme	17,3
Wurzeln	20,3
Samen	21,0

In seiner physiologischen Wirksamkeit unterscheidet sich das B grundlegend von den übrigen Mikronährstoffen. Es richtet nicht wie Mn^{2+}, Zn^{2+} oder auch Mg^{2+} durch Chelatisierung Enzyme und Substrate auf eine Reaktion aus, und es kann nicht wie Fe, Mn oder Mo durch einen Valenzwechsel einen Prozeß induzieren. In seiner Wirksamkeit ähnelt das Borat-Ion vielmehr dem Phosphat-Ion. Es vermag mit alkoholischen OH-Gruppen, besonders mit den Zuckern, Borsäureester zu bilden. SCHMUCKER (1934) hat schon vor mehr als 30 Jahren angenommen, daß das Borat-Ion mit den organischen Strukturen der Zellwände Polyhydroxylverbindungen bildet, die die Stabilität der Zellwände erhöhen. Darüber hinaus wird durch den Einbau von Borat in die Zellwand deren Feinstruktur erst ermöglicht (SPURR 1957). Man muß also im B ein wesentliches Bauelement pflanzlicher Strukturen sehen, bei dessen Fehlen die gesamte Ausbildung und Entwicklung verschiedener Gewebe nicht normal verläuft (KORONOWSKI 1961). So wird nach ODHNOFF (1957) bei ungenügender B-Versorgung die Differenzierung der Zellen gehemmt. LACHANCE und OUELETTE (1954) berichten, daß bei B-Mangel die Entwicklung von Kambiumzellen zu Xylem- oder Phloemgeweben gestört ist. Ähnliche Feststellungen wurden von PALSER und MCILRATH (1956) sowie von SYWOROTKIN (1958) getroffen. Nach Untersuchungen von BUSSLER (1963) tritt bei B-Mangel eine starke Zellwucherung zwischen Xylem und Siebteil ein. Mit fortschreitendem Mangel bildet sich in den Zellen eine braune Substanz, die als Ausdruck eines gestörten Stoffwechsels anzusehen ist.

Daß eine anomale Entwicklung der Gewebe das gesamte physiologische Geschehen der Pflanze beeinträchtigt, ist verständlich. Am augenscheinlichsten ist der Kohlenhydrattransport in der Pflanze bei B-Mangel gestört. Die in den Blättern gebildeten Assimilate werden schlecht abgeleitet, so daß es in den meristematischen Geweben, den Wurzelspitzen und den Wachstumskegeln der oberirdischen Pflanzenteile zu einem Mangel an Zucker kommt, während sich in den photosynthetisch aktiven Blättern die Assimilate anreichern (MCILRATH und PALSER 1956, SISLER et al. 1956, ODHNOFF 1957, JAKOLEWA 1958). Die an den meristematischen Geweben auftretenden B-Mangelsymptome sind jedoch nicht allein die Folge einer ungenügenden Zuckerversorgung, die Unentbehrlichkeit des B als Baustein für diese Gewebe dürfte nach den Untersuchungen der oben genannten Autoren die primäre Ursache für die Mangelsymptome an den Wachstumskegeln sein.

Auch die günstige Wirkung des B auf das Keimen der Pollenkörner und Wachsen der Pollenschläuche (O'KELLEY 1957) läßt sich damit erklären, daß B für diese feinen Gewebe ein unentbehrlicher Baustein ist. Nach SCHMUCKER (1934) wird dadurch die Stabilität der Pollenschläuche erhöht und ihr Platzen – eine Erscheinung, die bei B-Mangel häufig beobachtet wird – vermieden.

Die Annahme, daß B die Feinstruktur der Zelle ermöglicht und eine normale Differenzierung der Gewebe sowie deren Stabilität bewirkt, erklärt zahlreiche mit der B-Versorgung in Zusammenhang stehende Beobachtungen. B begünstigt die aktive Ionenaufnahme offenbar über einen verbesserten Kohlenhydrattransport zu den Wurzeln (GAUCH und DUGGER 1954). Auch Blüte und Fruchtansatz, die durch B gefördert werden, dürften mit der Funktion des B als Baustein in den generativen Organen, aber auch mit einem ungestörten Zuckertransport zusammenhängen. Bei unzureichender B-Ernährung ist der Wasserhaushalt der Pflanze gestört. Bei geringer Wasserzufuhr können ausreichend mit B ernährte Pflanzen ihre Transpiration besser einschränken als gesunde Pflanzen (DORFMÜLLER 1941, BIEBL 1942).

B hat so wie kein anderer Mikronährstoff für die Entwicklung, für die Qualität und für den Ertrag von Nutzpflanzen eine Bedeutung. Blüte und Fruchtbildung verlangen eine ausreichende B-Versorgung. Sie erhöht den Ertrag an Körnern bzw. Früchten bei zahlreichen Nutzpflanzen (HASLER und MAURIZIO 1949, KEDROW-SICHMAN 1958, JAKOLEWA 1958). Hohe Zuckergehalte bei den verschiedensten Obstarten, bei der Zuckerrübe und Wassermelone sowie hohe Stärkegehalte in den Kartoffelknollen werden nur dann erreicht, wenn die Pflanzen ausreichend mit B ernährt werden (STARK und MATTHEWS 1950, VNUKOVA und BYZA 1955, AGAFONOWA 1958, WASHENIN und BELJAKOWA 1958).

Allgemein läßt sich also sagen, daß B die Reaktionen des Kohlenhydratstoffwechsels begünstigt. Auch die Assimilation wird durch B gefördert, vermutlich in der Weise, daß durch den schnellen Abtransport von Assimilaten aus Assimilationszentren die Photosynthese ungehindert verlaufen kann (AGAFONOWA 1958). Bei der Proteinsynthese soll das B dagegen keine direkte Funktion ausüben (THELLIER und LEGUIEL 1967). Früher vermutete man, daß B und Ca im Stoffwechsel als Antagonisten wirken. Diese Annahme ist jedoch nach neueren Untersuchungen von NEALES und HINDE (1962) nicht gerechtfertigt. B und Ca sind zwar beide für die Ausbildung meristematischer Zellen notwendig; daß zwischen ihnen direkte antagonistische oder auch synergistische Beziehungen bestehen, ist dagegen unwahrscheinlich.

c) Die B-Ernährung der Kulturpflanzen

Unter mitteleuropäischen Verhältnissen kommt in der Praxis von allen Mikronährstoffen dem Bor die größte Bedeutung zu. Auf den unterschiedlichsten Böden, besonders aber auf leichten und podsolierten Standorten, müssen verschiedene Kulturen regelmäßig mit B gedüngt werden. Das gilt besonders dann, wenn man saure Böden aufkalkt (ZHIZNEVSKAJA 1958). Als B-Düngemittel hat man früher vielfach Borax ($Na_2B_4O_7 \cdot 10\ H_2O$) angewendet. In den letzten Jahren wird vermehrt mit B-haltigen Düngemitteln gedüngt. Auch B-haltige Abfallprodukte der Industrie können unter Umständen verwendet werden (SCHILLING 1961). Blatt- wie auch Bodendüngung mit B sind in gleicher Weise wirkungsvoll. Eine größere Festlegung des gedüngten B im Boden ist nicht zu befürchten. B wird sehr gut von der

Pflanze aufgenommen, so daß es bei zu reichlichen B-Gaben zu toxischen Schäden kommen kann. Bei *Beta*-Rüben gibt man 1,0–2,0 kg B/ha (das sind ungefähr 10–20 kg Borax). *Brassica*-Rüben düngt man mit etwa der doppelten Menge. Der B-Entzug einer *Beta*-Rübenernte liegt bei 300–400 g B/ha. Neben den genannten Pflanzenarten haben auch noch die Leguminosen und der Wein ein vergleichsweise hohes B-Bedürfnis, so daß es auch hier unter Umständen zu B-Mangel im Freiland kommen kann (GÄRTEL 1962). OUELLETTE und LACHANCE (1954) fanden, daß ein beträchtlicher Anteil der kanadischen Luzernebestände nicht ausreichend mit B versorgt war. Die B-Versorgung korrelierte mit dem B-Gehalt in der Trockensubstanz. Luzernepflanzen mit B-Gehalten unter 15 ppm B/Trockensubstanz erwiesen sich als nicht ausreichend versorgt. Nach RIEHM (1957) sollen ausreichend mit B versorgteLuzernepflanzen mindestens 45 ppm B in der Trockensubstanz der Blätter enthalten. Der entsprechende Wert für die Zuckerrübe liegt nach BRANDENBURG (zit. nach SCHEFFER und WELTE 1955) bei 30 ppm B in der Trockensubstanz des Rübenblattes. Bei B-Gehalten unter 18 ppm B tritt starker Mangel auf.

Das B-Bedürfnis und die B-Gehalte der einzelnen Pflanzenarten sind unterschiedlich. Monokotyledonen benötigen weniger B als Dikotyledonen (SCHROPP 1957), und von diesen haben die Pflanzen, die ein Milchsaftsystem führen, wie Löwenzahn, Mohn oder Wolfsmilch, ein besonders hohes Bedürfnis. Diese Unterschiedlichkeit läßt sich damit erklären, daß die Pflanzen, die vergleichsweise viel meristematische Gewebe ausbilden, auch viel B benötigen. Bei den Dikotyledonen ist es das Kambium, bei den Milchsaft führenden Pflanzen sind es zusätzlich noch die plasmatischen Auskleidungen der Milchröhren, die eine erhöhte B-Versorgung verlangen (SYWOROTKIN 1958). Wie sehr sich die B-Gehalte der einzelnen Pflanzengruppen unterscheiden, wird aus Tabelle 90 deutlich.

Tabelle 90
Der B-Gehalt verschiedener Pflanzenarten in ppm B der Tr.-Sub. (SYWOROTKIN 1958)

Monokotyledonen	B	Dikotyledonen	B	Dikotyledonen m. Milchsaft	B
Gerste	2,3	Erbsen	21,7	Löwenzahn	80,0
Weizen	3,3	Rüben	49,2	Wolfsmilch	93,0
Mais	5,0	Salat	69,9	Mohn	94,0

Der **B-Mangel** zeigt sich bei allen Pflanzen zuerst in einer Hemmung und einer anomalen Entwicklung der Wachstumskegel. Die jüngsten Blätter sind verkrüppelt, sie erscheinen dicker und sind vielfach dunkelgrün bis graugrün gefärbt.

Mit fortschreitendem Mangel stirbt der Wachstumskegel ab. Die gesamte Pflanze zeigt bei B-Mangel ein gehemmtes Wachstum; das gilt nicht nur für den oberirdischen Teil, sondern in gleichem Maße auch für die Wurzeln. Sie sind kaum verzweigt. Die einzelnen Wurzelfäden sind verdickt und kurz. Besonders die Wurzelspitzen zeigen häufig nekrotische Verdickungen. Die Wurzelrinde ist vielfach aufgeplatzt. In B-freien Nährlösungen werden praktisch überhaupt keine Wurzeln gebildet (BUSSLER 1960). Bei den Leguminosen kommt noch dazu, daß sich die Wurzelknöllchen schlecht entwickeln, falls B nicht in genügender Menge vorhanden ist (SCHROPP 1957).

Die bekannteste B-Mangelerscheinung ist die Herz- und Trockenfäule der *Beta*-Rüben. Sie wird durch hohe *p*H-Werte begünstigt (s. Tabelle 91). Ihre Symptome beginnen ebenfalls mit einer anomalen Entwicklung des Wachstumskegels. Die Herzblätter werden braun und schwarz, sie sehen verkrüppelt aus (s. Tafel XV). Später beginnt der Rübenkopf zu faulen, so daß der Rübenkörper von oben her allmählich hohl wird. Sellerie zeigt bei ungenügender B-Ernährung die gleichen Symptome (s. Tafel XV).

Tabelle 91

Die Herz- und Trockenfäule bei Zuckerrüben in Abhängigkeit vom *p*H-Wert (auszugsweise nach SCHEFFER und WELTE 1955)

*p*H	gesunde Rüben in %	kranke Rüben in %	tote Rüben in %
6,7	100	0	0
7,0	99	1	0
7,3	80	18	2
7,5	46	40	14
7,8	8	45	47
8,1	–	25	75

Bei den *Brassica*-Arten sind die Wurzeln häufig infolge B-Mangels glasig, ihre Rübenkörper vielfach hohl. Rissige und schorfige Oberflächen sowie hohle oder korkartige Stellen konnte man bei Tomaten, Blumenkohl sowie Äpfeln und Zitrusfrüchten als Zeichen einer ungenügenden B-Versorgung beobachten. Diese Hinweise zeigen, welche große Bedeutung dem B auch für die Erzeugung qualitativ hochwertiger Pflanzenprodukte zukommt.

B-Mangel wird durch Trockenperioden begünstigt (GÄRTEL 1962).

Toxische B-Schäden kommen besonders in den ariden Klimazonen vor. Die älteren Blätter werden gelb und nekrotisch. Vielfach rollen sie sich vom Rande her ein. Ihr Gehalt an B ist hoch. B-Mangel wie auch eine übermäßige B-Ernährung bewirken eine überhöhte Atmung, so daß die Netto-Assimilation geringer wird (AMBERGER 1960).

13. Weitere auf die Pflanze günstig wirkende Mineralstoffe

Die in den vorhergehenden Kapiteln behandelten Elemente zählen zu den unentbehrlichen Pflanzennährstoffen. Sie sind also für ein normales Gedeihen und für eine der entsprechenden Pflanzenart gemäße Entwicklung notwendig. Ihre Wirksamkeit ist so spezifisch, daß sie von keinem anderen Element ersetzt werden können. Was das Na anbetrifft, so ist es noch umstritten, ob man es in jedem Fall zu den unentbehrlichen Pflanzennährstoffen rechnen kann. Wie jedoch schon an anderer Stelle näher ausgeführt (S. 352), hat das Na zumindest für einige Pflanzenarten eine mehr spezifische Bedeutung. Es ist gut möglich, daß es noch andere Elemente gibt, die für das pflanzliche Leben notwendig sind, die aber nur in so geringen Mengen benötigt werden, daß es bis jetzt noch nicht gelungen ist, sie als Pflanzennährstoffe nachzuweisen und ihre Funktionen im Stoffwechsel zu ergründen.

a) Silizium

Der Si-Gehalt der Pflanzen liegt in der Größenordnung ihres P-Gehaltes. Das Getreide weist Gehalte von 2–8 mg Si/g Trockensubstanz auf. Ältere Pflanzen enthalten meistens mehr Si als jüngere. Verschiedene Pflanzenarten wie Farne, Schachtelhalm, Brennessel und auch die Gramineen gelten als besonders reich an Si (Höhne 1962). So kann der Aschegehalt des Schachtelhalmes zu mehr als 90 % aus Si bestehen. Nach Untersuchungen von Lanning et al. (1958) wird Si in amorpher Form (Opal) in der Pflanze abgelagert, wobei es bei den Monokotyledonen vorwiegend in die epidermalen Zellwände eingebaut wird (Jones et al. 1963). Reis ist ebenfalls reich an Si. Elektronenmikroskopische Untersuchungen von Yoshida et al. (1962) zeigen, daß SiO_2 in der Reispflanze in zwei Schichten abgelagert wird. Eine Schicht befindet sich direkt unter der Kutikula, die zweite ist an der Membran der Epidermiszellen lokalisiert. Die Dikotyledonen zeigen dagegen keine Si-Ablagerung in den Zellwänden. Engel (1953) fand, daß im ausgereiften Roggenstroh etwa 20 % der gesamten Kieselsäure fest in die Gerüstsubstanz eingebaut sind. Es erscheint nicht ausgeschlossen, daß dieser als Baustein verwendeten Kieselsäure eine gewisse Bedeutung zukommt. Weiterhin konnte Engel (1953) im Roggenstroh einen Galaktose-Silikat-Ester nachweisen. Dieser Befund veranschaulicht, daß das Silikat ähnlich wie das Phosphat oder Borat in der Pflanze gebunden werden kann. Der weitere Hinweis von Engel (1958), daß Phosphat und Silikat sich bei ihrer Aufnahme gegenseitig konkurrierend beeinflussen können, stellt das ähnliche Verhalten zwischen Phosphat und Silikat noch deutlicher heraus. Auch Ganssmann (1962) fand, daß ein Silikatzusatz zur Nährlösung (Wasserkultur) die Phosphataufnahme von Hafer einschränkt. Nach diesen Untersuchungen vermag das Silikat auch bei P-Mangel in keiner Weise das Phosphat auch nur geringfügig zu ersetzen.

Die Frage, ob dem Silikat-Galaktose-Komplex oder ähnlichen silikathaltigen Estern im Stoffwechsel bedeutendere Funktionen zukommen, kann heute noch nicht beantwortet werden. Nach Tullin (1954) soll Galaktose-Silikat das Wachstum hemmen. Williams und Vlamis (1957) berichten, daß Si die Verteilung von Mn in der Pflanze fördert, so daß toxisch wirkende Anreicherungen von Mn durch Si behoben werden können. Daß die Kieselsäure für das Pflanzenleben eine Bedeutung hat, konnte von Wagner (1940) an verschiedenen Pflanzen nachgewiesen werden. Er fand bei Gerste, Tabak, Buschbohnen, Mais und Gurken eine wachstumsfördernde Wirkung des Si; bei Hafer und Reis konnte er sogar in den nicht mit Silikat gedüngten Reihen Si-Mangelerscheinungen feststellen.

Unter praktischen Verhältnissen kommt der Si-Ernährung der Pflanze nur für Reis eine Bedeutung zu. Die feste Erdrinde besteht zu annähernd 60 % aus SiO_2, so daß an allen Standorten meistens genügend pflanzenverfügbares Silikat vorhanden ist. Wenngleich junge Weizenpflanzen befähigt sind, selbst Quarzkieselsäure aufzunehmen, so dürfte die Aufnahme von Quarz durch die Pflanze doch recht bedeutungslos sein. Nach Jones und Handreck (1965) wird Si als $Si(OH)_4$ von der Pflanze aufgenommen und mit dem Transpirationsstrom in die oberirdischen Pflanzenteile befördert. Das Si liegt fast ausschließlich in der oberirdischen Pflanzensubstanz und nur zu einem sehr geringen Anteil in den Wurzeln vor. WAGNER (1940) konnte an Gerste feststellen, daß ihr Si-Gehalt auf Schwarzerdeböden am höchsten war. Es folgten Lehm-, Sand- und schließlich Moorböden. Man darf aus diesem Befund schließen, daß der Si-Gehalt der Pflanze weniger vom Quarzgehalt des Bodens als von seiner Menge an silikatischen Mineralien abhängt.

Eine praktische Bedeutung des Silikates besteht darin, daß es die Phosphatverfügbarkeit des Bodens erhöht (LEMMERMANN und WIESSMANN 1924). Silikathaltige Düngemittel wie beispielsweise Rhenaniaphosphat können die Phosphataufnahme verbessern. GANSSMANN (1962) konnte nachweisen, daß das Silikat-Ion durch Austausch des sorptiv gebundenen Phosphates dessen Verfügbarkeit erhöht. Getreide ist bei unzureichender Si-Versorgung besonders anfällig gegenüber Mehltau (WAGNER 1940). Nach KÜHN und ZEID (1970) fördert Si die Halmstabilität von Getreide und damit dessen Standfestigkeit.

b) Chlorid

Chlorid ist in der Natur weit verbreitet. Im Boden ist es gut beweglich, so daß es unter humiden Bedingungen leicht ausgewaschen, bei aridem Klima in der oberen Schicht angereichert wird. Die meisten Pflanzen nehmen Chlorid in beachtlichen Mengen auf. Die Aufnahmerate hängt in erster Linie von der Chloridkonzentration der Nähr- bzw. Bodenlösung ab (MENGEL 1960, SCHMALFUSS und REINICKE 1960). Bei grünen Pflanzenteilen wird die Chloridaufnahme durch Belichtung erhöht (JESCHKE 1967, BARBER 1968); hierbei soll das photosynthetisch gebildete ATP die Energie für die aktive Aufnahme darstellen. Die Chloridgehalte der Pflanze liegen in einer Größenordnung von 2–20 mg Cl/g Tr. Sub. Sie sind bei weitem höher als der physiologische Bedarf und werden nach RÖBER (1968) vom begleitenden Kation beeinflußt. In den Chloroplasten können nach LARKUM (1968) Chloridkonzentrationen von 300 mmolar vorkommen.

Chlorid wird nicht nur von der Wurzel aufgenommen, es gelangt auch aus der Atmosphäre als Chlorid oder als gasförmiges Cl_2 über die Blätter in die Pflanze (JOHNSON et al. 1957). Die Menge des über Regenwasser und Atmosphäre dem Boden zugeführten Chlorid wird von der Meeresnähe beeinflußt (s. Tabelle 92).

Tabelle 92

Die Na- und Cl-Gehalte des Regenwassers in Abhängigkeit von der Meeresnähe (n. RIEHM und QUELLMALZ 1959)

	Entfernung in km	mg Na/l	mg Chlorid/l
Westerland	0,2	18,5	37,6
Schleswig	50	2,4	4,9
Braunschweig	450	0,8	1,9
Augustenberg/Baden	950	0,5	0,9

Chlorid ist in der Pflanze in akropetaler und basipetaler Richtung gut beweglich (RINNE und LANGSTON 1960). Ob es spezifische Funktionen im Stoffwechsel erfüllt, ist noch nicht geklärt. Es gibt verschiedene Hinweise, daß es an der Photolyse der

Photosynthese beteiligt ist (SAN PIETRO und BLACK 1965). Die hierfür benötigten Chloridmengen dürften jedoch sehr niedrig sein, denn BROYER et al. (1954) sowie ULRICH und OHKI (1956) konnten bei höheren Pflanzen nur dann einen Cl-Mangel mit echten Mangelsymptomen induzieren, wenn jegliche Cl-Zufuhr aus dem Nährmedium und der Atmosphäre vermieden wurde.

Chlorid hat einen günstigen Einfluß auf den Wasserhaushalt der Pflanze, indem es den osmotischen Wert der Zelle erhöht. Es kann auf diese Weise wachstumsfördernd wirken (ULRICH und OHKI 1956, JOHNSON et al. 1957). Nach Untersuchungen von MENGEL und PFLÜGER (1969) an dekapitierten Sonnenblumen steigert Chlorid deren Wurzeldruck. SCHMALFUSS (1945) ist der Ansicht, daß Chlorid bei chlorophilen Pflanzen Nitrat in kolloidchemischen Funktionen substituieren kann. Zu den chlorophilen Pflanzenarten zählen: *Beta*-Rüben, Rettich, Spinat, Mangold, Sellerie. Als chlorophob gelten: Tabak, Wein, Obst, Beerensträucher, *Phaseolus*-Bohnen, Gurken, Tomaten und Kartoffel. Die chlorophoben Pflanzenarten düngt man zweckmäßigerweise mit sulfathaltigen an Stelle von chloridhaltigen Düngemitteln. Höhere Chloridkonzentrationen in der Nähr- bzw. Bodenlösung können sich negativ auf Ertrag und Qualität auswirken (ALT 1966, HEDDLE 1967). Nach ARENZ (1950) begünstigt Chlorid die Virusinfektion der Kartoffel.

c) Kobalt

Unter normalen Verhältnissen kommt das Co nur in Konzentrationen von 0,01 bis 0,4 ppm Co in der Trockensubstanz pflanzlichen Materials vor. Die Böden können zwar sehr unterschiedliche Mengen an Co enthalten – nach HILL et al. (1953) kommen hier Schwankungen zwischen 0,2–31 ppm Co vor –, jedoch ist das Co hauptsächlich in die Kristallgitter der einzelnen Mineralien eingebaut, für die Pflanze also nicht direkt verfügbar (MITCHELL 1945). Ähnlich wie beim Cu so ist auch die Konzentration an Co in der Bodenlösung extrem niedrig. Das pflanzenverfügbare Co ist hauptsächlich sorptiv an die Bodenkolloide gebunden. Eine Erhöhung dieses austauschbaren sorptiv gebundenen Co durch eine Co-Düngung erhöht die Co-Aufnahme der Pflanze (SCHARRER und TAUBEL 1954) (s. Tabelle 93).

Tabelle 93
Der Einfluß einer steigenden Co-Düngung auf den Co-Gehalt (SCHARRER und TAUBEL 1954)

Co-Gabe je Gefäß in mg Co	Co in ppm Co der Tr.-Sub.	
	Roggen	Erbsen
0	0,46	0,95
0,05	3,86	6,00
0,10	7,19	12,35
0,30	32,9	36,0
0,60	70,0	79,7
1,00	138,5	129,6
1,50	148,2	210,9

Die Pflanze vermag Co auch über das Blatt aufzunehmen, jedoch ist das so aufgenommene Co praktisch unbeweglich (GUSTAFSON und SCHLESSINGER 1956). Das über die Wurzel aufgenommene Co folgt vorwiegend dem Transpirationsstrom, so daß es an den Blatträndern und Blattspitzen zu einer gewissen Anreicherung an Co kommen kann (LANGSTON 1956, RINNE und LANGSTON 1960).

Genau wie andere Schwermetalle, so neigt auch Co zur Chelatbindung. Es kann andere Ionen von ihren physiologisch wichtigen Bindungsstellen verdrängen, d. h. Aufnahme und Wirkungsmechanismen der verschiedenen Schwermetalle können durch die konkurrierende Wirkung der Co-Ionen eingeschränkt werden. So fanden NICHOLAS und THOMAS (1954), daß sich durch eine überhöhte Co-Ernährung der Pflanze ein Fe-Mangel induzieren läßt. HEWITT (1953) berichtet, daß die toxische Wirkung einer starken Co-Gabe in ihrem Aussehen dem Mn-Mangel ähneln kann. Aus diesen beiden Hinweisen darf man schließen, daß die Toxizität allzu hoher Co-Gaben auf einer Verdrängung von Schwermetallen von ihren physiologisch wichtigen Zentren beruht. Die toxischen Auswirkungen übermäßig starker Co-Gaben äußern sich als Chlorosen und Nekrosen an den Blättern; diese sterben häufig ganz ab.

In geringen Konzentrationen wirkt Co jedoch günstig auf die Pflanze. MILLER (1954) fand, daß Co zusammen mit Zucker das Wachstum etiolierter Erbsensprosse fördert. THIMANN (1956) kam zu ähnlichen Ergebnissen. Er stellte fest, daß Arsenat und Dinitrophenol die Co-Wirkung aufheben, so daß er eine Beteiligung des Co an oxydativen Stoffwechselprozessen vermutet. Co^{++} aktiviert die Enolase (MILLER 1958) und die Brenztraubensäurekinase (MILLER und EVANS 1957) unspezifisch. BOLLE-JONES und MALLIKARJUNESWARA (1957) berichten über einen positiven Einfluß des Co auf Wachstum und Fruchtgewicht der Tomate. Sie nehmen an, daß durch Co die Peroxydaseaktivität erniedrigt und damit der Abbau von Indolessigsäure verzögert wird. Nach Unterscuhungen von WASHENIN und BELJAKOWA (1958) wird der Stärkegehalt der Kartoffelknolle durch Co geringfügig erhöht.

Erst in den letzten Jahren stellte man fest, daß Co für die Bindung des molekularen N durch verschiedene Mikroorganismen unentbehrlich ist. Die Wurzelknöllchen der Leguminosen und der Erle benötigen Co (REISENAUER 1960, KLIEWER und EVANS 1962, 1963). Bei Luzerne zeigten die mit Co versorgten Knöllchen eine höhere N_2-Fixierung (POWRIE 1964). Co ist die Metallkomponente des Vitamin B_{12}. Ähnlich wie Fe im Hämin ist es zentral in einen Porphinring eingebaut. Dieser Co-Komplex stellt im Prinzip eine prosthetische Gruppe dar, und er wird deshalb auch von KLIEWER und EVANS (1963) als Kobamid-Koenzym bezeichnet. Wie diese Enzymkomponente wirksam wird, ist heute noch ungeklärt; daß sie jedoch für die Assimilation des molekularen N notwendig ist, dürfte ziemlich sicher sein.

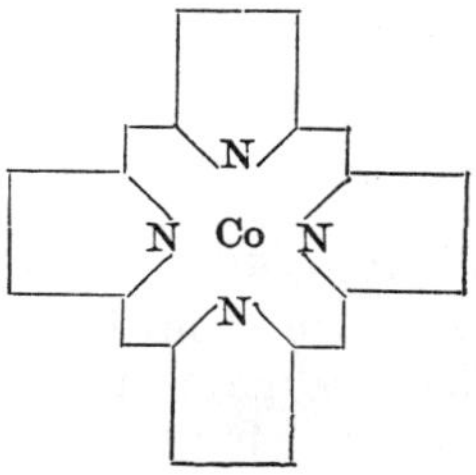

Auch die *Alge Nostoc muscorum* benötigt Co für die N-Bindung (HOLMHANSEN et al. 1954). Der Vitamin-B_{12}-Gehalt von Wurzelknöllchen der Soja stieg nach KLIEWER und EVANS (1963) mit dem Co-Gehalt des Nährmediums an (s. Tabelle 94). Der Co-Porphinkomplex ist ein Baustein des Vitamin B_{12}.

Tabelle 94

Vitamin B_{12}-Gehalt von Wurzelknöllchen der Soja in Abhängigkeit von der Co-Versorgung

Co im Nährmedium in ppb[1])	B_{12}-Gehalt in mol 10^{-9}/g frischer Zellen
0,00	1,0
0,01	1,0
1,00	10,7
100	27,8
1000	35,9

[1]) parts per billion (Teile per Milliarde)

Ob Co auch für die höhere Pflanze unentbehrlich ist, kann heute noch nicht gesagt werden. Nach Untersuchungen von FRIES (1962) kommt Vitamin B_{12} auch in der höheren Pflanze vor. Damit ist jedoch die Unentbehrlichkeit des Co noch nicht bewiesen. Bis jetzt ist es noch nicht gelungen, Co-Mangelerscheinungen an höheren Pflanzen zu induzieren, und der Nachweis, daß Co für deren normale Entwicklung notwendig ist, wurde noch nicht erbracht.

Für praktische Belange hat Co weniger für die Pflanzen- als für die Tierernährung eine Bedeutung. Es ist bekannt, daß Co als Metallkomponente des Vitamin B_{12} für den tierischen N-Stoffwechsel notwendig ist. Unzureichende Co-Gehalte im Futter können zu Co-Mangelerscheinungen bei Wiederkäuern führen. So sollen nach MITCHELL (1945) Mangelsymptome bei Schafen auftreten, falls der Co-Gehalt des Futters unter 0,08 ppm Co in der Trockensubstanz liegt. Nach HENKENS (1965) sind Bodengehalte von 0,1 ppm Co (Essigsäureextrakt) unzureichend, um einen für die Tierernährung erforderlichen Co-Gehalt im Futter zu erzielen. Wie wirksam gerade dann das Co im tierischen Stoffwechsel werden kann, wenn die Tiere mit Harnstoff-Futtermitteln ernährt werden, konnte von BÜRKE und SCHWARTZ (1960) nachgewiesen werden.

14. Mineralstoffe mit teils schädlicher Wirkung

a) Jod und Brom

Eine sichere Abgrenzung zwischen Elementen mit nützlicher von solchen mit schädlicher Wirkung ist nicht möglich; denn nicht allein die chemische Beschaffenheit eines Elementes, auch seine auf die Pflanze einwirkende Konzentration sowie die Anteile der übrigen Mineralstoffe sind mitbestimmend dafür, ob ein Element im gegebenen Falle den pflanzlichen Organismus mehr positiv oder mehr negativ beeinflußt. Die verschiedensten, an und für sich für die Pflanze notwendigen Elemente wie B, Cu, Mn oder Fe können toxisch wirken, falls sie der Pflanze in übermäßiger Menge angeboten werden. Gleiches gilt für die Halogene **Jod** und Brom. Niedrige Jodgehalte des Bodens (0,1 ppm J $>$) können das Wachstum stimulieren, höhere Jodgehalte (6 ppm J $<$) wirken hemmend (HAGEMANN et al. 1942, LEHR et al. 1948). Jod vermag einige pflanzenphysiologische Vorgänge zu beeinflussen. Es steigert die Tätigkeit abbauender Fermente (Invertase, Peroxydase) und bewirkt eine erhöhte Atmung.

Die toxischen Schäden durch höhere Jodgaben beginnen bei Tomaten an den älteren Blättern. Sie werden chlorotisch und nekrotisch, rollen sich ein und sterben schließlich ab (HAGEMANN et al. 1942). Höhere Cl-Gaben vermindern den toxischen Einfluß des Jod bzw. heben ihn ganz auf. Eine Ionenkonkurrenz bzw. ein Antagonismus zwischen beiden Elementen ist deshalb wahrscheinlich (LEWIS und POWERS 1941).

Ähnlich wie das Co, so hat auch Jod für die tierische Ernährung mehr Bedeutung als für die Pflanzenernährung. Als Baustein der Jodgorgosäure und damit auch des Thyroxins, des Hormons der Schilddrüse, ist Jod für den menschlichen und tierischen Organismus ein lebensnotwendiges Element.

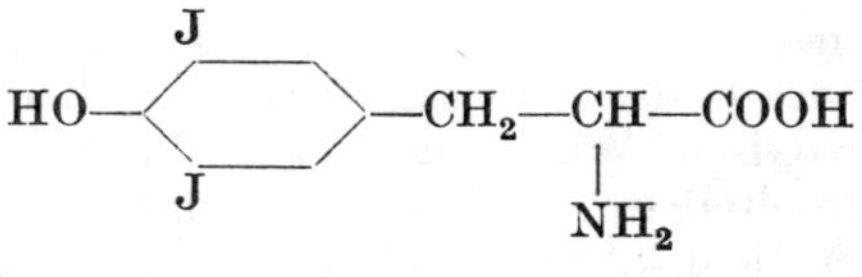

Jodgorgosäure (= Derivat des Phenylalanins)

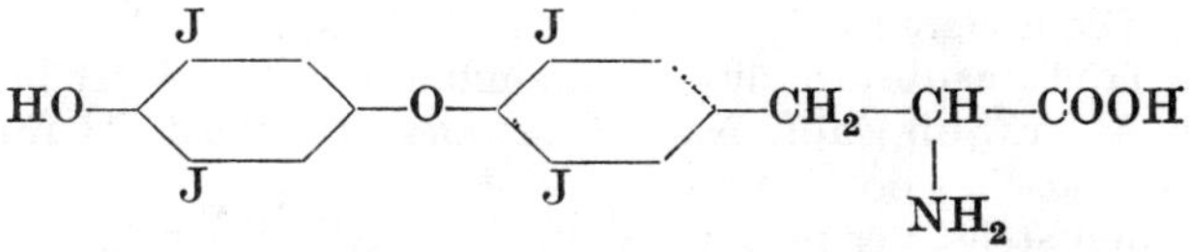

Thyroxin

Der Jodgehalt pflanzlicher Substanz ist niedrig. Er liegt durchschnittlich zwischen 0,07 und 1,2 ppm J in der Trockensubstanz.

Brom kann in geringen Mengen das Pflanzenwachstum stimulieren; höhere Gaben wirken nicht ganz so toxisch wie hohe Jod-Gaben (SCHARRER und SCHROPP 1949). In gewissen Grenzen kann Bromid das Chlorid in der Pflanze ersetzen (BROYER et al. 1954). OZANNE et al. (1956) berichten, daß typische Cl-Mangelsymptome, wie Welken und Gelbwerden der Blätter, durch Brom geheilt werden können.

b) Fluor

Fluor kommt in einer Größenordnung von 2 ppm F in der Trockensubstanz pflanzlichen Materials vor, kann aber unter Umständen auch in wesentlich höheren Konzentrationen in der Pflanze angetroffen werden. So fanden MITCHELL und EDMAN (1945) bis zu 400 ppm F in der Trockensubstanz von Teeblättern. Fluorid inhibiert die Phosphoglukomutase (YANG und MILLER 1962) und erhöht die Sauerstoffaufnahme (MCNULTY 1962).

Für praktische Belange ist es wichtig zu wissen, daß der gasförmige Fluorwasserstoff von der Pflanze aufgenommen wird und sie erheblich schädigen kann. Solche Schädigungen sind in Industriegegenden mit relativ hohen atmosphärischen Fluorwasserstoffgehalten nicht selten. Die Pflanzen hellen sich auf, und die Endknospen sterben ab. Die Atmungsintensität wird erhöht. Bei längerer Einwirkung gehen die Pflanzen vollkommen ein (McNulty und Newman 1957). Nach Untersuchungen von Leone et al. (1956) soll der Fluorwasserstoff in der Pflanze gut beweglich sein, so daß er unter Umständen wieder aus der Pflanze auswandert. Die Aufnahme von F aus dem Boden ist selbst bei Fluoridzugaben gering und erreicht selten toxisch wirkende Werte (Specht und Intire 1961). Die Beweglichkeit von Fluorid im Boden ist nach Gisiger (1966) gut.

c) Aluminium

Über 15 % der festen Erdrinde besteht aus Al_2O_3. Al ist also ein wesentliches Bauelement des Bodens, und gerade die für seine Sorptionskapazität so wichtigen primären und sekundären Tonminerale sind in ihrer Gitterstruktur neben Si hauptsächlich aus Al aufgebaut. Die Löslichkeit der Al-Verbindungen ist bekanntlich bei schwach saurer bis neutraler Reaktion gering, so daß die Bodenlösung bei geordnetem Kalkzustand des Bodens nur sehr geringe Al-Konzentrationen aufweist. Sie sind zu niedrig, um toxische Wirkungen auf die Pflanze auszuüben. Im Gegenteil, geringe pflanzenaufnehmbare Al-Mengen begünstigen das Pflanzenwachstum (Scharrer und Schropp 1936, Lipman 1938).

Eine spezifische Funktion im Stoffwechsel der höheren Pflanze hat das Al nicht. Verschiedene Pteridophyten wie Farne und Schachtelhalme benötigen dagegen Al (Tauböck 1942). Die höheren Pflanzen haben Al-Gehalte, die bei etwa 200 ppm Al bezogen auf die Trockensubstanz liegen. Lediglich der Tee weist hohe Al-Mengen (2000–5000 ppm Al/Tr.-Sub.) auf. Nach Chenery (1955) ist Al für ein gesundes Wachstum des Teebusches notwendig.

Auf sauren Böden steigt der pflanzenverfügbare Al-Gehalt des Bodens stark an. Al wird hier vermehrt von der Pflanze aufgenommen und besonders in der Wurzel akkumuliert (Hutchinson 1945). Es kommt zu Schädigungen der Wurzel (Trenel und Alten 1934), und die Nährstoffaufnahme der Pflanze, besonders die Phosphataufnahme, wird empfindlich, vermutlich durch Ausfällung von Al-Phosphaten in und an der Wurzel, gehemmt (Wright und Donahue 1953). Pflanzen mit Al-Toxizität haben daher in ihren oberirdischen Teilen meistens niedrige Phosphatgehalte.

Al-Toxizität tritt nur auf sauren Standorten auf. Die einzelnen Pflanzenarten und selbst Subspezies einer Art haben im Verlaufe der Evolution unterschiedliche Fähigkeiten ausgebildet, mit dem Al des Bodens fertig zu werden (Clarkson 1966). Die Al-Toxizität wird vielfach von einem hohen Mn- und Fe- und einem niedrigen Ca- und Mg-Gehalt der Pflanze begleitet. Das ist verständlich, denn wie schon an anderer Stelle ausführlich dargelegt, steigt die Mn- und Fe-Verfügbarkeit mit fallendem *p*H-Wert an, während unter diesen Bedingungen der Boden immer mehr an Ca und Mg durch Auswaschung verarmt (Plant 1956, Archangelskaja 1958). Die schädliche Wirkung saurer Böden ist also vielfach weniger auf eine erhöhte H- als auf eine allzu hohe Al-Ionenkonzentration zurückzuführen. Durch eine vernünftige Aufkalkung kann die Al-Toxizität am wirkungsvollsten behoben werden.

d) Nickel

Nickel (Ni) ist chemisch mit dem Kobalt eng verwandt und ähnelt auch in seiner physiologischen Wirksamkeit dem Co. Es neigt dazu, Chelatverbindungen einzugehen und kann in dieser Eigenschaft andere Schwermetalle aus ihren physiologisch wichtigen Zentren verdrängen. Höhere Ni-Konzentrationen wirken auf den pflanzlichen Organismus toxisch. Dieser schädliche Einfluß soll nach NICHOLAS und THOMAS (1954) noch größer sein als der des Co. VERGNANO und HUNTER (1952) fanden bei Hafer, daß die Ni-Toxizität dem Fe-Mangel ähnelt, ein Befund, der sich mit der oben schon erwähnten Verdrängung des Fe durch Ni erklären läßt. Hohe Ni-Konzentrationen im Nährmedium behindern die Aufnahme der meisten Nährstoffe (CROOKE und INKSON 1955). Nach KNIGHT und CROOKE (1956) ist diese Aufnahmebehinderung auf Wurzelschäden zurückzuführen, die durch hohe Ni-Konzentrationen verursacht werden.

Die toxische Auswirkung des Ni äußert sich bei Getreide durch chlorotische Streifen auf den Blättern, die mit der Zeit völlig weiß werden und sich nach den Rändern immer mehr ausdehnen (VERGNANO und HUNTER 1952). Auch bei den Dikotyledonen wird die Ni-Toxizität zuerst durch chlorotische Flecke zwischen den Blattadern sichtbar (HEWITT 1953).

Die meisten Böden haben einen sehr geringen Ni-Gehalt, so daß toxische Auswirkungen nicht zu befürchten sind. Es sind vorwiegend serpentinreiche Böden, wie man sie in Böhmen, auf dem Balkan, im Süden der UdSSR und auch in außereuropäischen Ländern findet, die Ni in größeren Mengen enthalten. Der Serpentin $(H_4MgFe)_3Si_2O_9$ ist ein Mineral, das durch Verwitterung sehr eigenartige Standorte mit entsprechender Flora hervorbringt. Derartige Böden sind reich an Mg und Fe und arm an Ca und Alkalien. Daneben enthalten sie noch vergleichsweise viel Ni, Co und Cr. KRAUSE (1962) fand in Rotlehmböden mit Serpentin als Ausgangsgestein in der oberen Schicht 250 ppm austauschbares Ni. Das Verhältnis des austauschbaren Ca und Mg (Ca/Mg) war auf diesen Böden meistens kleiner als 0,4. Nur bestimmte Pflanzen vermögen sich auf solchen Standorten anzusiedeln. Von den Kulturpflanzen sind es vorwiegend Getreidearten mit Ausnahme des Hafers, die am ehesten auf serpentinreichen Böden gedeihen.

Vielfach kann man die Ni-Toxizität erfolgreich durch eine Aufkalkung bekämpfen. Hierbei ist weniger, wie CROOKE (1956) zeigen konnte, die erhöhte Ca-Konzentration als die Neutralisation der Bodensäure der wirksame Faktor. Aber auch durch eine verstärkte K- und Ca-Düngung kann man die Ni-Schäden auf serpentinreichen Böden etwas einschränken. Eine Phosphatdüngung dagegen begünstigt das Auftreten der Ni-Toxizität (CROOKE und INKSON 1955).

Auf normalen Standorten liegt der Ni-Gehalt von Pflanzensubstanz zwischen 0,1–5 ppm Ni bezogen auf die Trockensubstanz; auf Serpentinstandorten ist er dagegen um ein vielfaches höher, und Gehalte von über 200 ppm Ni in der Trockensubstanz sind bei den verschiedenen Pflanzenarten nicht selten. VERGNANO und HUNTER (1952) fanden in Sandkulturen mit steigender Ni-Düngung Gehalte zwischen 1–1000 ppm Ni in der Trockensubstanz. Toxische Schäden wurden beim Hafer beobachtet, wenn die Ni-Konzentration im Blatt 100 ppm Ni/Trockensubstanz überstieg (CROOKE 1956). Gerade der gegenüber Ni empfindliche Hafer vermag viel Ni aufzunehmen, während Weizen auch auf Ni-reichen Böden vergleichsweise weniger Ni aufnimmt und wahrscheinlich auch aus diesem Grunde auf Ni-reichen Standorten gedeiht.

e) Selen

Selen ähnelt in seinem chemischen Verhalten dem Schwefel. Bei der Aufnahme von Selenat durch die Pflanze vermag das Sulfat konkurrierend einzuwirken, ein Zeichen dafür, daß beide Anionen zu gleichen organischen Strukturen eine gewisse Affinität aufweisen (LEGGETT und EPSTEIN 1956). Nach TRELEASE (1945) kann Se selbst in Eiweißkörpern an Stelle des S eingebaut werden.

In geringen Konzentrationen hat Selenat einen günstigen Einfluß auf Kruziferen, Leguminosen und Kompositen. KUSNEZOW (1958) fand, daß eine Saatgutbehandlung mit Se die Reife der Baumwolle fördert. Höhere Selenatmengen wirken dagegen ungünstig auf die Pflanze (SCHARRER 1955). Es kommt zu Wachstumsstörungen und chlorotischen Erscheinungen. Der Wuchs der Pflanze ist gedrungen, ihr Se-Gehalt steigt an. Besonders die Spitzen und Samen können so Se-Konzentrationen bis zu 1500 ppm Se in der Trockensubstanz erreichen (TRELEASE 1945).

Se-reiche Standorte findet man vorwiegend in ariden Klimazonen. Die Pflanzenwelt, die sich hier ansiedelt, ist ziemlich unempfindlich gegenüber hohen Se-Gehalten des Bodens. MILLER und BYERS (1937) zählen zu den Se-liebenden Pflanzen die verschiedenen *Astragalus*-Arten. Sonnenblumen, Mais, Weizen, Roggen und Gerste gedeihen noch auf Se-reichen Standorten. Sie erreichen hier Se-Gehalte von 50 ppm Se. Präriegräser sind nach MILLER und BYERS (1937) sehr empfindlich gegenüber hohen Se-Mengen im Nährmedium. Ihre Gehalte an Se übersteigen im allgemeinen 1 ppm Se in der Trockensubstanz nicht.

Wichtiger als der Einfluß hoher Se-Mengen auf die Pflanze ist die Wirkung des Se auf den tierischen Organismus. Hohe Se-Gehalte im Futter rufen Mißbildungen an den Hufen der Tiere hervor. Ausfall von Haaren oder Federn und Zahnerkrankungen sind ebenfalls Folgen einer übermäßigen Se-Aufnahme. Diese durch Se hervorgerufenen Krankheitserscheinungen bezeichnete man früher mit „alkali disease" (KURNICK et al. 1958). Eine wirksame Maßnahme, die Se-Aufnahme der Pflanze einzuschränken, stellt die Sulfatdüngung dar. Die erhöhte Sulfatkonzentration im Boden vermag durch ihren konkurrierenden Einfluß die Selenataufnahme beachtlich einzuschränken.

f) Blei

Standorte mit hohen Pb-Gehalten, wie beispielsweise verschiedene Flußtäler des Nordharzes, sind selten. Die obere Bodenschicht kann hier Werte von 3000 ppm Pb und mehr erreichen. Auf extrem bleihaltigen Böden ist das Pflanzenwachstum gestört. Pb wird in den hochtechnisierten Ländern in beachtlichen Mengen durch Autoabgase an die Atmosphäre abgegeben. Es liegt in den Abgasen in feiner, gasähnlicher, hauptsächlich anorganischer Form vor und wirkt so auf die den Verkehrswegen benachbarten Pflanzen ein. Teils dringt es hierbei durch die Stomata der Blätter in das Innere der Pflanze, der größte Teil bleibt jedoch oberflächlich haften (PATEL 1967). Pflanzen mit höheren Bleigehalten sind bei direktem menschlichem oder tierischem Verzehr gefährlich. Die dicht am Fahrbahnrand verkehrsreicher Straßen stehenden Pflanzen weisen Pb-Gehalte von etwa 60 ppm in der

Trockensubstanz auf. Der größte Teil hiervon haftet nur oberflächlich an den Pflanzen. Mit zunehmendem Abstand von der Fahrbahn vermindert sich der Pb-Gehalt. Er erreicht bei einer Entfernung von rund 100 m Normalwerte (4 ppm Pb in der Tr. Sub.). Knollen, Wurzeln und Körner weisen niedrigere Pb-Gehalte auf (etwa 0,5 ppm in der Trockensubstanz). Pb wird nach HEILENZ (1970) vom Boden ziemlich stark sorbiert, so daß sich selbst hohe Pb-Gehalte des Bodens nur unwesentlich auf den Pb-Gehalt der Pflanze auswirken.

Verzeichnis wichtiger biochemischer Abkürzungen

AMP – Adenosinmonophosphat
ADP – Adenosindiphosphat
ATP – Adenosintriphosphat
CDP – Zytidindiphosphat
CTP – Zytidintriphosphat
UDP – Uridindiphosphat
UTP – Uridintriphosphat
UDPG – Uridindiphosphatglukose
GDP – Guanosindiphosphat
GTP – Guanosintriphosphat
dATP – Desoxyadenosintriphosphat
dGTP – Desoxyguanosintriphosphat
dCTP – Desoxyzytidintriphosphat
dTTP – Desoxythymidintriphosphat
FDP – Fruktosediphosphat
RuDP – Ribulosediphosphat
CoA – (= CoA—SH) Koenzym A
NAD – Nikotinamidadenindinukleotid, NAD^+ oxydierte, NADH reduzierte Form (NAD ist identisch mit DPN)
NADP – Nikotinamidadenindinukleotidphosphat, $NADP^+$ oxydierte, NADPH reduzierte Form (NADP ist identisch mit TPN)
DPN – Diphosphopyridinnukleotid, DPN^+ oxydierte, DPNH reduzierte Form (DPN ist identisch mit NAD)
TPN – Triphosphopyridinnukleotid, TPN^+ oxydierte, TPNH reduzierte Form (TPN ist identisch mit NADP)
FMN – Flavinmononukleotid ($FMNH_2$ reduzierte Form)
FAD – Flavinadenindinukleotid ($FADH_2$ reduzierte Form)
IES – Indolessigsäure (engl. Lit. IAA = indole acetic acid)
CCC – Chlorcholinchlorid
RNS – Ribonukleinsäure (engl. Lit. RNA = ribonucleic acid)
DNS – Desoxyribonukleinsäure (engl. Lit. DNA = desoxyribonucleic acid)
PEP – Phosphoenolpyruvat
DNP – Dinitrophenol
EDTA – Äthylendiamintetraazetat (engl. Lit. ethylene diamine tetraacetate)
EAS – essentielle Aminosäure (engl. Lit. EAA = essential amino acid)

Literaturverzeichnis

ABEL, K.: The physical and chemical basis of symbiotic nitrogen fixation: Recent advances. Phytochemistry **2**, 429 (1963).

ABELSON, P. H.: Amino acid sequences in proteins. Science **160**, 951 (1968).

ACQUAYE, D. K., MACLEAN, A. J., und RICE, H. M.: Potential and capacity of potassium in some representative soils of Ghana. Soil Sci. **103**, 79 (1967).

ADONSK, T., und JACOB, A.: Zusammenfassung der Ergebnisse der in den Jahren 1935–1938 durchgeführten Kalidüngungsversuche der Landwirtschaftlich-Technischen Kalistelle und der Landwirtschaftlichen Abteilung des Deutschen Kalisyndikats. II. Rüben. Z. Bodenkunde u. Pflanzenernähr. **31** (76), 197 (1943).

AGAFONOVA, A. F.: Der Einfluß von Kalk und Bor auf Kartoffeln und Buchweizen. Spurenelemente in der Landwirtschaft, S. 267, Akademie Verlag, Berlin 1968.

AGARWALA, S. C., und HEWITT, E. J.: Molybdenum as a plant nutrient. J. horticult. Sci. **29**, 278 und 291 (1954).

ALBERS, R. W.: Biochemical aspects of active transport. Ann. Rev. Biochem. **36**, 727 (1967).

ALESIN, S. N., und KUZNECOV, A. V. O.: Zur Umwandlung von Glimmern in Montmorillonit. Doklady TSChA. Moskovskaja ordena Lenina sel'skochozjajstvennaja akademija imeni K. A. Timirjazeva, Nr. 124, S. 61 (1967).

ALLEWELDT, G.: Die Wirkung der Gibberellinsäure auf Reben. Kali-Briefe, Fachgebiet 5, 1. Folge (1960).

ALT, D.: Die Wirkung von Nährionenkombinationen bei verschiedener Temperatur der Nährlösungen auf Tomaten. Z. Pflanzenernähr., Düng., Bodenkunde **112**, 17 (1966).

ALTEN, F., und GOEZE, G.: Der Einfluß der Düngung auf den Ertrag und die Güte der Flachsfaser. Ernähr. d. Pflanze **32**, 1 (1936).

ALTUNIN, D. A., und ALTUNINA, V. A.: Die Wirkung verschiedener Kalidüngerformen auf den Ertrag landwirtschaftlicher Kulturen. D. N. Prjanišnikova, Moskva **44**, 126 (1967).

AMBERGER, A.: Einfluß von K und N auf Ferment- und Kohlenhydrathaushalt von Grünlandpflanzen. Z. Pflanzenernähr., Düng., Bodenkunde **66**, 211 (1954).

– Wirkung von Zyanamid auf Katalase und Peroxydase in Pflanzen. Z. Pflanzenernähr., Düng., Bodenkunde **95**, 123 (1961).

– und AIGNER, H.: Ergebnisse eines achtjährigen Feldversuches mit Strohdüngung. Z. Acker- u. Pflanzenbau **130**, 291 (1969).

AMIN, J. V., und JOHAM, H. E.: The cations of the cotton plant in sodium substituted potassium deficiency. Soil Sci. **105**, 248 (1968).

ANDERSON, I., und EVANS, H. J.: Effect of manganese and certain other metal cations on isocitric dehydrogenase and malic enzyme activities in *Phaseolus vulgaris*. Plant Physiol. **31**, 22 (1956).

ANDREAE, W. A., und YSSELSTEIN, M. W. VAN: Studies on 3-indoleacetic acid metabolism. V. Effect of calcium ions on 3-indoleacetic acid uptake and metabolism by pea roots. Plant Physiol. **35**, 220 (1960).

ANKE, M., GRAUPE, B., und ROTHER, A.: Der Molybdängehalt verschiedener Ackerpflanzen nach einer Molybdändüngung. Arb. f. Fütterungsber. S. 351. Deutscher Landwirtschaftsverlag, Berlin 1962.

Appelqvist, L. A.: Lipids in *Cruciferae*. II. Fatty acid composition of *Brassica napus* seed as affected by nitrogen, phosphorus, potassium and sulfur nutrition of the plants. Physiol. Plant. **21**, 455 (1968).

Archangelskaja, N. S.: Der Einfluß von Mangan, Aluminium und Eisen auf Kartoffeln auf Sandböden. Spurenelemente in der Landwirtschaft. S. 301. Akademie Verlag, Berlin 1958.

Arenz, B.: Pflanzenernährung und Kartoffelbau. Landwirtsch. Jb. Bayern **27**, 51 (1950).

Arisz, W. H.: Active uptake, vacuole-secretion and plasmatic transport of chloride-ions in leaves of *Vallisneria spiralis*. Acta Bot. Neerl. **1**, 506 (1952).

– Significance of the symplasm theory for transport across the roots. Protoplasma **46**, 1 (1956).

– und Sol, H.: Influence of light and sucrose on the uptake and transport of chloride in *Vallisneria leaves*. Acta Bot. Neerl. **5**, 218 (1956).

Arnon, D. I.: Functional aspects of copper in plants. In: Copper metabolism. S. 89. The Johns Hopkins Press, Baltimore 1950.

– Phosphorus and the biochemistry of photosynthesis. Agrochimica **3**, 108 (1959).

– Cell-free photosynthesis and the energy conversion process. Light a. Life, hrsg. v. W. D. McElroy and Bently Glass. S. 489. John Hopkins Press, Baltimore 1961.

– Fratzke, W. E., und Johnson, C. M.: Hydrogen ion concentration in relation to absorption of inorganic nutrients by higher plants. Plant Physiol. **17**, 515 (1942).

– Losada, M., Whatley, F. R., Tsujimoto, H. Y., Hall, D. O., und Horton, A. A.: Photosynthetic phosphorylation and moleculare oxygen. Proc. Nat. Acad. Sci. (USA) **47**, 1314 (1961).

Asher, C. J., und Ozanne, P. G.: Growth and potassium content of plants in solution cultures maintained at constant potassium concentrations. Soil Sci. **103**, 155 (1967).

Ashwell, G.: Carbohydrate metabolism. Ann. Rev. Biochem. **33**, 101 (1964).

Atanasiu, N.: Das Wirkungsgesetz der Wachstumsfaktoren und seine Bedeutung für Forschung und Praxis in der Landwirtschaft. Berlin, Sitzungsber. Bd. 111, H. 14. Verlag S. Hirzel, Leipzig 1954.

– Zur Frage der Kaliwirkung bei Getreide auf verschiedenen Böden Äthiopiens. Vortrag anl. des 9. Kongresses des Intern. Kali-Instituts, Antibes 1970.

– Westphal, A., und Banerjee, A. K.: Studien über die Wirkung gedüngten Stickstoffs auf Ertrag und N-Aufnahme der Pflanze bei Böden mit verschiedenem Ammoniumfixierungsvermögen. Agrochimica **XI**, 257 (1967) und **XII**, 120 (1968).

Avron, M., und Neumann, J.: Photophosphorylation in chloroplasts. Ann. Rev. Plant Physiol. **19**, 137 (1968).

Bachthaler, G.: Wirkungen von Chlorocholinchlorid-(CCC-)Blattspritzungen auf Winter- und Sommerweizen an einem niederschlagsreicheren Anbaustandort. Z. Acker- u. Pflanzenbau **126**, 357 (1967).

Baden, W.: Zur angemessenen Kali-Phosphatdüngung auf Moor und Anmoor. Kali-Briefe, Fachgebiet 7, 1. Folge (1965).

Badjoff, K.: Leaching of the ammonium and nitrate nitrogen, introduced into the soil. Soil Sci. a. Agrochemistry **IV**, 53 (1969).

Baier, J.: Der Einfluß graduell steigender Stickstoff-Gaben unter verschiedenen Wetter-Bedingungen auf die Aufnahme von Nährstoffen und ihre Ausnutzung für die Ertragsproduktion. Rostlinná Výroba **13**, 1257 (1967).

Baker, D. A., und Weatherley, P. E.: Water and solute transport by exuding root systems of *Ricinus communis*. J. ex. Bot. **20**, 485 (1969).

Baley, K.: Protein structure and biological activity. Nature **180**, 833 (1957).

Bar-Akiva, A., Sagiv, J., und Leshem, J.: Nitrate reductase activity as an indicator for assessing the nitrogen requirement of grass crops. J. Sci. Fd. Agric. **21**, 405 (1970).

Baraud, J., Genevois, L., und Redeuilh, J.: Acides organiques et sels mineraux de la pomme de terre. Extrait des P.-V. de la Société des Sciences Physiques et Naturelles de Bordeaux 1957.

Barber, D. A., Ebert, M., und Evans, T. S.: The movement of ^{15}O through barley and rice plants. J. exp. Bot. **13**, 397 (1962).

– und Konntz, H. V.: Uptake of dinitrophenol and its effect on transpiration and calcium accumulation in barley seedlings. Plant Physiol. **38**, 60 (1963).

Barber, G. A., und Hassid, W. Z.: The formation of guanosine diphosphate D-glucose by enzymes of higher plants. Biochim. Biophys. Acta **86**, 397 (1964).

Barber, J.: Light induced uptake of potassium and chloride by *Chlorella pyrenoidosa*. Nature **217**, 876 (1968).

Barber, J. T., und Boulter, D.: Argininosuccinic acid in germinating seeds of *Vicia faba* L. Nature **197**, 1112 (1963).

Barber, S. A., Walker, J. M., und Vasey, E. H.: Mechanisms for the movement of plant nutrients from the soil and fertilizer to the plant root. Agricultural a. Food Chemistry **11**, 204 (1963).

Barker, A. V., Maynard, D. N., Mioduchowska, Barbara, und Buch, Anna: Ammonium and salt inhibition of some physiological processes associated with seed germination. Physiol. Plant. **23**, 898 (1970).

Barlan, Z., Milijescu, Livia, und Bordeiasu, Constanta: Methode zur Untersuchung des Feuchtigkeits- und Temperatureinflusses auf die Phosphorbeweglichkeit im Boden. An. Inst. Cercetări Cereale și Plante Tebn., Fundulea, București, Ser. B **33**, 31 (1965, hrsg. 1967).

Barron, E. J., und Stumpf, P. K.: Fat metabolism in higher plants. Biochim. Biophys. Acta **60**, 329 (1962).

Bartlett, R. J., und Simpson, T. J.: Interaction of ammonium and potassium in a potassium-fixing soil. Proc. Soil Sci. Soc. Amer. **31**, 219 (1967).

Bassham, J. A., und Calvin, M.: The path of carbon in photosynthesis. S. 104, Prentice Hall Inc., Englewood Cliffs, N. Y. 1957.

Baule, H.: Zusammenhänge zwischen Nährstoffgehalten und Krankheiten bei Forstpflanzen. Landw. Forsch. **23**/I., 92 (1969).

– und Fricker, C.: Die Düngung von Waldbäumen. S. 70. Bayerischer Landwirtschaftsverlag, München 1967.

Bayzer, H., und Mayr, H. H.: Beeinflussung der Aminosäurezusammensetzung der Roggenproteine durch Stickstoffdüngung und Chlorcholinchlorid. Z. Lebensmittel-Unters. u. -Forsch. **133**, 215 (1967).

Beckett, P. H. T., und Nafady, M. H. M.: Potassium-calcium exchange equilibria in soils: The location of non-specific (Gapon) and specific exchange sites. Soil. Sci. **18**, 263 (1967).

Becking, J. H.: Molybdenum and symbiotic nitrogen fixation by alder (*Alnus glutinosa*). Nature **192**, 1204 (1961).

Beevers, H.: Metabolic production of sucrose from fat. Nature **191**, 433 (1961).

Beevers, L., und Hageman, R. H.: Nitrate reduction in higher plants. Ann. Rev. Plant Physiol. **20**, 495 (1969).

Behlen, W.: Untersuchungen über die Verträglichkeit von Apfelbaumblättern gegenüber hochprozentigen Kupfer-Feinsprühbelägen und deren Aufnahme durch das Blatt. Zbl. biol. Aerosol-Forsch. **12**, Heft 3 (1965).

Behrendt, S.: Möglichkeiten der Keimbeschleunigung bei perennierenden Gräserarten durch Gibberellinsäure. S. 195. In: Eigenschaften und Wirkungen der Gibberelline. Springer Verlag, Berlin, Göttingen, Heidelberg 1962.

Bendall, D. S., und Hill, R.: Haem-proteins in photosynthesis. Ann. Rev. Plant Physiol. **19**, 167 (1968).

Bender, M. L., und Kézdy, F. J.: Mechanism of action of proteolytic enzymes. Ann. Rev. Biochem. **34**, 49 (1965).

Benedict, C. R., und Beevers, H.: Formation of sucrose from malate in germinating castor beans. Plant Physiol. **36**, 540 (1961).

Benedict, H. M., Simons, J. N., und Swidler, R.: The absorption of iron and chelating agents by soybean in split root experiments. Plant Physiol. **37**, XIVII (1962).

Bennett, J. P.: Iron in leaves. Soil Sci. **60**, 91 (1945).

Benson, A. A.: Plant membrane lipids. Ann. Rev. Plant Physiol. **15**, 1 (1964).

– On the orientation of lipids in chloroplast and cell membranes. The Journal of the American Oil Chemists' Society **43**, 265 (1966).

Benson, N. R., Batjer, L. P., und Chmelir, J. C.: Response of some decidous fruit trees to zinc chelates. Soil Sci. **84**, 63 (1957).

Bergersen, F. J.: Iron in the developing soybean nodule. Austr. J. biol. Sci. **16**, 916 (1963).

Bergmann, W.: Wurzelwachstum und Ernteertrag. Z. Acker- u. Pflanzenbau **97**, 337 (1954).

– Die Bedeutung der Mikronährstoffe, insbesonders des Molybdäns in der Landwirtschaft und im Gartenbau. Z. Landw. Versuchs- u. Untersuchungswes. **5**, 395 (1959).

– Auftreten, Erkennen und Verhüten von Nährstoffmangel bei Kulturpflanzen. Deutscher Landwirtschaftsverlag, Berlin 1960.

– Die systematische Bodenuntersuchung auf den *p*H-, P_2O_5- und K_2O-Zustand des Bodens in der DDR und die Auswertung der Ergebnisse. Intern. Z. d. Landw., Heft 5 (1963).

– Hinweise und Tabellen zur Aufstellung von Düngungsplänen für Großschläge bei industriemäßig organisierter Pflanzenproduktion nach den Ergebnissen der systematischen Bodenuntersuchung. VEB Chemiehandel, Berlin 1969.

Beringer, H.: Über die Aufnahme und Wirkung des Mikronährstoffes Kupfer in ionogener und chelatisierter Form bei Gerste. Z. Pflanzenernähr., Düng., Bodenkunde **100**, 22 (1963).

– Einfluß von Reifegrad und N-Düngung auf Fettbildung und Fettsäurezusammensetzung in Haferkörnern. Z. Pflanzenernähr., Düng., Bodenkunde **114**, 117 (1966).

– Einfluß der Temperatur auf Ertrag und Fettbildung von Haferkörnern. Z. Pflanzenernähr. **116**, 45 (1967).

Bernstein, L., und Gardner, W. R.: Perspective on function of free space in ion uptake by roots. Science **133**, 1482 (1961).

– und Hayward, H. E.: Physiology of salt tolerance. Ann. Rev. Plant Physiol. **9**, 25 (1958).

– und Pearson, G. A.: Influence of exchangeable sodium on the yield and chemical composition of plants. Soil Sci. **82**, 247 (1956).

Berry, W. L., und Ulrich, A.: Cation absorption from culture solution by sugar beets. Soil Sci. **106**, 303 (1968).

Bersin, Th.: Die Phytochemie des Schwefesl. Advances in Enzymol. **10**, 223 (1950).

Bettner, W., und Mappes, D.: Wachstumsregulatoren im Obstbau. Referat auf der LUFA-Tagung in Konstanz 1970.

Biddulph, O., Biddulph, S., Cory, R., und Koontz, H.: Circulation patterns for phosphorus, sulfur and calcium in the bean plant. Plant Physiol. **33**, 293 (1958).

– Nakayama, F. S., und Cory, R.: Transpiration stream and ascension of calcium. Plant Physiol. **36**, 429 (1961).

– und Woodbridge, C. G.: The uptake of phosphorus by bean plants with particular reference to the effects of iron. Plant Physiol. **27**, 431 (1952).

Biebl, R.: Borwirkungen auf *Pisum sativum*. Jb. wiss. Bot. **90**, 731 (1942).

Birch, J. A., und Molton, K. M.: The influence of magnesium applications to the pasture on the incidence of hypomagnesaemia. The Veterinary Record **73**, 1169 (1961).

Birke, J.: Physiologie der Ertragsbildung vom Standpunkt des Acker- und Pflanzenbaues. Probleme der Ertragsbildung bei den Kulturpflanzen, Sitzungsberichte Bd. XII, Heft 13. Deutsche Akademie der Landwirtschaftswissenschaften, Berlin 1966.

Björkman, O.: Further studies on differentiation of photosynthetic properties in sun and shade ecotypes of *Solidago virgaurea*. Physiol. Plant. **21**, 84 (1968).

Blanc, D.: Utilisation de l'analyse foliaire pour le contrôle de la nutrition de l'œillet. Compt. Rend. Acad. Agric. France **48**, 791 (1962).

Blanchet, R.: Quelques aspects récents des études relatives à l'alimentation minérale des plantes dans le sol. Sci. du Sol **2**, 109 (1965).

– und Bosc, M.: Bilans de potassium et alimentation potassique des plantes en présence de rétrogradations et de libérations d'ions K^+ non échangeables. Ann. agron. **18** (6), 601 (1967).

– Studer, R., und Chaumont, C.: Quelques aspects des interactions entre l'alimentation hydrique des plantes. Ann. agron. (Paris) **13**, 93 (1962).

BLOMSTROM, D. C., KNIGHT jr., E., PHILLIPS, W. D., und WEIHER, J. F.: The nature of iron in ferredoxin. Proc. Natl. Acad. Sci. US **51**, 1085 (1964).

BÖGER, P., und SAN PIETRO, A.: Ferredoxin and cytochrome f in *Euglena gracilis*. Z. Pflanzenphysiol. **58**, 70 (1967).

BÖTTGER, J.: Über den Mechanismus der Eiweißbiosynthese. Biol. Rundschau **3**, 105 (1965).

BOGUSLAWSKI, E. VON: Das Ertragsgesetz. Handb. d. Pflanzenphysiologie Bd. IV, S. 943. Springer Verlag, Berlin, Göttingen, Heidelberg 1958.

– und GIERKE, K. VON: Neue Untersuchungen über den Nährstoffentzug verschiedener Kulturpflanzen. Z. Acker- u. Pflanzenbau **112**, 226 (1961).

– und SCHILDBACH, R.: Der Einfluß von Standort, Jahr, Düngung und Beregnung auf die Qualität der Zuckerrübe unter Berücksichtigung des Ertrages. Zucker **22**, 123 (1969).

– VÖMEL, A., und REICHELT, G.: Nährstoffverhältnis in der Düngung und Ertragsbildung. Z. Acker- u. Pflanzenbau **97**, 267 (1954).

BOGUSZEWSKI, W., und PENTKOWSKI, A.: Investigations concerning the term of fertilizing rye with additional nitrogen rates. Pamietnik Pulawski – Prace IUNG, Zeszyt **37**, 1969.

BOHRING, J.: Die Aufnahme von Chlorcholinchlorid (CCC) durch Getreidepflanzen, sein Abbau im Boden und seine quantitative Bestimmung in Böden und biologischen Substanzen. Diss. d. Landw. Fakultät, Gießen 1965.

BOISCHOT, P., und QUILLON, P.: Fixation du cuivre dans les sols calcaires. C. R. Acad. Sci. (Paris) **234, 747** (1952).

BOKEN, E.: On the effect of ferrous sulfate on the available manganese in the soil and the uptake of manganese by the plant. Plant a. Soil **6**, 97 (1955).

– On the effect of ferrous sulfate on the available manganese in the soil and the uptake of manganese by the plant. Plant a. Soil **7**, 237 (1956).

BOLLARD, E. G.: Zinc deficiency in pears. Zew Zealand J. Sci. Technol., Sect. A **34**, 548 (1953).

– Nitrogen metabolism of apple trees. Nature **171**, 571 (1953).

– Transport in the xylem. Ann. Rev. Plant Physiol. **11**, 141 (1960).

BOLLE-JONES, E. W., und HILTON, R. N.: Zinc deficiency of *Hevea brasiliensis* as a predisposing factor to *Oidium infection*. Nature **177**, 619 (1956).

– und MALLIKARJUNESWARA, V. R.: A beneficial effect of cobalt on the growth of rubber plant. Nature **179**, 738 (1957).

BOLT, G. H.: Ion adsorption by clays. Soil Sci. **79**, 267 (1955).

BOMMER, D.: Versuche zur Beeinflussung von Schossen und Blühen bei perennierenden Gräserarten durch Gibberellinsäure. In: Eigenschaften und Wirkungen der Gibberelline. S. 110. Springer Verlag, Berlin, Göttingen, Heidelberg 1962.

– und DAMBROTH, M.: Zur Physiologie der Ertragsbildung von Kulturpflanzen der gemäßigten Zone. Vortrag auf dem Kongreß des Intern. Kali-Instituts, Antibes 1970.

BOND, G.: Fixation of nitrogen in non-legumes with alnus type root nodules. In E. A. KIRKBY: Nitrogen Nutrition of the Plant. University of Leeds. S. 1 (1970).

BONNER, J., und GALSTON, A. W.: Principles of plant physiology. W. H. Freeman and Company, San Francisco 1952.

BONNER jr., W. D.: Interactions between electron transport and the reactions of plant mitochondria with oxygen. Plant Physiol. **39**, LX (1964).

BOON, J. VAN DER, DAS, A., und SCHREVEN, A. C. VAN: Control of bitter pit and breakdown by calcium in the apples Cox's Orange Pippin and Jonathan. Agric. Res. Rep. (Wageningen) 711 (1968).

BOULD, C., NICHOLAS, D. J. D., TOLHURST, J. A. H., und WALLACE, T.: Zinc deficiency of fruit trees in Britain. Nature **164**, 801 (1949).

BOULTER, D.: Protein synthesis in plants. Ann. Rev. Plant Physiol. **21**, 91 (1970).

BOUMA, D.: Nutrient uptake and distribution in subterranean clover during recovery from nutritional stresses. II. Experiments with sulphur. Aust. J. biol. Sci. **20**, 613 (1967).

BOWLING, D. J. F.: Evidence for the electroosmosis theory of transport in the phloem. Planta **80**, 21 (1968).

– Translocation at 0 °C in *Helianthus annuus*. J. exp. Bot. **19**, 381 (1968).
– und SPANSWICK, R. M.: Active transport of ions across the root of *Ricinus communis*. J. exp. Bot. **15**, 422 (1964).
BRAMWELL, M. E., und HARRIS, H.: The origin of the polydispersity in sedimentation patterns of rapidly labelled nuclear ribonucleic acid. Biochem. J. **103**, 816 (1967).
BRANDENBURG, E.: Die Symptome des Molybdänmangels an verschiedenen Kulturpflanzen. Z. Pflanzenkrankheiten u. Pflanzenschutz **68**, 532 (1961).
– und BUHL, C.: Über das Vorkommen von Molybdänmangel bei Blumenkohl in Westdeutschland und seine Verhütung. Z. Pflanzenkrankh. (Pflanzenpath.) Pflanzenschutz **62**, 514 (1955).
BRANDENBURGER, H.: Einwirkung der Umwelt auf die Backqualität bei Weizen und deren Beeinflußbarkeit. Vortrag auf der Getreide-Tagung der Arbeitsgemeinschaft Getreideforschung e. V. in Detmold im Februar 1969.
BRAUER, A.: Über den Einfluß der Düngung auf die Verdaulichkeit und den Futterwert von Wiesenheu. Landw. Forsch. **13**, 201 (1960).
BRAUNSCHWEIG, L. C. VON: Die Bedeutung der Wasserspannung des Bodens für den Transport von Kalium zur Pflanzenwurzel und dessen Einfluß auf den Ertrag. Diss. d. Landw. Fakultät d. Justus Liebig-Universität, Gießen 1971.
– und MENGEL, K.: Der Einfluß verschiedener, den K-Zustand des Bodens charakterisierender Parameter auf den Kornertrag von Hafer. 26/1. Sonderh. d. Landw. Forsch. **20**, 65 (1971).
BREMNER, J. M.: Determination of fixed ammonium in soil. J. agric. Sci. **52**, 147 (1959).
BREWBAKER, J. L., und KWACK, B. H.: The essential role of calcium ion in pollen germination and pollen tube growth. Amer. J. Bot. **50**, 859 (1963).
BRIGGS, G. E., HOPE, A. B., und PITMAN, M. G.: Exchangeable ions in beet disc at low temperature. J. exp. Bot. **9**, 128 (1958).
– und ROBERTSON, R. N.: Apparent free space. Ann. Rev. Plant Physiol. **8**, 11 (1957).
BRONNER, H.: Der Zusammenhang zwischen Rübenproduktion, Düngung und Bodenmerkmalen. Eine Anwendung der Varianz- und Regressionsanalyse bei der Auswertung von Versuchsergebnissen des Jahres 1967. I. und II. Teil. Die Bodenkultur **20** (2), 132 und **20** (3), 268 (1969).
BROUWER, R.: The influence of the suction tension of the nutrient solutions on grwoth, transpiration and diffusion pressure deficit on bean leaves (*Phaseolus vulgaris*). Acta Bot. Neerl. **12**, 248 (1963).
– Ion absorption and transport in plants. Ann. Rev. Plant Physiol. **16**, 241 (1965).
BROVCHENKO, M. J.: Some proofs of splitting of sucrose from the mesophyll to the thin bundles of sugar beet leaves. Fisiol. Rast. **14**, 415 (1967).
BROWN, J. C.: The effect of the dominance of a metabolic system requiring iron or copper in the development of lime-induced chlorosis. Plant. Physiol. **28**, 495 (1953).
– und HOLMES, R. S.: Iron the limiting element in a chlorosis. Plant Physiol. **30**, 451 (1955).
– – und TIFFIN, L. O.: Iron chlorosis in soybeans as related to the genotype of rootstock. Soil Sci. **86**, 75 (1958).
– und TIFFIN, L. O.: Iron chlorosis in soybeans as related to the genotype of rootstock. Soil Sci. **89**, 8 (1960).
– – und HOLMES, R. S.: Carbohydrate and organic acid metabolism with C-14 distribution affected by copper in Thatcher wheat. Plant Physiol. **33**, 38 (1958).
BROWN, J. S.: Fluorometric evidence for the participation of chlorophyll a-695 in system 2 of photosynthesis. Biochim. Biophys. Acta **143**, 391 (1967).
BROWNELL, P. F.: Sodium as an essential micronutrient element for a higher plant (*Atriplex vesicaria*). Plant Physiol. **40**, 460 (1965).
– and WOOD, J. G.: Sodium as an essential micronutrient element for *Atriplex vesicaria*. Nature **179**, 635 (1957).
BROYER, T. C., CARLTON, A. B., JOHNSON, C. M., und STOUT, P. R.: Chlorine as a micronutrient element for higher plants. Plant Physiol. **29**, 526 (1954).
– und HOAGLAND, D. R.: Metabolic activities of roots and their bearing on the relation of upward movement of salts and water in plants. Amer. J. Bot. **30**, 261 (1943).

BRÜNING, D.: Befall mit *Eulecanium corni* BCHÉ. f. *robinarium* DGL. und *Eulecanium refulum* CKLL. in Düngungsversuchen zu Laubgehölzen. Arch. f. Pflanzenschutz **3**, 193 (1967).

BRUNE, H., THIER, E., und BORCHERT, E.: Variabilität der biologischen Proteinqualität verschiedener Getreidearten (Düngungs- und Standortvarianten). 3. Mitteilung: Versuchsergebnisse von Stoffwechselversuchen mit Schweinen und Ratten und Vergleich mit Aminosäureindices. Z. Tierphysiol., Tierernähr. u. Futtermittelkd. **24**, 89 (1968).

BUCHER, R.: Beziehungen zwischen den wasser- und acetatlöslichen Bormengen in Mineralböden. Landw. Forsch. 9. Sonderh., 114 (1957).

– Neuere Erkenntnisse über das Verhalten des Kaliums im Boden. Arbeiten der DLG **101** (1964).

BUCHNER, A.: Beitrag zur Frage der Chlorionenwirkung auf den Kohlenhydratstoffwechsel unserer Kulturpflanzen. Z. Pflanzenernähr., Düng., Bodenkunde **52**, 225 (1951).

– Die Schwefelversorgung der westdeutschen Landwirtschaft. Landw. Forsch. **11**, 79 (1958).

– FINK, F., FISCHER, A., JUNG, J., und STURM, H.: Zur Anwendung von Harnstoff und Harnstoffderivaten in der Landwirtschaft. Landw. Forsch. **22**, 81 (1969).

BUDIG, M.: Die Depotstreifendüngung, ein Verfahren zur Behebung des Kalium-Mangels der Rebe auf Lößstandorten. Diss. d. Landw. Fakultät d. Justus Liebig-Universität, Gießen 1970.

BÜCHEL, K. H., DRABER, W., TREBST, A., und PISTORIUS, E.: Zur Hemmung photosynthetischer Reaktionen in isolierten Chloroplasten durch Herbizide des Benzimidazol-Typs und deren Struktur-Aktivitäts-Beziehung unter Berücksichtigung des Verteilungskoeffizienten und des pK_A-Wertes. Z. Naturforsch. **21b**, 243 (1966).

BÜNEMANN, G., und GRUPPE, W.: Untersuchungen zur mineralischen Ernährung von Erdbeeren. Die Gartenwissenschaft **27** (9), 166 (1962).

– und LÜDDERS, P.: Der Einfluß jahreszeitlich unterschiedlicher Stickstoffversorgung auf das Wachstum von Apfelbäumen. II. Stippigkeit bei „Cox" in Abhängigkeit vom Zeitpunkt der N-Gabe unter Berücksichtigung der Ca-Zufuhr. Die Gartenbauwissenschaft **34** (16), 287 (1969).

BÜNSOW, R., PENNER, J., und HARDER, R.: Blütenbildung bei *Bryophyllum* durch Extrakt aus Bohnensamen. Naturwissenschaften **45**, 46 (1958).

– – – Die Wirkung der Gibberellinsäure auf die photoperiodisch bedingten Blühvorgänge bei Lang-Kurztagspflanzen. S. 101. In: Eigenschaften u. Wirkungen der Gibberelline. Springer Verlag, Berlin, Göttingen, Heidelberg 1962.

BÜRKE, R. P., und SCHWARTZ, H. M.: Über den Einfluß von Kobalt und Vit. B_{12} auf die Harnstoffverwertung durch Schafe. Landwirtsch. Forsch. **13**, 330 (1960).

BUFFA, P., GUARRIERA-BOBYLIVA, V., MUSCATELLO, U., und PASQUALI-RONCHETTI, I.: Conformational changes of mitochondria associated with uncoupling of oxidative phosphorylation *in vivo* and *in vitro*. Nature **226**, 272 (1970).

BUKOVAC, M. J., und WITTWER, S. H.: Absorption and mobility of foliar applied nutrients. Plant Physiol. **32**, 428 (1957).

BURGER, G.: Kupfer als Antagonist des Magnesiums bei der Chlorophyllbildung. Z. Pflanzenphysiol. **56**, 207 (1967).

BURGHARDT, H.: Beiträge zum Eisen-Mangan-Antagonismus der Pflanzen. Flora **143**, 1 (1956).

BURMA, D. P., und MORTIMER, D. C.: The biosynthesis of uridine diphosphate glucose and sucrose in sugarbeet leaf. Arch. Biochem. Biophysics. **62**, 16 (1956).

BURR, G. O., HARTT, C. E., TANIMOTO, T., TAKAHASHI, D., und BRODIE, H. W.: The circulatory system of the sugarcane plant. Radioisotop. in scientific Res. **4**, 351 (1958).

BURSTRÖM, H.: Mineralstoffwechsel. Fortschr. Bot. **15**, 301 (1954).

BUSH, L. P.: Influence of certain cations on activity of succinyl CoA synthetase from tobacco. Plant Physiol. **44**, 347 (1969).

BUSSLER, W.: Manganmangelsymptome bei höheren Pflanzen. Z. Pflanzenernähr., Düng., Bodenkunde **81**, 225 (1958).

– Die Abhängigkeit der Wurzelbildung vom Bor bei Sonnenblumen. Z. Pflanzenernähr., Düng., Bodenkunde **91**, 1 (1960).

– Vergleichende Untersuchungen an Kali-Mangelpflanzen. Verlag Chemie, Weinheim/Bergstr. 1962.

– Die Entwicklung von Kalziummangelsymptomen. Z. Pflanzenernähr., Düng., Bodenkunde **100**, 53 (1963).

Calvin, M.: Chelation and catalysis. In: Symposium on mechanism of enzyme action. S. 257. The Johns Hopkins Press, Baltimore 1954.

– Der Photosynthesezyklus. Angew. Chemie **68**, 253 (1956).

– und Bassham, J. A.: The photosynthesis of carbon compounds. W. A. Benjamin Inc., New York 1962.

Candela, M. I., Fisher, E. G., und Hewitt, E. J.: Molybdenum as a plant nutrient. Plant Physiol. **32**, 280 (1957).

Carles, J., Calmes, J., Magny, J., und Pulou, R.: La répartition du zinc et sa toxicité chez les végétaux. C. R. Acad. Sci. (Paris), Sér. D **268**, 516 (1969).

Cassagnes, P., Magny, J., Azalbert, P., und Carles, J.: Contribution à l'étude de l'évolution des éléments minéraux pendant la croissance de la pomme (Reine des Reinettes). C. R. Acad. Sci. (Paris) Sér. D **269**, 708 (1969).

Chance, B., Bonner, W. D., und Storey, B. T.: Electron transport in respiration. Ann. Rev. Plant Physiol. **19**, 295 (1968).

Chang, S. C., und Jackson, M. L.: Fractionation of soil phosphorus. Soil Sci. **84**, 133 (1957).

Chapman, D. L.: Phil. Mag. **25**, 475 (1913), zit. n. Kortüm, G.: Lehrbuch der Elektrochemie, S. 345. Verlag Chemie, Weinheim 1957.

Chenery, E. M.: A preliminary study of aluminium and the tea bush. Plant a. Soil **6**, 174 (1955).

Chouard, P.: Rôles respectifs de la gibberelline et du froid dans la vernalisation. S. 50. In: Eigenschaften und Wirkungen der Gibberelline. Springer Verlag, Berlin, Göttingen, Heidelberg 1962.

Chouteau, J.: Étude de la nutrition nitrique et ammoniacale de la plante de tabac en présence des doses croissantes de bicarbonate dans le milieu nutritief. Ann. de l'institut experimental du tabac de Bergerac **IV**, Nr. 2 (1963).

Clarkson, D. T.: Aluminium tolerance in species within the genus *Agrostis*. J. Ecol (Oxford) **54**, 167 (1966).

– Sanderson, J., und Russell, R. S.: Ion uptake and root age. Nature **220**, 805 (1968).

Clayton, R. K.: Photosynthesis: Primary physical and chemical processes. Ann. Rev. Plant Physiol. **14**, 159 (1963).

Clever, U.: Einige Bemerkungen über die Regulation von Genaktivitäten in Riesenchromosomen. In: Funktionelle und morphologische Organisation der Zelle. Springer Verlag, Berlin, Göttingen, Heidelberg 1963.

Coic, Y.: L'orge (*Hordeum* L.). In: Handbuch der Pflanzenernährung und Düngung, S. 269, 3. Bd. Springer Verlag, Wien, New York 1965.

– Lesaint, C., und Leroux, F.: Comparison de l'influence de la nutrition nitrique et ammoniacale combinée ou non avec une déficience en acide phosphorique, sur l'absorption et les métabolisme des anions-cations et plus particulierement des acides organiques chez le mais. C. R. Acad. Sci. **254**, 346 (1962).

– – – Effects de la nature ammoniacale ou nitrique de l'alimentation azotée et du changement de la nature de cette alimentation sur le métabolisme des anions et cations chez la tomate. Ann. Physiol. vég. **4**, 117 (1962).

Coleman, R. G.: The effect of sulfur deficiency on the free amino acids of some plants. Aust. J. Biol. Sci. **10**, 50 (1957).

Collander, R.: Selective absorption of cations by higher plants. Plant Physiol. **16**, 691 (1941).

– und Bärlund, H.: Permeabilitätsstudien an *Chara ceratophylla*. II. Die Permeabilität für Nichtelektrolyte. Acta Bot. Fenn. **11**, 1 (1933).

Cooke, G. W.: Plant nutrient cycles. Vortrag anl. des Kolloquiums des Intern. Kali-Instituts, Tel-Aviv 1969.

Cooking, E. C., und Yemm, E. W.: Synthesis of amino acids and proteins in barley seedlings. New Phytologist **60**, 103 (1961).

COOPER, R. B., BLASER, R. E., und BROWN, R. H.: Potassium nutrition effects on net photosynthesis and morphology of alfalfa. Proc. Soil Sci. Soc. Am. **31**, 231 (1967).

COOPER, T. G., FILMER, D., WISHNICK, M., und LANE, M. D.: The active species of „CO_2" utilized by ribulose diphosphate carboxylase. J. Biol. Chem. **244**, 1081 (1969).

COPPENET, M.: Résultats de douze années d'observations lysimétriques a Quimper (1954–1965). Ann. agron. **20** (2), 111 (1969).

CORMIS, L. DE: Contribution a l'étude de l'absorption du soufre par les plantes soumises a une atmosphère contenant du dioxyde de soufre. Ann. Physiol. vég. **10** (2), 99 (1968).

CRAM, W. J.: The effects of ouabain on sodium and potassium fluxes in excised root tissue of carrot. J. exp. Bot. **19**, 611 (1968).

CRANE, F. L.: Role of trace elements in electron transport and oxidative phosphorylation. Soil Sci. **85**, 78 (1958).

– Structure and function of mitochondria. Ann. Rev. Plant Physiol. **12**, 13 (1961).

CRIPPS, E. G.: Boron nutrition of the hop. J. horticult. Sci. **31**, 25 (1956).

CROFTS, A. R.: Uptake of ammonium ion by chloroplasts, and the mechanism of amine uncoupling. Biochem. Biophys. Res. Commun. **24**, 127 (1966).

CROOKE, W. M.: Effect of soil reaction on uptake of nickel from a serpentine soil. Soil Sci. **81**, 269 (1956).

– and INKSON, R. H. E.: The relationship between nickel toxicity and mayor nutrient supply. Plant a. Soil **6**, 1 (1955).

CUMMINGS, G. A., und TEEL, R.: Effect of nitrogen, potassium and plant age on certain nitrogenous constituents and malate content of orchardgrass (*Dactylis glomerata* K.). Agronomy J. **57**, 127 (1965).

CUPINA, T., und SARIC, M.: Assimilation of carbon into some organic matters in young corn plants grown under various conditions of nutrition. J. Sci. Agric. Res. **20**, 48 (1967).

DAINTY, J.: Ion transport and electrical potentials in plant cells. Ann. Rev. Physiol. **13**, 379 (1962).

– und HOPE, A. B.: The electric double layer and the Donnane quilibrium in relation to plant cell walls. Aust. J. Biol. Sci. **14**, 541 (1961).

DAM KOFOED, A., und FOGH, H. TH.: The sulfphur nutrition of plants. Tidsskrift for Planteavl **72**, 503 (1968).

– und LINDHARD, J.: Removal of plant nutrients from grasscovered soils in lysimeters. Tidsskrift for Planteavl **72**, 417 (1968).

DANIELLI, J. F., und DAVSON, H.: A contribution to the theory of permeability. J. cell. comp. Physiol. **5**, 495 (1936).

DAWNSON, C. R.: The copper protein ascorbic acid oxidase. In: Copper metabolism, S. 18. The Johns Hopkins Press, Baltimore 1950.

DAY, A. D., und INTALAP, S.: Some effects of soil moisture stress on the growth of wheat (*Triticum aestivum* L. em Thell). Agronomy J. **62**, 27 (1970).

DE KOCK, P. C.: Heavy metal toxicity and iron chlorosis. Ann. Botany **200**, 133 (1956).

– und MORRISON, R. I.: The metabolism of chlorotic leaves. 1. Amino acids, 2. Organic acids. Biochem. J. **70**, 266 u. 272 (1958).

DELAS, J.: La toxicité du cuivre accumulé dans des sols. Agrochimica **7**, 258 (1963).

DELBRÜCK, M.: Die Vererbungschemie. Naturwiss. Rdsch. **16**, 85 (1963).

DELOCH, H. W.: Über die analytische Bestimmung des Schwefels in biochemischen Substanzen und die Schwefelaufnahme durch landwirtschaftliche Kulturpflanzen in Abhängigkeit von der Düngung. Diss. d. Landw. Fakultät, Gießen 1960.

DEMETRIADES, S. D.: Chromatographic detection of free amino acids in normal and iron deficient plants of *Hibiscus esculentus*. Nature **177**, 95 (1956).

DENAEYER-DE SMET, SIMONE: Teneurs en potassium et calcium des sèves du bois d'arbres et arbustes appartenant à divers écosystèmes forestiers de haute belgique. Bull. Soc. Franç. Physiol. Végét. **13**, 19 (1967).

DEVER jr., J. E., BANDURSKI, R. S., und KIVILAAN, A.: Partial chemical characterization of corn root cell walls. Plant Physiol. **43**, 50 (1968).

DIAMOND, J. M., und SOLOMON, A. K.: Intracellular potassium compartments in *Nitella axillaris*. J. Gen. Physiol. **42**, 1105 (1959).

DIJKSHOORN, W.: A note on the cation-anion relationship in perennial ryegrass. Neth. J. Agric. Sci. **5**, 81 (1957).

– Metabolic regulation of the alkaline effect of nitrate in utilization in plants. Nature **194**, 165 (1962).

– LATHWELL, D. J., und DE WIT, C. T.: Temporal changes in carboxylate content of ryegrass with stepwise change in nutrition. Plant a. Soil **29**, 369 (1968).

– und WIJK, A. L. VAN: The sulphur requirements of plants as evidenced by the sulphur-nitrogen ratio in the organic matter. A review of published data. Plant a. Soil **26**, 129 (1967).

DILLEY, R. A., KEGEL, L. P., und CRANE, F. L.: Four quinones and tocopherol in spinach chloroplasts. Plant Physiol. **37**, XI (1962).

DINCHEV, D., und BADJOFF, K.: Balance-sheet of the nitrogen introduced into the soil, drawn with the aid of labelled isotopes. Soil Sci. a. Agrochemistry **IV**, 45 (1969).

DION, H. G., und MANN, P. I. G.: Three-valent manganese in soils. J. agric. Sci. **36**, 239 (1946).

DOBLER, M., DUNITZ, J. D., und KRAJEWSKI, J.: Structure of the K^+ complex with enniatin B, a macrocyclic antibiotic with K^+ transport properties. J. Mol. Biol. **42**, 603 (1969).

DOBRUNOW, L. G., und WERSCHININA, K. T.: Einfluß der mineralischen Ernährung auf den Zuckerrübenertrag im Zelinograder Gebiet. Nachr. Akad. Wiss. Kazachischen SSR **1**, 35 (1966).

DOMPERT, W. U., und BERINGER, H.: Fettsynthese in Sonnenblumenfrüchten bei unterschiedlicher Sauerstoffkonzentration. Naturwissenschaften **57**, 40 (1970).

DONNAN, F. G.: Theorie der Membrangleichgewichte und Membranpotentiale bei Vorhandensein von nicht dialysierenden Elektrolyten. Ein Beitrag zur physikalisch-chemischen Physiologie. Z. Elektrochem. **17**, 572 (1911).

DORFMÜLLER, W.: Über den Einfluß des Bors auf den Wasserhaushalt der Leguminosen. Planta **32**, 51 (1941).

DOVE, L. D.: Phosphate absorption by air-stressed root systems. Planta **86**, 1 (1969).

DRAWERT, H., und MIX, M.: Licht- und elektronenmikroskopische Untersuchungen an Desmidiaceen. Flora **151**, 487 (1961).

DREW, D. H.: Mineral Nutrition and the water relations of plants. I. A comparison of the effects of mineral-free water and nutrient solutions on water uptake and transpiration. Plant a. Soil **26**, 158 (1967).

DREW, M. C., und NYE, H. P.: The supply of nutrient ions by diffusion to plant roots in soil. II. The effect of root hairs on the uptake of potassium by roots of rye grass (*Lolium multiflorum*). Plant a. Soil **31**, 407 (1969).

– NYE, P. H., und VAIDYANATHAN, L. V.: The supply of nutrient ions by diffusion to plant roots in soil. I. Absorption of potassium by cylindrical roots of onion and leek. Plant a. Soil **30**, 252 (1969).

DROUINEAU, G., und BLANC, D.: Influence de la nutrition azotée sur le développement et le métabolisme du vegetal. Agrochimica **5**, 49 (1961).

– und MAZOYER, R.: Contribution à l'étude de la toxicité du cuivre dans les sols. Ann. agronom. **13**, 31 (1962).

DUISBERG, P. C., und BUEHRER, T. F.: Effect of ammonia and its oxidation products on rate of nitrification and plant growth. Soil Sci. **78**, 37 (1954).

DUTHION, M.: Le potassium dans le sol. Revue Agricole de France. Fertilisation 1966, No. 2, Juni 1966.

DYBING, C. D., und ZIMMERMANN, D. C.: Fatty acid accumulation in maturing flax seeds as influenced by environment. Plant Physiol. **41**, 1465 (1966).

EASTWOOD, D., TAVENER, R. J. A., und LAIDMAN, D. L.: Sequential action of cytokinin and gibberellic acid in wheat aleurone tissue. Nature **221**, 1267 (1969).

EATON, F. M.: Deficiency, toxicity and accumulation of boron in plants. J. agric. Res. **69**, 237 (1944).
– und ERGLE, D. R.: Mineral nutrition of the cotton plant. Plant Physiol. **32**, 169 (1957).
EATON, S. V.: Effects of phosphorus deficiency on growth and metabolism of soybean. Bot. Gaz. **111**, 426 (1950).
– Effects of sulfur deficiency on growth and metabolism of tomato. Bot. Gaz. **112**, 300 (1951).
EDELMAN, J., SHIBKO, S. I., und KEYS, A. J.: The role of the *scutellum* on cereal seedlings in the synthesis and transport of sucrose. J. exp. Bot. **10**, 178 (1959).
EFFMERT, E.: Über den Einfluß der Düngung auf den Phosphorsäuregehalt der Kartoffelstärke. (I) Über den Einfluß der Düngung auf das Amylose-Amylopektin-Verhältnis der Kartoffelstärke. (II) Thaer-Arch. **11**, 745 u. 755 (1967).
EGNER, H.: Neue Beiträge zur chemischen Bodenuntersuchung unter besonderer Berücksichtigung der Laktatmethode. Landwirtsch. Forsch. 6. Sonderh., 28 (1955).
– RIEHM, H., und DOMINGO, W.: Untersuchungen über die chemische Bodenanalyse als Grundlage für die Beurteilung des Nährstoffzustandes der Böden. Ann. Royal Agricult. Coll. Sweden **26**, 199 (1960).
EHLERS, W., GEBHARDT, H., und MEYER, B.: Untersuchungen über die positionsspezifische Bindung des Kaliums an Illit, Kaolinit, Montmorillonit und Humus. Z. Pflanzenernähr., Düng., Bodenkunde **119**, 173 (1968).
– MEYER, B., und SCHEFFER, F.: Beitrag zur Bestimmung der Kalium-Fixierung im Boden. Landw. Forsch. **20**, 251 (1967).
EHRENDORFER, K.: Einfluß der Mineralstoffgehalte, insbesondere des Phosphorgehaltes auf den Oxalsäuregehalt von Spinat (*Spinacia oleracea* L.). Die Phosphorsäure **24**, 180 (1964).
EHRLER, W. L.: Transpiration of alfalfa as affected by low root temperature and other factors of a controlled environment. Plant Physiol. **37**, 11 (1962).
EIGEN, M.: Wasserstoffbrückensysteme als Medium chemischen Transportes. Naturwiss. Rdsch. **16**, 25 (1963).
EILRICH, G. L.: Nitrate reductase in wheat and its relationship to grain protein production as affected by genotype and spring application of calcium nitrate. Doktor-Thesis, Univ. Illinois, Urbana 1968.
EL-SHEIKH, A. M., ULRICH, A., und BROYER, T. C.: Sodium and rubidium as possible nutrients for sugar beet plants. Plant Physiol. **42**, 1202 (1967).
ELZAM, O. E., und EPSTEIN, E.: Absorption of chloride by barley roots: Kinetics and selectivity. Plant Physiol. **40**, 620 (1965).
– und HODGES, T. K.: Calcium inhibition of potassium absorption in corn roots. Plant Physiol. **42**, 1483 (1967).
EMERSON, R., CHALMERS, R., und CEDERSTRAND, K.: Some factors influencing the long – wave limit of photosynthesis. Proc. Natl. Acad. Sci. US **43**, 133 (1957).
ENAYAT, A., und HÖFNER, W.: Kinetineinfluß auf die Verteilung anorganischer Stoffe in isolierten Blättern von *Nicotiana tabacum* var. Rustica. Planta **66**, 221 (1965).
ENGEL, J., und BEIER, G.: Die Rückbildung der Sekundär- und Tertiärstruktur denaturierter Eiweißmoleküle. Verhandlungsber. d. Kolloid-Ges. **21**, S. 7, Verlag D. Steinkopff, Darmstadt 1964.
ENGEL, W.: Untersuchungen über die Kieselsäureverbindungen im Roggenhalm. Planta **41**, 358 (1953).
– Beitrag zur Funktion der Kieselsäure im pflanzlichen Organismus. Naturwissenschaften **45**, 316 (1958).
EPSTEIN, E.: Dual pattern of ion absorption by plant cells and by plants. Nature **212**, 1324 (1966).
– und HAGEN, C. E.: A kinetic study of the absorption of alkali cations by barley roots. Plant Physiol. **27**, 457 (1952).
ERGLE, D. R., und EATON, F. M.: Sulfur nutrition of cotton. Plant Physiol. **26**, 639 (1951).

– und GUINN, G.: Phosphorus compounds of cotton embryos and their changes during germination. Plant Physiol. **34**, 476 (1959).

ERIKSSON, E.: Cation-exchange equilibria on clay minerals. Soil Sci. **74**, 103 (1952).

ERIKSSON, S.: Composition of atmospheric precipitation. Tellus **4**, 280 (1952).

EVANS, H. J.: The effect of concentration of potassium and other univalent cations in nutrient solutions on the activity of pyruvate kinase in *Pisum sativum*. Plant Physiol. **37**, VII (1962).

– und SORGER, G. J.: Role of mineral elements with emphasis on the univalent cations. Ann. Rev. Plant Physiol. **17**, 47 (1966).

EVANS, H., und NASON, A.: Pyridine nucleotide-nitrate reductase from extracts of higher plants. Plant Physiol. **28**, 233 (1953).

EVANS, L. T., und RAWSON, H. M.: Photosynthesis and respiration by the flag leaf and components of the ear during grain development in wheat. Aust. J. Biol. Sci. **23**, 245 (1970).

EVERS, F. H.: Die Wirkung von Ammonium- und Nitratstickstoff auf Wachstum und Mineralstoffgehalt von *Picea* und *Populus*. Z. Bot. **51**, 61 (1963).

FALLER, N. N.: Der Schwefeldioxydgehalt der Luft als Komponente der Schwefelversorgung der Pflanze. Diss. d. Landw. Fakultät d. Justus Liebig-Universität, Gießen 1968.

– HERWIG, K., und KÜHN, H.: Die Aufnahme von Schwefeldioxyd ($S^{35}O_2$) aus der Luft. I. Einfluß auf den pflanzlichen Ertrag. Plant a. Soil **33**, 177 (1970).

FANG, S. C., BOURKE, J. B., STEVENS, V. L., und BUTTS, J. S.: Influences of gibberellic acid on metabolism of indoleacetic acid, acetate and glucose in roots of higher plants. Plant Physiol. **35**, 251 (1960).

FARMER, V. C., und WILSON, M. J.: Experimental conversion of biotite to hydrobiotite. Nature **226**, 841 (1970).

FAUST, H.: Untersuchungen über die Mineralstoffabgabe einjähriger Pflanzen. Z. Pflanzenernähr., Düng., Bodenkunde **90**, 83 (1960).

FAWCETT, C. H.: Indole auxins. Ann. Rev. Plant Physiol. **12**, 345 (1961).

FERRARI, TH. J., und SLUIJSMANS, C. M. J.: Mottling and magnesium deficiency in oats and their dependence on various factors. Plant a. Soil **6**, 262 (1955).

FEWSON, C. A., und NICHOLAS, D. J. D.: Utilization of nitrate by micro-organisms. Nature **190**, 2 (1961).

FIEDLER, H. J., und REISSIG, H.: Lehrbuch der Bodenkunde. G. Fischer Verlag, Jena 1964.

FIELDS, M., und WELLS, N.: Trace elements in soils, plants and animals. Zit. n. Nature **180**, 24 (1957).

FINCK, A.: Mangangehalt dörrfleckenkranker und gesunder Haferpflanzen sowie einiger anderer Feldpflanzen. Die Phosphorsäure **14**, 91 (1954).

– Manganbedarf des Hafers in verschiedenen Wachstumsstadien. Plant a. Soil **7**, 389 (1956).

– Kalium status of some Sudan clay soils. Plant a. Soil **16**, 293 (1962).

– Düngung und Nährstoffversorgung der Böden bei intensiver Wirtschaftsweise. Vortrag anl. d. Hochschultagung in Kiel am 16. 10. 1970.

FINCK, H. B.: Die Phosphorsäuredüngung der Wiesen. Praktische Blätter f. Pflanzenbau u. Pflanzenschutz, H. 4, 135 (1958).

FINGER, H.: Weidedüngungsversuch mit Mg- und Na-haltigem Kalidünger. Mitteilungen der DLG **85**, 542 (1970).

FISCHER, R. A.: Stomatal opening: role of potassium uptake by guard cells. Science **160**, 784 (1968).

– und HSIAO, TH. C.: Stomatal opening in isolated epidermal strips of *Vicia faba*. II. Responses to KCl concentration and the role of potassium absorption. Plant Physiol. **43**, 1953 (1968).

FLAIG, W., und BREYHAN, T.: Über das Vorkommen von Indolverbindungen in Schwarzerde-Huminsäuren. Z. Pflanzenernähr., Düng., Bodenkunde **75**, 132 (1956).

– und KAUL, R.: Über die Einwirkung von Ribonucleinsäure auf das Pflanzenwachstum. Z. Pflanzenernähr., Düng., Bodenkunde **72**, 103 (1956).

FLORELL, C.: Calcium, mitochondria and ion uptake. Physiol. Plantarum **10**, 781 (1957).

FORSTER, H.: Die Auswirkungen verschiedener variierter Ernährungsbedingungen auf den Ertrag und die Qualität der Zuckerrübe. Zucker **23, 343** (1970).

FOWDEN, L.: Aspects of amino acid metabolism in plants. Ann. Rev. Plant Physiol. **18**, 85 (1967).

FRANKE, W.: Zur Frage der Ernährung von Pflanzen über die Blätter und deren korrelativen Wirkung auf das Wurzelsystem. Beitr. Biol. Pflanzen **38**, 63 (1962).

– Zur Frage der Struktur der Ektodesmen. A. Die Ektodesmen als plasmatische Strukturen. Planta **63**, 279 (1964).

– Mechanisms of foliar penetration of solutions. Ann. Rev. Plant Physiol. **18**, 281 (1967).

FRENZEL, B.: Zur Abgabe von Aminosäuren und Amiden an das Nährmedium durch die Wurzeln von *Helianthus annuus*. Planta **49**, 210 (1957).

FRIED, M., und SHAPIRO, R. E.: Soil-plant relationships in ion uptake. Ann. Rev. Plant Physiol. **12**, 91 (1961).

FRIEDRICHSEN, J.: Ursachen von Säureschäden an Kulturpflanzen auf Böden Schleswig-Holsteins. Diss. d. Landw. Fakultät d. Christian-Albrechts-Universität, Kiel 1967.

FRIES, L.: Vitamin B_{12} in *Pisum sativum*. Physiol. Plantarum **15**, 566 (1962).

FÜHR, F., und BREMNER, J. M.: Untersuchungen über Reaktionen zwischen organischer Masse des Bodens und Nitrit. Jahreshauptversammlung des Verb. Deutsch. Landw. Untersuchungs- u. Forschungsanstalten in Garmisch 1963.

FULTON, J. M.: Stomatal aperture and evapotranspiration from field grown potatoes. Canad. J. Plant Sci. **47** (1967).

GÄRTEL, W.: Untersuchungen über den Kalium- und Magnesiumgehalt von Rebkulturen. Weinberg und Keller **2**, 368 (1955).

– Beitrag zur Kenntnis des Magnesiummangels bei Reben. Landwirtsch. Forsch. 13. Sonderh., 45 (1959).

– Die Bedeutung der Spurennährstoffe im Weinbau. Landw. Forsch. **16**, 121 (1962).

– Starkes Auftreten von Kaliummangel als Folge der anhaltenden Dürre. Dtsch. Weinbau **16**, 651 (1964).

– Die Phosphatüberdüngung im Weinbau. Vortrag anl. LUFA-Tagung, Würzburg 1969.

GANSSMANN, W.: Untersuchungen über den Einfluß der Kieselsäure auf die Aufnahme von Phosphorsäure und anderen Nährstoffen. Die Phosphorsäure **22**, 223 (1962).

– Qualitätshafer – Anbau und Düngung. Boden u. Pflanze Nr. 11, 80 (1964) (Landw. Schriftenreihe der Ruhr-Stickstoff AG).

GAPON, E. N.: On the theory of exchange adsorption in soils. J. Gen. Chem. (USSR) **3**, 144 (1933).

GARDNER, B. R., und TUCKER, T. C.: Nitrogen effects on cotton: II. Soil and petiole analyses. Soil Sci. Soc. Amer. Proc. **31**, 784 (1967).

GARDNER, D. C. J., und PEEL, A. J.: ATP in sieve tube sap from willow. Nature **222**, 774 (1969).

GARDNER, E. H.: Potassium relationship in some British Columbia soils. Can. J. Soil Sci. **47, 49** (1967).

GARDNER, W. R.: Dynamic aspects of soil – water availability to plants. Ann. Rev. Plant Physiol. **16**, 323 (1965).

GARDOS, G.: The mechanism of ion transport in human erythrocytes. I. The role of 2,3-diphosphoglyceric acid in the regulation of potassium transport. Acta biochim. biophys. (Budapest) **1**, 139 (1966).

GARNER, H. V.: Results of fertilizer experiments on carrots in 1941 and 1942. J. agric. Sci., Camb. **69**, 209 (1967).

GARZ, J.: Beziehungen zwischen Stickstoffernährung und Phosphatstoffwechsel des Tabaks. Flora **148**, 212 (1959).

– Die phosphathaltigen Substanzen der *Beta*-Rüben in ihrer Abhängigkeit von der Phosphor- und Stickstoffernährung. Thaer-Archiv **4**, 436 (1960).

GASSER, J. K. R., GREENLAND, D. J., und RAWSON, R. A. G.: Measurement of losses from fertilizer nitrogen during incubation in acid sandy soils and during subsequent growth of ryegrass, using ^{15}N-labelled fertilizers. Soil Sci. **18**, 289 (1967).

GAUCH, H. G., und DUGGER, W. M.: The physiological action of boron in higher plants: A review and interpretation. Agr. Exp. Sta. Maryland Tech. Bull. A, 80 (1954).

– und WEIGEL, R. C.: Mineral nutrition research with soybeans in Maryland. The Soybean Digest **28**, 14 (1968).

GEIGER, D. R., und CATALDO, D. A.: Leaf structure and translocation in sugar beet. Plant Physiol. **44**, 45 (1969).

GEISLER, G.: Einfluß der Sauerstoffkonzentration (O_2) in der Bodenluft auf das Wurzellängenwachstum und die Trockensubstanzbildung von Mais, Gerste und Ackerbohnen bei verschiedenem Bodenwassergehalt. Z. Acker- u. Pflanzenbau **130**, 189 (1969).

GERALDSON, C. M.: Factors affecting calcium nutrition of celery, tomato and pepper. Proc. Soil Sci. Soc. Amer. **21**, 621 (1957).

GERICKE, S.: Vortrag auf der DLG-Tagung f. Futter und Grünland. Cochem, Mosel 1957.

GERLOFF, E. D., STAHMANN, M. A., und SMITH, D.: Soluble proteins in alfalfa roots as related to cold hardiness. Plant Physiol. **42**, 895 (1967).

GHOBADIAN, A.: Untersuchungen über den Ionenaustausch im Boden zum Zweck einer gezielten Melioration (mit besonderer Berücksichtigung der Salzböden). Bodenkultur, 325 (1969).

GILBERT, M., und LAUDELOT, H.: Exchange properties of hydrogen ions in clays. Soil Sci. **100**, 157 (1965).

GISIGER, L.: Über die Fluorfestlegung im Boden. Landw. Forsch. **19**, 77 (1966).

– und HASLER, A.: Ursachen der Dörrfleckenkrankheit beim Hafer. Plant a. Soil **1**, 19 (1949).

GLASZIOU, K. T.: Control of enzyme formation and inactivation in plants. Ann. Rev. Plant Physiol. **20**, 63 (1969).

GLAUSER, R., und JENNY, H.: Two-phase studies on availability of iron in calcareous soils. Agrochimica **4**, 263 (1960).

GLIEMEROTH, G.: Wasserhaushalt des Bodens in Abhängigkeit von der Wurzelausbildung einiger Kulturpflanzen. Z. Acker- u. Pflanzenbau **95**, 21 (1952).

– Bearbeitung und Düngung des Unterbodens in ihrer Wirkung auf Wurzelentwicklung, Stoffaufnahme und Pflanzenleistung. Z. Acker- u. Pflanzenbau **96**, 1 (1953).

– Stickstoffverlagerung über Winter in Abhängigkeit von der Wasserführung eines Lößlehmbodens. Z. Acker- u. Pflanzenbau **107**, 129 (1959).

GLYNN, I. M.: Involvement of a membrane potential in the synthesis of ATP by mitochondria. Nature **216**, 1318 (1967).

GÖRLITZ, H.: Über den Einfluß der Düngung auf die Eigenschaften der Kartoffelstärke. Mineralstoffsymposium, Jena 1965.

GOLLMICK, F., NEUBERT, P., und VIELEMEYER, H.-P.: Möglichkeiten und Grenzen der Pflanzenanalyse bei der Ermittlung des Mineralstoffbedarfs landwirtschaftlicher Kulturpflanzen. Fortschrittsberichte f. d. Landwirtschaft u. Nahrungsgüterwirtschaft, Bd. 8, Heft 4, 1970. Deutsche Akademie d. Landwirtschaftswissenschaften zu Berlin.

GOODWIN, T. W.: Biosynthesis and function of carotenoids. Ann. Rev. Plant Physiol. **12**, 219 (1961).

GOOR, B. J. VAN: The role of calcium and cell permeability in the disease blossom-end rot of tomatoes. Physiol. plantarum **21**, 1110 (1968).

GOSWAMI, A. K., und WILLCOX, J. S.: Effect of applying increasing levels of nitrogen to ryegrass. I. Composition of various nitrogenous fractions and free amino acids. J. Sci. Food Agric. **20**, 592 (1969).

GOUY, G.: J. Physique **9**, 457 (1910), zit. n. KORTÜM, G.: Lehrbuch der Elektrochemie S. 345. Verlag Chemie, Weinheim 1957.

GRAHAM, E. R., und LOPEZ, P. L.: Freezing and thawing as a factor in the release and fixation of soil potassium as demonstrated by isotopic exchange and calcium exchange equilibria. Soil Sci. **108**, 143 (1969).

GRAHAM-BRYCE, I. J.: Effect of moisture content and soil type on self diffusion of ^{86}Rb in soils. J. Agric. Sci. **60**, 239 (1963).

GRAY, I. K., RUMSBY, M. G., und HAWKE, J. C.: The variations in linolenic acid and galactolipid levels in gramineae species with age of tissue and light environment. Phytochemistry **6**, 107 (1967).

GREEN, D. E., und FLEISCHER, S.: The role of lipids in mitochondrial electron transfer and oxydative phosphorylation. Biochim. Biophys. **70**, 554 (1963).

GREENWOOD, D. J.: Studies on oxygen transport through mustard seedlings (*Sinapis alba* L.). The New Phytologist **66**, 597 (1967).

– Effect of oxygen distribution in the soil on plant growth. In: W. J. Whittington, Proceedings of the Fifteenth Easter School in Agricultural Science, University of Nottingham, 1968.

GREENWOOD, E. A. N., GOODALL, D. W., und TITMANIS, Z. V.: The measurement of nitrogen deficiency in grass swards. Plant a. Soil **23**, 97 (1965).

GRIFFITH, G., und WALTERS, R. J. K.: The sodium and potassium content of some grass genera, species, and varieties. J. agric. Sci. **67**, 81 (1966).

GRIMME, H.: Die Adsorption von Mn, Co, Cu und Zn durch Goethit aus verdünnten Lösungen. Z. Pflanzenernähr. Bodenkunde **121**, 58 (1968).

– Das Verhalten des Kaliums im Boden und seine Beziehungen zur Ernährung der Pflanze. Vortrag auf der LUFA-Tagung in Konstanz 1970.

GROMET-ELHANAN, Z., und ARNON, D. J.: Effect of desaspidin on photosynthetic phosphorylation. Plant Physiol. **40**, 1060 (1965).

GRUNWALDT, H. S.: Untersuchungen zum Schwefelhaushalt schleswig-holsteinischer Böden. Diss. d. Landw. Fakultät der Christian-Albrechts-Universität, Kiel 1969.

GRUPPE, W.: Möglichkeiten und Grenzen der Blattanalyse im Obstbau. Kali-Briefe, Fachgeb. 2, 4. Folge (1961).

– und NURBACHSCH, K.: Untersuchungen zur mineralischen Ernährung von Erdbeeren. Gartenwissenschaften **26** (8), 415 (1961) und **27** (9), 64 (1962).

GÜNZEL, G.: Der Einfluß des Mangans auf Qualität und Fermentgehalt einiger Kulturpflanzen. Z. Pflanzenbau u. Pflanzenschutz **6**, 134 (1955).

GUIRARD, B. M., und SNELL, E. E.: Vitamin B_6-Function in transamination and decarboxylation reactions. Comprehensive Biochemistry, Elsevier publishing Comp., Amsterdam, London, New York 1964.

GUSTAFSON, F. G., und SCHLESSINGER, M. J.: Absorption of Co 60 by leaves of bean plants in the dark. Plant Physiol. **31**, 316 (1956).

GUTKNECHT, J.: Membranes of *Valonia ventricosa*: Apparent absence of water-filled pores. Science **158**, 787 (1967).

GUTSTEIN, Y.: The uptake of nitrogen, potassium and sodium and their interrelated effects on yield and quality composition of sugar beet. Qualitas Plantarum Mater. vegetabiles **15**, 1 (1967).

HAAHR, V., KNUDSEN, H., NIELSEN, G., und SANDFAER, J.: Root development of some cultivated plants in light sandy soil. Tidsskr. Planteavl **69**, 554 (1966).

HAAS, P. G. DE, und GRUPPE, W.: Die Bedeutung des Magnesiums für die Ernährung der Obstgehölze. Landw. Forsch. 13. Sonderh. **37** (1959).

HABER, A. H., und TOLBERT, N. E.: Metabolism of C-14-bicarbonate, P-32-phosphate or S-35-sulfate by lettuce seed during germination. Plant Physiol. **34**, 376 (1959).

HACKETT, C.: Belance between potassium and phosphorus in the nutrition of barley. II. Observations on growth and uptake. Ann. Bot. (Lond.), N. S. **30**, 321 (1966).

– SINCLAIR, C., und RICHARDS, F. J.: Balance between potassium and phosphorus in the nutrition of barley. I. The influence on amine content. Ann. Bot. (Lond.) **29**, 331 (1965).

HAEDER, H. E., und MENGEL, K.: Die Aufnahme von Kalium und Natrium in Abhängigkeit vom Stickstoffernährungszustand der Pflanze. Landw. Forsch. **23**/I. Sonderh. 53 (1969).

– – Funktion und Bedeutung des Magnesiums in der Pflanzenernährung. In: L. HEILMEYER u. H. J. HOLTMEIER, Herzinfarkt und Schock. S. 183. G. Thieme Verlag, Stuttgart 1969.

HAGEMAN, R. H., HODGE, E. S., und MCHARGUE, J. S.: Effect of potassium iodide on the ascorbic acid content and growth to tomato plants. Plant Physiol. **17**, 465 (1942).

HAGSTROM, G. R., und BERGER, K. C.: Molybdenum deficiencies of Wisconsin soils. Soil Sci. **99**, 52 (1965).

HALLSWORTH, E. G., GREENWOOD, E. A. N., und AUDEN, J.: Trace elements in soils, plants and animals. Zit. n. Nature **180**, 24 (1957).

HAMMOND, L. C., ALLAWAY, W. H., und LOOMIS, W. E.: Effects of oxygen and carbon dioxide levels upon absorption of potassium by plants. Plant Physiol. **30**, 155 (1955).

HANSON, J. B., und BONNER, J.: The relationship between salt and water uptake in Jerusalem artichoke tuber tissue. Amer. J. Bot. **41**, 702 (1954).

HARMSEN, G. W.: Was kann uns die Bestimmung des Gehaltes löslichen Stickstoffs im Boden lehren? Z. Pflanzenernähr., Düng., Bodenkunde **84**, 98 (1959).

– Einfluß von Witterung, Düngung und Vegetation auf den Stickstoffgehalt des Bodens. Landw. Forsch. 15. Sonderh. 61 (1961).

HARRIS, D. G., und BAVEL, M. H. C. VAN: Nutrient uptake and chemical composition of tobacco plants as affected by the composition of the root atmosphere. Agronomy J. **49**, 176 (1957).

HARRIS, E. J., DAM, K. VAN, und PRESSMAN, B. C.: Dependance of uptake of succinate by mitochondria on energy and its relation to potassium retention. Nature **213**, 1126 (1967).

HARRIS, P., und JAMES, A. T.: Effect of low temperature on fatty acid biosynthesis in seeds. Biochim. Biophys. Acta **187**, 13 (1969).

HARRIS, R. V., JAMES, A. T., und HARRIS, P.: Synthesis of unsaturated fatty acids by green algae and plant leaves. Biochemistry of chloroplasts ed. by D. T. GOODWIN **2**, 241 (1966).

– und JAMES, A. T.: Linoleic and α-linolenic acid biosynthesis in plant leaves and green algae. Biochim. Biophys. Acta **106**, 456 (1965).

HARTT, C. E.: Effect of potassium deficiency upon translocation of ^{14}C in attached blades and entire plants of sugarcane. Plant Physiol. **44**, 1461 (1969).

– Effect of potassium deficiency upon translocation of ^{14}C in detached blades of sugarcane. Plant Physiol. **45**, 183 (1970).

HASLER, A., und MAURIZIO, A.: Die Wirkung von Bor auf Samenansatz und Nektarsekretion bei Raps. Phytopathol. Z. **15**, 193 (1949).

HATCH, M. D., und JOHNSON, H. S.: Further studies on a new pathway of photosynthesic carbon dioxide fixation in sugar-cane and its occurrence in other plant species. Biochem. J. **102**, 417 (1967).

– und SLACK, C. R.: Photosynthesis by sugar-cane leaves. A new carboxylation reaction and the pathway of sugar-formation. Biochem. J. **101**, 103 (1966).

– – Photosynthetic CO_2-fixation pathways. Ann. Rev. Plant Physiol. **21**, 141 (1970).

HAUSER, H., und DAWSON, R. M. C.: The binding of calcium at lipidwater interfaces. Europ. J. Biochem. **1**, 61 (1967).

HAWF, L. R., und SCHMID, W. E.: Uptake and translocation of zinc by intact plants. Plant a. Soil **27**, 249 (1967).

HAY, R. E., EARLEY, E. B., und DETURK, E. E.: Concentration and translocation of nitrogen compounds in the corn plant during grain development. Plant Physiol. **28**, 606 (1953).

HAYAISHI, O.: Biological oxidations. Ann. Rev. Biochem. **31**, 25 (1962).

HEBER, U: Ribonucleinsäuren in den Chloroplasten der Blattzelle. Planta **59**, 600 (1963).

– und WILLENBRINK, J.: Sites of synthesis and transport of photosynthetic products within the leaf cell. Biochim. Biophys. Acta **82**, 313 (1964).

HEDDLE, R. G.: Long-term effects of fertilizers on herbage production. I. Yields and botanical composition. J. agric. Sci. **69**, 425 (1967).

HEHL, G.: Der Einfluß der Ernährung mit Stickstoff und Kalium auf den Kohlenhydratgehalt einiger Gramineen und Leguminosen in verschiedenen Entwicklungsstadien. Diss. d. Naturwiss. Fakultät d. Justus-Liebig-Universität, Gießen 1971.

HEIL, K.: Struktur und Biochemie der Mitochondrien-DNS. Naturw. Rdsch. **23**, 154 (1970).

HEILENZ, S.: Untersuchungen über den Bleigehalt von Pflanzen an verkehrsreichen Standorten. Landw. Forsch. 25/I. Sonderh. **73** (1970).

HEINONEN, S., und WARIS, H.: The uptake of iron as a ferric sequestrene by *Vicia faba* and *Phaseolus vulgaris*. Physiol. Plantarum **9**, 618 (1956).

HELAL, M., und MENGEL, K.: Der Einfluß einer variierten N- und K-Ernährung auf den Gehalt an löslichen Aminoverbindungen und auf die Ertragsbildung bei Sommerweizen. Z. Pflanzenernähr. Bodenkunde **120**, 89 (1968).

HENDRIX, J. E.: The effect of *p*H on the uptake and accumulation of phosphate and sulfate ions by bean plants. Amer. J. Bot. **54**, 560 (1967).

HENKENS, CH. H.: Richtlinien für die Düngung mit Spurenelementen in Holland. Landw. Forsch. **18**, 108 (1965).

HERRMANN, E. W.: Grünlandintensivierung durch sehr hohe Stickstoffgaben. Mitteilungen der DLG **83**, 584 (1968).

HERSCHLER, A.: Düngungsmaßnahmen zur Beseitigung bzw. Vorbeugung von Mangelschäden. Weinberg und Keller **2**, 389 (1955).

HESS, B., und HAECKEL, R.: Interaction between potassium-, ammonium- and fructose-1,6-diphosphate. Activation of yeast pyruvate kinase. Nature **214**, 848 (1967).

HEWITT, E. J.: Relation of manganese and other metal toxicities to the iron status of plants. Nature **161**, 489 (1948).

– Metal interrelationships in plant nutrition. J. exp. Bot. **4**, 59 (1953).

– Some aspects of micronutrient element metabolism in plants. Nature **180**, 1020 (1957).

– The role of mineral elements on the activity of plant enzyme systems. Handb. d. Pflanzenphysiologie Bd. IV, S. 427. Springer Verlag, Berlin, Göttingen, Heidelberg 1958.

– und AGARWALA, S. C.: Reduction of triphenyltetrazolium chloride by plant tissue and its relation to the molybdenum status. Nature **169**, 545 (1952).

– BOLLE-JONES, E. W., und MILES, P.: The production of copper, zinc and molybdenum deficiencies in crop plants grown in sand culture with special reference to some effects of water supply and seed reserves. Plant a. Soil **5**, 205 (1954).

– und MCCREADY, C. C.: Molybdenum as a plant nutrient. J. horticult. Sci. **31**, 284 (1956).

HEWITT, W. M., und GARDENER, M. E.: Some studies of the adsorption of zinc sulfate in Thompson seedless grape canes. Plant Physiol. **31**, 393 (1956).

HEYLAND, K. U.: Über die Bedeutung der Ernährung in verschiedenen Entwicklungsstadien für den Ertrag der Sommergerste. Z. Acker- u. Pflanzenbau **113**, 41 (1961).

– Wasserkulturversuche mit zeitlich gestaffelten NPK-Gaben zu Kartoffeln.Z. Acker- u. Pflanzenbau **118**, 68 (1963).

HIATT, A. J.: Reactions *in vitro* of enzymes involved in CO_2 fixation accompanying salt uptake by barley roots. Z. Pflanzenphysiol. **56**, 233 (1967).

– Relationship of cell sap *p*H to organic acid change during ion uptake. Plant Physiol. **42**, 294 (1967).

– An anomaly in potassium accumulation by barley roots. I. Effect of anions, sodium concentration, and length of absorption period. Plant Physiol. **45**, 408 (1970).

HIGINBOTHAM, N., ETHERTON, B., und FOSTER, R. J.: Concentration gradients of the major inorganic nutrient ions as related to cell electropotential gradients. Plant Physiol. **37**, XIVII (1962).

– – – Effect of external K, NH_4, Na, Mg and H ions on the cell transmembrane electropotential of *Avena coleoptiles*. Plant Physiol. **39**, 196 (1964).

HILL, A. C., TOTH, S. J., und BEAR, F. E.: Cobalt status of New Jersey soils and factors affecting the cobalt content of plants. Soil Sci. **76**, 273 (1953).

HILL, R., und BENDALL, F.: Function of the two cytochrome components in chloroplasts: A working hypothesis. Nature **186**, 136 (1960).

HILTON, J. L., JANSEN, L. L., und HULL, H. M.: Mechanisms of herbicide action. Ann. Rev. Plant Physiol. **14**, 353 (1963).

HIND, G., und OLSON, J. M.: Electron transport pathways in photosynthesis. Ann. Rev. Plant Physiol. **19**, 249 (1968).

HIRSCHMANN, H.: The nature of substrate assymmetrie in stereoselective reactions. Z. Biol. Chem. **235**, 2762 (1960).

HITCHCOCK, C., und JAMES, A. T.: The mechanism of α-oxidation of fatty acids by plant tissue. Biochem. J. **97**, 10 (1965).

HOAGLAND, D. R.: Lectures on the inorganic nutrition of plants. Chronica Botanica Company, Waltham, Mass. USA 1948.

HÖFLER, K.: Ein Schema für die osmotische Leistung der Pflanzenzelle. Ber. dtsch. bot. Ges. **38**, 288 (1920).

– New facts on water permeability. Protoplasma **39**, 677 (1950).

HÖFNER, W.: Untersuchungen über die Auswaschung und Sorption des Zinks im Boden und über die Zinkaufnahme der Pflanze. Diss. d. Landw. Fakultät der Justus-Liebig-Universität, Gießen 1957.

– Einfluß von Zellgiften auf die ^{14}C-Aufnahme isolierter Gerstenwurzeln aus $NaH^{14}CO_3$. Atompraxis **9**, 1 (1963).

– und HERWIG, K.: Mangan-Einfluß auf Volumen und osmotischen Wert des Exsudats junger Sonnenblumen. Physiol. Plant. **19**, 31 (1966).

– SCHAUMLÖFFEL, E., und VÖLKER, L.: Mikronährstoffgehalte von Blüten- und Samenteilen einiger Gramineen. Planta **57**, 608 (1961).

HÖHNE, H.: Vergleichende Untersuchungen über Mineralstoff- und Stickstoffgehalt sowie Trokkensubstanzproduktion von Waldbodenpflanzen. Archiv f. Forstwesen **11**, 1085 (1962).

– Blattanalytische Untersuchungen an jüngeren Fichtenbeständen. Archiv f. Forstwes. **12**, 341 (1963).

HOESER, K.: Untersuchungen über den Einfluß steigender N-Gaben auf die Backeigenschaft des Weizens. Landwirtsch. Jb. Bayern **33**, 17 (1956).

HOFFMAN, M.: Fertilizing fruit trees. Vortrag anl. Israel-Kolloquium des Intern. Kali-Instituts, März 1969.

HOFFMANN, G.: Die Versickerung von Wasser und Nährstoffen in drei verschiedenen Bodenarten nach Messungen am Lysimeter des Agrikulturchemischen Instituts Weihenstephan. Bayer. Landw. Jb. **44**, 3. Sonderh., 258 (1967).

HOFFMANN, W.: Vortrag auf der LUFA-Tagung d. Fachgr. Bodenkd., Pflanzenernähr., Düngung. München 1960.

HOFFMANN, W. E.: Der Einfluß einiger Bodeneigenschaften auf die Magnesiumversorgung der Kartoffeln. Landw. Forsch. **15**, 34 (1962).

– RIEHM, H., und SCHROEDER, D.: Magnesiumuntersuchungen an deutschen Böden. Landw. Forsch. 13. Sonderh., 9 (1959).

HOFMANN, E.: Das Sulfatproblem als Folge der veränderten Düngewirtschaft. Bayer. Landw. Jb. **34**, 1. Sonderh., 19 (1957).

– und AIGNER, H.: Nährstoffentzug, Nährstoffverwertung und Nährstoffverhältnis in Abhängigkeit von verschiedener Düngung. Bayer. Landw. Jb. **42**, 141 (1965).

– und LATZKO, E.: Anwendung der Autoradiographie zum Studium der Aufnahme und Verteilung von $H_2{}^{14}CN_2$ durch die Pflanze. Z. Pflanzenernähr., Düng., Bodenkunde **66**, 222 (1954).

– und SCHMELING, B. VON: Der Einfluß der K-Düngung auf Ertrag und Qualität des Sommerroggens. Z. Pflanzenbau Pflanzenschutz H. 4, 1 (1955).

HOFSTEE, B. H. J.: On the evaluation of the constants V_m and K_m in enzyme reactions. Science **116**, 329 (1952).

HOLM-HANSEN, O., GERLOFF, G. C., und SKOOG, F.: Cobalt as an essential element for bluegreen algae. Physiol. Plantarum **7**, 665 (1954).

HOLMES, R. S., und BROWN, J. C.: Chelates as correctives for chlorosis. Soil Sci. **80**, 167 (1955).

HONDA, S. J., ROBERTSON, R. N., und GREGORY, J. M.: Studies in the metabolism of plant cells. Aust. J. Biol. Sci. **11**, 1 (1958).

Hooymans, J. J. M.: The role of calcium in the absorption of anions and cations by excised barley roots. Acta Bot. Neerl. **13**, 507 (1964).

Hopkins, H. T.: Absorption of ionic species of orthophosphate by barley roots: Effects of 2,4 dinitrophenol and oxygen tension. Plant Physiol. **31**, 155 (1956).

Hopkinson, J. M.: Studies on the expansion of the leaf surface. IV. The carbon and phosphorus economy of a leaf. J. exp. Bot. **15**, 125 (1964).

Horowicz, P., und Gerber, C. J.: Effects of external potassium and strophanthin on sodium fluxes in frog striated muscle. J. Gen. Physiol. **48**, 489 (1965).

Horowitz, N. H., und Metzenberg, R. L.: Biochemical aspects of genetics. Ann. Rev. Biochem. **34**, 527 (1965).

Hsiao, Th. C., Hageman, R. H., und Tyner, E. H.: Effects of potassium nutrition on ribonucleic acid and ribonuclease in *Zea mays* L. Plant Physiol. **43**, 1941 (1968).

Huang, P. M., Crosson, L. S., und Rennie, D. A.: Chemical dynamics of potassium release from potassium minerals common in soils. 9th International Congress of Soil Science Transactions. Vol. II, Paper 73 (1968).

Hüser, R.: Probleme zur biologischen Luftstickstoffbindung in Waldböden. Z. Pflanzenernähr., Düng., Bodenkunde **103**, 220 (1963).

Hughes, J. D., und Searle, P. G. E.: Observations on the residual value of accumulated phosphorus in a red loam. Aust. J. Agric. Res. **15**, 377 (1964).

– und Swain, T.: After-cooling blackening in potatoes. J. Sci. Food Agric. **13**, 229 (1962).

Humble, G. D., und Hsiao, T. C.: Specific requirement of potassium for light-activated opening of stomata in epidermal strips. Plant Physiol. **44**, 230 (1969).

Huppert, V., und Buchner, A.: Neue Versuchsergebnisse über die Wirkung der N-Formen unter besonderer Berücksichtigung der Umweltverhältnisse. Z. Pflanzenernähr., Düng., Bodenkunde **60**, 62 (1953).

Huschka, H.: Diskussionsbeitrag zur Frage der Stippigkeit bei Äpfeln. Erwerbsobstbau **10**, 161 (1968).

Hutchinson, G. E.: Aluminium in soils, plants and animals. Soil Sci. **60**, 29 (1945).

Hylton, L. O., Ulrich, A., und Cornelius, D. R.: Potassium and sodium interrelations in growth and mineral content of Italian ryegrass. Agronomy J. **59**, 311 (1967).

Ichioka, P. S., und Arnon, D. I.: Molybdenum in relation to nitrogen metabolism. Physiol. Plantarum **8**, 552 (1955).

Ikonenko, T. K.: The interrelation between root and foliar nutrition and photosynthesis in plants. Fiziol. Rastenii (engl. Übers.) **6**, 94 (1959).

Iljin, W. S.: Metabolism of plants affected with lime-induced chlorosis (calciose). Plant a. Soil **3**, 239 und 339 (1951).

INTERNATIONALE UNION FÜR BIOCHEMIE: The classification and nomenclature of enzymes. Report of the commission on enzymes. I. U. B. Symposium Series Vol. **20**, 28. Pergamon Press, Oxford, London, New York, Paris 1961.

Ivanov, S.: Die Klimaten des Erdballs und die chemische Tätigkeit der Pflanzen. In Abderhalden: Fortschr. d. naturwiss. Forsch. N. F. Heft 5, S. 1. Berlin und Wien 1929.

Jackson, J. E., und Weatherley, P. E.: The effect of hydrostatic pressure gradients on the movement of potassium across the root cortex. J. exp. Bot. **13**, 128 (1962).

Jackson, P. C., und Adams, H. R.: Cation-anion-balance during potassium and sodium absorption by barley roots. J. gen. Physiol. **46**, 369 (1963).

– und Hagen, C. E.: Products of orthophosphate absorption by barley roots. Plant Physiol. **35**, 326 (1960).

Jackson, W. A., und Volk, R. J.: Photorespiration. Ann. Rev. Plant Physiol. **21**, 385 (1970).

Jacob, A.: Magnesia, der fünfte Pflanzenhauptnährstoff. Verlag F. Enke, Stuttgart 1955.

– und Wiegand, K.: Umsetzungen des mineralischen Stickstoffes der Düngemittel im Boden. Z. Pflanzenernähr., Düng., Bodenkunde **59**, 48 (1952).

Jacob, F., und Monod, J.: Genetic regulatory mechanismus in the synthesis of proteins. J. Mol. Biol. **3**, 318 (1961).

Jacobson, L.: Iron in the leaves and chloroplasts of some plants in relation to their chlorophyll content. Plant Physiol. **20**, 233 (1945).

– Carbon dioxide fixation and ion absorption in barley roots. Plant Physiol. **30**, 264 (1955).

– Moore, D. P., und Hannapel, R. J.: Role of calcium in absorption of monovalent cations. Plant Physiol. **35**, 352 (1960).

– und Oertli, J. J.: The relation between iron and chlorophyll contents in chlorotic sunflower leaves. Plant Physiol. **31**, 199 (1956).

Jagendorf, A. T., und Smith, M.: Uncoupling phosphorylation in spinach chloroplasts by absence of cations. Plant Physiol. **37**, 135 (1962).

Jahn-Deesbach, W., und Weipert, D.: Untersuchungen über den Einfluß der Stickstoffdüngung auf Ertrag und bäckereitechnologische Qualitätseigenschaften des Weizens. Landw. Forsch. **18**, 132 (1965).

Jakolewa, W. W.: Die Bedeutung des Bors für den Kohlenhydratstoffwechsel der Pflanzen. Spurenelemente in der Landwirtschaft S. 93. Akademie Verlag, Berlin 1958.

James, A. T.: The biosynthesis of long-chain saturated and unsaturated fatty acids in isolated plant leaves. Biochim. Biophys. Acta **70**, 9 (1963).

Jansen, H.: Wuchs- und Hemmstoffe im Gartenbau. Verlag Eugen Ulmer, Stuttgart 1969.

Jenny, H., und Overstreet, R.: Contact effects between plant roots and soil colloids. Proc. Nat. Sci. US **24**, 384 (1938).

Jensen, R. D., Taylor, S. A., und Wiebe, H. H.: Negative transport and resistance to water flow through plants. Plant Physiol. **36**, 633 (1961).

Jeremias, K.: Zur Biosynthese des Amylopektins. Naturwiss. Rdsch. **14**, 399 (1962).

– Zur Biochemie der Polyfructosane. Naturw. Rdsch. **9**, 362 (1965).

Jeschke, W. D.: Die cyclische und die nichtcyclische Photophosphorylierung als Energiequellen der lichtabhängigen Chloridionenaufnahme bei *Elodea*. Planta **73**, 161 (1967).

– Der Influx von Kaliumionen bei Blättern von *Elodea densa*, Abhängigkeit vom Licht, von der Kaliumkonzentration und von der Temperatur. Planta (Berl.) **91**, 111 (1970).

Joham, H. J.: Accumulation and distribution of molybdenum in the cotton plant. Plant Physiol. **28**, 275 (1953).

– Carbohydrate distribution as affected by calcium deficiency in cotton. Plant Physiol. **32**, 113 (1957).

Johansen, C., Edwards, D. G., und Loneragan, J. F.: Potassium fluxes during potassium absorption by intact barley plants of increasing potassium content. Plant Physiol. **45**, 601 (1970).

Johnson, C. M., Stout, P. R., Broyer, T. C., und Carlton, A. B.: Comperative chlorine requirements of different plant species. Plant a. Soil **8**, 337 (1957).

Johnson, H. S., und Hatch, M. D.: Distribution of the C_4-dicarboxylic acid pathway to photosynthesis and its occurence in dicotyledonous plants. Phytochemistry **7**, 375 (1968).

Jones, L. H. P.: The relative content of manganese in plant. Plant a. Soil **8**, 328 (1957).

– Carbon-14 studies of intermediary metabolism in potassium deficient tomato plants. Canad. J. Bot. **44**, 297 (1966).

– und Handreck, K. A.: Studies of silica in the oat plant. III. Uptake of silica from soils by the plant. Plant a. Soil **23**, 79 (1965).

– Milne, A. A., und Wadham, S. M.: Studies of silica in the oat plant. II. Distribution of the silica in the plant. Plant a. Soil **18**, 358 (1963).

Joy, K. W., und Hageman, R. H.: The purification and properties of nitrite reductase from higher plants, and its dependance on ferredoxin. Biochem. J. **100**, 263 (1966).

Judel, G. K., und Kürten, P. W.: Einfluß der Winter- und Frühjahrsniederschläge auf die Stickstoffversorgung und den Ertrag von Winterroggen. Z. Acker- u. Pflanzenbau **127**, 303 (1968).

Jürgens-Gschwind, S.: Phosphatdüngung und Qualität im Fütterbau. Die Phosphorsäure **22**, 134 (1962).

JUNG, J.: Über den Einfluß der Ernährung auf das Verhältnis von Kationen zu Anionen in der Pflanze. 7. Sonderh. Landw. Forsch. 114 (1956).
– Über die Wirkung von Krotonylidendiharnstoff als Stickstoffdünger. Plant a. Soil **15**, 284 (1961).
– Langsam wirkende N-Dünger synthetischer Herkunft. Landw. Forsch. 17. Sonderh., S. 148 (1963).
– Hydrazoniumsalze als Wachstumsregulatoren. Landw. Forsch. **20**, 221 (1967).
– Über die wachstumsregulierende Wirkung von N-Dimethylmorpholiniumchlorid = DMC. Z. Acker- u. Pflanzenbau **131**, 325 (1970).
– und DRESSEL, J.: Ein 10jähriger Lysimeterversuch über das Verhalten von Magnesium im Boden und in der Pflanze. Z. Acker- u. Pflanzenbau **130**, 122 (1969).
– – Das Verhalten von Kalium in zwei unterschiedlichen Böden eines 10jährigen Lysimeterversuches in Abhängigkeit vom Düngungstermin. Z. Acker- u. Pflanzenbau **130**, 33 (1969).
– und PFAFF, C.: Über Gibberellinsäure. Z. Pflanzenernähr., Düng., Bodenkunde **81**, 133 (1958).
JUNGK, A.: Über die selektive Kationensorption von Torf. Z. Pflanzenernähr., Düng., Bodenkunde **104**, 206 (1964).
– Einfluß von Ammonium- und Nitrat-Stickstoff auf das Kationen-Anionen-Gleichgewicht in Pflanzen und seine Beziehung zum Ertrag. Landw. Forsch. Sonderh. **21**, 50 (1967).
– Einfluß des *p*H-Wertes auf den Wuchs und das Ionengleichgewicht von Tomaten- und Senfpflanzen. Z. Pflanzenernähr. Bodenkunde **117**, 108 (1967).
– Mineralstoff- und Wassergehalt in Abhängigkeit von der Entwicklung von Pflanzen. Z. Pflanzenernähr. Bodenkunde **125**, 119 (1970).

KAILA, A.: Forms of newly retained phosphorus in mineral soils. J. Sci. agric. Soc. Finnland **36**, 65 (1964).
– Potassium status in different particle size fractions of some finnish soils. Journal of the Scientific Agricultural Society of Finland **39**, 45 (1967).
KANDLER, O.: Zur Frage einer aeroben Gärung in Wurzelmeristemen. Planta **51**, 544 (1958).
KANWAR, J. S., und SHAH SINGH, S.: Boron in normal and saline alkali soils of the irrigated areas of the punjab. Soil Sci. **92**, 207 (1961).
KARLA, G. S.: Responses of the tomato plant to calcium deficiency. Bot. Gaz. **118**, 18 (1956).
KASTING, R., und DELWICHE, C. C.: The presence of ornithine cycle amino acids in some higher plants. Plant Physiol. **32**, 471 (1957).
KATES, M.: Chromatographic and radioisotopic investigations of the lipid components of runner bean leaves. Biochim. Biophys. Acta **41**, 315 (1960).
KAUFFMAN, M. D., und BOULDIN, D. R.: Relationships of exchangeable and non-exchangeable potassium in soils adjacent to cation-exchange resins and plant roots. Soil Sci. **104**, 145 (1967).
KAUSS, H., und KANDLER, O.: Adenosindiphosphatglukose aus *Chlorella*. Z. Naturforsch. **17b**, 858 (1962).
– – Die Kohlensäureassimilation von *Ochromonas malhamensis* bei Thiamin- und Biotinmangel. II. Die Photosynthese. Archiv f. Mikrobiol. **44**, 406 (1963).
KAVANAU, J. L.: Structure and function in biological membranes. S. 132, Holden-Day, Inc., San Francisco, London, Amsterdam 1965.
KEDROW-SICHMAN, O. K.: Die Wirkung von Bor bei der Kalkung saurer Podsolböden. Spurenelemente in der Landwirtschaft. S. 133. Akademie Verlag, Berlin 1958.
KELLER, P., und DEUEL, H.: Kationenaustauschkapazität und Pektingehalt von Pflanzenwurzeln. Z. Pflanzenernähr., Düng., Bodenkunde **79**, 119 (1957).
KELLER, P., und DEUEL, H.: Kationenaustauschgleichgewichte an abgetöteten Pflanzenwurzeln. Verhandl. d. 2. u. 4. Kommission d. Intern. Bodenkundl. Ges. Vol. II, S. 64, Hamburg 1958.
KEMMLER, G.: The manuring of paddy-rice. Potash Review, Subject 9, 16th suite, May 1969.

KEMP, A., und HARTMANS, J.: Natrium und Magnesium in der Rinderfütterung. Mineralstoffversorgung u. Tiergesundheit (VIII), Fachverb. d. Futtermittelind. e. V. Hamburg. Vortrag anl. Kolloquium der Fachabt. Mineralfutter, 1968.

KENNEDY, E. P.: Metabolism of lipids. Ann. Rev. Biochem. **26**, 119 (1957).

KENTEN, R. H., und MANN, P. J.: The oxidation of certain dicarboxylic acids by peroxidase systems in presence of manganese. Biochem. J. **53**, 498 (1953).

– – The oxidation of manganese by illuminated chloroplast preparations. Biochem. J. **61**, 279 (1955).

KESSLER, E.: Untersuchungen zum Problem der photochemischen Nitratreduktionen in Grünalgen. Planta **49**, 505 (1957).

– Nitrate assimilation by plants. Ann. Rev. Plant Physiol. **15**, 57 (1964).

KEY, J. L.: The effect of auxins on RNA metabolism in excised plant tissues. Plant Physiol. **37**, XXVI (1962).

KHAN, A. A.: Cytokinin-inhibitor antagonism in the hormonal control of α-amylase synthesis and growth in barley seed. Physiol. Plant. **22**, 94 (1969).

KICK, H., und HELLWIG, D.: Vegetationsversuche mit *Helianthus annuus* zur quantitativen Aufnahme von N, P und K über das Blatt im Vergleich zur Aufnahme über die Wurzel. Z. Pflanzenernähr., Düng., Bodenkunde **84**, 265 (1959).

KIM, W. K., und BIDWELL, R. G. S.: The effect of hydrogen ion concentration on the uptake and metabolism of glucose-U-^{14}C by auxin-treated pea root tips. Canad. J. Bto. **46**, 945 (1968).

KIRCHGESSNER, M., KAISER, E., PLANK, P., und MAIER, D. A.: Zur Manganversorgung des Rindes über das wirtschaftseigene Futter. Bayer. Landw. Jb. **45**, 301 (1968).

KIRKBY, E. A., und DE KOCK, P. C.: The influence of age on the cation-anion balance in the leaves of brussels sprouts (*Brassica oleracea* var. *gemmifera*). Z. Pflanzenernähr., Düng., Bodenkunde **111**, 197 (1965).

– und MENGEL, K.: The ionic balance in different tissues of tomato plant in relation to nitrate, urea, or ammonium nutrition. Plant Physiol. **42**, 6 (1967).

– – Preliminary observations on the effect of urea nutrition on the growth and nitrogen metabolism of sunflower plants. In E. A. KIRKBY: Nitrogen Nutrition of the Plant. The University of Leeds 1970.

KISAKI, T., und TOLBERT, N. E.: Glycolate and glyoxylate metabolism by isolated peroxisomes or chloroplasts. Plant Physiol. **44**, 242 (1969).

KLAPP, E.: Lehrbuch des Acker- und Pflanzenbaues. 3. Aufl. P. Parey Verlag, Berlin 1951.

KLEINE, R.: Neuere Untersuchungen über die Struktur biologischer Membranen. Naturw. Rdsch. **21**, 251 (1968).

KLEPPER, L., und HAGEMAN, R. H.: The occurrence of nitrate reductase in apple leaves. Plant Physiol. **44**, 110 (1969).

KLIEWER, M., und EVANS, H. J.: B_{12}-coenzyme content of the nodules from legumes, alder and of *Rhizobium meliloti*. Nature **194**, 108 (1962).

– – Identification of cobamide coenzyme in nodules of symbionts and isolation of the B_{12}-coenzyme from *Rhizobium meliloti*. Plant Physiol. **38**, 55 (1963).

– – Cobamide coenzyme contents of soybean nodules and nitrogen fixing bacteria in relation to physiological conditions. Plant Physiol. **38**, 99 (1963).

KLINGENBERG, M., und SCHOLLMEYER, P.: Zur Reversibilität der oxydativen Phosphorylierung. Biochem. Z. **333**, 335 (1960).

KLOPPSTECH, H., und KLINK, F.: Zur Alkali-Ionenwirkung auf Teilreaktionen der ribosomalen Peptidsynthese. Naturwissenschaften **54**, 320 (1967).

KLOTZ, J. M.: Protein hydration and behaviour. Science **128**, 815 (1958).

KLUSMANN, W.: Mehrschnittig genutzte Dauergrünlandflächen. Bauernblatt f. Schleswig-Holstein, Nr. 19 (1968).

KNABE, O.: Einfluß der N-Düngung auf den Mg-, Cu- und Mn-Gehalt im Weidegras. Z. Landeskultur **8**, 99 (1967).

KNAUER, N.: Der Einfluß steigender Phosphatgaben auf Boden und Pflanze in langjährigen Düngungsversuchen. Z. Acker- u. Pflanzenbau **124**, 41 (1966).

– Über die Abhängigkeit des lactatlöslichen Nährstoffgehaltes des Bodens von der Nährstoffanreicherung durch die Düngung. Z. Acker- u. Pflanzenbau **127**, 89 (1968).

– und SIMON, C.: Über den Einfluß der Stickstoffdüngung auf den Ertrag sowie Nitrat-, Mineralstoff- und Oxalsäuregehalt von Spinat. Z. Acker- u. Pflanzenbau **128**, 197 (1968).

KNIGHT, A. H., und CROOKE, W. M.: Interaction between nickel and calcium in plants. Nature **178**, 220 (1956).

– – und INKSON, R. H. E.: Cation-exchange capacity of tissues of higher and lower plants and their related uronic acid contents. Nature **192**, 142 (1961).

KNOBLOCH, K.: H_2S als Reaktionspartner bei der Photosynthese grüner Pflanzen. Planta **70**, **73**, 172 (1966).

KOBLET, W.: Wanderung von Assimilaten in Rebtrieben und Einfluß der Blattfläche auf Ertrag und Qualität der Trauben. Weinwissenschaft **24**, 277 (1969).

KOCH, A. L.: The role of permease in transport. Biochim. Biophys. Acta **79**, 177 (1964).

KOCH, K.: Halmstabilität und Lagerneigung des Getreides unter dem Einfluß von Chlorcholinchlorid (CCC). Diss. d. Landw. Fakultät d. Justus-Liebig-Universität, Gießen 1968.

– und MENGEL, K.: Der Einfluß einer variierten N- und K-Ernährung auf den Gehalt an löslichen Aminosäuren und auf die Ertragsbildung bei Zuckerrüben. Landw. Forsch. **23**, 353 (1970).

KÖHNLEIN, J.: Warum bei Nässe höhere Stickstoffgaben? Mitteilungen der DLG, Heft 23 (1962).

– und KNAUER, N.: Über die Verwendung der Pflanzenanalyse zur Ermittlung des Kali-Bedürfnisses von Ackerböden. Z. Pflanzenernähr., Düng., Bodenkunde **86**, 36 (1959).

– – Ergebnisse der Kieler Dauerdüngungsversuche mit Phosphat und Kali. Schriftenreihe der Landw. Fakultät Kiel, Heft 39 (1965).

KÖNIG, F.: Vortrag auf d. DLG-Tagung f. Futter u. Grünland. Cochem 1957.

KOHL, H. C., und OERTLI, J. J.: Distribution of boron in leaves. Plant Physiol. **36**, 420 (1961).

KOHL, W.: Die Calciumverteilung im Apfel und ihre Beziehung zur Stippigkeit. Erwerbsobstbau **9**, 212 (1967).

KOLBE, W.: Zur Frage der Anwendung der Gibberelline im praktischen Pflanzenbau. Z. Acker- u. Pflanzenbau **107**, 147 (1959).

KORENSKY, F., und NEUBERG, J.: Autumn application of anhydrous ammonia for spring cultures in Czechoslovakia. Rostlinná Výroba **14** (XLI), 803 (1968).

KORNBERG, H. L., und KREBS, H. A.: Synthesis of cell constituents from C_2-units by a modified tricarboxylic acid cycle. Nature **179**, 988 (1957).

KORONOWSKI, P.: Anatomische Veränderungen an Mais und anderen Getreidearten bei Bormangel. Z. Pflanzenernähr., Düng., Bodenkunde **94**, 53 (1961).

KOSKELA, V.: On the occurrence of various frost damages on Norway spruce, Scots pine, silver birch and Siberian larch in the forest fertilization experimental area at Kivisuo. Folia Forestalia 78, Metsäntutkimuslaitos, Institutum Forestale Fenniae, Helsinki 1970.

KRAMER, P. J.: Water relations of plant cells and tissues. Ann. Rev. Plant Physiol. **6**, 253 (1955).

KRAPFENBAUER, A.: Böden auf Dolomit und Serpentin in ihrer Auswirkung auf die Waldernährung. Centralblatt für das gesamte Forstwesen, Heft 4, 189 (1969).

KRAUJA, A.: Der Einfluß von Spurenelementen auf die Keimkraft von Samen auf einige biochemische Prozesse in Pflanzen. Acad. Sci. of Latvian SSR, Riga 195 (1958).

KRAUSE, W.: Zur Kenntnis der Flora und Vegetation auf Serpentinstandorten des Balkans. Z. Pflanzenernähr., Düng., Bodenkunde **99**, 97 (1962).

KRAUSS, A.: Einfluß der N-Düngung auf den Wachstumsrhythmus der Kartoffelknollen. Vortrag auf der LUFA-Tagung in Konstanz 1970.

KREBS, H. A.: Die Energie liefernden Reaktionen des Stoffwechsels. Verh. Ges. dtsch. Naturforscher, Ärzte. S. 74. Springer Verlag, Berlin, Göttingen, Heidelberg 1957.

KREMER, J., und PODLEŠAKOVA, E.: Die Umtauschreaktion zwischen Calcium und Kalium am Bentonit von Braňany. Z. Pflanzenernähr., Düng., Bodenkunde **121**, 211 (1968).

KRETOVICH, L.: Some problems of amino acid and amide biosynthesis in plants. Ann. Rev. Plant Physiol. **16**, 141 (1965).

KRÜGERKE, W.: Über die Stippigkeit beim Apfel. Mitteilungsblatt d. Obstbauberatungsringes Südoldenburg e. V., April 1968.

KRZYSCH, G., und EBERHARDT, W.: Zur Blattdüngung des Hafers mit Stickstoff. Z. Pflanzenernähr., Düng., Bodenkunde **89**, 97 (1960).

KUDZIN, J. K., SUCHOBRUS, S. W., und FARENIK, G. G.: Einfluß 50 Jahre langer Düngeranwendung auf die Kalimengen und -formen in der Schwarzerde. Agrarchemie 3–12 (1967).

KÜHN, H.: Über die Magnesium-Wirkung von magnesiumhaltigen Kalkammonsalpeter. Landw. Forsch. **13**, 232 (1960).

– Die Magnesiumwirkung dolomitischer Kalke. Bodenkultur **13**, 226 (1962).

– und DRESSEL, J.: The effect of CCC upon winter wheat and spring rye. Eucarpia-Meeting, Sect. Cereals and Physiology, Wageningen 1967.

– und MENGEL, K.: Zur Schwefelwirkung des Superphosphates. Landw. Forsch. **16**, 267 (1963).

– und SCHAUMLÖFFEL, E.: Über die Wirkung hoher Kupfergaben auf das Wachstum von Getreide. Landw. Forsch. **14**, 82 (1961).

– und ZEID, F. A.: Der Einfluß von Kieselsäure auf die Halmstabilität von Getreide. Vortrag auf der LUFA-Tagung in Konstanz 1970.

KÜRTEN, P. W.: Stickstoffdüngung und Weizenqualität. Ernährungsdienst, Dtsch. Getreideztg. Nr. 118, 17. Jahrg. (1962).

KURMIES, B.: Mangan im Wiesenheu. Phosphorsäure **15**, 146 (1955).

– Über den Schwefelhaushalt des Bodens. Phosphorsäure **17**, 258 (1957).

KURNICK, A. A., REID, B. L., und COUCH, J. R.: Trace elements in poultry nutrition, a review. Soil Sci. **85**, 106 (1958).

KURSANOV, A. I.: The root system as an organ of metabolism. Radiois. i. scientific Res. Vol. **4**, 494 (1958).

– Le transport des substances et les transporteurs cellulaires. Agrochimica **6**, 205 (1962).

– und KULAEVA, O.: Le métabolisme des racines et l'assimilation d'ammoniac par le plantes deficientes en phosphor. Agrochimica **3**, 29 (1958).

– und VYSKREBENTZEVA, E.: Le rôle du potassium dans le métabolisme du végétal et la biosynthèse des composés déterminant la qualité agricole. Vortrag auf dem 8. Kongreß d. Intern. Kali-Institutes, Brüssel 1966.

– – Lebenstätigkeit der Pflanze bei Kalimangel. Agrarchemie S. 65 (1967).

KUSNEZOW, W. P.: Versuche über den Einfluß von Bor, Molybdän und Selen auf Wachstum und Samenertrag der Baumwolle. Spurenelemente in der Landwirtschaft, S. 496. Akademie Verlag, Berlin 1958.

KYLIN, A.: The uptake and metabolism of sulfate by deseeded wheat plants. Physiol. Plantarum **6**, 775 (1953).

– The effect of light, carbon dioxide, and nitrogen nutrition on the incorporation of S from external sulphate into different S-containing fractions in *Scenedesmus*, with special reference to lipid S. Physiol. Plant. **19**, 883 (1966).

LAATSCH, W.: Beziehungen zwischen Standort, Ernährungszustand und Wuchsleistung von Kiefernaufforstungen im Mittelmeergebiet. Forstwiss. Cbl. **86**, 69 (1967).

LACHANCE, R. O., und OUELETTE, G. J.: Pathological histology of boron-deficient alfalfa stems and leaves as an aid in diagnosing alfalfa yellows. Canad. J. agric. Sci. **34**, 488 (1954).

LACHOVER, D., und EPHRAT, J.: Etude comparative de l'effet direct du superphosphate granulé et en poudre sur le blé et résiduel sur la vesce (*Vicia atropurpurea*). Qualit. plant. materiae veg. (Den Haag) **14**, 79 (1967).

LAGERWERFF, J. V.: The contact exchange theory amended. Plant a. Soil **13**, 253 (1960).

– und BOLT, G. H.: Theoretical and experimental analysis of gapon's equation for ion exchange. Soil Sci. **87**, 217 (1959).

– und EAGLE, H. E.: Osmotic and specific effects of excess salts on beans. Plant Physiol. **36**, 472 (1961).

– und PEECH, M.: Relation between exchange absorption and accumulation of calcium and rubidium by excised barley roots. Soil Sci. **91**, 84 (1961).

LANDS, W. E. M.: Lipid metabolism. Ann. Rev. Biochem. **34**, 313 (1965).

LANG, A.: Gibberellin-like substances in photoinduced and vegetative *Hyoscyamus* plants. Planta **54**, 498 (1960).

– Gibberellins: structure and metabolism. Ann. Rev. Plant Physiol. **21**, 537 (1970).

LANG, J.: Über den Antagonismus von Kali und Kalzium in einigen Pflanzen auf kalkhaltigen Sandböden in Ungarn. Agrochimica **6**, 358 (1962).

LANGSTON, R.: Studies on marginal movement of cobalt-60 in cabbage. Proc. Amer. Soc. horticult. Sci. **68**, 366 (1956).

LANNING, F. C., PONNAIYA, B. W. X., und CRUMPTON, C. F.: The chemical nature of silicia in plants. Plant Physiol. **33**, 339 (1958).

LARCHER, W.: Die Leistungsfähigkeit der CO_2-Assimilation höherer Pflanzen unter Laboratoriumsbedingungen und am natürlichen Standort. Festschrift f. Prof. Dr. O. Stocker, Stolzenau/Weser 1963.

LARKUM, A. W. D.: Ionic relations of chloroplasts *in vivo*. Nature **218**, 447 (1968).

LARSEN, S.: Isoionic exchange of phosphate in paddy soils. Plant a. Soil **27**, 401 (1967).

– und WIDDOWSON, A. E.: Chemical composition of soil solution. J. Sci. Food Agric. **19**, 693 (1968).

LARSON, W. E., und PIERRE, W. H.: Interaction of sodium and potassium on yield and cation composition of selected crops. Soil Sci. **76**, 51 (1953).

LATIES, G. G.: Dual mechanisms of salt uptake in relation to compartmentation and long-distance transport. Ann. Rev. Plant Physiol. **20**, 89 (1969).

– und HOELLE, C.: The α-oxidation of long chain fatty acids as a possible component of the basal respiration of potato slices. Phytochemistry **6**, 49 (1967).

LATZKO, E., und CLAUS, D.: Über die spezifischen Funktionen mineralischer Nährstoffe im intermediären Stoffwechsel. Landw. Forsch. 11. Sonderh. 101 (1958).

– und GIBBS, M.: Distribution and activity of enzymes of the reductive pentose phosphate cycle in spinach leaves and in chloroplasts isolated by different methods. Z. Pflanzenphysiol. **59**, 184 (1968).

LAWRENCE, T., WARDER, F. G., und ASHFORD, R.: Nitrate accumulation in intermediate wheatgrass. Canad. J. Plant Sci. **48**, 85 (1968).

LEGGETT, J. E.: Salt absorption by plants. Ann. Rev. Plant Physiol. **19**, 333 (1968).

– und EPSTEIN, E.: Kinetics of sulfate absorption by barley roots. Plant Physiol. **31**, 222 (1956).

LEHNINGER, A. L., und WADKINS, C. L.: Oxidative phosphorylation. Ann. Rev. Biochem. **31**, 47 (1962).

LEHR, J. J., WYBENGA, J. M., und ROSANOW, M.: Iodine as a micronutrient for tomatoes. Plant Physiol. **33**, 421 (1948).

LEMMERMANN, O., und WIESSMANN, H.: Weitere Versuche über die ertragssteigernde Wirkung der Kieselsäure bei unzureichender Phosphorsäuredüngung. Z. Pflanzenernähr., Düng., Bodenkunde **1B**, 185 (1924).

LEONE, I. A., BRENNAN, E., und DAINES, R. H.: Atmospheric fluoride, its uptake and distribution in tomato and corn plants. Plant Physiol. **31**, 329 (1956).

LETEY, J., STOLZY, L. H., BLANK, G. B., und LUNT, O. R.: Effect of temperature on oxygen-diffusion rates and subsequent shoot growth, root growth and mineral content of two plant species. Soil Sci. **92**, 314 (1961).

LETTVIN, J. Y., PICKARD, W. F., McCULLOCH, W. S., und PITTS, W.: A theory of passive ion flux through axon membranes. Nature **202**, 1338 (1964).

LEVITT, J.: The significance of „Apparent Free Space" (AFS) in ion absorption. Physiol. Plantarum **10**, 882 (1957).

– Active water transport once more: a reply to J. J. OERTLI. Physiol. Plant. **20**, 263 (1967).

LEWIS, D. G., und QUIRK, J. P.: Phosphate diffusion in soil and uptake by plants. I. Self-diffusion of phosphate in soils. Plant a. Soil **26**, 99 (1967).

– – Phosphate diffusion in soil and uptake by plants. III. P^{31}-movement and uptake by plants as indicated by P^{32}-autoradiography. Plant a. Soil **26**, 445 (1967).

– – Phosphate diffusion in soil and uptake by plants. IV. Computed uptake by model roots as a result of diffusive flow. Plant a. Soil **26**, 454 (1967).

LEWIS, J. C., und POWERS, W. L.: Antagonistic action of chlorides on the toxicity of iodides to corn. Plant Physiol. **16**, 393 (1941).

LIEBERMANN, M., und BAKER, J. E.: Respiratory electron transport. Ann. Rev. Plant Physiol. **16**, 343 (1965).

LINCK, A. J., und SWANSON, C. A.: A study of several factors affecting the distribution of phosphorus-32 from the leaves of *Pisum sativum*. Plant a. Soil **12**, 57 (1960).

LINEWEAVER, H., und BURK, D.: The determination of enzyme dissociation constants. J. Amer. Chem. Soc. **56**, 658 (1934).

LINGLE, J. C., TIFFIN, L. O., und BROWN, J. C.: Iron uptake-transport of soybeans as influenced by other cations. Plant Physiol. **38**, 71 (1963).

LINSER, H.: Chemische Konstitution und Zellstreckungswirkung verschiedener Stoffe. Mh. Chemie **85**, 196 (1954).

– Das hormonale System der Pflanzen. Angew. Chemie **78**, 895 (1966).

– und HERWIG, K.: Untersuchungen zur Abhängigkeit der Nährstoffaufnahme vom osmotischen Druck der Außenlösung. Protoplasma **57**, 588 (1963).

– – Zusammenhänge zwischen Bewindung, Transpiration und Nährstofftransport bei Lein unter besonderer Berücksichtigung einer variierten Wassergabe und Kalidüngung. Kali-Briefe, Fachgebiet 2, 2. Folge (1968).

– und KÜHN, H.: Lagerungshemmende bzw. standfestigkeitsstärkende Düngemittel auf Basis von Gibberellinsäure antagonistischer Stoffen der Gruppe CCC (Chlorcholinchlorid). Z. Pflanzenernähr., Düng., Bodenkunde **96**, 231 (1962).

– – Höhe und Zeitpunkt der Düngung von Sommerweizen mit Chlorcholinchlorid zur Verkürzung der Halmlänge. Z. Pflanzenernähr., Düng., Bodenkunde **101**, 206 (1963).

– – KÜRTEN, P. W., und SCHUSTER, W.: Feldversuche mit Chlorcholinchlorid (CCC) bei Hafer. Z. Acker- u. Pflanzenbau **124**, 261 (1966).

LIPMAN, C. B.: Importance of silicon, aluminium and chlorine for higher plants. Soil Sci. **45**, 189 (1938).

LIPMAN, F.: Metabolic generation and utilization of phosphate bond energy. Advances in Enzymol. **1**, 99 (1941).

LOCKHART, J. A.: Kinetic studies of certain anti-gibberellins. Plant Physiol. **37**, 759 (1962).

LÖHNIS, M. P.: Influence of Mg on the uptake of Mn. 8e Congrés Intern. Botan. (Paris 1954) Rapp. et Commun. Sect. 11 et 12/83 (1954).

– Effect of magnesium and calcium supply on the uptake of manganese by various crop plants. Plant a. Soil **12**, 339 (1960).

LÖHR, E.: Die Redistribution von Kalium in Getreide. Physiol. Plantarum **6**, 859 (1953).

LOENING, U. E.: RNA structure and metabolism. Plant Physiol. **19**, 37 (1968).

LOESCHKE, V., und STEGEMANN, H.: Proteine der Kartoffelknollen in Abhängigkeit von Sorte und Virosen. Phytochemistry **5**, 985 (1966).

LONERAGAN, J. F., und ARNON, D. I.: Molybdenum in the growth and metabolism of *Chlorella*. Nature **174**, 427 und 459 (1954).

– und SNOWBALL, K.: Calcium requirements of plants. Aust. J. agric. Res. **20**, 465 (1969).

LOTLIKAR, P. D., und REMMERT, L. F.: Intermediate reactions of oxidative phosphorylation in mitochondria from cabbage. Plant Physiol. **43**, 327 (1968).

LOUE, A.: Études sur la nutrition et la fertilisation potassiques de la vigne. Expérimentation et études agronomiques (1968). Société Commerciale des Potasses d'Alsace, Services Agronomiques.

LOUGHMAN, B. C., und RUSSELL, R. S.: The absorption and utilization of phosphate by young barley plants. J. exp. Bot. **8**, 280 (1957).

Low, A. J., und Piper, F. J.: The influence of water supply on the growth and phosphorus uptake of Italian ryegrass and white clover in pot culture. Plant a. Soil **13**, 242 (1960).

Lowe, A. G.: Enzyme mechanism for the active transport of sodium and potassium ions in animal cells. Nature **219**, 934 (1968).

Lubin, M.: A priming reaction in protein synthesis. Biochim. Biophys. Acta **72**, 345 (1963).

Lucas, R. E., und Davis, J. F.: Relationship between *p*H-values of organic soils and availabilities of 12 plant nutrients. Soil Sci. **92**, 177 (1961).

Lüdecke, H.: Der Begriff des „bereinigten Zuckerertrages" als Bewertungsgröße für die Leistung der Zuckerrübe. Landw. Forsch. **7**, 24 (1954).

Lüken, H.: Saline soils under dryland agriculture in southeastern Saskatchewan (Canada) and possibilities for their improvement. Plant a. Soil **17**, 1, 26 und 49 (1962).

Lüttge, U., und Laties, G. G.: Dual mechanisms of ion absorption in relation to long distance transport in plants. Plant Physiol. **41**, 1531 (1966).

– – Absorption and long distance transport by isolated stele of maize roots in relation to the dual mechanisms of ion absorption. Planta (Berl.) **74**, 173 (1967).

Lundblad, K., Svanberg, O., und Ekman, P.: The availability and the fixation of copper in Swedish soils. Plant a. Soil **1**, 277 (1949).

Lundegårdh, H.: Die Nährstoffaufnahme der Pflanze. G. Fischer Verlag, Jena 1932.

– Untersuchungen über das chemisch-physikalische Verhalten der Oberfläche lebender Zellen. Protoplasma **35**, 548 (1941).

– Die Blattanalyse. G. Fischer Verlag, Jena 1945.

– Absorption, transport and exudation of inorganic ions by the roots. Ark. f. Bot. **32** A, 1 (1945).

Lupton, F. G. H., und Pinthus, M. J.: Carbohydrate translocation from small tillers to spike-producing shoots in wheat. Nature **221**, 483 (1969).

Lynen, F.: Coenzym A, ein Bindeglied zwischen Energie liefernden und Energie verbrauchenden Reaktionen des Zellstoffwechsels. Verh. Ges. dtsch. Naturforscher u. Ärzte. S. 78. Springer Verlag, Berlin, Göttingen, Heidelberg 1957.

– Der Weg der „aktivierten Essigsäure" zu den Terpenen und Fettsäuren. Angew. Chemie **77**, 929 (1965).

– Aufbau der Fettsäuren in der Zelle. Naturw. Rdsch. **20**, 231 (1967).

– Domagk, G. F., und Goldmann, M.: Zur Biosynthese der Fettsäure. Biochem. Z. **335**, 519 (1962).

Maas, E. V.: Calcium uptake by excised maize roots and interactions with alkali cations. Plant Physiol. **44**, 985 (1969).

– und Leggett, J. E.: Uptake of ^{86}Rb and K by excised maize roots. Plant Physiol. **43**, 2054 (1968).

MacDonald, J. R., und Laties, G. G.: A comparative study of the influence of salt type and concentration on $^{14}CO_2$ fixation in potato slices at 25 °C and at 0 °C. J. Exp. Bot. **15**, 530 (1964).

Machold, O.: Über die Bindungsform des labilen Phosphats im Boden. Z. Pflanzenernähr., Düng., Bodenkunde **103**, 132 (1963).

– Untersuchungen an stoffwechseldefekten Mutanten der Kulturtomate. Flora, Abt. A, **157**, 536 (1967).

– Einfluß der Ernährungsbedingungen auf den Zustand des Eisens in den Blättern, den Chlorophyllgehalt und die Katalase- sowie Peroxydaseaktivität. Flora, Abt. A, **159**, 1 (1968).

– Meisel, W., und Schnorr, H.: Bestimmung der Bindungsform des Eisens in Blättern durch Mössbauer-Spektrometrie. Naturwissenschaften **55**, 499 (1968).

Mackenzie, A. F., und Amer, S. A.: Reactions of iron, aluminium and calcium phosphates in six Ontario soils. Plant a. Soil **21**, 17 (1964).

Macklon, A. E. S., und de Kock, P. C.: Physiological gradients in the potato tuber. Physiol. Plantarum **20**, 421 (1967).

MacNicol, P. K., Young, R. E., und Biale, J. B.: Phosphate metabolism of senescing leaves. Plant Physiol. **37**, XXXIII (1962).

MacRae, I. C., und Ancajas, R.: Volatilization of ammonia from submerged tropical soils. Plant a. Soil **33**, 97 (1970).

MacRobbie, E. A. C.: The nature of the coupling between light energy and active ion transport in *Nitella translucens*. Biochim. Biophys. Acta **94**, 64 (1965).

– und Dainty, J.: Ion transport in *Nitellopsis obtusa*. J. Gen. Physiol. **42**, 335 (1959).

Maizel, J. V., Benson, A. A., und Tolbert, N. E.: Identification of phosphoryl choline as an important constituent of plant saps. Plant Physiol. **31**, 407 (1956).

Marcus, A., Feeley, J., und Volcani, T.: Protein synthesis in imbibed seeds. Plant Physiol. **41**, 1167 (1966).

Marquard, R., Kühn, H., und Linser, H.: Der Einfluß der Schwefelernährung auf die Senfölbildung. Z. Pflanzenernähr., Düng., Bodenkunde **121**, 221 (1968).

Marschner, H.: Über die Wanderung der Phosphorsäure aus Superphosphatgranulaten auf verschiedenen Böden. Verhandl. d. 2. u. 4. Kommission d. Intern. Bodenkd. Ges. Vol. II, S. 91, Hamburg 1958.

– Die Aufnahme von Cäsium und dessen Verteilung in der Pflanze. Z. Pflanzenernähr., Düng., Bodenkunde **95**, 130 (1961).

– Untersuchungen über die Aufnahme von Cäsium durch isolierte Wurzeln und intakte Pflanzen. Agrochimica **7**, 75 (1963).

– Einfluß von Calcium auf die Natriumaufnahme und die Kaliumabgabe isolierter Gerstenwurzeln. Z. Pflanzenernähr., Düng., Bodenkunde **107**, 19 (1964).

– und Günther, J.: Ionenaufnahme und Zellstruktur bei Gerstenwurzeln in Abhängigkeit von der Calciumversorgung. Z. Pflanzenernähr., Düng., Bodenkunde **107**, 118 (1964).

– und Mengel, K.: Der Einfluß von Ca- und H-Ionen bei unterschiedlichen Stoffwechselbedingungen auf die Membranpermeabilität junger Gerstenwurzeln. Z. Pflanzenernähr., Düng., Bodenkunde **112**, 39 (1966).

– und Michael, G.: Untersuchungen über Schwefelabscheidung und Sulfataustausch an Weizenwurzeln. Z. Pflanzenernähr., Düng., Bodenkunde **91**, 29 (1960).

– und Schafarczyk, W.: Vergleich der Nettoaufnahme von Natrium und Kalium bei Mais- und Zuckerrübenpflanzen. Z. Pflanzenernähr., Düng., Bodenkunde **118**, 172 (1967).

– und Schimansky, C.: Unterschiedliche Aufnahme von Kalium und Rubidium durch Gerste. Naturwissenschaften **55**, 499 (1968).

Martin, K. H.: Der Einfluß von Chlorcholinchlorid (CCC) auf Ertrag, Ertragsstruktur sowie morphologische und qualitative Eigenschaften von Getreide bei unterschiedlichen Stickstoffgaben. Z. Acker- und Pflanzenbau **129**, 81 (1969).

Martin, P.: Untersuchungen mit ^{15}N zur Wanderung von Stickstoff in der Pflanze. Vortrag auf der Jahreshauptversammlung der LUFA in Lübeck 1968.

Mascarenhas, J. P., und Machlis, L.: Chemotropic response of the pollen of *Antirrhinum majus* to calcium. Plant Physiol. **39**, 70 (1964).

Massumi, A.: Untersuchungen über die Molybdänversorgung schleswig-holsteinischer Pflanzen und Böden. Diss. d. Landw. Fakultät der Christian-Albrechts-Universität, Kiel 1967.

Mathur, B. N., Agrawal, N. K., und Singh, V. S.: Effect of soil versus foliar application of urea on the yield of American cotton variety ‚320'. Indian J. agric. Sci. **38**, 811 (1968).

Matsuhashi, M., Matsuhashi, S., und Lynen, F.: Zur Biosynthese der Fettsäuren. Biochem. Z. **340**, 263 (1964).

Mattson, S., Alvsaker, E., Koutler-Andersson, E., und Vahtras, K.: Phosphate relationships of soil and plant. Kungl. Lantbrukshögskolans Ann. **20**, 19 (1953).

– Erikson, E., und Vahtras, K.: Effects of excessive liming on leached acid soils. Kgl. Lantbruks-Högskol **15**, 291 (1948).

Mayr, H. H., Primost, E., und Rittmeyer, G.: Untersuchungen über die Erhöhung der Standfestigkeit von Getreide. Die Bodenkultur **13**, 27 (1962).

Mazliak, P.: Le métabolisme des lipides dans des plantes superieures (Monogr. de Physiologie végét. Dir. par P. E. Pilet. Nr. 3). Paris: Masson et Cie 1968.

McClurkin, I. T., und McClurkin, D. C.: Cytochemical demonstration of a sodium-activated and a potassium-activated adenosine triphosphatase in Loblolly pine seedling root tips. Plant Physiol. **42**, 1103 (1967).

McIlrath, W. J., und Palser, B. F.: Responses of tomato, turnip and cotton to variations in boron nutrition. Bot. Gaz. **118**, 43 (1956).

McLachlan, K. D., und de Marco, D. G.: The influence of gypsum particle size on pasture response on a sulphur deficient soil. Aust. J. exp. Agric. Anim. Husbandry **8**, 203 (1968).

– und Waygood, E. R.: Catalysis of indolacetic acid oxidation by peroxidase and catalase. Plant Physiol. **31**, XXVI (1956).

McLeod, L. B.: Effects of N, P and K and their interactions on the yield and kernel weight of barley in hydroponic culture. Agron. J. **61**, 26 (1969).

McMahon, V., und Stumpf, P. K.: Synthesis of linoleic acid by particulate system from safflower seeds. Biochim. Biophys. Acta **84**, 359 (1964).

– – Fat metabolism in higher plants. Plant Physiol. **41**, 148 (1966).

McMair, Scott, D. B., und Cohen, S. S.: The oxidative pathway of carbohydrate metabolism in *Escherichia coli*. Biochem. J. **55**, 23 (1953).

McNulty, I. B.: Some effects of fluoride on phosphate metabolism. Plant Physiol. **37**, LXIX (1952).

– und Newman, D. W.: Effects of atmospheric fluoride on the respiration rate of bush bean and *Gladiolus leaves*. Plant Physiol. **32**, 121 (1957).

Mechelke, F.: Spezielle Funktionszustände des genetischen Materials. In: Funktionelle und morphologische Organisation der Zelle. S. 15. Springer Verlag, Berlin, Göttingen, Heidelberg 1963.

Mengel, K.: Der Einfluß einer variierten K- und Mg-Düngung auf die Mg-Versorgung und den Mineralstoffgehalt von Lihoraps. Landw. Forsch. **13**, 253 (1960).

– Die Donnan-Verteilung der Kationen im Freien Raum der Pflanzenwurzel und ihre Bedeutung für die aktive Kationenaufnahme. Z. Pflanzenernähr., Düng., Bodenkunde **95**, 240 (1961).

– Die K- und Ca-Aufnahme der Pflanze in Abhängigkeit vom Kohlenhydratgehalt ihrer Wurzel. Z. Pflanzenernähr., Düng., Bodenkunde **98**, 44 (1962).

– Der Einfluß von ATP-Zugaben und weiterer Stoffwechselagenzien auf die Rb-Aufnahme abgeschnittener Gerstenwurzeln. Physiol. Plantarum **16**, 767 (1963).

– Influx und Efflux bei der Kaliumaufnahme junger Gerstenwurzeln. Z. Pflanzenernähr., Düng., Bodenkunde **106**, 193 (1964).

– Das Kationen/Anionen-Gleichgewicht in Wurzel, Stengel und Blatt von *Helianthus annuus* bei K-Chlorid- und K-Sulfaternährung. Planta **65**, 358 (1965).

– Funktion und Bedeutung des Kaliums im pflanzlichen Stoffwechsel. Naturwiss. Rdsch. **21**, 332 (1968).

– Stofftransport durch Zellgrenzflächen. In H. Metzner: Die Zelle – Struktur und Funktion. Wissenschaftl. Verlagsges., Stuttgart S. 343, 1971.

– und Aksoy, T.: Die Kalium-Konzentration der Bodenlösung und ihre Bedeutung für die Ertragsbildung von Sommerweizen. Z. Pflanzenernähr., Düng., Bodenkunde **128**, 28 (1971).

– und Forster, H.: Der Einfluß einer zeitlich variierten, unterbrochenen K-Ernährung auf Ertrags- und Qualitätsmerkmale von Gerste. Z. Acker- u. Pflanzenbau **127**, 317 (1968).

– – Der Einfluß der K-Konzentration der Nährlösung auf die Ertragsbildung, die Qualität und den K-Aufnahmeverlauf bei Hafer. Plant a. Soil **35**, 65 (1971).

– Grimme, H., und Nemeth, K.: Potentielle und effektive Verfügbarkeit von Pflanzennährstoffen im Boden. Landw. Forsch. 23/I. Sonderh., 79 (1969).

– und Haeder, H. E.: The effect of the nitrogen nutritional status of intact barley plants on the retention of potassium. Z. Pflanzenernähr., Düng., Bodenkunde **128**, 105 (1971).

– und Helal, M.: Der Einfluß des austauschbaren Ca^{++} junger Gerstenwurzeln auf den Flux von K^{+} und Phosphat – eine Interpretation des Viets-Effektes. Z. Pflanzenphysiol. **57**, 223 (1967).

– – The effect of increasing nitrogen supply on the composition of the soluble amino fraction and yield of spring wheat. In E. A. KIRKBY: Nitrogen Nutrition of the Plant. The University of Leeds 1970.

– und PFLÜGER, R.: Der Einfluß verschiedener Salze und verschiedener Inhibitoren auf den Wurzeldruck von *Zea mays*. Physiol. Plantarum **22**, 840 (1969).

MENKE, W.: Structure and chemistry of plastids. Ann. Rev. Plant Physiol. **13**, 27 (1962).

MENZEL, R. G., und HEALD, W. R.: Distribution of potassium, rubidium, cesium, calcium and strontium within plants grown in nutrient solutions. Soil Sci. **80**, 287 (1955).

MERTZ, E. T., SINGLETON, V. L., und GARLEY, C. L.: The effect of sulfur deficiency on the amino acids of alfalfa. Arch. Biochem. Biophys. **38**, 139 (1952).

METZNER, H.: Photosynthese. Fortschr. Bot. **27**, 114 (1965).

– Photochemische Aktivität isolierter Chloroplasten. Naturwissenschaften **53**, 141 (1966).

MEYER, K. H.: Amylasen und ihre Wirkung. Angew. Chemie **63**, 153 (1951).

MICHAEL, G.: Phosphorsäurefraktionen im Haferkorn und Spinat in Abhängigkeit von verschiedener Phosphorsäuredüngung. Bodenkunde u. Pflanzenernähr. **14**, 148 (1939).

– Über die Aufnahme und Verteilung des Magnesiums und dessen Rolle in der höheren grünen Pflanze. Bodenkunde u. Pflanzenernähr. **25**, 65 (1941).

– Über das Wahlvermögen der Pflanzen bei der Mineralstoffaufnahme. Deutsche Akademie d. Landwirtschaftswissenschaften, Bd. VIII, Heft 4, Berlin 1959.

– Mineraldüngung und Qualität der Ernteprodukte. Reden und Abhandl. d. Landw. Hochschule Hohenheim Nr. 12. Verlag E. Ulmer, Stuttgart 1961.

– ALLINGER, P., und WILBERG, E.: Einige Aspekte zur hormonalen Regulation der Korngröße bei Getreide. Z. Pflanzenernähr., Düng., Bodenkunde **125**, 24 (1970).

– und BLUME, B.: Über den Einfluß der Stickstoffdüngung auf die Eiweißzusammensetzung des Gerstenkornes. Z. Pflanzenernähr., Düng., Bodenkunde **88**, 237 (1960).

– und MARSCHNER, H.: Untersuchungen über die Phosphatabscheidung aus Pflanzenwurzeln mit Hilfe von ^{32}P. Z. Pflanzenernähr., Düng., Bodenkunde **80**, 1 (1958).

– – Einfluß unterschiedlicher Luftfeuchtigkeit und Transpiration auf Mineralstoffaufnahme und -verteilung. Z. Pflanzenernähr., Düng., Bodenkunde **96**, 200 (1962).

– MARTIN, P., und OWASSIA, I.: The uptake of ammonium and nitrate from labelled ammonium nitrate in relation to the carbohydrate supply of the roots. In E. A. KIRKBY, Nitrogen Nutrition of the Plant. University of Leeds, S. 22 (1970).

– und SCHILLING, G.: Über den Magnesiumversorgungsgrad mitteldeutscher Ackerböden. Z. Pflanzenernähr., Düng., Bodenkunde **79**, 31 (1957).

– SCHULTZ, R., und WAGNER, H.: Modellversuche zur Bedeutung der Granne für die Versorgung des Gerstenkornes mit Cytokininen. Flora, Abt. A, **160**, 306 (1969).

– SCHUMACHER, H., und MARSCHNER, H.: Aufnahme von Ammonium- und Nitratstickstoff aus markiertem Ammoniumnitrat und deren Verteilung in der Pflanze. Z. Pflanzenernähr., Düng., Bodenkunde **110**, 225 (1965).

– und TROBISCH, S.: Der Molybdänversorgungsgrad mitteldeutscher Ackerböden. Z. Pflanzenernähr., Düng., Bodenkunde **93**, 9 (1961).

– und WILBERG, E.: Untersuchungen über die Stoffaufnahme der höheren Pflanze. Z. Pflanzenernähr., Düng., Bodenkunde **52**, 242 (1951).

– – und KOUHSIAHI-TORK, K.: Durch hohe Luftfeuchtigkeit induzierter Bormangel. Z. Pflanzenernähr., Düng., Bodenkunde **122**, 1 (1969).

MILCHEVA, M.: Potassium content in Bulgarian soils and potassium use aspects. Soil Sci. a. Agrochemistry **III**, 47 (1968).

MILLER, C. O.: The influence of cobalt and sugars upon the elongation of etiolated pea stem segments. Plant Physiol. **29**, 79 (1954).

MILLER, G. W.: Properties of enolase extracts from pea seed. Plant Physiol. **33**, 199 (1958).

– und EVANS, H. J.: The influence of salts on pyruvate kinase from tissue of higher plants. Plant Physiol. **32**, 346 (1957).

– und Russel, S. A.: Phosphorus absorption in relation to bicarbonate ion concentration. Soil Sci. **94**, 146 (1962).

Miller, J. T., und Byers, H. G.: Selenium in plants in relation to its occurrence in soils. J. agric. Res. **55**, 59 (1937).

Milthorpe, F. L., und Moorby, J.: Vascular transport and its significance in plant growth. Ann. Rev. Plant Physiol. **20**, 117 (1969).

Minderman, G., und Leeflang, K. W. F.: The amounts of drainage water and solutes from lysimeters planted with either oak, pine or natural dune vegetation, or without any vegetation cover. Plant a. Soil **28**, 61 (1968).

Minotti, P. L., Williams, D. C., und Jackson, W. A.: Nitrate uptake by wheat as influenced by ammonium and other cations. Crop Sci. **9**, 9 (1969).

Mitchell, H. H., und Edman, M.: Fluorine in soils, plants and animals. Soil Sci. **60**, 81 (1945).

– Hamilton, T. S., und Beadles, J. R.: The relationship between the protein content of corn and the nutritional value of the protein. J. Nutrit. **48**, 461 (1952).

Mitchell, P.: Coupling of phosphorylation to electron and hydrogen transfer by a chemi-osmotic type of mechanism. Nature **191**, 144 (1961).

– Chemiosmotic coupling in oxidative and photosynthetic phosphorylation. Biol. Rev. **41**, 445 (1966).

– Proton-translocation phosphorylation in mitochondria, chloroplasts and bacteria: natural fuel cells and solar cells. Federation Proceedings **26**, No. 5, Sept.–Okt. 1967.

Mitchell, R. L.: Cobalt and nickel in soils and plants. Soil Sci. **60**, 63 (1945).

– Trace elements in Scottish peats. Int. Peat Symp. Dublin 1954, Sect. B 3.

Mitscherlich, E. A.: Bodenkunde für Landwirte, Fortwirte und Gärtner. 7. Aufl., S. 168. Verlag P. Parey, Berlin u. Hamburg 1954.

– und Beutelspacher, H.: Untersuchungen über den Wasserverbrauch verschiedener Kulturpflanzen und den Wasserhaushalt des natürlich gelagerten Bodens. Bodenkd. u. Pflanzenernähr. **9/10**, 337 (1938).

Moe, P. G., Mannering, J. V., und Johnson, C. B.: Loss of fertilizer nitrogen in surface runoff water. Soil Sci. **104**, 389 (1967).

Molisch, H., und Höfler, K.: Anatomie der Pflanze. G. Fischer Verlag, Jena 1961.

Moll, A.: Der Einfluß der N-P-K-Düngung und der Bodenfeuchtigkeit auf den Zuckergehalt von Kartoffelknollen. Z. Pflanzenernähr., Düng., Bodenkunde **118**, 35 (1967).

Monod, J.: Biosynthese eines Enzyms. Angew. Chemie **71**, 685 (1959).

Montgomerie, J. Z., Potter, C. S., und Guze, L. B.: Penicillin: Effect on sodium and potassium transport in bacterial and protoplast forms of *Streptococcus faecalis*. Science **159**, 1252 (1968).

Moorby, J.: The influence of carbohydrate and mineral nutrient supply on the growth of potato tubers. Ann. Bot. **32**, 57 (1968).

Morard, P.: Absorption du phosphate tricalcique par le sarrasin en culture hydroponique. Colloque International sur les Phosphates Minéraux Solides, Toulouse, 16.–20. Mai 1967.

– Distribution de phosphore étudiée au moyen de l'isotope radioactif et par colorimétrie chez le sarrasin (*Fagopyrum esculentum*, var. La Harpe) cultivé sur solution nutritive. C. R. Acad. Sci. (Paris) Sér. D **270**, 2075 (1970).

Mothes, K.: Über den Schwefelstoffwechsel der Pflanzen. Planta **29**, 67 (1939).

– Chemische Muster und Entwicklung in der Pflanzenwelt. Naturwissenschaften, Heft 21, 115 (1965).

– und Engelbrecht, L.: Über den Stickstoffumsatz in Blattstecklingen. Flora **143**, 428 (1956).

– – und Kulajewa, O.: Über die Wirkung des Kinetins auf Stickstoffverteilung und Eiweißsynthese in isolierten Blättern. Flora **147**, 445 (1959).

Mott, N.: Zur Stickstoffdüngung der Wiesen. Z. „Das wirtschaftseigene Futter", Heft 1 (1963).

Müller, F. W.: Serienmäßige Borbestimmung in Böden mittels Heißwasserextraktion nach Berger und Truog. Landw. Forsch. **10**, 32 (1957).

Müller, P., und Rudin, D. O.: Development of K^+–Na^+ discrimination in experimental bimolecular lipid membranes by macrocyclic antibiotics. Biochem. a. Biophys. Res. Commun. **26**, 398 (1967).

Münz, Th.: Die Bedeutung des Kaliums im Most und Wein. Kali-Briefe, Fachgeb. 5, 3. Folge, Mai 1964.

Mulder, E. G.: Importance of molybdenum in the nitrogen metabolism of microorganism and higher plants. Plant a. Soil **1**, 94 (1948).

– Mineral nutrition in relation to the biochemistry and physiology of potatoes. Plant a. Soil **2**, 59 (1949).

– Zinc deficiency of fruit trees in Europe. Lotsya **3**, 85 (1950).

– Mg-deficiency in fruit trees on sandy and clay soils in Holland. Plant a. Soil **2**, 145 (1950).

– Nitrogen-magnesium relationship in crop plants. Plant a. Soil **7**, 341 (1956).

Mumford, F. E., Stark, H. M., und Smith, D. H.: A naturally occurring cofactor for indole acetic acid oxidase. Plant Physiol. **37**, XIV (1962).

Munk, H.: Die Nitrifikation von Ammoniumsalzen in sauren Böden. Landw. Forsch. **11**, 150 (1958).

– Über die P_2O_5-Wirksamkeit und Teilchengröße bei Apatiten. Landw. Forsch. **13**, 296 (1960).

– Zur Festlegung von Phosphatgrenzwerten bei der Untersuchung von Grünlandböden. Die Phosphorsäure **28**, 19 (1969).

Murphy, L. S., und Smith, G. E.: Nitrate accumulations in forage crops. Agronomy J. **59**, 171 (1967).

Murrmann, R. P., und Peech, M.: Relative significance of labile and crystalline phosphates in soil. Soil Sci. **107**, 249 (1969).

Myttenaere, C.: Influence du rapport strontium calcium sur la localisation du strontium et du calcium chez *Pisum sativum*. Physiol. Plant. **17**, 814 (1964).

Nason, A.: The function of metals in enzyme systems. Soil Sci. **85**, 63 (1958).

– Kaplan, N. O., und Oldenwurtel, H. A.: Further studies of nutritional conditions affecting enzymatic constitution in *Neurospora*. J. biol. Chemistry **201**, 435 (1953).

Naumann, W. D.: Prüfung neuer Verfahren zur Bekämpfung der Stippigkeit. Vortrag auf der Tagung der Deutschen Gartenbauwissenschaftl. Ges. in Veitshöchheim 1968.

Neales, T. F.: Relation of Mg supply to the growth and net assimilation rate of barley. Nature **175**, 429 (1955).

– Components of the total magnesium content within the leaves of white clover and perennial ryegrass. Nature **177**, 388 (1956).

– und Hinde, R. W.: A test for the calcium-boron interaction hypothesis using the growth of the bean radicle. Physiol. Plantarum **15**, 217 (1962).

Nehring, K.: Pflanzenqualität, Nähr- und Futterwert unter besonderer Berücksichtigung des Einflusses der Düngung. Landw. Forsch., 8. Sonderh., 110 (1956).

Neish, A. C.: Studies on chloroplasts. Biochem. J. **33**, 300 (1939).

Nelson, L. E.: Response of soybeans grown in the greenhouse to zinc applied to a black belt soil. Soil Sci. **82**, 271 (1956).

Németh, K., Mengel, K., und Grimme, H.: The concentration of K, Ca and Mg in the saturation extract in relation to exchangeable K, Ca and Mg. Soil Sci. **109**, 179 (1970).

Neufeld, E. F., und Ginsburg, V.: Carbohydrate metabolism. Ann. Rev. Biochem. **34**, 297 (1965).

Nicholas, D. J. D.: Determination of minor element levels in soils with the *Aspergillus niger* method. Vortr. auf d. Kongr. d. Intern. Bodenkundl. Gesellsch., Madison USA 1960.

– Minor mineral nutrients. Ann. Rev. Plant Physiol. **12**, 63 (1961).

– und Goodman, T.: The effects of deficiencies of zinc and iron on some enzyme systems in *Neurospora*. J. exp. Bot. **9**, 97 (1958).

– und Thomas, W. D. E.: Some effects of heavy metals on plants grown in soil culture. Plant a. Soil **5**, 67 u. 182 (1954).

Niederbudde, E. A., Todorcic, B., und Welte, E.: Veränderung von K-Formen und K-Ca-Aktivitätenverhältnissen des Bodens durch K-Düngung und K-Entzug der Pflanzen. Z. Pflanzenernähr., Bodenkunde **123**, 85 (1969).

Nielsen, J. D.: Fixation and release of potassium in Danish soils. Tidsskrift for Planteavl **74**, 24 (1970).

Nienstedt, E. F.: Der Einfluß von Stickstoff auf die Entwicklung von Inhaltsstoffen bei Grünhafer. Z. Acker- u. Pflanzenbau **129**, 331 (1969).

Ninio, J., Favre, A., und Yaniv, M.: Molecular model for transfer RNA. Nature **223**, 1333 (1969).

Nommik, H.: The residual effects of nitrogen fertilizers in relation to the quantities of mineral nitrogen recovered in the soil profile. Acta agric. scand. **16**, 163 (1966).

Nordin, J. H., und Kirkwood, S.: Biochemical aspects of plant polysaccharides. Ann. Rev. Plant Physiol. **16**, 393 (1965).

Nørgard-Pedersen, E. J.: On phytin phosphorus in the soil. Plant a. Soil **4**, 252 (1952).

Nozaki, M., Tagawa, K., und Arnon, D. I.: Noncyclic photophosphorylation in photosynthetic bacteria. Proc. Nat. Acad. Sci. (US) **47**, 1334 (1961).

Oaks, A., und Beevers, H.: The glyoxylate cycle in maize *scutellum*. Plant Physiol. **39**, 431 (1964).

– und Bidwell, R. G. S.: Compartimentation of intermediary metabolites. Ann. Rev. Plant Physiol. **21**, 43 (1970).

Obigbesan, G. O.: Untersuchungen zur Frage der P-Versorgung mittelafrikanischer Böden und der P-Wirkung verschiedener Phosphatdüngemittel. Diss. d. Landw. Fakultät d. Justus-Liebig-Universität, Gießen 1970.

Odhnoff, C.: Boron deficiency and growth. Physiol. Plantarum **10**, 984 (1957).

Oehm, E.: Nährstoffaufnahme, Nährstoffverhältnis und Nährstoffbilanz im Ackerbau der Waberner Senke. Diss. d. Landw. Fakultät d. Justus-Liebig-Universität, Gießen 1966.

Oertli, J. J.: Loss of boron from plants through guttation. Soil Sci. **94**, 214 (1962).

– Effects of external salt concentrations on water relations in plants. Soil Sci. **105**, 302 (1968).

Okamoto, S.: Effects of potassium nutrition on the glycolysis and the Krebs cycle in Taro plants. Soil Sci. a. Plant Nutrition **13**, 143 (1967).

Okanenko, A. S., und Ostrowskaja, L. K.: Über die physiologische Bedeutung des Kupfers für den Anbau von Kok-Saghys auf Moorböden. Spurenelemente in d. Landwirtschaft S. 407. Akademie Verlag, Berlin 1958.

O'Kelley, J. C.: Boron effects on growth, oxygen uptake and sugar absorption by germinating pollen. Amer. J. Bot. **44**, 239 (1957).

Okunzow, M. M.: Die Bedeutung des Kupfers für die Steigerung der Pflanzenerträge. Spurenelemente in d. Landwirtschaft S. 379. Akademie Verlag, Berlin 1958.

Olszanska, B.: Studies on the mechanism of urea uptake by plant roots. Acta Soc. bot. pol. **37**, 379 (1968).

Opit, L. J., und Charnock, J. S.: A molecular model for a sodium pump. Nature **208**, 471 (1965).

Ordin, L.: Effect of water stress on cell wall metabolism of *Avena coleoptile* tissue. Plant Physiol. **35**, 443 (1960).

Osborne, D. J.: Effect of kinetin on protein and nucleic acid metabolism in *xanthium* leaves during senescence. Plant Physiol. **37**, 595 (1962).

Oser, B. L.: Method for integrating essential amino acid content in the nutritional evaluation of protein. J. Amer. dietet. Assoc. **27**, 396 (1951).

Ouelette, G. J.: Solubilite et finesse de mouture de divers fertilisants borates. Canad. J. Soil Sci. **43**, 166 (1963).

– und Lachance, R. O.: Soil and plant analysis as means of diagnosing boron deficiency in alfalfa in Quebec. Canad. J. agric. Sci. **34**, 494 (1954).

Ozanne, R. G., Woolley, J. T., und Broyer, T. C.: Bromine in the nutrition of higher plants. Plant Physiol. **31**, VII (1956).

Paauw, F. van der: Critical remarks concerning the validity of the Mitscherlich Effect Law. Plant a. Soil **4**, 96 (1952).

– Die optimale Versorgung von Boden und Pflanze mit Phosphor. Landw. Forsch. 14 Sonderh., 55 (1960).

– Effect of winter rainfall on the amount of nitrogen available to crops. Plant a. Soil **16**, 361 (1962).

– Entwicklung und Verwertung einer neuen Wasserextraktionsmethode für die Bestimmung der pflanzenaufnehmbaren Phosphorsäure. Landw. Forsch. **23**/II. Sonderh., 102 (1969).

Packer, L., Murakami, S., und Mehard, C. W.: Ion transport in chloroplasts and plant mitochondria. Ann. Rev. Plant Physiol. **21**, 271 (1970).

Padurariu, W., Horovitz, C. T., Paltineanu, R., und Negomireanu, V.: On the relationship between soil moisture and osmotic potential in maize and sugar beet plants. Physiol. Plant. **22**, 850 (1969).

Pätzold, C., und Dambroth, M.: VII. Beschädigungsempfindlichkeit. Kartoffelbau **15**, 291 (1964).

Page, E. R., und Gerwitz, A.: Phosphate uptake by lettuces and carrots from different soil depths in the field. J. of the Science of Food and Agriculture **20**, 85 (1969).

Pa Ho Hsu: Adsorption of phosphate by aluminium and iron in soils. Soil Sci. Soc. Am. Proc. **28**, 474 (1964).

Palser, B. F., und McIlrath, W. J.: Response of tomato, turnip and cotton to variations in boron nutrition. Bot. Gaz. **118**, 53 (1956).

Pardee, A. B., Jacob, F., und Monod, J.: The genetic control and cytoplasmic expression of „inducibility" in the synthesis of β-galaktosidase by *E. coli*. J. Mol. Biol. **1**, 165 (1959).

Parks, R. Q., und Shaw, B. T.: Possible mechanisms of boron fixation in soil Soil Sci. Amer. Proc. **6**, 219 (1941).

Parks, W. L., und Walker, W. M.: Effect of soil potassium, potassium fertilizer and method of fertilizer placement upon corn yields. Soil Sci. Soc. Amer. Proc. **33**, 427 (1969).

Parr, J. F., und Papendick, R. I.: Retention of anhydrous ammonia by soil: II. Effect of ammonia concentration and soil moisture. Soil Sci. **101**, 109 (1966).

Passow, H.: Passive Permeabilität von Zellmembranen. Zur Frage der Penetration durch Poren. Verhandl. d. Ges. Deutscher Naturforscher u. Ärzte, S. 40. Springer Verlag, Berlin, Göttingen, Heidelberg 1963.

Pate, J. S.: The movement of nitrogenous solutes in plants. Coordination Meeting on Recent Developments in the Use of N-15 in Soil-Plant Studies, Sofia/Bulgarien 1969.

Patel, G.: Die quantitative Bestimmung von Blei in Pflanzen nach kolorimetrischen und spektrochemischen Verfahren sowie Untersuchungen über den Bleigehalt von Pflanzen an verkehrsreichen Standorten. Diss. d. Landw. Fakultät d. Justus-Liebig-Universität, Gießen 1967.

Pattee, H. E., und Teel, M. R.: Influence of nitrogen and potassium on variations in content of malate, citrate, and malonate in non-nodulating soybeans (*Glycine max*). Agron. J. **59**, 187 (1967).

Pauling, L., und Corey, R. B.: Atomic coordinates and structure factors for two helical configurations of polypeptide chains. Proc. Natl. Acad. Sci. US **37**, 235 (1951).

Payne, P. I., und Boulter, D.: Free and membrane bound ribosomes of the cotyledons of *Vicia faba* (L.). I. Seed development. Planta **84**, 263 (1969).

Pearson, G. A.: Absorption and translocation of sodium in beans and cotton. Plant Physiol. **42**, 1171 (1967).

Peaslee, D. E., und Moss, D. N.: Photosynthesis in K- and Mg-deficient maize (*Zea mays* L.) leaves. Soil Sci. Soc. Amer. Proc. **30**, 220 (1966).

Peel, J.: Zuckertransport in den Pflanzen. Bild d. Wissenschaft **4**, 345 (1970).

Peel, A. J., Field, R. J., Coulson, C. L., und Gardner, D. C. J.: Movement of water and solutes in sieve tubes of willow in response to puncture by aphid stylets. Evidence against a mass flow of solution. Physiol. Plantarum **22**, 768 (1969).

PELSHENKE, P. F., und DREWS, E.: Die Qualität von Getreide und Getreideerzeugnissen in Abhängigkeit von der Phosphatversorgung der Getreidepflanzen und dem Kalkzustand des Bodens. Landw. Forsch. **9**, 184 (1956).

PELTON, W. L.: Influence of low rates on wheat yield in southwestern Saskatchewan. Canad. J. Plant Sci. **49**, 607 (1969).

PENNINGSFELD, G.: Festschrift zur Feier des 150jährigen Bestehens d. Lehr- und Forschungsanstalt f. Gartenbau, Weihenstephan 1954.

– und FORCHTHAMMER, L.: Reaktion der wichtigsten Gemüsearten auf ein variiertes Nährstoffverhältnis der Düngung. Gartenbauwissenschaft **8**, 347 (1961).

– und KURZMANN, P.: Reaktion wichtiger Obstarten auf Kernnährstoffmangel. Jahresbericht 1966/67 der Staatl. Lehr- u. Forschungsanstalt f. Gartenbau in Weihenstephan.

PENOT, M., und HOURMANT, A.: Variations de la perméabilité cellulaire au ^{32}P chez des disques de feuilles, sous l'action de la kinétine. C. R. Acad. Sci. (Paris) Sér. D, **269**, 1406 (1969).

PERUR, N. G., SMITH, R. L., und WIEBE, H. H.: Effect of iron chlorosis on protein fractions of corn leaf tissues. Plant Physiol. **36**, 736 (1961).

PETERBURGSKY, A. W.: Adsorptionsprozesse im Boden und die Wurzelernährung der Pflanzen. Plant a. Soil **11**, 157 (1959).

PFAFF, C.: Über die Auswaschung von Calcium, Magnesium, Chlorid und Sulfat aus dem Boden (Lysimeterversuche). Z. Acker- u. Pflanzenbau **117**, 117 (1963).

– Das Verhalten des Stickstoffs im Boden nach langjährigen Lysimeterversuchen. Z. Acker- u. Pflanzenbau **117**, 77 (1963).

PFLÜGER, R.: Der biochemische Weg zu höheren Erträgen unter Berücksichtigung der Auswirkungen auf die Düngungsmethoden. Vortrag anl. d. 9. Kongresses d. Intern. Kali-Instituts, Antibes 1970.

PFÜTZER, G., und ROTH, H.: Die Vitaminbildung der höheren Pflanze in Abhängigkeit von ihrer Ernährung. Landw. Forsch. **4**, 105 (1962).

PFULB, K.: Ein Beitrag zum Phosphorgehalt von Wiesenheu. Landw. Forsch. **12**, 196 (1959).

PHILIP, J. P.: The osmotic cell, solute diffusibility and the plant water economy. Plant Physiol. **33**, 264 (1958).

PHILIPSON, T.: Boron in plant and soil. Acta Agric. scand. **3**, 121 (1953).

PHINNEY, B. O., und WEST, C. A.: Gibberellins as native plant growth regulators. Ann. Rev. Plant Physiol. **11**, 411 (1960).

PIRSCHLE, K.: Nitrate und Ammonsalze als Stickstoffquellen für höhere Pflanzen bei konstanter Wasserstoffkonzentration. Planta **14**, 583 (1931).

PLANT, W.: The effects of molybdenum deficiency and mineral toxicities on crop in acid soils. J. horticult. Sci. **31**, 163 (1956).

PLATZ, R.: 1970 – ein Jahr des Magnesiummangels im Weinbau. Der deutsche Weinbau **28**, 1063 (1970).

PLESNICAR, M., BONNER, W. D., und STOREY, B. T.: Peroxidase associated with higher plant mitochondria. Plant Physiol. **42**, 366 (1967).

PONNAMPERUMA, F. N.: Dynamic aspects of flooded soils and the nutrition of the rice plant. In: The Mineral Nutrition of the Rice Plant. Proceedings of a Symposium at The International Rice Res. Inst., Febr. 1964. The Johns Hopkins Press, Baltimore, Maryland 1965.

PORTER, H. K.: Synthesis of polysaccharides of higher plants. Ann. Rev. Plant Physiol. **13**, 303 (1962).

POSSINGHAM, J. V.: Mineral nutrition and amino acids in tomato. Aust. J. Biol. Sci. **9**, 539 (1956).

– und BROWN, R.: Intracellular incorporation of iron-59 into the root cells of *Pisum*. Nature **180**, 563 (1957).

POST, R. L., MERRITT, C. R., KINSOLVING, C. R., und ALBRIGHT, C. D.: Membrane adenosine triphosphatase as a participant in the active transport of sodium and potassium in the human erythrozyte. J. Biol. Chem. **235**, 1796 (1960).

POWRIE, J. K.: The effect of cobalt on the growth of young lucerne on a siliceous sand. Plant a. Soil **21**, 81 (1964).

PRAUSSE, A.: Ergebnisse von dreijährigen P-Vorausdüngungsversuchen mit verschiedenen Phosphatformen. Thaer-Archiv **12**, 97 (1968).

PRESSEY, R.: Potato sucrose synthetase: Purification. properties, and changes in activity associated with maturation. Plant Physiol. **44**, 759 (1969).

PRICE, C. A., und TAYLOR, M. R.: Sulfhydryls in plants. Plant Physiol. **32**, 525 (1957).

PRICE, U. A.: RNA-synthesis, zinc deficiency, and the kinetics of growth. Plant Physiol. **37**, XXI (1962).

PRIMOST, E.: Die Abhängigkeit des Kornertrages, Klebergehaltes und der Quellzahl des Weizens von Stickstoffdüngung und Bodenart. Plant a. Soil **16**, 94 (1962).

– Hafer (*Avena sativa* L.). In: Handbuch der Pflanzenernährung und Düngung. 3. Bd., S. 283ff. Springer Verlag, Wien, New York 1965.

– Der Einfluß von Düngungsmaßnahmen auf die Qualität von Weizen. Landw. Forsch., 22. Sonderh., 149 (1968).

– Nährstoffentzug und Düngung einiger wichtiger Kulturpflanzen. Im Blickfeld – aktuelle Informationen für die moderne Landwirtschaft **21**, Nr. 17 (1970).

– und RITTMEYER, G.: Die Wirkung von Chlorcholinchlorid (CCC) auf Kornertrag und Qualität von Roggen in Feldversuchen. Die Bodenkultur **19**, 112 (1968).

– – Veränderungen im Aufbau der Weizelhalme bei CCC-Behandlung in Abhängigkeit von Sorte und Standort. Z. Acker- u. Pflanzenbau **128**, 117 (1968).

PRJANISCHNIKOW, D. N.: Der Stickstoff im Leben der Pflanzen und im Ackerbau der UdSSR. Akademie Verlag, Berlin 1952.

PRUMMEL, J.: Fertilizer placement experiments. Plant a Soil **8**, 231 (1957).

PULSS, G., und HAGEMEISTER, H.: Hypomagnesaemie nach Verfütterung von Anwelksilage aus Weidegras während der Stallperiode. Z. f. Tierphysiologie, Tierernährung u. Futtermittelkd. **25**, 32 (1969).

QUASTEL, J. H.: Soil metabolism. Ann. Rev. Plant Physiol. **16**, 217 (1965).

RAGGIO, M., und RAGGIO, N.: Root nodules. Ann. Rev. Plant Physiol. **13**, 109 (1962).

RAINS, D. W.: Kinetics and energetics of light-enhanced potassium absorption by corn leaf tissue. Plant Physiol. **43**, 394 (1968).

– SCHMID, W. E., und EPSTEIN, E.: Absorption of cations by barley roots in relation to *p*H. Plant Physiol. **37**, XLVI (1962).

RATHSACK, K.: Über Umsetzungsprodukte des Zyanamids im Boden. Landw. Forsch., 6. Sonderh., 116 (1955).

– und JUNGK, A.: Beziehungen zwischen dem laktatlöslichen Kalium des Bodens und der Wirkung der Kaliumdüngung auf den Ertrag von Sellerie. Gartenbauwissenschaft **33**, 237 (1968).

– und SCHACHTSCHABEL, P.: Beziehungen zwischen den Ergebnissen von Bodenuntersuchungen und der Wirkung einer P- und K-Düngung auf den Ertrag von Gemüse. Gartenbauwissenschaft **28** (10), 1 (1963).

RATNER, E. I., und YELISEOVA, O. I.: Effect of source of potassium assimilated by plants on metabolism of nitrogenous substances in leaves in connection with organic acid metabolism. Fiziol. Rastenij. **15**, 488 (1968).

REDISKE, J. H., und BIDDULPH, O.: The absorption and translocation of iron. Plant Physiol. **28**, 576 (1953).

REICHARD, TH.: Ein langjähriger Phosphatformenversuch. Z. Pflanzenernähr. Bodenkunde **123**, 23 (1969).

REID, D. M., CROZIER, A., und HARVEY, B. M. R.: The effects of flooding on the export of gibberellins from the root to the shoot. Planta **89**, 376 (1969).

REISENAUER, H. M.: Cobalt in nitrogen fixation by a legume. Nature **186**, 375 (1960).

REISNER, G. S., GERING, R. K., und THOMPSON, J. F.: The metabolism of nitrate and ammonia by *chlorella*. Plant Physiol. **35**, 48 (1960).

REISSIG, H.: Der Einfluß der Kalkdüngung auf die ^{90}Sr-Aufnahme landwirtschaftlicher Nutzpflanzen unter Feldbedingungen. Kernenergie **5**, 678 (1962).

REITEMEIER, R. F.: Effect of moisture content on the dissolved and exchangeable ions of soils of arid regions. Soil Sci. **61**, 195 (1946).

REUTER, G.: Über den Stickstoffgehalt der *Betulaceen* und anderer Laub- und Nadelgehölze. Flora **144**, 420 (1957).

– Der Ornithinzyklus und seine Beziehungen zum Stoffwechsel der Stickstoffverbindungen. Pharmazie **15**, 618 (1960).

RICH, C. I.: Mineralogy of soil potassium. In: The Role of Potassium in Agriculture. Madison 1968.

RICHARDS, F. M.: Structure of proteins. Ann. Rev. Biochem. **32**, 269 (1963).

RIEHLE, G., und JUNG, J.: Zum Vorgang der Nitritbildung im Spinat. Landw. Forsch. **19**, 231 (1966).

RIEHM, H.: Die Borfrage im Luzernebau. Landw. Forsch. **10**, 9. Sonderh., 106 (1957).

– Die Ammoniumlaktat-Essigsäuremethode zur Bestimmung der leicht löslichen Phosphorsäure in karbonathaltigen Böden. Agrochimica **3**, 49 (1959).

– und QUELLMALZ, E.: Die Bestimmung der Pflanzennährstoffe im Regenwasser und in der Luft und ihre Bedeutung für die Landwirtschaft. In: 100 Jahre Staatl. Landw. Versuchs- u. Forschungsanstalt Augustenberg, S. 171 (1959).

RINGOET, A., SAUER, G., und GIELINK, A. J.: Phloem transport of calcium in oat leaves. Planta **80**, 15 (1968).

RINNE, R. W., und LANGSTON, R. G.: Studies on lateral movement of phosphorus-32 in peppermint. Plant Physiol. **35**, 216 (1960).

RIRIE, D., und TOTH, S. J.: Plant studies with radioactive calcium. Soil Sci. **73**, 1 (1952).

RIVENBARK, W. L., und HANSON, J. B.: The effect of cations on oxidative phosphorylation with corn shoot mitochondria. Plant Physiol. **37**, XXXI (1962).

RÖBER, R.: Faktoren der Chloridaufnahme durch die Pflanze. Vortrag auf der Jahreshauptversammlung der LUFA, Lübeck 1968.

RÖMER, TH., und SCHEFFER, F.: Lehrbuch des Ackerbaues, 4. Aufl. S. 139. Verlag P. Parey, Berlin und Hamburg 1953.

ROLAND, J. C., und BESSOLES, M.: Mise en évidence du calcium dans les cellules du collenchyme. C. R. Acad. Sci. (Paris), Sér. D **267**, 589 (1968).

ROLL-HANSEN, J.: Steaming of soil for tomatoes. State Experiment Station Kvithmar, Stjördal, Norway, Report No. 10 (1952).

ROREM, E. S., WALKER, H. G., und MCCREADY, R. M.: Biosynthesis of sucrose and sucrose-phosphate by sugar beet leaf extracts. Plant Physiol. **35**, 269 (1960).

ROSCOE, B.: The distribution and conditions of soil phosphate under old permanent pasture. Plant a. Soil **12**, 17 (1960).

ROSE, C. W., und STERN, W. R.: Bestimmung des Wasserentzuges durch Wurzeln als Funktion von Tiefe und Zeit. Aust. J. Soil Res. **5**, 11 (1967).

ROUQUEROL, TH.: Sur le phenomène de fixation de l'azote dans les rizieres de Camargue. Ann. Agron. **13** (4), 325 (1962).

ROUX, L.: Les phosphates condensés en nutrition minérale. Apport d'un polyphosphate de potassium très condensé en culture hydroponique d'orge. Ann. Physiol. vég. **10**, 83 (1968).

ROWAN, K. S., und TURNER, D. H.: Physiology of pea fruits. Austr. J. Biol. Sci. **10**, 414 (1957).

ROWE-DUTTON, P.: Mist propagation of cuttings. Comm. Bur. Hort. a. Plant Crops. Digest No. 2 (1959).

ROWELL, D. L., MARTIN, M. W., und NYE, P. H.: The measurement and mechanism of ion diffusion in soils. J. Soil Sci. **18**, No. 2 (1967).

ROYCHOUDHURY, R., und SEN, S. P.: Studies on the mechanism of auxin action: Auxin regulation of nucleic acid metabolism in pea internodes and coconut milk nuclei. Physiol. Plantarum **17**, 352 (1964).

RUBINS, E. J.: Extent of molybdenum deficiency in the United States. Soil Sci. **81**, 191 (1956).

RUMBERG, B.: Evidence for the participation of chlorophyll in the primary reaction of photosynthesis. Nature **204**, 860 (1964).

RUSS, E.: Über die Bestimmung von pflanzenaufnehmbarem Kupfer und Mangan in Böden unter besonderer Berücksichtigung der Keimpflanzenmethode. Diss. d. Landw. Fakultät d. Justus-Liebig-Universität, Gießen 1958.

RUSSELL, R. S., und BARBER, D. A.: The relationship between salt uptake and the absorption of water by intact plants. Ann. Rev. Plant Physiol. **11**, 127 (1960).

– und ELLIS, F. B.: Estimation of the distribution of plant roots in soil. Nature **217**, 582 (1968).

– und SHORROCKS, V. M.: The relationship between transpiration and the absorption of inorganic ions by intact plants. J. exp. Bot. **10**, 301 (1959).

RYAN, P. F.: Fertilizer placement for kale. Irish J. Agric. Res. **1**, 231 (1962).

SAALBACH, E.: Ergebnisse von Düngungsversuchen mit flüssigem Ammoniak in der Bundesrepublik. Landw. Forsch. **21**, 39 (1968).

– Möglichkeiten und Grenzen einer optimalen bzw. maximalen Stickstoffdüngung. Bodenkultur **19**, 91 (1968).

– AIGNER, H., und WÜRTELE, K. H.: Über den Einfluß der Natriumdüngung auf den Natriumgehalt verschiedener Gräser und Kleearten. Vortrag auf der Jahreshauptversammlung der LUFA, Lübeck 1968.

– KESSEN, G., und JUDEL, G. K.: Über den Einfluß von Schwefel auf den Ertrag und die Eiweißqualität von Futterpflanzen. Z. Pflanzenernähr., Düng., Bodenkunde **93**, 17 (1961).

– – – Untersuchungen über die Bestimmung des Gehaltes an pflanzenverfügbarem Schwefel im Boden. Landw. Forsch. **15**, 6 (1962).

SABEY, B. R.: Influence of soil moisture tension on nitrate accumulation in soils. Proc. Soil Sci. Soc. Amer. **33**, 263 (1969).

SADEGHIAN, E., KÜHN, H., und LINSER, H.: Die Zusammensetzung des Weizenkorngesamtproteins unter dem Einfluß von Chlorcholinchlorid. Z. Pflanzenernähr., Düng., Bodenkunde **121**, 214 (1968).

SAGLIO, P.: Nutrition en fer de la vigne. Ann. Physiol. vég. **11**, 27 (1969).

SANADI, D. R.: Energy-linked reactions in mitochondria. Ann. Rev. Biochem. **34**, 21 (1965).

SANDERSON, G. W., und COOKING, E. C.: Enzymic assimilation of nitrate in tomato plants. I. Reduction of nitrate to nitrite. Plant Physiol. **39**, 416 (1964).

SANDS, R. H., und BEINERT, H.: Biochem. Biophys., Research Communs. **1**, 175 (1959). Zitiert n. HAYAISHI, O.: Ann. Rev. Biochem. **31**, 25 (1962).

SAN PIETRO, A., und BLACK, CL. C.: Enzymology of energy conversion in photosynthesis. Ann. Rev. Plant Physiol. **16**, 155 (1965).

SANTARIUS, K. A.: Die Abhängigkeit der Hill-Reaktion und der Photophosphorylierung vom Wassergehalt und ihre Bedeutung für die Trocken- und Frostresistenz der Pflanzen. Deutsche Bot. Ges. Jg. 1967, Bd. 80, 133 (1967).

SARIČ, M., ČUPINA, T., GERIČ, I., und VEREŠBARANI, I.: Die Untersuchung des Aminosäurestoffwechsels mit ^{14}C in jungen Maispflanzen, die unter verschiedenen Ernährungsbedingungen herangezogen wurden. Fiziol rastenij **14**, 693 (1967).

SCHACHTSCHABEL, P.: Kolloidbeiheft **51**, 199 (1940). Zitiert n. F. SCHEFFER und P. SCHACHTSCHABEL: Bodenkunde S. 78. F. Enke Verlag, Stuttgart 1952.

– Das pflanzenverfügbare Magnesium des Bodens und seine Bestimmung. Z. Pflanzenernähr., Düng., Bodenkunde **67**, 9 (1954).

– Das Mangan im Boden. Phosphorsäure **15**, 133 (1955).

– Der Magnesiumversorgungsgrad nordwestdeutscher Böden und seine Beziehungen zum Auftreten von Mangelsymptomen an Kartoffeln. Z. Pflanzenernähr., Düng., Bodenkunde **74**, 202 (1956).

– Die Bestimmung des Manganversorgungsgrades von Böden und seine Beziehung zum Auftreten der Dörrfleckenkrankheit bei Hafer. Z. Pflanzenernähr., Düng., Bodenkunde **78**, 147 (1957).

– Fixierung und Nachlieferung von Kalium- und Ammonium-Ionen, Beurteilung und Bestimmung des Kalium-Versorgungsgrades von Böden. Landw. Forsch., 15. Sonderh., 29 (1961).
– Der anzustrebende *p*H-Wert, Phosphor- und Kaliumgehalt von Ackerböden. Landw. Forsch., 17. Sonderh., 60 (1963).
– Einfluß des *p*H-Wertes auf das Bodengefüge und die Umsetzung der Düngerphosphate im Boden. Landw. Forsch., 21. Sonderh., 40 (1967).

SCHAEFFLER, H., und SCHMID, G.: Beiträge zur Düngewirkung von Hyperphos. Prakt. Blätter f. Pflanzenbau und Pflanzenschutz H. 1, 3 (1958).

SCHARRER, K.: Arbeiten über Rhenaniaphosphat in Weihenstephan und Gießen. Z. Pflanzenernähr., Düng., Bodenkunde **50**, 1 (1950).
– Agrikulturchemie. II: Futtermittelkunde. Verlag Walter de Gruyter u. Co., Berlin 1956.
– und BÜRKE, R.: Der Einfluß der Ernährung auf die Vitamin-A-(Carotin-)Bildung in landwirtschaftlichen Nutzpflanzen. Z. Pflanzenernähr., Düng., Bodenkunde **62**, 244 (1953).
– und JUNG, J.: Weitere Untersuchungen über Beziehungen zwischen Nährstoffversorgung und Oxalsäurebildung im Zuckerrüben- und Mangoldblatt. Z. Pflanzenernähr., Düng., Bodenkunde **66**, 1 (1954).
– – Der Einfluß der Ernährung auf das Verhältnis von Kationen zu Anionen in der Pflanze. Z. Pflanzenernähr., Düng., Bodenkunde **71**, 76 (1955).
– und KÜHN, H.: Vergleichende Versuche über die Aufnahme der Phosphorsäure aus markierten Phosphatdüngemitteln. Landw. Forsch. **9**, 1 (1956).
– – Die Wirkung des Natriums im Rhenaniaphosphat. Z. Pflanzenernähr., Düng., Bodenkunde **80**, 189 (1958).
– KÜHN, H., und LÜTTMER, J.: Über die Auswaschung des Bors im Boden. Landw. Forsch. **7**, 89 (1954).
– und MENGEL, K.: Über den Kalium-Magnesium-Antagonismus bei Mais und Sonnenblumen. Z. Pflanzenernähr., Düng., Bodenkunde **83**, 149 (1958).
– – Über das vorübergehende Auftreten sichtbaren Magnesiummangels bei Hafer. Agrochimica **4**, 3 (1960).
– – Aufnahme und Verteilung der Kationen Ca, Mg, K und Na in der Pflanze bei variierter K- und Mg-Düngung sowie bei extraradikaler K-Versorgung. Plant a. Soil **12**, 377 (1960).
– und MUNK, H.: Die quantitative Bestimmung kleinster Mengen Zink in Böden, pflanzlichen und tierischen Substanzen und Düngemitteln. Z. Pflanzenernähr., Düng., Bodenkunde **72**, 24 (1956).
– und PREISSNER, R.: Der Vitamin-B_1-Gehalt der Pflanze in Abhängigkeit von ihrer Ernährung. Z. Pflanzenernähr., Düng., Bodenkunde **67**, 166 (1954).
– RUSS, E., und MENGEL, K.: Über die Bestimmung des pflanzenaufnehmbaren Kupfers und Mangans. Z. Pflanzenernähr., Düng., Bodenkunde **85**, 1 (1959).
– und SCHAUMLÖFFEL, E.: Die Bestimmung kleinster Mengen Kupfer als Cu-Diäthyldithiocarbaminat durch Verdrängungsreaktion. Z. Pflanzenernähr., Düng., Bodenkunde **87**, 1 (1959).
– – Über die Kupferaufnahme durch Sommergetreide auf Kupfermangelböden. Z. Pflanzenernähr., Düng., Bodenkunde **89**, 1 (1960).
– und SCHROPP, W.: Über die Wirkung des Aluminium-Ions auf das Pflanzenwachstum. Z. Pflanzenernähr., Düng., Bodenkunde **45**, 83 (1936).
– – Untersuchungen über die Wirkung von Chlor und Brom auf die Keimung und die erste Jugendentwicklung einiger Kulturpflanzen. Z. Pflanzenernähr., Düng., Bodenkunde **46**, 88 (1949).
– und SEIBEL, W.: Über den Einfluß der Ernährung und Belichtung auf den Nitratgehalt von Futterpflanzen. Landw. Forsch. **9**, 168 (1956).
– und TAUBEL, N.: Über den Einfluß der Düngung auf den Kobaltgehalt verschiedener Futterpflanzen. Z. Pflanzenernähr., Düng., Bodenkunde **67**, 248 (1954).
– und WERNER, W.: Über die Abhängigkeit des Askorbinsäuregehaltes der Pflanze von ihrer Ernährung. Z. Pflanzenernähr., Düng., Bodenkunde **77**, 97 (1957).

SCHATZ, G.: Oxydative Phosphorylierung in Mitochondrien. Angew. Chemie **15**, 1088 (1967).

SCHAUMLÖFFEL, E.: Über die Bestimmung kleinster Mengen Kupfer und dessen Aufnahme durch die Pflanze. Diss. d. Landw. Fakultät d. Justus-Liebig-Universität, Gießen 1958.

SCHECHTNER, G.: Der Mineralstoffgehalt des Grünlandfutters in Abhängigkeit von Düngung und Nutzung. Der Förderungsdienst **15**, Heft 11, Nov. 1967.

SCHEFFER, F., KICKUTH, R., und VISSER, J. H.: Wurzelausscheidung höherer Pflanzen. 1. Isolierung und Identifizierung der Wurzelausscheidungen von *Trifolium pratense* L., *Medicago sativa* L. und *Eragrostis curvula* (SCHRAD.) Nees. Z. Pflanzenernähr., Düng., Bodenkunde **97**, 26 (1962).

– und SCHACHTSCHABEL, P.: Lehrbuch der Bodenkunde. 7. Aufl., Verlag F. Enke, Stuttgart 1970.

– und ULRICH, B.: Humus und Humusdüngung. Verlag F. Enke, Stuttgart 1960.

– – und HIESTERMANN, P.: Die Bedeutung der Chelatisierung in der Agrikulturchemie und Bodenkunde. Z. Pflanzenernähr., Düng., Bodenkunde **76**, 146 (1957).

– und WELTE, E.: Pflanzenernährung. 3. Aufl., Verlag F. Enke, Stuttgart 1955.

– – Grundsätzliches zur Kartoffeldüngung. Der Kartoffelbau **13**, 2 (1962).

– – und REICHENBACH, H. VON: Über den Kaliumhaushalt und Mineralbestand des Göttinger E-Feldes. Z. Pflanzenernähr., Düng., Bodenkunde **88**, 115 (1960).

SCHEIBE, A., SCHÖN, W. J., ZOSCHKE, M., und BAUER, R.: Untersuchungen über die Eiweißfraktionen bei Futtergersten. I. Studien über die Gesamtproteine, insbesondere die Albuminkomponenten. Z. Acker- u. Pflanzenbau **128**, 139 (1968).

SCHILLER, H., und LENGAUER, E.: Über den Kationenbelag und den Spurenelementgehalt in Böden der IDV-Serie. Mitt. d. Österr. Bodenkundl. Gesellschaft **11** (1967).

SCHILLING, G.: Der Einfluß von Alterungsprozessen auf die Verteilung von Kalzium und Strontium im Erbsenblatt. Biol. Zbl. (Leipzig) **80**, 33 (1961).

SCHLICHTING, E.: Die Phosphat- und Molybdatbindung in raseneisensteinhaltigen Bodenprofilen. Z. Pflanzenernähr., Düng., Bodenkunde **90**, 204 (1960).

– Über den Phosphathaushalt von Raseneisenböden. Phosphorsäure **22**, 199 (1962).

SCHLUBACH, H. H.: Der Kohlenhydratstoffwechsel in Roggen und Weizen. Fortschr. d. Chemie organ. Naturstoffe **29**, 291 (1961).

– und LÜBBERS, H.: Über den Kohlenhydratstoffwechsel in *Lolium multiflorum*. Liebigs Ann. Chem. **593**, 228 (1956).

SCHMALFUSS, K.: Zur Kenntnis der Stickstoffernährung der Runkelrüben. Bodenkunde u. Pflanzenernähr. **36**, 10 (1945).

– Pflanzenernährung und Bodenkunde, 5. Aufl., Verlag S. Hirzel, Stuttgart 1952.

– und REINICKE, I.: Über die Wirkung gestaffelter K-Gaben als KCl und K_2SO_4 auf Ertrag und Gehalt an Wasser, N-Verbindungen, K-, Cl- und S-Fraktionen von Spinatpflanzen im Gefäßversuche. Z. Pflanzenernähr., Düng., Bodenkunde **91**, 21 (1960).

SCHMID, G.: Die Basensättigungsverhältnisse der metamorphen, eruptiven und Sedimentgesteinsverwitterungsböden des Paläozoikums in Bayern. Bodenkultur **18**, 193 (1967).

SCHMID, R. Stickstoffbindende Pflanzen. Naturw. Rdsch. **21**, 384 (1968).

SCHMIDT, K., und UNGER, H.: Untersuchungen über die Auswirkung der Strohdüngung im Vergleich zur üblichen sowie jährlichen Stallmistdüngung auf den Pflanzenertrag und die zellulolytische Aktivität des Bodens. Thaer-Archiv **12**, 227 (1968).

SCHMITT, L.: Altes und Neues zur Magnesiumdüngungsfrage. Z. Pflanzenernähr., Düng., Bodenkunde **42**, 129 (1936).

– Agrikulturchemie und Agrarbiologie als Fundamente eines fortschrittlichen Landbaues. In: 75 Jahre Verb. Deutsch. Landw. Untersuchungs- u. Forschungsanst. S. 33. J. D. Sauerländers Verlag, Frankfurt/M. 1963.

– und BRAUER, A.: Mehrnährstoffdünger und Einzeldünger in zehnjährigen Feldversuchen. Landw. Forsch. **22**, 244 (1969).

– – Über den Einfluß magnesiumhaltiger Mehrnährstoffdünger auf den Mineralstoffgehalt wachsender Grünpflanzen. Landw. Forsch. **22**, 136 (1969).

SCHMUCKER, T.: Über den Einfluß von Borsäure auf Pflanzen, insbesondere keimende Pollenkörner. Planta **23**, 264 (1934).

SCHNEIDER, F.: Enzymatische Katalyse. Naturw. Rdsch. **19**, 231 (1966).

SCHNEIDER, G.: Morphactins: physiology and performance. Ann. Rev. Plant Physiol. **21**, 499 (1970).

SCHRADER, L. E., RITENOUR, G. L., EILRICH, G. L., und HAGEMAN, R. H.: Some characteristics of nitrate reductase from higher plants. Plant Physiol. **43**, 930 (1968).

SCHRAMM, G.: Biochemische Grundlagen des Lebens. Naturwiss. Rdsch. **16**, 89 (1963).

SCHROEDER, D.: Kaliumfestlegung und Kaliumnachlieferung von Lößböden. Landw. Forsch. **8**, 1 (1955).

– Die Magnesiumernährung der Pflanzen. Schriftenreihe d. Landw. Fakultät d. Universität Kiel, H. 21, S. 83 (1959).

– und ZAHIROLESLAM, S.: Die Magnesiumvorräte schleswig-holsteinischer Böden. Z. Pflanzenernähr., Düng., Bodenkunde **100**, 207 (1963).

– – und HOFFMANN, W. E.: Untersuchungen über die Verfügbarkeit der Magnesiumvorräte des Bodens. Z. Pflanzenernähr., Düng., Bodenkunde **100**, 215 (1963).

SCHROEDER, W. A.: The hemoglobins. Ann. Rev. Biochem. **32**, 301 (1963).

SCHROPP, W.: Die Auswirkung der Phosphorsäure auf einige Qualitätsmerkmale der Sommergerste. Phosphorsäure **1**, 124 (1942).

– und ARENZ, B.: Über die Auswirkung des S-Mangels auf die Morphologie, den Ertrag und den N-Haushalt einiger Kulturpflanzen. Z. Bodenkd. u. Pflanzenernähr. **20** (65), 68 (1940).

SCHÜLLER, H.: Die CAL-Methode, eine neue Methode zur Bestimmung des pflanzenverfügbaren Phosphates in Böden. Z. Pflanzenernähr., Düng., Bodenkunde **123**, 48 (1969).

SCHUFFELEN, A. C.: Nährstoffvorrat und Nährstofflieferung im Boden. Vortrag anl. 100-Jahr-Feier der Landw.-chem. Bundesversuchsanstalt, Wien 1970.

SCHULZE, W.: Über den Einfluß der Düngung auf die Bildung der Chloroplastenpigmente. Z. Pflanzenernähr., Düng., Bodenkunde **76**, 1 (1957).

SCHUMACHER, R., und FANKHAUSER, F.: Die Bekämpfung der Stippe. Schweiz. Z. f. Obst- u. Weinbau **104**, 424 (1968).

SCHWERDT, K.: Lohnt sich die Stickstoffdüngung der Wiese? Stickstoff, Heft 1 (1963).

– und JESSEN, W.: Düngungserfolg durch Kali auf hessischen Lößlehmböden. Landw. Forsch. **14**, 160 (1961).

– – Die Höhe des Ertragszuwachses bei P-Steigerungsversuchen in Abhängigkeit vom Lactat-Wert und der Stellung in der Fruchtfolge bei Getreide. Landw. Forsch. **14**, 148 (1961).

SCHWERTMANN, U.: Die selektive Kationensorption der Tonfraktion einiger Böden aus Sedimenten. Z. Pflanzenernähr., Düng., Bodenkunde **97**, 9 (1962).

SEIBEL, W.: Qualitative Voraussetzungen für den Weizenabsatz. Vortrag anl. LUFA-Tagung, Würzburg 1969.

SEIFERT, H.: Strukturgelenkte Grenzflächenvorgänge in der unbelebten und belebten Natur. Naturwiss. Rdsch. **19**, 50 (1966).

SEILLAC, P.: Recherche des besoins en azote et en potassium des jeunes *Pinus* maritimes cultivés sur milieu liquide. C. R. Acad. Sci. (Paris) Sér. D **264**, 1047 (1967).

SELKE, W.: Neue Möglichkeiten einer verstärkten Stickstoffdüngung zu Getreide. Bodenkunde u. Pflanzenernähr. **9**, 506 (1938).

– Die Wirkung zusätzlicher später Stickstoffgaben auf Ertrag und Qualität der Ernteprodukte. Bodenkunde u. Pflanzenernähr. **20**, 1 (1940).

SHANNON, J. C.: Carbon-14 distribution in carbohydrates of immature *Zea mays*. Kernels following $^{14}CO_2$ treatment of intact plants. Plant Physiol. **43**, 1215 (1968).

SHEA, P. F., GERLOFF, G. C., und GABELMAN, W. H.: Differing efficiencies of potassium utili zation in strains of snapbeans, *Phaseolus vulgaris* L. Plant a. Soil **28**, 337 (1968).

SHINDY, W., und WEAVER, R. J.: Plant regulators alter translocation of photosynthetic products. Nature **214**, 1024 (1967).

SHONE, M. G. T., CLARKSON, D. T., und SANDERSON, J.: The absorption and translocation of sodium by maize seedlings. Planta **86**, 301 (1969).

SHUG, A. L.: The role of molybdenum and flavine in hydrogenase. J. anal. chem. Soc. **76**, 3335 (1955).

SIDERIS, C. P.: Manganese interference in the absorption and translocation of radioactive iron (Fe-59) in *Ananas comosus*. Plant Physiol. **25**, 307 (1950).

– und YOUNG, H. Y.: Pineapple chlorosis in relation to iron and nitrogen. Plant Physiol. **31**, 211 (1956).

SIEGEL, O., und VOGT, G.: Asparagin- und Glutamingehalt bei Nutzpflanzen mit unterschiedlicher Stoffspeicherung in Abhängigkeit von N-Düngung und Belichtung. Landwirtsch. Forsch. **21**, 33 (1968).

SINCLAIR, C.: The level and distribution of amines in barley as affected by potassium nutrition, arginine level, temperature fluctuation and mildew infection. Plant a. Soil **30**, **423** (1969).

SISLER, E. C., DUGGER, W. M., und GAUCH, H. G.: The role of boron in the translocation of organic compounds in plants. Plant Physiol. **31**, 11 (1956).

SITTE, P.: Die submikroskopische Organisation der Pflanzenzelle. Ber. dtsch. Bot. Ges. **74**, 177 (1961).

SKIRDE, W.: Förderung der Blütenbildung durch Gibberellinsäure bei Ackerrotklee und Weißklee. In: Eigenschaften und Wirkungen der Gibberelline. S. 117. Springer Verlag, Berlin, Göttingen, Heidelberg 1962.

SKOOG, F., und ARMSTRONG, D. J.: Cytokinins. Ann. Rev. Plant Physiol. **21**, 359 (1970).

SLACK, A. V.: Chemistry and technology of fertilizers. John Wiley a. Sons, New York, London, Sidney 1967.

SLACK, C. R., und HATCH, M. D.: Comparative studies on the activity of carboxylase and other enzymes in relation to the new pathway of photosynthetic carbon dioxide fixation in tropical grasses. Biochem. J. **103**, 660 (1967).

SLATYER, R. O.: Effects of several osmotic substrates on the waterrelationships of tomato. Austr. J. Biol. Sci. **14**, 519 (1961).

– Internal water relations of higher plants. Ann. Rev. Plant Physiol. **13**, 351 (1962).

SMITH, J. H. C., und FRENCH, C. S.: The major and accessory pigments in photosynthesis. Ann. Rev. Plant Physiol. **14**, 181 (1963).

SMITH, O. E., und PALMER, C. E.: Cytokinin-induced tuber formation on stolons of *Solanum tuberosum*. Physiol. Plantarum **23**, 599 (1970).

SMITH, P. F.: Mineral analysis of plant tissues. Ann. Rev. Plant Physiol. **13**, 81 (1962).

– und SPECHT, A. W.: Heavy metal nutrition and iron chlorosis of citrus seedlings. Plant Physiol. **28**, 381 (1953).

SMITH, S. A., und SINCLAIR, C.: Der Einfluß saurer Ernährung auf die Aminbildung in Gerste. Ann. of Bot. NS **31**, 103 (1967).

SMITH, T. A., und GARRAWAY, J. L.: N-Carbamylputrescine – an intermediate in the formation of putrescine by barley. Phytochemistry **3**, 23 (1964).

SOMERS, J. J., und SHIVE, J. W.: The iron manganese relation in plant metabolism. Plant Physiol. **17**, 582 (1942).

SØNDERGÅRD KLAUSEN, P.: Versuch mit flüssigem wasserfreiem Ammoniak. Tidsskr. Planteavl **71**, 145 (1967).

SPALDON, E., und IVANIC, J.: Wirkung der Mineraldünger auf die Qualität und den Ertrag bei Gewürzpaprika. Agrártudományi Közlemények **27**, 13 (1968).

SPANSWICK, R. M., und WILLIAMS, E. J.: Electrical potentials and Na, K and Cl concentrations in the vacuole and cytoplasm of *Nitella translucens*. J. exp. Bot. **55**, 193 (1964).

SPECHT, R. C., und INTIRE, W. N.: Fixation leaching and plant uptake of fluorine from additions of certain fluorides in representative sandy soils. Soil Sci. **92**, 172 (1961).

SPENCER, D., und POSSINGHAM, J. V.: The effect of manganese deficiency on photophosphorylation and the oxygen evolving sequence in spinach chloroplasts. Biochim. Biophys. Acta **52**, 379 (1961).

SPERBER, J. I.: Solution of mineral phosphates by soil bacteria. Nature **180**, 994 (1957).

SPURR, A. R.: The effect of boron on cell-wall structure in celery. Amer. J. Bot. **44**, 637 (1957).

Staehelin, T., Brinton, C. C., Wettstein, F. O., und Noll, H.: Structure and function of *E. coli* ergosomes. Nature **199**, 865 (1963).

Stählin, A.: Zur Wirkung von Floranid auf Grünland und Futtergräser. I. Versuche auf Grünland. Z. Acker- u. Pflanzenbau **126**, 301 (1967).

Stålfelt, M. G.: The components of the CO_2-induced stomatal movements. Physiol. Plant. **20**, 634 (1967).

Stanacev, S.: Effect of vegetation space on sugar beet yield and quality. Savremena Poljeprivreda **15**, 403 (1967).

Stapp, C., und Wetter, C.: Beiträge zum quantitativen mikrobiologischen Nachweis von Magnesium, Zink, Eisen, Molybdän und Kupfer im Boden. Landwirtsch. Forsch. **5**, 167 (1953).

Stark, F. C., und Matthews, W. A.: Maryland cantaloupe sweetness can be improved, state experiments demonstrate. Maryland Agr. Exp. Sta. Mis. Paper 96 (1950).

Steinberg, R. A.: Symptoms of molybdenum deficiency in tobacco. Plant Physiol. **28**, 319 (1953).

– Growth of tobacco seedlings with nitrate and its reduction products. Plant Physiol. **28**, 752 (1953).

Steineck, O.: Die Bedeutung des Nährstoffes Kali für die Stoffbildung der Pflanze. Kalisymposium, Wien 1966.

Stenuit, D. J.: Beziehungen zwischen Magnesiumgehalt und Ertrag belgischer Böden. Landwirtsch. Forsch., 13. Sonderh., 23 (1959).

– und Piot, R.: La magnesie élément essentiel de l'alimentation des plantes. Revue de l'Agriculture, 10me annee No 7–8 (1957).

Steubing, L.: Untersuchungen über die Konkurrenzwirkung von Gehölzwurzeln auf Ackerkulturen. Plant a. Soil **7**, 1 (1956).

Steveninck, R. F. M. van: The significance of calcium on the apparent permeability of cell membranes and the effects of substitution with other divalent ions. Physiol. Plantarum **18**, 54 (1965).

Steward, F. C., und Pollard, J. K.: Nitrogen metabolism in plants; ten years in retrospect. Ann. Rev. Plant Physiol. **8**, 65 (1957).

Stewart, W. D. P.: Nitrogen-fixing plants. Science **158**, 1426 (1967).

Stiller, M.: The path of carbon in photosynthesis. Ann. Rev. Plant Physiol. **13**, 151 (1962).

Stocker, O.: Der Wasser- und Photosynthese-Haushalt mitteleuropäischer Gräser, ein Beitrag zum allgemeinen Konstitutionsproblem des Grastypus. Flora B **157**, 56 (1967).

Stoner, C. D., Hodges, T. K., und Hanson, J. B.: Chloramphenicol as as inhibitor of energy-linked processes in maize mitochondria. Nature **203**, 258 (1964).

Stowe, B. B., und Yamaki, T.: The history and physiological action of the gibberellins. Ann. Rev. Plant Physiol. **8**, 181 (1957).

Strugger, S.: Studien über den Transpirationsstrom im Blatt von *Secale cereale* und *Triticum vulgare*. Z. Bot. **35**, 97 (1940).

Stuart, N. W., und Cathey, H. M.: Applied aspects of the gibberellins. Ann. Rev. Plant Physiol. **12**, 369 (1961).

Stukenholtz, D. D., Olsen, R. J., Gogan, G., und Olson, R. A.: On the mechanism of phosphorus-zinc interaction in corn nutrition. Proc. Soil Sci. Soc. Amer. **30**, 759 (1966).

Stumpf, P. K.: Lipid metabolism in higher plants. Nature **194**, 1158 (1962).

– und Bradbeer, C.: Fat metabolism in higher plants. Ann. Rev. Plant Physiol. **10**, 197 (1959).

Sturm, H., und Zwick, W.: Zur Wirkung von wasserfreiem Ammoniak und druckfreier N-Lösung. Vortrag auf der Jahreshauptversammlung der LUFA, Lübeck 1968.

Suge, H., und Rappaport, L.: Role of gibberellins in stem elongation and flowering in radish. Plant Physiol. **43**, 1208 (1968).

Sugiura, M., Umemura, K., und Oota, Y.: The effect of kinetin on protein level of tobacco leaf discs. Physiol. Plantarum **15**, 457 (1962).

Sulochana, C. B.: Amino acids in root exudates of cotton. Plant a. Soil **16**, 312 (1962).

Sund, H., und Weber, K.: Die Quartärstruktur der Proteine. Angew. Chemie **78**, 217 (1966).

SYERS, J. K., MURDOCK, J. T., und WILLIAMS, J. D. H.: Adsorption and desorption of phosphate by soils. Commun. Soil Sci. Plant Anal. **1**, 57 (1970).

SYNGE, R. L. M.: Occurrence in plants of amino acid residues chemically bound otherwise than in proteins. Ann. Rev. Plant Physiol. **19**, 113 (1968).

SYWOROTKIN, G. S.: Über den Borgehalt von Pflanzen mit einem Milchsaftgefäßsystem. Spurenelemente in d. Landwirtschaft, S. 283. Akademie Verlag, Berlin 1958.

SZABO, M.: Ertragsanalytische Untersuchungen über die sortenspezifische Wirkung von Chlor-Cholin-Chlorid bei Winterweizensorten. Z. Pflanzenzücht. **61**, 46 (1969).

TAGAWA, K., und ARNON, D. J.: Ferredoxin as electron carriers in photosynthesis and in the biological production and comsumption of hydrogen gas. Nature **195**, 537 (1962).

TAUBÖCK, K.: Über die Lebensnotwendigkeit des Aluminiums für Pteridophyten. Bot. Arch. **43**, 291 (1942).

TEICHER, K.: Über die Bestimmung der pflanzenverfügbaren Phosphorsäure mit verschiedenen Extraktionsmethoden in Böden von Dauerdüngungsversuchen. Landwirtsch. Forsch. **20**, 241 (1967).

TERMAN, G. J.: Effect of rate and source of potash on yield and starch content of potatoes. Maine Agric. Expt. Sta. Bull. **481**, 1 (1950).

– und BROWN, M. A.: Uptake for fertilizer and soil nitrogen by ryegrass, as affected by carbonaceous residue. Proc. Soil Sci. Soc. Am. **32**, 86 (1968).

THAINE, R.: A translocation hypothesis based on the structure of plant cytoplasm. J. Exp. Bot. **13**, 152 (1962).

– PROBINE, M. C., und DYER, P. Y.: The existence of transcellular strands in mature sieve elements. J. Exp. Bot. **18**, 110 (1967).

THELLIER, M., und LE GUIEL, J.: Influence de la nutrition en bore sur l'incorporation de la leucine dans les protéines chez la *Lemna minor* L. C. R. Acad. Sci. (Paris), Sér. D **264**, 1848 (1967).

THIELE, H., JORASCHKY, W., PLOHNKE, K., WICHERN, A., WOLF, R., und WOLLMER, A.: Prinzip einer Strukturbildung. Ionen ordnen Fadenmoleküle. Verhandl. Berichte d. Kolloid-Ges. **21**, 26. Verlag D. Steinkopff, Darmstadt 1964.

THIMANN, K. V.: Studies on the growth and inhibition of isolated plant parts. Amer. J. Bot. **43**, 241 (1956).

THOMAS, J. R.: Availability of residual phosphorus as measured by alfalfa yields, phosphorus uptake, and soil analysis. Soil Sci. **98**, 78 (1964).

THOMPSON, J. F.: Sulfur metabolism in plants. Ann. Rev. Plant Physiol. **18**, 59 (1967).

THOMSON, W. W., und WEIER, T. E.: An electron microscope study of chloroplasts from leaves deficient in nitrogen, phosphorus, magnesium, potassium and zinc. Plant Physiol. **37**, XI (1962).

THORNE, G. N.: The effect of applied nutrient in leaf sprays on the absorption of the same nutrient by roots. J. Exp. Bot. **8**, 401 (1957).

TIFFIN, L. O., und BROWN, J. C.: Iron chelates in soybean exudate. Science **135**, 311 (1962).

TOLBERT, N. E., OESER, A., YAMAZAKI, R. K., HAGEMAN, R. H., und KISAKI, T.: A survey of plants for leaf peroxisomes. Plant Physiol. **44**, 135 (1969).

TRÄGER, L.: Einführung in die Molekularbiologie. G. Fischer Verlag, Stuttgart 1969.

TREBST, A., und ECK, H.: Zur Rolle des Plastochinons bei der Photosynthese. Z. Naturforsch. **18b**, 694 (1963).

– und PISTORIUS, E.: Zur Rolle des Plastocyanins in der Photosynthese in isolierten Chloroplasten. Beiträge z. Biochemie u. Physiol. von Naturstoffen. Festschrift Kurt Mothes zum 65. Geburtstag. G. Fischer Verlag, Jena 1965.

– TSUJIMOTO, H. Y., und ARNON, D. I.: Separation of light and dark phases in the photosynthesis of isolated chloroplasts. Nature **182**, 351 (1958).

TREHARNE, K. J., und COOPER, J. P.: Effect of temperature on the activity of carboxylase in tropical and temperate *Gramineae*. J. Exp. Bot. **20**, 170 (1969).

TRELEASE, S. F.: Selenium on soils, plants and animals. Soil Sci. **60**, 125 (1945).

TRENEL, M., und ALTEN, F.: Die physiologische Bedeutung der mineralischen Bodenazidität. (Worauf beruht die toxische Wirkung des Aluminiums?) Angew. Chemie **47**, 813 (1934).

TRIP, P.: Sugar transport in conducting elements of sugar beet leaves. Plant Physiol. **44**, 717 (1969).

– und GORHAM, P. R.: Bidirectional translocation of sugars in sieve tubes of squash plants. Plant Physiol. **43**, 877 (1968).

TROBISCH, S.: Untersuchungen über die Ursachen der *p*H-Abhängigkeit der Mo-Aufnahme durch die Pflanzen. Mineralstoffsymposium, Jena 1965.

TROLLDENIER, G.: Getreidekrankheiten und Pflanzenernährung. Int. Kali-Briefe, Fachgeb. 23, 34. Folge (1969).

– Einfluß der Stickstoff- und Kaliumernährung von Weizen sowie der Sauerstoffversorgung der Wurzeln auf Bakterienzahl, Wurzelatmung und Denitrifikation in der Rhizosphäre. Zbl. Bakteriol., 2. Abt. **126**, 130 (1971).

TROWN, P. W., und RABIN, B. R.: The mechanism of action of carboxydismutase. Proc. Natl. Acad. Sci. US **52**, 88 (1964).

TRUOG, E., GOATES, R. J., GERLOFF, G. C., und BERGER, K. C.: Magnesium-phosphorus relationshipss in plant nutrition. Soil Sci. **63**, 19 (1947).

TSCHERNAWINA, I. A.: Der Einfluß von Molybdän auf Ertrag und chemische Zusammensetzung der Leguminosen. Spurenelemente in d. Landwirtsch. S. 457. Akademie Verlag, Berlin 1958.

Ts'O, P. O. P.: The ribosomes-ribonucleoprotein particles. Ann. Rev. Plant Physiol. **13**, 45 (1962).

TSUI, C.: The role of zinc in auxin synthesis in the tomato plant. Amer. J. Bot. **35**, 172 (1948).

TUCKER, B. M.: K-Löslichkeit aus Bodenilliten. III. Austausch gegen andere Ionen. IV. Reaktionsgeschwindigkeit und Austauschkonstanten. V. Zwischenschicht-H-Ionen, Reaktionswärmen, Zusammenfassung. Austral. J. Soil Res. **5**, 173, 191 u. 203 (1967).

TUEVA, O. F.: A study with ^{32}P of the dependence of phosphorus metabolism and crop yield of plants on condition of nitrogen nutrition. Fiziol. Rastenii (engl. Übersetzung) **7**, 3 (1960).

TUKEY, H. B. jr., TUKEY, H. B., und WITTWER, S. H.: Loss of nutrients by foliar leaching as determined by radioisotopes. Proc. Amer. Soc. Hort. Sci. **71**, 496 (1958).

TUKEY, H. B., WITTWER, S. H., und BUKOVAC, M. J.: The uptake and loss of materials by leaves and other above-ground plant parts with special reference to plant nutrition. Agrochimica **7**, 1 (1963).

TULLIN, V.: Response of the sugar beet to common salt. Physiol. Plant. **7**, 810 (1954).

TUPPY, H.: Aminosäure-Sequenzen in Proteinen. Naturwissenschaften **46**, 35 (1959).

ULRICH, A., und OHKI, K.: Chlorine, bromine and sodium as nutrients for sugar beet plants. Plant Physiol. **31**, 171 (1956).

ULRICH, B.: Die Wechselbeziehungen von Boden und Pflanze in physikalisch-chemischer Betrachtung. S. 28. F. Enke Verlag, Stuttgart 1961.

USSING, H. H.: Experimental evidence and biological significance of active transport. In: Biochemie des aktiven Transportes, S. 1. Springer Verlag, Berlin, Göttingen, Heidelberg 1961.

VAADIA, Y., RANEY, F. C., und HAGAN, R. M.: Plant water deficits and physiological processes. Ann. Rev. Plant Physiol. **12**, 265 (1961).

VAIDYANATHAN, L. V., DREEW, M. C., und NYE, P. H.: The measurement and mechanism of ion diffusion in soils. J. Soil Sci. **19**, 94 (1968).

VALENTINE, R. C., MORTENSON, L. E., MOWER, H. F., JACKSON, R. L., und WOLFE, R. S.: Ferredoxin requirement for reduction of hydroxylamine by *Chlostridium pasteurianum*. J. Biol. Chem. **238**, PC 856 (1963).

– und WOLFE, R. S.: Role of ferredoxin in the metabolism of molecular hydrogen. J. Bacteriol. **85**, 1114 (1963).

VANCURA, V.: Root exudates of plants. I. Analysis of root exudates of barley and wheat in their initial phases of growth. Plant a. Soil **21**, 231 (1964).

VARTAPETYAN, B. B.: Further investigation of water, exchange in plant using $H_2{}^{18}O$. Fiziol. Rastenii (englische Übersetzung) **7**, 330 (1960).

– und KURSANOV, A. I.: A study of water metabolism of plants using water containing heavy oxygen, $H_1{}^{18}O$. Fiziol. Rastenii (engl. Übers.) **6**, 144 (1959).

VERGNANO, O., und HUNTER, J. G.: Nickel and cobalt toxicities in oat plants. Ann. Botany NS **17**, 317 (1952).

VERTREGT, N.: Relation between black spot and composition of the potato tuber. Eur. Potato J. **11**, 34 (1968).

VERVELDE, G. J.: The Donnan-principle in the ionic relations of plant roots. Plant a. Soil **4**, 309 (1953).

VETTER, H., und KLASINK, A.: Mehrerträge durch Magnesium-Düngung auf Ackerböden. Landw. Bl. Weser-Ems, Nr. 9 (1970).

– und TEICHMANN, W.: Feldversuche mit gestaffelten Kupfer- und Stickstoff-Düngergaben in Weser-Ems. Z. Pflanzenernähr., Düng., Bodenkunde **121**, 97 (1968).

VIETS, F. G.: Calcium and other polyvalent cations as accelerators of ion accumulation by excised barley roots. Plant Physiol. **19**, 466 (1944).

– BOAWN, L. C., und CRAWFORD, C. L.: Zinc contents and deficiency symptoms of 26 crops grown on a zinc deficient soil. Soil Sci. **78**, 305 (1954).

VILLEMEZ, C. L., MCNAB, J. M., und ALBERSHEIM, P.: Formation of plant cell wall polysaccharides. Nature **218**, 878 (1968).

VIRTANEN, A. I.: Atmosphärischer Stickstoff als Aufrechterhaltung des Lebens auf der Erde. Angew. Chemie **65**, 1 (1953).

– und MIETTINEN, J. K.: Free amino-acids in the leaves, roots and root nodules of the alder (*Alnus*). Nature **170**, 283 (1952).

VLAMIS, J.: Acid soil infertility as related to soil solution and solid-phase effects. Soil Sci. **75**, 383 (1953).

– und WILLIAMS, E. D.: Iron and manganese relations in rice and barley. Plant a. Soil **20**, 221 (1964).

VNUKOVA, A. S., und RYZA, V. K.: Über die Aufgaben der Bor- und Manganverbindungen. Kellerwirtschaft u. Weinbau der UdSSR, Nr. 3, 33 (1950). Zitiert n. Weinberg u. Keller **2**, 289 (1955).

VÖLKER, L.: Über den Einfluß einer späten zusätzlichen Stickstoffdüngung auf den Gehalt einiger Aminosäuren im Getreideeiweiß. Landwirtsch. Forsch. **13**, 307 (1960).

VÖMEL, A.: Der Versuch einer Nährstoffbilanz am Beispiel verschiedener Lysimeterböden. I. Mitt.: Wassersickerung und Nährstoffhaushalt. Z. Acker- u. Pflanzenbau **123**, 155 (1965/66).

– und ULRICH, A.: Die Blattanalyse zur Ermittlung von Manganmangel bei Rüben. Z. Pflanzenernähr., Düng., Bodenkunde **102**, 28 (1963).

VOR SCHULTE, W.: Wachstumsmöglichkeiten in der Bodenproduktion. Kali-Briefe, Fachgeb. 3, 2. Folge, März 1970.

WAGNER, F.: Die Bedeutung der Kieselsäure für das Wachstum einiger Kulturpflanzen, ihren Nährstoffgehalt und ihre Anfälligkeit gegen echte Meltaupilze. Phytopathol. Z. **12**, 427 (1940).

WAKIL, S. J.: Lipid metabolism. Ann. Rev. Biochem. **31**, 369 (1962).

WALKER, N. A.: Ion permeability of the plasmalemma of the plant cell. Nature **180**, 94 (1957).

WALLACE, J. W., und NEWMAN, D. W.: Lipids of proplastids and nitrogen deficient chloroplasts. Phytochemistry **4**, 43 (1965).

WALLACE, T.: The diagnosis of mineral deficiencies in plants. His Majesty's Stationery Office, London 1951.

WALLENFELS, K., und STREFFER, CHR.: Chemische Reaktivität von Proteinen. In: Mechanismen enzymatischer Reaktionen, S. 6. Springer Verlag, Berlin, Göttingen, Heidelberg 1964.

WALLIHAN, E. F., und HEYMANN-HERSCHBERG, L.: Some factors affecting absorption and translocation of zinc in citrus plants. Plant Physiol. **31**, 294 (1956).

WALTER, H.: Einführung in die Phytologie. Bd. III Grundlagen der Pflanzenverbreitung, S. 456. Verlag E. Ulmer, Stuttgart 1949.

– Grundlagen des Pflanzenlebens. 3. Aufl. S. 205. Verlag E. Ulmer, Stuttgart 1950.

– The water economy and the hydrature of plants. Ann. Rev. Plant Physiol. **6**, 239 (1955).

WARD, G. M., und MILLER, M. J.: Magnesium deficiency in greenhouse tomatoes. Canad. J. Plant Sci. **49**, 53 (1969).

WARDLAW, I. F.: The effect of water stress on translocation in relation to photosynthesis and growth. II. Effect during leaf development in *Lolium temulentum*. Aust. J. biol. Sci. **22**, 1 (1969).

WAREIN, P. F.: Interaction between indole-acetic acid and gibberellic acid in cambial activity. Nature **181**, 1744 (1958).

WARING, S. A., und BREMNER, J. M.: Ammonium production in soil under waterlogged conditions as an index of nitrogen availability. Nature **201**, 951 (1964).

WARNER, J. R., RICH, A., und HALL, C. E.: Electron microscope of ribosomal clusters synthesizing hemoglobin. Science **138**, 1399 (1962).

WARREN-WILSON, J.: Maximum yield potential. Vortrag anl. d. Kolloquiums d. Intern. Kali-Instituts, Tel-Aviv 1969.

WASHENIN, I. G., und BELJAKOWA, B. J.: Der Einfluß von Bor, Brom und Jod auf Ertrag und Fermentaktivität der Kartoffel auf leichten podsolierten Rasenböden. Spurenelemente in d. Landwirtsch. S. 151. Akademie Verlag, Berlin 1958.

WASSERMANN, L.: Differente und multiple Formen von Enzymen. Naturwiss. Rdsch. **15**, 483 (1962).

WATSON, J. D., und CRICK, F. H. C.: Genetical implications of the structure of deoxyribonucleic acid. Nature **171**, 964 (1953).

WEBSTER, G. C.: Proteinsynthesis. Ann. Rev. Plant Physiol. **12**, 113 (1961).

– VARNER, J. E., und GANSA, A. N.: Conversion of carbon-14 labeled urea into amino acids in leaves. Plant Physiol. **30**, 372 (1955).

WEBSTER, J. E., und ELDER, W. C.: The carbohydrate and nutritive value of Bermuda grass clippings as influenced by nitrogen fertilization and season of growth. Plant Physiol. **37**, X (1962).

WEGNER, H.: Die Bedeutung der Phosphorsäure für die Eigenschaften der Kartoffelstärke. Die Phosphorsäure **19**, 16 (1959).

WEHRMANN, J.: Mangan- und Kupferernährung bayrischer Kiefernbestände. Forstwiss. Cbl. **80**, 167 (1961).

– Die Auswirkung der Trockenheit von 1959 auf die Nährelementversorgung bayrischer Kiefernbestände. Forstwiss. Cbl. **80**, 272 (1961).

WEIGL, J.: Beweis für die Beteiligung von beweglichen Transportstrukturen (Trägern) beim Ionentransport durch pflanzliche Membranen und die Kinetik des Anionentransports bei *Elodea* im Licht und Dunkeln. Planta **75**, 327 (1967).

WELTE, E., und WERNER, W.: Ionenaustauscherversuche über die Beeinflussung der Kationenaufnahme der Pflanzen durch die Stickstoff-Form. Agrochimica **6**, 337 (1962).

– – und NIEDERBUDDE, E. A.: Zur Frage der Magnesiumdynamik im Boden. 7. Intern. Congr. of Soil Sci. Madison USA 1960, Vol. II 33, S. 246.

WENT, F. W.: Wuchsstoffe und Wachstum. Rec. Trav. bot. neerl. **25**, 1 (1929).

WENZEL, G., und MICHAEL, G.: Einfluß einer unterschiedlichen N-Düngung auf den Aminosäuregehalt von Spinatblättern. Z. Pflanzenernähr., Düng., Bodenkunde **115**, 89 (1966).

WERK, O.: Einfluß von Düngungsmaßnahmen auf die Qualität von Weidefutter. Vortrag auf d. 4. Generalversammlung d. Europ. Grünlandverbandes, Lausanne 1971.

WERNER, W.: Über den Mineralstoffgehalt in jungem Weidefutter unter besonderer Berücksichtigung des K : (Ca + Mg)-Verhältnisses. Landwirtsch. Forsch. **12**, 133 (1959).

– Die Wirkung einer Magnesiumdüngung zu Kartoffeln. Kartoffelbau, X. Jahrgang (1959).

– Kennzeichnung des pflanzenverfügbaren Phosphats nach mehrjähriger Düngung mit verschiedenen Phosphaten. Z. Pflanzenernähr., Düng., Bodenkunde **122**, 19 (1969).

– und Todt, O.: Gefäß- und Feldversuche über die Beeinflussung des Magnesium- und Natriumgehaltes verschiedener Gräser durch die Düngung. Das wirtschaftseigene Futter, Heft 1, 48 (1970).

West, K. R., und Pitman, M. G.: Rubidium as a tracer for potassium in the marine algae *Ulva lactuca* L and *Chaetomorpha darwinii* (Hooker) Kuetzing. Nature **214**, 1262 (1967).

Wetzel, M.: Einfluß hoher Stickstoffgaben auf die Inhaltsstoffe des Weidefutters (Ergebnisse dreijähriger Untersuchungen). Vortrag auf d. Gründlandtagung d. Arbeitsgemeinschaft Futterkonservierung bei d. Landwirtschaftskammer Weser-Ems, Oldenburg 1969.

Whatley, F. R., Allen, M. B., Trebst, A. V., und Arnon, D. I.: Photosynthesis by isolated chloroplasts. Plant Physiol. **35**, 188 (1960).

Wheeler, K. P., und Whittam, R.: ATPase activity of the sodium pump needs phosphatidylserine. Nature **225**, 449 (1970).

White, G. C., und Greenham, D. W. P.: Seasonal trends in mineral nitrogen content of the soil in a long-term NPK trial on dessert apples. J. horticult. Sci. **42**, 419 (1967).

White, T. L.: Petiole analysis as a guide to the manuring of sugar beet. Plant a. Soil **11**, 78 (1959).

Whittam, R.: The asymmetrical stimulation of a membrane adenosine triphosphatase in relation to active cation transport. Biochem. J. **84**, 110 (1962).

Wicke, E.: Strukturbildung und molekular Beweglichkeit im Wasser und in wäßrigen Lösungen. Angew. Chemie **78**, 1 (1966).

Wicke, H.-J.: II. Wirkung hoher Kaliumgaben auf Ertrag und Nährstoffgehalt von Gefäßpflanzen Albrecht-Thaer-Archiv **12**, 10, 903 (1968).

Widdowson, J. P.: Molybdenum uptake by French beans on two recent soils. N. Z. J. agric. Res. **9**, 59 (1966).

Widdowson, F. V., Penny, A., und Williams, R. J. B.: Experiments measuring effects of ammonium and nitrate fertilizers, with and without sodium and potassium, on spring barley. J. agric. Sci. Camb. **69**, 197 (1967).

Wieland, Th.: Einführende Betrachtungen. In: Mechanismen enzymatischer Reaktionen, S. 1. Springer Verlag, Berlin, Göttingen, Heidelberg 1964.

Wieneke, J.: Untersuchungen an Apfelfrüchten zur Aufnahme und Verlagerung von ^{45}Ca-Chlorid nach Applikation auf die Schale in verschiedenen Stadien der Fruchtentwicklung. Atompraxis **14**, 305 (1968).

Wiersum, L. K.: Potential subsoil utilization by roots. Plant a. Soil **17**, 383 (1967).

Wiklander, L.: Forms of potassium in the soil. Potassium-Symposium, S. 109, Bern 1954.

– The soil. In: Handb. d. Pflanzenphysiologie, Bd. IV, S. 118. Springer Verlag, Berlin, Göttingen, Heidelberg 1958.

– und Hallgren, G.: Studies on gyttjy soils. Kungl. Lantbrukshögskolans Ann. **16**, 811 (1949).

Wilbrandt, W.: Aktiver Transport durch Grenzflächen. Verhandl. d. Ges. Deutsch. Naturforscher u. Ärzte, S. 48. Springer Verlag, Berlin, Göttingen, Heidelberg 1963.

Wild, A., Rowell, D. L., und Ogunfowora, M. A.: The activity ratio as a measure of the intensity factor in potassium supply to plants. Soil Sci. **108**, 432 (1969).

Wilhelm, A. F.: Zur Kenntnis von Kalimangelerscheinungen bei der Weinrebe. Phytopathol. Z. **17**, 240 (1950).

– Mg-Mangel bei der Weinrebe. Kali-Briefe: Gemüse-, Obst- und Weinbau. 1. Folge, Febr. 1954.

– Zur Diagnose von Nährstoffmangelerscheinungen bei Reben. Weinberg u. Keller **2**, 297 (1955).

Wilkinson, B.: Boron in the glasshouse tomato plant. Nature **180**, 666 (1957).

Wilkinson, B. G.: Mineral composition of apples. IX. Uptake of calcium by the fruit. J. Sci. Fd. Agric. **19**, Nov. (1968).

Willenbrink, J.: Über Beziehungen zwischen Proteinumsatz und Schwefelversorgung der Chloroplasten. Z. Pflanzenphysiol. **56**, 427 (1967).

– Zur Biochemie und Physiologie des Zuckertransportes bei der Rübe. Vortrag auf d. Jahreshauptversammlung der LUFA, Lübeck 1968.

Williams, D. E.: The absorption of potassium as influenced by its concentration in the nutrient medium. Plant a. Soil **15**, 387 (1961).

– und VLAMIS, J.: The effect of silicon on yield and manganese-54 uptake and distribution in the leaves of barley plants grown in culture solutions. Plant Physiol. **32**, 404 (1957).

WILLIAMS, E. G.: Influences of parent material and drainage conditions on soil phosphorus relationships. Agrochimica **3**, 279 (1959).

WILSON, R. H., und EVANS, H. J.: The effect of potassium and other univalent cations on the conformation of enzymes. In: The Role of Potassium in Agriculture. Madison 1968.

WINNER, C.: Düngung, Überdüngung und Qualität der Zuckerrübe. Zucker **5**, 111 (1967).

– Maßstäbe zur Bewertung der Qualität der Zuckerrübe. Vortrag auf d. Jahreshauptversammlung d. LUFA, Lübeck 1968.

WINSOR, G. W., und LONG, M. L. E.: The effects of nitrogen, phosphorus, potassium, magnesium and lime in factorial combination on ripening disorders of glasshouse tomatoes. J. horticult. Sci. **42**, 391 (1967).

WINTER, H.: The uptake of cations by *Vallisneria leaves*. Acta Bot. Neerl. **10**, 341 (1961).

WITT, M., FLOCK, D., HUTH, F. W., SCHUTZBAR, W. v., und BÖCKMANN, U.: Über den Einfluß der Stickstoff-Düngung von Weiden auf Gesundheit, Fruchtbarkeit und Milchleistung von Kühen. Schriftenreihe d. Max-Planck-Instituts f. Tierzucht u. Tierernährung, Heft **33** (1968).

WITTER, B.: Untersuchungen über die Verbesserung des Nährstoffzustandes der Böden in Verbindung mit der Auswertung der systematischen Bodenuntersuchung. Sitzungsberichte Bd. XVI, Heft 8 (1967). Dtsch. Akademie d. Landw. Wissenschaften zu Berlin.

– und BERGMANN, W.: Ein Vergleich zwischen den Ergebnissen der systematischen Bodenuntersuchung und einigen natürlichen ertragsbedingenden Faktoren. Z. Landw. Versuchs- u. Untersuchungswes. **6**, 207 (1960).

WITTWER, S. H., und BUKOVAC, M. J.: The effects of gibberellin on economic crops. Economic Botany **12**, 213 (1958).

– – Effects of gibberellin on the photoperiodic response of some higher plants. Journal article No. 2165 of the Michigan Agricultural Experiment Station (1959).

– – MCVEY, G. R., und BALLARD, J. C.: Gibberellin modifications of photoperiod controlled growth in herbaceous plants. Naturwissenschaften **46**, 117 (1959).

– und TEUBNER, F. G.: Foliar absorption of mineral nutrients. Ann. Rev. Plant Physiol. **10**, 13 (1959).

WLASSJUK, P. A.: Die Anwendung manganhaltiger Düngemittel auf verschiedenen Böden zur Steigerung der Erträge. Spurenelemente in d. Landwirtsch., S. 289. Akademie Verlag, Berlin 1958.

WÖHLBIER, W., und KIRCHGESSNER, M.: Kobaltmangelerscheinungen im Schwarzwald? Landwirtsch. Forsch. **10**, 222 (1957).

WOLDENDORP, J. W.: Losses of soil nitrogen. Stikstof, Dutch Nitrogenous Fertilizer Review, Nr. 12, 32 (1968).

WOODHOUSE, W. W. jr.: Long-term fertility requirements of coastal bermudagrass. I. Potassium. Agron. J. **60**, 508 (1968).

WOOLEY, J. T.: Sodium and silicon as nutrients for the tomato plant. Plant Physiol. **32**, 317 (1957).

WORT, D. J., und LOUGHMAN, B. C.: The effect of 3 amino-1,2,4-triazole on the uptake, retention, distribution, and utilization of labelled phosphorus by young barley plants.

WRIGHT, K. E., und DONAHUE, B. A.: Aluminium toxicity studies with radioactive phosphorus. Plant Physiol. **28**, 674 (1953).

WÜRZER, B.: Wirkung und Abbau chemischer Unkrautbekämpfungsmittel. Naturwissenschaften **56**, 452 (1969).

YANG, S., und MILLER, G. M.: The effect of fluoride on phosphoglucomutase, UDPG-pyrophosphorylase and UDPG-transglucosylase from higher plants. Plant Physiol. **37**, LXIX (1962).

YEMM, E. W.: The plant proteins and peptides and their localization in cells and tissues. Handb. d. Pflanzenphysiologie Bd. 8, S. 315. Springer Verlag, Berlin, Göttingen, Heidelberg 1958.

YOSHIDA, S., und CASTANEDA, L.: Partial replacement of potassium by sodium in the rice plant under weakly saline conditions. Soil Sci. a. Plant Nutrition **15**, 183 (1969).

– OHNISHI, Y., und KITAGISHI, K.: Histochemistry of silicon in rice plant. Soil Sci. a. Plant Nutrition **8**, 1 (1962).

ZACHAU, H. G., DÜTTING, D., und FELDMANN, H.: Nucleotidsequenzen zweier serinspezifischer Transfer-Ribonucleinsäuren. Angew. Chem. **78**, 392 (1966).

ZECH, W.: Über die Kaliumernährung von Koniferen auf kalkhaltigen Böden. Intern. Kali-Institut Bern, Sonderausgabe Kali-Briefe 1969.

– Nadelanalytische Untersuchungen über die Kalkchlorose der Waldkiefer (*Pinus silvestris*). Z. Pflanzenernähr., Düng., Bodenkunde **125**, 1 (1970).

ZHIZNEVSKAJA, G.: Der Einfluß von Spurenelementen auf den Ertrag und die chemischen Eigenschaften von Mais unter Bedingungen der lettischen Sowjetrepublik. Acad. Sci. of Latvian SSR, Riga S. 217 (1958).

ZHURBITZKY, Z. I., und SHTRAUSBERG, D. V.: The effect of temperature on the mineral nutrition of plants. Radiois. i. scientific Res. **4**, 270 (1958).

ZHUROVSKA, V.: Die Wirkung von Molybdän auf den Ertrag und die Qualität von Erbsen. Acad. Sci. of Latvian SSR, Riga S. 151 (1958).

ZIEGLER, H.: Der Ferntransport organischer Stoffe in den Pflanzen. Verhandl. d. Ges. Deutscher Naturforscher u. Ärzte, S. 68. Springer Verlag, Berlin, Göttingen, Heidelberg 1963.

– und SCHNABEL, M.: Über Harnstoffderivate im Siebröhrensaft. Flora **150**, 306 (1961).

– und VIEHWEG, G. H.: Der experimentelle Nachweis einer Massenströmung im Phloem von *Heracleum Mantegazzianum* Somm. et. Lev. Planta **56**, 402 (1961).

ZILL, H. P., und CHENIAE, G. M.: Lipidmetabolism. Ann. Rev. Plant Physiol. **13**, 225 (1962).

ZILL, L. P., und HARMON, E. A.: Chloroplast proteolipid. Biochim. Biophys. Acta **53**, 579 (1961).

ZOSCHKE, M.: Die Stickstoffernährung bei Futtergersten. I. Gefäßversuche mit verschiedenen Sommergerstentypen. Z. Acker- u. Pflanzenbau **125**, 22 (1967).

ZÜRN, F.: Neuzeitliche Düngung des Grünlandes. DLG-Verlag Frankfurt 1968.

ZUKOVA, L. M.: Veränderungen der Beweglichkeit des austauschbaren Kaliums in verschiedenen Böden und seine Verfügbarkeit für die Pflanzen bei systematischer Düngung. Agrochimija, Moskva, Nr. 8, 59 (1967).

Stichwortverzeichnis

Halbfette Zahlen verweisen auf eine **ausführliche Behandlung** des Stichworts oder eine Formeldarstellung

abnehmender Ertragszuwachs 277
ABS 196
Abszisinsäure 196 (Formel)
Acetokinase 140
Actinomyces alni 303
Actinomyces elaeagni 303
Adaption 184
Adenin 66, 172 (Formel)
Adenosindiphosphat 67
Adenosinmonophosphorsäure 66
Adenosintriphosphat 66ff. (Formel)
Adenosylrest 68
Adenylsäure 66
ADP 67
ADPG 99
ADP-Glukose 99
Adsorption 20ff.
Äpfelsäure 90, 112 (Formel)
Aerobacter aerogenes 303
Äthanolamin 132, 165 (Formel)
Äthylendiamintetraazetat 19
Affinität 52
AFS 233
Aglykon 94
Agmatin 166 (Formel), 347
Akonitase 111
Akonitsäure 111 (Formel)
akropetaler Transport 248
Aktivatoren 54
aktive Ionenaufnahme 235
aktiver Transport 235
aktives Fe 371
aktives Mn 231, 372
aktivierte Essigsäure 70
aktivierte Glukose 99
Aktivität 24ff.
Aktivitätskoeffizient 24
aktuelle Azidität 212
akzessorische Pigmente 81
Al-Gehalte 400
AL-Methode 229
Al-Phosphate 328
Al-Toxizität 214, 400
Alanin 155 (Formel)
Alar 198 (Formel)
Albumin 169ff., 291
Aldehydoxydase 386
Aleuron 169
Alipur 199
Alkaliböden 215, 351
alkali disease 323, 402
Alkaloide 94, 134
alkoholische Gärung 104, 108ff.
Allantoin 161, 162 (Formel)
Aluminium 400
Amine 165
Aminierung 89
Aminoazyl 179ff., 182
γ-Aminobuttersäure 159 (Formel), 161
Aminodonator 159
Aminogruppe 78
Aminosäuren 154ff., 160ff., 292
Aminosäurereste 51, 167ff.
Aminosäuresequenz 49
3-Amino-1, 2, 4-triazol 199
Amitrol 199 (Formel)
Ammonifizierung 306
Ammonnitrat 315
Ammonsulfatsalpeter 315, 327
AMP 67
amphoter 35
α-Amylase 100, 104
β-Amylase 100, 104
Amylopektin 99ff.
Amylose 99ff.
Anabolismus 76

Anabolit 185
anaerobe Phosphorylierung 108
Aneurin 74 (Formel), 325
Anhydrit 319
Anionenaufnahme 242
Anticodon 181
Antitranspirationsmittel 264
Apatit 329, 354
Apfelstippe 256, **359**
Apikaldominanz 192
Apoenzym 56
Apoferritin 369
apparent free space 233
Araban 103
Arabinose 103
Arachidonsäure 130 (Formel)
Aretit 200
Arginin 156 (Formel)
Argininbernsteinsäure 163 (Formel)
arid 354
aromatische Aminosäuren 156
Askorbinsäure 298
Asparagin 156 (Formel), 158
Asparaginsäure 156 (Formel)
Aspartat 88, 89, 156
Aspergillus niger 329
Assimilate 249, 271
Assimilation 126
Assimilattransport 250
Atemhöhle 254
Atmung 105, **118** ff., 125, 269, 275
Atmungskette 119
Atmungsverluste 127
Atombindung 16
ATP **66** ff., 78, 79, 83, 87, 96
ATPase 42, 123, 238
ATP-Synthese 121, 124
Atrazin 200
Aufschließungsvermögen 330
Augit 367, 382
Austauschkapazität 234
Auswaschung **211**, 358
Auxine **191** ff., 199
Avadex 199
Avena-Koleoptiltest 192
Azetyl 70, 167
Azetyl-CoA 70, 114, **136** ff.
Azetylglukosamin 91
Azid 122
Azotobacter chroococcum 302
Azotomonas insolita 303
Azyl 70
Azyl-CoA 70
B-Düngemittel 391
B-Gehalte 390, 392
B-Mangel 392 ff.
B-Verfügbarkeit 389
b-Wert 280
Bacillus amylobacter 302
Bacillus asterosporus 303
Backqualität 293
Bacterium radicicola 303
Bakterienferredoxin 65
Bakteriochlorophyll 64
Bakteroide 305
Balbiani-Ringe 186
Basenpaarung 175
Basensequenz 174
Basentriplett 180 ff.
basipetaler Transport 253
basisch wirksamer Kalk 357
basische Aminosäuren 156
Beggiatoa 320
Beladungsreaktion 76, 78
Benson-Modell 187
Benzoësäure 198
bereinigter Zuckerertrag 287
Bergauftransport 235
Bernsteinsäure 112 (Formel)
Bernsteinsäuredehydrase 52
Bestandesdichte 274, 291
Betain 165 (Formel)
Bikarbonat 71, 85
biologische Proteinqualität 293
Biotin 71 (Formel), 325
Biotit 339, 360, 367, 382
Bittersalz 319
Blattanalyse 224 ff.
Blattdüngung **254** ff., 350, 383
Blattflächenindex 275
Blaualgen 303
blaues Protein 81
Blaufleckigkeit 288
Blei 402
Bodenanalyse 223
Bodendüngung 356
Bodengefüge 215
Bodenkolloide 21, 210
Bodenlösung 212, **221** ff., 261, 343
Bodensättigungsextrakt 221 ff.
Bodenstruktur 215
Bor 389 ff.
Borax 391
Borsäure 389
Borsäureester 390
Branntkalk 357

Brenztraubensäure 108, 110 (Formel)
Brom 398
Buttersäure 129

C-autotroph 301
C-heterotroph 303
C-4-Transkarboxylase 89
Ca-Aufnahme 355
Ca-Bikarbonat 354
Ca-Ernährung 356
Ca-Gehalt 345, 354
Ca-Karbonate **353** ff., 357
Ca-Konzentration 356
Ca-Mangel 358
Ca-Oxalat 355
Ca-Oxide 357
Ca-Pektinat 355
Ca-Phosphate 328, 354
Ca-Silikat 336
Ca-Transport 256
Ca-Zyanamid 309
CAL-Methode 230
Calcit 353
Calvin-Zyklus **84** ff., 98
carbonic anhydrase 85
carrier 236
Casparyscher Streifen 233, 261
CCC 197 (Formel)
Chelatbindung 18
Chelator **18**, 368
chemiosmotische Hypothese 122ff.
chemischer Potentialgradient 239
chemisches Potential 124
chemoautotroph 320
Chemosynthese 91
chemosynthetische Bakterien 91
Chloramphenikol 122
Chlorcholinchlorid 197 (Formel)
Chlorid 395
Chloridgehalte 395
Chlorit 339, 360
chlorophile Pflanzen 396
chlorophobe Pflanzen 349, 396
Chlorophyll **63** ff., 81, 361
Chloroplasten 64, 89, 124, **189**
Chlorose 245, 350
Cholin 132, 165 (Formel)
Chromoproteid 171
Chromosom 186
Chymotrypsin 41
Cistron 186
Cl-Mangel 396
C/N-Verhältnis 230, 311

Co 306
Co-Gehalte 396
CO_2 79, 84, 126, 264
CO_2-Akzeptor **84** ff., 89, 91
CO_2-Assimilation 79, **84** ff., 88, 91, 363
CO_2-Aufnahme 254
CO_2-Konzentration 272ff.
CoASH 69ff.
CoA-Synthetase 55
Codon 181
condensing enzyme 111
Cristae 189
CTP **69** ff.
Cu-Chelate 377
Cu-Düngemittel 380
Cu-Gehalte 377ff., 380
Cu-Mangel 380ff.
Cu-Toxizität 381

2,4 D 198
D-Aminosäuren 155
d ATP 176
d CTP 176
D-Form 91
d GTP 176
d TTP 176
Dalapon 199
Danielli-Modell 187
Dehydrasen **37**, 65
Dehydrocholesterin 134
Dehydrogenasen **37**, 346
Dekarboxylierung 40, 72, 159, 165
Denaturierung 50
Denitrifikation 308ff.
Desoxynukleotidtriphosphat 176
Desoxyribonukleinsäure 171
Desoxyribose 171 (Formel), 176
Desulfurikation 321
Dextrin 100
Diallat 199
Diaminopimelinsäure 156 (Formel)
dicarboxylic acid pathway 88
2,4-Dichlorphenoxyessigsäure 199 (Formel)
2,2-Dichlorpropionsäure 199
differente Enzyme 42
diffuse Doppelschicht 23
diffusion pressure deficit 258
Diffusionsdruckdefizit 258
Digalaktosyldiglyzerid 131 (Formel)
Diglyzerid 128
Dihydroxyazetonphosphat 88, 89, 94, **107**
Dikalziumphosphat 331

Dikarbonsäurereaktionsweg 84, **88**ff., 127
Diktyosome 189
Dimethylisoalloxazin 61 (Formel)
Dinitrophenol 122
Diosen 91
Dioxyphenylalanin 378
Dipeptid 167
Diphosphoglyzerat 88, 89
Diphosphoglyzerinsäure 85
Diphosphopyridinnukleotid 58
Diquat 200
direkte Glukoseoxydation 116
Disaccharide 96, 99
Dispergens 33ff.
disperse Phase 33ff.
Dispersionsmittel 34
Dissimilation 126
Disulfidbrücke 48ff., 325
Diuron 200
DL-Methode 230
DNP 122
DNS 171ff.
DNS-Polymerase 176
DNS-Synthese 177
Dörrfleckenkrankheit 373, **375**
Dolomit 353, 366
Donnan free space 233
Donnan-Gleichgewicht 24ff.
Donnan-Potential 26
Doppellaktatmethode 228
Doppelmembran 189
Doppelstrang 174
Dormin 196
DPD 258
DPN 58
drucklose Düngerlösung 316
Druckströmungstheorie 250
Düngekalk 357
Dunkel-CO_2-Fixierung 91

EAS-Index 292ff.
EDTA 19
Effektor 185
Efflux 241
einsames Elektronenpaar 17
Einzelkornstruktur 216
Eintauschstärke 30, 32
Eisen 367ff.
Eiweiß 154, 169, 289
Eiweißgehalt 289ff.
Eiweißqualität 293
Ektodesmen 188
elektrischer Potentialgradient 239
elektrisches Potential 123
Elektroaffinität 16
Elektronenakzeptor 119
Elektronendonator 81
Elektronentransport 80
Elektronentransportkette 80ff.
Elektronenüberträger 63
Elektroneutralität 242
Elektropotentialdifferenz 26
elektrostatischer Ausgleich 242
Embden-Meyerhof-Parnas-Schema 105
Emgekali 349
endergonisch 42
Endodermis 233
Endoplasmaretikulum 188
Endosperm 169, 269
Endproduktthemmung 54, 139, 184
Energie 42, 44, 67, 108
Energieniveau 45
energiereiche Bindung 67, 70, 123
Enniatin 344
Enolase 40, 41, 107
Enolpyruvat 107
Enthalpie 43
Entkoppler 122
Entkopplung 83
Entropie 43
Enzymaktivierung 55ff.
enzymatische Reaktion 35ff.
Enzymbezeichnung 41
Enzyme **35**ff., 48, 110, 206
Enzymkette 44
Enzymkonformation 345
Enzymprotein 48, **50**, 169, 207
Epidermis 254
Ergosterin 134
Erhaltungskalkung 358
Ersatzdüngung 283
Ertrag 225, 272ff., 276
Ertragsanstieg 276
Ertragsdepression 278
Ertragsgesetz 276, **279**ff.
Ertragskurve 278
Ertragspotential 273
Erukasäure 140
Erythrosephosphat 116
essentielle Aminosäuren 292
Essigsäure 129
Esterase 53
exergonisch 42
Exsudat 262
extraradikale Ionenaufnahme 255

FAD 60ff.
farblose Schwefelbakterien 320
FDPase 95
FDPase-Aktivität 97
Fe-Chelate 368
Fe-Chlorose 369ff.
Fe-Mangel 370ff.
Fe-Phosphate 328, 369
Fe-Toxizität 370ff.
feed back-Mechanismus 54
Feinader 249
Feinnervatur 248
Feldspäte 339
Fenac 198
Fenuron 200 (Formel)
Fermente 35ff.
Ferntransport 243ff.
Ferredoxin 64ff., 65 (Formel), 80, 81, 151
Ferritin 369
ferrophile Pflanzen 209
Ferro-Protoporphyrin 62
Fettbildung 148
Fette 136, 142, 289
Fettsäureabbau 143
Fettsäuremuster 140, 149
Fettsäuren **129**ff., 136
Fettsäurespirale 143
Fettsäuresynthese 136
Fettsäuresynthetase 136
Fettsäurezyklus 147
Feuchtfixierung 340
Flächenertrag 283
Flavin 60ff.
Flavinadenindinukleotid 60ff.
Flavinmononukleotid 60
Flavoproteine 60, 119
Fließgleichgewicht 44
Floranid 315
Fluor 399ff.
Fluorapatit 328ff.
Fluorwasserstoff 400
FMN 60
free space 233
Freie Energie 43
Freie Enthalpie 43
freier Raum 233
freies Wasser 265
Fruchtendfäule 359
Fruktosane 100ff.
Fruktose 96
Fruktosediphosphat 88ff., 95
Fruktose-1-6-diphosphat 95 (Formel)
Fruktose-6-phosphat 95 (Formel)
Fruktoside 100ff.
Fumarase 40
Fumarsäure 112 (Formel), 163
Furanose 93
Furfurylaminopurin 195 (Formel)

GA 192
GA_3 193 (Formel)
Galaktan 103
Galaktoglyzeride 131
Gapon-Gleichung 27
Gapon-Koeffizient **27**ff., 341
GDP 90, 112
gebundenes Wasser 257
Gegenionen 28
Gel 34
gelbes Ferment 60ff.
Geleitzelle 249, 250
Gene 184
genetische Information 183, 186
Genom 184
Gibbanstruktur 192
gibberellic acid 193
Gibberelline 192ff.
Gibberellinsäure 193 (Formel)
Gips 319
Gleichgewichtslösung 31
Gliadin 170
Glimmer 339
globuläre Proteine 169
Globulin **169**ff., 291
Glukan 102
Glukobarbarin 325
Glukonasturtiin 325
Glukosamin 166
Glukose 92, 96
Glukose-1-phosphat 95 (Formel)
Glukose-6-phosphat 95 (Formel)
Glukosidase 104
α-Glukosido-β-Fruktosid 96
Glukosinalbin 325
Glukotropäolin 325
Glutamat 156
Glutamin 156 (Formel), 158
Glutaminsäure 156 (Formel), 161
Glutathion 167 (Formel), 325
Glutelin 291
Glykolat 125
Glykolatoxydase 127
Glykolatreaktionsweg 125
Glykolatreduktase 127
Glykolipide 130
Glykolsäure 125

Glykolyse **104**ff., 106
Glykoproteid 171
Glykoside 94
glykosidische Bindung 94
glykosidische Hydroxylgruppe 92, 96
Glykosyl 96, 99
Glyoxylat 147
Glyoxylatzyklus 143, 146 (Schema)
Glyoxysome 190
Glyzerin 128, 132, 136 (Formel)
Glyzerinphosphorsäure 132 (Formel)
Glyzin 126, 155 (Formel)
Golgiapparat 190
Gouy-Chapman-Verteilung 23, 27
Grana 189
Grastetanie 297
Grenzkonzentration 225
Grenzwerte 225ff.
Grobnervatur 249
grüne Schwefelbakterien 320
GS 192
GTP 90, 96, 112
Guanidylrest 162
Guanin 172 (Formel)
Guanosindiphosphat 90
Guanosintriphosphat 90, 96
Guttation 262

H-Akzeptor 37
H-Bindung 169
H-Brücke 169
H-Donator 37
Häm 62 (Formel)
Hämin 62
Hämoglobin 62
Halbazetale 91
Halmbruch 197
Halmverkürzung 197
Harnstoff 162 (Formel), **164**ff., 309, 315
Heidemoorkrankheit 381
Helixstruktur 169
Hemizellulose 104
Hemmstoffe 196ff.
Heptose 91
Herbizide 83, **198**ff.
Herbstdüngung 316, 349
Herz- und Trockenfäule 393
Heteropolysaccharide 104
Hexokinasen 78
Hexose 91
Hexosephosphat 86
Histidin 156 (Formel)
Histone 186

Höchstertrag 277ff.
Hofmeistersche Ionenreihe 30
Homozystein 165 (Formel)
homöopolare Bindung 16
Homopolysaccharide 104
Hordein 170
Hormone 190
Hornblende 367, 382
HS-Enzym 107
Humateffekt 330
humid 354
Huminsäuren 21
Humus 210, 343
Hydratation, 33, 257
Hydratur 265
Hydrogenase 65, 153, 386
Hydrolasen 36, **39**
Hydronium-Ion 33
hydrophil 20
hydrophob 20
hydrophobe Bindung 49
Hydroxyaminosäuren 157
γ-Hydroxyglutamat 156
γ-Hydroxyglutaminsäure 156 (Formel)
Hydroxylamin 151
Hydroxylapatit 328ff.
Hydroxyprolin 157 (Formel)
Hyperphos 336
Hypomagnesämie 297
Hyponitrit 151

IES 192
Illit 32, **339**ff.
Imidazolrest 52
Iminogruppe 158
Iminosäure 158
Indolazetonitril 191
Indolazetylasparaginsäure 191
Indolbrenztraubensäure 191
Indolbuttersäure 191
3-Indolessigsäure 191ff. (Formel)
Indolglykolsäure 191
Indolpropionsäure 191
Induktor 185
Inhaltsstoffe 286
Inhibitoren 53, 122
Inosit 132, 333
Inosithexaphosphorsäure 367
Intensität 217
Interzellularräume 233
Interzeption 218
Inulin 97, 100
Invertase 98, 104

Ionenaufnahme 236ff., 246
Ionenbeziehung 15
Ionendurchmesser 29ff., 33
Ionenkonkurrenz 360
Ionenpumpe 238
Ionentransport 244, 246
Ionenumtausch 28ff.
ionogene Bindung 15
isoelektrischer Punkt **22**, 35
Isoenzyme 42
Isoleuzin 155 (Formel)
Isomerasen 36, 40, 95
Isopren 134 (Formel)
Isozitrat-Lyase 147
Isozitronensäure 111 (Formel)

Jod 398ff.
Jodgorgosäure 399 (Formel)
Jodzahl 148

K-Aufnahme 344
K-Bindung 341ff.
K-Chlorid 349
K-Düngung 286, 289, 296
K-Ernährung 346, **348**ff.
K-Fixierung 340ff.
K-Gehalt 345, 351
K-Gleichgewichtskonzentration 342ff.
K-Konzentration 342ff.
K-Mangel 347, **350**ff.
K-Selektivität 341
K-Sulfat 349
Kainit 364
40er Kali 349
50er Kali 349
Kalidüngemittel 349
Kalidüngung 348ff.
Kalientzug 283, 348ff.
Kalifeldspat 340
Kaliglimmer 339
Kaliherbstdüngung 343
Kalimagnesia 327, **349**, 365
Kalinitrat 350
Kalipolyphosphate 350
Kalisilikate 350
Kalisulfat 349
Kalium **339**ff.
Kalk 336, **356**ff.
Kalkammonsalpeter 315
Kalkdüngemittel 357
Kalkfeldspat 340
Kalk-Kali-Gesetz 243, 344
Kalkmergelboden 354
Kalkstickstoff 309ff., **315**
Kalkung 356
Kallose 96, **103**
Kalzium 353ff.
Kamex 349
Kaolinit 32
Kapazität 217
Kaprinsäure 129
Kapronsäure 129
Kaprylsäure 129
Karbamat 199
Karbaminsäure 162 (Formel)
Karbamylphosphat 162 (Formel)
Karbamylrest 162
Karbonate 357
Karbonylgruppe 70, 77
Karboxylgruppe 77
Karboxylierung 137
Karotin 299
γ-Karotin 135 (Formel)
Karotinoide 63, 81, **134**ff.
Katabolismus 76
Katalase 38, 41, 45
Katalyse 51, 62, 126
Kationenaufnahme 242
Kationenbelag 215
Kationenkonkurrenz 242ff.
Kationenwolke 22
Keimung 269
Kephalin 142, 332
α-Ketoglutarsäure 111 (Formel), 159
3-Keto-6-phosphoglukonsäure 116 (Formel)
Ketosäure 114
Ketosäureaminase 158
Kieserit 365
Kinasen 39, 346
Kinetin 195
Klima 273, 275
Knöllchenbakterien 303ff.
Koagulation **34**, 50
Kobalamin 206
Kobalt 396
Kobamid-Koenzym 397
Koenzym 54, **56**ff., 66, 110, 114
Koenzym I 58
Koenzym II 58
Koenzym A 69ff., 71 (Formel)
Koenzym Q 120
Kohlenhydrate 91ff., 151, 275, 286, 289
Kohlensäureanhydratase 85
kohlensaurer Kalk 357
kohlensaurer Magnesiumkalk 357
Kohlenstoff 84
Kolamin 165 (Formel)

kolloidales System 34
Kompartimente 186, 235
Kompensationspunkt 126
Komplexverbindungen 18
Konformation 48, **49**
Kontaktaustausch 219
Konzentrationseffekt 26, 225
koordinative Bindung 17
Kopfdüngung 212
Kornausbildung **270**ff., 275
Kornberg-Enzym 176
Kornzahl 291
Krebszyklus 110
Krotonylidendiharnstoff 315
Krümelstruktur 215, 354
Kupfer 376
Kutikula 133, 254
Kutin 133, 254

L-Aminosäuren 155
L-Form 91
Laccase 378
Längenwachstum 193
Laktat 108
Laktatzahl 228
Laktose 96
Lateritboden 354
Lauchöl 324
Laurinsäure 129
Leghämoglobin 153
Leuzin 155 (Formel)
Lezithin 142, 332
Lichtabsorption 80
Lichtausnutzung 274
Lichtintensität 272ff.
Ligasen 36, **41**, 177
Linolensäure 129 (Formel), 140
Linolsäure 129 (Formel), 140
Lipase 142
Lipide **128**ff, 145
Lipoide 128
Liponsäure 75, 76 (Formel)
Lipoproteide 145, 171
little leaf 384
Lutein 135
Luxuskonsum 225, 275
Lyasen 36, **40**
Lykopin 135
Lysin 156 (Formel)

m-RNS 175
Magnesiaglimmer 339
Magnesia-Kainit 349, 353, 365
Magnesium 360ff.
Magnesium-Branntkalk 357
Magnesium-Rhe-Ka-Phos 365
Makromoleküle 51
Makronährstoffe 203ff.
Malat 88, 89, 147
Malat-Enzym 90
Malatsynthetase 147
Maleinsäurehydrazid 198
malic enzyme 90
Malonsäure 137 (Formel)
Malonyl CoA 71, 136ff.
Maltase 104
Maltose 96, 100, 104
Mangan 372ff.
Mannan 103
Maxwellsche Energieverteilung 44
Mehrnährstoffdüngemittel 349
Melanine 379
Membran 145, 169, **187** ff., 240
Membranlipide 187
Membranpermeabilität 240
Membranpore 187, 240
Metabolismus 76
Metallchelate 18
Metaphosphorsäure 316
Methanobacter omelianskii 303
Methionin 157 (Formel), 165, 182, 324
Methylengruppe 130
Mg-Aufnahme 364
Mg-Düngemittel 365
Mg-Düngung 288, 364ff., 366
Mg-Entzug 282, 364ff.
Mg-Ernährung 364
Mg-Gehalte 361, **366**ff.
Mg-Kalke 366
Mg-Karbonate 357ff., 360, 366
Mg-Konzentration 360
Mg-Mergel 365
Mg-Oxalat 361
Mg-Sulfat 319, 366
Michaelisgleichung **47**
Michaelis-Konstante **46**, 47
Mikronährstoffe 203ff., 208
Mikroorganismen 84, 210, 301
Milchsäuregärung 104, **108**ff.
Mineralstoffentzug 282
Mineralstoffgehalte **208**, 225, 282, 294
Mineralverwitterung 340
Mitochondrien **189**ff., 346
Mitscherlich-Gesetz **277**ff.
Mizelle 187
Mn-Düngung 374ff.
Mn-Gehalte 376

Mn-Mangel 350, 361, **364** ff., 366, 375
Mn-Oxide 357
Mn-Toxizität 370, 376
Mn-Verfügbarkeit 373
Mo-Düngung 387ff.
Mo-Gehalte 385ff.
Mo-Mangel 387ff.
Mo-Verfügbarkeit 384, 387
Molybdän 384ff.
Monogalaktosyldiglyzerid 131 (Formel)
Monoglyzerid 128
Monokalziumphosphat 331
Monosaccharide 91, 94
Montmorillonit 32, 339
Monuron 200
Morphaktine 198
Multienzym 42, 44, **137**
multiple Enzyme 42
multiple Metall-Aktivierung 54, 207
Muskovit 339ff.
Myelin 21
Mykorrhiza 220, 329
Myristinsäure 129

N-Assimilation 151
N-Base 66, 171ff.
N-Basensequenz 183
N-Bedarf 316
N-bindende Bakterien 303
N-Düngerlösung 315
N-Düngung 284, **289** ff., 299
N-Entzug 283
N-Ernährung 314
N-Fixierung 230, 302
N-Freisetzung 231
N-Glykosid-Bindung 94, 172
N-haltige Inhaltsstoffe 289
N-Kreislauf 302
N-Mangel 290, 313, **318**
N-Mineralisation 308, 317
N-Mineralisierung 230
N-Verluste 309, 312
N_2-Fixierung 153
Na-Aufnahmevermögen 352
Na-Gehalt 297, 351
Na-Mangel 353
Na-Salpeter 353
Na-Transport 352
Nachlieferung 217
NAD 58
NADP 58, 80, 87
Nährionenkonzentration 222
Nährstoffanlieferung 218
Nährstoffaufnahme 219, 232
Nährstoffauswaschung **211**, 283
Nährstoffbedürftigkeit 224
Nährstoffbilanz 283
Nährstoffentzug 217, 283
Nährstoffgehalte 226ff.
Nährstoffverfügbarkeit 217, 221, 223
Nährstoffverluste 283
$NaHCO_3$-Methode 230
Natrium 351
natrophile Pflanzen 353
natrophobe Pflanzen 352
Nekrose 245, 262, 350
Nettoassimilation 126
Nettophotosynthese 275
Neubauer-Methode 223
neutrale Aminosäuren 155
Neutralfette 128, 145
Neutralschwefel 324
NH_3-Akzeptor 159
NH_4-Düngung 314
NH_4^+-Ernährung 243, 314
Ni-Gehalte 401
Ni-Toxizität 401
nichtzyklische Phosphorylierung 83
Nickel 401
Nikotinamid-adenin-dinukleotid 58 (Formel)
Nikotinsäureamid 59 (Formel)
Nitrat 151ff., 308
Nitratbildner 308
Nitratdüngung 314
Nitraternährung 243, 314
Nitratgehalte 227, 297
Nitratreduktase 66, **151** ff., 386
Nitratreduktaseaktivität 227
Nitratreduktasequotient 227
Nitratreduktion 151
Nitrifikation 302, **307**
Nitrit 153
Nitritbildung 297, 308
Nitritreduktase 151ff.
Nonaction 344
NP-Düngerlösung 316
NPK-Dünger 350
Nukleinsäure 160, 171
Nukleoproteid 171
Nukleosid 171
Nukleotid 58ff., 171

O-Glykosid-Bindung 94
Ölsäure 129 (Formel), 140
Oktokalziumphosphat 328, 331
Oligomyzin 122

Oligopeptid 167
Oligosaccharide 91
Olivin 360, 367
Olsen-Methode 230
Operator 184
Operator-Gen 184
Operon 184ff.
organische Säuren 242
Ornithin 163 (Formel)
Ornithinzyklus 164 (Schema)
Orthophosphat 328
Osmose 257ff.
osmotische Energie 123
osmotische Konzentration 258
osmotischer Druck 258
osmotischer Wert 267
Oxalazetat 88, 89, 110
Oxalbernsteinsäure 111 (Formel)
Oxalessigsäure 110ff. (Formel)
Oxalsukzinat 111
oxidische Kalke 357
Oxyaminosäuren 157
Oxydasen 38
α-Oxydation 143ff.
β-Oxydation 143ff.
oxydative Atmung 108, 118
oxydative Dekarboxylierung 75, 112
oxydative Phosphorylierung 121
Oxydoreduktasen 36, 347
Oxygenasen 38

P 700 80
P-Düngung 288
P-Mangel 338ff.
Palisadenparenchym 254
Palmitinsäure 129, 140
Pantothensäure 71
Paraquat 200
passive Ionenaufnahme 235
Pb-Gehalte 403
Pektine 103
Pektinsäure 103
Pentose 66, 91, 171
Pentosephosphat 86
Pentosephosphatzyklus 86ff.
PEP 87ff.
PEP-Karboxykinase 90, 116
PEP-Karboxylase 88, **89**ff., 116
Pepsin 41
Peptidbindung 166
Peptisation 34
Permeabilität 240
Permeasen 238
Peroxydase 38, 62
Peroxisome 125, 190
Pflanzenanalyse **224**ff., 227
Pflanzenasche 207
Pflanzennährstoffe 203ff.
pH-Wert 22, **213**ff., 241, 314, 372
Phenoxykarboxylsäure 198
Phenylalanin 156 (Formel)
Phenylessigsäure 198
Phloem 160, 247
Phloemsaft 247
Phosphat 66
Phosphatase 41
Phosphataufnahme 331
Phosphatauswaschung 331
Phosphatbilanz 224
Phosphatdüngung 338
Phosphatfixierung 338
Phosphatide 131
Phosphatidsäure 132 (Formel), 136
Phosphatidyl 132
Phosphatidyläthanolamin 141 (Formel)
Phosphatidyl-Glyzerin 141 (Formel)
Phosphatidyl-Serin 141 (Formel)
Phosphatkali R 350
Phosphatkonzentration 331
Phosphatverfügbarkeit 330, **337**
Phosphoenolbrenztraubensäure 87
Phosphoenolpyruvat 87ff.
6-Phosphoglukonsäure 116 (Formel)
Phosphoglyzerat 85, 88
Phosphoglyzerinaldehyd 85, 89ff. (Formel), 94, 107
Phosphoglyzerinsäure 78, 85, 136 (Formel)
Phosphokinasen 78
Phospholipoide 131ff.
Phosphoproteid 171
Phosphor 328ff.
Phosphorylase 41, 104
Phorphorylcholin 69, 332
Phosphorylgruppe **67**, 76, 96, 107
Phosphorylierung **76**ff., 83, 123
Photolyse 81
Photooxydation 80
Photophosphorylierung 82ff.
Photorespiration 125ff., 275
Photosynthese 79ff.
Photosyntheseaktivität 272ff.
photosynthetische Elektronentransportkette 80
Photosystem I 80
Photosystem II 80
Phykobilin 81

Phykoerythrin 63
Phykozyanin 63
physiologischer sink 250
physiologisch sauer 314
Phytin 333ff.
Phytinsäure 328, **333**ff. (Formel)
Phytohormone **190**ff., 251
Phytosterine 134
Pigment 700 80
Pigmentmolekül 64
PK-Dünger 350
PK-Düngung 294ff.
Plasma 188ff.
Plasmalemma 145, 235
Plasmodesmen 188, 244
Plastid 188
Plastochinon 82 (Formel)
Plastozyanin 81
Polarisation 17
Polygalakturonsäure 104
Polypeptide 167ff.
Polypeptidfaden 48
Polyphenoloxydase 378
Polyphosphorsäure 316
Polysaccharide 91, 94, 100, 103
Polysom 178, 189
Porphinring 62
potentielle Azidität 212
P/O-Verhältnis 121
Primärstruktur 48, 168
Prolamin 291
Prolin 157 (Formel)
Propazin 200
prosthetische Gruppen **56**ff., 74
Proteid 171ff.
Proteine 35, 160, **166**ff.
Proteinsynthese 178ff.
Proteolipide 145
Protonengradient 83, 123
Protopektin 104
Provitamin A 135 (Formel), 299
Puffs 186
Purin 172 (Formel)
Purpurbakterien 84, 320
Putreszin 166 (Formel), 347
Pyramin 200
Pyranose 93
Pyridoxalphosphat **72**ff., 73 (Formel), 159
Pyridoxaminphosphat **72**ff., 73 (Formel)
Pyrimidin 172 (Formel)
Pyrit 319
Pyrolusit 372
Pyrophosphat 68, 96, 328
Pyrophosphatbindung 67
Pyrophosphorylase 96
Pyrrolring 62, 64
Pyruvat 88 (Formel), 89, 107, 110
Pyruvatkinase 107

Qualität 285ff.
Qualitätsweizen 293
Quartärstruktur 48, 169
Quellung

r-RNS 176
Raphatox 200
Reaktionsgeschwindigkeit 46
reclamation disease 381
Redoxpotential 65, 81, 119ff., **372**
Redoxsystem 80, 81, 119, 167, 206
Reduktion 59
reduktive Aminierung 157ff.
reduktive Karboxylierung 91
reduzierende Zucker 96
Reisböden 216
Replikation 177
Repressor 184ff.
Reserveeiweiß 291
Reservefett 147
Reservekohlenhydrate 100, 269
Reserveorgane 97
Reserveproteine 169ff.
Reservestoffe 145
Resistenz 348
Respirationsquotient 146
Rhe-Ka-Phos 350, 353
Rhenaniaphosphat 331, **336**, 353
Rhizobium-Bakterien 153
Rhizobium leguminosarum 303ff.
Rhodanid 324
Ribitol 60
Riboflavin 61
Ribonuklease 49
Ribonukleinsäure 171, **175**
Ribose 171 (Formel), 176
Ribosom 178, **189**
Ribulosediphosphat **85**ff., 88
Ribulosediphosphatkarboxylase 85, 87, 90
Rindenparenchym 233
RNS 171ff.
Rohfaser 289
Rohfett 289
Rohphosphat 331, **336**
Rohprotein 150, 170, 289, 317
Rohproteingehalt 290, 317
Rohrzucker 96, **98**
Rückkopplungsmechanismus 54

S-Bilanz 327
S-Düngung 327
S-Gehalt 327
S-Glykosid-Bindung 94
S-Mangel 326
Saccharose 96, **97** (Formel), 250, 252
Saccharosephosphat 96ff.
Saccharosesynthetase 57
Sättigungsdefizit 262
Säureamide 156, 246
Säureschäden 213, 358
Salzböden 266, 309, 310
Salztoleranz 267
Saponine 134
Sarkosin 165 (Formel)
Saugdruck 259, 261, 267
saure Aminosäuren 156
Scheideschlamm 358
scheinbar freier Raum 233
Schulze-Hardy-Regel 35
Schwammparenchym 254
Schwefel 319ff.
Schwefelbakterien 84, 91
schwefelhaltige Aminosäuren 157
Schwefelkreislauf 321
schwefelsaures Ammoniak 327
schwefelsaures Kali 327
Sedimentationswert 294
Sedoheptulosephosphat 86
Sekundärstruktur 48, 168
Selektivitätskoeffizient 28
Selen 402
Selenat 323
semipermeable Membran 258
Senföle 94, 324
Sequenz 48, 168
Serin 126, 157 (Formel)
Serpentin 360, 401
SH-Gruppe 94, **137**ff., 206, 325
Siebelemente 250
Siebplatte 250ff.
Siebzelle 249
Silikat-Galaktose-Komplex 394
Silizium 394ff.
Simazin 200 (Formel)
Sinigrin 325
sink 160, 219
Sitosterin 134
SO_2 322
SO_2-Toxizität 322
Sol 34
Solvation 15
Sorption 20ff., 28, 31
Sorptionskomplex 32
späte N-Düngung 292, 317
Spaltöffnungsmechanismus 264
Spelzenbräune 197
Spinatferredoxin 65
Stabilitätskonstante 19
Stärke 96, 97, **99**ff., 288
Stärkegehalt 288
Stärkesynthetase 99
Standfestigkeit 287
Starrtracht 338
Stearinsäure 129, 140
Steran 134 (Formel)
Sterine 133ff.
Steroide 133
Stickstoff 151, **301**ff.
Stickstoffbase 172
Stickstoffmagnesia 365
Stigmasterin 134
Stoffaufnahme 232
Stofftransport 252
Stomata **263**, 346
Stoppeldüngung 349
Strengit 328
Strohdüngung 311
Stroma 189
Strukturprotein 169
Substrat 37, 44, **46**, 51
Substratkettenphosphorylierung 83, 108
Substratphosphorylierung 107
Sukzinyl-Arginin 163 (Formel)
Sukzinyl-CoA 112
Sulfataufnahme 323
Sulfatdüngung 327
Sulfatreduktion 322
Sulfhydrylgruppe 65, 70, 206
Sulfid 84
Sulfide 320ff.
Sulfolipide 131 (Formel)
Superphosphat 327, **336**
Superphosphorsäure 316
Symbiose 153, 303ff.
Symplasma 244
Symplasmatheorie 244
Synthetasen **41**, 347

t-RNS 175ff., **180** (Formel)
Tausendkorngewicht 270, 290
TBA 198
TCA 199
tea yellows 326
Term 182

terminale Oxydation 38, 63, **120**
Tertiärstruktur 48, 169
Tetrose 91
Tetrosephosphat 86
Thermodynamik 42ff.
Thiamin 74, 325
Thiaminpyrophosphat 74 (Formel)
Thiazolring 74
Thiobacillus 91, 320
Thioctansäure 76 (Formel)
Thioester 70
Thiothrix 91, 320
Thomaskali 350
Thomasphosphat 331, **336**
Threonin 157 (Formel)
Thylakoide 64, 189
Thymin 172 (Formel)
Thyrosinase 378
Thyroxin 399 (Formel)
Tonminerale 21, 35, 210, **339**
Tonoplast 145, 188, 235
toxische Amine 347
Toxizität 153
TPN 58
Träger 236ff.
Trägereiweiß 48
Trägerkonkurrenz 238
Trägertheorie 236ff.
Trägertransport 235, 237 (Schema)
Transaminase 159
Transaminierung 159
Transferasen 36, **39**, 66, 347
Transhydrogenase 118
Transkription 177
Translation 181
Transphosphorylase 78
Transphosphorylierung 68
Transpiration 247, **262**ff., 350
Transpirationskoeffizient **268**, 345
Transpirations-Kohäsions-Theorie 262
Transpirationsstrom 262
Transportsystem 248
trapping center 80
Triallat 199
Triazin 200
Triazolderivate 199
Trichlorbenzoesäure 199 (Formel)
Trichloressigsäure 199
Trichlorphenylessigsäure 199 (Formel)
Triglyzerid 128
Trikalziumphosphat 328ff., 331
Trikarbonsäurezyklus **110**ff., 113 (Schema)
Triose 85, 91
Triosephosphat 86, 107
Tripeptid 167
Triphosphate 76
Triphosphopyridinnukleotid 58
Triplett 180ff.
Trockenfixierung 340
Trockensubstanz 282
Trypsin 41
Tryptophan 156 (Formel), 191
Turgor **257**ff., 262, 346
Turgordruck 258, 262
Turmalin 389
Tyrosin 157 (Formel), 378

Ubichinon 119ff.
UDP-Fruktose 100, 103
UDP-Glukose 69, 102ff.
UDP-Glukuronsäure 102
UDP-Xylose 102
ungesättigte Fettsäuren **129**ff., 148
unit membrane 187
Urazil 68, 381
Urbarmachungskrankheit 381
Urease 164ff.
Ureid 162
Uridindiphosphat-Glukose 69
Uridinphosphatzucker 96
Uridintriphosphat **68**ff., 69 (Formel)
UTP **68**ff., 96

Vakuole 188, 244, 259
Valin 155 (Formel)
Valinomyzin 122, 344
Variszit 328
Verbrennungsschäden 254
Vermikulit 339ff., 360
Versauerung 357
Verwitterung 340
Viets-Effekt 240
Viren 183
Vitamin A 135 (Formel)
Vitamin B_1 74, 298, 325
Vitamin B_{12} 306, 397
Vitamin B_2 61, 298
Vitamin C 298
Vitamin D 134
Vitamin E 298
Vitamin F 130
Vitamin H 325
Vitamine 298ff.
Vivianit 328

Wachse 133, 254
Wachstum 225, **269**ff., 275
Wachstumsfaktoren 269, **272**ff., 276
Wachstumsrate 281
Wärme 275
Wärmetönung 43
Warburgsches Atmungsferment 63
Wasseraufnahme 261
Wasserdefizit 261, **264**ff.
wasserfreies NH_3 316
Wasserhaushalt 257, **264**ff.
Wasserhülle 29
Wasserleitung 260
Wasserspaltung 81
Wasserstoffbindung 17, 33
Wasserstoffüberträger 59
Wasserverfügbarkeit 265
Watson-Crick-Paarung 181
Weidetetanie 297
Welkepunkt 267
Welketracht 350
Wertigkeitseffekt 26
whip tail 388
Wirkungswert 277
Wobble-Paarung 181
Wuchsstoffe **190**ff., 269
Wuchsstoffherbizide 198
Wurzel 220, 252
Wurzeldruck **262**, 346
Wurzelmasse 221ff.
Wurzeloberfläche 219
Wurzelwachstum 216, 221

Xantophyll 135
Xylan 102, 104
Xylem 244, 249, 261
Xylemsaft 244, 249, 261
Xylose 102

Zeatin 195 (Formel)
Zeaxanthin 135
Zein 170
Zelle 184ff.
Zellkern 184, 186
Zellmembran 235, 239
Zellsaft 236
Zellulose 102ff.
Zellwand 188, 233
Zink 382ff.
Zitronensäure 111 (Formel), 288
Zitronensäureenzym 41, 111
Zitronensäurezyklus 110
Zitrullin 161, 163 (Formel)
Zn-Gehalte 384
Zn-Mangel 383ff.
Zn-Toxizität 382
Zn-Verfügbarkeit 382
Zucker 94
Zuckeramine 166
Zuckergehalt 286
Zuckernukleotide 96
Zuckerphosphate 86
zusätzliche N-Düngung 291
zyklische Iminosäuren 157
zyklische Photophosphorylierung 83
Zyklus 84, 110
Zystein 65, 157 (Formel), 206, 324
Zystin 206
Zytidintriphosphat **69**ff. (Formel)
Zytochrom b 82, 119
Zytochrom c 119
Zytochrom f 82
Zytochrome 62, **63**, 119
Zytochromoxydase 62, 119
Zytokinine 195ff.
Zytoplasma 35, 188, 244, 265
Zytosin 69, 172